Y.5510
2

LE
THEATRE
DE
P. CORNEILLE.

Reveu & corrigé par l'Autheur.

II. PARTIE.

Imprimé à ROUEN, Et se vend
A PARIS,
Chez THOMAS IOLLY, au Palais, dans la petite
Salle, à la Palme, & aux Armes
de Hollande.

─────────────

M. DC. LXIII.
AVEC PRIVILEGE DV ROY.

POËMES
CONTENVS EN CETTE SECONDE PARTIE.

POMPE'E,	Tragedie.
LE MENTEVR,	Comedie.
LA SVITE DV MENTEVR,	Comedie.
RODOGVNE,	Tragedie.
THEODORE,	Tragedie Chrétienne.
HERACLIVS,	Tragedie.
ANDROMEDE,	Tragedie.
D. SANCHE D'ARRAGON,	Comedie Heroïque.
NICOMEDE,	Tragedie.
PERTHARITE,	Tragedie.
OEDIPE,	Tragedie.
LA TOISON D'OR.	Tragedie.

DISCOVRS DE LA TRAGEDIE,

Et des moyens de la traiter, selon le vray-semblable ou le necessaire.

OVTRE les trois utilitez du Poëme Dramatique dont j'ay parlé dans le discours que j'ay fait servir de Préface à la premiere Partie de ce Recueil, la Tragedie a celle-cy de particuliere, que par la pitié & la crainte elle purge de semblables passions. Ce sont les termes dont Aristote se sert dans sa définition, & qui nous apprennent deux choses. L'une, qu'elle excite la pitié & la crainte; l'autre, que par leur moyen elle purge de semblables passions. Il explique la premiere assez au long, mais il ne dit pas un mot de la derniere, & de toutes les conditions qu'il employe en cette définition, c'est la seule qu'il n'éclaircit point. Il témoigne toutefois dans le dernier Chapitre de ses Politiques un dessein d'en parler fort au long dans ce Traité, & c'est ce qui fait que la plus-part de ses Interpretes veulent que nous ne l'ayons pas tout entier; parce que nous n'y voyons rien du tout sur cette matiere. Quoy qu'il en puisse estre, je croy qu'il est à propos de parler de ce qu'il a dit, avant que de faire effort pour deviner ce qu'il a voulu dire. Les Maximes qu'il établit pour l'un, pourront nous conduire à quelques conjectures pour l'autre, & sur la certitude de ce qui nous demeure nous pourrons fonder une opinion probable de ce qui n'est point venu jusques à nous.

Nous avons pitié, dit-il, de ceux que nous voyons souffrir un malheur qu'ils ne meritent pas, & nous craignons qu'il ne nous en arrive un pareil, quand nous le voyons souffrir à nos semblables. Ainsi la pitié embrasse l'interest de la personne que nous voyons souffrir, la crainte qui la suit regarde le nostre, & ce Passage seul nous donne assez

ã ij

d'ouverture, pour trouver la maniere dont se fait la purgation des passions dans la Tragedie. La pitié d'un malheur où nous voyons tomber nos semblables, nous porte à la crainte d'un pareil pour nous ; cette crainte au desir de l'éviter ; & ce desir à purger, moderer, rectifier, & mesme déraciner en nous la passion, qui plonge à nos yeux dans ce malheur les personnes que nous plaignons : par cette raison commune, mais naturelle & indubitable, que pour éviter l'effet il faut retrancher la cause. Cette explication ne plaira pas à ceux qui s'attachent aux Commentateurs de ce Philosophe. Ils se gesnent sur ce Passage, & s'accordent si peu l'un avec l'autre, que Paul Beny marque jusques à douze ou quinze opinions diverses, qu'il refute avant que de nous donner la sienne. Elle est conforme à celle-cy pour le raisonnement, mais elle differe en ce point, qu'elle n'en applique l'effet qu'aux Rois, & aux Princes ; peut-estre par cette raison, que la Tragedie ne peut nous faire craindre que les maux que nous voyons arriver à nos semblables, & que n'en faisant arriver qu'à des Rois, & à des Princes, cette crainte ne peut faire d'effet que sur des gens de leur condition. Mais sans doute il a entendu trop literalement ce mot de, nos semblables, & n'a pas assez consideré qu'il n'y avoit point de Rois à Athenes, où se representoient les Poëmes dont Aristote tire ses exemples, & sur lesquels il forme ses Régles. Ce Philosophe n'avoit garde d'avoir cette pensée qu'il luy attribue, & n'eust pas employé dans la définition de la Tragedie une chose dont l'effet pust arriver si rarement, & dont l'utilité se fust restrainte à si peu de personnes. Il est vray qu'on n'introduit d'ordinaire que des Rois pour premiers Acteurs dans la Tragedie, & que les Auditeurs n'ont point de sceptres par où leur ressembler, afin d'avoir lieu de craindre les malheurs qui leur arrivent ; mais ces Rois sont hommes comme les Auditeurs, & tombent dans ces malheurs par l'emportement des passions dont les Auditeurs sont capables. Ils prêtent mesme un raisonnement aisé à faire du plus grand au maindre, & le Spectateur peut concevoir avec facilité, que si un Roy pour trop s'abandonner à l'ambition, à l'amour, à la haine, à la vangeance, tombe dans un malheur si grand qu'il luy fait pitié, à plus forte raison, luy qui n'est qu'un homme du commun, doit tenir la bride à de telles passions, de peur qu'elles ne l'abysment dans un pareil malheur. Outre que ce n'est pas une necessité de ne mettre que les infortunes des Rois sur le Theatre. Celles des autres hommes y trouveroient place, s'il leur en arrivoit d'assez illustres, & d'assez extraordinaires pour la meriter, & que l'Histoire prist assez de soin d'eux pour nous les apprendre. Scedase n'était qu'un paisan de Leuctres, & je ne tiendrois pas la sienne indigne d'y paroistre, si la pureté de nostre Scene pouvoit souffrir qu'on y parlast du violement effectif de ses deux filles, après que l'idée de la prostitution n'y a pû estre soufferte dans la personne d'une Sainte qui en fut garantie.

Pour nous faciliter les moyens de faire naistre cette pitié & cette crainte, où Aristote semble nous obliger, il nous aide à choisir les personnes & les évenemens, qui peuvent exciter l'une & l'autre. Surquoy je suppose ce qui est tres-veritable, que nostre Auditoire n'est composé ny de méchans, ny de Saints, mais de gens d'une probité commune, & qui ne sont pas si severement retranchez dans l'exacte vertu, qu'ils ne soient susceptibles des passions, & capables des perils où elles engagent ceux qui leur déferent trop. Cela supposé, examinons ceux que ce Philosophe exclud de la Tragedie, pour en venir avec luy à ceux dans lesquels il fait consister sa perfection.

En premier lieu, il ne veut point qu'un homme fort vertueux y tombe de la felicité dans le malheur, & soûtient que cela ne produit ny pitié, ny crainte, parce que c'est un évenement tout à fait injuste. Quelques Interpretes poussent la force de ce mot Grec μιαρὸν qu'il fait servir d'Epithete à cét évenement, jusqu'à le rendre par celuy d'abominable. A quoy j'ajouste qu'un tel succès excite plus d'indignation & de haine contre celuy qui fait souffrir, que de pitié pour celuy qui souffre; & qu'ainsi ce sentiment, qui n'est pas le propre de la Tragedie à moins que d'estre bien ménagé, peut étouffer celuy qu'elle doit produire, & laisser l'Auditeur mécontent par la colère qu'il remporte, & qui se mesle à la compassion qui luy plairoit, s'il la remportoit seule.

Il ne veut pas non plus qu'un méchant homme passe du malheur à la felicité, parce que non seulement il ne peut naistre d'un tel succès aucune pitié, ny crainte; mais il ne peut pas mesme nous toucher par ce sentiment naturel de joye, dont nous remplit la prosperité d'un premier Acteur à qui nostre faveur s'attache. La cheute d'un méchant dans le malheur a dequoy nous plaire par l'aversion que nous prenons pour luy, mais comme ce n'est qu'une juste punition, elle ne nous fait point de pitié, & ne nous imprime aucune crainte, dautant que nous ne sommes pas si méchans que luy, pour estre capables de ses crimes, & en apprehender une aussi funeste issue.

Il reste donc à trouver un milieu entre ces deux extrémitez, par le choix d'un homme, qui ne soit ny tout-à-fait bon, ny tout-à-fait méchant, & qui par une faute, ou foiblesse humaine, tombe dans un malheur qu'il ne merite pas. Aristote en donne pour exemples Oedipe, & Thyeste, en quoy veritablement je ne comprens point sa pensée. Le premier me semble ne faire aucune faute, bien qu'il tuë son pere, parce qu'il ne le connoit pas, & qu'il ne fait que disputer le chemin en homme de cœur contre un inconnu qui l'attaque avec avantage. Neantmoins comme la signification du mot Grec ἁμαρτία peut s'étendre à une

ã iij

simple erreur de méconnoissance, telle qu'étoit la sienne, admettons-le avec ce Philosophe, bien que je ne puisse voir quelle passion il nous donne à purger, ny dequoy nous pouvons nous corriger sur son exemple. Mais pour Thyeste, je n'y puis découvrir cette probité commune, ny cette faute sans crime qui le plonge dans son malheur. Si nous le regardons avant la Tragedie qui porte son nom, c'est un incestueux qui abuse de la femme de son frere ; si nous le considerons dans la Tragedie, c'est un homme de bonne foy qui s'asseure sur la parole de son frere, avec qui il s'est reconcilié. En ce premier état il est tres-criminel ; en ce dernier, tres-homme de bien. Si nous attribuons son malheur à son inceste, c'est un crime dont l'Auditoire n'est point capable, & la pitié qu'il prendra de luy n'ira point jusqu'à cette crainte qui purge, parce qu'il ne luy ressemble point. Si nous imputons son desastre à sa bonne foy, quelque crainte pourra suivre la pitié que nous en aurons, mais elle ne purgera qu'une facilité de confiance sur la parole d'un ennemy reconcilié, qui est plûtost une qualité d'honneste homme, qu'une vicieuse habitude, & cette purgation ne sera que bannir la sincerité des reconciliations. J'avoüe donc avec franchise que je n'entends point l'application de cet exemple.

J'avoüeray plus. Si la purgation des passions se fait dans la Tragedie, je tiens qu'elle se doit faire de la maniere que je l'explique ; mais je doute si elle s'y fait jamais, & dans celles-là mesme qui ont les conditions que demande Aristote. Elles se rencontrent dans le Cid, & en ont causé le grand succès. Rodrigue & Chimene y ont cette probité sujette aux passions, & ces passions font leur malheur, puisqu'ils ne sont malheureux qu'autant qu'ils sont passionnez l'un pour l'autre. Ils tombent dans l'infelicité par cette foiblesse humaine dont nous sommes capables comme eux : leur malheur fait pitié, cela est constant, & il en a coûté assez de larmes aux Spectateurs pour ne le point contester. Cette pitié nous doit donner une crainte de tomber dans un pareil malheur, & purger en nous ce trop d'amour qui cause leur infortune, & nous les fait plaindre ; mais je ne sçay si elle nous la donne, ny si elle le purge, & j'ay bien peur que le raisonnement d'Aristote sur ce point ne soit qu'une belle idée, qui n'ait jamais son effet dans la verité. Je m'en rapporte à ceux qui en ont veu les representations : ils peuvent en demander conte au secret de leur cœur, & repasser sur ce qui les a touchez au Theatre, pour reconnoistre s'ils en sont venus par là jusqu'à cette crainte reflechie, & si elle a rectifié en eux la passion qui a causé la disgrace qu'ils ont plainte. Vn des Interpretes d'Aristote veut qu'il n'aye parlé de cette purgation des passions dans la Tragedie, que parce qu'il écrivoit après Platon, qui bannit les Poëtes Tragiques de sa Republique, parce qu'ils les remuent trop fortement. Comme il écrivoit pour le contredire, & montrer qu'il n'est pas à propos de les bannir des Etats bien

DE LA TRAGEDIE.

policez, il a voulu trouver cette utilité dans ces agitations de l'ame, pour les rendre recommandables par la raison mesme, sur qui l'autre se fonde pour les bannir. Le fruit qui peut naistre des impressions que fait la force de l'exemple luy manquoit : la punition des méchantes actions, & la recompense des bonnes, n'étoient pas de l'usage de son siecle, comme nous les avons renduës de celuy du nostre ; & n'y pouvant trouver une utilité solide, hors celle des Sentences & des discours Didactiques, dont la Tragedie se peut passer selon son avis, il en a substitué une, qui peut-estre n'est qu'imaginaire. Du moins si pour la produire il faut les conditions qu'il demande, elles se rencontrent si rarement, que Robortel ne les trouve que dans le seul Oedipe, & soûtient que ce Philosophe ne nous les prescrit pas comme si necessaires, que leur manquement rende un ouvrage defectueux, mais seulement comme des idées de la perfection des Tragedies. Nostre Siecle les a veuës dans le Cid, mais je ne sçay s'il les a veuës en beaucoup d'autres, & si nous voulons rejetter un coup d'œil sur cette Régle, nous avoüerons que le succés a justifié beaucoup de Pieces où elle n'est pas observée.

L'exclusion des personnes tout à fait vertueuses qui tombent dans le malheur bannit les Martyrs de nostre Theatre : Polyeucte y a reüssi contre cette Maxime, & Heraclius & Nicomede y ont plû, bien qu'ils n'impriment que de la pitié, & ne nous donnent rien à craindre, ny aucune passion à purger, puisque nous les y voyons opprimez, & prés de perir, sans aucune faute de leur part, dont nous puissions nous corriger sur leur exemple.

Le malheur d'un homme fort méchant n'excite ny pitié, ny crainte, parce qu'il n'est pas digne de la premiere, & que les Spectateurs ne sont pas méchants comme luy, pour concevoir l'autre à la veuë de sa punition : mais il seroit à propos de mettre quelque distinction entre les crimes. Il en est dont les honnestes gens sont capables par une violence de passion, dont les mauvais succés peut faire effet dans l'ame de l'Auditeur. Un honneste homme ne va pas voler au coin d'un bois, ny faire un assassinat de sang froid ; mais s'il est bien amoureux, il peut faire une supercherie à son rival, il peut s'emporter de colere & tuër dans un premier mouvement, & l'ambition le peut engager dans un crime, ou dans une action blâmable. Il est peu de meres qui voulussent assassiner, ou empoisonner leurs enfans, de peur de leur rendre leur bien, comme Cleopatre dans Rodogune ; mais il en est assez qui prennent goust à en jouir, & ne s'en dessaisissent qu'à regret, & le plus tard qu'il leur est possible. Bien qu'elles ne soient pas capables d'une action si noire & si dénaturée, que celle de cette Reine de Syrie, elles ont en elles quelque teinture du principe qui l'y porta, & la veuë de la juste punition qu'elle en reçoit leur peut faire craindre, non pas un pareil malheur, mais une infortune proportionnée à ce qu'elles sont capables de commettre. Il en est ainsi de quelques autres crimes qui ne sont pas de la portée de nos Auditeurs. Le Lecteur en pourra faire l'examen & l'application, sur cet exemple.

Cependant quelque difficulté qu'il y aye à trouver cette purgation effective, & sensible des passions, par le moyen de la pitié & de la crainte, il est aisé de nous accommoder avec Aristote. Nous n'avons qu'à dire que par cette façon de s'énoncer il n'a pas entendu que ces deux moyens y servissent toûjours ensemble, & qu'il suffit selon luy de l'un des deux pour faire cette purgation; avec cette différence toutefois, que la pitié n'y peut arriver sans la crainte, & que la crainte peut y parvenir sans la pitié. La mort du Comte n'en fait aucune dans le Cid, & peut toutefois mieux purger en nous cette sorte d'orgueil envieux de la gloire d'autruy, que toute la compassion que nous avons de Rodrigue & de Chiméne ne purge les attachemens de ce violent amour qui les rend à plaindre l'un & l'autre. L'Auditeur peut avoir de la commiseration pour Antiochus, pour Nicomede, pour Heraclius; mais s'il en demeure là, & qu'il ne puisse craindre de tomber dans un pareil malheur, il ne guerira d'aucune passion. Au contraire il n'en a point pour Cleopatre, ny pour Prusias, ny pour Phocas; mais la crainte d'une infortune semblable, ou approchante, peut purger en une mere l'opiniastreté à ne se point desaisir du bien de ses enfans, en un mary le trop de déference à une seconde femme au préjudice de ceux de son premier lit, en tout le monde l'avidité d'usurper le bien ou la Dignité d'autruy par la violence; & tout cela proportionnément à la condition d'un chacun, & à ce qu'il est capable d'entreprendre. Les déplaisirs & les irresolutions d'Auguste dans Cinna, peuvent faire ce dernier effet, par la pitié & la crainte jointes ensemble; mais, comme je l'ay déja dit, il n'arrive pas toûjours que ceux que nous plaignons soient malheureux par leur faute. Quand ils sont innocens, la pitié que nous en prenons ne produit aucune crainte, & si nous en concevons quelqu'une qui purge nos passions, c'est par le moyen d'une autre personne que de celle qui nous fait pitié, & nous la devons toute à la force de l'exemple.

Cette explication se trouvera authorisée par Aristote mesme, si nous voulons bien peser la raison qu'il rend de l'exclusion de ces évenemens qu'il desapprouve dans la Tragedie. Il ne dit jamais, celuy-là n'y est pas propre, parce qu'il n'excite que de la pitié, & ne fait point naistre de crainte, & cet autre n'y est pas supportable, parce qu'il n'excite que de la crainte & ne fait point naistre de pitié; mais il les rebute, parce, dit-il, qu'ils n'excitent ny pitié, ny crainte, & nous donne à connoistre par là, que c'est par le manque de l'une & de l'autre qu'ils ne luy plaisent pas, & que s'ils produisoient l'une des deux, il ne leur refuseroit point son suffrage. L'exemple d'Oedipe qu'il allegue me confirme

dans

DE LA TRAGEDIE.

dans cette pensée. Si nous l'en croyons, il a toutes les conditions requises en la Tragedie ; neantmoins son malheur n'excite que de la pitié, & je ne pense pas qu'à le voir representer, aucun de ceux qui le plaignent s'avise de craindre de tuer son pere, ou d'épouser sa mere. Si sa representation nous peut imprimer quelque crainte, & que cette crainte soit capable de purger en nous quelque inclination blâmable, ou vicieuse, elle y purgera la curiosité de sçavoir l'avenir, & nous empeschera d'avoir recours à des prédictions, qui ne servent d'ordinaire qu'à nous faire choir dans le malheur qu'on nous prédit, par les soins mesmes que nous prenons de l'éviter ; puisqu'il est certain qu'il n'eust jamais tué son pere, ny épousé sa mere, si son pere & sa mere ne l'eussent fait exposer, de peur que cela n'arrivast. Ainsi non seulement ce seront Laïus & Iocaste qui feront naistre cette crainte, mais elle ne naistra que de l'image d'une faute qu'ils ont faite quarante ans avant l'action qu'on represente ; & ne s'imprimera en nous que par un autre Acteur que le premier, & par une action hors de la Tragedie.

Pour recueillir ce discours, avant que de passer à une autre matiere, établissons pour Maxime, que la perfection de la Tragedie consiste bien à exciter de la pitié & de la crainte par le moyen d'un premier Acteur, comme peut faire Rodrigue dans le Cid, & Placide dans Theodore, mais que cela n'est pas d'une necessité si absoluë, qu'on ne se puisse servir de divers Personnages, pour faire naistre ces deux sentimens, comme dans Rodogune, & mesme ne porter l'Auditeur qu'à l'un des deux, comme dans Polyeucte, dont la representation n'imprime que de la pitié sans aucune crainte. Ie ne dis pas la mesme chose de la crainte sans la pitié, parce que je n'en sçay point d'exemple, & n'en conçois point d'idée que je puisse croire agreable. Cela posé, trouvons quelque moderation à la rigueur de ces Regles du Philosophe, ou du moins quelque favorable interpretation, pour n'estre pas obligez de condamner beaucoup de Poëmes que nous avons veu reüssir sur nos Theatres.

Il ne veut point qu'un homme tout-à-fait innocent tombe dans l'infortune, parce que cela étant abominable, il excite plus d'indignation contre celuy qui le persecute, que de pitié pour son malheur ; il ne veut pas non plus qu'un tres méchant y tombe, parce qu'il ne peut donner de pitié par un malheur qu'il merite, ny en faire craindre un pareil à des Spectateurs qui ne luy ressemblent pas ; mais quand ces deux raisons cessent, en sorte qu'un homme de bien qui souffre, excite plus de pitié pour luy, que d'indignation contre celuy qui le fait souffrir, ou que la punition d'un grand crime peut corriger en nous quelque imperfection qui a du rapport avec luy, j'estime qu'il ne faut point faire de difficulté d'exposer sur la Scene des hommes tres-vertueux, ou tres-méchans dans le malheur. En voicy deux ou trois manieres, que peut-estre Aristote n'a

Tome II.

sçeu prévoir, parce qu'on n'en voyoit pas d'exemples sur les Theatres de son temps.

La premiere est, quand un homme tres-vertueux est persecuté par un tres-méchant, & qu'il échape du peril, où le méchant demeure envelopé, comme dans Rodogune, & dans Heraclius, qu'on n'auroit pû souffrir, si Antiochus & Rodogune eussent pery dans la premiere, & Heraclius, Pulcherie, & Martian dans l'autre, & que Cleopatre & Phocas y eussent triomphé. Leur malheur y donne une pitié, qui n'est point étouffée par l'aversion qu'on a pour ceux qui les tyrannisent, parce qu'on espere toûjours que quelque heureuse revolution les empeschera de succomber, & bien que les crimes de Phocas & de Cleopatre soient trop grands pour faire craindre l'Auditeur d'en commettre de pareils, leur funeste issuë peut faire sur luy les effets dont j'ay déja parlé. Il peut arriver d'ailleurs qu'un homme tres-vertueux soit persecuté, & perisse mesme par les ordres d'un autre qui ne soit pas assez méchant pour attirer trop d'indignation sur luy, & qui montre plus de foiblesse que de crime, dans la persecution qu'il luy fait. Si Felix fait perir son gendre Polyeucte, ce n'est pas par cette haine enragée contre les Chrétiens, qui nous le rendroit execrable, mais seulement par une lasche timidité qui n'ose le sauver en presence de Severe, dont il craint la haine & la vangeance, aprés les mépris qu'il en a faits durant son peu de fortune. On prend bien quelque aversion pour luy, on desapprouve sa maniere d'agir, mais cette aversion ne l'emporte pas sur la pitié qu'on a de Polyeucte, & n'empesche pas que sa conversion miraculeuse à la fin de la Piece, ne le reconcilie pleinement avec l'Auditoire. On peut dire la mesme chose de Prusias dans Nicomede, & de Valens dans Theodore. L'un mal-traite son fils, bien que tres-vertueux, & l'autre est cause de la perte du sien, qui ne l'est pas moins; mais tous les deux n'ont que des foiblesses qui ne vont point jusques au crime, & loin d'exciter une indignation qui étouffe la pitié qu'on a pour ces fils genereux, la lascheté de leur abaissement sous des Puissances qu'ils redoutent, & qu'ils devroient braver pour bien agir, fait qu'on a quelque compassion d'eux-mesmes, & de leur honteuse Politique.

Pour nous faciliter les moyens d'exciter cette pitié, qui fait de si beaux effets sur nos Theatres, Aristote nous donne une lumiere. Toute action, *dit-il*, se passe, ou entre des amis, ou entre des ennemis, ou entre des gens indifferens l'un pour l'autre. Qu'un ennemy tuë ou veuille tuër son ennemy, cela ne produit aucune commiseration, sinon entant qu'on s'émeut d'apprendre, ou de voir la mort d'un homme, quel qu'il soit. Qu'un indifferent tuë un indifferent, cela ne touche guere davantage, dautant qu'il n'excite aucun combat dans l'ame de celuy qui fait l'action : mais quand les choses arrivent entre des

DE LA TRAGEDIE.

gens que la naissance ou l'affection attache aux interests l'un de l'autre, comme alors qu'un mary tuë, ou est prest de tuër sa femme, une mere ses enfans, un frere sa sœur; c'est ce qui convient merveilleusement à la Tragedie. La raison en est claire. Les oppositions des sentimens de la Nature aux emportemens de la passion, ou à la severité du devoir, forment de puissantes agitations, qui sont receuës de l'Auditeur avec plaisir, & il se porte aisément à plaindre un malheureux opprimé, ou poursuivy par une personne qui devroit s'interesser à sa conservation, & qui quelquefois ne poursuit sa perte qu'avec deplaisir, ou du moins avec repugnance. Horace & Curiace ne seroient point à plaindre, s'ils n'étoient point amis & beaux-freres, ny Rodrigue s'il étoit poursuivy par un autre que par sa Maitresse, & le malheur d'Antiochus toucheroit beaucoup moins, si un autre que sa mere luy demandoit le sang de sa Maîtresse, ou qu'un autre que sa Maîtresse luy demandast celuy de sa mere, ou si après la mort de son frere qui luy donne sujet de craindre un pareil attentat sur sa personne, il avoit à se défier d'autres, que de sa mere, & de sa Maîtresse.

C'est donc un grand avantage pour exciter la commiseration que la proximité du sang, les liaisons d'amour ou d'amitié entre le persecutant & le persecuté, le poursuivant & le poursuivy, celuy qui fait souffrir & celuy qui souffre: mais il y a quelque apparence que cette condition n'est pas d'une necessité plus absoluë que celle dont je viens de parler, & qu'elle ne regarde que les Tragedies parfaites, non plus que celle-là. Du moins les Anciens ne l'ont pas toujours observée; je ne la voy point dans l'Ajax de Sophocle, ny dans son Philoctete, & qui voudra parcourir ce qui nous reste d'Æschyle & d'Euripide, y pourra rencontrer quelques exemples à joindre à ceux-cy. Quand je dis que ces deux conditions ne sont que pour les Tragedies parfaites, je n'entens pas dire que celles où elles ne se rencontrent point soient imparfaites: ce seroit les rendre d'une necessité absoluë, & me contredire moy-mesme. Mais par ce mot de Tragedies parfaites, j'entens celles du genre le plus sublime & le plus touchant, en sorte que celles qui manquent de l'une de ces deux conditions, ou de toutes les deux, pourveu qu'elles soient regulieres à cela près, ne laissent pas d'estre parfaites en leur genre, bien qu'elles demeurent dans un rang moins élevé, & n'approchent pas de la beauté & de l'éclat des autres, si elles n'en empruntent de la pompe des Vers, ou de la magnificence du spectacle, ou de quelque autre agrément qui vienne d'ailleurs que du Sujet.

Dans ces actions Tragiques qui se passent entre proches, il faut considerer, si celuy qui veut faire perir l'autre le connoist, ou ne connoist pas, & s'il acheve, ou n'acheve pas. La diverse combination de ces deux manieres d'agir, forme quatre sortes de Tragedies à qui nostre Philosophe attribuë divers degrez de perfection. On connoit celuy qu'on veut perdre, & on le fait perir en effet, comme Medée tuë ses enfans, Clytemnestre son mary, Oreste sa mere, & la moindre espece est celle-là. On le fait perir sans le connoistre, & on le reconnoit avec déplaisir apres l'avoir perdu, & cela, dit-il, ou avant la Tragedie comme Oedipe, ou dans la Tragedie comme l'Alcmæon d'Astydamas, & Telegonus dans Ulysse blessé, qui sont deux Pieces que le temps n'a pas laissé venir jusqu'à nous, & cette seconde espece a quelque chose de plus elevé selon luy que la premiere. La troisiéme est dans le haut degré d'excellence, quand on est prest de faire perir un de ses proches sans le connoistre, & qu'on le reconnoit assez tost pour le sauver, comme Iphigenie reconnoit Oreste pour son frere, lors qu'elle devoit le sacrifier à Diane, & s'enfuit avec luy. Il en cite encor deux autres exemples, de Merope dans Cresphonte, & de Hellé, dont nous ne connoissons ny l'un ny l'autre. Il condamne entierement la quatriéme espece de ceux qui connoissent, entreprennent, & n'achevent pas, qu'il dit avoir quelque chose de méchant, & rien de Tragique, & en donne pour exemple, Emon qui tire l'épée contre son pere dans l'Antigone, & ne s'en sert que pour se tuer luy-mesme. Mais si cette condamnation n'estoit modifiée, elle s'estendroit un peu loin, & enveloperoit non seulement le Cid, mais Cinna, Rodogune, Heraclius & Nicomede.

Disons donc qu'elle ne doit s'entendre que de ceux qui connoissent la personne qu'ils veulent perdre, & s'en dédisent par un simple changement de volonté, sans aucun évenement notable qui les y oblige, & sans aucun manque de pouvoir de leur part. J'ay déja marqué cette sorte de dénouement pour vicieux. Mais quand ils y font de leur costé tout ce qu'ils peuvent, & qu'ils sont empeschez d'en venir à l'effet par quelque Puissance superieure, ou par quelque changement de fortune qui les fait perir eux-mesmes, ou les reduit sous le pouvoir de ceux qu'ils vouloient perdre, il est hors de doute que cela fait une Tragedie d'un genre peut-estre plus sublime, que les trois qu'Aristote avouë, & que s'il n'en a point parlé, c'est qu'il n'en voyoit point d'exemples sur les Theatres de son temps, où ce n'estoit pas la Mode de sauver les bons par la perte des méchans, à moins que de les souiller eux-mesmes de quelque crime, comme Electre qui se delivre d'oppression par la mort de sa mere, où elle encourage son frere, & luy en facilite les moyens.

L'action de Chimene n'est donc pas défectueuse, pour ne perdre pas Rodrigue apres l'avoir entrepris, puisqu'elle y fait son possible, & que tout ce qu'elle peut obtenir de la justice de son Roy, c'est un combat, où la victoire de ce deplorable Amant luy impose silence. Cinna & son Æmilie ne pechent point contre la Regle en ne perdant point Auguste, puisque la conspiration découverte, les met dans l'impuissance, & qu'il

DE LA TRAGEDIE.

faudroit qu'ils n'eussent aucune teinture d'humanité, si une clemence si peu attenduë ne dissipoit toute leur haine. Qu'épargne Cleopatre pour perdre Rodogune, & qu'oublie Phocas pour se défaire d'Heraclius ? & si Prusias demeuroit le maistre, Nicomede n'iroit-il pas servir d'ôtage à Rome, ce qui luy seroit un plus rude supplice que la mort ? Les deux premiers reçoivent la peine de leurs crimes, & succombent dans leur entreprise sans s'en dédire, & ce dernier est forcé de reconnoistre son injustice, après que le soulevement de son Peuple, & la generosité de ce fils qu'il vouloit aggrandir aux dépens de son aisné, ne luy permettent plus de la faire reüssir.

Ce n'est pas démentir Aristote, que de l'expliquer ainsi favorablement pour trouver dans cette quatriéme maniere d'agir qu'il rebute, une espece de nouvelle Tragedie plus belle que les trois qu'il recommande, & qu'il leur eust sans doute preferée, s'il l'eust connuë. C'est faire honneur à nostre Siecle sans rien retrancher de l'authorité de ce Philosophe, mais je ne sçay comment faire pour luy conserver cette authorité, & renverser l'ordre de la preference qu'il établit entre ces trois especes. Cependant je pense estre bien fondé sur l'experience, à douter si celle qu'il estime la moindre des trois, n'est point la plus belle, & si celle qu'il tient la plus belle, n'est point la moindre. La raison est que celle-cy ne peut exciter de pitié. Un pere y veut perdre son fils sans le connoistre, & ne le regarde que comme indifferent, & peut-estre comme ennemy: soit qu'il passe pour l'un ou pour l'autre, son peril n'est digne d'aucune commiseration selon Aristote mesme, & ne fait naistre en l'Auditeur, qu'un certain mouvement de trepidation interieure, qui le porte à craindre que ce fils ne perisse avant que l'erreur soit découverte, & à souhaiter qu'elle se découvre assez tost pour l'empescher de perir : ce qui part de l'interest qu'on ne manque jamais à prendre dans la fortune d'un homme assez vertueux pour se faire aimer, & quand cette reconnoissance arrive, elle ne produit qu'un sentiment de conjouïssance de voir arriver la chose comme on le souhaitoit.

Quand elle ne se fait qu'après la mort de l'inconnu, la compassion qu'excitent les déplaisirs de celuy qui le fait perir, ne peut avoir grande estenduë, puis qu'elle est reculée & renfermée dans la Catastrophe. Mais lors qu'on agit à visage découvert, & qu'on sçait à qui on en veut, le combat des passions contre la Nature, ou du devoir contre l'amour, occupe la meilleure partie du Poëme, & de là naissent les grandes & fortes emotions, qui renouvellent à tous momens, & redoublent la commiseration. Pour justifier ce raisonnement par l'experience, nous voyons que Chimene & Antiochus en excitent beaucoup plus que ne fait Oedipe de sa personne. Je dis, de sa personne, parce que le Poëme entier en excite peut-estre autant que le Cid, ou que Rodogune ; mais il en doit

ẽ iij

une partie à Dircé, & ce qu'elle en fait naistre n'est qu'une pitié empruntée d'un Episode.

Je sçay que l'Agnition est un grand ornement dans les Tragedies, Aristote le dit, mais il est certain qu'elle a ses incommoditez. Les Italiens l'affectent en la pluspart de leurs Poëmes, & perdent quelquefois, par l'attachement qu'ils y ont, beaucoup d'occasions de sentimens Pathetiques, qui auroient des beautez plus considerables. Cela se voit manifestement en la Mort de Crispe, faite par un de leurs plus beaux esprits, Jean Baptiste Ghirardelli, & imprimée à Rome en l'année 1653. Il n'a pas manqué d'y cacher sa naissance à Constantin, & d'en faire seulement un grand Capitaine, qu'il ne reconnoit pour son fils qu'après qu'il l'a fait mourir. Toute cette Piece est si pleine d'esprit & de beaux sentimens, qu'elle eut assez d'éclat pour obliger à écrire contre son Autheur, & à la censurer si tost qu'elle parut. Mais combien cet' naissance cachée sans besoin, & contre la verité d'une histoire connuë, luy a-t-elle dérobé de choses plus belles que les brillants dont il a semé cet Ouvrage? Les ressentimens, le trouble, l'irresolution, & les déplaisirs de Constantin auroient esté bien autres à prononcer un Arrest de mort contre son fils, que contre un soldat de fortune. L'injustice de sa préoccupation auroit esté bien plus sensible à Crispe de la part d'un pere, que de la part d'un maistre, & la qualité de fils augmentant la grandeur du crime qu'on luy imposoit, eust en mesme temps augmenté la douleur d'en voir un pere persuadé. Fauste mesme auroit eu plus de combats interieurs pour entreprendre un inceste que pour se resoudre à un adultere, ses remords en auroient esté plus animez, & ses desespoirs plus violens. L'Autheur a renoncé à tous ces avantages pour avoir dédaigné de traiter ce Sujet, comme l'a traité de nostre temps le Pere Stephonius Iesuite, & comme nos Anciens ont traité celuy d'Hyppolite, & pour avoir crû l'élever d'un étage plus haut selon la pensée d'Aristote, je ne sçay s'il ne l'a point fait tomber au dessous de ceux que je viens de nommer.

Il y a grande apparence que ce qu'a dit ce Philosophe de ces divers degrez de perfection pour la Tragedie, avoit une extréme justesse de son temps, & en la presence de ses compatriotes, je n'en veux point douter, mais aussi je ne me puis empescher de dire que le goust de nostre siecle n'est point celuy du sien sur cette preference d'une espece à l'autre, ou du moins, que ce qui plaisoit au dernier point à ses Atheniens, ne plaist pas également à nos François, & je ne sçay point d'autre moyen de trouver nos doutes supportables, & demeurer tout ensemble dans la veneration que nous devons à tout ce qu'il a écrit de la Poëtique.

Avant que de quiter cette matiere, examinons son sentiment sur deux avis qu'il nous touchant ces Sujets entre des personnes proches. L'un est si le Poëte les peut inventer, l'autre s'il ne peut rien changer en ceux qu'il

DE LA TRAGEDIE.

tire de l'Histoire, ou de la Fable.

Pour la premiere, il eſt indubitable que les Anciens en prenoient ſi peu de liberté, qu'ils arrétoient leurs Tragedies autour de peu de familles, parce que ces ſortes d'actions étoient arrivées en peu de familles, ce qui fait dire à ce Philoſophe, que la Fortune leur fourniſſoit des Sujets, & non pas l'Art. Ie penſe l'avoir dit en l'autre Diſcours. Il ſemble toutefois qu'il en accorde un plein pouvoir aux Poëtes par ces paroles. Ils doivent bien uſer de ce qui eſt receu, ou inventer eux-meſmes. Ces termes decideroient la queſtion s'ils n'étoient point ſi generaux; mais comme il a poſé trois eſpeces de Tragedies, ſelon les divers temps de connoiſtre, & les diverſes façons d'agir, nous pouvons faire une reveuë ſur toutes les trois, pour juger s'il n'eſt point à propos d'y faire quelque diſtinction qui reſſerre cette liberté. I'en diray mon avis d'autant plus hardiment, qu'on ne pourra m'imputer de contredire Ariſtote, pourveu que je la laiſſe entiere à quelqu'une des trois.

J'eſtime donc en premier lieu, qu'en celles où l'on ſe propoſe de faire perir quelqu'un que l'on connoit; ſoit qu'on acheve, ſoit qu'on ſoit empeſché d'achever, il n'y a aucune liberté d'inventer la principale action, mais qu'elle doit eſtre tirée de l'Histoire, ou de la Fable. Ces entrepriſes contre des Proches ont toûjours quelque choſe de ſi criminel, & de ſi contraire à la Nature, qu'elles ne ſont pas croyables à moins que d'eſtre appuyées ſur l'une, ou ſur l'autre, & jamais elles n'ont cette vray-ſemblance, ſans laquelle ce qu'on invente ne peut eſtre de miſe.

Je n'oſe decider ſi abſolument de la ſeconde eſpece. Qu'un homme prenne querelle avec un autre, & que l'ayant tué il vienne à le reconnoiſtre pour ſon pere, ou pour ſon frere, & en tombe au deſeſpoir, cela n'a rien de vray-ſemblable, & par conſequent on le peut inventer; mais d'ailleurs, cette circonſtance de tuer ſon pere ou ſon frere ſans le connoiſtre eſt ſi extraordinaire, & ſi éclatante, qu'on a quelque droit de dire que l'Hiſtoire n'oſe manquer à s'en ſouvenir, quand elle arrive entre des perſonnes illuſtres, & de refuſer toute croyance à de tels évenemens, quand elle ne les marque point. Le Theatre ancien ne nous en fournit aucun exemple qu'Oedipe, & je ne me ſouviens point d'en avoir veu aucun autre chez nos Hiſtoriens. Ie ſçay que cet évenement ſent plus la Fable que l'Hiſtoire, & que par conſequent il peut avoir été inventé, ou en tout, ou en partie; mais la Fable & l'Hiſtoire de l'Antiquité ſont ſi meſlées enſemble, que pour n'eſtre pas en peril d'en faire un faux diſcernement, nous leur donnons une égale authorité ſur nos Theatres. Il ſuffit que nous n'inventions pas ce qui de ſoy n'eſt point vray-ſemblable, & qu'étant inventé de longue-main, il ſoit devenu ſi bien de la connoiſſance de l'Auditeur, qu'il ne s'éfarouche point à le voir ſur la Scene. Toute la Metamorphoſe d'Ovide eſt manifeſtement d'invention : on ne peut tirer des Sujets de Tragedie, mais non pas inventer sur ce modelle, si ce n'est des Episodes de mesme trempe. La raison en est, que bien que nous ne devions rien inventer que de vray-semblable, & que ces Sujets Fabuleux comme Andromede & Phaëton ne le soient point du tout, inventer des Episodes, ce n'est pas tant inventer, qu'ajouster à ce qui est déja inventé; & ces Episodes trouvent une espece de vray-semblance dans leur rapport avec l'action principale, en sorte qu'on peut dire que supposé que cela se soit pû faire, il s'est pû faire comme le Poëte la décrit.

De tels Episodes toutefois ne seroient pas propres à un Sujet Hystorique, ou de pure invention, parce qu'ils manqueroient de rapport avec l'action principale, & seroient moins vray-semblables qu'elle. Les apparitions de Venus & d'Æole ont eu bonne grace dans Andromede; mais si j'avois fait descendre Iuppiter pour reconcilier Nicomede avec son pere, ou Mercure pour reveler à Auguste la conspiration de Cinna, j'aurois fait revolter tout mon Auditoire, & cette merveille auroit détruit toute la croyance que le reste de l'action auroit obtenuë. Ces dénoüemens par des Dieux de Machine sont fort frequents chez les Grecs, dans des Tragedies qui paroissent Historiques, & qui sont vray-semblables à cela près. Aussi Aristote ne les condamne pas tout-à-fait, & se contente de leur preferer ceux qui viennent du Sujet. Ie ne sçay ce qu'en decidoient les Atheniens qui étoient leurs juges, mais les deux exemples que je viens de citer, montrent suffisamment qu'il seroit dangereux pour nous de les imiter en cette sorte de licence. On me dira que ces apparitions n'ont garde de nous plaire, parce que nous en sçavons manifestement la fausseté, & qu'elles choquent nostre Religion, ce qui n'arrivoit pas chez les Grecs. I'avouë qu'il faut s'accommoder aux mœurs de l'Auditeur, & à plus forte raison à sa croyance: mais aussi doit-on m'accorder que nous avons du moins autant de foy pour l'apparition des Anges & des Saints, que les Anciens en avoient pour celles de leur Apollon & de leur Mercure. Cependant qu'auroit-on dit, si pour démesler Heraclius d'avec Martian après la mort de Phocas, je me fusse servy d'un Ange? Ce Poëme est entre des Chrétiens, & cette apparition y auroit eu autant de justesse que celles des Dieux de l'Antiquité dans ceux des Grecs; y eust été neantmoins un secret infaillible de rendre celuy-là ridicule, & il ne faut qu'avoir un peu de sens commun pour en demeurer d'accord. Qu'on me permette donc de dire avec Tacite. Non omnia apud priores meliora, sed nostra quoque ætas multa laudis & artium imitanda posteris tulit.

Ie reviens aux Tragedies de cette seconde espece, où l'on ne connoit un pere, ou un fils, qu'après l'avoir fait perir, & pour conclure en deux mots après cette digression, je ne condamneray jamais personne pour en avoir inventé, mais je ne me le permettray jamais.

Celles de

DE LA TRAGEDIE.

Celles de la troisième espèce ne reçoivent aucune difficulté. Non seulement on les peut inventer, puisque tout y est vray-semblable, & suit le train commun des affections naturelles, mais je doute mesme si ce ne seroit point les bannir du Theatre, que d'obliger les Poëtes à entrendre les Sujets dans l'Histoire. Nous n'en voyons point de cette nature chez les Grecs, qui n'ayent la mine d'avoir été inventez par leurs Autheurs. Il se peut faire que la Fable leur en aye prêté quelques-uns. Je n'ay pas les yeux assez penetrans pour percer de si épaisses obscuritez, & déterminer si l'Iphigenie in Tauris est de l'invention d'Euripide, comme son Helene, & son Ion, ou s'il l'a prise d'un autre; mais je croy pouvoir dire qu'il est tres-malaisé d'en trouver dans l'Histoire: soit que de tels évenemens n'arrivent que tres-rarement, soit qu'ils n'ayent pas assez d'éclat pour y meriter une place. Celuy de Thesée reconnu par le Roy d'Athenes son pere, sur le point qu'il le alloit faire perir, est le seul dont il me souvienne. Quoy qu'il en soit, ceux qui aiment à les mettre sur la Scene peuvent les inventer sans crainte de la censure. Ils pourront produire par là quelque agreable suspension dans l'esprit de l'Auditeur, mais il ne faut pas qu'ils se promettent de luy tirer beaucoup de larmes.

L'autre question, s'il est permis de changer quelque chose aux Sujets qu'on emprunte de l'Histoire ou de la Fable, semble decidée en termes assez formels par Aristote, lors qu'il dit, qu'il ne faut point changer les Sujets receus, & que Clitemnestre ne doit point estre tuée par un autre qu'Oreste, ny Eriphile par un autre qu'Alcmæon. Cette decision peut toutefois recevoir quelque distinction, & quelque temperament. Il est constant que les circonstances, ou si vous l'aimez mieux, les moyens de parvenir à l'action demeurent en nostre pouvoir. L'Histoire souvent ne les marque pas, ou en rapporte si peu, qu'il est besoin d'y suppléer pour remplir le Poëme: & mesme il y a quelque apparence de présumer que la memoire de l'Auditeur, qui les aura leües autrefois, ne s'y sera pas si fort attachée, qu'il s'aperçoive assez du changement que nous y aurons fait, pour nous accuser de mensonge; ce qu'il ne manqueroit pas de faire, s'il voyoit que nous changeassions l'action principale. Cette falsification seroit cause qu'il n'ajousteroit aucune foy à tout le reste, comme au contraire il croit aisément tout ce reste, quand il le voit servir d'acheminement à l'effet qu'il sçait véritable, & dont l'Histoire luy a laissé une plus forte impression. L'exemple de la mort de Clytemnestre peut servir de preuve à ce que je viens d'avancer. Sophocle & Euripide l'ont traitée tous deux, mais chacun avec un nœud & un dénoüement tous-à-fait differens l'un de l'autre, & c'est cette difference qui empesche que ce ne soit la mesme Piece, bien que ce soit le mesme Sujet, dont ils ont conservé l'action principale. Il faut donc la conserver comme eux, mais il faut examiner en mesme temps si elle n'est point si cruelle,

Tome II.

ou si difficile à representer, qu'elle puisse diminuer quelque chose de la croyance que l'Auditeur doit à l'Histoire, & qu'il veut bien donner à la Fable, en se mettant en la place de ceux qui l'ont prise pour une verité. Lors que cet inconvenient est à craindre, il est bon de cacher l'evenement à la veuë, & de le faire sçavoir par un recit qui frappe moins que le Spectacle, & nous impose plus aisément.

C'est par cette raison qu'Horace ne veut pas que Medée tuë ses enfans, ny qu'Atrée fasse rostir ceux de Thyeste à la veuë du Peuple. L'horreur de ces actions engendre une repugnance à les croire, aussi bien que la Metamorphose de Progné en oiseau, & de Cadmus en serpent, dont la representation presque impossible excite la mesme incredulité, quand on la hazarde aux yeux du Spectateur.

Quæcumque ostendis mihi sic, incredulus odi.

Je passe plus outre, & pour extenuer, ou retrancher cette horreur dangereuse d'une action Historique, je voudrois la faire arriver sans la participation du premier Acteur, pour qui nous devons toûjours ménager la faveur de l'Auditoire. Aprés que Cleopatre eust tué Seleucus, elle presenta du poison à son autre fils Antiochus à son retour de la chasse, & ce Prince soupçonnant ce qui en étoit, la contraignit de le prendre, & la força à s'empoisonner. Si j'eusse fait voir cette action sans y rien changer, c'eust été punir un paricide par un autre paricide, on eust pris aversion pour Antiochus, & il a été bien plus doux, de faire qu'elle mesme, voyant que sa haine & sa noire perfidie alloient estre découvertes, s'empoisonne dans son desespoir, à dessein d'enveloper ces deux Amans dans sa perte, en leur ostant tout sujet de défiance. Cela fait deux effets. La punition de cette impitoyable mere laisse un plus fort exemple, puisqu'elle devient un effet de la justice du Ciel, & non pas de la vangeance des hommes; d'autre costé Antiochus ne perd rien de la compassion, & de l'amitié qu'on avoit pour luy, qui redoublent plutost qu'elles ne diminuënt, & enfin l'action Historique s'y trouve conservée malgré ce changement, puisque Cleopatre perit par le mesme poison qu'elle presente à Antiochus.

Phocas étoit un tyran, & sa mort n'étoit pas un crime; cependant il a été sans doute plus à propos de la faire arriver par la main d'Exupere, que par celle d'Heraclius. C'est un soin que nous devons prendre de preserver nos Heros du crime tant qu'il se peut, & les exempter mesme de tremper leurs mains dans le sang, si ce n'est en un juste combat. J'ay beaucoup osé dans Nicomede. Prusias son pere l'avoit voulu faire assassiner dans son Armée, sur ce qu'il en eust par les assassins mesmes, il entra dans son Royaume, s'en empara, & reduisit ce malheureux pere à se cacher dans une caverne où il luy fit trouver la mort qu'il luy destinoit. Je n'ay pas poussé l'Histoire jusque-là, & aprés l'avoir peint trop

DE LA TRAGEDIE.

vertueux pour l'engager dans un parricide, j'ay crû que je pouvois me contenter de le rendre maistre de la vie de ceux qui le persecutoient, sans le faire passer plus avant.

Je ne sçaurois dissimuler une delicatesse que j'ay sur la mort de Clytemnestre, qu'Aristote nous propose pour exemple des actions qui ne doivent point estre changées. Je veux bien avec luy qu'elle ne meure que de la main de son fils Oreste, mais je ne puis souffrir chez Sophocle que ce fils la poignarde de dessein formé, cependant qu'elle est à genoux devant luy, & le conjure de luy laisser la vie. Je ne puis mesme pardonner à Electre, qui passe pour une vertueuse opprimée dans le reste de la Piece, l'inhumanité dont elle encourage son frere à ce parricide. C'est un fils qui vange son pere, mais c'est sur sa mere qu'il le vange. Seleucus & Antiochus avoient droit d'en faire autant dans Rodogune, mais je n'ay osé leur en donner la moindre pensée. Aussi nostre Maxime de faire aimer nos principaux Acteurs n'étoit pas de l'usage de nos Anciens, & ces Republicains avoient une si forte haine des Rois, qu'ils voyoient avec plaisir des crimes dans les plus innocens de leur race. Pour rectifier ce Sujet à nostre Mode, il faudroit qu'Oreste n'eust dessein que contre Ægiste, qu'un reste de tendresse respectueuse pour sa mere luy en fist remetre la punition aux Dieux, que cette Reine s'opiniastrast à la protection de son adultere, & qu'elle se mist entre son fils & luy si mal-heureusement, qu'elle receust le coup que ce Prince voudroit porter à cet assassin de son pere. Ainsi elle mourroit de la main de son fils, comme le veut Aristote, sans que la barbarie d'Oreste nous fist horreur, comme dans Sophocle, ny que son action meritast des Furies vangeresses pour le tourmenter, puisqu'il demeureroit innocent.

Le mesme Aristote nous authorise à en user de cette maniere, lors qu'il nous apprend que le Poëte n'est pas obligé de traiter les choses comme elles se sont passées, mais comme elles ont pû, ou dû se passer, selon le vray-semblable, ou le necessaire. Il repete souvent ces derniers mots, & ne les explique jamais. Je tascheray d'y suppléer au moins mal qu'il me sera possible, & j'espere qu'on me pardonnera, si je m'abuse.

Je dis donc premierement, que cette liberté qu'il nous laisse d'embellir les actions Historiques par des inventions vray-semblables n'emporte aucune défense de nous écarter du vray-semblable dans le besoin. C'est un privilege qu'il nous donne, & non pas une servitude qu'il nous impose. Cela est clair par ses paroles mesmes. Si nous pouvons traiter les choses selon le vray-semblable, ou selon le necessaire, nous pouvons quitter le vray-semblable pour suivre le necessaire, & cette alternative met en nostre choix de nous servir de celuy des deux que nous jugerons le plus à propos.

Cette liberté du Poëte se trouve encor en termes plus formels dans le vingt & cinquiéme Chapitre, qui contient les excuses, ou plûtost les justifications dont il se peut servir contre la censure. Il faut, dit-il, qu'il suive un de ces trois moyens de traiter les choses, & qu'il les represente ou comme elles ont été, ou comme on dit qu'elles ont été, ou comme elles ont dû estre : *par où il luy donne le choix, ou de la verité Historique, ou de l'opinion commune surquoy la Fable est fondée, ou de la vray-semblance. Il ajouste en suite.* Si on le reprend de ce qu'il n'a pas écrit les choses dans la verité, qu'il réponde qu'il les a écrites comme elles ont dû estre ; si on luy impute de n'avoir fait ny l'un ny l'autre, qu'il se défende sur ce qu'en publie l'opinion commune, comme en ce qu'on raconte des Dieux, dont la plus grande partie n'a rien de veritable. *Et un peu plus bas.* Quelquefois ce n'est pas le meilleur qu'elles se soient passées de la maniere qu'il les décrit, neantmoins elles se sont passées effectivement de cette maniere, & par consequent il est hors de faute. *Ce dernier Passage montre que nous ne sommes point obligez de nous écarter de la verité, pour donner une meilleure forme aux actions de la Tragedie par les ornemens de la vray-semblance, & le montre d'autant plus fortement, qu'il demeure pour constant par le second de ces trois Passages, que l'opinion commune suffit pour nous justifier, quand nous n'avons pas pour nous la verité, & que nous pourrions faire quelque chose de mieux que ce que nous faisons, si nous recherchions les beautez de cette vray-semblance. Nous courons par là quelque risque d'un plus foible succés, mais nous ne péchons que contre le soin que nous devons avoir de nostre gloire, & non pas contre les Regles du Theatre.*

Je fais une seconde remarque sur ces termes de vray-semblable & de necessaire dont l'ordre se trouve quelque-fois renversé chez ce Philosophe, qui tantost dit selon le necessaire ou le vray-semblable, *& tantost* selon le vray-semblable ou le necessaire. *D'où je tire une consequence, qu'il y a des occasions où il faut preferer le vray-semblable au necessaire, & d'autres où il faut preferer le necessaire au vray-semblable. La raison en est, que ce qu'on employe le dernier dans les propositions alternatives, s'y est placé comme un pis-aller, dont il faut se contenter, quand on ne peut arriver à l'autre, & qu'on doit faire effort pour le premier, avant que de se reduire au second, où l'on n'a droit de recourir qu'au defaut de ce premier.*

Pour éclaircir cette preference mutuelle du vray-semblable au necessaire, & du necessaire au vray-semblable, il faut distinguer deux choses dans les actions qui composent la Tragedie. La premiere consiste en ces actions mesmes, accompagnées des inseparables circonstances du temps & du lieu, & l'autre en la liaison qu'elles ont ensemble, qui les

DE LA TRAGEDIE.

fait naistre l'une de l'autre. En la premiere, le vray-semblable est à preferer au necessaire, & le necessaire au vray-semblable dans la seconde.

Il faut placer les actions où il est plus facile & mieux seant qu'elles arrivent, & les faire arriver dans un loisir raisonnable, sans les presser extraordinairement, si la necessité de les renfermer dans un lieu & dans un jour ne nous y oblige. J'ay déja fait voir en l'autre Discours, que pour conserver l'unité de lieu, nous faisons souvent parler des personnes dans une Place publique, qui vray-semblablement s'entretiendroient dans une chambre, & je m'asseure que si on racontoit dans un Roman ce que je fais arriver dans le Cid, dans Polyeucte, dans Pompée, ou dans le Menteur, on luy donneroit un peu plus d'un jour pour l'étenduë de sa durée. L'obeissance que nous devons aux Régles de l'unité de jour & de lieu nous dispense alors du vray-semblable, bien qu'elle ne nous permette pas l'impossible : mais nous ne tombons pas toujours dans cette necessité, & la Suivante, Cinna, Theodore, & Nicomede n'ont point eu besoin de s'écarter de la vray-semblance, à l'égard du temps, comme ces autres Poëmes.

Cette reduction de la Tragedie au Roman est la pierre de touche, pour demesler les actions necessaires d'avec les vray-semblables. Nous sommes gesnez au Theatre par le lieu, par le temps, & par les incommoditez de la representation, qui nous empeschent d'exposer à la veuë beaucoup de Personnages tout à la fois, de peur que les uns ne demeurent sans action, ou ne troublent celle des autres. Le Roman n'a aucune de ces contraintes. Il donne aux actions qu'il décrit tout le loisir qu'il leur faut pour arriver ; il place ceux qu'il fait parler, agir, ou resver, dans une chambre, dans une forest, en Place publique, selon qu'il est plus à propos pour leur action particuliere ; il a pour cela tout un Palais, toute une ville, tout un Royaume, toute la Terre où les promener ; & s'il fait arriver, ou raconter quelque chose en presence de trente personnes, il en peut décrire les divers sentimens l'un aprés l'autre. C'est pourquoy il n'a jamais aucune liberté de se departir de la vray-semblance, parce qu'il n'a jamais aucune raison, ny excuse legitime pour s'en écarter.

Comme le Theatre ne nous laisse pas tant de facilité de reduire tout dans le vray-semblable, parce qu'il ne nous fait rien sçavoir que par des gens qu'il expose à la veuë de l'Auditeur en peu de temps, il nous en dispense aussi plus aisément. On peut soutenir que ce n'est pas tant nous en dispenser, que nous permettre une vray-semblance plus large : mais puisqu'Aristote nous authorise à y traiter les choses selon le necessaire, j'aime mieux dire que tout ce qui s'y passe d'une autre façon qu'il ne se passeroit dans un Roman, n'a point de vray-semblance, à le bien prendre, & se doit ranger entre les actions necessaires.

L'*Horace* en peut fournir quelques exemples. L'unité de lieu y est exacte, tout s'y passe dans une Salle. Mais si on en faisoit un Roman avec les mesmes particularitez, de Scene en Scene, que j'y ay employées, feroit-on tout passer dans cette Salle? A la fin du premier Acte, Curiace & Camille sa Maitresse vont rejoindre le reste de la famille, qui doit estre dans un autre Apartement: Entre les deux Actes, ils y reçoivent la Nouvelle de l'élection des trois Horaces ; à l'ouverture du second, Curiace paroit dans cette mesme Salle pour l'en congratuler. Dans le Roman il auroit fait cette congratulation au mesme lieu où l'on en reçoit la Nouvelle en presence de toute la famille, & il n'est point vray-semblable qu'ils s'écartent eux deux pour cette conjoüissance; mais il est necessaire pour le Theatre, & à moins que cela, les sentimens des trois Horaces, de leur pere, de leur sœur, de Curiace, & de Sabine se fussent presentez à faire paroistre tous à la fois. Le Roman qui ne fait rien voir en fust aisément venu à bout: mais sur la Scene il a fallu les separer, pour y mettre quelque ordre, & les prendre l'un apres l'autre, en commençant par ces deux-cy, que j'ay été forcé de ramener dans cette Salle sans vray-semblance. Cela passé, le reste de l'Acte est tout-à-fait vray-semblable, & n'a rien qu'on fust obligé de faire arriver d'une autre maniere dans le Roman. A la fin de cet Acte, Sabine & Camille outrées de déplaisir se retirent de cette Salle, avec un emportement de douleur, qui vray-semblablement va renfermer leurs larmes dans leur chambre, où le Roman les feroit demeurer, & y recevoir la Nouvelle du combat. Cependant, par la necessité de les faire voir aux Spectateurs, Sabine quitte sa chambre au commencement du troisiéme Acte, & revient entretenir ses douloureuses inquiétudes dans cette Salle, où Camille la vient trouver. Cela fait, le reste de cet Acte est vray-semblable, comme en l'autre, & si vous voulez examiner avec cette rigueur les premieres Scenes des deux derniers, vous trouverez peut-estre la mesme chose, & que le Roman placeroit ses Personnages ailleurs qu'en cette Salle, s'ils en étoient une fois sortis comme ils en sortent à la fin de chaque Acte.

Ces exemples peuvent suffire pour expliquer comme on peut traiter une action selon le necessaire, quand on ne la peut traiter selon le vray-semblable, qu'on doit toûjours preferer au necessaire, lors qu'on ne regarde que les actions en elles-mesmes.

Il n'en va pas ainsi de leur liaison qui les fait naistre l'une de l'autre. Le necessaire y est à preferer au vray-semblable, non que cette liaison ne doive toûjours estre vray-semblable, mais parce qu'elle est beaucoup meilleure, quand elle est vray-semblable & necessaire tout ensemble. La raison en est aisée à concevoir. Lors qu'elle n'est que vray-semblable sans estre necessaire, le Poëme s'en peut passer, & elle n'y est pas de grande

DE LA TRAGEDIE. xxiij

importance; mais quand elle est vray-semblable & necessaire, elle devient une partie essentielle du Poëme, qui ne peut subsister sans elle. Vous trouverez dans Cinna des exemples de ces deux sortes de liaisons; j'appelle ainsi la maniere dont une action est produite par l'autre. Sa conspiration contre Auguste est causée necessairement par l'amour qu'il a pour Æmilie; parce qu'il la veut épouser, & qu'elle ne veut se donner à luy qu'à cette condition. De ces deux actions, l'une est vraye, l'autre est vray-semblable, & leur liaison est necessaire. La bonté d'Auguste donne des remords & de l'irresolution à Cinna, ces remords & cette irresolution ne sont causez que vray-semblablement par cette bonté, & n'ont qu'une liaison vray-semblable avec elle, parce que Cinna pouvoit demeurer dans la fermeté, & arriver à son but, qui est d'épouser Æmilie. Il la consulte dans cette irresolution; cette consultation n'est que vray-semblable, mais elle est un effet necessaire de son amour, parce que s'il eust rompu la conjuration sans son aveu, il ne fust jamais arrivé à ce but qu'il s'étoit proposé, & par consequent voilà une liaison necessaire entre deux actions vray-semblables, ou si vous l'aimez mieux, une production necessaire d'une action vray-semblable par une autre pareillement vray-semblable.

Avant que d'en venir aux definitions & divisions du vray-semblable & du necessaire, je fais encor une reflexion sur les actions qui composent la Tragedie, & trouve que nous pouvons y en faire entrer de trois sortes, selon que nous le jugeons à propos. Les unes suivent l'Histoire, les autres ajoustent à l'Histoire, les troisiémes falsifient l'Histoire. Les premieres sont vrayes, les secondes quelquefois vray-semblables, & quelquefois necessaires, & les dernieres doivent toujours estre necessaires.

Lors qu'elles sont vrayes, il ne faut point se mettre en peine de la vray-semblance, elles n'ont pas besoin de son secours. Tout ce qui s'est fait manifestement s'est pû faire, dit Aristote, parce que s'il ne s'étoit pû faire, il ne se seroit pas fait. Ce que nous ajoustons à l'Histoire, comme il n'est pas appuyé de son authorité, n'a pas cette prerogative. Nous avons une pante naturelle, ajouste ce Philosophe, à croire que ce qui ne s'est point fait n'a pû encor se faire, & c'est pourquoy ce que nous inventons a besoin de la vray-semblance la plus exacte qu'il est possible pour le rendre croyable.

A bien peser ces deux Passages, je croy ne m'éloigner point de sa pensée, quand j'ose dire pour definir le vray-semblable, que c'est une chose manifestement possible dans la bien-seance, & qui n'est ny manifestement vraye, ny manifestement fausse. On en peut faire deux divisions, l'une en vray-semblable general & particulier, l'autre en ordinaire & extraordinaire.

Le vray-semblable general est ce que peut faire, & qu'il est à propos

DISCOVRS

que fasse un Roy, un General d'Armée, un Amant, un Ambitieux, &c. Le particulier est ce qu'a pû ou dû faire Alexandre, Cesar, Alcibiade, compatible avec ce que l'Histoire nous apprend de ses actions. Ainsi tout ce qui choque l'Histoire sort de cette vray-semblance, parce qu'il est manifestement faux, & il n'est pas vray-semblable que Cesar après la bataille de Pharsale se soit remis en bonne intelligence avec Pompée, ou Auguste avec Antoine après celle d'Actium, bien qu'à parler en termes generaux, il soit vray-semblable, que dans une guerre civile après une grande bataille, les Chefs des partis contraires se reconcilient, principalement lors qu'ils sont genereux l'un & l'autre.

Cette fausseté manifeste qui détruit la vray-semblance se peut rencontrer mesme dans les Pieces qui sont toutes d'invention. On n'y peut falsifier l'Histoire, puisqu'elle n'y a aucune part, mais il y a des circonstances des temps, & des lieux, qui peuvent convaincre un Autheur de fausseté, quand il prend mal ses mesures. Si j'introduisois un Roy de France ou d'Espagne sous un nom imaginaire, & que je choisisse pour le temps de mon action un siecle, dont l'Histoire eust marqué les veritables Rois de ces deux Royaumes, la fausseté seroit toute visible ; & c'en seroit une encor plus palpable, si je plaçois Rome à deux lieuës de Paris, afin qu'on pust y aller & revenir en un mesme jour. Il y a des choses sur qui le Poëte n'a jamais aucun droit. Il peut prendre quelque licence sur l'Histoire, enfant qu'elle regarde les actions des particuliers, comme celle de Cesar, ou d'Auguste, & leur attribuer des actions qu'ils n'ont pas faites, ou les faire arriver d'une autre maniere qu'ils ne les ont faites ; mais il ne peut pas renverser la Cronologie, pour faire vivre Alexandre du temps de Cesar, & moins encor changer la situation des lieux, ou les noms des Royaumes, des Provinces, des Villes, des Montagnes, & des Fleuves remarquables. La raison est, que ces Provinces, ces Montagnes, ces Rivieres sont des choses permanentes. Ce que nous sçavons de leur situation estoit dès le commencement du Monde, nous devons presumer qu'il n'y a point eu de changement à moins que l'Histoire le marque, & la Geographie nous en apprend tous les noms anciens & modernes. Ainsi un homme seroit ridicule d'imaginer que du temps d'Abraham, Paris fust au pied des Alpes, ou que la Seine traversast l'Espagne, & de mesler de pareilles Grotesques dans une Piece d'invention. Mais l'Histoire est des choses qui passent, & qui succedant les unes aux autres n'ont que chacune un moment pour leur durée, dont il en échape beaucoup à la connoissance de ceux qui l'écrivent. Aussi n'en peut-on monstrer aucune qui contienne tout ce qui s'est passé dans les lieux dont elle parle, ny tout ce qu'ont fait ceux dont elle décrit la vie. Je n'en excepte pas mesme les Commentaires de Cesar qui écrivoit sa propre histoire, & devoit la sçavoir

toute

toute entiere. Nous sçavons quels pays arrosoit le Rhosne & la Seine, avant qu'il vinst dans les Gaules ; mais nous ne sçavons que fort peu de chose ; & peut-estre rien du tout, de ce qui s'y est passé avant sa venuë. Ainsi nous pouvons bien y placer des actions que nous feignons arrivées avant ce temps-là, mais non pas sous ce pretexte de fiction Poëtique, & d'esloignement des temps, y changer la distance naturelle d'un lieu à l'autre. C'est de cette façon que Barclay en a usé dans son Argenis, où il ne nomme aucune Ville, ny Fleuve de Sicile, ny de nos Provinces, que par des noms veritables, bien que ceux de toutes les personnes qu'il y met sur le tapis soient entierement de son invention, aussi bien que leurs actions.

Aristote semble plus indulgent sur cet article, puisqu'il trouve le Poëte excusable, quand il peche contre un autre Art que le sien, comme contre la Medecine, ou contre l'Astrologie. A quoy je rêpons qu'il ne l'excuse que sous cette condition, qu'il arrive par là au but de son Art, auquel il n'auroit pû arriver autrement. Encore avouë-t-il qu'il peche en ce cas, & qu'il est meilleur de ne pecher point du tout. Pour moy, s'il faut recevoir cette excuse, je ferois distinction entre les Arts qu'il peut ignorer sans honte, parce qu'il luy arrive rarement des occasions d'en parler sur son Theatre, tels que sont la Medecine & l'Astrologie que je viens de nommer, & les Arts, sans la connoissance desquels, ou en tout, ou en partie, il ne sçauroit establir de justesse dans aucune Piece, tels que sont la Geographie & la Chronologie. Comme il ne sçauroit representer aucune action sans luy donner quelque lieu & quelque temps, il est inexcusable s'il fait paroistre de l'ignorance dans le choix de ce lieu, & de ce temps où il la place.

Je viens à l'autre division du vray-semblable en ordinaire, & extraordinaire. L'ordinaire est une action qui arrive plus souvent, ou du moins aussi souvent que sa contraire. L'extraordinaire est une action qui arrive à la verité moins souvent que sa contraire, mais qui ne laisse pas d'avoir sa possibilité assez aisée, pour n'aller point jusqu'au miracle, ny jusqu'à ces evenemens singuliers, qui servent de matiere aux Tragedies sanglantes par l'appuy qu'ils ont de l'Histoire, ou de l'opinion commune, & qui ne se peuvent tirer en exemple que pour les Episodes de la Piece dont ils font le corps, parce qu'ils ne sont pas croyables à moins que d'avoir cet appuy. Aristote donne deux idées ou exemples generaux de ce vray-semblable extraordinaire. L'un d'un homme subtil & adroit qui se trouve trompé par un moins subtil que luy : l'autre d'un foible qui se bat contre un plus fort que luy, & en demeure victorieux ; ce qui fut en danger de ne jamais estre bien receu, quand la cause du plus simple, ou du plus foible est la plus équitable. Il semble alors que la justice du Ciel ait presidé au succés, qui trouve d'ailleurs une croyance d'autant plus facile, qu'il répond aux souhaits de l'Auditoire, qui s'interesse toûjours pour ceux dont le procedé est le meilleur. Ainsi la victoire du Cid contre le Comte se trouveroit dans la vray-semblance extraordinaire, quand elle ne seroit pas vraye. Il est vray-semblable, dit nostre Docteur, que beaucoup de choses arrivent contre le vray-semblable, & puisqu'il avouë par là que ces effets extraordinaires arrivent contre la vray-semblance, j'aimerois mieux les nommer simplement croyables, & les ranger sous le necessaire, attendu qu'on ne s'en doit jamais servir sans necessité.

On peut m'objecter que le mesme Philosophe dit qu'au regard de la Poësie on doit preferer l'impossible croyable au possible incroyable, & conclurre de là que j'ay peu de raison d'exiger du vray-semblable, par la définition que j'en ay faite, qu'il soit manifestement possible pour estre croyable, puisque selon Aristote il y a des choses impossibles qui sont croyables.

Pour resoudre cette difficulté, & trouver de quelle nature est cet impossible croyable dont il ne donne aucun exemple, je répons qu'il y a des choses impossibles en elles-mesmes qui paroissent aisément possibles, & par consequent croyables, quand on les envisage d'une autre maniere. Telles sont toutes celles où nous falsifions l'Histoire. Il est impossible qu'elles soient passées comme nous les representons, puisqu'elles se sont passées autrement, & qu'il n'est pas au pouvoir de Dieu mesme de rien changer au passé, mais elles paroissent manifestement possibles, quand elles sont dans la vray-semblance generale, pourveu qu'on les regarde détachées de l'Histoire, & qu'on veuille oublier pour quelque temps ce qu'elle dit de contraire à ce que nous inventons. Tout ce qui se passe dans Nicomede est impossible, puisque l'Histoire porte qu'il fit mourir son pere sans le voir, & que ses freres du second lit étoient en ostage à Rome, lors qu'il s'empara du Royaume. Tout ce qui arrive dans Heraclius ne l'est pas moins, puisqu'il n'estoit pas fils de Maurice, & que bien loin de passer pour celuy de Phocas & estre nourri comme tel chez ce Tyran, il vint fondre sur luy à force ouverte des bords de l'Afrique dont il étoit Gouverneur, & ne le vit peut-estre jamais. On ne prend point neantmoins pour incroyables les incidens de ces deux Tragedies, & ceux qui sçavent le desaveu qu'en fait l'Histoire, les mettent aisément à quartier, pour se plaire à leur representation, parce qu'ils sont dans la vray-semblance generale, bien qu'ils manquent de la particuliere.

Tout ce que la Fable nous dit de ses Dieux, & de ses Metamorphoses, est encor impossible, & ne laisse pas d'estre croyable par l'opinion commune, & par cette vieille tradition qui nous a accoustumez à en ouïr parler. Nous avons droit d'inventer mesme sur ce modèle, & de joindre des incidents également impossibles à ceux que ces anciennes erreurs nous

DE LA TRAGEDIE.

prétent. L'Auditeur n'est point trompé de son attente, quand le titre du Poëme le prépare à n'y voir rien que d'impossible en effet ; Il y trouve tout croyable, & cette premiere supposition faite qu'il est des Dieux, & qu'ils prennent interest & font commerce avec les hommes, à quoy il vient tout résolu, il n'a aucun difficulté à se persuader du reste.

Aprés avoir tasché d'éclaircir ce que c'est que le vray-semblable, il est temps que je hazarde une définition du necessaire, dont Aristote parle tant, & qui seul nous peut authoriser à changer l'Histoire, & à nous écarter de la vray-semblance. Je dis donc que le necessaire en ce qui regarde la Poësie, n'est autre chose que le besoin du Poëte pour arriver à son but, ou pour y faire arriver ses Acteurs. Cette définition a son fondement sur les diverses acceptions du mot Grec ἀναγκαῖον qui ne signifie pas toujours ce qui est absolument necessaire, mais aussi quelquefois ce qui est seulement utile à parvenir à quelque chose.

Le but des Acteurs est divers, selon les divers desseins que la varieté des Sujets leur donne. Un Amant a celuy de posseder sa Maîtresse, un ambitieux de s'emparer d'une Couronne, un homme offensé de se vanger, & ainsi des autres. Les choses qu'ils ont besoin de faire pour y arriver constituent ce necessaire, qu'il faut preferer au vray-semblable, ou pour parler plus juste, qu'il faut ajouster au vray-semblable dans la liaison des actions, & leur dépendance l'une de l'autre. Je pense m'estre déja assez expliqué là-dessus, je n'en diray pas davantage.

Le but du Poëte est de plaire selon les Régles de son art. Pour plaire il a besoin quelquefois de rehausser l'éclat des belles actions, & d'extenüer l'horreur des funestes. Ce sont des necessitez d'embellissement, où il peut bien choquer la vray-semblance particuliere par quelque alteration de l'Histoire, mais non pas se dispenser de la generale, que rarement, & pour des choses qui soient de la derniere beauté, & si brillantes, qu'elles éblouïssent. Sur tout il ne doit jamais les pousser au-delà de la vray-semblance extraordinaire, parce que ces ornemens qu'il ajouste de son invention ne sont pas d'une necessité absoluë, & qu'il fait mieux de s'en passer tout-à-fait, que d'en parer son Poëme contre toute sorte de vray-semblance. Pour plaire selon les Regles de son Art, il a besoin de renfermer son action dans l'unité du jour & de lieu, & comme cela est d'une necessité absoluë & indispensable, il luy est beaucoup plus permis sur ces deux articles, que sur celuy des embellissemens.

Il est si malaisé qu'il se rencontre dans l'Histoire, ny dans l'imagination des hommes, quantité de ces évenemens illustres & dignes de la Tragedie, dont les deliberations & leurs effets puissent arriver en un mesme lieu, & en un mesme jour, sans faire un peu de violence à l'ordre commun des choses, que je ne puis croire cette sorte de violence tout-à-fait condamnable, pourveu qu'elle n'aille pas jusqu'à l'impossible. Il est de beaux Sujets où on ne la peut éviter, & un Autheur scrupuleux se priveroit d'une belle occasion de gloire, & le Public de beaucoup de satisfaction, s'il n'osoit s'enhardir à les mettre sur le Theatre, de peur de se voir forcé à les faire aller plus viste que la vray-semblance ne le permet. Ie luy donnerois en ce cas un conseil que peut-estre il trouveroit salutaire, c'est de ne marquer aucun temps préfix dans son Poëme, ny aucun lieu déterminé où il pose ses Acteurs. L'imagination de l'Auditeur auroit plus de liberté de se laisser aller au courant de l'Action, si elle n'étoit point fixée par ces marques, & il pourroit ne s'apercevoir pas de cette précipitation, si elles ne l'en faisoient souvenir, & n'y appliquoient son esprit malgré luy. Ie me suis toûjours repenti d'avoir fait dire au Roy dans le Cid, qu'il vouloit que Rodrigue se delassast une heure ou deux après la défaite des Maures, avant que de combattre Don Sanche. Ie l'avois fait pour montrer que la Piece étoit dans les vingt-quatre heures, & cela n'a servy qu'à avertir les Spectateurs de la contrainte avec laquelle je l'y ay reduite. Si j'avois fait resoudre ce combat, sans en designer l'heure, peut-estre n'y auroit-on pas pris garde.

Ie ne pense pas que dans la Comedie le Poëte ait cette liberté de presser son action, par la necessité de la reduire dans l'unité de jour. Aristote veut que toutes les actions qu'il y fait entrer soient vray-semblables, & n'ajouste point ce mot, ou necessaires, comme pour la Tragedie. Aussi la difference est assez grande entre les actions de l'une, & celles de l'autre. Celles de la Comedie partent de personnes communes, & ne consistent qu'en intriques d'amour, & en fourberies, qui se developent si aisément en un jour, qu'assez souvent chez Plaute & chez Terence, le temps de leur durée excede à peine celuy de leur representation. Mais dans la Tragedie les affaires publiques sont meslées d'ordinaire avec les interests particuliers des personnes illustres qu'on y fait paroistre : il y entre des batailles, des prises de Villes, de grands perils, des revolutions d'Etats, & tout cela va mal-aisément avec la promptitude que la Regle nous oblige de donner à ce qui se passe sur la Scene.

Si vous me demandez jusques où peut s'étendre cette liberté qu'a le Poëte d'aller contre la verité & contre la vray-semblance, par la consideration du besoin qu'il en a, j'auray de la peine à vous faire une réponse précise. I'ay fait voir qu'il y a des choses sur qui nous n'avons aucun droit ; & pour celles où ce privilege peut avoir lieu, il doit estre plus ou moins resserré, selon que les Sujets sont plus ou moins connus. Il m'étoit beaucoup moins permis dans Horace, & dans Pompée, dont les Histoires ne sont ignorées de personne, que dans Rodogune & dans

Nicomede, dont peu de gens sçavoient les noms avant que je les eusse mis sur le Theatre. La seule mesure qu'on y peut prendre, c'est que tout ce qu'on y ajouste à l'Histoire, & tous les changemens qu'on y apporte, ne soient jamais plus incroyables, que ce qu'on en conserve dans le mesme Poëme. C'est ainsi qu'il faut entendre ce vers d'Horace touchant les fictions d'ornement.

Ficta voluptatis causâ sint proxima veris,

& non pas en porter la signification jusques à celles qui peuvent trouver quelque exemple dans l'Histoire, ou dans la Fable, hors du Sujet qu'on traite. Le mesme Horace decide la question autant qu'on la peut decider par cet autre Vers, avec lequel je finis ce discours.

Dabiturque licentia sumpta pudenter.

Servons-nous-en donc avec retenuë, mais sans scrupule, & s'il se peut, ne nous en servons point du tout. Il vaut mieux n'avoir point besoin de grace, que d'en recevoir.

EXAMEN
DES POEMES CONTENVS
en cette Seconde Partie.

POMPEE.

A BIEN considerer cette Piece, je ne croy pas qu'il y en aye sur le Theatre, où l'Histoire soit plus conservée, & plus falsifiée tout ensemble. Elle est si connuë, que je n'ay osé en changer les évenemens, mais il s'y en trouvera peu qui soient arrivez comme je les fais arriver. Ie n'y ay ajousté que ce qui regarde Cornelie, qui semble s'y offrir d'elle-mesme, puisque dans la verité Historique elle étoit dans le mesme vaisseau que son mary lors qu'il aborda en Egypte, qu'elle le vit descendre dans la barque où il fut assassiné à ses yeux par Septime, & qu'elle fut poursuivie sur Mer par les ordres de Ptolomée. C'est ce qui m'a donné occasion de feindre qu'on l'atteignit, & qu'elle fut ramenée devant Cesar, bien que l'Histoire n'en parle point. La diversité des lieux où les choses se sont passées, & la longueur du temps qu'elles ont consumé dans la verité Historique, m'ont réduit à cette falsification, pour les ramener dans l'unité de jour & de lieu. Pompée fut massacré devant les murs de Pelusium, qu'on appelle aujourd'huy Damiette, & Cesar prit terre à Alexandrie. Ie n'ay nommé ny l'une ny l'autre Ville, de peur que le nom de l'une n'arrétast l'imagination de l'Auditeur, & ne luy fist remarquer malgré luy, la fausseté de ce qui s'est passé ailleurs. Le lieu particulier est comme dans Polyeucte, un grand Vestibule commun à tous les apartements du Palais Royal, & cette unité n'a rien que de vray-semblable, pourveu qu'on se détache de la verité Historique. Le premier, le troisième & le quatrième Acte y ont leur justesse manifeste : il y peut avoir quelque difficulté pour le second & le cinquiéme, dont Cleopatre ouvre l'un, & Cornelie l'autre. Elles sembleroient toutes deux avoir plus de raison de parler dans leur Apartement ; mais l'impatience de la curiosité feminine les en peut faire sortir, l'une pour apprendre plûtost des Nouvelles de la mort de Pompée, ou par Achorée, qu'elle a envoyé en estre témoin, ou par le premier qui entrera dans ce Vestibule ; & l'autre pour en sçavoir du combat de Cesar & des Romains contre Ptolomée & les Egyptiens, pour empescher qu'il n'en aille donner à Cleopatre avant qu'à elle, & pour obtenir de luy d'autant plûtost la permission de partir. En quoy on peut remarquer que comme elle sçait qu'il est amoureux de cette Reine, & qu'elle peut douter qu'au retour de son combat, les trouvant ensemble, il ne luy fasse le premier compliment, le soin qu'elle a de conserver la Dignité Romaine, luy fait prendre la parole la premiere, & obliger par là Cesar à luy répondre avant qu'il puisse dire rien à l'autre.

Pour le temps, il m'a fallu reduire en soulevement tumultuaire une guerre qui n'a pû durer gueres moins d'un an, puisque Plutarque rapporte qu'incontinent après que Cesar fust party d'Alexandrie, Cleopatre accoucha de Cesarion. Quand Pompée se presenta pour entrer en Egypte, cette Princesse & le Roy son frere avoient chacun leur Armée preste à en venir aux mains l'une contre l'autre, & n'avoient garde ainsi de loger dans le mesme Palais. Cesar dans ses Commentaires ne parle point de ses amours avec elle, ny que la teste de Pompée luy fust presentée, quand il arriva. C'est Plutarque & Lucain qui nous apprennent l'un & l'autre, mais ils ne luy font presenter cette teste que par un des Ministres du Roy, nommé Theodote, & non pas par le Roy mesme, comme je l'ay fait.

Il y a quelque chose d'extraordinaire dans le titre de ce Poëme, qui porte le nom d'un Heros qui n'y parle point ; mais il ne laisse pas d'en estre en quelque sorte le principal Acteur, puisque sa mort est la cause unique de tout ce qui s'y passe. J'ay justifié ailleurs l'unité d'action qui s'y rencontre, par cette raison, que les évenemens y ont une telle dépendance l'un de l'autre, que la Tragedie n'auroit pas été complete, si je ne l'eusse poussée jusques au terme où je la fais finir. C'est à ce dessein que dès le premier Acte je fais connoistre la venuë de Cesar, à qui la Cour d'Egypte immole Pompée pour gagner les bonnes graces du Victorieux, & ainsi il m'a fallu necessairement faire voir quelle reception il feroit à leur lasche & cruelle Politique. J'ay avancé l'âge de Ptolomée afin qu'il pûst agir, & que portant le titre de Roy, il taschast d'en soûtenir le caractere. Bien que les Historiens & le Poëte Lucain l'appellent communément Rex puer, le Roy enfant, il ne l'étoit pas à tel point, qu'il ne fust en état d'épouser sa sœur Cleôpatre, comme l'avoit ordonné son pere. Hirtius dit qu'il étoit puer jam adulta ætate, &

EXAMEN

Lucain appelle Cleopatre incestueuse, dans ce Vers qu'il adresse à ce Roy par Apostrophe.

Incestæ sceptris cessure sororis,

Soit qu'elle eust deja contracté ce mariage incestueux, soit à cause qu'après la guerre d'Alexandrie & la mort de Ptolomée, Cesar la fit épouser à son jeune frere, qu'il rétablit dans le Trosne : d'où l'on peut tirer une consequence infaillible, que si le plus jeune des deux freres étoit en âge de se marier quand Cesar partit d'Egypte, l'aisné en étoit capable quand il y arriva, puisqu'il n'y tarda pas plus d'un an.

 Le caractere de Cleopatre garde une ressemblance ennoblie, par ce qu'on y peut imaginer de plus illustre. Ie ne la fais amoureuse que par ambition, & en sorte qu'elle semble n'avoir point d'amour, qu'entant qu'il peut servir à sa grandeur. Quoy que la reputation qu'elle a laissée la fasse passer pour une femme lascive & abandonnée à ses plaisirs, & que Lucain, peut-estre en haine de Cesar, la nomme en quelque endroit meretrix Regina, & fasse dire ailleurs à l'Eunuque Photin qui gouvernoit sous le nom de son frere Ptolomée,

Quem non è nobis credit Cleopatra nocentem,
A quo casta fuit?

Je trouve qu'à bien examiner l'Histoire, elle n'avoit que de l'ambition sans amour, & que par Politique elle se servoit des avantages de sa beauté, pour affermir sa fortune. Cela paroit visible, en ce que les Historiens ne marquent point qu'elle se soit donnée, qu'aux deux premiers hommes du Monde, Cesar, & Antoine, & qu'après la déroute de ce dernier, elle n'épargna aucun artifice pour engager Auguste dans la mesme passion qu'ils avoient euë pour elle, & fit voir par là qu'elle ne s'étoit attachée qu'à la haute puissance d'Antoine, & non pas à sa personne.

 Pour le stile, il est plus élevé en ce Poëme qu'en aucun des miens, & ce sont sans contredit les Vers les plus pompeux que j'aye faits. La gloire n'en est pas toute à moy. J'ay traduit de Lucain tout ce que j'y ay trouvé de propre à mon Sujet, & comme je n'ay point fait de scrupule d'enrichir nostre langue du pillage que j'ay pû faire chez luy, j'ay tasché pour le reste à entrer si bien dans sa maniere de former ses pensées & de les expliquer, que ce qu'il m'a fallu y joindre du mien sentist son Génie, & ne fust pas indigne d'estre pris pour un larcin que je luy eusse fait. J'ay parlé en l'examen de Polyeucte de ce que je trouve à dire en la confidence que fait Cleopatre à Charmion au second Acte : il ne me reste qu'un mot touchant les Narrations d'Achorée, qui ont toûjours passé pour fort belles ; enquoy je ne veux pas aller contre le jugement du Public, mais seulement faire remarquer de nouveau que celuy qui les fait, & les personnes qui les écoutent, ont l'esprit assez tranquille

pour

POMPEE.

pour avoir toute la patience qu'il y faut donner. Celle du troisiéme Acte, qui est à mon gré la plus magnifique, a été accusée de n'estre pas receuë par une personne digne de la recevoir : mais bien que Charmion qui l'écoute ne soit qu'une Domestique de Cleopatre, qu'on peut toutesfois prendre pour sa Dame d'honneur, étant envoyée exprés par cette Reine pour l'écouter, elle tient lieu de cette Reine mesme, qui cependant montre un orgueil digne d'elle, d'attendre la visite de Cesar dans sa Chambre, sans aller au devant de luy. D'ailleurs Cleopatre eust rompu tout le reste de ce troisiéme Acte, si elle s'y fust montrée, & il m'a fallu la cacher par adresse de Theatre, & trouver pour cela dans l'action un pretexte qui fust glorieux pour elle, & qui ne laissast point paroistre le secret de l'Art, qui m'obligeoit à l'empescher de se produire.

LE MENTEVR.

CEtte Piece est en partie traduite, en partie imitée de l'Espagnol. Le Sujet m'en semble si spirituel & si bien tourné, que j'ay dit souvent que je voudrois avoir donné les deux plus belles que j'aye faites, & qu'il fust de mon invention. On l'a attribué au fameux Lope de Vegue, mais il m'est tombé depuis peu entre les mains un Volume de D. Iuan d'Alarcon, où il pretend que cette Comedie est à luy, & se plaint des Imprimeurs qui l'ont fait courir sous le nom d'un autre. Si c'est son bien, je n'empesche pas qu'il ne s'en ressaisisse. De quelque main que parte cette Comedie, il est constant qu'elle est tres-ingenieuse, & je n'ay rien veu dans cette Langue qui m'aye satisfait davantage. J'ay tasché de la reduire à nostre usage, & dans nos Régles ; mais il m'a fallu forcer mon aversion pour les A parte, dont je n'aurois pû la purger sans luy faire perdre une bonne partie de ses beautez. Je les ay faits les plus courts que j'ay pû, & je me les suis permis rarement, sans laisser deux Acteurs ensemble qui s'entretiennent tout bas, cependant que d'autres disent ce que ceux-là ne doivent pas écouter. Cette duplicité d'action particuliere ne rompt point l'unité de la principale, mais elle gesne un peu l'attention de l'Auditeur, qui ne sçait à laquelle s'attacher, & qui se trouve obligé de separer aux deux ce qu'il est accoutumé de donner à une. L'unité de lieu s'y trouve en ce que tout s'y passe dans Paris, mais le premier Acte est dans les Thuilleries, & le reste à la Place Royale. Celle de jour n'y est pas forcée pour veu qu'on luy laisse les vingt & quatre heures entieres. Quant à celle d'action, je ne sçay s'il n'y a point quelque chose à dire en ce que Dorante aime Clarice dans toute la Piece, & épouse Lucrece à la fin, qui par là ne répond pas à la Protase. L'autheur Espagnol luy donne ainsi le change pour punition de ses menteries, & le reduit à épouser par force cette Lucrece qu'il n'aime point. Comme il se méprend toûjours au nom, & croit que Clarice porte celuy-là, il luy presente la main quand on luy a accordé l'autre, & dit hautement, quand on l'avertit de son erreur, que s'il s'est trompé au nom, il ne se trompe point à la personne. Surquoy le pere de Lucrece le menace de le tuër, s'il n'épouse sa fille après l'avoir demandée, & obtenuë, & le sien propre luy fait la mesme menace. Pour moy, j'ay trouvé cette maniere de finir un peu dure, & crû qu'un mariage moins violenté seroit plus au goust de nostre Auditoire. C'est ce qui m'a obligé à luy donner une pante vers la personne de Lucrece au cinquiéme Acte, afin qu'après qu'il a reconnu sa méprise aux noms, il fasse de necessité vertu de meilleure grace, & que la Comedie se termine avec pleine tranquillité de tous costez.

LA SVITE DV MENTEVR.

L'Effet de celle-cy n'a pas été si avantageux que celuy de la precedente, bien qu'elle soit mieux écrite. L'original Espagnol est de Lope de Vegue sans contredit, & a ce defaut que ce n'est que le Valet qui fait rire, au lieu qu'en l'autre les principaux agrémens sont dans la bouche du Maistre. L'on a pû voir par les divers succès, quelle difference il y a entre les railleries spirituelles d'un honneste homme de bonne humeur, & les bouffonneries froides d'un plaisant à gages. L'obscurité que fait en celle-cy le rapport à l'autre, a pû contribuer quelque chose à sa disgrace, y ayant beaucoup de choses qu'on ne peut entendre, si l'on n'a l'idée presente du Menteur. Elle a encor quelques defauts particuliers. Au second Acte Cleandre raconte à sa sœur la generosité de Dorante qu'on a veuë au premier, contre la Maxime, qu'il ne faut jamais faire raconter ce que le Spectateur a déja veu. Le cinquiéme est trop serieux pour une Piece si enjoüée, & n'a rien de plaisant que la premiere Scene entre un valet & une servante. Cela plaist si fort en Espagne, qu'ils font souvent parler bas les Amans de condition, pour donner lieu à ces sortes de gens de s'entredire des badinages, mais en France, ce n'est pas le goust de l'Auditoire. Leur entretien est plus supportable au premier Acte cependant que Dorante écrit, car il ne faut jamais laisser le Theatre sans qu'on y agisse, & l'on n'y agit qu'en parlant. Ainsi Dorante qui écrit ne le remplit pas assez, & toutes les fois que cela arrive, il faut fournir l'action par d'autres gens qui parlent. Le second debute par une adresse digne d'estre remarquée, & dont on peut former cette Régle, que quand on a quelque occasion de loüer une lettre, un billet, ou quelque autre piece éloquente ou spiri-

LA SUITE DU MENTEUR.   xxxv

tuelle, il en faut jamais la faire voir : parce qu'alors c'est une propre loüange que le Poëte se donne à luy mesme, & souvent le merite de la chose répond si mal aux Eloges qu'on en fait, que j'ay veu des Stances presentées à une Maîtresse, qu'elle vantoit d'une haute excellence, bien qu'elles fussent tres-mediocres, & cela devenoit ridicule. Melisse loüe icy la lettre que Dorante luy a écrite, & comme elle ne la lit point, l'Auditeur a lieu de croire qu'elle est aussi bien faite qu'elle le dit. Bien que d'abord cette Piece n'eut pas grande approbation, quatre ou cinq ans après, la Troupe du Marais la remit sur le Theatre avec un succès plus heureux, mais aucune des Troupes qui courent les Provinces ne s'en est chargée. Le contraire est arrivé de Theodore, que les Troupes de Paris n'y ont point rétablie depuis sa disgrace, mais que celles des Provinces y ont fait assez passablement reüssir.

RODOGUNE.

LE Sujet de cette Tragedie est tiré d'Appian Alexandrin, dont voicy les paroles sur la fin du Livre qu'il a fait des guerres de Syrie. Demetrius surnommé Nicanor, entreprit la guerre contre les Parthes, & vécut quelque temps prisonnier dans la Cour de leur Roy Phraates, dont il épousa la sœur nommée Rodogune. Cependant Diodotus, Domestique des Rois précedens, s'empara du Trosne de Syrie, & y fit asseoir un Alexandre encor enfant, fils d'Alexandre le bastard, & d'une fille de Ptolomée. Ayant gouverné quelque temps comme Tuteur sous le nom de ce Pupille, il s'en défit, & prit luy-mesme la Couronne, sous un nouveau nom de Tryphon qu'il se donna. Antiochus frere du Roy prisonnier ayant apris sa captivité à Rhodes, & les troubles qui l'avoient suivie, revint dans la Syrie, où ayant défait Tryphon, il le fit mourir. De là il porta ses armes contre Phraates, & vaincu dans une bataille, il se tua luy-mesme. Demetrius retournant en son Royaume fut tué par sa femme Cleopatre, qui luy dressa des embusches sur le chemin, en haine de cette Rodogune qu'il avoit épousée, dont elle avoit conceu une telle indignation, qu'elle avoit épousé ce mesme Antiochus frere de son mary. Elle avoit deux fils de Demetrius, dont elle tua Seleucus l'aisné d'un coup de fléche, sitost qu'il eust pris le Diadesme après la mort de son pere, soit qu'elle craignist qu'il ne la voulust vanger sur elle, soit que la mesme fureur l'emportast à ce nouveau parricide. Antiochus son frere luy succeda, & contraignit cette mere dénaturée de prendre le poison qu'elle luy avoit préparé.

Justin en son 36, 38, & 39. livre raconte cette Histoire plus au long

EXAMEN

avec quelques autres circonstances. Le premier des Machabées, & Josephe au 13. des AntiquiteZ Judaïques, en disent aussi quelque chose qui ne s'accorde pas tout-à-fait avec Appian. C'est à luy que je me suis attaché pour la Narration que j'ay mise au premier Acte, & pour l'effet du cinquiéme, que j'ay adoucy du costé d'Antiochus. J'en ay dit la raison ailleurs. Le reste sont des Episodes d'invention, qui ne sont pas incompatibles avec l'Histoire, puisque elle ne dit point ce que devint Rodogune après la mort de Demetrius, qui vray-semblablement l'amenoit en Syrie prendre possession de sa Couronne. J'ay fait porter à la Piece le nom de cette Princesse, plutost que celuy de Cléopatre, que je n'ay mesme osé nommer dans mes Vers, de peur qu'on ne confondist cette Reine de Syrie avec cette fameuse Princesse d'Egypte qui portoit mesme nom, & que l'idée de celle-cy beaucoup plus connuë que l'autre ne semast une dangereuse préoccupation parmy les Auditeurs.

On m'a souvent fait une question à la Cour, quel étoit celuy de mes Poëmes que j'estimois le plus, & j'ay trouvé tous ceux qui me l'ont faite si prévenus en faveur de Cinna, ou du Cid, que je n'ay jamais osé declarer toute la tendresse que j'ay toûjours euë pour celuy-cy, à qui j'aurois volontiers donné mon suffrage, si je n'avois craint de manquer en quelque sorte au respect que je devois à ceux qui je voyois pancher d'un autre costé. Cette préference est peut-estre en moy un effet de ces inclinations aveugles, qu'ont beaucoup de peres pour quelques uns de leurs enfans plus que pour les autres : peut-estre y entre-t'il un peu d'amour propre, en ce que cette Tragedie me semble estre un peu plus à moy que celles qui l'ont précedée, à cause des incidens surprenans qui sont purement de mon invention, & n'avoient jamais été veus au Theatre ; & peut-estre enfin y a-t'il un peu de vray merite qui fait que cette inclination n'est pas tout-à-fait injuste. Je veux bien laisser chacun en liberté de ses sentimens, mais certainement on peut dire que mes autres Pieces ont peu d'avantages, qui ne se rencontrent en celle-cy. Elle a tout ensemble la beauté du Sujet, la nouveauté des fictions, la force des Vers, la facilité de l'expression, la solidité du raisonnement, la chaleur des passions, les tendresses de l'amour & de l'amitié, & cet heureux assemblage est ménagé de sorte, qu'elle s'éleve d'Acte en Acte. Le second passe le premier, le troisième est au dessus du second, & le dernier l'emporte sur tous les autres. L'action y est une, grande, complete, sa durée ne va point, au fort peu, au de-là de celle de la representation, le jour en est le plus illustre qu'on puisse imaginer, & l'unité de lieu s'y rencontre en la maniere que je le viens de l'expliquer, & avec l'indulgence que j'ay demandée pour le Theatre.

Ce n'est pas que je me flate assez, pour présumer qu'elle soit sans taches. On a fait tant d'objections contre la narration de Laonice au

DE RODOGVNE.

premier Acte, qu'il est malaisé de ne donner pas les mains à quelqu'unes. Ie ne la tiens pas toutesfois si inutile qu'on l'a dit. Il est hors de doute que Cleopatre dans le second, feroit connoistre beaucoup de choses par sa confidence avec cette Laonice, & par le recit qu'elle en fait à ses deux fils, pour leur faire connoistre combien ils luy ont d'obligation; mais ces deux Scenes demeureroient assez obscures, si cette narration ne les avoit précedées, & du moins les justes défiances de Rodogune à la fin du premier Acte, & la peinture que Cleopatre fait d'elle-mesme dans son Monologue qui ouvre le second, n'auroient pû se faire entendre sans ce secours.

J'avouë qu'elle est sans artifice, & qu'on la fait de sang froid à un Personnage Protatique, qui se pourroit toutesfois justifier par les deux exemples de Terence que j'ay citez sur ce sujet au premier Discours. Timagene qui l'écoute n'est introduit que pour l'écouter, bien que je l'employe au cinquiéme à faire celle de la mort de Seleucus, qui se pouvoit faire par un autre. Il l'écoute sans y avoir aucun interest notable, & par simple curiosité d'apprendre ce qu'il pouvoit avoir sçeu déja en la Cour d'Egypte, où il étoit en assez bonne posture, étant Gouverneur des neveux du Roy, pour entendre des Nouvelles asseurées de tout ce qui se passoit dans la Syrie qui en est voisine. D'ailleurs, ce qui ne peut recevoir d'excuse, c'est que comme il y avoit déja quelque temps qu'il étoit de retour avec les Princes, il n'y a pas d'apparence qu'il aye attendu ce grand jour de ceremonie pour s'informer de sa sœur, comment se sont passez tous ces troubles qu'il dit ne sçavoir que confusément. Pollux dans Medée n'est qu'un personnage Protatique qui écoute sans interest comme luy, mais sa surprise de voir Iason à Corinthe où il ne fait qu'arriver, & son sejour en Asie que la Mer en separe, luy donne juste sujet d'ignorer ce qu'il en apprend. La narration ne laisse pas de demeurer froide comme celle-cy, parce qu'il ne s'est encor rien passé dans la Piece qui excite la curiosité de l'Auditeur, ny qui luy puisse donner quelque emotion en l'écoutant: mais si vous voulez reflechir sur celle de Curiace dans l'Horace, vous trouverez qu'elle fait tout un autre effet. Camille qui l'écoute a interest comme luy à sçavoir comment s'est faite une paix dont dépend leur mariage; & l'Auditeur que Sabine & elle n'ont entretenu que de leurs malheurs, & des apprehensions d'une bataille qui se va donner entre deux partis, où elles voyent leurs freres dans l'un & leur amour dans l'autre, n'a pas moins d'avidité qu'elle d'apprendre comment une paix si surprenante s'est pû conclurre.

Ces defauts dans cette Narration confirment ce que j'ay dit ailleurs, que lors que la Tragedie a son fondement sur des guerres entre deux Etats, ou sur d'autres affaires publiques, il est tres-malaisé d'introduire un Acteur qui les ignore, & qui puisse recevoir le recit qui en doit instruire les Spectateurs en parlant à luy.

J'ay déguisé quelque chose de la verité Historique en celuy-cy. Cleopatre n'épousa Antiochus qu'en haine de ce que son mary avoit épousé Rodogune chez les Parthes, & je fais qu'elle ne l'épouse que par la necessité de ses affaires sur un faux bruit de la mort de Démetrius, tant pour ne la faire pas méchante sans necessité, comme Menelas dans l'Oreste d'Euripide, que pour avoir lieu de feindre que Démetrius n'avoit pas encor épousé Rodogune, & venoit l'épouser dans son Royaume pour la mieux établir en la place de l'autre par le consentement de ses Peuples, & asseurer la Couronne aux enfans qui naistroient de ce mariage. Cette fixion m'étoit absolument necessaire, afin qu'il fust tué avant que de l'avoir épousée, & que l'amour que ses deux fils ont pour elle ne fist point d'horreur aux Spectateurs, qui n'auroient pas manqué d'en prendre une assez forte, s'ils les eussent veus amoureux de la vefve de leur pere, tant cette affection incestueuse repugne à nos Mœurs.

Cleopatre a lieu d'attendre ce jour-là à faire confidence à Stratonice de ses desseins & des veritables raisons de tout ce qu'elle a fait. Elle eust pû trahir son secret aux Princes, ou à Rodogune, si elle l'eust sceu plûtost, & cette ambitieuse mere ne luy en fait part qu'au moment qu'elle veut bien qu'il éclate par la cruelle proposition qu'elle va faire à ses fils. On a trouvé celle que Rodogune leur fait à son tour indigne d'une personne vertueuse comme je la peins, mais on n'a pas consideré qu'elle ne la fait pas, comme Cleopatre avec espoir de la voir executer par les Princes, mais seulement pour s'exempter d'en choisir aucun, & les attacher tous deux à sa protection par une esperance égale. Elle étoit avertie par Laonice de celle que la Reine leur avoit faite, & devoit prévoir que si elle se fust declarée pour Antiochus qu'elle aimoit, son ennemie qui avoit seule le secret de leur naissance n'eust pas manqué de nommer Seleucus pour aisné, afin de les commettre l'un contre l'autre, & exciter une guerre civile qui eust pû causer sa perte. Ainsi elle devoit s'exempter de choisir, pour les contenir tous deux dans l'égalité de pretension, & elle n'en avoit point de meilleur moyen, que de r'appeller le souvenir de ce qu'elle devoit à la memoire de leur pere, qui avoit perdu la vie pour elle, & leur faire cette proposition qu'elle sçavoit bien qu'ils n'accepteroient pas. Si le traité de Paix l'avoit forcée à se departir de ce juste sentiment de reconnoissance pour le bien des deux Etats, la liberté qu'ils luy rendoient la rejettoit dans cette obligation. Il étoit de son devoir de vanger cette mort, mais il étoit de celuy des Princes de ne se pas charger de cette vangeance. Elle avoüe elle-mesme à Antiochus qu'elle les hairoit, s'ils luy avoient obeï; que comme elle a fait ce

DE RODOGVNE.

qu'elle a dû par cette demande, ils font ce qu'ils doivent par leur refus, qu'elle aime trop la vertu pour vouloir estre le prix d'un crime, & que la justice qu'elle demande de la mort de leur pere seroit un parricide, si elle la recevoit de leurs mains.

Je diray plus. Quand cette proposition seroit tout-à-fait condamnable en sa bouche, elle meriteroit quelque grace, & pour l'éclat que la nouveauté de l'invention a fait au Theatre, & pour l'embarras surprenant où elle jette les Princes, & pour l'effet qu'elle produit dans le reste de la Piece qu'elle conduit à l'action Historique. Elle est cause que Seleucus par dépit renonce au Trosne & à la possession de cette Princesse, que la Reine le voulant animer contre son frere n'en peut rien obtenir, & qu'enfin elle se resout par desespoir de les perdre tous deux, plutost que de se voir sujette de son ennemie.

Elle commence par Seleucus, tant pour suivre l'ordre de l'Histoire, que parce que s'il fust demeuré en vie après Antiochus & Rodogune, qu'elle vouloit empoisonner publiquement, il les auroit pû vanger. Elle ne craint pas la mesme chose d'Antiochus pour son frere, dautant qu'elle espere que le poison violent qu'elle luy a préparé fera un effet assez prompt, pour le faire mourir avant qu'il ait pû rien sçavoir de sa mort, ou du moins avant qu'il l'en puisse convaincre ; puisqu'elle a si bien pris son temps pour l'assassiner, que ce parricide n'a point eu de témoins. J'ay parlé ailleurs de l'adoucissement que j'ay apporté, pour empescher qu'Antiochus n'en commist un en la forçant de prendre le poison qu'elle luy présente, & du peu d'apparence qu'il y avoit, qu'un moment après qu'elle a expiré presque à sa veuë, il parlast d'amour & de mariage à Rodogune. Dans l'état où ils rentrent derriere le Theatre, ils peuvent le resoudre, quand ils le jugeront à propos. L'action est complete, puisqu'ils sont hors de peril, & la mort de Seleucus m'a exempté de developer le secret du droit d'ainesse entre les deux freres, qui d'ailleurs n'eust jamais été croyable, ne pouvant estre éclaircy que par une bouche en qui l'on n'a pas veu assez de sincerité, pour prendre aucune asseurance sur son témoignage.

THEODORE.

La representation de cette Tragedie n'a pas eu grand éclat, & sans chercher des couleurs à la justifier, je veux bien ne m'en prendre qu'à ses defauts, & la croire mal faite, puisqu'elle a été mal suivie. J'aurois tort de m'opposer au jugement du Public ; il m'a été trop avantageux en d'autres Ouvrages, pour le contredire en celuy-cy, & si je l'accusois d'erreur, ou d'injustice pour Theodore, mon exemple donneroit lieu à tout le monde de soupçonner des mesmes choses les Arrests qu'il a prononcez en ma faveur. Ce n'est pas toutefois sans quelque satisfaction, que je voy la meilleure & plus saine partie de mes Juges imputer ce mauvais succès à l'idée de la prostitution qu'on n'a pû souffrir, bien qu'on sçeust assez qu'elle n'auroit point d'effet, & que pour en extenuer l'horreur, j'aye employé tout ce que l'Art & l'experience m'ont pû fournir de lumiere ; pouvant dire du quatriéme Acte de cette Piece, que je ne croy pas en avoir fait aucun, où les diverses passions soient ménagées avec plus d'adresse ; & qui donne plus de lieu à faire voir tout le talent d'un excellent Acteur. Dans cette disgrace j'ay dequoy congratuler à la pureté de nostre Scene, de voir qu'une Histoire, qui fait le plus bel ornement du second Livre des Vierges de Saint Ambroise, se trouve trop licentieuse pour y estre supportée. Qu'eust-on dit, si comme ce grand Docteur de l'Eglise j'eusse fait voir cette Vierge dans le lieu infâme ? si j'eusse décrit les diverses agitations de son ame pendant qu'elle y fut ? si j'eusse peint les troubles qu'elle ressentit au premier moment qu'elle y vit entrer Didyme ? C'est là-dessus que ce grand Saint fait triompher cette éloquence qui convertit Saint Augustin, & c'est pour ce spectacle qu'il invite particulierement les Vierges à ouvrir les yeux. Je l'ay dérobé à la veuë, & autant que je l'ay pû à l'imagination de mes Auditeurs, & après y avoir consumé toute mon industrie, la modestie de nostre Theatre a desavoüé ce peu que la necessité de mon Sujet m'a forcé d'en faire connoistre.

Je ne veux pas toutefois me flater jusqu'à dire que cette fascheuse idée aye été le seul defaut de ce Poëme. A le bien examiner, s'il y a quelques caracteres vigoureux & animez, comme ceux de Placide & de Marcelle, il y en a de traisnants, qui ne peuvent avoir grand charme, ny grand feu sur le Theatre. Celuy de Theodore est entierement froid. Elle n'a aucune passion qui l'agite, & là-mesme où son zéle pour Dieu qui occupe toute son ame devroit éclater le plus, c'est à dire dans sa contestation avec Didyme pour le Martyre, je luy ay donné si peu de chaleur, que cette Scene bien que tres-courte ne laisse pas d'ennuyer. Aussi pour en parler sainement, une Vierge & Martyre sur un Theatre, n'est autre chose qu'un Terme, qui n'a ny jambes ny bras, & par consequent point d'action.

Le caractere de Valens ressemble trop à celuy de Felix dans Polyeucte, & a mesme quelque chose de plus bas, en ce qu'il se ravale à craindre sa femme, & n'ose s'opposer à ses fureurs, bien que dans l'ame il tienne le party de son fils. Tout Gouverneur qu'il est, il demeure les bras croisez au cinquiéme Acte, quand il les voit prests à s'entre-immoler l'un à l'autre, & attend le succès de leur haine mutuelle, pour se ranger du costé du plus fort. La connoissance que Placide son fils a de cette

bassesse

basseße d'ame, fait qu'il le regarde si bien comme un esclave de Marcelle, qu'il ne daigne s'adresser à luy pour obtenir ce qu'il souhaite en faveur de sa Maîtresse, sçachant bien qu'il le feroit inutilement. Il aime mieux se jetter aux pieds de cette marastre imperieuse, qu'il hait & qu'il a bravée, que de perdre des prieres & des soûpirs auprès d'un pere qui l'aime dans le fond de l'ame, & n'oseroit luy rien accorder.

Le reste est assez ingenieusement conduit, & la maladie de Flavie, sa mort, & les violences des desespoirs de sa mere qui la vange, ont assez de justesse. J'avois peint des haines trop envenimées pour finir autrement, & j'eusse été ridicule, si j'eusse fait faire au sang de ces Martyrs le mesme effet sur les cœurs de Marcelle & de Placide, que fait celuy de Polyeucte sur ceux de Felix & de Pauline. La mort de Theodore peut servir de preuve à ce que dit Aristote, que quand un ennemy tuë son ennemy, il ne s'excite par là aucune pitié dans l'ame des Spectateurs. Placide en peut faire naistre, & purger en suite ces forts attachemens d'amour qui sont cause de son malheur; mais les funestes desespoirs de Marcelle & de Flavie, bien que l'une ny l'autre ne fasse de pitié, sont encor plus capables de purger l'opiniastreté à faire des mariages par force, & à ne se point départir du projet qu'on en fait par un accommodement de famille, entre des enfans, dont les volontez ne s'y conforment point, quand ils sont venus en âge de l'executer.

L'unité de jour & de lieu se rencontre en cette Piece, mais je ne sçay s'il n'y point une duplicité d'action, en ce que Theodore échapée d'un peril se rejette dans un autre de son propre mouvement. L'Histoire le porte, mais la Tragedie n'est pas obligée de representer toute la vie de son Heros, ou de son Heroïne, & doit ne s'attacher qu'à une action propre au Theatre. Dans l'Histoire mesme j'ay trouvé toûjours quelque chose à dire en cette offre volontaire qu'elle fait de sa vie aux bourreaux de Didyme. Elle venoit d'échaper de la prostitution, & n'avoit aucune asseurance qu'on ne l'y condamneroit point de nouveau, & qu'on accepteroit sa vie en échange de sa pudicité, qu'on avoit voulu sacrifier. Je l'ay sauvée de ce peril, non seulement par une revelation de Dieu, qu'on se contenteroit de sa mort, mais encor par une raison assez vray-semblable, que Marcelle qui vient de voir expirer sa fille unique entre ses bras, voudroit obstinément du sang pour sa vangeance. Mais avec toutes ces précautions, je ne voy pas comment je pourrois justifier icy cette duplicité de peril, après l'avoir condamnée dans l'Horace. La seule couleur qui pourroit y servir de pretexte, c'est que la Piece ne seroit pas achevée, si on ne sçavoit ce que devient Theodore après estre échapée de l'infamie, & qu'il n'y a point de fin glorieuse, ny mesme raisonnable pour elle, que le Martyre, qui est Historique. Du moins l'imagination ne m'en offre point. Si les Maistres de l'Art veulent consentir que cette necessité de faire connoistre ce qu'elle devient, suffise pour reünir ce nouveau peril à l'autre, & empescher qu'il n'y aye duplicité d'action, je ne m'opposeray pas à leur jugement, mais aussi je n'en appelleray pas, quand ils la voudront condamner.

HERACLIVS.

CEtte Tragedie a encor plus d'effort d'invention que celle de Rodogune, & je puis dire que c'est un heureux Original, dont il s'est fait beaucoup de belles coppies, si-tost qu'il a paru. Sa conduite differe de celle-là, en ce que les narrations qui luy donnent jour sont pratiquées par occasion en divers lieux avec adresse, & toûjours dites & écoutées avec interest, sans qu'il y en aye pas une de sang froid comme celle de Laonice. Elles sont éparses icy dans tout le Poëme, & ne font connoistre à la fois que ce qu'il est besoin qu'on sçache pour l'intelligence de la Scene qui suit. Ainsi dès la première, Phocas alarmé du bruit qui court qu'Heraclius est vivant, recite les particularitez de sa mort, pour montrer la fausseté de ce bruit, & Crispe son gendre en luy proposant un remede aux troubles qu'il apprehende, fait connoistre comme en perdant toute la famille de Maurice il a reservé Pulcherie pour la faire épouser à son fils Martian, & le pousse dautant plus à presser ce mariage que ce Prince court chaque jour de grands perils à la guerre, & que sans Leonce il fust demeuré sans vie au dernier combat. C'est par là qu'il instruit les Auditeurs de l'obligation qu'a le vray Heraclius qui passe pour Martian, au vray Martian qui passe pour Leonce, & cela sert de fondement à l'offre volontaire qu'il fait de sa vie au quatriéme Acte, pour le sauver du peril où l'expose cette erreur des noms. Sur cette proposition Phocas se plaignant de l'aversion que les deux parties témoignent à ce mariage, impute celle de Pulcherie à l'instruction qu'elle a receuë de sa mere, & apprend ainsi aux Spectateurs, comme en passant, qu'il l'a laissée trop vivre apres la mort de l'Empereur Maurice son mary. Il falloit tout cela pour faire entendre la Scene qui suit entre Pulcherie & luy, mais je n'ay pû avoir assez d'adresse pour faire entendre les équivoques ingenieux, dont est remply tout ce que dit Heraclius à la fin de ce premier Acte, & on ne les peut comprendre que par une reflection apres que la Piece est finie, & qu'il est entierement reconnu, ou dans une seconde representation.

Sur tout, la maniere dont Eudoxe fait connoistre au second Acte les deux échanges des Princes que sa mere a faites, est une des choses les plus spirituelles qui soient sorties de ma plume. Leontine l'accuse d'avoir revelé le secret d'Heraclius, & d'estre cause du bruit qui court, qui le met en peril de sa vie ; pour s'en justifier elle explique tout ce qu'elle en sçait, & conclud que puisque on n'en publie pas tant, il faut que ce bruit ait pour autheur quelqu'un qui n'en sçache pas tant qu'elle. Il est vray que cette narration est si courte, qu'elle laisseroit beaucoup d'obscurité, si Heraclius ne l'expliquoit plus au long au quatriéme Acte quand il est besoin que cette verité fasse son plein effet ; mais elle n'en pouvoit pas dire davantage à une personne qui sçavoit cette Histoire mieux qu'elle, & ce peu qu'elle en dit suffit à jetter une lumiere imparfaite de ces échanges, qu'il n'est pas besoin alors d'éclaircir plus entierement.

L'artifice de la derniere Scené de ce quatriéme Acte, passe encor celuy-cy. Exupere y fait connoistre tout son dessein à Leontine, mais d'une façon qui n'empesche point cette femme avisée de le soupçonner de fourberie, & de n'avoir autre dessein que de tirer d'elle le secret d'Heraclius pour le perdre. L'Auditeur luy-mesme en demeure dans la défiance, & ne sçait qu'en juger. Mais aprés que la conspiration a eu son effet par la mort de Phocas, cette confidence anticipée exempte Exupere de se purger de tous les justes soupçons qu'on avoit eus de luy, & delivre l'Auditeur d'un recit qui luy auroit été fort ennuyeux aprés le dénoüement de la Piece où toute la patience que peut avoir sa curiosité, se borne à sçavoir qui est le vray Heraclius, des deux qui pretendent l'estre.

Le stratagesme d'Exupere avec toute son industrie a quelque chose un peu dilicat, & d'une nature à ne se faire qu'au Theatre, où l'Autheur est maistre des évenemens qu'il tient dans sa main, & non pas dans la vie civile où les hommes en disposent, selon leurs interests, & leur pouvoir. Quand il découvre Heraclius à Phocas, & le fait arréter prisonnier, son intention est fort bonne, & luy reüssit ; mais il n'y avoit que moy qui luy pûst répondre du succés. Il acquiert la confiance du Tyran par là, & se fait remettre entre les mains la garde d'Heraclius, & sa conduite au supplice ; mais le contraire pouvoit arriver, & Phocas au lieu de déferer à ses avis qui le resolvent à faire couper la teste à ce Prince en Place publique, pouvoit s'en défaire sur l'heure, & se défier de luy & de ses amis, comme de gens qu'il avoit offencez, & dont il ne devoit jamais esperer un Zele bien sincere à le servir. La mutinerie qu'il exite dont il luy améne les Chefs comme prisonniers pour le poignarder, est imaginée avec justesse ; mais jusques-là toute sa conduite est de ces choses qu'il faut souffrir au Theatre, parce qu'elles ont un éclat dont la surprise éblouït, & qu'il ne seroit pas bon tirer en exemple, pour conduire une action veritable sur leur plan.

Je ne sçay si on voudra me pardonner d'avoir fait une Piece d'invention sous des noms veritables, mais je ne croy pas qu'Aristote le défende, & j'en trouve assez d'exemples chez les Anciens. Les deux Electres de

Sophocle & d'Euripide aboutissent à la mesme action par des moyens si divers, qu'il faut de necessité que l'une des deux soit entierement inventée. L'Iphigenie in Tauris a la mine d'estre de mesme nature, & l'Helene où Euripide, suppose qu'elle n'a jamais été à Troye, & que Paris n'y a enlevé qu'un phantosme qui luy ressembloit, ne peut avoir aucune action Episodique, ny principale, qui ne parte de la seule imagination de son Autheur.

Je n'ay conservé icy pour toute verité Historique que l'ordre de la succession des Empereurs, Tibere, Maurice, Phocas, & Heraclius. J'ay falsifié la naissance de ce dernier, pour luy en donner une plus illustre en le faisant fils de l'Empereur Maurice, bien qu'il ne fust que d'un Preteur d'Afrique qui, portoit mesme nom que luy. I'ay prolongé de douze ans la durée de l'Empire de Phocas, & luy ay donné Martian pour fils, quoy que l'Histoire ne parle que d'une fille nommée Domitia, qu'il maria à Crispe, dont je fais un de mes Personnages. Ce fils & Heraclius, qui sont confondus l'un avec l'autre par les échanges de Leontine, n'auroient pas été en état d'agir, si je ne l'eusse fait régner que les huit ans qu'il régna, puisque pour faire ces échanges il falloit qu'ils fussent tous deux au berceau, quand il commença de régner. C'est par cette mesme raison que j'ay prolongé la vie de l'Imperatrice Constantine, que je n'ay fait mourir qu'en la quinziéme année de sa tyrannie, bien qu'il l'eust immolée à sa seureté dès la cinquiéme, & je l'ay fait, afin qu'elle pûst avoir une fille capable de recevoir ses instructions en mourant, & d'un âge proportioné à celuy du Prince qu'on luy vouloit faire épouser.

La supposition que fait Leontine d'un de ses fils pour mourir au lieu d'Heraclius n'est point vray-semblable, mais elle est Historique, & n'a point besoin de vray-semblance, puisqu'elle a l'appuy de la verité qui la rend croyable, quelque repugnance qu'y veüillent apporter les difficiles. Baronius attribuë cette action à une Nourrice, & je l'ay trouvée assez genereuse pour la faire produire à une personne plus illustre, & qui soûtint mieux la dignité du Theatre. L'Empereur Maurice reconnut cette supposition, & l'empescha d'avoir son effet, pour ne s'opposer pas au juste jugement de Dieu qui vouloit exterminer toute sa famille; mais quant à ce qui est de la mere, elle avoit surmonté l'affection maternelle en faveur de son Prince, & comme on pouvoit dire que son fils étoit mort pour son regard, je me suis crû assez authorisé par ce qu'elle avoit voulu faire, à rendre cet échange effectif, & à le faire servir de fondement aux nouveautez surprenantes de ce Sujet.

Il luy faut la mesme indulgence pour l'unité de lieu, qu'à Rodogune. Tous les Poëmes qui suivent en ce Volume en ont besoin, & je me dispenseray de le repeter en les examinant. L'unité de jour n'a rien de violenté, & l'action se pourroit passer en cinq ou six heures ; mais le Poëme est si embarassé, qu'il demande une merveilleuse attention. J'ay veu de fort bons esprits, & des personnes des plus qualifiées de la Cour, se plaindre de ce que sa representation fatiguoit autant l'esprit, qu'une étude serieuse. Elle n'a pas laissé de plaire, mais je croy qu'il a fallu voir plus d'une fois pour en remporter une entiere intelligence.

ANDROMEDE.

LE Sujet de cette Piece est si connu par ce qu'en dit Ovide au 4. & 5. livre de ses Metamorphoses, qu'il n'est point besoin d'en importuner le Lecteur : je me contenteray de luy rendre conte de ce que j'y ay changé, tant par la liberté de l'Art, que par la necessité de l'ordre du Theatre, & pour donner plus d'éclat à sa representation.

En premier lieu j'ay crû plus à propos de faire Cassiope vaine de la beauté de sa fille, que de la sienne propre, dautant qu'il est fort extraordinaire qu'une femme dont la fille est en âge d'estre mariée, ait encore d'assez beaux restes pour s'en vanter si hautement, & qu'il n'est pas vray-semblable que cet orgueil de Cassiope pour elle-mesme eust attendu si tard à éclater : veu que c'est dans la jeunesse que la beauté est plus parfaite, & que le jugement étant moins formé, donne plus de lieu à des vanitez de cette nature ; & non pas alors que cette mesme beauté commence d'estre sur le retour, & que l'âge a meury l'esprit de la personne qui s'en seroit énorgueillie en un autre temps.

En suite j'ay supposé que l'Oracle d'Ammon n'avoit pas condamné precisement Andromede à estre devorée par le Monstre, mais qu'il avoit ordonné seulement qu'on luy exposast tous les mois une fille, qu'on jettast le Sort pour voir celle qui luy devoit estre livrée, & que cet ordre ayant déja été executé cinq fois, on étoit au jour qu'il le falloit suivre pour la sixiéme, qui par là devient un jour illustre, remarquable, & attendu, non seulement par tous les Acteurs de la Tragedie, mais par tous les Sujets d'un Roy.

J'ay introduit Persée comme un Chevalier errant, qui s'est arrété depuis un mois dans la Cour de Cephée, & non pas comme se rencontrant par hazard dans le temps qu'Andromede est attachée au rocher. Ie luy ay donné de l'amour pour elle, qu'il n'ose découvrir, parce qu'il la voit promise à Phinée, mais qu'il nourrit toutefois d'un peu d'espoir, parce qu'il voit son mariage differé jusqu'à la fin des malheurs publics. Ie l'ay fait plus genereux qu'il n'est dans Ovide, où il n'entreprend la delivrance de cette Princesse, qu'après que ses parens l'ont asseuré qu'elle l'épouseroit, si-tost qu'il l'auroit delivrée. J'ay changé aussi la qualité de Phinée, que j'ay fait seulement neveu du Roy dont Ovide le nomme frere: le mariage de deux cousins me semblant plus supportable dans nos façons de vivre, que celuy de l'oncle & de la niéce, qui eust paru un peu plus étrange à mes Auditeurs.

Les Peintres qui cherchent à faire voir leur Art dans les nuditez, ne manquent jamais à nous representer Andromede nuë au pied du rocher où elle est attachée, quoy qu'Ovide n'en parle point. Ils me pardonneront si je ne les ay pas suivis en cette invention, comme j'ay fait en celle du cheval Pegase, sur lequel ils montent Persée pour combatre le Monstre, quoy qu'Ovide ne luy donne que des aisles aux talons. Ce changement donne lieu à une Machine toute extraordinaire & merveilleuse, & empesche que Persée ne soit pris pour Mercure: outre qu'ils ne le mettent pas en cet équipage sans fondement, veu que le mesme Ovide raconte, que si-tost que Persée eut coupé la monstrueuse teste de Meduse, Pegase tout aislé sortit de cette Gorgone, & que Persée s'en pût saisir deslors pour faire ses courses par le milieu de l'air.

Nos Globes celestes où l'on marque pour constellations Cephée, Cassiope, Persée, & Andromede, m'ont donné jour à les faire enlever tous quatre au Ciel sur la fin de la Piece, pour y faire les noces de ces Amans, comme si la Terre n'en étoit pas digne.

Au reste, comme Ovide ne nomme point la Ville où il fait arriver cette Avanture, je ne me suis non plus enhardy à la nommer. Il dit pour toute chose que Cephée regnoit en Ethiopie, sans designer sous quel climat. La Topographie moderne de ces contrées-là n'est pas fort connuë, & celle du temps de Cephée encor moins. Je me contenteray donc de vous dire qu'il falloit que Cephée régnast en quelque païs maritime, & que sa Ville capitale fust sur le bord de la Mer.

Je sçay bien qu'au rapport de Pline, les habitans de Ioppé qu'on nomme aujourd'huy Iaffa dans la Palestine, ont prétendu que cette Histoire s'étoit passée chez eux. Ils envoyerent à Rome des os de poisson d'une grandeur extraordinaire, qu'ils disoient estre du Monstre à qui Andromede avoit été exposée. Ils montroient un rocher proche de leur Ville, où ils asseuroient qu'elle avoit été attachée, & encor maintenant ils se vantent de ces marques d'Antiquité à nos Pelerins qui vont en Ierusalem, & prennent terre en leur port. Il se peut faire que cela parte d'une affectation autrefois assez ordinaire aux Peuples du Paganisme, qui s'attribuoient à haute gloire d'avoir chez eux ces vestiges de la vieille Fable, que l'erreur commune y faisoit passer pour Histoire. Ils se croyoient par là bien fondez à se donner cette prérogative d'estre d'une origine plus ancienne que leurs voisins, & prenoient avidement toute sorte d'occasions de satisfaire à cette ambition. Ainsi il n'a fallu

D'ANDROMEDE.

que la rencontre par hazard de ces os monstrueux que la Mer avoit jettez sur leurs rivages, pour leur donner lieu de s'emparer de cette fiction, & de placer la Scene de cette avanture au pied de leurs rochers. Pour moy je me suis attaché à Ovide qui la fait arriver en Æthiopie, où il met le Royaume de Cephée par ces Vers.

> Æthiopum populos Cepheaque conspicit arva,
> Illic immeritam maternæ pendere linguæ
> Andromedam pœnas, &c.

Il se pouvoit faire que Cephée eust conquis cette Ville de Ioppé, & la Syrie mesme où elle est située. Pline l'asseure au 29. Chapitre du 6. livre, par cette raison, que l'Histoire d'Andromede s'y est passée. Æthiopiam imperitasse Syriæ Cephei regis ætate patet Andromedæ fabulis. Mais ceux qui voudront contester cette opinion peuvent répondre, que ce n'est que prouver une erreur par une autre erreur, & éclaircir une chose douteuse par une encor plus incertaine. Quoy qu'il en soit, celle d'Ovide ne peut subsister avec celle-là, & quelques bons yeux qu'eust Persée, il est impossible qu'il découvrist d'une seule veuë l'Æthiopie & Ioppé, ce qu'il auroit dû faire, si ce qu'entend ce Poëte par Cephea arua n'étoit autre chose que son territoire.

Le mesme Ovide dans quelqu'une de ses Epistres ne fait pas Andromede blanche, mais bazannée.

> Andromedè patriæ fusca colore suæ.

Neantmoins dans la Metamorphose, il nous en donne une autre idée à former, lors qu'il dit que n'eust été ses cheveux qui voltigeoient au gré du vent, & les larmes qui luy couloient des yeux, Persée l'eust prise pour une statuë de marbre.

> Marmoreum ratus esset opus.

Ce qui semble ne se pouvoir entendre que du marbre blanc, étant assez inouy que l'on compare la beauté d'une fille à une autre sorte de marbre. D'ailleurs pour la préferer à celle des Nereïdes que jamais on n'a fait noires, il falloit que son teint eust quelque rapport avec le leur, & que par consequent elle n'eust pas celuy que communément nous donnons aux Æthiopiens. Disons donc qu'elle étoit blanche, puisque à moins que cela il n'auroit pas été vray-semblable que Persée qui étoit né dans la Grece fust devenu amoureux d'elle. Nous aurons de ce party le consentement de tous les Peintres, & l'authorité du grand Heliodore, qui n'a fondé la blancheur de sa Chariclée, que sur un Tableau d'Andromede. Pline au 8. chap. de son 5. livre, fait mention de certains Peuples d'Afrique qu'il appelle Leuco-Æthiopes. Si l'on s'arrête à l'Etimologie de leur nom, ces Peuples devoient estre blancs, & nous en pouvons faire les Sujets de Cephée, pour donner à cette Tragedie toute la justesse dont elle a besoin touchant la couleur des Personnages qu'elle introduit sur la Scene.

EXAMEN

Vous y trouverez cet ordre gardé dans les changemens de Theatre, que chaque Acte aussi-bien que le Prologue a sa décoration particuliere, & du moins une Machine volante, avec un concert de Musique, que je n'ay employée qu'à satisfaire les oreilles des Spectateurs, tandis que leurs yeux sont arrétez à voir descendre ou remonter une Machine, ou s'attachent à quelque chose qui leur empesche de préter attention à ce que pourroient dire les Acteurs, comme fait le combat de Persée contre le Monstre. Mais je me suis bien gardé de faire rien chanter qui fust necessaire à l'intelligence de la Piece, parce que communément les paroles qui se chantent étant mal entendues des Auditeurs, pour la confusion qu'y apporte la diversité des voix qui les prononcent ensemble, elles auroient fait une grande obscurité dans le corps de l'ouvrage, si elles avoient eu à les instruire de quelque chose qui fust important. Il n'en va pas de mesme des Machines, qui ne sont pas dans cette Tragedie comme des agréemens détachez, elles en sont en quelque sorte le nœud & le dénoüement, & y sont si necessaires, que vous n'en sçauriez retrancher aucune, que vous ne fassiez tomber tout l'édifice.

Les diverses décorations dont les Pieces de cette nature ont besoin, nous obligeant à placer les parties de l'action en divers lieux particuliers, nous forcent de pousser un peu au-de-là de l'ordinaire l'étendüe du lieu general qui les renferme ensemble, & en constitue l'unité. Il est malaisé qu'une Ville y suffise, il y faut ajoûter quelques dehors voisins, comme est icy le rivage de la Mer. C'est la seule décoration que la Fable m'a fournie, les quatre autres sont de pure invention. Il auroit été superflu de les specifier dans les Vers, puisqu'elles sont presentes à la veüe, & je ne tiens pas qu'il soit besoin qu'elles soient si propres à ce qui s'y passe, qu'il ne se soit pû passer ailleurs aussi commodément ; il suffit qu'il n'y aye pas de raison, pourquoy il se doive plutost passer ailleurs qu'au lieu où il se passe. Par exemple, le premier Acte est une Place publique proche du Temple où se doit jetter le Sort, pour sçavoir quelle victime on doit ce jour-là livrer au Monstre. Tout ce qui s'y dit se diroit aussi bien dans un Palais, ou dans un Iardin, mais il se dit aussi bien dans cette Place qu'en ce Iardin, ou dans ce Palais. Nous pouvons choisir un lieu selon le vray-semblable ou le necessaire, & il suffit qu'il n'y aye aucune répugnance du costé de l'action au choix que nous en faisons, pour le rendre vray-semblable, puisque cette action ne nous presente pas toûjours un lieu necessaire, comme est la Mer & ses rochers, au troisiéme Acte, où l'on voit l'exposition d'Andromede ; & le combat de Persée, contre le Monstre, qui ne pouvoit se faire ailleurs. Il faut neantmoins prendre garde à choisir d'ordinaire un lieu découvert à cause des apparitions des Dieux qu'on introduit. Andromede au second Acte seroit aussi bien dans son cabinet que dans le Iardin où je la fais s'entretenir avec ses

Nymphes

D'ANDROMEDE.　xlix

Nymphes & avec son Amant ; mais comment se feroit l'apparition d'Æole dans ce cabinet, & comment les Vents l'en pourroient-ils enlever, à moins que de la faire passer par la cheminée, comme nos Sorciers? Par cette raison il y peut avoir quelque chose à dire à celle de Iunon au quatriéme Acte, qui se passe dans la Salle du Palais Royal. Mais comme ce n'est qu'une apparition simple d'une Déesse qui peut se montrer & disparoistre, où, & quand il luy plaist, & ne fait que parler aux Acteurs, rien n'empesche qu'elle ne se soit faite dans un lieu fermé. J'ajouste que quand il y auroit quelque contradiction de ce costé-là, la disposition de nos Theatres seroit cause qu'elle ne seroit pas sensible aux Spectateurs. Bien qu'ils representent en effet des lieux fermez, comme une chambre, ou une Salle, ils ne sont fermez par haut que de nuages, & quand on voit descendre le char de Iunon du milieu de ces nuages qui ont esté continuellement en veuë, on ne fait pas une reflexion assez prompte ny assez severe, sur le lieu qui devroit estre fermé d'un lambris, pour y trouver quelque manque de justesse.

　L'Oracle de Venus au premier Acte est inventé avec assez d'artifice, pour porter les esprits dans un sens contraire à sa vraye intelligence; mais il ne le faut pas prendre pour le vray nœud de la Piece : autrement elle seroit achevée dès le troisiéme, où l'on en verroit le dénouement. L'action principale est le mariage de Persée avec Andromede, son nœud consiste en l'obstacle qui s'y rencontre du costé de Phinée à qui elle est promise, & son dénouement en la mort de ce malheureux Amant, après laquelle il n'y a plus d'obstacle. Je puis dire toutesfois à ceux qui voudront prendre absolument cet Oracle de Venus pour le nœud de cette Tragedie, que le troisiéme Acte n'en éclaircit que les premiers Vers, & que les derniers ne se font entendre que par l'apparition de Iuppiter & des autres Dieux qui terminent la Piece.

　La diversité de la mesure, & de la croisure des Vers que j'y ay meslez, me donne occasion de tascher à les justifier, & particulierement les Stances dont je me suis servy en beaucoup d'autres Poëmes, & contre qui je voy quantité de gens d'esprit & sçavants au Theatre témoigner aversion. Leurs raisons sont diverses. Les uns ne les improuvent pas tout-à-fait, mais ils disent que c'est trop mandier l'exclamation populaire à la faveur d'une Antithese, ou d'un trait spirituel qui ferme chacun de leurs couplets, & que cette affectation est une espece de bassesse qui ravale trop la Dignité de la Tragedie. Je demeure d'accord que c'est quelque espece de fard, mais puisqu'il embellit nostre Ouvrage, & nous aide à mieux atteindre le but de nostre Art, qui est de plaire, pourquoy devons-nous renoncer à cet avantage? Nos Anciens se servoient sans scrupule, & mesme dans les choses exterieures, de tout ce qui les y pouvoit faire arriver. Euripide vêtoit ses Heros malheureux d'habits déchirez, afin

Tome II.　　　　　　　　　　　　　　ẽ ẽ

qu'ils fissent plus de pitié, & Aristophane fait commencer sa Comedie des Grenouilles par Xanthias monté sur un asne, afin d'exciter plus aisément l'Auditeur à rire. Cette objection n'est donc pas d'assez d'importance pour nous interdire l'usage d'une chose, qui tout à la fois nous donne de la gloire, & de la satisfaction à nos Spectateurs.

Il est vray qu'il faut leur plaire selon les Régles, & c'est ce qui rend l'objection des autres plus considerable, en ce qu'ils veulent trouver quelque chose d'irregulier dans cette sorte de Vers. Ils disent que bien qu'on parle en Vers sur le Theatre, on est présumé ne parler qu'en Prose; qu'il n'y a que cette sorte de Vers que nous appellons Alexandrins à qui l'usage laisse tenir nature de Prose; que les Stances ne sçauroient passer que pour Vers, & que par consequent nous n'en pouvons mettre avec vray-semblance en la bouche d'un Acteur, s'il n'a eu loisir d'en faire, ou d'en faire faire par un autre, & de les apprendre par cœur.

J'avoüe que les Vers qu'on recite sur le Theatre sont présumez estre Prose: nous ne parlons pas d'ordinaire en Vers; & sans cette fiction leur mesure & leur rime sortiroient du vray-semblable. Mais par quelle raison peut-on dire que les Vers Alexandrins tiennent nature de Prose, & que ceux des Stances n'en peuvent faire autant? Si nous en croyons Aristote, il faut se servir au Theatre des Vers qui sont les moins Vers, & qui se meslent au langage commun sans y penser plus souvent que les autres. C'est par cette raison que les Poëtes Tragiques ont choisi l'Iambique, plutost que l'Exametre qu'ils ont laissé aux Epopées, parce qu'en parlant sans dessein d'en faire, il se mesle dans nostre discours plus d'Iambiques que d'Exametres. Par cette mesme raison les Vers de Stances sont moins Vers que les Alexandrins, parce que parmy nostre langage commun il se coule plus de ces Vers inégaux, les uns courts, les autres longs, avec des rimes croisées & éloignées les unes des autres, que de ceux dont la mesure est toûjours égale, & les rimes toûjours mariées. Si nous nous en rapportons à nos Poëtes Grecs, ils ne se sont pas tellement arrétez aux Iambiques, qu'ils ne se soient servis d'Anapastiques, de Trochaïques, & d'Exametres mesme quand ils l'ont jugé à propos. Seneque en a fait autant qu'eux, & les Espagnols ses compatriotes changent aussi souvent de genre de Vers, que de Scenes. Mais l'usage de France est autre, à ce qu'on pretend, & ne souffre que les Alexandrins à tenir lieu de Prose. Surquoy je ne puis m'empescher de demander qui sont les maistres de cet usage, & qui peut l'établir sur le Theatre, que ceux qui l'ont occupé avec gloire depuis trente ans, dont pas un ne s'est défendu de mesler des Stances dans quelques-uns des Poëmes qu'ils y ont donnez. Je ne dis pas dans tous, car il ne s'en offre pas d'occasion en tous, & elles n'ont pas bonne grace à exprimer tout. La colere, la fureur, la menace, & tels autres mouvemens violens ne leur sont pas propres : mais les déplaisirs, les irresolutions, les inquiétudes, les douces resveries, & generalement tout ce qui peut souffrir à un Acteur de prendre haleine, & de penser à ce qu'il doit dire ou resoudre, s'accommode merveilleusement avec leurs cadences inégales, & avec les pauses qu'elles font faire à la fin de chaque couplet. La surprise agreable que fait à l'oreille ce changement de cadences impréveu rapelle puissamment les attentions égarées, mais il y faut éviter le trop d'affectation. C'est par là que les Stances du Cid sont inexcusables, & les mots de peine & Chiméne, qui font la derniere rime de chaque Strophe, marquent un jeu du costé du Poëte qui n'a rien de naturel du costé de l'Acteur. Pour s'en écarter moins, il seroit bon de ne régler point toutes les Strophes sur la mesme mesure, ny sur les mesmes croisures de rimes, ny sur le mesme nombre de Vers. Leur inégalité en ces trois Articles approcheroit davantage du discours ordinaire, & sentiroit l'emportement & les élans d'un esprit qui n'a que sa passion pour guide, & non-pas la regularité d'un Autheur qui les arrondit sur le mesme tour. J'y ay hazardé celles de la Paix dans le Prologue de la Toison d'or, & tout le Dialogue de celuy de cette Piece qui ne m'a pas mal reüssy. Dans tout ce que je fais dire aux Dieux dans les Machines, on trouvera le mesme ordre, ou le mesme desordre. Mais je ne pourrois approuver qu'un Acteur touché fortement de ce qui luy vient d'arriver dans la Tragedie, se donnast la patience de faire des Stances, ou prist soin d'en faire faire par un autre, & de les apprendre par cœur, pour exprimer son déplaisir devant les Spectateurs. Ce sentiment étudié ne les toucheroit pas beaucoup, parce que cette étude marqueroit un esprit tranquille, & un effort de memoire, plûtost qu'un effet de passion. Outre que ce ne seroit plus le sentiment present de la personne qui parleroit, mais tout au plus celuy qu'elle auroit eu en composant ces Vers, & qui seroit assez rallenty par cet effort de memoire, pour faire que l'état de son ame ne répondist plus à ce qu'elle prononceroit. L'Auditeur ne s'y laisseroit pas émouvoir, & le verroit trop prémédité pour le croire veritable. Du moins c'est l'opinion d'Horace, avec lequel je finis cette remarque.

Nec nocte paratum,
Plorabit, qui me volet incurvasse querela.

D. SANCHE D'ARRAGON.

CEtte Piece est toute d'invention, mais elle n'est pas toute de la mienne. Ce qu'a de fastueux le premier Acte, est tiré d'une Comedie Espagnole intitulée El Palacio confuso, & la double reconnoissance qui finit le cinquiéme est prise du Roman de Don Pelage. Elle eut d'abord

EXAMEN

grand éclat sur le Theatre, mais une disgrace particuliere fit avorter toute sa bonne fortune. Le refus d'un illustre suffrage dissipa les applaudissemens que le Public luy avoit donnez trop liberalement, & aneantit si bien tous les Arrests que Paris & le reste de la Cour avoient prononcez en sa faveur, qu'au bout de quelque temps elle se trouva reléguée dans les Provinces, où elle conserve encor son premier lustre.

Le Sujet n'a pas grand artifice. C'est un Inconnu assez honneste homme, pour se faire aimer de deux Reines. L'inegalité des conditions met un obstacle au bien qu'elles luy veulent durant quatre Actes & demy, & quand il faut de necessité finir la Piece, un bon-homme semble tomber des Nuës pour faire déveloper le secret de sa naissance, qui le rend mary de l'une, en le faisant reconnoistre pour frere de l'autre.

Hæc eadem à summo expectes minimoque Poëta.

D. Raymond & ce Pescheur ne suivent point la Regle que j'ay voulu establir, de n'introduire aucun Acteur qui ne fust insinué dés le premier Acte, ou appellé par quelqu'un de ceux qu'on y a connus. Il m'estoit aisé d'y faire dire à la Reine D. Leonor ce qu'elle dit à l'entrée du quatrième, mais si elle eust fait sçavoir qu'elle eust eu un fils, & que le Roy son mary luy eust appris en mourant que D. Raymond avoit un secret à luy reveler, on eust trop tost deviné que Carlos étoit ce Prince. On peut dire de D. Raymond, qu'il vient avec les Deputez d'Arragon dont il est parlé au premier Acte, & qu'ainsi il satisfait aucunement à cette Regle : mais ce n'est que par hazard qu'il vient avec eux. C'étoit le Pescheur qu'il étoit allé chercher & non pas eux, & il ne les joint sur le chemin qu'à cause de ce qu'il a appris chez ce Pescheur, qui de son costé vient en Castille de son seul mouvement, sans y estre amené par aucun incident dont on aye parlé dans la Protase, & il n'a point de raison d'arriver ce jour-là plutost qu'un autre, sinon que la Piece n'auroit pû finir s'il ne fust arrivé.

L'unité de jour y est si peu violentée, qu'on peut soûtenir que l'action ne demande pour sa durée que le temps de sa representation. Pour celle de lieu, j'ay déja dit que je n'en parlerois plus sur les Pieces qui restent à examiner en ce Volume. Les sentimens du second Acte ont autant ou plus de delicatesse qu'aucuns que j'aye mis sur le Theatre. L'amour des deux Reines pour Carlos y paroist tres-visible, malgré le soin & l'adresse que toutes les deux apportent à le cacher dans leurs differents caracteres, dont l'un marque plus d'orgueil, & l'autre plus de tendresse. La confidence qu'y fait celle de Castille avec Blanche est assez ingenieuse, & par une reflection sur ce qui s'est passé au premier Acte elle prend occasion de faire sçavoir aux Spectateurs sa passion pour ce brave Inconnu, qu'elle a si bien vangé du mépris qu'en ont fait les Comtes. Ainsi on ne peut dire qu'elle choisisse sans raison ce jour là plutost qu'un autre pour luy en confier le secret, puisqu'il paroit qu'elle le sçait déja, & qu'elles ne font que raisonner ensemble sur ce qu'on vient de voir representer.

NICOMEDE.

Voicy une Piéce d'une constitution assez extraordinaire ; aussi est-ce la vingt & uniéme que j'ay mise sur le Theatre, & aprés y avoir fait reciter quarante mille Vers, il est bien mal-aisé de trouver quelque chose de nouveau, sans s'écarter un peu du grand chemin, & se mettre au hazard de s'égarer. La tendresse & les passions, qui doivent estre l'ame des Tragedies, n'ont aucune part en celle-cy ; la grandeur de courage y règne seule, & regarde son malheur d'un œil si dédaigneux, qu'il n'en sçauroit arracher une plainte. Elle y est combatuë par la Politique, & n'oppose à ses artifices qu'une prudence genereuse, qui marche à visage découvert, qui prévoit le peril sans s'émouvoir, & qui ne veut point d'autre appuy que celuy de sa vertu, & de l'amour qu'elle imprime dans les cœurs de tous les Peuples.

L'Histoire qui m'a prêté dequoy la faire paroistre en ce haut degré, est tirée du 4. livre de Iustin. J'ay osté de ma Scene l'horreur de sa Catastrophe, où le fils fait assassiner son pere qui luy en avoit voulu faire autant, & n'ay donné ny à Prusias, ny à Nicomede, aucun dessein de parricide. J'ay fait ce dernier amoureux de Laodice Reine d'Armenie, afin que l'union d'une Couronne voisine à la sienne donnast plus d'ombrage aux Romains, & leur fist prendre plus de soin d'y mettre un obstacle de leur part. J'ay approché de cette Histoire celle de la mort d'Annibal, qui arriva un peu auparavant chez ce mesme Roy, & dont le nom n'est pas un petit ornement à mon ouvrage. J'en ay fait Nicomede disciple, pour luy prêter plus de valeur, & plus de fierté contre les Romains, & prenant l'occasion de l'Ambassade où Flaminius fut envoyé par eux vers ce Roy leur allié, pour demander qu'on remist entre leurs mains ce vieil ennemy de leur grandeur, je l'ay chargé d'une commission secrette de traverser ce mariage, qui leur devoit donner de la jalousie. J'ay fait que pour gagner l'esprit de la Reine, qui suivant l'ordinaire des secondes femmes avoit tout pouvoir sur celuy de son vieux mary, il luy ramene un de ses fils, que mon Autheur m'apprend avoir été nourris à Rome. Cela fait deux effets, car d'un costé il obtient la perte d'Annibal par le moyen de cette mere ambitieuse, & de l'autre, il oppose à Nicomede un Rival appuyé de toute la faveur des Romains, jaloux de sa gloire, & de sa grandeur naissante.

Les assassins qui découvrirent à ce Prince les sanglans desseins de son pere, m'ont donné jour à d'autres artifices, pour le faire tomber dans les embûches que sa belle-mere luy avoit préparées ; & pour la fin, je l'ay reduite en sorte que tous mes Personnages y agissent avec generosité, & que les uns rendant ce qu'ils doivent à la vertu, & les autres demeurant dans la fermeté de leur devoir, laissent un exemple assez illustre, & une conclusion assez agreable.

La representation n'en a point déplû, & ce ne sont pas les moindres Vers qui soient partis de ma main. Mon principal but a été de peindre la Politique des Romains au dehors, & comme ils agissoient imperieusement avec les Rois leurs alliez, leurs Maximes pour les empescher de s'accroistre, & les soins qu'ils prenoient de traverser leur grandeur quand elle commençoit à leur devenir suspecte à force de s'augmenter, & de se rendre considerable par de nouvelles conquestes. C'est le caractere que j'ay donné à leur Republique en la personne de son Ambassadeur Flaminius, à qui j'oppose un Prince intrépide, qui voit sa perte asseurée sans s'ébranler, & qui brave l'orgueilleuse masse de leur puissance, lors mesme qu'il en est accablé. Ce Heros de ma façon sort un peu des Régles de la Tragedie, en ce qu'il ne cherche point à faire pitié par l'excès de ses infortunes : mais le succès a montré que la fermeté des grands cœurs, qui n'excite que de l'admiration dans l'ame du Spectateur, est quelquefois aussi agreable, que la compassion que nostre Art nous ordonne d'y produire par la representation de leurs malheurs. Il en fait naistre toutefois quelqu'une, mais elle ne va pas jusques à tirer des larmes. Son effet se borne à mettre les Auditeurs dans les interests de ce Prince, & à leur faire former des souhaits pour ses prosperitez.

Dans l'admiration qu'on a pour sa vertu je trouve une maniere de purger les passions, dont n'a point parlé Aristote, & qui est peut-estre plus seure que celle qu'il prescrit à la Tragedie par le moyen de la pitié & de la crainte. L'amour qu'elle nous donne pour cette vertu que nous admirons, nous imprime de la haine pour le vice contraire. La grandeur de courage de Nicomede nous laisse une aversion contre la pusillanimité, & la genereuse reconnoissance d'Heraclius qui expose sa vie pour Martian, à qui il est redevable de la sienne, nous jette dans l'horreur de l'ingratitude.

Je ne veux point dissimuler que cette Piece est une de celles pour qui j'ay le plus d'amitié. Aussi n'y remarqueray-je que ce defaut de la fin qui va trop viste, comme je l'ay dit ailleurs, & où l'on peut mesme trouver quelque inégalité de Mœurs en Prusias & Flaminius, qui après avoir pris la fuite sur la Mer, s'avisent tout d'un coup de r'appeler leur courage, & viennent se ranger auprès de la Reine Arsinoé, pour mourir avec elle en la défendant. Flaminius y demeure en assez méchante posture, voyant reünir toute la famille Royale, malgré les soins qu'il avoit pris de la diviser, & les instructions qu'il en avoit apportées de Rome. Il s'y voit enlever par Nicomede les affections de cette Reine & du Prince Attale, qu'il avoit choisis pour instrumens à traverser sa grandeur, & semble n'estre revenu que pour estre témoin du triomphe qu'il remporte sur luy. D'abord j'avois finy la Piece sans les faire revenir, & m'étois contenté de faire témoigner par Nicomede à sa belle-mere grand déplaisir de ce que la fuite du Roy ne luy permettoit pas de luy rendre ses obeïssances. Cela ne démentoit point l'effet Historique, puisqu'il laissoit sa mort en incertitude ; mais le goust des Spectateurs, que nous avons accoutumez à voir rassembler tous nos Personnages à la conclusion de cette sorte de Poëmes fut cause de ce changement, où je me resolus pour leur donner plus de satisfaction avec moins de regularité.

PERTHARITE.

LE succès de cette Tragedie a été si mal-heureux, que pour m'épargner le chagrin de m'en souvenir, je n'en diray presque rien. Le Sujet est écrit par Paul Diacre au 4. & 5. Livre des Gestes des Lombards, & depuis luy par Erycus Puteanus au second Livre de son Histoire des invasions de l'Italie par les Barbares. Ce qui l'a fait avorter au Theatre, a été l'évenement extraordinaire qui me l'avoit fait choisir. On n'y a pû supporter qu'un Roy dépouillé de son Royaume, après avoir fait tout son possible pour y rentrer, se voyant sans forces & sans amis, en cede à son vainqueur les droits inutiles, afin de retirer sa femme prisonniere de ses mains ; tant les vertus de bon mary sont peu à la mode. On n'y a pas aimé la surprise avec laquelle Pertharite se presente au troisième Acte, quoy que le bruit de son retour soit épandu dès le premier, ny que Grimoald reporte toutes ses affections à Eduige, si-tost qu'il a reconnu que la vie de Pertharite, qu'il avoit crû mort jusque-là, le mettoit dans l'impossibilité de reüssir auprès de Rodelinde. J'ay parlé ailleurs de l'inégalité de l'employ des personnages, qui donne à Rodelinde le premier rang dans les trois premiers Actes, & la reduit au second ou au troisième dans les deux derniers. J'ajouste icy malgré sa disgrace, que les sentimens en sont assez vifs & nobles, les Vers assez bien tournez, & que la façon dont le Sujet s'explique dans la premiere Scene ne manque pas d'artifice.

EXAMEN

OEDIPE.

La mauvaise fortune de Pertharite m'avoit assez dégousté du Theatre, pour m'obliger à faire retraite, & à m'imposer un silence, que je garderois encore, si M. le Procureur General me l'eust permis. Comme il n'est pas moins Surintendant des belles Lettres que des Finances, je n'ay pû me défendre des ordres qu'il a daigné me donner de le rompre pour mettre sur nostre Scene un de trois Sujets qu'il luy a plû me proposer. Il m'en a laissé le choix, & je me suis arrêté à celuy-cy, dont le bon-heur m'a bien vangé de la déroute de l'autre, puisque le Roy s'en est assez satisfait pour me faire recevoir des marques solides de son approbation par ses liberalitez, que j'ay prises pour des commandemens tacites de consacrer aux divertissemens de sa Majesté, ce que l'âge & les vieux travaux m'ont laissé d'esprit & de vigueur.

Je ne déguiseray point qu'après avoir fait le choix de ce Sujet, sur cette confiance, que j'aurois pour moy les suffrages de tous les Sçavans, qui le regardent encor comme le chef-d'œuvre de l'Antiquité, & que les pensées de Sophocle & de Seneque, qui l'ont traité en leurs langues, me faciliteroient les moyens d'en venir à bout, j'ay tremblé quand je l'ay envisagé de près. J'ay reconnu que ce qui avoit passé pour merveilleux en leurs Siecles, pourroit sembler horrible au nostre; que cette éloquente & curieuse description de la maniere dont ce malheureux Prince se creve les yeux, qui occupe tout leur cinquième Acte, feroit soulever la delicatesse de nos Dames, dont le dégoust attire aisément celuy du reste de l'Auditoire; & qu'enfin l'Amour n'ayant point de part en cette Tragedie, elle étoit dénuée des principaux agrémens, qui sont en possession de gagner la voix publique.

Ces considerations m'ont fait cacher aux yeux un si dangereux spectacle, & introduire l'heureux Episode de Thesée & Dircé. J'ay retranché le nombre des Oracles, qui pouvoit estre importun, & donner à Oedipe trop de soupçon de sa naissance. J'ay rendu la réponse de Laïus évoqué par Tiresie assez obscure dans sa clarté apparente, pour en faire une fausse application à cette Princesse; j'ay rectifié ce qu'Aristote y trouve sans raison, & qu'il n'excuse que parce qu'il arrive avant le commencement de la Piece, & ay fait en sorte qu'Oedipe, loin de se croire l'autheur de la mort du Roy son predecesseur, s'imagine l'avoir vangée sur trois brigands à qui le bruit commun l'attribuë, & ce n'est pas un petit artifice qu'il s'en convainque luy-mesme, lors qu'il en veut convaincre Phorbas.

Ces changemens m'ont fait perdre l'avantage que je m'étois promis de

n'estre

n'estre souvent que le Traducteur de ces grands Genies qui m'ont précedé. La differente route que j'ay prise m'a empesché de me rencontrer avec eux, & de me parer de leur travail : mais en recompense j'ay eu le bon-heur de faire avoüer qu'il n'est point sorty de Pieces de ma main où il se trouve tant d'Art qu'en celle-cy. On m'y a fait deux objections, l'une que Dircé au troisiéme Acte manque de respect à sa mere, ce qui ne peut estre une faute de Theatre, puisque nous ne sommes pas obligez de rendre parfaits ceux que nous y faisons voir ; Outre que cette Princesse considere encor tellement ces devoirs de la Nature, que bien qu'elle aye lieu de la regarder comme une personne qui s'est emparée d'un Trosne qui luy appartient, elle luy demande pardon de cette échappée, & la condamne aussi-bien que les plus rigoureux de mes Iuges. L'autre objection regarde la guerison publique, si-tost qu'Oedipe s'est puny. La narration s'en fait par Cleante & par Dymas, & l'on veut qu'il eust pû suffire de l'un des deux pour la faire. A quoy je répons que ce miracle s'étant fait tout d'un coup, un seul homme n'en pouvoit sçavoir assez tost tout l'effet, & qu'il a fallu donner à l'un le recit de ce qui s'étoit passé dans la Ville, & à l'autre de ce qu'il avoit veu dans le Palais. Je trouve plus à dire à Dircé qui les écoute, & devroit avoir couru auprès de sa mere, si-tost qu'on luy en a dit la mort, mais Thesée l'auroit suivie, & il ne me seroit demeuré personne pour entendre ces recits. C'est une incommodité de la representation qui doit faire souffrir quelque manquement à l'exacte vray-semblance. Les Anciens avoient leurs Chœurs qui ne sortoient point du Theatre, & étoient toûjours prests d'écouter tout ce qu'on leur vouloit apprendre, mais cette facilité étoit compensée par tant d'autres importunitez de leur part, que nous ne devons point nous repentir du retranchement que nous en avons fait.

LA TOISON D'OR.

L'Antiquité n'a rien fait passer jusqu'à nous qui soit si generalement connu que le voyage des Argonautes, mais comme les Historiens qui en ont voulu demesler la verité d'avec la Fable qui l'envelope, ne s'accordent pas en tout, & que les Poëtes qui l'ont embelly de leurs fictions, n'ont pas pris la mesme route, j'ay crû que pour en faciliter l'intelligence entiere, il étoit à propos d'avertir le Lecteur de quelques particularitez, où je me suis attaché, qui peut-estre ne sont pas connuës de tout le monde. Elles sont pour la pluspart tirées de Valerius Flaccus, qui en a fait un Poëme Epique en Latin, & de qui entre autres choses j'ay emprunté la Metamorphose de Iunon en Chalciope.

EXAMEN

Phryxus étoit fils d'Athamas Roy de Thebes, & de Nephelé, qu'il repudia pour épouser Ino. Cette seconde femme persecuta si bien ce jeune Prince, qu'il fut obligé de s'enfuir sur un mouton dont la laine étoit d'or, que sa mere luy donna, après l'avoir receu de Mercure. Il le sacrifia à Mars si-tost qu'il fut abordé à Colchos, & luy en appendit la dépoüille, dans une forest qui luy étoit consacrée. Aætes fils du Soleil, & Roy de cette Province, luy donna pour femme Chalciope sa fille aisnée, dont il eut quatre fils, & mourut quelque temps apres. Son Ombre apparut en suite à ce Monarque, & luy revela que le destin de son Etat dépendoit de cette Toison, qu'en mesme temps qu'il la perdroit, il perdroit aussi son Royaume, & qu'il étoit resolu dans le Ciel que Medée son autre fille auroit un époux étranger. Cette prediction fit deux effets. D'un costé Aætes, pour conserver cette Toison, qu'il voyoit si necessaire à sa propre conservation, voulut en rendre la conqueste impossible par le moyen des charmes de Circé sa sœur, & de Medée sa fille. Ces deux sçavantes Magiciennes firent en sorte, qu'on ne pouvoit s'en rendre maistre, qu'après avoir dompté deux Taureaux dont l'haleine étoit toute de feu, & leur avoir fait labourer le champ de Mars, où en suite il falloit semer des dents de Serpent, dont naissoient aussi-tost autant de Gensdarmes, qui tous ensemble attaquoient le temeraire qui se hazardoit à une si dangereuse entreprise; & pour dernier peril, il falloit combatre un Dragon qui ne dormoit jamais, & qui étoit le plus fidelle, & le plus redoutable gardien de ce tresor. D'autre costé les Rois voisins jaloux de la grandeur d'Aætes, s'armerent pour cette conqueste, & entre autres Persès son frere, Roy de la Chersonese Taurique, & fils du Soleil comme luy. Comme il s'appuya du secours des Scytes, Aætes emprunta celuy de Styrus Roy d'Albanie, à qui il promit Medée, pour satisfaire à l'ordre qu'il croyoit en avoir receu du Ciel par cette Ombre de Phryxus. Ils donnoient bataille, & la victoire panchoit du costé de Persès, lors que Iason arriva suivy de ses Argonautes, dont la valeur la fit tourner du party contraire, & en moins d'un mois ces Heros firent emporter tant d'avantages au Roy de Colchos sur ses ennemis, qu'ils furent contraints de prendre la fuite, & d'abandonner leur camp. C'est icy que commence la Piece, mais avant que d'en venir au détail, il faut dire un mot de Iason, & du dessein qui l'amenoit à Colchos.

Il étoit fils d'Æson Roy de Thessalie, sur qui Pelias son frere avoit usurpé ce Royaume. Ce Tyran étoit fils de Neptune & de Tyro, fille de Salmonée, qui épousa en suite Cretheus pere d'Æson, que je viens de nommer. Cette usurpation luy donnant la défiance ordinaire à ceux de sa sorte, luy rendit suspect le courage de Iason son neveu & légitime heritier de ce Royaume. Un Oracle qu'il receut le confirma dans ses soupçons, si bien que pour l'éloigner, ou plûtost pour le perdre, il luy commanda d'aller conquerir la Toison d'or, dans la croyance que ce Prince y periroit, & le laisseroit par sa mort paisible possesseur de l'Etat dont il s'estoit emparé. Jason par le conseil de Pallas fit bastir pour ce fameux voyage le Navire Argo, où s'embarquerent avec luy quarante des plus vaillans de toute la Grece. Orphée fut du nombre, avec Zethez & Calais, fils du Vent Borée, & d'Orithie Princesse de Thrace, qui étoient nez avec des aisles comme leur pere, & qui par ce moyen delivrerent Phinée en passant, des Harpyes qui fondoient sur ses viandes, si-tost que sa table étoit servie : & leur donnerent la chasse par le milieu de l'air. Ces Heros durant leur voyage receurent beaucoup de faveurs de Iunon, & de Pallas, & prirent terre à Lemnos, dont étoit Reine Hypsipile, où ils tarderent deux ans, pendant lesquels Iason fit l'amour à cette Reine, & luy donna parole de l'épouser à son retour, ce qui ne l'empescha pas de s'attacher auprès de Medée, & de luy faire les mesmes protestations si-tost qu'il fut arrivé à Colchos, & qu'il eust veu le besoin qu'il en avoit. Ce nouvel amour luy reüssit si heureusement, qu'il eut d'elle des charmes pour surmonter tous ces perils, & enlever la Toison d'or malgré le Dragon qui la gardoit, & qu'elle assoupit. Un Autheur que cite le Mithologiste Noël le Comte, & qu'il appelle Denys le Milesien, dit qu'elle luy porta la Toison jusques dans son Navire, & c'est sur son rapport que je me suis authorisé à changer la fin ordinaire de cette Fable, pour la rendre plus surprenante & plus merveilleuse. Je l'aurois été assez par la liberté qu'en donne la Poësie en de pareilles rencontres, mais j'ay crû en avoir encor plus de droit en marchant sur les pas d'un autre, que si j'avois inventé ce changement.

C'est avec un fondement semblable que j'ay introduit Absyrte en aage d'homme, bien que la commune opinion n'en fasse qu'un enfant, que Medée déchira par morceaux. Ovide & Seneque le disent, mais Apollonius Rhodius le fait son aisné, & si nous voulons l'en croire, Aates l'avoit eu d'Asterodie, avant qu'il épousast la mere de cette Princesse, qu'il nomme Idyie, fille de l'Ocean. Il dit de plus, qu'après la fuite des Argonautes, la vieillesse d'Aates ne luy permettant pas de les poursuivre, ce Prince monta sur Mer, & les joignit autour d'une Isle située à l'embouchure du Danube, & qu'il appelle Peucé. Ce fut là que Medée se voyant perduë avec tous ces Grecs qu'elle voyoit trop foibles pour luy resister, feignit de les vouloir trahir, & ayant attiré ce frere trop credule à conferer avec elle de nuit dans le Temple de Diane, elle le fit tomber dans une embuscade de Iason, où il fut tué. Valerius Flaccus dit les mesmes choses d'Absyrte que cet autheur Grec,

lx EXAMEN DE LA TOISON D'OR.

& c'est sur l'authorité de l'un & de l'autre, que je me suis enhardy à quitter l'opinion commune, après l'avoir suivie, quand j'ay mis Médée sur le Theatre. C'est me contredire moy-mesme en quelque sorte, mais Seneque dont je l'ay tirée m'en donne l'exemple, lors qu'après avoir fait mourir Iocaste dans l'Oedipe, il la fait revivre dans la Thebaïde, pour se trouver au milieu de ses deux fils, comme ils sont prests de commencer le funeste duel où ils s'entretuent.

Fin des Examens de cette seconde Partie.

POMPEE

POMPEE
TRAGEDIE

Tome II. A

ACTEVRS

IVLES CESAR.
MARC ANTOINE.
LEPIDE.
CORNELIE, Femme de Pompée.
PTOLOMEE, Roy d'Egypte.
CLEOPATRE, Sœur de Ptolomée.
PHOTIN, Chef du Conseil d'Egypte.
ACHILLAS, Lieutenant general des Armées du Roy d'Egypte.
SEPTIME, Tribun Romain à la solde du Roy d'Egypte.
CHARMION, Dame d'honneur de Cleopatre.
ACHOREE, Ecuyer de Cleopatre.
PHILIPPE, Affranchy de Pompée.
TROVPE DE ROMAINS.
TROVPE D'EGYPTIENS.

La Scene est en Alexandrie, dans le Palais Royal de Ptolomée.

POMPEE,
TRAGEDIE

ACTE I.

SCENE PREMIERE.

*PTOLOMEE, PHOTIN,
ACHILLAS, SEPTIME.*

PTO. LE Destin se déclare, & nous venons d'entendre
Ce qu'il a resolu du beau-pere & du gendre:
Quand les Dieux étonnez sembloient se partager,
Pharsale a décidé ce qu'ils n'osoient juger.
Ses fleuves teints de sang, & rendus plus rapides
Par le débordement de tant de parricides,
Cet horrible débris d'Aigles, d'armes, de chars,
Sur ses champs empestez confusément épars,
Ces montagnes de morts privez d'honneurs supresmes
Que la Nature force à se vanger eux-mesmes,
Et dont les troncs pourris exhalent dans les Vents
Dequoy faire la guerre au reste des vivans,
Sont les tiltres affreux dont le droit de l'épée
Iustifiant Cesar a condamné Pompée.

A ij

Ce déplorable Chef du party le meilleur,
Que sa Fortune lasse abandonne au malheur,
Devient un grand exemple, & laisse à la memoire
Des changemens du Sort une éclatante histoire.
Il fuit, luy qui toûjours triomphant & vainqueur
Vit ses prosperitez égaler son grand cœur;
Il fuit, & dans nos ports, dans nos murs, dans nos villes,
Et contre son beau-pere ayant besoin d'aziles,
Sa déroute orgueilleuse en cherche aux mesmes lieux
Où contre les Titans en trouverent les Dieux.
Il croit que ce climat, en dépit de la guerre,
Ayant sauvé le Ciel, sauvera bien la Terre,
Et dans son desespoir à la fin se meslant
Pourra préter l'épaule au Monde chancelant.
Ouy, Pompée avec luy porte le sort du Monde,
Et veut que nostre Egypte en miracles feconde
Serve à sa liberté de sepulchre, ou d'appuy,
Et releve sa cheute, ou trébusche sous luy.
 C'est dequoy, mes amis, nous avons à resoudre,
Il apporte en ces lieux les palmes, ou la foudre,
S'il couronna le pere, il hazarde le fils,
Et nous l'ayant donnée il expose Memphis.
Il faut le recevoir, ou haster son supplice,
Le suivre, ou le pousser dedans le précipice;
L'un me semble peu seur, l'autre peu genereux,
Et je crains d'estre injuste, & d'estre malheureux;
Quoy que je fasse enfin, la Fortune ennemie
M'offre bien des perils, ou beaucoup d'infamie,
C'est à moy de choisir, c'est à vous d'aviser
A quel choix vos conseils me doivent disposer,
Il s'agit de Pompée, & nous aurons la gloire
D'achever de Cesar, ou troubler la victoire,
Et je puis dire enfin que jamais Potentat
N'eut à déliberer d'un si grand coup d'Etat.
PHO. Sire, quand par le fer les choses sont vuidées,
La Iustice & le Droit sont de vaines idées,
Et qui veut estre juste en de telles saisons
Balance le pouvoir, & non-pas les raisons.
 Voyez donc vostre force, & regardez Pompée,
Sa fortune abatuë, & sa valeur trompée.
Cesar n'est pas le seul qu'il fuye en cet état,
Il fuit, & le reproche, & les yeux du Senat,

TRAGEDIE.

Dont plus de la moitié piteufement étale
Vne indigne curée aux vautours de Pharfale;
Il fuit Rome perduë, il fuit tous les Romains
A qui par fa défaite il met les fers aux mains;
Il fuit le defefpoir des Peuples & des Princes,
Qui vangeroient fur luy le fang de leurs Provinces,
Leurs Etats & d'argent & d'hommes épuifez,
Leurs trofnes mis en cendre, & leurs fceptres brifez;
Autheur des maux de tous, il eft à tous en bute,
Et fuit le Monde entier écrafé fous fa chûte.
Le défendrez-vous feul contre tant d'ennemis?
L'efpoir de fon falut en luy feul étoit mis,
Luy feul pouvoit pour foy, cedez alors qu'il tombe,
Soûtiendrez-vous un faix fous qui Rome fuccombe,
Sous qui tout l'Vnivers fe trouve foudroyé,
Sous qui le grand Pompée a luy-mefme ployé?
Quand on veut foûtenir ceux que le Sort accable
A force d'eftre jufte on eft fouvent coupable,
Et la fidelité qu'on garde imprudemment
Aprés un peu d'éclat traifne un long châtiment,
Trouve un noble revers, dont les coups invincibles
Pour eftre glorieux ne font pas moins fenfibles.
Sire, n'attirez point le tonnerre en ces lieux,
Rangez-vous du party des Deftins, & des Dieux;
Et fans les accufer d'injuftice, ou d'outrage,
Puifqu'ils font les heureux, adorez leur ouvrage,
Quels que foient leurs decrets, déclarez-vous pour eux,
Et pour leur obeïr perdez le malheureux.
Preffé de toutes parts des coleres Celeftes
Il en vient deffus vous faire fondre les reftes,
Et fa tefte qu'à peine il a pû defrober
Toute prefte de choir cherche avec qui tomber.
Sa retraite chez vous en effet n'eft qu'un crime,
Elle marque fa haine, & non pas fon eftime,
Il ne vient que vous perdre en venant prendre port,
Et vous pouvez douter s'il eft digne de mort!
Il devoit mieux remplir nos vœux, & noftre attente,
Faire voir fur fes nefs la victoire flotante;
Il n'euft icy trouvé que joye & que feftins,
Mais puifqu'il eft vaincu, qu'il s'en prenne aux Deftins.
I'en veûx à fa difgrace, & non à fa perfonne,
I'execute à regret ce que le Ciel ordonne,

POMPEE,

Et du mesme poignard pour Cesar destiné
Ie perce en soûpirant son cœur infortuné.
Vous ne pouvez enfin qu'aux dépens de sa teste
Mettre à l'abry la vostre & parer la tempeste.
Laissez nommer sa mort un injuste attentat,
La Iustice n'est pas une vertu d'Etat,
Le choix des actions, ou mauvaises, ou bonnes,
Ne fait qu'aneantir la force des Couronnes,
Le droit des Rois consiste à ne rien épargner,
La timide équité détruit l'art de regner,
Quand on craint d'estre injuste, on a toûjours à craindre,
Et qui veut tout pouvoir doit oser tout enfraindre,
Fuir comme un deshonneur la vertu qui le perd,
Et voler sans scrupule au crime qui le sert.
 C'est-là mon sentiment, Achillas & Septime
S'attacheront peut-estre à quelqu'autre Maxime,
Chacun a son avis, mais quel que soit le leur,
Qui punit le vaincu ne craint point le vainqueur.
ACH. Sire, Photin dit vray, mais quoy que de Pompée
Ie voye, & la fortune, & la valeur trompée,
Ie regarde son sang comme un sang précieux,
Qu'au milieu de Pharsale ont respecté les Dieux.
Non qu'en un coup d'Etat je n'approuve le crime,
Mais s'il n'est necessaire il n'est point legitime.
Et quel besoin icy d'une extresme rigueur?
Qui n'est point au vaincu ne craint point le vainqueur,
Neutre jusqu'à present, vous pouvez l'estre encore,
Vous pouvez adorer Cesar, si l'on l'adore;
Mais quoy que vos encens le traitent d'Immortel,
Cette grande victime est trop pour son Autel,
Et sa teste immolée au Dieu de la victoire
Imprime à vostre nom une tache trop noire;
Ne le pas secourir suffit sans l'opprimer.
En usant de la sorte on ne vous peut blasmer.
Vous luy devez beaucoup, par luy Rome animée
A fait rendre le Sceptre au feu Roy Ptolomée;
Mais la reconnoissance & l'hospitalité
Sur les ames des Rois n'ont qu'un droit limité.
Quoy que doive un Monarque, & dust-il sa Couronne,
Il doit à ses Sujets encor plus qu'à personne,
Et cesse de devoir, quand la debte est d'un rang
A ne point s'acquiter qu'aux dépens de leur sang.

TRAGEDIE

S'il est juste d'ailleurs que tout se considere,
Que hazardoit Pompée en servant vostre pere?
Il se voulut par là faire voir tout-puissant,
Et vit croistre sa gloire en le rétablissant.
Il le servit enfin, mais ce fut de la langue,
La bourse de Cesar fit plus que sa harangue,
Sans ses mille talents, Pompée & ses discours
Pour rentrer en Egypte estoient un froid secours.
Qu'il ne vante donc plus ses merites frivoles,
Les effets de Cesar valent bien ses paroles,
Et si c'est un bien-fait qu'il faut rendre aujourd'huy,
Comme il parla pour vous, vous parlerez pour luy.
Ainsi vous le pouvez, & devez reconnoistre,
Le recevoir chez vous c'est recevoir un maistre,
Qui tout vaincu qu'il est bravant le nom de Roy
Dans vos propres Etats vous donneroit la loy.
  Fermez-luy donc vos ports, mais épargnez sa teste.
S'il le faut toutefois, ma main est toute preste,
Ie sçais obeïr, Sire, & je serois jaloux
Qu'autre bras que le mien portast les premiers coups.
SEP. Sire, je suis Romain, je connoy l'un & l'autre,
Pompée a besoin d'aide, il vient chercher la vostre,
Vous pouvez, comme maistre absolu de son sort,
Le servir, le chasser, le livrer vif, ou mort.
Des quatre le premier vous seroit trop funeste,
Souffrez donc qu'en deux mots j'examine le reste.
  Le chasser, c'est vous faire un puissant ennemy,
Sans obliger par là le vainqueur qu'à demy,
Puisque c'est luy laisser, & sur Mer, & sur Terre,
La suite d'une longue & difficile guerre,
Dont peut-estre tous deux également lassez
Se vangeroient sur vous de tous les maux passez.
Le livrer à Cesar n'est que la mesme chose,
Il luy pardonnera s'il faut qu'il en dispose,
Et s'armant à regret de generosité,
D'une fausse clemence il fera vanité;
Heureux de l'asservir en luy donnant la vie,
Et de plaire par là mesme à Rome asservie,
Cependant que forcé d'épargner son rival,
Aussi-bien que Pompée il vous voudra du mal.
  Il faut le delivrer du peril, & du crime,
Asseurer sa puissance, & sauver son estime,

Et du party contraire en ce grand Chef détruit
Prendre sur vous la honte, & luy laisser le fruit.
C'est là mon sentiment, ce doit estre le vostre,
Par là vous gagnez l'un, & ne craignez plus l'autre,
Mais suivant d'Achillas le conseil hazardeux,
Vous n'en gagnez pas un, & les perdez tous deux.
PTO. N'examinons donc plus la justice des causes,
Et cedons au torrent qui roule toutes choses.
Ie passe au plus de voix, & de mon sentiment
Ie veux bien avoir part à ce grand changement.

Assez & trop long-temps l'arrogance de Rome
A creu qu'estre Romain c'estoit estre plus qu'homme,
Abatons sa superbe avec sa liberté,
Dans le sang de Pompée éteignons sa fierté,
Tranchons l'unique espoir où tant d'orgueil se fonde,
Et donnons un Tyran à ces Tyrans du Monde,
Secondons le Destin qui les veut mettre aux fers,
Et prétons-luy la main pour vanger l'Vnivers.
Rome, tu serviras, & ces Rois que tu braves,
Et que ton insolence ose traiter d'esclaves,
Adoreront Cesar avec moins de douleur,
Puisqu'il sera ton maistre aussi-bien que le leur.

Allez donc, Achillas, allez avec Septime
Nous immortaliser par cet illustre crime;
Qu'il plaise au Ciel, ou non, laissez-m'en le soucy,
Ie croy qu'il veut sa mort puisqu'il l'améne icy.
ACH. Sire, je croy tout juste alors qu'un Roy l'ordonne.
PTO. Allez, & hastez-vous d'asseurer ma couronne,
Et vous ressouvenez que je mets en vos mains
Le destin de l'Egypte, & celuy des Romains.

SCENE II.

PTOLOMEE, PHOTIN.

PTO. Photin, ou je me trompe, ou ma sœur est deceuë,
De l'abord de Pompée elle espere autre issuë;
Sçachant que de son pere il a le testament,
Elle ne doute point de son couronnement,
Elle se croit déja souveraine maistresse
D'un sceptre partagé que sa bonté luy laisse,

TRAGEDIE.

Et se promettant tout de leur vieille amitié,
De mon trosne en son ame elle prend la moité,
Où de son vain orgueil les cendres rallumées
Poussent déja dans l'Air de nouuelles fumées.
PHO. Sire, c'est un motif que je ne disois pas
Qui devoit de Pompée avancer le trépas.
Sans doute il jugeroit de la sœur, & du frere,
Suivant le testament du feu Roy vostre pere,
Son hoste & son amy, qui l'en daigna saisir,
Iugez après cela de vostre déplaisir.
Ce n'est pas que je veüille en vous parlant contre elle
Rompre les sacrez nœuds d'une amour fraternelle,
Du Trosne, & non du cœur je la veux éloigner,
Car c'est ne regner pas qu'estre deux à regner.
Vn Roy qui s'y resout est mauvais Politique,
Il détruit son pouvoir quand il le communique,
Et les raisons d'Etat.... Mais, Sire, la voicy.

SCENE III.

PTOLOMEE, CLEOPATRE, PHOTIN.

CLE. Seigneur, Pompée arrrive, & vous étes icy!
PTO. I'attens dans mon Palais ce guerrier magnanime,
Et luy viens d'envoyer Achillas & Septime.
CLE. Quoy! Septime à Pompée! à Pompée Achillas!
PTO. Si ce n'est assez d'eux, allez, suivez leurs pas.
CLE. Donc pour le recevoir c'est trop que de vous-mesme?
PTO. Ma sœur, je dois garder l'honneur du Diadesme.
CLE. Si vous en portez un, ne vous en souvenez
Que pour baiser la main de qui vous le tenez,
Que pour en faire hommage aux pieds d'un si grand homme.
PTO. Au sortir de Pharsale est-ce ainsi qu'on le nomme?
CLE. Fust-il dans son malheur de tous abandonné,
Il est toûjours Pompée, & vous a couronné.
PTO. Il n'en est plus que l'ombre, & couronna mon pere,
Dont l'Ombre, & non-pas moy, luy doit ce qu'il espere.
Il peut aller, s'il veut, dessus son monument
Recevoir ses devoirs & son remerciment.
CLE. Après un tel bien-fait, c'est ainsi qu'on le traite!
PTO. Ie m'en souviens, ma sœur, & je voy sa défaite.

CLE. Vous la voyez de vray, mais d'un œil de mépris.
PTO. Le temps de chaque chose ordonne & fait le prix;
Vous qui l'estimez tant, allez luy rendre hommage,
Mais songez qu'au port mesme il peut faire naufrage.
CLE. Il peut faire naufrage, & mesme dans le port!
Quoy? vous auriez osé luy préparer la mort?
PTO. I'ay fait ce que les Dieux m'ont inspiré de faire,
Et que pour mon Etat j'ay jugé necessaire.
CLE. Ie ne le voy que trop, Photin & ses pareils
Vous ont empoisonné de leurs lasches conseils;
Ces ames que le Ciel ne forma que de bouë...
PHO. Ce sont de nos conseils, ouy, Madame, & j'auouë...
CLE. Photin, je parle au Roy, vous répondrez pour tous
Quand je m'abaisseray jusqu'à parler à vous.

ᵃ *A Photin.* *PTO.*ᵃ Il faut un peu souffrir de cette humeur hautaine,
Ie sçay vostre innocence, & je connois sa haine;
Après tout, c'est ma sœur, oyez sans repartir.
CLE. S'il est, Sire, encor temps de vous en repentir,
Affranchissez-vous d'eux, & de leur tyrannie,
Rappellez la vertu par leurs conseils bannie,
Cette haute vertu, dont le Ciel & le sang
Enflent toûjours les cœurs de ceux de nostre rang.
PTO. Quoy! d'un frivole espoir déja preoccupée
Vous me parlez en Reine en parlant de Pompée,
Et d'un faux zéle ainsi vostre orgueil revêtu
Fait agir l'interest sous le nom de vertu!
Confessez-le, ma sœur, vous sçauriez vous en taire,
N'étoit le testament du feu Roy nostre pere,
Vous sçavez qu'il le garde. *CLE.* Et vous sçaurez aussi
Que la seule vertu me fait parler ainsi,
Et que si l'interest m'avoit préoccupée,
I'agirois pour Cesar, & non-pas pour Pompée.
Apprenez un secret que je voulois cacher,
Et cessez desormais de me rien reprocher.
Quand ce peuple insolent qu'enferme Alexandrie
Fit quitter au feu Roy son Trosne & sa Patrie,
Et que jusque dans Rome il alla du Senat
Implorer la pitié contre un tel attentat,
Il nous mena tous deux pour toucher son courage,
Vous assez jeune encor, moy déja dans un âge,
Où ce peu de beauté que m'ont donné les Cieux
D'un assez vif éclat faisoit briller mes yeux.

TRAGEDIE.

Cefar en fut épris, & du moins j'eus la gloire
De le voir hautement donner lieu de le croire;
Mais voyant contre luy le Senat irrité,
Il fit agir Pompée, & fon authorité.
Ce dernier nous fervit à fa feule priere,
Qui de leur amitié fut la preuve derniere,
Vous en fçavez l'effet, & vous en joüiffez:
Mais pour un tel amant ce ne fut pas affez.
Après avoir pour nous employé ce grand homme
Qui nous gagna foudain toutes les voix de Rome,
Son amour en voulut feconder les efforts,
Et nous ouvrant fon cœur nous ouvrit fes trefors.
Nous eufmes de fes feux encore en leur naiffance,
Et les nerfs de la guerre, & ceux de la puiffance,
Et les mille talents qui luy font encor deus
Remirent en nos mains tous nos Etats perdus.
Le Roy qui s'en fouvint à fon heure fatale
Me laiffa comme à vous la dignité Royale,
Et par fon testament il vous fit cette loy
Pour me rendre une part de ce qu'il tint de moy.
C'eft ainfi qu'ignorant d'où vint ce bon office
Vous appelez faveur ce qui n'eft que justice,
Et l'ofez accufer d'une aveugle amitié
Quand du tout qu'il me doit il me rend la moitié.
PTO. Certes, ma fœur, le conte eft fait avec adreffe.
CLE. Cefar viendra bien-toft, & j'en ay lettre expreffe,
Et peut-eftre aujourd'huy vos yeux feront témoins
De ce que voftre esprit s'imagine le moins.
Ce n'eft pas fans fujet que je parlois en Reine,
Ie n'ay receu de vous que mépris & que haine,
Et de ma part du Sceptre indigne ravisseur,
Vous m'avez plus traitée en esclave, qu'en fœur;
Mefme pour éviter des effets plus finistres,
Il m'a fallu flater vos infolens Ministres,
Dont j'ay craint jusqu'icy le fer, ou le poifon;
Mais Pompée, ou Cefar m'en va faire raifon,
Et quoy qu'avec Photin Achillas en ordonne,
Ou l'une, ou l'autre main me rendra ma Couronne:
Cependant mon orgueil vous laiffe à démefler
Quel étoit l'intereft qui me faifoit parler.

B ij

SCENE IV.

PTOLOMEE, PHOTIN.

PTO. Qve dites-vous, amy, de cette ame orgueilleuse ?
PHO. Sire, cette surprise est pour moy merveilleuse,
Ie n'en sçay que penser, & mon cœur étonné
D'un secret que jamais il n'auroit soupçonné,
Inconstant & confus dans son incertitude,
Ne se resout à rien qu'avec inquietude.
PTO. Sauverons-nous Pompée ? *PHO.* Il faudroit faire effort,
Si nous l'avions sauvé, pour conclurre sa mort,
Cleopatre vous hait, elle est fiére, elle est belle,
Et si l'heureux Cesar a de l'amour pour elle,
La teste de Pompée est l'unique present
Qui vous fasse contr'elle un rempart suffisant.
PTO. Ce dangereux esprit a beaucoup d'artifice.
PHO. Son artifice est peu contre un si grand service.
PTO. Mais si tout grand qu'il est, il cede à ses appas ?
PHO. Il la faudra flater, mais ne m'en croyez pas,
Et pour mieux empescher qu'elle ne vous opprime,
Consultez-en encor Achillas & Septime.
PTO. Allons donc les voir faire, & montons à la Tour,
Et nous en resoudrons ensemble à leur retour.

ACTE II.

SCENE PREMIERE.

CLEOPATRE, CHARMION.

CLE. IE l'aime, mais l'éclat d'une si belle flame
Quelque brillāt qu'il soit n'ébloüit point mon ame,
Et toûjours ma vertu retrace dans mon cœur
Ce qu'il doit au vaincu, bruslant pour le vainqueur.
Aussi qui l'ose aimer porte une ame trop haute,
Pour souffrir seulement le soupçon d'une faute ;
Et je le traiterois avec indignité,
Si j'aspirois à luy par une lascheté.
CHA. Quoy ! vous aimez Cesar, & si vous étiez creuë,
L'Egypte pour Pompée armeroit à sa veuë,
En prendroit la défense, & par un prompt secours
Du destin de Pharsale arréteroit le cours ?
L'Amour certes sur vous a bien peu de puissance.
CLE. Les Princes ont cela de leur haute naissance.
Leur ame dans leur sang prend des impressions
Qui dessous leur vertu rangent leurs passions,
Leur generosité soûmet tout à leur gloire,
Tout est illustre en eux quand ils daignent se croire,
Et si le Peuple y voit quelques déreglemens,
C'est quand l'avis d'autruy corrompt leurs sentimens.
Ce malheur, de Pompée acheve la ruïne,
Le Roy l'eust secouru, mais Photin l'assassine,
Il croit cette ame basse, & se montre sans foy,
Mais s'il croyoit la sienne, il agiroit en Roy.
CHA. Ainsi donc de Cesar l'amante, & l'ennemie....
CLE. Ie luy garde une flame exempte d'infamie,
Vn cœur digne de luy. *CHA.* Vous possedez le sien ?
CLE. Ie croy le posseder. *CHA.* Mais le sçavez-vous bien ?
CLE. Apprens qu'une Princesse aimant sa Renommée
Quand elle dit qu'elle aime, est seure d'estre aimée,

B iij

Et que les plus beaux feux dont son cœur soit épris,
N'oseroient l'exposer aux hontes d'un mépris.
　　Nostre sejour à Rome enflama son courage,
Là j'eus de son amour le premier témoignage,
Et depuis, jusqu'icy chaque jour ses courriers
M'apportent en tribut ses vœux & ses lauriers.
Par tout, en Italie, aux Gaules, en Espagne,
La Fortune le suit, & l'Amour l'accompagne;
Son bras ne dompte point de Peuples, ny de lieux,
Dont il ne rende hommage au pouvoir de mes yeux,
Et de la mesme main dont il quitte l'épée
Fumante encor du sang des amis de Pompée,
Il trace des soûpirs, & d'un stile plaintif
Dans son champ de victoire il se dit mon captif.
Ouy, tout victorieux il m'écrit de Pharsale,
Et si sa diligence à ses feux est égale,
Ou plûtost si la Mer ne s'oppose à ses feux,
L'Egypte le va voir me presenter ses vœux.
Il vient, ma Charmion, jusques dans nos murailles
Chercher auprès de moy le prix de ses batailles,
M'offrir toute sa gloire, & soûmettre à mes loix
Ce cœur, & cette main qui commandent aux Rois,
Et ma rigueur meslée aux faveurs de la guerre
Feroit un malheureux du maistre de la Terre.
CHA. I'oserois bien jurer que vos divins appas
Se vantent d'un pouvoir dont ils n'useront pas,
Et que le grand Cesar n'a rien qui l'importune
Si vos seules rigueurs ont droit sur sa fortune.
Mais quelle est vostre attente, & que pretendez-vous
Puisque d'une autre femme il est déja l'époux,
Et qu'avec Calphurnie un paisible Hymenée
Par des liens sacrez tient son ame enchaisnée?
CLE. Le Divorce aujourd'huy si commun aux Romains
Peut rendre en ma faveur tous ces obstacles vains:
Cesar en sçait l'usage & la ceremonie,
Vn divorce chez luy fit place à Calphurnie.
CHA. Par cette mesme voye il pourra vous quitter.
CLE. Peut-estre mon bonheur sçaura mieux l'arréter,
Peut-estre mon amour aura quelque avantage
Qui sçaura mieux pour moy ménager son courage.
Mais laissons au hazard ce qui peut arriver,
Achevons cet Hymen, s'il se peut achever,

Ne duraſt-il qu'un jour, ma gloire eſt ſans ſeconde
D'eſtre du moins un jour la maîtreſſe du Monde.
J'ay de l'ambition, & ſoit vice, ou vertu,
Mon cœur ſous ſon fardeau veut bien eſtre abatu,
J'en aime la chaleur, & la nomme ſans ceſſe
La ſeule paſſion digne d'une Princeſſe.
Mais je veux que la gloire anime ſes ardeurs,
Qu'elle méne ſans honte au faîſte des grandeurs,
Et je la deſavouë, alors que ſa manie
Nous preſente le Troſne avec ignominie.

   Ne t'étonne donc plus, Charmion, de me voir
Défendre encor Pompée, & ſuivre mon devoir.
Ne pouvant rien de plus pour ſa vertu ſeduire,
Dans mon ame en ſecret je l'exhorte à la fuite,
Et voudrois qu'un orage écartant ſes vaiſſeaux
Malgré luy l'enlevaſt aux mains de ſes bourreaux.
Mais voicy de retour le fidelle Achorée
Par qui j'en apprendray la Nouvelle aſſeurée.

SCENE II.

CLEOPATRE, ACHOREE, CHARMION.

CLE. EN eſt-ce déja fait, & nos bords malheureux
    Sont-ils déja ſoüillez d'un ſang ſi genereux?
ACH. Madame, j'ay couru par voſtre ordre au rivage,
J'ay veu la trahiſon, j'ay veu toute ſa rage,
Du plus grand des Mortels j'ay veu trancher le ſort,
J'ay veu dans ſon malheur la gloire de ſa mort,
Et puiſque vous voulez qu'icy je vous raconte
La gloire d'une mort qui nous couvre de honte,
Ecoutez, admirez, & plaignez ſon trépas.

   Ses trois vaiſſeaux en rade avoient mis voile bas,
Et voyant dans le port préparer nos galeres,
Il croyoit que le Roy touché de ſes miſeres,
Par un beau ſentiment d'honneur & de devoir,
Avec toute ſa Cour le venoit recevoir.
Mais voyant que ce Prince ingrat à ſes merites
N'envoyoit qu'un eſquif remply de ſatellites,

Il soupçonne aussi-tost son manquement de foy,
Et se laisse surprendre à quelque peu d'effroy.
Enfin voyant nos bords & nostre Flote en armes,
Il condamne en son cœur ces indignes alarmes,
Et reduit tous les soins d'un si pressant ennuy
A ne hazarder pas Cornelie avec luy.
N'exposons, luy dit-il, que cette seule teste,
A la reception que l'Egypte m'appreste,
Et tandis que moy seul j'en courray le danger
Songe à prendre la fuite afin de me vanger.
Le Roy Iuba nous garde une foy plus sincere,
Chez luy tu trouveras, & mes fils, & ton pere,
Mais quand tu les verrois descendre chez Pluton,
Ne desespere point du vivant de Caton.
Tandis que leur amour en cet Adieu conteste,
Achillas à son bord joint son esquif funeste,
Septime se presente, & luy tendant la main
Le saluë Empereur en langage Romain,
Et comme depute de ce jeune Monarque,
Passez, Seigneur, dit-il, passez dans cette barque,
Les sables & les bancs cachez, dessous les eaux
Rendent l'accès mal seur a de plus grands vaisseaux.
Ce Heros voit la fourbe, & s'en mocque dans l'ame,
Il reçoit les Adieux des siens, & de sa femme,
Leur défend de le suivre, & s'avance au trépas
Avec le mesme front qu'il donnoit les Etats.
La mesme Majesté sur son visage emprainte
Entre ces assassins montre un esprit sans crainte,
Sa vertu toute entiere à la mort le conduit ;
Son affranchy Philippe est le seul qui le suit,
C'est de luy que j'ay sçeu ce que je viens de dire,
Mes yeux ont veu le reste, & mon cœur en soupire,
Et croit que Cesar mesme à de si grands malheurs
Ne pourra refuser des soupirs, & des pleurs.
CLE. N'épargnez pas les miens, achevez, Achorée,
L'histoire d'une mort que j'ay déja pleurée.
ACH. On l'améne, & du port nous le voyons venir
Sans que pas-un d'entr'eux daigne l'entretenir.
Ce mépris luy fait voir ce qu'il en doit attendre,
Enfin l'esquif aborde, on l'invite à descendre,
Il se leve, & soudain pour signal Achillas
Derriere ce Heros tirant son coutelas,

Septime

TRAGEDIE.

Septime & trois des siens, lasches enfans de Rome,
Percent à coups pressez les flancs de ce grand homme,
Tandis qu'Achillas mesme épouvanté d'horreur
De ces quatre enragez admire la fureur.
CLE. Vous qui livrez la Terre aux discordes civiles,
Si vous vangez sa mort, Dieux, épargnez nos villes,
N'imputez rien aux lieux, reconnoissez les mains,
Le crime de l'Egypte est fait par des Romains.
Mais que fait & que dit ce genereux courage?
ACH. D'un des pans de sa robbe il couvre son visage,
A son mauvais destin en aveugle obeït,
Et dédaigne de voir le Ciel qui le trahit,
De peur que d'un coup d'œil contre une telle offense
Il ne semble implorer son aide ou sa vangeance.
Aucun gemissement à son cœur échapé
Ne le montre en mourant digne d'estre frapé,
Immobile à leurs coups, en luy-mesme il rappelle
Ce qu'eut de beau sa vie, & ce qu'on dira d'elle,
Et tient la trahison que le Roy leur prescrit
Trop au dessous de luy pour y prester l'esprit.
Sa vertu dans leur crime augmente ainsi son lustre,
Et son dernier soûpir est un soûpir illustre,
Qui de cette grande ame achevant les destins
Etale tout Pompée aux yeux des assassins.
Sa teste sur les bords de la barque panchée
Par le traistre Septime indignement tranchée,
Passe au bout d'une lance en la main d'Achillas
Ainsi qu'un grand trophée après de grands combats.
Et pour combler enfin sa tragique avanture,
On donne à ce Heros la Mer pour sepulture,
Et le tronc sous les flots roule doresnavant
Au gré de la Fortune & de l'Onde & du Vent.
La triste Cornelie, à cet affreux spectacle,
Par de longs cris aigus tasche d'y mettre obstacle,
Défend de cher époux de la voix & des yeux,
Puis n'esperant plus rien, leve les mains aux Cieux,
Et cedant tout à coup à la douleur plus forte
Tombe dans sa galere évanoüye, ou morte.
Les siens en ce desastre à force de ramer
L'esloignent de la rive, & regagnent la Mer,
Mais sa fuite est mal seure, & l'infame Septime
Qui se voit desrober la moitié de son crime,

Tome II.   C

Afin de l'achever, prend six vaisseaux au port,
Et poursuit sur les eaux Pompée après sa mort.
 Cependant Achillas porte au Roy sa conqueste,
Tout le peuple tremblant en détourne la teste,
Vn effroy general offre à l'un sous ses pas
Des abysmes ouverts pour vanger ce trépas,
L'autre entend le tonnerre, & chacun se figure
Vn desordre soudain de toute la Nature,
Tant l'excès du forfait troublant leurs jugemens
Presente à leur terreur l'excès des châtimens.
 Philippe d'autre part montrant sur le rivage
Dans une ame servile un genereux courage,
Examine d'un œil & d'un soin curieux
Où les vagues rendront ce dépost précieux,
Pour luy rendre, s'il peut, ce qu'aux morts on doit rendre,
Dans quelque urne chetive en ramasser la cendre,
Et d'un peu de poussiere élever un tombeau
A celuy qui du Monde eut le sort le plus beau.
Mais comme vers l'Afrique on poursuit Cornelie,
On voit d'ailleurs Cesar venir de Thessalie,
Vne Flote paroit qu'on a peine à conter....
CLE. C'est luy-mesme, Achorée, il n'en faut point douter.
Tremblez, tremblez, méchans, voicy venir la foudre,
Cleopatre a dequoy vous mettre tous en poudre,
Cesar vient, elle est Reine, & Pompée est vangé,
La tyrannie est bas, & le Sort est changé.
Admirons cependant le destin des grands hommes,
Plaignons-les, & par eux jugeons ce que nous sommes.
 Ce Prince d'un Senat maistre de l'Vnivers,
De qui l'heur sembloit estre au dessus du revers,
Luy que sa Rome a veu plus craint que le tonnerre,
Triompher en trois fois des trois parts de la Terre,
Et qui voyoit encor en ces derniers hazards
L'un & l'autre Consul suivre ses étendarts,
Si-tost que d'un malheur sa fortune est suivie,
Les Monstres de l'Egypte ordonnent de sa vie;
On voit un Achillas, un Septime, un Photin,
Arbitres souverains d'un si noble destin,
Vn Roy qui de ses mains a receu la Couronne
A ces pestes de Cour laschement l'abandonne :
Ainsi finit Pompée, & peut-estre qu'un jour
Cesar éprouvera mesme sort à son tour.

TRAGEDIE.

Rendez l'augure faux, Dieux, qui voyez mes larmes,
Et secondez par tout, & mes vœux, & ses armes.
CHA. Madame, le Roy vient qui pourra vous oüir.

SCENE III.

PTOLOMEE, CLEOPATRE, CHARMION.

PTO. SCavez-vous le bon-heur dont nous allons joüir,
Ma sœur ? *CLE.* Ouy, je le sçay, le grand Cesar arrive,
Sous les loix de Photin je ne suis plus captive.
PTO. Vous haïssez toûjours ce fidelle Sujet.
CLE. Non, mais en liberté je ris de son projet.
PTO. Quel projet faisoit-il dont vous pussiez vous plaindre?
CLE. J'en ay souffert beaucoup, & j'avois plus à craindre.
Vn si grand Politique est capable de tout,
Et vous donnez les mains à tout ce qu'il resout.
PTO. Si je suy ses conseils, j'en connoy la prudence.
CLE. Si j'en crains les effets, j'en voy la violence.
PTO. Pour le bien de l'Etat tout est juste en un Roy.
CLE. Ce genre de justice est à craindre pour moy;
Aprés ma part du Sceptre à ce tiltre usurpée,
Il en coûte la vie & la teste à Pompée.
PTO. Iamais un coup d'Etat ne fut mieux entrepris,
Le voulant secourir, Cesar nous eust surpris,
Vous voyez sa vistesse, & l'Egypte troublée
Avant qu'estre en défense, en seroit accablée.
Mais je puis maintenant à cet heureux vainqueur
Offrir en seüreté mon trosne, & vostre cœur.
CLE. Ie feray mes presens, n'ayez soin que des vostres,
Et dans vos interests n'en confondez point d'autres.
PTO. Les vostres sont les miens, étant de mesme sang.
CLE. Vous pouvez dire encor étant de mesme rang.
Etant Rois l'un & l'autre, & toutefois je pense
Que nos deux interests ont quelque difference.
PTO. Ouy, ma sœur, car l'Etat dont mon cœur est content
Sur quelques bords du Nil à grand peine s'étend:
Mais Cesar à vos loix soûmettant son courage,
Vous va faire regner sur le Gange, & le Tage.

C ij

CLE. I'ay de l'ambition, mais je la sçay régler,
Elle peut m'éblouïr, & non-pas m'aveugler;
Ne parlons point icy du Tage, ny du Gange,
Ie connoy ma portée, & ne prens point le change.
PTO. L'occasion vous rit, & vous en userez.
CLE. Si je n'en use bien, vous m'en accuserez.
PTO. I'en espere beaucoup veu l'amour qui l'engage.
CLE. Vous la craignez peut-estre encore davantage;
Mais quelque occasion qui me rie aujourd'huy,
N'ayez aucune peur, je ne veux rien d'autruy,
Ie ne garde pour vous ny haine, ny colere,
Et je suis bonne sœur, si vous n'étes bon frere.
PTO. Vous montrez cependant un peu bien du mépris.
CLE. Le temps de chaque chose ordonne, & fait le prix.
PTO. Vostre façon d'agir le fait assez connoistre.
CLE. Le grand Cesar arrive, & vous avez un maistre.
PTO. Il l'est de tout le Monde, & je l'ay fait le mien.
CLE. Allez luy rendre hommage, & j'attendray le sien,
Allez, ce n'est pas trop pour luy que de vous-mesme,
Ie garderay pour vous l'honneur du Diadesme.
Photin vous vient aider à le bien recevoir,
Consultez avec luy quel est vostre devoir.

SCENE IV.

PTOLOMEE, PHOTIN.

PTO. J'Ay suivy tes conseils, mais plus je l'ay flatée,
Et plus dans l'insolence elle s'est emportée,
Si bien qu'enfin outré de tant d'indignitez,
Ie m'allois emporter dans les extrémitez;
Mon bras dont ses mépris forçoient la retenuë
N'eust plus consideré Cesar, ny sa venuë,
Et l'eust mise en état malgré tout son appuy
De s'en plaindre à Pompée auparavant qu'à luy.
L'arrogante, à l'ouïr, elle est déja ma Reine,
Et si Cesar en croit son orgueil, & sa haine,
Si, comme elle s'en vante, elle est son cher objet,
De son frere & son Roy, je deviens son Sujet.
Non non, prévenons-la, c'est foiblesse d'attendre
Le mal qu'on voit venir sans pouvoir s'en défendre,

TRAGEDIE.

Oftons-luy les moyens de nous plus dédaigner,
Oftons-luy les moyens de plaire, & de regner,
Et ne permettons pas qu'après tant de bravades
Mon fceptre foit le prix d'une de fes œillades.
PHO. Sire, ne donnez point de pretexte à Cefar
Pour attacher l'Egypte aux pompes de fon char.
Ce cœur ambitieux qui par toute la Terre
Ne cherche qu'à porter l'esclavage & la guerre,
Enflé de fa victoire & des reffentimens
Qu'une perte pareille imprime aux vrais amans,
Quoy que vous ne rendiez que justice à vous mefme,
Prendroit l'occafion de vanger ce qu'il aime,
Et pour s'affujettir, & vos Etats, & vous,
Imputeroit à crime un fi juste couroux.
PTO. Si Cleopatre vit, s'il la voit, elle eft Reine.
PHO. Si Cleopatre meurt, voftre perte eft certaine.
PTO. Ie perdray qui me perd ne pouvant me fauver.
PHO. Pour la perdre avec joye il faut vous conferver.
PTO. Quoy? pour voir fur fa tefte éclater ma couronne?
Sceptre, s'il faut enfin que ma main t'abandonne,
Paffe, paffe plûtoft en celle du vainqueur.
PHO. Vous l'arracherez mieux de celle d'une fœur.
Quelques feux que d'abord il luy faffe paroiftre,
Il partira bien-toft, & vous ferez le maiftre.
L'Amour à fes pareils ne donne point d'ardeur
Qui ne cede aifément aux foins de leur grandeur:
Il voit encor l'Afrique & l'Espagne occupées
Par Iuba, Scipion, & les jeunes Pompées,
Et le Monde à fes loix n'eft point affujetty,
Tant qu'il verra durer ces reftes du party,
Au fortir de Pharfale un fi grand Capitaine
Sçauroit mal fon métier, s'il laiffoit prendre haleine,
Et s'il donnoit loifir à des cœurs fi hardis
De relever du coup dont ils font étourdis.
S'il les vainc, s'il parvient où fon defir aspire,
Il faut qu'il aille à Rome établir fon empire,
Ioüir de fa fortune, & de fon attentat,
Et changer à fon gré la forme de l'Etat:
Iugez durant ce temps ce que vous pourrez faire,
Sire, voyez Cefar, forcez vous à luy plaire,
Et luy déferant tout, veüillez vous fouvenir
Que les évenemens régleront l'avenir.

C iij

Remettez en ses mains, Trosne, Sceptre, Couronne,
Et sans en murmurer souffrez qu'il en ordonne,
Il en croira sans doute ordonner justement
En suivant du feu Roy l'ordre & le testament;
L'importance d'ailleurs de ce dernier service
Ne permet pas d'en craindre une entiere injustice:
Quoy qu'il en fasse enfin, feignez d'y consentir,
Loüez son jugement & laissez-le partir.
Aprés, quand nous verrons le temps propre aux vangeances,
Nous aurons, & la force, & les intelligences:
Iusques-là reprimez ces transports violens,
Qu'excitent d'une sœur les mépris insolens;
Les bravades enfin sont des discours frivoles,
Et qui songe aux effets neglige les paroles.
PTO. Ah! tu me rends la vie & le sceptre à la fois,
Vn sage Conseiller est le bonheur des Rois.
Cher appuy de mon Trosne, allons, sans plus attendre
Offrir tout à Cesar afin de tout reprendre,
Avec toute ma Flote, allons le recevoir,
Et par ces vains honneurs seduire son pouvoir.

ACTE III.

SCENE PREMIERE.

CHARMION, ACHOREE.

CHA. Vy, tandis que le Roy va luy-mesme en personne
Iusqu'aux pieds de Cesar prosterner sa couronne,
Cleopatre s'enferme en son apartement,
Et sans s'en émouvoir attend son compliment.
Comment nommerez-vous une humeur si hautaine?
ACH. Vn orgueil noble & juste, & digne d'une Reine,
Qui soûtient avec cœur & magnanimité
L'honneur de sa naissance, & de sa dignité,
Luy pourray-je parler? CHA. Non, mais elle m'envoye
Sçavoir à cet abord ce qu'on a veu de joye,
Ce qu'à ce beau present Cesar a témoigné,
S'il a paru content, ou s'il l'a dédaigné,
S'il traite avec douceur, s'il traite avec empire,
Ce qu'à nos assassins enfin il a pû dire.
ACH. La teste de Pompée a produit des effets
Dont ils n'ont pas sujet d'estre fort satisfaits.
Ie ne sçay si Cesar prendroit plaisir à feindre,
Mais pour eux, jusqu'icy je trouve lieu de craindre;
S'ils aimoient Ptolomée, ils l'ont fort mal servy.
Vous l'avez veu partir, & moy je l'ay suivy.
Ses vaisseaux en bon ordre ont esloigné la ville,
Et pour joindre Cesar n'ont avancé qu'un mille.
Il venoit à plein voile, & si dans les hazards
Il éprouva toûjours pleine faveur de Mars,
Sa Flote qu'à l'envy favorisoit Neptune
Avoit le vent en poupe ainsi que sa fortune.
Dès le premier abord nostre Prince étonné
Ne s'est plus souvenu de son front couronné,
Sa frayeur a paru sous sa fausse allegresse,
Toutes ses actions ont senty la bassesse,

J'en ay rougy moy-mefme, & me fuis pleint à moy
De voir là Ptolomée, & n'y voir point de Roy,
Et Cefar qui lifoit fa peur fur fon vifage
Le flatoit par pitié pour luy donner courage.
Luy d'une voix tombante offrant ce don fatal,
Seigneur, vous n'avez plus, luy dit-il, *de Rival;*
Ce que n'ont pû les Dieux dans voftre Theffalie,
Ie vay mettre en vos mains Pompée, & Cornelie,
En voicy déja l'un, & pour l'autre, elle fuit,
Mais avec fix vaiffeaux un des miens la pourfuit.
 A ces mots Achillas découvre cette tefte,
Il femble qu'à parler encor elle s'aprefte,
Qu'à ce nouvel affront un refte de chaleur
En fanglots mal formez exhale fa douleur.
Sa bouche encore ouverte & fa veuë égarée
Rappellent fa grande ame à peine feparée,
Et fon couroux mourant fait un dernier effort
Pour reprocher aux Dieux fa défaite & fa mort.
Cefar à cet afpect comme frapé du foudre,
Et comme ne fçachant que croire, ou que refoudre,
Immobile, & les yeux fur l'objet attachez,
Nous tient affez long-temps fes fentimens cachez;
Et je diray, fi j'ofe en faire conjecture,
Que par un mouvement commun à la Nature,
Quelque maligne joye en fon cœur s'élevoit,
Dont fa gloire indignée à peine le fauvoit.
L'aife de voir la Terre à fon pouvoir foûmife
Chatoüilloit malgré luy fon ame avec furprife,
Et de cette douceur fon efprit combatu
Avec un peu d'effort raffeuroit fa vertu.
S'il aime fa grandeur, il hait la perfidie,
Il fe juge en autruy, fe tafte, s'étudie,
Examine en fecret fa joye, & fes douleurs,
Les balance, choifit, laiffe couler des pleurs,
Et forçant fa vertu d'eftre encor la maîtreffe,
Se montre genereux par un trait de foibleffe.
En fuite il fait ofter ce prefent de fes yeux,
Leve les mains enfemble & les regards aux Cieux,
Lafche deux ou trois mots contre cette infolence,
Puis tout trifte & penfif il s'obftine au filence,
Et mefme à fes Romains ne daigne repartir
Que d'un regard farouche, & d'un profond foûpir.

Enfin

TRAGEDIE.

Enfin ayant pris terre avec trente Cohortes,
Il se saisit du port, il se saisit des portes,
Met des Gardes par tout, & des ordres secrets,
Fait voir sa défiance ainsi que ses regrets,
Parle d'Egypte en maistre, & de son adversaire
Non plus comme ennemy, mais comme son beau-pere.
Voilà ce que j'ay veu. *CHA.* Voilà ce qu'atttendoit,
Ce qu'au juste Osiris la Reine demandoit,
Ie vay bien la ravir avec cette Nouvelle,
Vous, continuez-luy ce service fidelle.
ACH. Qu'elle n'en doute point. Mais César vient, allez,
Peignez-luy bien nos gens pasles & desolez,
Et moy, soit que l'issue en soit douce, ou funeste,
I'iray l'entretenir quand j'auray veu le reste.

SCENE II.

CESAR, PTOLOMEE, LEPIDE,
PHOTIN, ACHOREE,
Soldats Romains, Soldats
Egyptiens.

PTO. SEigneur, montez au trosne, & commandez icy.
CES. Connoissez-vous Cesar de luy parler ainsi?
Que m'offriroit de pis la Fortune ennemie,
A moy qui tiens le trosne égal à l'infamie?
Certes Rome à ce coup pourroit bien se vanter
D'avoir eu juste lieu de me persecuter.
Elle qui d'un mesme œil les donne, & les dédaigne,
Qui ne voit rien aux Rois qu'elle aime, ou qu'elle craigne,
Et qui verse en nos cœurs avec l'ame, & le sang,
Et la haine du nom, & le mépris du rang.
C'est ce que de Pompée il vous falloit apprendre,
S'il en eust aimé l'offre, il eust sçeu s'en défendre,
Et le trosne & le Roy se seroient ennoblis
A soûtenir la main qui les a rétablis.
Vous eussiez pû tomber, mais tout couvert de gloire,
Vostre cheute eust valu la plus haute victoire,
Et si vostre destin n'eust pû vous en sauver,
Cesar eust pris plaisir à vous en relever.

Tome II.   D

Vous n'avez pû former une si noble envie;
Mais quel droit aviez-vous sur cette illustre vie?
Que vous devoit son sang pour y tremper vos mains,
Vous qui devez respect au moindre des Romains?
Ay-je vaincu pour vous dans les champs de Pharsale?
Et par une victoire aux vaincus trop fatale,
Vous ay-je acquis sur eux en ce dernier effort
La puissance absoluë, & de vie, & de mort?
Moy qui n'ay jamais pû la souffrir à Pompée,
La souffriray-je en vous sur luy-mesme usurpée,
Et que de mon bonheur vous ayez abusé
Iusqu'à plus attenter que je n'aurois osé?
De quel nom après tout pensez-vous que je nomme
Ce coup où vous tranchez du souverain de Rome,
Et qui sur un seul Chef luy fait bien plus d'affront,
Que sur tant de milliers ne fit le Roy de Pont?
Pensez-vous que j'ignore, ou que je dissimule
Que vous n'auriez pas eu pour moy plus de scrupule,
Et que s'il m'eust vaincu, vostre esprit complaisant
Luy faisoit de ma teste un semblable present?
Graces à ma victoire, on me rend des hommages
Où ma fuite eust receu toutes sortes d'outrages,
Au vainqueur, non à moy, vous faites tout l'honneur,
Si Cesar en joüit, ce n'est que par bonheur.
Amitié dangereuse, & redoutable zéle,
Que régle la Fortune, & qui tourne avec elle,
Mais parlez, c'est trop estre interdit & confus.
PTO. Ie le suis, il est vray, si jamais je le fus,
Et vous mesme auoüerez que j'ay sujet de l'estre.
Etant né Souverain, je vois icy mon maistre,
Icy dis-je, où ma Cour tremble en me regardant,
Où je n'ay point encor agy qu'en commandant,
Ie vois une autre Cour, sous une autre puissance,
Et ne puis plus agir qu'avec obeïssance.
De vostre seul aspect je me suis veu surpris,
Iugez si vos discours r'asseurent mes esprits,
Iugez par quels moyens je puis sortir d'un trouble
Que forme le respect, que la crainte redouble,
Et ce que vous peut dire un Prince épouvanté
De voir tant de colere, & tant de majesté.
Dans ces étonnemens dont mon ame est frapée
De rencontrer en vous le vangeur de Pompée,

TRAGEDIE.

Il me souvient pourtant que s'il fut nostre appuy,
Nous vous deusmes deslors autant & plus qu'à luy.
Vostre faveur pour nous éclata la premiere,
Tout ce qu'il fit après fut à vostre priere :
Il émût le Senat pour des Rois outragez
Que sans cette priere il auroit negligez.
Mais de ce grand Senat les saintes ordonnances
Eussent peu fait pour nous, Seigneur, sans vos finances,
Par là de nos mutins le feu Roy vint à bout,
Et pour en bien parler, nous vous devons le tout.
Nous avons honoré vostre amy, vostre gendre,
Iusqu'à ce qu'à vous-mesme il ait osé se prendre :
Mais voyant son pouvoir de vos succès jaloux
Passer en tyrannie, & s'armer contre vous.

CES. Tout-beau, que vostre haine en son sang assouvie
N'aille point à sa gloire, il suffit de sa vie,
N'avancez rien icy que Rome ose nier,
Et justifiez-vous sans le calomnier.

PTO. Ie laisse donc aux Dieux à juger ses pensées,
Et diray seulement qu'en vos guerres passées,
Où vous fustes forcé par tant d'indignitez,
Tous nos vœux ont été par vos prosperitez :
Que comme il vous traitoit en mortel adversaire,
I'ay crû sa mort pour vous un malheur necessaire,
Et que sa haine injuste augmentant tous les jours,
Iusques dans les Enfers chercheroit du secours,
Ou qu'enfin, s'il tomboit dessous vostre puissance,
Il nous falloit pour vous craindre vostre clemence,
Et que le sentiment d'un cœur trop genereux
Vsant mal de vos droits vous rendist malheureux.
I'ay donc consideré qu'en ce peril extresme
Nous vous devions, Seigneur, servir malgré vous mesme,
Et sans attendre d'ordre en cette occasion,
Mon zéle ardent l'a prise à ma confusion.
Vous m'en desavoüez, vous l'imputez à crime,
Mais pour servir Cesar rien n'est illegitime,
I'en ay soüillé mes mains pour vous en preserver,
Vous pouvez en joüir, & le desaprouver,
Et j'ay plus fait pour vous, plus l'action est noire,
Puisque c'est d'autant plus vous immoler ma gloire,
Et que ce sacrifice offert par mon devoir
Vous asseure la vostre avec vostre pouvoir.

D ij

CES. Voſtre laſche attentat cherche avec trop de ruſes
De mauvaiſes couleurs & de froides excuſes.
Voſtre zéle étoit faux ſi ſeul il redoutoit
Ce que le Monde entier à pleins vœux ſouhaitoit,
Et s'il vous a donné ces craintes trop ſubtiles,
Qui m'oſtent tout le fruit de nos guerres civiles,
Où l'honneur ſeul m'engage, & que pour terminer,
Ie ne veux que celuy de vaincre, & pardonner;
Où mes plus dangereux & plus grands adverſaires,
Si-toſt qu'ils ſont vaincus, ne ſont plus que mes freres,
Et mon ambition ne va qu'à les forcer,
Ayant dompté leur haine, à vivre, & m'embraſſer.
O combien d'allegreſſe une ſi triſte guerre
Auroit-elle laiſſé deſſus toute la Terre,
Si l'on voyoit marcher deſſus un meſme char
Vainqueurs de leur diſcorde, & Pompée, & Ceſar!
Voilà ces grands malheurs que craignoit voſtre zéle.
O crainte ridicule autant que criminelle!
Vous craigniez ma clemence! ah! n'ayez plus ce ſoin,
Souhaitez-la plûtoſt, vous en avez beſoin.
Si je n'avois égard qu'aux loix de la Iuſtice,
Ie m'appaiſerois Rome avec voſtre ſupplice,
Sans que ny vos reſpects, ny voſtre repentir,
Ny voſtre Dignité vous puſſent garantir,
Voſtre troſne luy-meſme en ſeroit le Theatre:
Mais voulant épargner le ſang de Cleopatre,
I'impute à vos flateurs toute la trahiſon,
Et je veux voir comment vous m'en ferez raiſon;
Suivant les ſentimens dont vous ſerez capable
Ie ſçauray vous tenir innocent, ou coupable.
Cependant à Pompée élevez des Autels,
Rendez-luy les honneurs qu'on rend aux Immortels,
Par un prompt ſacrifice expiez tous vos crimes,
Et ſur tout, penſez bien aux choix de vos victimes.
Allez y donner ordre, & me laiſſez icy
Entretenir les miens ſur quelque autre ſoucy.

SCENE III.

CESAR, ANTOINE, LEPIDE.

CES. Antoine, avez-vous veu cette Reine adorable?
ANT. Ouy, Seigneur, je l'ay veuë, elle est incomparable,
Le Ciel n'a point encor par de si doux accords
Vny tant de vertus aux graces d'un beau corps,
Vne majesté douce épand sur son visage
Dequoy s'assujettir le plus noble courage,
Ses yeux sçavent ravir, son discours sçait charmer,
Et si j'étois Cesar je la voudrois aimer.
CES. Comme a-t'elle receu les offres de ma flame?
ANT. Comme n'osant la croire, & la croyant dans l'ame;
Par un refus modeste, & fait pour inviter,
Elle s'en dit indigne, & la croit meriter.
CES. En pourray-je estre aimé? ANT. Douter qu'elle vous aime,
Elle qui de vous seul attend son Diadesme,
Qui n'espere qu'en vous! Douter de ses ardeurs,
Vous qui pouvez la mettre au faiste des grandeurs!
Que vostre amour sans crainte à son amour pretende,
Au vainqueur de Pompée il faut que tout se rende,
Et vous l'éprouverez. Elle craint toutefois
L'ordinaire mépris que Rome fait des Rois,
Et sur tout elle craint l'amour de Calphurnie:
Mais l'une & l'autre crainte à vostre aspect bannie,
Vous ferez succeder un espoir assez doux,
Lors que vous daignerez luy dire un mot pour vous.
CES. Allons donc l'affranchir de ces frivoles craintes,
Luy montrer de mon cœur les sensibles atteintes,
Allons, ne tardons plus. ANT. Avant que de la voir
Sçachez que Cornelie est en vostre pouvoir;
Septime vous l'améne orgueilleux de son crime,
Et pense auprés de vous se mettre en haute estime,
Si-tost qu'ils ont pris port, vos Chefs par vous instruits
Sans leur rien témoigner les ont icy conduits.
CES. Qu'elle entre. Ah, l'importune & fascheuse Nouvelle!
Qu'à mon impatience elle semble cruelle!
O Ciel! & ne pourray-je enfin à mon amour
Donner en liberté ce qui reste du jour?

D iij

SCENE IV.

CESAR, CORNELIE, ANTOINE, LEPIDE, SEPTIME.

SEP. SEigneur... CES. Allez, Septime, allez vers voſtre maiſtre,
Ceſar ne peut ſouffrir la preſence d'un traiſtre,
D'un Romain laſche aſſez pour ſervir ſous un Roy,
Aprés avoir ſervy ſous Pompée, & ſous moy.ᵃ

ᵃ *Septime rentre.*

COR. Ceſar, car le Deſtin que dans tes fers je brave
Me fait ta priſonniere, & non pas ton eſclave,
Et tu ne pretens pas qu'il m'abate le cœur
Iuſqu'à te rendre hommage, & te nommer Seigneur;
De quelque rude trait qu'il m'oſe avoir frapée,
Veſve du jeune Craſſe, & veſve de Pompée,
Fille de Scipion, & pour dire encor plus,
Romaine, mon courage eſt encor au deſſus,
Et de tous les aſſauts que ſa rigueur me livre,
Rien ne me fait rougir que la honte de vivre.
I'ay veu mourir Pompée, & ne l'ay pas ſuivy,
Et bien que le moyen m'en aye été ravy,
Qu'une pitié cruelle à mes douleurs profondes
M'aye oſté le ſecours, & du fer, & des ondes,
Ie dois rougir pourtant aprés un tel malheur
De n'avoir pû mourir d'un excés de douleur.
Ma mort étoit ma gloire, & le Deſtin m'en prive,
Pour croiſtre mes malheurs, & me voir ta captive;
Ie dois bien toutefois rendre graces aux Dieux,
De ce qu'en arrivant je te trouve en ces lieux;
Que Ceſar y commande, & non pas Ptolomée.
Helas! & ſous quel aſtre, ô Ciel, m'as-tu formée,
Si je leur dois des vœux de ce qu'ils ont permis
Que je rencontre icy mes plus grands ennemis,
Et tombe entre leurs mains, plutoſt qu'aux mains d'un Prince
Qui doit à mon époux ſon troſne & ſa Province?
Ceſar, de ta victoire écoute moins le bruit,
Elle n'eſt que l'effet du malheur qui me ſuit,
Ie l'ay porté pour dot chez Pompée & chez Craſſe,
Deux fois du Monde entier j'ay cauſé la diſgrace.

TRAGEDIE.

Deux fois de mon Hymen le nœud mal assorty
A chassé tous les Dieux du plus juste party.
Heureuse en mes malheurs, si ce triste Hymenée
Pour le bonheur de Rome à Cesar m'eust donnée,
Et si j'eusse avec moy porté dans ta maison
D'un astre envenimé l'invincible poison.
Car enfin n'attens pas que j'abaisse ma haine,
Ie te l'ay déja dit, Cesar, je suis Romaine,
Et quoy que ta captive, un cœur comme le mien
De peur de s'oublier ne te demande rien.
Ordonne, & sans vouloir qu'il tremble, ou s'humilie,
Souvien-toy seulement que je suis Cornelie.

CES. O d'un illustre époux noble & digne moitié,
Dont le courage étonne, & le sort fait pitié,
Certes vos sentimens font assez reconnoistre
Qui vous donna la main, & qui vous donna l'estre,
Et l'on juge aisément au cœur que vous portez
Où vous étes entrée, & de qui vous sortez.
L'ame du jeune Crasse, & celle de Pompée,
L'une & l'autre vertu par le malheur trompée,
Le sang des Scipions protecteur de nos Dieux,
Parlent par vostre bouche, & brillent dans vos yeux,
Et Rome dans ses murs ne voit point de famille,
Qui soit plus honorée, ou de femme, ou de fille.
Pleust au grand Iupiter, pleust à ces mesmes Dieux,
Qu'Annibal eust bravez jadis sans vos ayeux,
Que ce Heros si cher dont le Ciel vous separe
N'eust pas si mal connu la Cour d'un Roy Barbare,
Ny mieux aimé tenter une incertaine foy,
Que la vieille amitié qu'il eust trouvée en moy;
Qu'il eust voulu souffrir qu'un bonheur de mes armes
Eust vaincu ses soupçons, dissipé ses alarmes,
Et qu'enfin m'attendant, sans plus se défier,
Il m'eust donné moyen de me justifier.
Alors foulant aux pieds la Discorde, & l'Envie,
Ie l'eusse conjuré de se donner la vie,
D'oublier ma victoire, & d'aimer un rival
Heureux d'avoir vaincu pour vivre son égal.
I'eusse alors regagné son ame satisfaite,
Iusqu'à luy faire aux Dieux pardonner sa défaite,
Il eust fait à son tour, en me rendant son cœur,
Que Rome eust pardonné la victoire au vainqueur.

Mais puisque par sa perte à jamais sans seconde
Le Sort a desrobé cette allegresse au Monde,
Cesar s'efforcera de s'acquiter vers vous
De ce qu'il voudroit rendre à cet illustre époux.
Prenez donc en ces lieux liberté toute entiere,
Seulement pour deux jours soyez ma prisonniere,
Afin d'estre témoin comme aprés nos debats,
Ie cheris sa memoire, & vange son trépas,
Et de pouvoir apprendre à toute l'Italie
De quel orgueil nouveau m'enfle la Thessalie.
Ie vous laisse à vous-mesme, & vous quitte un moment,
Choisissez-luy, Lepide, un digne appartement,
Et qu'on l'honore icy, mais en Dame Romaine,
C'est à dire un peu plus qu'on n'honore la Reine.
Commandez, & chacun aura soin d'obeir.
COR. O Ciel! que de vertus vous me faites haïr.

ACTE IV.

SCENE PREMIERE.

PTOLOMEE, ACHILLAS, PHOTIN.

PTO. Voy! de la mesme main & de la mesme épée
Dont il vient d'immoler le malheureux Pompée,
Septime par Cesar indignement chassé,
Dans un tel desespoir à vos yeux a passé?
ACH. Il est mort, & mourant, Sire, il vous doit apprendre
La honte qu'il prévient, & qu'il vous faut attendre.
Iugez quel est Cesar à ce couroux si lent.
Vn moment pousse & rompt un transport violent,
Mais l'indignation qu'on prend avec étude,
Augmente avec le temps, & porte un coup plus rude.
Ainsi n'esperez pas de le voir moderé,
Par adresse il se fasche aprés s'estre asseuré,

TRAGEDIE.

  Sa puissance établie, il a soin de sa gloire,
  Il poursuivoit Pompée, & cherit sa memoire,
  Et veut tirer à soy par un couroux accort
  L'honneur de sa vangeance, & le fruit de sa mort.
PTO. Ah! si je t'avois crû je n'aurois pas de maistre,
  Ie serois dans le trosne où le Ciel m'a fait naistre;
  Mais c'est une imprudence assez commune aux Rois,
  D'écouter trop d'avis, & se tromper au choix.
  Le Destin les aveugle au bord du précipice,
  Ou si quelque lumiere en leur ame se glisse,
  Cette fausse clarté, dont il les éblouït,
  Les plonge dans un gouffre, & puis s'évanoüit.
PHO. I'ay mal connu Cesar, mais puisqu'en son estime
  Vn si rare service est un énorme crime,
  Sire, il porte en son flanc dequoy nous en laver,
  C'est là qu'est nostre grace, il nous l'y faut trouver.
  Ie ne vous parle plus de souffrir sans murmure,
  D'attendre son depart pour vanger cette injure,
  Ie sçay mieux conformer les remedes au mal;
  Iustifions sur luy la mort de son rival,
  Et nostre main alors également trempée,
  Et du sang de Cesar, & du sang de Pompée,
  Rome, sans leur donner de tiltres differens,
  Se croira par vous seul libre de deux Tyrans.
PTO. Ouy, par là seulement ma perte est evitable,
  C'est trop craindre un Tyran que j'ay fait redoutable,
  Montrons que sa fortune est l'œuvre de nos mains,
  Deux fois en mesme jour disposons des Romains,
  Faisons leur liberté comme leur esclavage.
  Cesar, que tes exploits n'enflent plus ton courage,
  Considere les miens, tes yeux en sont témoins,
  Pompée étoit mortel, & tu ne l'és pas moins,
  Il pouvoit plus que toy, tu luy portois envie,
  Tu n'as, non plus luy, qu'une ame, & qu'une vie,
  Et son sort que tu plains te doit faire penser
  Que ton cœur est sensible & qu'on peut le percer,
  Tonne, tonne à ton gré, fais peur de ta justice,
  C'est à moy d'appaiser Rome par ton supplice,
  C'est à moy de punir ta cruelle douceur,
  Qui n'épargne en un Roy que le sang de sa sœur.
  Ie n'abandonne plus ma vie, & ma puissance,
  Au hazard de sa haine, ou de ton inconstance;

Ne croy pas que jamais tu puisses à ce prix
Recompenser sa flame, ou punir ses mépris.
J'employray contre toy de plus nobles maximes,
Tu m'as prescrit tantost de choisir des victimes,
De bien penser au choix, j'obeïs, & je voy
Que je n'en puis choisir de plus dignes que toy,
Ny dont le sang offert, la fumée, & la cendre
Puissent mieux satisfaire aux Manes de ton gendre.
 Mais ce n'est pas assez, amis, de s'irriter,
Il faut voir quels moyens on a d'executer,
Toute cette chaleur est peut-estre inutile,
Les soldats du Tyran sont maistres de la ville,
Que pouvons-nous contr'eux, & pour les prévenir,
Quel temps devons-prendre, & quel ordre tenir?
ACH. Nous pouvons beaucoup, Sire, en l'état où nous sommes,
A deux milles d'icy vous avez six mille hommes,
Que depuis quelques jours craignant des remûmens
Ie faisois tenir prests à tous évenemens.
Quelques soins qu'ait Cesar, sa prudence est deceuë,
Cette ville a sous terre une secrette issuë,
Par où fort aisément on les peut cette nuit
Iusques dans le Palais introduire sans bruit:
Car contre sa fortune aller à force ouverte,
Ce seroit trop courir vous-mesme à vostre perte;
Il nous le faut surprendre au milieu du festin,
Enyvré des douceurs de l'Amour, & du vin.
Tout le Peuple est pour nous, tantost à son entrée
I'ay remarqué l'horreur que ce Peuple a montrée,
Lors qu'avec tant de fast il a veu ses faisceaux
Marcher arrogamment, & braver nos drapeaux.
Au spectacle insolent de ce pompeux outrage,
Ses farouches regards étinceloient de rage,
Ie voyois sa fureur à peine se dompter,
Et pour peu qu'on le pousse, il est prest d'éclater.
Mais sur tout, les Romains que commandoit Septime
Pressez de la terreur que sa mort leur imprime,
Ne cherchent qu'à vanger par un coup genereux
Le mépris qu'en leur Chef ce superbe a fait d'eux.
PTO. Mais qui pourra de nous approcher sa personne,
Si durant le festin sa Garde l'environne?
PHO. Les gens de Cornelie, entre qui vos Romains
Ont déja reconnu des freres, des germains,

TRAGEDIE.

Dont l'aspre déplaisir leur a laissé paroistre
Vne soif d'immoler leur Tyran à leur maistre.
Ils ont donné parole, & peuvent mieux que nous
Dans les flancs de Cesar porter les premiers coups.
Son faux art de clemence, ou plûtost sa folie,
Qui pense gagner Rome en flatant Cornelie,
Leur donnera sans doute un assez libre accés,
Pour de ce grand dessein asseurer le succés.
    Mais voicy Cleopatre, agissez avec feinte,
Sire, & ne luy montrez que foiblesse, & que crainte,
Nous allons vous quitter, comme objets odieux,
Dont l'aspect importun offenseroit ses yeux.
PTO. Allez, je vous rejoins.

SCENE II.

PTOLOMEE, CLEOPATRE, ACHOREE, CHARMION.

CLE.   I'Ay veu Cesar, mon frere,
Et de tout mon pouvoir combatu sa colere.
PTO. Vous étes genereuse, & j'avois attendu
Cette office de sœur que vous m'avez rendu.
Mais cet illustre amant vous a bien-tost quittée.
CLE. Sur quelque broüillerie en la ville excitée,
Il a voulu luy-mesme appaiser les debats,
Qu'avec nos Citoyens ont eu quelques soldats;
Et moy, j'ay bien voulu moy-mesme vous redire,
Que vous ne craigniez rien pour vous, ny vostre Empire,
Et que le grand Cesar blasme vostre action
Avec moins de couroux, que de compassion.
Il vous plaint d'écouter ces lasches Politiques,
Qui n'inspirent aux Rois que des mœurs tyranniques;
Ainsi que la naissance ils ont les esprits bas;
En vain on les éleve à regir des Etats,
Vn cœur né pour servir sçait mal comme on commande,
Sa puissance l'accable alors qu'elle est trop grande,
Et sa main que le crime en vain fait redouter
Laisse choir le fardeau qu'elle ne peut porter.
PTO. Vous dites vray, ma sœur, & ces effets sinistres
Me font bien voir ma faute au choix de mes Ministres.

E ij

Si j'avois écouté de plus nobles conseils,
Ie vivrois dans la gloire où vivent mes pareils,
Ie meriterois mieux cette amitié si pure
Que pour un frere ingrat vous donne la Nature,
Cesar embrasseroit Pompée en ce Palais,
Nostre Egypte à la Terre auroit rendu la paix,
Et verroit son Monarque encor à juste tiltre,
Amy de tous les deux, & peut-estre l'arbitre.
Mais puisque le passé ne peut se revoquer,
Trouvez bon qu'avec vous mon cœur s'ose expliquer.
 Ie vous ay maltraitée, & vous êtes si bonne
Que vous me conservez la vie, & la Couronne;
Vainquez-vous tout à fait, & par un digne effort
Arrachez Achillas & Photin à la mort.
Elle leur est bien deuë, ils vous ont offensée;
Mais ma gloire en leur perte est trop interessée:
Si Cesar les punit des crimes de leur Roy,
Toute l'ignominie en rejallit sur moy,
Il me punit en eux, leur supplice est ma peine.
Forcez en ma faveur une trop juste haine,
Dequoy peut satisfaire un cœur si genereux
Le sang abjet & vil de ces deux malheureux?
Que je vous doive tout, Cesar cherche à vous plaire,
Et vous pouvez d'un mot desarmer sa colere.
CLE. Si j'avois en mes mains leur vie, & leur trépas,
Ie les méprise assez pour ne m'en vanger pas,
Mais sur le grand Cesar je puis fort peu de chose,
Quand le sang de Pompée à mes desirs s'oppose.
Ie ne me vante pas de pouvoir le fléchir,
I'en ay déja parlé, mais il a sçeu gauchir,
Et tournant le discours sur une autre matiere,
Il n'a ny refusé, ny souffert ma priere.
Ie veux bien toutefois encor m'y hazarder,
Mes efforts redoublez pourront mieux succeder,
Et j'ose croire.... *PTO.* Il vient, souffrez que je l'évite,
Ie crains que ma presence à vos yeux ne l'irrite,
Que son couroux émeu ne s'aigrisse à me voir,
Et vous agirez seule avec plus de pouvoir.

TRAGEDIE.

SCENE III.

CESAR, CLEOPATRE, ANTOINE,
LEPIDE, CHARMION,
ACHOREE, Romains.

CES. Reine, tout est paisible, & la ville calmée
Qu'un trouble assez leger avoir trop alarmée,
N'a plus à redouter le divorce intestin
Du soldat insolent, & du peuple mutin.
Mais, ô Dieux ! ce moment que je vous ay quittée
D'un trouble bien plus grand à mon ame agitée,
Et ces soins importuns qui m'arrachoient de vous
Contre ma grandeur mesme allumoient mon couroux.
Ie luy voulois du mal de m'estre si contraire,
De rendre ma presence ailleurs si necessaire ;
Mais je luy pardonnois au simple souvenir
Du bonheur qu'à ma flâme elle fait obtenir.
C'est elle dont je tiens cette haute esperance
Qui flate mes desirs d'une illustre apparence,
Et fait croire à Cesar qu'il peut former des vœux,
Qu'il n'est pas tout-à-fait indigne de vos feux,
Et qu'il peut en pretendre une juste conqueste
N'ayant plus que les Dieux au dessus de sa teste.
Ouy, Reine, si quelqu'un dans ce vaste Vnivers
Pouvoit porter plus haut la gloire de vos fers;
S'il étoit quelque Trosne où vous pussiez paroistre
Plus dignement assise en captivant son maistre ;
I'irois, j'irois à luy, moins pour le luy ravir,
Que pour luy disputer le droit de vous servir ;
Et je n'aspirerois au bon-heur de vous plaire,
Qu'après avoir mis bas un si grand adversaire;
C'étoit pour acquerir un droit si precieux
Que combatoit par tout mon bras ambitieux,
Et dans Pharsale mesme il a tiré l'épée
Plus pour le conserver, que pour vaincre Pompée.
Ie l'ay vaincu, Princesse, & le Dieu des combats
M'y favorisoit moins que vos divins appas,
Ils conduisoient ma main, ils enfloient mon courage,
Cette pleine victoire est leur dernier ouvrage.

E iij

C'est l'effet des ardeurs qu'ils daignoient m'inspirer,
Et vos beaux yeux enfin m'ayant fait soupirer,
Pour faire que vostre ame avec gloire y réponde,
M'ont rendu le premier & de Rome, & du Monde.
C'est ce glorieux tiltre à present effectif
Que je viens ennoblir par celuy de captif,
Heureux, si mon esprit gagne tant sur le vostre
Qu'il en estime l'un, & me permette l'autre.
CLE. Ie sçay ce que je dois au souverain bonheur
Dont me comble & m'accable un tel excés d'honneur,
Ie ne vous tiendray plus mes passions secrettes,
Ie sçay ce que je suis, je sçay ce que vous êtes,
Vous daignastes m'aimer dés mes plus jeunes ans,
Le sceptre que je porte est un de vos presens,
Vous m'avez par deux fois rendu le Diadesme,
I'avoüe aprés cela, Seigneur, que je vous aime,
Et que mon cœur n'est point à l'épreuve des traits
Ny de tant de vertus, ny de tant de bien-faits.
Mais, helas ! ce haut rang, cette illustre naissance,
Cet Etat de nouveau rangé sous ma puissance,
Ce sceptre par vos mains dans les miennes remis,
A mes vœux innocens sont autant d'ennemis,
Ils allument contr'eux une implacable haine,
Ils me font méprisable alors qu'ils me font Reine,
Et si Rome est encor telle qu'auparavant,
Le trosne où je me sieds m'abaisse en m'élevant,
Et ces marques d'honneur, commes tiltres infames,
Me rendent à jamais indigne de vos flâmes.
I'ose encor toutefois, voyant vostre pouvoir,
Permettre à mes desirs un genereux espoir,
Aprés tant de combats, je sçay qu'un si grand homme
A droit de triompher des caprices de Rome,
Et que l'injuste horreur qu'elle eut toûjours des Rois
Peut ceder par vostre ordre à de plus justes loix.
Ie sçay que vous pouvez forcer d'autres obstacles,
Vous me l'avez promis, & j'attens ces miracles,
Vostre bras dans Pharsale a fait de plus grands coups,
Et je ne les demande à d'autres Dieux qu'à vous.
CES. Tout miracle est facile où mon amour s'applique,
Ie n'ay plus qu'à courir les costes de l'Afrique,
Qu'à montrer mes drapeaux au reste épouvanté
Du party malheureux qui m'a persecuté.

TRAGÉDIE.

Rome n'ayant plus lors d'ennemis à me faire
Par impuissance enfin prendra soin de me plaire,
Et vos yeux la verront par un superbe accueil
Immoler à vos pieds sa haine, & son orgueil.
Encor une défaite, & dans Alexandrie
Ie veux que cette ingrate en ma faveur vous prie,
Et qu'un juste respect conduisant ses regards
A vostre chaste amour demande des Cesars.
C'est l'unique bonheur où mes desirs pretendent,
C'est le fruit que j'attens des lauriers qui m'attendent,
Heureux, si mon destin encor un peu plus doux
Me les faisoit cueillir sans m'éloigner de vous.
Mais, las! contre mon feu mon feu me sollicite,
Si je veux estre à vous, il faut que je vous quitte,
En quelques lieux qu'on fuye, il me faut y courir,
Pour achever de vaincre, & de vous conquerir.
Permettez cependant qu'à ces douces amorces
Ie prenne un nouveau cœur, & de nouvelles forces,
Pour faire dire encor aux peuples pleins d'effroy,
Que venir, voir, & vaincre, est mesme chose en moy.
CLE. C'est trop, c'est trop, Seigneur, souffrez que j'en abuse,
Vostre amour fait ma faute, il fera mon excuse.
Vous me rendez le sceptre, & peut-estre le jour:
Mais si j'ose abuser de cet excès d'amour,
Ie vous conjure encor par ses plus puissans charmes,
Par ce juste bonheur qui suit toûjours vos armes,
Par tout ce que j'espere, & que vous attendez,
De n'ensanglanter pas ce que vous me rendez.
Faites grace, Seigneur, ou souffrez que j'en fasse,
Et montre à tous par là que j'ay repris ma place.
Achillas & Photin sont gens à dédaigner,
Ils sont assez punis en me voyant regner,
Et leur crime.... CES. Ah! prenez d'autres marques de Reine.
Dessus mes volontez vous étes souveraine,
Mais si mes sentimens peuvent estre écoutez,
Choisissez des sujets dignes de vos bontez,
Ne vous donnez sur moy qu'un pouvoir legitime,
Et ne me rendez point complice de leur crime.
C'est beaucoup que pour vous j'ose épargner le Roy,
Et si mes feux n'étoient...

POMPEE,

SCENE IV.

CESAR, CORNELIE, CLEOPATRE, ACHOREE, ANTOINE, LEPIDE, CHARMION, Romains.

COR.   Cesar, prens garde à toy.
Ta mort est resoluë, on la jure, on l'appreste,
A celle de Pompée on veut joindre ta teste,
Prens-y garde, Cesar, ou ton sang répandu
Bien-tost parmy le sien se verra confondu.
Mes esclaves en sont, apprens de leurs indices
L'autheur de l'attentat, & l'ordre, & les complices.
Ie te les abandonne. CES. O cœur vraiment Romain,
Et digne du Heros qui vous donna la main !
Ses Manes qui du Ciel ont veu de quel courage
Ie préparois la mienne à vanger son outrage,
Mettant leur haine bas me sauvent aujourd'huy
Par la moitié qu'en Terre il nous laisse de luy.
Il vit, il vit encor en l'objet de sa flame,
Il parle par sa bouche, il agit dans son ame,
Il la pousse, & l'oppose à cette indignité,
Pour me vaincre par elle en generosité.
COR. Tu te flates, Cesar, de mettre en ta croyance
Que la haine ait fait place à la reconnoissance ;
Ne le présume plus, le sang de mon époux
A rompu pour jamais tout commerce entre nous.
I'attens la liberté qu'icy tu m'as offerte,
Afin de l'employer toute entiere à ta perte,
Et je te chercheray par tout des ennemis,
Si tu m'oses tenir ce que tu m'as promis.
Mais avec cette soif que j'ay de ta ruine,
Ie me jette au devant du coup qui t'assassine,
Et forme des desirs avec trop de raison,
Pour en aimer l'effet par une trahison.
Qui la sçait, & la souffre, a part à l'infamie,
Si je veux ton trépas, c'est en juste ennemie ;
Mon époux a des fils, il aura des neveux,
Quand ils te combatront, c'est-là que je le veux,

Et qu'une

TRAGEDIE.

Et qu'une digne main par moy-mesme animée,
Dans ton champ de bataille, aux yeux de ton Armée,
T'immole noblement & par un digne effort
Aux Manes du Heros dont tu vanges la mort.
Tous mes soins, tous mes vœux hastent cette vangeance,
Ta perte la recule, & ton salut l'avance;
Quelque espoir qui d'ailleurs me l'ose, ou puisse offrir,
Ma juste impatience auroit trop à souffrir.
La vangeance éloignée est à demy perduë,
Et quand il faut l'attendre, elle est trop cher venduë.
Ie n'iray point chercher sur les bords Afriquains
Le foudre souhaité que je vois en tes mains,
La teste qu'il menace en doit estre frapée;
I'ay pû donner la tienne au lieu d'elle à Pompée,
Ma haine avoit le choix, mais cette haine enfin
Separe son vainqueur d'avec son assassin,
Et ne croit avoir droit de punir ta victoire,
Qu'après le châtiment d'une action si noire.
Rome le veut ainsi, son adorable front
Auroit dequoy rougir d'un trop honteux affront,
De voir en mesme jour après tant de conquestes
Sous un indigne fer ses deux plus nobles testes.
Son grand cœur qu'à tes loix en vain tu crois soûmis
En veut aux criminels plus qu'à ses ennemis,
Et tiendroit à malheur le bien de se voir libre,
Si l'attentat du Nil affranchissoit le Tybre,
Comme autre qu'un Romain n'a pû l'assujettir,
Autre aussi qu'un Romain ne l'en doit garantir.
Tu tomberois icy sans estre sa victime,
Au lieu d'un châtiment ta mort seroit un crime,
Et sans que tes pareils en conçeussent d'effroy,
L'exemple que tu dois periroit avec toy.
Vange-la de l'Egypte à son appuy fatale,
Et je la vangeray, si je puis, de Pharsale.
Va, ne perds point de temps, il presse. Adieu, tu peux
Te vanter qu'une fois j'ay fait pour toy des vœux.

SCENE V.

CESAR, CLEOPATRE, ANTOINE,
LEPIDE, ACHOREE, CHARMION.

CES. Son courage m'étonne autant que leur audace,
Reine, voyez pour qui vous me demandiez grace.
CLE. Ie n'ay rien à vous dire, allez, Seigneur, allez
Vanger sur ces méchans tant de droits violez.
On m'en veut plus qu'à vous, c'est ma mort qu'ils respirent,
C'est contre mon pouvoir que les traistres conspirent,
Leur rage pour l'abatre attaque mon soûtien,
Et par vostre trépas cherche un passage au mien.
Mais parmy ces transports d'une juste colere
Ie ne puis oublier que leur Chef est mon frere,
Le sçaurez-vous, Seigneur, & pourray-je obtenir
Que ce cœur irrité daigne s'en souvenir?
CES. Ouy, je me souviendray que ce cœur magnanime
Au bonheur de son sang veut pardonner son crime.
Adieu, ne craignez rien, Achillas, & Photin
Ne sont pas gens à vaincre un si puissant Destin.
Pour les mettre en déroute, eux & tous leurs complices,
Ie n'ay qu'à déployer l'appareil des supplices,
Et pour soldats choisis envoyer des bourreaux,
Qui portent hautement mes haches pour drapeaux.^a
CLE. Ne quittez pas Cesar, allez, cher Achorée,
Repousser avec luy ma mort qu'on a jurée,
Et quand il punira nos lasches ennemis,
Faites-le souvenir de ce qu'il m'a promis,
Ayez l'œil sur le Roy dans la chaleur des armes,
Et conservez son sang pour épargner mes larmes.
ACH. Madame, asseurez-vous qu'il ne peut y perir
Si mon zéle & mes soins peuvent le secourir.

^a *Cesar rentre avec les Romains.*

ACTE V.

SCENE PREMIERE.

CORNELIE, *PHILIPPE*.   [a] *Elle tient une petite Vrne en sa main.*

COR. Es yeux, puis-je vous croire, & n'est-ce point un songe
Qui sur mes tristes vœux a formé ce mensonge?
Te revoy-je, Philippe, & cet époux si cher
A-t'il receu de toy les honneurs du bûcher?
Cette Vrne que je tiens contient-elle sa cendre?
Ô vous, à ma douleur objet terrible, & tendre,
Eternel entretien de haine, & de pitié,
Reste du grand Pompée, écoutez sa moitié.
N'attendez point de moy de regrets, ny de larmes,
Vn grand cœur à ses maux applique d'autres charmes,
Les foibles déplaisirs s'amusent à parler,
Et quiconque se plaint cherche à se consoler.
Moy, je jure des Dieux la puissance supresme,
Et pour dire encor plus, je jure par vous-mesme,
Car vous pouvez bien plus sur ce cœur affligé
Que le respect des Dieux qui l'ont mal protegé:
Ie jure donc par vous, ô pitoyable reste,
Ma Divinité seule après ce coup funeste,
Par vous, qui seul icy pouvez me soulager,
De n'éteindre jamais l'ardeur de le vanger.
Ptolomée à Cesar par un lasche artifice,
Rome, de ton Pompée a fait un sacrifice,
Et je n'entreray point dans tes murs desolez,
Que le Prestre & le Dieu ne luy soient immolez.
Faites-m'en souvenir, & soûtenez ma haine,
O cendres, mon espoir aussi-bien que ma peine,
Et pour m'aider un jour à perdre son vainqueur,
Versez dans tous les cœurs ce que ressent mon cœur.
Toy qui l'as honoré sur cette infame rive
D'une flame pieuse autant comme chetive,

Dy-moy, quel bon Démon a mis en ton pouvoir
De rendre à ce Heros ce funebre devoir.
PHI. Tout couvert de son sang, & plus mort que luy-mesme
Après avoir cent fois maudit le Diadesme,
Madame, j'ay porté mes pas & mes sanglots
Du costé que le vent poussoit encor les flots.
Ie cours long-temps en vain, mais enfin d'une roche
I'en découvre le tronc vers un sable assez proche,
Où la vague en couroux sembloit prendre plaisir
A feindre de le rendre & puis s'en ressaisir.
Ie m'y jette, & l'embrasse, & le pousse au rivage,
Et ramassant sous luy le débris d'un naufrage
Ie luy dresse un bucher à la haste & sans art,
Tel que je pûs sur l'heure, & qu'il plût au hazard.
A peine brusloit-il, que le Ciel plus propice
M'envoye un compagnon en ce pieux office,
Cordus, un vieux Romain qui demeure en ces lieux,
Retournant de la ville y détourne les yeux,
Et n'y voyant qu'un tronc dont la teste est coupée,
A cette triste marque il reconnoit Pompée.
Soudain la larme à l'œil, ô toy, qui que tu sois,
A qui le Ciel permet de si dignes emplois,
Ton sort est bien, dit-il, *autre que tu ne penses,*
Tu crains des châtimens, attens des recompenses,
Cesar est en Egypte, & vange hautement
Celuy pour qui ton zéle a tant de sentiment.
Tu peux faire éclater les soins qu'on t'en voit prendre,
Tu peux mesme à sa vefve en reporter la cendre,
Son vainqueur l'a receuë avec tout le respect
Qu'un Dieu pourroit icy trouver à son aspect.
Acheve, je reviens. Il part & m'abandonne,
Et rapporte aussi-tost ce vase qu'il me donne,
Où sa main & la mienne enfin ont renfermé
Ces restes d'un Heros par le feu consumé.
COR. O que sa pieté merite de loüanges!
PHI. En entrant j'ay trouvé des desordres étranges,
I'ay veu fuir tout un Peuple en foule vers le port,
Où le Roy, disoit-on, s'étoit fait le plus fort:
Les Romains poursuivoient, & Cesar dans la Place
Ruisselante du sang de cette populace,
Montroit de sa justice un exemple assez beau,
Faisant passer Photin par les mains d'un bourreau.

TRAGEDIE.

Aussi-tost qu'il me voit, il daigne me connoistre,
Et prenant de ma main les cendres de mon maistre,
Restes d'un Demydieu, dont à peine je puis
Egaler le grand nom, tout vainqueur que j'en suis,
De vos traistres, dit-il, *voyez punir les crimes,*
Attendant des Autels recevez ces victimes,
Bien d'autres vont les suivre, & toy, cours au Palais
Porter à sa moitié ce don que je luy fais,
Porte à ses déplaisirs cette foible allegeance,
Et dy luy que je cours achever sa vangeance.
Ce grand homme à ces mots me quitte en soûpirant,
Et baise avec respect ce vase qu'il me rend.
COR. O soûpirs! ô respect! ô qu'il est doux de plaindre
Le sort d'un ennemy, quand il n'est plus à craindre!
Qu'avec chaleur, Philippe, on court à le vanger,
Quand on s'y voit forcé par son propre danger,
Et que cet interest qu'on prend pour sa memoire
Fait nostre seureté, comme il croist nostre gloire!
Cesar est genereux, j'en veux estre d'accord,
Mais le Roy le veut perdre, & son rival est mort.
Sa vertu laisse lieu de douter à l'Envie
De ce qu'elle feroit s'il le voyoit en vie;
Pour grand qu'en soit le prix, son peril en rabat,
Cette ombre qui la couvre en affoiblit l'éclat,
L'amour mesme s'y mesle, & le force à combatre,
Quand il vange Pompée il défend Cleopatre.
Tant d'interests sont joints à ceux de mon époux,
Que je ne devrois rien à ce qu'il fait pour nous,
Si comme par soy-mesme un grand cœur juge un autre,
Ie n'aimois mieux juger sa vertu par la nostre,
Et croire que nous seuls armons ce combatant,
Parce qu'au point qu'il est j'en voudrois faire autant.

SCENE II.

CLEOPATRE, CORNELIE,
PHILIPPE, CHARMION.

CLE. IE ne viens pas icy pour troubler une plainte
Trop juste à la douleur dont vous étes atteinte,
Ie viens pour rendre hommage aux cendres d'un Heros
Qu'un fidelle Affranchy vient d'arracher aux flots,
Pour le plaindre avec vous, & vous jurer, Madame,
Que j'aurois conservé ce maistre de vostre ame,
Si le Ciel qui vous traite avec trop de rigueur
M'en eust donné la force, aussi-bien que le cœur.
Si pourtant à l'aspect de ce qu'il vous renvoye
Vos douleurs laissoient place à quelque peu de joye,
Si la vangeance avoit dequoy vous soulager,
Ie vous dirois aussi qu'on vient de vous vanger,
Que le traistre Photin....vous le sçavez, peut-estre?
COR. Ouy, Princesse, je sçay qu'on a puny ce traistre.
CLE. Vn si prompt châtiment vous doit estre bien doux.
COR. S'il a quelque douceur, elle n'est que pour vous.
CLE. Tous les cœurs trouvent doux le succés qu'ils esperent.
COR. Comme nos interests nos sentimens different.
Si Cesar à sa mort joint celle d'Achillas,
Vous estes satisfaite, & je ne la suis pas.
Aux Manes de Pompée il faut une autre offrande,
La victime est trop basse, & l'injure est trop grande,
Et ce n'est pas un sang que pour le reparer
Son Ombre & ma douleur daignent considerer.
L'ardeur de le vanger dans mon ame allumée
En attendant Cesar demande Ptolomée.
Tout indigne qu'il est de vivre, & de regner,
Ie sçay bien que Cesar se force à l'épargner;
Mais quoy que son amour ait osé vous promettre,
Le Ciel plus juste enfin n'osera le permettre,
Et s'il peut une fois écouter tous mes vœux,
Par la main l'un de l'autre ils periront tous deux,
Mon ame à ce bonheur, si le Ciel me l'envoye
Oubliera ses douleurs pour s'ouvrir à la joye,

TRAGEDIE.

Mais si ce grand souhait demande trop pour moy,
Si vous n'en perdez qu'un, ô Ciel, perdez le Roy.
CLE. Le Ciel sur nos souhaits ne régle pas les choses.
COR. Le Ciel régle souvent les effets sur les causes,
Et rend aux criminels ce qu'ils ont merité.
CLE. Comme de la justice, il a de la bonté.
COR. Ouy, mais il fait juger, à voir comme il commence,
Que sa justice agit, & non-pas sa clemence.
CLE. Souvent de la justice il passe à la douceur.
COR. Reine, je parle en vefve, & vous parlez en sœur,
Chacune a son sujet d'aigreur, ou de tendresse,
Qui dans le sort du Roy justement l'interesse.
Apprenons par le sang qu'on aura répandu,
A quels souhaits le Ciel a le mieux répondu,
Voicy vostre Achorée.

SCENE III.

CORNELIE, CLEOPATRE, ACHOREE, PHILIPPE, CHARMION.

CLE. **H**Elas! sur son visage
Rien ne s'offre à mes yeux que de mauvais présage.
Ne nous déguisez rien, parlez sans me flater,
Qu'ay-je à craindre, Achorée, ou qu'ay-je à regretter.
ACH. Aussi-tost que Cesar eust sçeu la perfidie....
CLE. Ah! ce n'est pas ses soins que je veux qu'on me die,
Ie sçay qu'il fit trancher & clorre ce conduit
Par où ce grand secours devoit estre introduit,
Qu'il manda tous les siens pour s'asseurer la Place,
Où Photin a receu le prix de son audace,
Que d'un si prompt supplice, Achillas étonné
S'est aisément saisi du port abandonné,
Que le Roy l'a suivy, qu'Antoine a mis à terre
Ce qui dans ses vaisseaux restoit de gens de guerre,
Que Cesar l'a rejoint, & je ne doute pas
Qu'il n'ait sçeu vaincre encor, & punir Achillas.
ACH. Ouy, Madame, on a veu son bonheur ordinaire....
CLE. Dites-moy seulement s'il a sauvé mon frere,
S'il m'a tenu promesse. *ACH.* Ouy, de tout son pouvoir.
CLE. C'est là l'unique point que je voulois sçavoir.

Madame, vous voyez, les Dieux m'ont écoutée.
COR. Ils n'ont que differé la peine meritée.
CLE. Vous la vouliez sur l'heure, ils l'en ont garanty.
ACH. Il faudroit qu'à nos vœux il eust mieux consenty.
CLE. Que disiez-vous n'aguere, & que viens-je d'entendre?
 Accordez ces discours que j'ay peine à comprendre.
ACH. Aucuns ordres, ny soins n'ont pû le secourir,
 Malgré Cesar, & nous il a voulu perir;
 Mais il est mort, Madame, avec toutes les marques
 Que puissent laisser d'eux les plus dignes Monarques,
 Sa vertu rappellée a soûtenu son rang,
 Et sa perte aux Romains a coûté bien du sang.
 Il combatoit Antoine avec tant de courage,
 Qu'il emportoit déja sur luy quelque avantage,
 Mais l'abord de Cesar a changé le Destin;
 Aussi-tost Achillas suit le sort de Photin,
 Il meurt, mais d'une mort trop belle pour un traistre,
 Les armes à la main en défendant son maistre.
 Le vainqueur crie en vain qu'on épargne le Roy,
 Ces mots au lieu d'espoir luy donnent de l'effroy;
 Son esprit alarmé les croit un artifice
 Pour reserver sa teste à l'affront d'un supplice.
 Il pousse dans nos rangs, il les perce, & fait voir
 Ce que peut la vertu qu'arme le desespoir,
 Et son cœur emporté par l'erreur qui l'abuse
 Cherche par tout la mort que chacun luy refuse.
 Enfin perdant haleine après ces grands efforts,
 Prés d'estre environné, ses meilleurs soldats morts,
 Il voit quelques fuyards sauter dans une barque,
 Il s'y jette, & les siens qui suivent leur Monarque
 D'un si grand nombre en foule accablent ce vaisseau,
 Que la Mer l'engloutit avec tout son fardeau.
 C'est ainsi que sa mort luy rend toute sa gloire,
 A vous toute l'Egypte, à Cesar la victoire,
 Il vous proclame Reine, & bien qu'aucun Romain
 Du sang que vous pleurez n'ait veu rougir sa main,
 Il nous fait voir à tous un déplaisir extresme,
 Il soûpire, il gémit: mais le voicy luy-mesme,
 Qui pourra mieux que moy vous montrer la douleur
 Que luy donne du Roy l'invincible malheur.

SCENE IV.

CESAR, CORNELIE, CLEOPATRE,
ANTOINE, LEPIDE, ACHOREE,
CHARMION, PHILIPPE.

COR. Cesar, tien-moy parole, & me rends mes galeres,
Achillas & Photin ont receu leurs falaires,
Leur Roy n'a pû joüir de ton cœur adoucy,
Et Pompée est vangé ce qu'il peut l'estre icy.
Ie n'y sçaurois plus voir qu'un funeste rivage
Qui de leur attentat m'offre l'horrible image,
Ta nouvelle victoire, & le bruit éclatant
Qu'aux changemens de Roy pousse un Peuple inconstant,
Et parmy ces objets ce qui le plus m'afflige,
C'est d'y revoir toûjours l'ennemy qui m'oblige.
Laisse-moy m'affranchir de cette indignité,
Et souffre que ma haine agisse en liberté.
A cet empressement j'adjoûte une requeste,
Voy l'Vrne de Pompée, il y manque sa teste,
Ne me la retiens plus, c'est l'unique faveur
Dont je te puis encor prier avec honneur.
CES. Il est juste, & Cesar est tout prest de vous rendre
Ce reste où vous avez tant de droit de pretendre :
Mais il est juste aussi qu'après tant de sanglots
A ses Manes errans nous rendions le repos,
Qu'un bucher allumé par ma main, & la vostre,
Le vange pleinement de la honte de l'autre,
Que son Ombre s'appaise en voyant nostre ennuy,
Et qu'une Vrne plus digne, & de vous, & de luy,
Après la flame éteinte & les pompes finies,
Renferme avec éclat ses cendres reünies.
De cette mesme main dont il fut combatu
Il verra des Autels dressez à sa vertu,
Il recevra des vœux, de l'encens, des victimes,
Sans recevoir par là d'honneurs que legitimes.
Pour ces justes devoirs je ne veux que demain,
Ne me refusez pas ce bonheur souverain,
Faites un peu de force à vostre impatience,
Vous étes libres après, partez en diligence.

Tome II. G

Portez à noſtre Rome un ſi digne treſor,
Portez.... *COR.* Non-pas, Ceſar, non-pas à Rome encor.
Il faut que ta défaite, & que tes funerailles
A cette cendre aimée en ouvrent les murailles,
Et quoy qu'elle la tienne auſſi chere que moy,
Elle n'y doit rentrer qu'en triomphant de toy.
Ie la porte en Afrique, & c'eſt là que j'eſpere
Que les fils de Pompée, & Caton, & mon pere,
Secondez par l'effort d'un Roy plus genereux,
Ainſi que la Iuſtice auront le Sort pour eux.
C'eſt là que tu verras ſur la Terre & ſur l'Onde
Le débris de Pharſale armer un autre Monde,
Et c'eſt là que j'iray, pour haſter tes malheurs,
Porter de rang en rang ces cendres & mes pleurs.
Ie veux que de ma haine ils reçoivent des régles,
Qu'ils ſuivent au combat des Vrnes au lieu d'Aigles,
Et que ce triſte objet porte en leur ſouvenir
Les ſoins de le vanger, & ceux de te punir.
Tu veux à ce Heros rendre un devoir ſupreſme,
L'honneur que tu luy rends rejallit ſur toy-meſme;
Tu m'en veux pour témoin, j'obeïs au vainqueur,
Mais ne préſume pas toucher par là mon cœur.
La perte que j'ay faite eſt trop irreparable,
La ſource de ma haine eſt trop inépuiſable,
A l'égal de mes jours je la feray durer,
Ie veux vivre avec elle, avec elle expirer.
Ie t'avoûray pourtant, comme vraiment Romaine,
Que pour toy mon eſtime eſt égale à ma haine,
Que l'une & l'autre eſt juſte, & montre le pouvoir
L'une de ta vertu, l'autre de mon devoir:
Que l'une eſt genereuſe, & l'autre intereſſée,
Et que dans mon eſprit l'une & l'autre eſt forcée.
Tu vois que ta vertu qu'en vain on veut trahir
Me force de priſer ce que je dois haïr;
Iuge ainſi de la haine où mon devoir me lie,
La veſve de Pompée y force Cornelie.
I'iray, n'en doute point, au ſortir de ces lieux
Soûlever contre toy les hommes, & les Dieux,
Ces Dieux qui t'ont flaté, ces Dieux qui m'ont trompée,
Ces Dieux qui dans Pharſale ont mal ſervy Pompée,
Qui la foudre à la main l'ont pû voir égorger;
Ils connoiſtront leur faute, & le voudront vanger.

TRAGEDIE.

Mon zéle à leur refus aidé de sa memoire
Te sçaura bien sans eux arracher la victoire,
Et quand tout mon effort se trouvera rompu
Cleopatre fera ce que je n'auray pû.
Ie sçay quelle est ta flame, & quelles sont ses forces,
Que tu n'ignores pas comme on fait les divorces,
Que ton amour t'aveugle, & que pour l'épouser
Rome n'a point de loix que tu n'oses briser :
Mais sçache aussi qu'alors la jeunesse Romaine
Se croira tout permis sur l'époux d'une Reine,
Et que de cet Hymen tes amis indignez
Vangeront sur ton sang leurs avis dédaignez.
I'empesche ta ruïne empeschant tes caresses.
Adieu, j'attens demain l'effet de tes promesses.

SCENE V.

CESAR, CLEOPATRE, ANTOINE,
LEPIDE, ACHOREE, CHARMION.

CLE. PLûtost qu'à ces perils je vous puisse exposer,
Seigneur, perdez en moy ce qui les peut causer,
Sacrifiez ma vie au bonheur de la vostre,
Le mien sera trop grand, & je n'en veux point d'autre,
Indigne que je suis d'un Cesar pour époux,
Que de vivre en vostre ame étant morte pour vous.
CES. Reine, ces vains projets sont le seul avantage
Qu'un grand cœur impuissant a du Ciel en partage :
Comme il a peu de force, il a beaucoup de soins,
Et s'il pouvoit plus faire, il souhaiteroit moins,
Les Dieux empescheront l'effet de ces augures,
Et mes felicitez n'en seront pas moins pures,
Pourveu que vostre amour gagne sur vos douleurs
Qu'en faveur de Cesar vous tarissiez vos pleurs,
Et que vostre bonté sensible à ma priere,
Pour un fidelle amant oublie un mauvais frere.
On aura pû vous dire avec quel déplaisir
I'ay veu le desespoir qu'il a voulu choisir,
Avec combien d'efforts j'ay voulu le défendre
Des Paniques terreurs qui l'avoient pû surprendre;

G ij

Il s'est de mes bontez jusqu'au bout défendu,
Et de peur de se perdre, il s'est enfin perdu.
O honte pour Cesar, qu'avec tant de puissance,
Tant de soins pour vous rendre entiere obeïssance
Il n'ait pû toutefois en ces évenemens
Obeïr au premier de vos commandemens!
Prenez-vous-en au Ciel, dont les ordres sublimes
Malgré tous nos efforts sçavent punir les crimes;
Sa rigueur envers luy vous ouvre vn sort plus doux,
Puisque par cette mort l'Egypte est toute à vous.
CLE. Ie sçay que j'en reçois un nouueau Diadesme,
Qu'on n'en peut accuser que les Dieux, & luy mesme;
Mais comme il est, Seigneur, de la fatalité,
Que l'aigreur soit meslée à la felicité,
Ne vous offencez pas si cet heur de vos armes,
Qui me rend tant de biens, me coûte un peu de larmes,
Et si voyant sa mort deuë à sa trahison,
Ie donne à la Nature, ainsi qu'à la raison.
Ie n'ouvre point les yeux sur ma grandeur si proche,
Qu'aussi-tost à mon cœur mon sang ne le reproche,
I'en ressens dans mon ame un murmure secret,
Et ne puis remonter au trosne sans regret.
ACH. Vn grand peuple, Seigneur, dont cette cour est pleine
Par des cris redoublez demande à voir sa Reine,
Et tout impatient déja se plaint aux Cieux
Qu'on luy donne trop tard un bien si précieux.
CES. Ne luy refusons plus le bonheur qu'il desire,
Princesse, allons par là commencer vostre Empire.
Fasse le juste Ciel, propice à mes desirs,
Que ces longs cris de joye étouffent vos soûpirs,
Et puissent ne laisser dedans vostre pensée.
Que l'image des traits dont mon ame est blessée.
Cependant, qu'à l'envy ma suite & vostre Cour
Préparent pour demain la pompe d'un beau jour,
Où dans un digne employ l'une & l'autre occupée
Couronne Cleopatre, & m'appaise Pompée,
Eleve à l'une un Trosne, à l'autre des Autels,
Et jure à tous les deux des respects immortels.

FIN.

LE MENTEVR,
COMEDIE

ACTEVRS

GERONTE, Pere de Dorante.

DORANTE, Fils de Geronte.

ALCIPPE, Amy de Dorante, & Amant de Clarice.

PHILISTE, Amy de Dorante & d'Alcippe.

CLARICE, Maîtreſſe d'Alcippe.

LVCRECE, Amie de Clarice.

ISABELLE, Suivante de Clarice.

SABINE, Femme de chambre de Lucrece.

CLITON, Valet de Dorante.

LYCAS, Valet d'Alcippe.

La Scene eſt à Paris.

LE MENTEVR,
COMEDIE

ACTE I.

SCENE PREMIERE.

DORANTE, CLITON.

DOR.  A la fin j'ay quitté la robe pour l'épée,
L'attente où j'ay vécu n'a point été trompée,
Mon pere a consenty que je suive mon choix,
Et je fais banqueroute à ce fatras de Loix.
Mais puisque nous voicy dedans les Thuilleries,
Le païs du beau monde, & des galanteries,
Dy-moy, me trouves-tu bien fait en Cavalier?
Ne vois-tu rien en moy qui sente l'écolier?
Comme il est malaisé qu'aux Royaumes du Code
On apprenne à se faire un visage à la mode,
J'ay lieu d'apprehender.... CLI. Ne craignez rien pour vous,
Vous ferez en une heure icy mille jaloux,
Ce visage & ce port n'ont point l'air de l'Ecole,
Et jamais comme vous on ne peignit Bartole.

Ie prévoy du malheur pour beaucoup de maris :
Mais, que vous femble encor maintenant de Paris?
DOR. I'en trouve l'air bien doux, & cette loy bien rude
Qui m'en avoit banny fous pretexte d'étude.
Toy qui fçais les moyens de s'y bien divertir,
Ayant eu le bonheur de n'en jamais fortir,
Dy-moy comme en ce lieu l'on gouverne les Dames.
CLI. C'eft là le plus beau foin qui vienne aux belles ames,
(Difent les beaux efprits) mais fans faire le fin,
Vous avez l'appetit ouvert de bon matin.
D'hier au foir feulement vous étes dans la ville,
Et vous vous ennuyez déja d'eftre inutile!
Voftre humeur fans employ ne peut paffer un jour,
Et déja vous cherchez à pratiquer l'amour!
Ie fuis auprès de vous en fort bonne pofture
De paffer pour un homme à donner tablature,
I'ay la taille d'un maiftre en ce noble métier,
Et je fuis, tout au moins, l'intendant du quartier.
DOR. Ne t'effarouche point, je ne cherche, à vray dire,
Que quelque connoiffance où l'on fe plaife à rire,
Qu'on puiffe vifiter par divertiffement,
Où l'on puiffe en douceur couler quelque moment;
Pour me connoiftre mal, tu prens mon fens à gauche.
CLI. I'entens, vous n'étes pas un homme de débauche,
Et tenez celles-là trop indignes de vous
Que le fon d'un écu rend traitables à tous.
Auffi que vous cherchiez de ces fages coquettes
Où peuvent tous venans debiter leurs fleurettes,
Mais qui ne font l'amour que de babil, & d'yeux,
Vous êtes d'encoleure à vouloir un peu mieux.
Loin de paffer fon temps, chacun le perd chez elles,
Et le jeu, comme on dit, n'en vaut pas les chandelles.
Mais ce feroit pour vous un bonheur fans égal
Que ces femmes de bien qui fe gouvernent mal,
Et de qui la vertu, quand on leur fait fervice,
N'eft pas incompatible avec un peu de vice.
Vous en verrez icy de toutes les façons;
Ne me demandez point cependant de leçons,
Ou je me connoy mal à voir voftre vifage,
Ou vous n'en étes pas à voftre apprentiffage,
Vos Loix ne regloient pas fi bien tous vos deffeins
Que vous euffiez toûjours un porte-fueille aux mains.

DOR. A

COMEDIE.

DOR. A ne rien déguiser, Cliton, je te confesse
    Qu'à Poitiers j'ay vécu comme vit la jeunesse,
    J'étois en ces lieux-là de beaucoup de métiers :
    Mais Paris, après tout, est bien loin de Poitiers.
    Le climat different veut une autre methode,
    Ce qu'on admire ailleurs est icy hors de mode,
    La diverse façon de parler, & d'agir
    Donne aux nouveaux venus souvent dequoy rougir.
    Chez les Provinciaux on prend ce qu'on rencontre,
    Et là, faute de mieux, un sot passe à la montre :
    Mais il faut à Paris bien d'autres qualitez,
    On ne s'ébloüit point de ces fausses clartez,
    Et tant d'honnestes gens que l'on y voit ensemble
    Font qu'on est mal receu si l'on ne leur ressemble.
CLI. Connoissez mieux Paris, puisque vous en parlez.
    Paris est un grand lieu plein de marchands meslez,
    L'effet n'y répond pas toûjours à l'apparence,
    On s'y laisse duper autant qu'en lieu de France,
    Et parmy tant d'esprits plus polis & meilleurs
    Il y croit des badauts autant, & plus qu'ailleurs.
    Dans la confusion que ce grand monde apporte,
    Il y vient de tous lieux des gens de toute sorte,
    Et dans toute la France il est fort peu d'endroits
    Dont il n'ait le rebut aussi-bien que le choix.
    Comme on s'y connoit mal, chacun s'y fait de mise,
    Et vaut communément autant comme il se prise,
    De bien pires que vous s'y font assez valoir ;
    Mais pour venir au point que vous voulez sçavoir,
    Etes vous liberal ? DOR. Ie ne suis point avare.
CLI. C'est un secret d'amour & bien grand, & bien rare,
    Mais il faut de l'adresse à le bien débiter,
    Autrement on s'y perd au lieu d'en profiter.
    Tel donne à pleines mains qui n'oblige personne,
    La façon de donner vaut mieux que ce qu'on donne,
    L'un perd exprés au jeu son present déguisé,
    L'autre oublie un bijou qu'on auroit refusé ;
    Vn lourdaut liberal auprés d'une Maîtresse
    Semble donner l'aumosne alors qu'il fait largesse,
    Et d'un tel contretemps il fait tout ce qu'il fait,
    Que quand il tasche à plaire, il offense en effet.
DOR. Laissons-là ces lourdauts contre qui tu declames,
    Et me dy seulement si tu connois ces Dames.

Tome II.   H

58   *LE MENTEVR,*

CLI. Non, cette marchandise est de trop bon aloy,
    Ce n'est point là gibier à des gens comme moy.
    Il est aisé pourtant d'en sçavoir des Nouvelles,
    Et bien-tost leur Cocher m'en dira des plus belles.
DOR. Penses-tu qu'il t'en die? CLI. Assez pour en mourir,
    Puisque c'est un Cocher, il aime à discourir.

SCENE II.

DORANTE, CLARICE, LVCRECE, ISABELLE.

[a] *Elle fait un faux pas.*
[b] *Il luy donne la main.*

CLA.[a] AY. DOR.[b] Ce malheur me rend un favorable office,
    Puisqu'il me donne lieu de ce petit service,
    Et c'est pour moy, Madame, un bonheur souverain
    Que cette occasion de vous donner la main.
CLA. L'occasion icy fort peu vous favorise,
    Et ce foible bonheur ne vaut pas qu'on le prise.
DOR. Il est vray, je le dois tout entier au hazard,
    Mes soins, ny vos desirs n'y prennent point de part,
    Et sa douceur meslée avec cette amertume
    Ne me rend pas le Sort plus doux que de coustume,
    Puisqu'enfin ce bonheur que j'ay si fort prisé
    A mon peu de merite eust été refusé.
CLA. S'il a perdu si-tost ce qui pouvoit vous plaire,
    Ie veux estre à mon tour d'un sentiment contraire,
    Et croy qu'on doit trouver plus de felicité
    A posseder un bien sans l'avoir merité.
    I'estime plus un don qu'une reconnoissance,
    Qui nous donne fait plus que qui nous recompense,
    Et le plus grand bonheur au merite rendu
    Ne fait que nous payer de ce qui nous est dû.
    La faveur qu'on merite est toûjours achetée,
    L'heur en croist d'autant plus, moins elle est meritée,
    Et le bien où sans peine elle fait parvenir,
    Par le merite à peine auroit pû s'obtenir.
DOR. Aussi ne croyez pas que jamais je pretende
    Obtenir par merite une faveur si grande,
    I'en sçay mieux le haut prix, & mon cœur amoureux
    Moins il s'en connoit digne, & plus s'en tient heureux.

COMEDIE.

On me l'a pû toûjours dénier sans injure,
Et si la recevant ce cœur mesme en murmure,
Il se plaint du malheur de ses felicitez
Que le hazard luy donne, & non vos volontez.
Vn amant a fort peu dequoy se satisfaire
Des faveurs qu'on luy fait sans dessein de les faire,
Comme l'intention seule en forme le prix,
Assez souvent sans elle on les joint au mépris.
Iugez par-là quel bien peut recevoir ma flame
D'une main qu'on me donne en me refusant l'ame,
Ie la tiens, je la touche, & je la touche en vain,
Si je ne puis toucher le cœur avec la main.
CLA. Cette flame, Monsieur, est pour moy fort nouvelle,
Puisque j'en viens de voir la premiere étincelle.
Si vostre cœur ainsi s'embrase en un moment,
Le mien ne sçeut jamais brusler si promptement;
Mais peut-estre à present que j'en suis avertie
Le temps donnera place à plus de sympatie.
Confessez cependant qu'à tort vous murmurez
Du mépris de vos feux que j'avois ignorez.

SCENE III.

DORANTE, CLARICE, LVCRECE, ISABELLE, CLITON.

DOR. C'Est l'effet du malheur qui par tout m'accompagne.
Depuis que j'ay quitté les guerres d'Allemagne,
C'est à dire, du moins depuis un an entier,
Ie suis & jour & nuit dedans vostre quartier,
Ie vous cherche en tous lieux, au bal, aux promenades,
Vous n'avez que de moy receu des serenades,
Et je n'ay pû trouver que cette occasion
A vous entretenir de mon affection.
CLA. Quoy, vous avez donc veu l'Allemagne, & la guerre?
DOR. Ie m'y suis fait quatre ans craindre comme un tonnerre.
CLI. Que luy va-t'il conter? *DOR.* Et durant ces quatre ans
Il ne s'est fait combats, ny sieges importans,
Nos armes n'ont jamais remporté de victoire,
Où cette main n'ait eu bonne part à la gloire,

H ij

LE MENTEVR,

Et la Gazette mefme a souvent divulguez....
[a] *Il le tire à quartier.* CLI.[a] Sçavez-vous bien, Monsieur, que vous extravaguez?
DO. Tay-toy. CLI. Vous resvez, dis-je, ou... DO. Tay-toy, miserable.
CLI. Vous venez de Poitiers, ou je me donne au Diable,
[b] *A Cliton.* Vous en revinstes hier. DOR.[b] Te tairas-tu, Maraut?
Mon nom dans nos succès s'étoit mis assez haut,
Pour faire quelque bruit sans beaucoup d'injustice;
Et je suivrois encor un si noble exercice,
N'étoit que l'autre hyver, faisant icy ma Cour,
Ie vous vis, & je fus retenu par l'amour.
Attaqué par vos yeux je leur rendis les armes,
Ie me fis prisonnier de tant d'aimables charmes,
Ie leur livray mon ame, & ce cœur genereux
Dès ce premier moment oublia tout pour eux.
Vaincre dans les combats, commander dans l'Armée,
De mille exploits fameux enfler ma Renommée,
Et tous ces nobles soins qui m'avoient sçeu ravir,
Cederent aussi-tost à ceux de vous servir.
[c] *A Clarice* ISA.[c] Madame, Alcippe vient, il aura de l'ombrage.
tout bas. CLA. Nous en sçaurons, Monsieur, quelque jour davantage,
Adieu. DOR. Quoy, me priver si tost de tout mon bien!
CLA. Nous n'avons pas loisir d'un plus long entretien,
Et malgré la douceur de me voir cajolée,
Il faut que nous fassions seules deux tours d'allée.
DOR. Cependant accordez à mes vœux innocens
La licence d'aimer des charmes si puissans.
CLA. Vn cœur qui veut aimer & qui sçait comme on aime,
N'en demande jamais licence qu'à soy-mesme.

SCENE IV.

DORANTE, CLITON.

DOR. SVy-les, Cliton. CLI. I'en sçay ce qu'on en peut sçavoir,
La langue du Cocher a fait tout son devoir.
La plus belle des deux, dit-il, *est ma Maîtresse,*
Elle loge à la Place, & son nom est Lucrece.
DOR. Quelle Place? CLI. Royale, & l'autre y loge aussi,
Il n'en sçait pas le nom, mais j'en prendray soucy.
DOR. Ne te mets point, Cliton, en peine de l'apprendre,
Celle qui m'a parlé, celle qui m'a sçeu prendre,

COMEDIE.

C'est Lucrece, ce l'est sans aucun contredit,
Sa beauté m'en asseure, & mon cœur me le dit.
CLI. Quoy que mon sentiment doive respect au vostre,
La plus belle des deux, je croy que ce soit l'autre.
DOR. Quoy, celle qui s'est teuë, & qui dans nos propos
N'a jamais eu l'esprit de mesler quatre mots?
CLI. Monsieur, quand une femme a le don de se taire,
Elle a des qualitez au dessus du vulgaire.
C'est un effort du Ciel qu'on a peine à trouver,
Sans un petit miracle il ne peut l'achever,
Et la Nature souffre entiere violence,
Lors qu'il en fait d'humeur à garder le silence.
Pour moy, jamais l'amour n'inquiete mes nuits,
Et quand le cœur m'en dit, j'en prens par où je puis,
Mais naturellement femme qui se peut taire
A sur moy tel pouvoir, & tel droit de me plaire,
Qu'eust-elle en vray magot tout le corps fagoté,
Ie luy voudrois donner le prix de la beauté.
C'est elle asseurément qui s'appelle Lucrece,
Cherchez un autre nom pour l'objet qui vous blesse,
Ce n'est point là le sien, celle qui n'a dit mot,
Monsieur, c'est la plus belle, ou je ne suis qu'un sot.
DOR. Ie t'en croy sans jurer avec tes incartades:
Mais voicy les plus chers de mes vieux camarades,
Ils semblent étonnez à voir leur action.

SCENE V.

DORANTE, ALCIPPE, PHILISTE, CLITON.

PHI.[a] Qvoy, sur l'eau, la Musique & la collation?
ALC.[b] Ouy, la collation avecque la Musique.
PH.[c] Hier au soir? *AL.*[d] Hier au soir. *PH.*[e] Et belle? *AL.*[e] Magnifique.
PHI.[g] Et par qui? *ALC.*[h] C'est dequoy je suis mal éclaircy.
DOR.[i] Que mon bonheur est grand de vous revoir icy!
ALC. Le mien est sans pareil puisque je vous embrasse.
DOR. I'ay rompu vos discours d'assez mauvaise grace,
Vous le pardonnerez à l'aise de vous voir.
PHI. Avec nous de tout temps vous avez tout pouvoir.

[a] *A Alcippe.*
[b] *A Philiste.*
[c] *A Alcippe.*
[d] *A Philiste.*
[e] *A Alcippe.*
[f] *A Philiste.*
[g] *A Alcippe.*
[h] *A Philiste.*
[i] *Les suiiant.*

DOR. Mais dequoy parliez-vous ? *ALC.* D'une galanterie.
DOR. D'amour ? *ALC.* Ie le préfume. *DOR.* Achevez, je vous prie,
　Et fouffrez qu'à ce mot ma curiofité
　Vous demande fa part de cette nouveauté.
ALC. On dit qu'on a donné Mufique à quelque Dame.
DOR. Sur l'eau ? *ALC.* Sur l'eau. *DO.* Souvent l'onde irrite la flame.
PHI. Quelquefois. *DOR.* Et ce fut hier au foir ? *ALC.* Hier au foir.
DOR. Dans l'ombre de la nuit le feu fe fait mieux voir,
　Le temps étoit bien pris. Cette Dame, elle eft belle ?
ALC. Aux yeux de bien du monde elle paffe pour telle.
DOR. Et la Mufique ? *ALC.* Affez pour n'en rien dédaigner.
DOR. Quelque collation a pû l'accompagner ?
ALC. On le dit. *DOR.* Fort fuperbe ? *ALC.* Et fort bien ordonnée.
DOR. Et vous ne fçavez point celuy qui l'a donnée ?
ALC. Vous en riez ! *DOR.* Ie ris de vous voir étonné
　D'un divertiffement que je me fuis donné.
AL. Vous ! *DO.* Moy-mefme. *ALC.* Et déja vous avez fait Maitreffe !
DOR. Si je n'en avois fait j'aurois bien peu d'adreffe,
　Moy qui depuis un mois fuis icy de retour.
　Il eft vray que je fors fort peu fouvent de jour,
　De nuit *incognito* je rens quelques vifites,

ᵃ *A Doran-* 　Ainfi..... *CLI.*ᵃ Vous ne fçavez, Monfieur, ce que vous dites.
te à l'oreil- *DOR.* Tay-toy, fi jamais plus tu me viens avertir....
le. *CLI.* I'enrage de me taire & d'entendre mentir.
ᵇ *A Alcip-* *PHI.*ᵇ Voyez qu'heureufement dedans cette rencontre
pe tout 　Voftre rival luy-mefme à vous-mefme fe montre.
bas.
ᶜ *Revenant* *DOR.*ᶜ Comme à mes chers amis je vous veux tout conter.
à eux. 　I'avois pris cinq bâteaux pour mieux tout ajufter;
　Les quatre contenoient quatre chœurs de Mufique
　Capables de charmer le plus melancolique :
　Au premier violons, en l'autre luts & voix,
　Des fluftes au troifiéme, au dernier des hautbois,
　Qui tour à tour dans l'Air pouffoient des harmonies
　Dont on pouvoit nommer les douceurs infinies.
　Le cinquiéme étoit grand, tapiffé tout exprés
　De rameaux enlaffez pour conferver le frais,
　Dont chaque extremité portoit un doux meflange
　De bouquets de Iafmin, de Grenade, & d'Orange.
　Ie fis de ce bâteau la Salle du feftin,
　Là je menay l'objet qui fait feul mon deftin,
　De cinq autres beautez la fienne fut fuivie,
　Et la collation fut auffi-toft fervie.

Ie ne vous diray point les differens aprefts,
Le nom de chaque plat, le rang de chaque mets;
Vous fçaurez feulement qu'en ce lieu de delices
On fervit douze plats, & qu'on fit fix fervices,
Cependant que les eaux, les rochers, & les airs
Répondoient aux accens de nos quatre concerts.
Aprés qu'ont eut mangé, mille & mille fufées
S'élançant vers les Cieux, ou droites, ou croifées,
Firent un nouveau jour, d'où tant de ferpenteaux
D'un deluge de flame attaquerent les eaux,
Qu'on creut que pour leur faire une plus rude guerre
Tout l'élement du feu tomboit du Ciel en Terre.
Aprés ce paffe-temps on dança jufqu'au jour
Dont le Soleil jaloux avança le retour;
S'il euft pris noftre avis, fa lumiere importune
N'euft pas troublé fi-toft ma petite fortune,
Mais n'étant pas d'humeur à fuivre nos defirs
Il fepara la troupe, & finit nos plaifirs.
ALC. Certes, vous avez grace à conter ces merveilles,
Paris, tout grand qu'il eft, en voit peu de pareilles.
DOR. I'avois été furpris, & l'objet de mes vœux
Ne m'avoit, tout au plus, donné qu'une heure, ou deux.
PHI. Cependant l'ordre eft rare, & la dépence belle.
DOR. Il s'eft fallu paffer à cette bagatelle,
Alors que le temps preffe, on n'a pas à choifir.
ALC. Adieu, nous nous verrons avec plus de loifir.
DOR. Faites état de moy. *ALC*[a]. Ie meurs de jaloufie.
PHI.[b] Sans raifon toutefois voftre ame en eft faifie,
Les fignes du festin ne s'accordent pas bien.
ALC[c]. Le lieu s'accorde, & l'heure, & le refte n'eft rien.

[a] *A Philifte en s'en allant.*
[b] *A Alcippe.*
[c] *A Philifte.*

SCENE VI.

DORANTE, CLITON.

CLI. MOnsieur, puis-je à present parler sans vous déplaire?
DOR. Ie remets à ton choix de parler, ou te taire,
Mais quand tu vois quelqu'un, ne fay plus l'insolent.
CLI. Vostre ordinaire est-il de resver en parlant?
DOR. Où me vois-tu resver? *CLI.* I'appelle resveries
Ce qu'en d'autres qu'un maistre on nomme menteries,
Ie parle avec respect. *DOR.* Pauvre esprit! *CLI.* Ie le perds
Quand je vous oy parler de guerre & de concerts.
Vous voyez sans peril nos batailles dernieres,
Et faites des festins qui ne vous coûtent gueres.
Pourquoy depuis un an vous feindre de retour?
DOR. I'en montre plus de flame, & j'en fais mieux ma Cour.
CLI. Qu'a de propre la guerre à montrer vostre flame?
DOR. O le beau compliment à charmer une Dame,
De luy dire d'abord: *I'apporte à vos beautez*
Vn cœur nouveau venu des Vniversitez,
Si vous avez besoin de Loix & de Rubriques,
Ie sçay le Code entier avec les Authentiques,
Le Digeste nouveau, le Vieux, l'Infortiat,
Ce qu'en a dit Iason, Balde, Accurse, Alciat.
Qu'un si riche discours nous rend considerables!
Qu'on amollit par-là de cœurs inexorables!
Qu'un homme à Paragraphe est un joly galand!
On s'introduit bien mieux à tiltre de vaillant,
Tout le secret ne gist qu'en un peu de grimace,
A mentir à propos, jurer de bonne grace,
Etaler force mots qu'elles n'entendent pas,
Faire sonner Lamboy, Iean de Vert, & Galas,
Nommer quelques chasteaux de qui les noms barbares,
Plus ils blessent l'oreille, & plus leur semblent rares,
Avoir toûjours en bouche, angles, lignes, fossez,
Vedette, contrescarpe, & travaux avancez.
Sans ordre, & sans raison, n'importe, on les étonne,
On leur fait admirer les bayes qu'on leur donne,
Et tel à la faveur d'un semblable debit
Passe pour homme illustre, & se met en credit.

CLI. A

CLI. A qui vous veut oüir, vous en faites bien croire:
Mais celle-cy bien-toſt peut ſçavoir voſtre hiſtoire.
DOR. J'auray déja gagné chez elle quelque accès,
Et loin d'en redouter un malheureux ſuccès,
Si jamais un faſcheux nous nuit par ſa preſence,
Nous pourrons ſous ces mots eſtre d'intelligence.
Voilà traiter l'amour, Cliton, & comme il faut.
CLI. A vous dire le vray, je tombe de bien haut.
Mais parlons du feſtin. Vrgande & Meluſine
N'ont jamais ſur le champ mieux fourny leur cuiſine,
Vous allez au delà de leurs enchantemens;
Vous ſeriez un grand maiſtre à faire des Romans,
Ayant ſi bien en main le feſtin & la guerre,
Vos gens en moins de rien courroient toute la Terre,
Et ce ſeroit pour vous des travaux fort legers
Que d'y meſler par tout la pompe & les dangers.
Ces hautes fictions vous ſont bien naturelles.
DOR. J'aime à braver ainſi les conteurs de Nouvelles,
Et ſi-toſt que j'en voy quelqu'un s'imaginer
Que ce qu'il veut m'apprendre a dequoy m'étonner,
Ie le ſers auſſi-toſt d'un conte imaginaire
Qui l'étonne luy-meſme, & le force à ſe taire.
Si tu pouvois ſçavoir quel plaiſir on a lors
De leur faire rentrer leurs Nouvelles au corps...
CLI. Ie le juge aſſez grand, mais enfin ces pratiques
Vous peuvent engager en de faſcheux intriques.
DOR. Nous nous en tirerons, mais tous ces vains diſcours
M'empeſchent de chercher l'objet de mes amours,
Taſchons de le rejoindre, & ſçache qu'à me ſuivre
Ie t'apprendray bien-toſt d'autres façons de vivre.

Tome II.　　　　　　　　　　　　　　I

ACTE II

SCENE PREMIERE

GERONTE, CLARICE, ISABELLE.

CLA. Ie sçay qu'il vaut beaucoup étant sorty de vous,
 Mais, Monsieur, sans le voir accepter un époux,
 Par quelque haut recit qu'on en soit conviée,
 C'est grande avidité de se voir mariée.
D'ailleurs, en recevoir visite & compliment,
Et luy permettre accés en qualité d'amant,
A moins qu'à vos projets un plein effet réponde,
Ce seroit trop donner à discourir au Monde.
Trouvez donc un moyen de me le faire voir
Sans m'exposer au blasme, & manquer au devoir.
GER. Ouy, vous avez raison, belle & sage Clarice,
Ce que vous m'ordonnez est la mesme justice,
Et comme c'est à nous à subir vostre loy,
Ie reviens tout à l'heure & Dorante avec moy,
Ie le tiendray long-temps dessous vostre fenestre,
Afin qu'avec loisir vous puissiez le connoistre,
Examiner sa taille, & sa mine, & son air,
Et voir quel est l'époux que je vous veux donner,
Il vint hier de Poitiers, mais il sent peu l'Ecole,
Et si l'on pouvoit croire un pere à sa parole,
Quelque écolier qu'il soit, je diroit qu'aujourd'huy
Peu de nos gens de Cour sont mieux taillez que luy.
Mais vous en jugerez aprés la voix publique,
Ie cherche à l'arréter parce qu'il m'est unique,
Et je brusle sur tout de le voir sous vos loix.
CLA. Vous m'honorez beaucoup d'un si glorieux choix,
Ie l'attendray, Monsieur, avec impatience,
Et je l'aime déja sur cette confiance.

SCENE II.

ISABELLE, CLARICE.

ISA. Ainsi vous le verrez, & sans vous engager.
CLA. Mais pour le voir ainsi qu'en pourray-je juger?
J'en verray le dehors, la mine, l'apparence;
Mais du reste, Isabelle, où prendre l'asseurance?
Le dedans paroit mal en ces miroirs flateurs,
Les visages souvent sont de doux imposteurs,
Que de defauts d'esprit se couvrent de leurs graces!
Et que de beaux semblants cachent des ames basses!
Les yeux en ce grand choix ont la premiere part,
Mais leur déferer tout c'est tout mettre au hazard.
Qui veut vivre en repos ne doit pas leur déplaire,
Mais sans leur obeïr il doit les satisfaire,
En croire leur refus & non-pas leur aveu,
Et sur d'autres conseils laisser naistre son feu.
Cette chaisne qui dure autant que nostre vie,
Et qui devroit donner plus de peur que d'envie,
Si l'on n'y prend bien garde, attache assez souvent
Le contraire au contraire, & le mort au vivant;
Et pour moy, puisqu'il faut qu'elle me donne un maistre,
Avant que l'accepter je voudrois le connoistre,
Mais connoistre dans l'ame. *ISA.* Et bien, qu'il parle à vous.
CLA. Alcippe le sçachant en deviendroit jaloux.
ISA. Qu'importe qu'il le soit, si vous avez Dorante?
CLA. Sa perte ne m'est pas encor indifferente,
Et l'accord de l'Hymen entre nous concerté,
Si son pere venoit, seroit executé.
Depuis plus de deux ans il promet, & differe,
Tantost c'est maladie, & tantost quelque affaire,
Le chemin est mal seur, ou les jours sont trop cours,
Et le bon-homme enfin ne peut sortir de Tours.
Ie prens tous ces delais pour une resistance,
Et ne suis pas d'humeur à mourir de constance.
Chaque moment d'attente oste de nostre prix,
Et fille qui vieillit tombe dans le mépris,
C'est un nom glorieux qui se garde avec honte,
Sa défaite est fascheuse à moins que d'estre prompte,

LE MENTEUR,

    Le temps n'est pas un Dieu qu'elle puisse braver,
    Et son honneur se perd à le trop conserver.
ISA. Ainsi vous quitteriez Alcippe pour un autre
    De qui l'humeur auroit dequoy plaire à la vostre?
CLA. Ouy, je le quitterois, mais pour ce changement
    Il me faudroit en main avoir un autre amant,
    Sçavoir qu'il me fust propre, & que son Hymenée
    Deust bien-tost à la sienne unir ma Destinée.
    Mon humeur sans cela ne s'y resout pas bien,
    Car Alcippe après tout vaut toûjours mieux que rien,
    Son pere peut venir, quelque long-temps qu'il tarde.
ISA. Pour en venir à bout sans que rien s'y hazarde,
    Lucrece est vostre amie, & peut beaucoup pour vous.
    Elle n'a point d'amant qui devienne jaloux;
    Qu'elle écrive à Dorante, & luy fasse paroistre
    Qu'elle veut cette nuit le voir par sa fenestre.
    Comme il est jeune encor, on l'y verra voler,
    Et là sous ce faux nom vous pourrez luy parler,
    Sans qu'Alcippe jamais en découvre l'adresse,
    Ny que luy-mesme pense à d'autres qu'à Lucrece.
CLA. L'invention est belle, & Lucrece aisément
    Se resoudra pour moy d'écrire un compliment.
    J'admire ton adresse à trouver cette ruse.
ISA. Puis-je vous dire encor que si je ne m'abuse
    Tantost cet inconnu ne vous déplaisoit pas.
CLA. Ah, bon Dieu! si Dorante avoit autant d'appas,
    Que d'Alcippe aisément il obtiendroit la place!
ISA. Ne parlez point d'Alcippe, il vient. *CLA.* Qu'il m'embarasse!
    Va pour moy chez Lucrece, & luy dy mon projet,
    Et tout ce qu'on peut dire en un pareil sujet.

SCENE III.

CLARICE, ALCIPPE.

ALC. AH, Clarice! ah, Clarice! inconstante, volage!
CLA. Auroit-il deviné déja ce mariage?
    Alcippe, qu'avez-vous qui vous fait soûpirer?
ALC. Ce que j'ay, déloyale? & peux-tu l'ignorer?
    Parle à ta conscience, elle devroit t'apprendre…
CLA. Parlez un peu plus bas, mon pere va descendre.

ALC. Ton pere va defcendre, ame double, & fans foy!
Confeffe que tu n'as un pere que pour moy,
La nuit, fur la riviere.... *CLA.* Et bien, fur la riuiere,
La nuit, quoy, qu'eft-ce enfin. *ALC.* Ouy, la nuit toute entiere.
CLA. Aprés? *ALC.* Quoy, fans rougir? *CLA.* Rougir! à quel propos?
ALC. Tu ne meurs pas de honte entendant ces deux mots!
CLA. Mourir pour les entendre! & qu'ont-ils de funeste?
ALC. Tu peux donc les oüir & demander le reste?
Ne fçaurois-tu rougir fi je ne te dis tout?
CLA. Quoy, tout? *ALC.* Tes paffe-temps de l'un à l'autre bout.
CLA. Ie meure, en vos discours fi je puis rien comprendre.
ALC. Quand je te veux parler, ton pere va defcendre,
Il t'en fouvient alors, le tour eft excellent:
Mais pour paffer la nuit auprès de ton galand....
CLA. Alcippe, eftes-vous fol? *ALC.* Ie n'ay plus lieu de l'eftre,
A prefent que le Ciel me fait te mieux connoiftre.
Ouy, pour paffer la nuit en dances & festin,
Eftre avec ton galand du foir jufqu'au matin,
(Ie ne parle que d'hier) tu n'as point lors de pere.
CLA. Refvez-vous? raillez-vous? & quel eft ce myftere?
ALC. Ce myftere eft nouveau, mais non pas fort fecret.
Choifis une autre fois un amant plus difcret,
Luy-mefme il m'a tout dit. *CL.* Qui, luy-mefme? *ALC.* Dorante.
CLA. Dorante! *ALC.* Continuë, & fais bien l'ignorante.
CLA. Si je le vis jamais, & fi je le connoy....
ALC. Ne viens-je pas de voir fon pere avecque toy?
Tu paffes, infidelle, ame ingrate & legere,
La nuit avec le fils, le jour avec le pere!
CLA. Son pere de vieux temps eft grand amy du mien.
ALC. Cette vieille amitié faifoit voftre entretien?
Tu te fens convaincuë, & tu m'ofes répondre!
Te faut-il quelque chofe encor pour te confondre?
CLA. Alcippe, fi je fçay quel vifage a le fils...
ALC. La nuit eftoit fort noire alors que tu le vis,
Il ne t'a pas donné quatre chœurs de Mufique,
Vne collation fuperbe & magnifique,
Six fervices de rang, douze plats à chacun.
Son entretien alors t'eftoit fort importun,
Quand fes feux d'artifice éclairoient le rivage,
Tu n'eus pas le loifir de le voir au vifage,
Tu n'as pas avec luy dancé jufques au jour,
Et tu ne l'as pas veu pour le moins au retour.

I iij

LE MENTEVR,

T'en ay-je dit assez? rougis, & meurs de honte.
CLA. Ie ne rougiray point pour le recit d'un conte.
ALC. Quoy, je suis donc un fourbe, un bizarre, un jaloux?
CLA. Quelqu'un a pris plaisir à se joüer de vous,
Alcippe, croyez-moy. ALC. Ne cherche point d'excuses,
Ie connoy tes détours, & devine tes ruses.
Adieu, suy ton Dorante, & l'aime desormais,
Laisse en repos Alcippe, & n'y pense jamais.
CLA. Ecoutez quatre mots. ALC. Ton pere va descendre.
CLA. Non, il ne descend point, & ne peut nous entendre,
Et j'auray tout loisir de vous desabuser.
ALC. Ie ne t'écoute point à moins que m'épouser,
Au moins qu'en attendant le jour du mariage
M'en donner ta parole & deux baisers en gage.
CLA. Pour me justifier vous demandez de moy,
Alcippe? ALC. Deux baisers, & ta main, & ta foy.
CLA. Que cela? ALC. Resous-toy, sans plus me faire attendre.
CLA. Ie n'ay pas le loisir, mon pere va descendre.

SCENE IV.

ALCIPPE.

ALC. Va, ry de ma douleur alors que je te perds,
Par ces indignitez romps toy-mesme mes fers,
Aide mes feux trompez à se tourner en glace,
Aide un juste couroux à se mettre en leur place;
Ie cours à la vangeance, & porte à ton amant
Le vif & prompt effet de mon ressentiment.
S'il est homme de cœur, ce jour mesme nos armes
Regleront par leur sort tes plaisirs, ou tes larmes,
Et plûtost que le voir possesseur de mon bien,
Puissay-je dans son sang voir couler tout le mien.
Le voicy ce rival que son pere t'améne,
Ma vieille amitié cede à ma nouvelle haine,
Sa veuë accroist l'ardeur dont je me sens brusler,
Mais ce n'est pas icy qu'il faut le quereller.

SCENE V.

GERONTE, DORANTE, CLITON.

GER. DOrante, arrêtons-nous, le trop de promenade
 Me mettroit hors d'haleine, & me feroit malade.
 Que l'ordre est rare & beau de ces grands bastimens!
DOR. Paris semble à mes yeux un païs de Romans,
 I'y croyois ce matin voir une Isle enchantée,
 Ie la laissay deserte, & la trouve habitée.
 Quelque Amphion nouveau sans l'aide des maçons
 En superbes Palais a changé ses buissons.
GER. Paris voit tous les jours de ces Metamorphoses,
 Dans tout le pré-aux-Clercs tu verras mesmes choses,
 Et l'Vnivers entier ne peut rien voir d'égal
 Aux superbes dehors du Palais Cardinal.
 Toute une ville entiere avec pompe bastie
 Semble d'un vieux fossé par miracle sortie,
 Et nous fait presumer, à ses superbes toits,
 Que tous ses habitans sont des Dieux, ou des Rois.
 Mais changeons de discours. Tu sçais combien je t'aime?
DOR. Ie cheris cet honneur bien plus que le jour mesme.
GER. Comme de mon Hymen il n'est sorty que toy,
 Et que je te voy prendre un perilleux employ,
 Où l'ardeur pour la gloire à tout oser convie,
 Et force à tous momens de negliger la vie,
 Avant qu'aucun malheur te puisse estre avenu,
 Pour te faire marcher un peu plus retenu,
 Ie te veux marier. DOR. O ma chere Lucrece!
GER. Ie t'ay voulu choisir moy-mesme une Maistresse,
 Honneste, belle, riche. DOR. Ah, pour la bien choisir,
 Mon pere, donnez-vous un peu plus de loisir.
GER. Ie la connois assez. Clarice est belle & sage,
 Autant que dans Paris il en soit de son âge,
 Son pere de tout temps est mon plus grand amy,
 Et l'affaire est conclüe. DOR. Ah, Monsieur je fremy.
 D'un fardeau si pesant accabler ma jeunesse!
GER. Fais ce que je t'ordonne. DOR. Il faut joüer d'adresse.

Quoy, Monsieur, à present qu'il faut dans les combats
Acquerir quelque nom, & signaler mon bras...
GER. Avant qu'estre au hazard qu'un autre bras t'immole,
Ie veux dans ma maison avoir qui m'en console;
Ie veux qu'un petit fils puisse tenir ton rang,
Soûtenir ma vieillesse, & reparer mon sang.
En un mot, je le veux. DOR. Vous étes inflexible!
GER. Fay ce que je te dis. DOR. Mais s'il m'est impossible?
GER. Impossible! & comment? DOR. Souffrez qu'aux yeux de tous
Pour obtenir pardon j'embrasse vos genoux.
Ie suis... GE. Quoy? D. Dans Poitiers... G. Parle donc, & te leve.
DOR. Ie suis donc marié, puisqu'il faut que j'acheve.
GER. Sans mon consentement! DOR. On m'a violenté,
Vous ferez tout casser par vostre authorité,
Mais nous fusmes tous deux forcez à l'Hymenée
Par la fatalité la plus inopinée....
Ah, si vous la sçaviez. GER. Dy, ne me cache rien.
DOR. Elle est de fort bon lieu, mon pere, & pour son bien,
S'il n'est du tout si grand que vostre humeur souhaite....
GER. Sçachons, à cela près, puisque c'est chose faite.
Elle se nomme? DOR. Orphise, & son pere Armedon.
GER. Ie n'ay jamais oüy ny l'un ny l'autre nom.
Mais poursuy. DOR. Ie la vis presque à mon arrivée,
Vne ame de rocher ne s'en fust pas sauvée,
Tant elle avoit d'appas, & tant son œil vainqueur
Par une douce force assujettit mon cœur.
Ie cherchay donc chez elle à faire connoissance,
Et les soins obligeans de ma perseverance
Sçeurent plaire de sorte à cet objet charmant,
Que j'en fus en six mois autant aimé qu'amant.
I'en receus des faveurs secrettes, mais honnestes,
Et j'étendis si loin mes petites conquestes,
Qu'en son quartier souvent je me coulois sans bruit
Pour causer avec elle une part de la nuit.
Vn soir que je venois de monter dans sa chambre,
(Ce fut, s'il m'en souvient, le second de Septembre,
Ouy, ce fut ce jour-là que je fus atrapé)
Ce soir mesme son pere en ville avoit soupé,
Il monte à son retour, il frape à la porte, elle,
Transit, pâlit, rougit, me cache en sa ruelle,
Ouvre enfin, & d'abord, (qu'elle eut d'esprit & d'art!)
Elle se jette au coû de ce pauvre vieillard,

Desrobe

COMEDIE. 173

Desrobe en l'embrassant son desordre à sa veuë;
Il se sied, il luy dit qu'il veut la voir pourveuë,
Luy propose un party qu'on luy venoit d'offrir:
Iugez combien mon cœur avoit lors à souffrir.
Par sa réponse adroite elle sçeut si bien faire
Que sans m'inquieter elle plût à son pere.
Ce discours ennuyeux enfin se termina,
Le bon-homme partoit quand ma Montre sonna,
Et luy se retournant vers sa fille étonnée,
Depuis quand cette Montre, & qui vous l'a donnée?
Acaste mon cousin me la vient d'envoyer,
Dit-elle, & veut icy la faire nettoyer,
N'ayant point d'horlogiers au lieu de sa demeure,
Elle a déja sonné deux fois en un quart d'heure.
Donnez-la moy, dit-il, j'en prendray mieux le soin.
Alors pour me la prendre elle vient en mon coin,
Ie la luy donne en main, mais voyez ma disgrace;
Avec mon pistolet le cordon s'embarasse,
Fait marcher le declin, le feu prend, le coup part,
Iugez de nostre trouble à ce triste hazard.
Elle tombe par terre, & moy je la crûs morte,
Le pere épouvanté gagne aussi-tost la porte,
Il appelle au secours, il crie à l'assassin,
Son fils & deux valets me coupent le chemin:
Furieux de ma perte & combatant de rage
Au milieu de tous trois je me faisois passage,
Quand un autre malheur de nouveau me perdit,
Mon épée en ma main en trois morceaux rompit.
Desarmé je recule, & rentre, alors Orphise,
De sa frayeur premiere aucunement remise,
Sçait prendre un temps si juste en son reste d'effroy
Qu'elle pousse la porte, & s'enferme avec moy.
Soudain nous entassons pour defenses nouvelles
Bancs, tables, coffres, lits, & jusqu'aux escabelles,
Nous nous barricadons, & dans ce premier feu
Nous croyons gagner tout à differer un peu.
Mais comme à ce rempart l'un & l'autre travaille,
D'une chambre voisine on perce la muraille:
Alors me voyant pris il fallut composer.[a]
GER. C'est à dire en François qu'il falut l'épouser?
DOR. Les siens m'avoient trouvé de nuit, seul avec elle,
Ils étoient les plus forts, elle me sembloit belle,

Tome II. K

[a] *Clarice les voit de sa fenestre, & Lucrece avec Isabelle les voit aussi de la sienne.*

        Le scandale étoit grand, son honneur se perdoit,
        A ne le faire pas ma teste en répondoit,
        Ses grands efforts pour moy, son peril & ses larmes
        A mon cœur amoureux étoient de nouveaux charmes;
        Donc pour sauver ma vie ainsi que son honneur,
        Et me mettre avec elle au comble du bonheur,
        Ie changeay d'un seul mot la tempeste en bonace,
        Et fis ce que tout autre auroit fait en ma place.
        Choisissez maintenant de me voir, ou mourir,
        Ou posseder un bien qu'on ne peut trop cherir.
GER. *Non, non, je ne suis pas si mauvais que tu penses,*
    Et trouve en ton malheur de telles circonstances
    Que mon amour t'excuse, & mon esprit touché
    Te blasme seulement de l'avoir trop caché.
DOR. *Le peu de bien qu'elle a me faisoit vous le taire.*
GER. *Ie prens peu garde au bien, afin d'estre bon pere.*
    Elle est belle, elle est sage, elle sort de bon lieu,
    Tu l'aimes, elle t'aime, il me suffit. Adieu,
    Ie vay me dégager du pere de Clarice.

SCENE VI.

DORANTE, CLITON.

DOR. *Qve dis-tu de l'histoire, & de mon artifice?*
    Le bon homme en tient-il? m'en suis-je bien tiré?
    Quelque sot en ma place y seroit demeuré,
    Il eust perdu le temps à gemir, & se plaindre,
    Et malgré son amour se fust laissé contraindre.
    O l'utile secret que mentir à propos!
CLI. *Quoy, ce que vous disiez n'est pas vray?* DOR. *Pas deux mots,*
    Et tu ne viens d'oüir qu'un trait de gentillesse
    Pour conserver mon ame & mon cœur à Lucrece.
CLI. *Quoy, la Montre, l'épée, avec le pistolet?*
DOR. *Industrie.* CLI. *Obligez, Monsieur, vostre valet.*
    Quand vous voudrez joüer de ces grands coups de maistre,
    Donnez-luy quelque signe à les pouvoir connoistre,
    Quoy que bien averty j'étois dans le paneau.
DOR. *Va, n'apprehende pas d'y tomber de nouveau,*
    Tu seras de mon cœur l'unique Secretaire,
    Et de tous mes secrets le grand dépositaire.

COMEDIE.

CLI. Avec ces qualitez j'ose bien esperer
Qu'assez malaisément je pourray m'en parer,
Mais parlons de vos feux. Certes cette Maîtresse...

SCENE VII.

DORANTE, CLITON, SABINE.

SAB. Lisez cecy, Monsieur. *DO.* D'où vient-il? *SAB.* De Lucrece. Elle luy donne un billet.
   *DOR.*ᵃ Dy-luy que j'y viendray. ᵇ Doute encore, Cliton,   ᵃ *Aprés avoir leu.*
A laquelle des deux appartient ce beau nom,   ᵇ *Sabine*
Lucrece sent sa part des feux qu'elle fait naistre,   *rentre &*
Et me veut cette nuit parler par sa fenestre.   *Dorante*
Dis encor que c'est l'autre, ou que tu n'es qu'un sot.   *continuë.*
Qu'auroit l'autre à m'écrire à qui je n'ay dit mot?
CLI. Monsieur, pour ce sujet n'ayons point de querelle,
Cette nuit à la voix vous sçaurez si c'est elle.
DOR. Coule-toy là dedans, & de quelqu'un des siens
Sçache subtilement sa famille & ses biens.

SCENE VIII.

DORANTE, LYCAS.

*LYC.*ᶜ Monsieur. *DOR.* Autre billet. ᵈ J'ignore quelle offense   ᶜ *Luy presentant un billet.*
Peut d'Alcippe avec moy rompre l'intelligence,   ᵈ *Il continuë aprés*
Mais n'importe, dy luy que j'iray volontiers,   *avoir leu*
Ie te suy. ᵉ Ie revins hier au soir de Poitiers,   *tout bas le billet.*
D'aujourd'huy seulement je produis mon visage,   ᵉ *Lycas*
Et j'ay déja querelle, amour, & mariage?   *rentre, &*
Pour un commencement ce n'est point mal trouvé.   *Dorante*
Vienne encore un procés, & je suis achevé.   *continuë*
Se charge qui voudra d'affaires plus pressantes,   *seul.*
Plus en nombre à la fois, & plus embarassantes,
Ie pardonne à qui mieux s'en pourra démesler:
Mais allons voir celuy qui m'ose quereller.

ACTE III

SCENE PREMIERE.

DORANTE, ALCIPPE, PHILISTE.

PHI. V y, vous faisiez tous deux en hommes de courage,
　　Et n'aviez l'un ny l'autre aucun desavantage,
　　Ie rends graces au Ciel de ce qu'il a permis
　　Que je sois survenu pour vous refaire amis,
Et que la chose egale ainsi je vous sepaře.
Mon heur en est extresme, & l'avanture rare.
DOR. L'avanture est encor bien plus rare pour moy
　　Qui luy faisois raison sans avoir sçeu dequoy.
　　Mais, Alcippe, à present tirez-moy hors de peine;
　　Quel sujet aviez-vous de colere, ou de haine?
　　Quelque mauvais rapport m'auroit-il pû noircir?
　　Dites, que devant luy je vous puisse éclaircir.
ALC. Vous le sçavez assez. *DOR.* Plus je me considere
　　Moins je découvre en moy ce qui vous peut déplaire.
ALC. Et bien, puisqu'il vous faut parler plus clairement,
　　Depuis plus de deux ans j'aime secrettement,
　　Mon affaire est d'accord, & la chose vaut faite,
　　Mais pour quelque raison nous la tenons secrette.
　　Cependant à l'objet qui me tient sous sa loy,
　　Et qui sans me trahir ne peut estre qu'à moy,
　　Vous avez donné bal, collation, Musique;
　　Et vous n'ignorez pas combien cela me pique,
　　Puisque pour me joüer un si sensible tour
　　Vous m'avez à dessein caché vostre retour,
　　Et n'avez aujourd'huy quitté vostre embuscade
　　Qu'afin de m'en conter l'histoire par bravade.
　　Ce procedé m'étonne, & j'ay lieu de penser
　　Que vous n'avez rien fait qu'afin de m'offenser.

COMEDIE.

DOR. Si vous pouviez encor douter de mon courage,
Ie ne vous guerirois ny d'erreur, ny d'ombrage,
Et nous nous reverrions si nous étions rivaux.
Mais comme vous sçavez tous deux ce que je vaux,
Ecoutez en deux mots l'histoire demeslée.
Celle que cette nuit sur l'eau j'ay régalée
N'a pû vous donner lieu de devenir jaloux,
Car elle est mariée, & ne peut estre à vous;
Depuis peu pour affaire elle est icy venuë,
Et je ne pense pas qu'elle vous soit connuë.
ALC. Ie suis ravy, Dorante, en cette occasion
De voir finir si-tost nostre division.
DOR. Alcippe, une autre fois, donnez moins de croyance
Aux premiers mouvemens de vostre défiance,
Iusqu'à mieux sçavoir tout sçachez vous retenir,
Et ne commencez plus par où l'on doit finir.
Adieu, je suis à vous.

SCENE II.

ALCIPPE, PHILISTE.

PHI. CE cœur encor soûpire!
ALC. Helas! je sors d'un mal pour tomber dans un pire.
Cette collation, qui l'aura pû donner?
A qui puis-je m'en prendre? & que m'imaginer?
PHI. Que l'ardeur de Clarice est égale à vos flames.
Cette galanterie étoit pour d'autres Dames.
L'erreur de vostre Page a causé vostre ennuy,
S'étant trompé luy-mesme, il vous trompe aprés luy,
I'ay tout sçeu de luy-mesme, & des gens de Lucrece.
Il avoit veu chez elle entrer vostre Maitresse,
Mais il n'avoit pas veu qu'Hyppolite & Dapliné
Ce jour-là par hazard chez elle avoient disné.
Il les en voit sortir, mais à coiffe abatuë,
Et sans les aprocher il suit de ruë en ruë;
Aux couleurs, au carosse, il ne doute de rien,
Tout étoit à Lucrece, & le dupe si bien,
Que prenant ces beautez pour Lucrece & Clarice
Il rend à vostre amour un tres-mauvais service.

K iij

Il les voit donc aller jusques au bord de l'eau,
Defcendre de caroffe, entrer dans un bâteau,
Il voit porter des plats, entend quelque Mufique,
(A ce que l'on m'a dit, affez melancolique)
Mais ceffez d'en avoir l'efprit iniquieté,
Car enfin le caroffe avoit été prêté,
L'avis fe trouve faux, & ces deux autres belles
Avoient en plain repos paffé la nuit chez elles.
ALC. Quel malheur eft le mien ! Ainfi donc fans fujet
J'ay fait ce grand vacarme à ce charmant objet ?
PHI. Ie feray voftre paix, mais fçachez autre chofe.
Celuy qui de ce trouble eft la feconde caufe,
Dorante, qui tantoft nous en a tant conté
De fon feftin fuperbe, & fur l'heure apreflé,
Luy qui depuis un mois nous cachant fa venuë
La nuit *incognito* vifite une inconnuë;
Il vint hier de Poitiers, & fans faire aucun bruit
Chez luy paifiblement a dormy toute nuit.
ALC. Quoy, fa collation... *PHI.* N'eft rien qu'un pur menfonge,
Ou bien s'il l'a donnée, il l'a donnée en fonge.
ALC. Dorante en ce combat fi peu prémedité
M'a fait voir trop de cœur pour tant de lafcheté,
La valeur n'apprend point la fourbe en fon école,
Tout homme de courage eft homme de parole,
A des vices fi bas il ne peut confentir,
Et fuit plus que la mort la honte de mentir,
Cela n'eft point. *PHI.* Dorante, à ce que je préfume,
Eft vaillant par Nature, & menteur par coûtume;
Ayez fur ce fujet moins d'incredulité,
Et vous-mefme admirez noftre fimplicitié.
A nous laiffer duper nous fommes bien novices.
Vne collation fervie à fix fervices,
Quatre concerts entiers, tant de plats, tant de feux,
Tout cela cependant preft en une heure, ou deux,
Comme fi l'appareil d'une telle cuifine
Fuft defcendu du Ciel dedans quelque machine;
Quiconque le peut croire ainfi que vous & moy,
S'il a manque de fens, n'a pas manque de foy.
Pour moy, je voyois bien que tout ce badinage
Répondoit affez mal aux remarques du Page,
Mais vous ? *ALC.* La jaloufie aveugle un cœur atteint,
Et fans examiner croit tout ce qu'elle craint.

COMEDIE.

Mais laissons-là Dorante avecque son audace,
Allons trouver Clarice, & luy demander grace.
Elle pouvoit tantost m'entendre sans rougir.
PHI. Attendez à demain & me laissez agir,
Ie veux par ce recit vous préparer la voye,
Dissiper sa colere, & luy rendre sa joye,
Ne vous exposez point, pour gagner un moment,
Aux premieres chaleurs de son ressentiment.
ALC. Si du jour qui s'enfuit la lumiere est fidelle,
Ie pense l'entrevoir avec son Isabelle.
Ie suivray tes conseils, & fuiray son couroux
Iusqu'à ce qu'elle ait ry de m'avoir veu jaloux.

SCENE III.

CLARICE, ISABELLE.

CLA. Isabelle, il est temps, allons trouver Lucrece.
ISA. Il n'est pas encor tard, & rien ne vous en presse.
Vous avez un pouvoir bien grand sur son esprit,
A peine ay-je parlé, qu'elle a sur l'heure écrit.
CLA. Clarice à la servir ne feroit pas moins prompte.
Mais dy ; par sa fenestre as-tu bien veu Geronte ?
Et sçais-tu que ce fils qu'il m'avoit tant vanté,
Est ce mesme inconnu qui m'en a tant conté ?
ISA. A Lucrece avec moy je l'ay fait reconnoistre,
Et si-tost que Geronte a voulu disparoistre,
Le voyant resté seul avec un vieux valet,
Sabine à nos yeux mesme a rendu le billet.
Vous parlerez à luy. CLA. Qu'il est fourbe, Isabelle!
ISA. Et bien, cette pratique est-elle si nouvelle ?
Dorante est-il le seul qui de jeune écolier
Pour estre mieux receu s'érige en Cavalier ?
Que j'en sçay comme luy qui parlent d'Allemagne,
Et si l'on veut les croire ont veu chaque Campagne,
Sur chaque occasion tranchent des entendus,
Content quelque défaite, & des chevaux perdus,
Qui dans une Gazette apprenant ce langage,
S'ils sortent de Paris, ne vont qu'à leur village,
Et se donnent icy pour témoins approuvez
De tous ces grands combats qu'ils ont lûs, ou resvez!

Il aura crû sans doute, ou je suis fort trompée,
Que les filles de cœur aiment les gens d'épée,
Et vous prenant pour telle, il a jugé soudain
Qu'une plume au chapeau vous plaist mieux qu'à la main.
Ainsi donc pour vous plaire, il a voulu paroistre,
Non-pas pour ce qu'il est, mais pour ce qu'il veut estre,
Et s'est osé promettre un traitement plus doux
Dans la condition qu'il veut prendre pour vous.
CLA. En matiere de fourbe, il est maistre, il y pipe.
Après m'avoir dupée il dupe encor Alcippe,
Ce malheureux jaloux s'est blessé le cerveau
D'un festin qu'hier au soir il m'a donné sur l'eau.
(Iuge un peu si la piece a la moindre apparence.)
Alcippe cependant m'accuse d'inconstance,
Me fait une querelle où je ne comprens rien.
I'ay, dit-il, toute nuit souffert son entretien,
Il me parle de bal, de dance, de Musique,
D'une collation superbe & magnifique,
Servie à tant de plats, tant de fois redoublez,
Que j'en ay la cervelle & les esprits troublez.
ISA. Reconnoissez par là que Dorante vous aime,
Et que dans son amour son adresse est extresme.
Il aura sçeu qu'Alcippe estoit bien avec vous,
Et pour l'en éloigner il l'a rendu jaloux:
Soudain à cet effort il en a joint un autre,
Il a fait que son pere est venu voir le vostre.
Vn amant peut-il mieux agir en un moment,
Que de gagner un pere, & brouiller l'autre amant?
Vostre pere l'agrée, & le sien vous souhaite,
Il vous aime, il vous plaist, c'est une affaire faite.
CLA. Elle est faite de vray ce qu'elle se fera.
ISA. Quoy, vostre cœur se change, & desobeïra?
CLA. Tu vas sortir de garde, & perdre tes mesures,
Explique, si tu peux, encor ses impostures.
    Il estoit marié sans que l'on en sçeust rien,
Et son pere a repris sa parole du mien,
Fort triste de visage, & fort confus dans l'ame.
ISA. Ah, je dis à mon tour, *Qu'il est fourbe, Madame!*
C'est bien aimer la fourbe & l'avoir bien en main,
Que de prendre plaisir à fourber sans dessein.
Car pour moy, plus j'y songe, & moins je puis comprendre
Quel fruit auprés de vous il en ose pretendre.

Mais

COMEDIE.

Mais qu'allez-vous donc faire, & pourquoy luy parler?
Est-ce à dessein d'en rire, ou de le quereller?
CLA. Ie prendray du plaisir du moins à le confondre.
ISA. I'en prendrois davantage à le laisser morfondre.
CLA. Ie veux l'entretenir par curiosité.
Mais j'entrevoy quelqu'un dans cette obscurité,
Et si c'étoit luy-mesme, il pourroit me connoistre,
Entrons donc chez Lucrece, allons à sa fenestre,
Puisque c'est sous son nom que je luy dois parler.
Mon jaloux, après tout, sera mon pis aller,
Si sa mauvaise humeur déja n'est appaisée,
Sçachant ce que je sçay, la chose est fort aisée.

SCENE IV.

DORANTE, CLITON.

DOR. Voicy l'heure & le lieu que marque le billet.
CLI. I'ay sçeu tout ce détail d'un ancien valet.
Son pere est de la Robe, & n'a qu'elle de fille,
Ie vous ay dit son bien, son âge, & sa famille.
Mais, Monsieur, ce seroit pour me bien divertir,
Si comme vous Lucrece excelloit à mentir.
Le divertissement seroit rare, ou je meure,
Et je voudrois qu'elle eust ce talent pour une heure,
Qu'elle pust un moment vous piper en vostre art,
Rendre conte pour conte, & martre pour renard.
D'un & d'autre costé j'en entendrois de bonnes.
DOR. Le Ciel fait cette grace à fort peu de personnes.
Il y faut promptitude, esprit, memoire, soins,
Ne se broüiller jamais, & rougir encor moins.
Mais la fenestre s'ouvre, approchons.

82   *LE MENTEVR,*

SCENE V.

CLARICE, LVCRECE, ISABELLE à la feneſtre, DORANTE, CLITON en bas.

[a] *A Iſa-*
belle.
 CLA.[a] Iſabelle,
  Durant noſtre entretien demeure en ſentinelle.
 ISA. Lors que voſtre vieillard ſera preſt à ſortir
[b] *Iſabelle*
deſcend de
la feneſtre
& ne ſe
montre
plus.
  Ie ne manqueray pas de vous en avertir.[b]
 LVC.[c] Il conte aſſez au long ton hiſtoire à mon pere,
  Mais parle ſous mon nom, c'eſt à moy de me taire.
 CLA. Etes-vous là, Dorante? DOR. Ouy, Madame, c'eſt moy,
  Qui veux vivre & mourir ſous voſtre ſeule loy.
[c] *A Clari-*
ce.
[d] *A Clari-*
ce.
 LVC.[d] Sa fleurette pour toy prend encor meſme ſtile,
 CLA.[e] Il dévroit s'épargner cette geſne inutile.
  Mais m'auroit-il déja reconnuë à la voix.
[e] *A Lucre-*
ce.
[f] *A Do-*
rante.
[g] *A Clari-*
ce.
 CLI.[f] C'eſt elle, & je me rens, Monſieur, à cette fois.
 DOR.[g] Ouy, c'eſt moy, qui voudrois effacer de ma vie
  Les jours que j'ay vécu ſans vous avoir ſervie.
  Que vivre ſans vous voir eſt un ſort rigoureux!
  C'eſt ou ne vivre point, ou vivre malheureux,
  C'eſt une longue mort, & pour moy, je confeſſe
  Que pour vivre, il faut eſtre eſclave de Lucrece.
[h] *A Lucre-*
ce.
[i] *A Clari-*
ce.
 CLA.[h] Chere amie, il en conte à chacune à ſon tour.
 LVC.[i] Il aime à promener ſa fourbe & ſon amour.
 DOR. A vos commandemens j'apporte donc ma vie,
  Trop heureux ſi pour vous elle m'étoit ravie,
  Diſpoſez-en, Madame, & me dites en quoy
  Vous avez réſolu de vous ſervir de moy.
 CLA. Ie vous voulois tantoſt propoſer quelque choſe,
  Mais il n'eſt plus beſoin que je vous la propoſe,
  Car elle eſt impoſſible. DOR. Impoſſible! Ah pour vous
  Ie pourray tout, Madame, en tous lieux, contre tous.
 CLA. Iuſqu'à vous marier quand je ſçay que vous l'étes.
 DOR. Moy marié! Ce ſont pieces qu'on vous a faites,
  Quiconque vous l'a dit s'eſt voulu divertir.
[j] *A Lucre-*
ce.
[k] *A Clari-*
ce.
 CLA.[j] Eſt-il un plus grand fourbe? LVC.[k] Il ne ſçait que mentir.
 DOR. Ie ne le fus jamais, & ſi par cette voye
  On penſe.... CLA. Et vous penſez encor que je vous croye?

COMEDIE.

DOR. Que le foudre à vos yeux m'écrase si je mens.
CLA. Vn menteur est toûjours prodigue de serments.
DOR. Non, si vous avez eu pour moy quelque pensée
 Qui sur ce faux rapport puisse estre balancée,
 Cessez d'estre en balance, & de vous défier
 De ce qu'il m'est aisé de vous justifier.
CLA.[a] On diroit qu'il dit vray, tant son effronterie   [a] *A Lucrece.*
 Avec naïveté pousse une menterie.
DOR. Pour vous oster de doute agréez que demain
 En qualité d'époux je vous donne la main.
CLA. Et vous la donneriez en un jour à deux mille.
DOR. Certes vous m'allez mettre en credit par la ville,
 Mais en credit si grand, que j'en crains les jaloux.
CLA. C'est tout ce que merite un homme tel que vous,
 Vn homme qui se dit un grand foudre de guerre,
 Et n'en a veu qu'à coups d'écritoire & de verre ;
 Qui vint hier de Poitiers, & conte à son retour
 Que depuis une année il fait icy sa Cour ;
 Qui donne toute nuit festin, Musique, & dance,
 Bien qu'il soit dans son lit passée en tout silence ;
 Qui se dit marié, puis soudain s'en dédit ;
 Sa methode est jolie à se mettre en credit.
 Vous-mesme apprenez-moy comme il faut qu'on le nomme.
CLI.[b] Si vous vous en tirez, je vous tiens habile homme.   [b] *A Dorante.*
DOR.[c] Ne t'épouvante point, tout vient en sa saison.   [c] *A Cliton.*
 [d] De ces inventions chacune a sa raison ;   [d] *A Clarice.*
 Sur toutes quelque jour je vous rendray contente.
 Mais à present je passe à la plus importante.
  I'ay donc feint cet Hymen (pourquoy desavoüer
 Ce qui vous forcera vous-mesme à me loüer ?)
 Ie l'ay feint, & ma feinte à vos mépris m'expose.
 Mais si de ces détours vous seule étiez la cause ?
CLA. Moy ? DOR. Vous. Ecoutez-moy. Ne pouvant consentir...
CLI.[e] De grace, dites-moy si vous allez mentir.   [e] *A Dorante.*
DOR.[f] Ah ! je t'arracheray cette langue importune.   [f] *A Cliton.*
 [g] Donc comme à vous servir j'attache ma fortune,   [g] *A Clarice.*
 L'amour que j'ay pour vous ne pouvant consentir
 Qu'un pere à d'autres loix voulust m'assujettir...
CLA.[h] Il fait piece nouvelle, écoutons. DOR. Cette adresse   [h] *A Lucrece.*
 A conservé mon ame à la belle Lucrece,
 Et par ce mariage au besoin inventé
 I'ay sçeu rompre celuy qu'on m'avoit aprêté.

L ij

84 LE MENTEUR,

Blasmez-moy de tomber en des fautes si lourdes,
Appellez-moy grand fourbe, & grand donneur de bourdes,
Mais loüez-moy du moins d'aimer si puissamment,
Et joignez à ces noms celuy de vostre amant.
Ie fais par cet Hymen banqueroute à tous autres,
J'évite tous leurs fers pour mourir dans les vostres,
Et libre pour entrer en des liens si doux,
Ie me fais marié pour toute autre que vous.
CLA. Vostre flame en naissant a trop de violence,
Et me laisse toûjours en juste défiance.
Le moyen que mes yeux eussent de tels appas
Pour qui m'a si peu veuë, & ne me connoit pas ?
DOR. Ie ne vous connoy pas ? vous n'avez plus de mere,
Periandre est le nom de Monsieur vostre pere,
Il est homme de robe, adroit, & retenu,
Dix mille écus de rente en font le revenu,
Vous perdistes un frere aux guerres d'Italie,
Vous aviez une sœur qui s'appelloit Iulie.
Vous connoy-je à present ? dites encor que non.

[a] A Lucrece. CLA.[a] Cousine, il te connoit, & t'en veut tout de bon.
[b] En elle-mesme. LUC.[b] Plust à Dieu! CLA.[c] Découvrons le fond de l'artifice.
[c] A Lucrece. [d] J'avois voulu tantost vous parler de Clarice,
Quelqu'un de vos amis m'en est venu prier.
[d] A Dorante. Dites-moy, seriez-vous pour elle à marier?
DOR. Par cette question n'éprouvez plus ma flame,
Ie vous ay trop fait voir jusqu'au fond de mon ame,
Et vous ne pouvez plus desormais ignorer
Que j'ay feint cet Hymen afin de m'en parer.
Ie n'ay ny feux, ny vœux, que pour vostre service,
Et ne puis plus avoir que mépris pour Clarice.
CLA. Vous êtes, à vray dire, un peu bien dégousté,
Clarice est de maison, & n'est pas sans beauté,
Si Lucrece à vos yeux paroit un peu plus belle,
De bien mieux faits que vous se contenteroient d'elle.
DOR. Ouy, mais un grand défaut ternit tous ses appas.
CLA. Quel est-il ce defaut ? DOR. Elle ne me plaist pas,
Et plutost que l'Hymen avec elle me lie,
Ie seray marié, si l'on veut, en Turquie.
CLA. Aujourd'huy cependant on m'a dit qu'en plein jour
Vous luy serriez la main, & luy parliez d'amour.
[e] A Lucrece. DOR. Quelqu'un auprés de vous m'a fait cette imposture.
CLA.[e] Ecoutez l'imposteur, c'est hazard s'il n'en jure.

COMEDIE.

DOR. Que du Ciel... *CL.*ᵃ L'ay-je dit? *DO.* I'éprouve le couroux, ᵃ *A Lucrece.*
Si j'ay parlé, Lucrece, à personne qu'à vous.
CLA. Ie ne puis plus souffrir une telle impudence,
Aprés ce que j'ay veu moy-mesme en ma présence,
Vous couchez d'imposture, & vous osez jurer
Comme si je pouvois vous croire, ou l'endurer!
Adieu, retirez-vous, & croyez, je vous prie,
Que souvent je m'égaye ainsi par raillerie,
Et que pour me donner des passe-temps si doux,
I'ay donné cette baye à bien d'autres qu'à vous.

SCENE VI.

DORANTE, CLITON.

CLI. ET bien, vous le voyez, l'histoire est découverte.
DO. Ah Cliton, je me trouve à deux doigts de ma perte.
CLI. Vous en avez sans doute un plus heureux succés,
Et vous avez gagné chez elle un grand accés:
Mais je suis ce fascheux qui nuis par ma présence,
Et vous fais sous ces mots estre d'intelligence.
DOR. Peut-estre. Qu'en crois-tu? *CLI.* Le peut-estre est gaillard.
DOR. Penses-tu qu'aprés tout j'en quitte encor ma part,
Et tienne tout perdu pour un peu de traverse?
CLI. Si jamais cette part tomboit dans le commerce,
Et qu'il vous vinst marchand pour ce tresor caché,
Ie vous conseillerois d'en faire bon marché.
DOR. Mais pourquoy si peu croire un feu si véritable?
CLI. A chaque bout de champ vous mentez comme un Diable.
DOR. Ie disois verité. *CLI.* Quand un menteur la dit,
En passant par sa bouche elle perd son credit.
DOR. Il faut donc essayer si par quelqu'autre bouche
Elle pourra trouver un accueil moins farouche.
Allons sur le chevet resver quelque moyen
D'avoir de l'incredule un plus doux entretien.
Souvent leur belle humeur suit le cours de la Lune,
Telle rend des mépris qui veut qu'on l'importune,
Et de quelques effets que les siens soient suivis,
Il sera demain jour, & la nuit porte avis.

L iij

ACTE IV.

SCENE PREMIERE.

DORANTE, CLITON.

CL. **M**Ais, Môsieur, pensez-vous qu'il soit jour chez Lucrece?
 Pour sortir si matin elle a trop de paresse.
D. On trouve biē souvent plus qu'on ne croit trouver,
 Et ce lieu pour ma flame est plus propre à resver,
 I'en puis voir sa fenestre, & de sa chere idée
 Mon ame à cet aspect sera mieux possedée.
CLI. A propos de resver, n'avez-vous rien trouvé
 Pour servir de remede au desordre arrivé?
DOR. Ie me suis souvenu d'un secret que toy-mesme
 Me donnois hier pour grand, pour rare, pour supresme.
 Vn amant obtient tout quand il est liberal.
CLI. Le secret est fort beau, mais vous l'appliquez mal.
 Il ne fait reüssir qu'auprés d'une coquette.
DOR. Ie sçay ce qu'est Lucrece, elle est sage, & discrete,
 A luy faire present mes efforts seroient vains,
 Elle a le cœur trop bon, mais ses gens ont des mains,
 Et quoy que sur ce point elle les desavoüe,
 Avec un tel secret leur langue se dénoüe,
 Ils parlent, & souvent on les daigne écouter.
 A tel prix que ce soit, il m'en faut acheter.
 Si celle-cy venoit qui m'a rendu sa lettre,
 Aprés ce qu'elle a fait, i'ose tout m'en promettre,
 Et ce sera hazard, si sans beaucoup d'effort
 Ie ne trouve moyen de luy payer le port.
CLI. Certes, vous dites vray, i'en juge par moy-mesme,
 Ce n'est point mon humeur de refuser qui m'aime,
 Et comme c'est m'aimer que me faire present,
 Ie suis toujours alors d'un esprit complaisant.
DOR. Il est beaucoup d'humeurs pareilles à la tienne.
CLI. Mais, Monsieur, attendant que Sabine survienne,

COMEDIE.

Et que sur son esprit vos dons fassent vertu,
Il court quelque bruit sourd qu'Alcippe s'est batu.
DOR. Contre qui? CLI. L'on ne sçait, mais ce confus murmure
D'un air pareil au vostre à peu près le figure,
Et si de tout le jour je vous avois quitté,
Ie vous soupçonnerois de cette nouveauté.
DOR. Tu ne me quittas point pour entrer chez Lucrece?
CLI. Ah, Monsieur, m'auriez-vous joüé ce tour d'adresse?
DOR. Nous nous bâtismes hier, & j'avois fait serment
De ne parler jamais de cet évenement,
Mais à toy, de mon cœur l'unique secretaire,
A toy, de mes secrets le grand dépositaire,
Ie ne celeray rien puisque je l'ay promis.
Depuis cinq ou six mois nous étions ennemis,
Il passa par Poitiers, où nous prismes querelle,
Et comme on nous fit lors une paix telle-quelle,
Nous sçeusmes l'un à l'autre en secret protester
Qu'à la premiere veuë il en faudroit taster.
Hier nous nous rencontrons, cette ardeur se réveille,
Fait de nostre embrassade un appel à l'oreille,
Ie me défais de toy, j'y cours, je le rejoins,
Nous vuidons sur le pré l'affaire sans témoins,
Et le perçant à jour de deux coups d'estocade,
Ie le mets hors d'état d'estre jamais malade,
Il tombe dans son sang. CLI. A ce conte, il est mort!
DOR. Ie le laissay pour tel. CLI. Certes, je plains son sort,
Il étoit honneste homme, & le Ciel ne déploye...

SCENE II.

DORANTE, ALCIPPE, CLITON.

ALC. IE te veux, cher amy, faire part de ma joye,
Ie suis heureux, mõ pere... DO. Et bien? AL. Vient d'arriver.
CLI.[a] Cette place pour vous est commode à resver.
DOR. Ta joye est peu commune, & pour revoir un pere
Vn homme tel que nous ne se réjoüit guere.
ALC. Vn esprit que la joye entierement saisit
Présume qu'on l'entend au moindre mot qu'il dit.

[a] A Dorante.

Sçache donc que je touche à l'heureuse journée
Qui doit avec Clarice unir ma Destinée,
On attendoit mon pere afin de tout signer.
DOR. C'est ce que mon esprit ne pouvoit deviner,
Mais je m'en réjoüis. Tu vas entrer chez elle?
ALC. Ouy, je luy vay porter cette heureuse Nouvelle,
Et je t'en ay voulu faire part en passant.
DOR. Tu t'acquiers d'autant plus un cœur reconnoissant.
Enfin donc ton amour ne craint plus de disgrace?
ALC. Cependant qu'au logis mon pere se delasse,
I'ay voulu par devoir prendre l'heure du sien.
A Do- CLI.* Les gens que vous tuez se portent assez bien.
rante.
ALC. Ie n'ay de part ny d'autre aucune défiance,
Excuse d'un amant la juste impatience.
Adieu. DOR. Le Ciel te donne un Hymen sans soucy.

SCENE III.

DORANTE, CLITON.

CLI. Il est mort! Quoy, Monsieur, vous m'en donnez aussi!
A moy, de vostre cœur l'unique secretaire!
A moy, de vos secrets le grand dépositaire!
Avec ces qualitez j'avois lieu d'esperer
Qu'assez malaisément je pourrois m'en parer.
DOR. Quoy, mon combat te semble un conte imaginaire?
CLI. Ie croiray tout, Monsieur, pour ne vous pas déplaire,
Mais vous en contez tant, à toute heure, en tout lieu,
Que quiconque en échape est bien aimé de Dieu.
More, Iuif, ou Chrétien, vous n'épargnez personne.
DOR. Aloippe te surprend, sa guerison t'étonne,
L'état où je le mis étoit fort perilleux,
Mais il est à present des secrets merveilleux.
Ne t'a-t'on point parlé d'une source de vie
Que nomment nos guerriers poudre de Sympathie?
On en voit tous les jours des effets étonnans.
CLI. Encor ne sont ils pas du tout si surprenans,
Et je n'ay point appris qu'elle eust tant d'éficace,
Qu'un homme que pour mort on laisse sur la place,
Qu'on a de deux grands coups percé de part en part,
Soit dès le lendemain si frais & si gaillard.

DOR. La

COMEDIE.

DOR. La poudre que tu dis n'est que de la commune,
On n'en fait plus de cas, mais, Cliton, j'en sçais une,
Qui rappelle si-tost des portes du trépas,
Qu'en moins d'un tourne-main on ne s'en souvient pas.
Quiconque la sçait faire a de grands avantages.
CLI. Donnez-m'en le secret, & je vous sers sans gages.
DOR. Ie te le donnerois, & tu serois heureux,
Mais le secret consiste en quelques mots Hebreux,
Qui tous à prononcer sont si fort difficiles,
Que ce seroit pour toy des tresors inutiles.
CLI. Vous sçavez donc l'Hebreu ! *DOR.* L'Hebreu ? parfaitement.
I'ay dix langues, Cliton, à mon commandement.
CLI. Vous auriez bien besoin de dix des mieux nourries
Pour fournir tour à tour à tant de menteries.
Vous les hachez menu comme chair à pastez.
Vous avez tout le corps bien plein de veritez,
Il n'en sort jamais une. *DOR.* Ah, cervelle ignorante !
Mais mon pere survient.

SCENE IV.

GERONTE, DORANTE.
CLITON.

GER. IE vous cherchois, Dorante.
DOR. Ie ne vous cherchois pas, moy. Que mal à propos
Son abord importun vient troubler mon repos,
Et qu'un pere incommode un homme de mon âge !
GER. Veu l'étroite union que fait le mariage,
I'estime qu'en effet c'est n'y consentir point
Que laisser desunis ceux que le Ciel a joint :
La raison le défend, & je sens dans mon ame
Vn violent desir de voir icy ta femme.
I'écris donc à son pere, écry-luy comme moy.
Ie luy mande qu'aprés ce que j'ay sçeu de toy
Ie me tiens trop heureux qu'une si belle fille,
Si sage, & si bien née, entre dans ma famille.
I'ajouste à ce discours que je brusle de voir
Celle qui de mes ans devient l'unique espoir,

Tome II. M

Que pour me l'amener tu t'en vas en perſonne.
Car enfin il le faut, & le devoir l'ordonne,
N'envoyer qu'un valet ſentiroit ſon mépris.
DOR. De vos civilitez il ſera bien ſurpris,
Et pour moy je ſuis preſt; mais je perdray ma peine,
Il ne ſouffrira pas encor qu'on vous l'améne,
Elle eſt groſſe. GER. Elle eſt groſſe! DOR. Et de plus de ſix mois.
GER. Que de raviſſemens je ſens à cette fois!
DOR. Vous ne voudriez pas hazarder ſa groſſeſſe?
GER. Non, j'auray patience autant que d'allegreſſe,
Pour hazarder ce gage il m'eſt trop precieux.
A ce coup ma priere a penetré les Cieux,
Ie penſe en le voyant que je mourray de joye.
Adieu, je vay changer la lettre que j'envoye,
En écrire à ſon pere un nouveau compliment,
Le prier d'avoir ſoin de ſon accouchement,
Comme du ſeul eſpoir où mon bonheur ſe fonde.

a A Cliton. DOR.[a] Le bon-homme s'en va le plus content du Monde.
b Se re- GER.[b] Ecry-luy comme moy. DOR. Ie n'y manqueray pas.
tournant. Qu'il eſt bon! CLI. Taiſez-vous, il revient ſur ſes pas.
GER. Il ne me ſouvient plus du nom de ton beau-pere,
Comment s'appelle-t'il? DOR. Il n'eſt pas neceſſaire,
Sans que vous vous donniez ces ſoucis ſuperflus,
En fermant le paquet j'écriray le deſſus.
GER. Etant tout d'une main il ſera plus honneſte.
DOR. Ne luy pourray-je oſter ce ſoucy de la teſte?
Voſtre main, ou la mienne, il n'importe des deux.
GER. Ces nobles de Province y ſont un peu faſcheux.
DOR. Son pere ſçait la Cour. GER. Ne me fais plus attendre,
Dy-moy.... D. Que luy diray-je? GE. Il s'appelle? DO. Pyrandre.
GER. Pyrandre! tu m'as dit tantoſt un autre nom,
C'étoit, je m'en ſouviens, ouy, c'étoit Armedon.
DOR. Ouy, c'eſt là ſon nom propre, & l'autre d'une Terre,
Il portoit ce dernier quand il fut à la guerre,
Et ſe ſert ſi ſouvent de l'un & l'autre nom,
Que tantoſt c'eſt Pyrandre, & tantoſt Armedon.
GER. C'eſt un abus commun qu'authoriſe l'uſage,
Et j'en uſois ainſi du temps de mon jeune age.
Adieu, je vais écrire.

SCENE V.

DORANTE, CLITON.

DOR. Enfin j'en suis forty.
CLI. Il faut bonne memoire après qu'on a menty.
DOR. L'esprit a secouru le defaut de memoire.
CLI. Mais on éclaircira bien-tost toute l'histoire.
Après ce mauvais pas où vous avez bronché
Le reste encor long-temps ne peut estre caché.
On le sçait chez Lucrece, & chez cette Clarice,
Qui d'un mépris si grand piquée avec justice,
Dans son ressentiment prendra l'occasion
De vous couvrir de honte, & de confusion.
DOR. Ta crainte est bien fondée, & puisque le temps presse,
Il faut tascher en haste à m'engager Lucrece.
Voicy tout à propos ce que j'ay souhaité.

SCENE VI.

DORANTE, CLITON, SABINE.

DOR. Chere amie, hier au soir j'étois si transporté,
Qu'en ce ravissement je ne pûs me permettre,
De bien penser à toy quand j'eus leu cette lettre:
Mais tu n'y perdras rien, & voicy pour le port.
SAB. Ne croyez pas, Monsieur. DO. Tien. SA. Vous me faites tort,
Ie ne suis pas de... D. Pren. S. Hé, Monsieur. D. Pren, te dy-je,
Ie ne suis point ingrat alors que l'on m'oblige.
Dépesche, tèn la main. CLI. Qu'elle y fait de façons!
Ie luy veux par pitié donner quelques leçons.
Chere amie, entre nous, toutes tes reverences
En ces occasions ne sont qu'impertinences,
Si ce n'est assez d'une, ouvre toutes les deux,
Le métier que tu fais ne veut point de honteux.
Sans te piquer d'honneur croy qu'il n'est que de prendre,
Et que tenir vaut mieux mille fois que d'attendre.

Cette pluye est fort douce, & quand j'en voy pleuvoir,
J'ouvrirois jusqu'au cœur pour la mieux recevoir.
On prend à toutes mains dans le siecle où nous sommes,
Et refuser n'est plus le vice des grands hommes.
Retien bien ma doctrine, & pour faire amitié,
Si tu veux, avec toy je seray de moitié.
SAB. Cet article est de trop. *DOR.* Vois-tu, je me propose
De faire avec le temps pour toy toute autre chose.
Mais comme j'ay receu cette lettre de toy,
En voudrois-tu donner la réponce pour moy ?
SAB. Ie la donneray bien, mais je n'ose vous dire
Que ma maistresse daigne, ou la prendre, ou la lire ;
I'y feray mon effort. *CLI.* Voyez, elle se rend
Plus douce qu'une épouse, & plus souple qu'un gand.
DOR. Le secret a joüé. Presente-la, n'importe,
Elle n'a pas pour moy d'aversion si forte,
Ie reviens dans une heure en apprendre l'effet.
SAB. Ie vous conteray lors tout ce que j'auray fait.

SCENE VII.

CLITON, SABINE.

CLI. TV vois que les effets préviennent les paroles,
C'est un homme qui fait litiere de pistoles,
Mais comme auprès de luy je puis beaucoup pour toy...
SAB. Fay tomber de la pluye, & laisse faire à moy.
CLI. Tu viens d'entrer en goust. *SAB.* Avec mes reverences
Ie ne suis pas encor si dupe que tu penses,
Ie sçay bien mon métier, & ma simplicité
Ioüe aussi bien son jeu que ton avidité.
CLI. Si tu sçais ton métier, dy-moy quelle esperance
Doit obstiner mon maistre à la perseverance.
Sera-t'elle insensible ? en viendrons-nous à bout ?
SAB. Puisqu'il est si brave homme, il faut te dire tout.
Pour te desabuser, sçache donc que Lucrece
N'est rien moins qu'insensible à l'ardeur qui le presse,
Durant toute la nuit elle n'a point dormy,
Et si je ne me trompe, elle l'aime à demy.
CLI. Mais sur quel privilege est-ce qu'elle se fonde,
Quand elle aime à demy, de maltraiter le monde ?

Il n'en a cette nuit receu que des mépris.
Chere amie, après tout, mon maiftre vaut fon prix,
Ces amours à demy font d'une étrange espece,
Et s'il vouloit me croire, il quitteroit Lucrece.
SAB. Qu'il ne fe hafte point, on l'aime affeurément.
CLI. Mais on le luy témoigne un peu bien rudement,
   Et je ne vis jamais de methodes pareilles.
SAB. Elle tient, comme on dit, le loup par les oreilles,
   Elle l'aime, & fon cœur n'y fçauroit confentir,
   Parce que d'ordinaire il ne fait que mentir.
   Hier mefme elle le vit dedans les Thuilleries,
   Où tout ce qu'il conta n'étoit que menteries,
   Il en a fait autant depuis à deux ou trois.
CLI. Les menteurs les plus grands difent vray quelquefois.
SAB. Elle a lieu de douter, & d'eftre en défiance.
CLI. Qu'elle donne à fes feux un peu plus de croyance,
   Il n'a fait toute nuit que foûpirer d'ennuy.
SAB. Peut-eftre que tu ments auffi-bien comme luy.
CLI. Ie fuis homme d'honneur, tu me fais injuftice.
SAB. Mais dy-moy, fçais-tu bien qu'il n'aime plus Clarice?
CLI. Il ne l'aima jamais. SAB. Pour certain? CLI. Pour certain.
SAB. Qu'il ne craigne donc plus de foûpirer en vain.
   Auffi-toft que Lucrece a pû le reconnoiftre,
   Elle a voulu qu'exprès je me fois fait paroiftre,
   Pour voir fi par hazard il ne me diroit rien,
   Et s'il l'aime en effet, tout le refte ira bien.
   Va-t'en, & fans te mettre en peine de m'inftruire,
   Croy que je luy diray tout ce qu'il luy faut dire.
CLI. Adieu, de ton cofté fi tu fais ton devoir,
   Tu dois croire du mien que je feray pleuvoir.

SCENE VIII.

SABINE, LVCRECE.

SAB. QVe je vay bien-toft voir une fille contente!
   Mais la voicy déja, qu'elle eft impatiente!
   Comme elle a les yeux fins, elle a veu le poulet.
LVC. Et bien que t'ont conté le maiftre & le valet?
SAB. Le maiftre & le valet m'ont dit la mefme chofe,
   Le maiftre eft tout à vous, & voicy de fa profe.

ᵃ Après avoir leu.

LVC.ᵃ Dorante avec chaleur fait le passionné,
Mais le fourbe qu'il est nous en a trop donné,
Et je ne suis pas fille à croire ses paroles.
SAB. Ie ne les croy non plus, mais j'en croy ses pistoles.
LVC. Il t'a donc fait present. SAB. Voyez. LVC. Et tu l'as pris ?
SAB. Pour vous oster du trouble où flotent vos esprits,
Et vous mieux témoigner ses flames veritables,
I'en ay pris les témoins les plus indubitables,
Et je remets, Madame, au jugement de tous,
Si qui donne à vos gens est sans amour pour vous,
Et si ce traitement marque une ame commune.
LVC. Ie ne m'oppose pas à ta bonne fortune,
Mais comme en l'acceptant tu sors de ton devoir,
Du moins une autre fois ne m'en fay rien sçavoir.
SAB. Mais à ce liberal que pourray-je promettre ?
LVC. Dy-luy que sans la voir j'ay déchiré sa lettre.
SAB. O ma bonne fortune, où vous enfuyez-vous ?
LVC. Mesles-y de ta part deux ou trois mots plus doux,
Conte-luy dextrement le naturel des femmes,
Dy-luy qu'avec le temps on amollit leurs ames,
Et l'averty sur tout des heures, & des lieux,
Où par rencontre il peut se montrer à mes yeux.
Parce qu'il est grand fourbe, il faut que je m'asseure.
SAB. Ah, si vous connoissiez les peines qu'il endure,
Vous ne douteriez plus si son cœur est atteint,
Toute nuit il soûpire, il gemit, il se plaint.
LVC. Pour appaiser les maux que cause cette plainte
Donne-luy de l'espoir avec beaucoup de crainte,
Et sçache entre les deux toûjours le moderer,
Sans m'engager à luy, ny le desesperer.

SCENE IX.

CLARICE, LVCRECE, SABINE.

CLA. Il t'en veut tout de bon, & m'en voilà défaite,
　　Mais je souffre aisément la perte que j'ay faite.
　　Aloippe la répare, & son pere est icy.
LVC. Te voila donc bien-tost quitte d'un grand soucy?
CLA. M'en voilà bien-tost quitte, & toy, te voilà preste
　　A t'enrichir bien-tost d'une étrange conqueste.
　　Tu sçais ce qu'il m'a dit. SAB. S'il vous mentoit alors,
　　A present il dit vray, j'en répons corps pour corps.
CLA. Peut-estre qu'il le dit, mais c'est un grand peut-estre.
LVC. Dorante est un grand fourbe, & nous l'a fait connoistre,
　　Mais s'il continuoit encore à m'en conter,
　　Peut-estre avec le temps il me feroit douter.
CLA. Si tu l'aimes, du moins étant bien avertie
　　Prens bien garde à ton fait, & fais bien ta partie.
LVC. C'en est trop, & tu dois seulement presumer
　　Que je panche à le croire, & non pas à l'aimer.
CLA. De le croire à l'aimer la distance est petite,
　　Qui fait croire ses feux fait croire son merite,
　　Ces deux points en amour se suivent de si prés,
　　Que qui se croit aimée, aime bien-tost aprés.
LVC. La curiosité souvent dans quelques ames
　　Produit le mesme effet que produiroient des flames.
CLA. Ie suis preste à le croire afin de t'obliger.
SAB. Vous me feriez icy toutes deux enrager.
　　Voyez, qu'il est besoin de tout ce badinage!
　　Faites moins la sucrée, & changez de langage,
　　Ou vous n'en casserez, ma foy, que d'une dent.
LVC. Laissons-la cette folle, & dy-moy cependant,
　　Quand nous le vismes hier dedans les Thuilleries,
　　Qu'il te conta d'abord tant de galanteries,
　　Il fut, ou je me trompe, assez bien écouté.
　　Etoit-ce amour alors, ou curiosité?
CLA. Curiosité pure, avec dessein de rire
　　De tous les complimens qu'il auroit pû me dire.
LVC. Ie fais de ce billet mesme chose à mon tour,
　　Ie l'ay pris, je l'ay leu, mais le tout sans amour.

96　　　*LE MENTEVR,*

　　Curiosité pure, avec dessein de rire,
　　De tous les complimens qu'il auroit pû m'éscrire.
CLA. Ce sont deux que de lire, & d'avoir écouté,
　　L'un est grande faveur, l'autre, civilité :
　　Mais trouves-y ton conte, & j'en seray ravie,
　　En l'état où je suis j'en parle sans envie.
LVC. Sabine luy dira que je l'ay déchiré.
CLA. Nul avantage ainsi n'en peut estre tiré,
　　Tu n'es que curieuse. LVC. Ajouste, à ton exemple.
CLA. Soit, mais il est saison que nous allions au Temple.
^a *A Clari-* LVC.^a Allons.^b Si tu le vois, agy comme tu sçais.
ce.
^b *A Sabi-* SAB. Ce n'est pas sur ce coup que je fais mes essais,
ne.　　Ie connois à tous deux où tient la maladie,
　　Et le mal sera grand si je n'y remedie :
　　Mais sçachez qu'il est homme à prendre sur le vert.
LVC. Ie te croiray. SAB. Mettons cette pluye à couvert.

ACTE V.

SCENE PREMIERE.

GERONTE, PHILISTE.

GER. IE ne pouvois avoir rencontré plus heureuse
　　Pour satisfaire icy mon humeur curieuse.
　　　Vous auez fueilleté le Digeste à Poitiers,
　　Et veu, comme mon fils, les gens de ces quartiers,
　　Ainsi vous me pouvez facilement apprendre
　　Quelle est & la famille, & le bien de Pyrandre.
PHI. Quel est-il ce Pyrandre ? GER. Vn de leurs citoyens,
　　Noble, à ce qu'on m'a dit, mais vn peu mal en biens.
PHI. Il n'est dans tout Poitiers Bourgeois, ny Gentilhomme,
　　Qui (si je m'en souviens) de la sorte se nomme.
GER. Vous le connoistrez mieux peut-estre à l'autre nom,
　　Ce Pyrandre s'appelle autrement Armedon.
PHI. Aussi peu l'vn que l'autre. GER. Et le pere d'Orphise,
　　Cette rare beauté qu'icy mesme l'on prise ?

　　　　　　　　　　　　　　　　　　　　Vous

COMEDIE

Vous connoissez le nom de cet objet charmant
Qui fait de ces cantons le plus digne ornement?
PHI. Croyez que cette Orphise, Armedon & Pyrandre,
Sont gens dont à Poitiers on ne peut rien apprendre,
S'il vous faut sur ce point encor quelque garand...
GER. En faveur de mon fils vous faites l'ignorant,
Mais je ne sçay que trop qu'il aime cette Orphise,
Et qu'après les douceurs d'une longue hantise
On l'a seul dans sa chambre avec elle trouvé;
Que par son pistolet un desordre arrivé
L'a forcé sur le champ d'épouser cette belle:
Ie sçay tout, & de plus ma bonté paternelle
M'a fait y consentir; & vostre esprit discret
N'a plus d'occasion de m'en faire vn secret.
PHI. Quoy, Dorante a donc fait un secret mariage!
GER. Et comme je suis bon, je pardonne à son âge.
PH. Qui vous l'a dit? *GE.* Luy-mesme. *P.* Ah puisqu'il vous l'a dit,
Il vous fera du reste un fidelle recit,
Il en sçait mieux que moy toutes les circonstances:
Non qu'il vous faille en prendre aucunes défiances,
Mais il a le talent de bien imaginer,
Et moy je n'eus jamais celuy de deviner.
GER. Vous me feriez par-là soupçonner son histoire.
PHI. Non, sa parole est seure, & vous pouvez l'en croire;
Mais il nous a servis d'une collation
Qui partoit d'un esprit de grande invention,
Et si ce mariage est de mesme methode,
La piece est fort complette, & des plus à la mode.
GER. Prenez-vous du plaisir à me mettre en couroux?
PHI. Ma foy, vous en tenez aussi bien comme nous,
Et pour vous en parler avec toute franchise,
Si vous n'avez jamais pour bru que cette Orphise,
Vos chers collateraux s'en trouveront fort bien.
Vous m'entendez, Adieu, je ne vous dis plus rien.

Tome II.   N

SCENE II.

GERONTE.

Ô Vieilleſſe facile! ô jeuneſſe impudente!
O de mes cheveux gris honte trop évidente!
Eſt-il deſſous le Ciel pere plus malheureux?
Eſt-il affront plus grand pour un cœur genereux?
Dorante n'eſt qu'un fourbe, & cet ingrat que j'aime,
Après m'avoir fourbé me fait fourber moy-meſme,
Et d'un diſcours en l'air qu'il forge en impoſteur
Il me fait le trompette & le ſecond autheur.
Comme ſi c'étoit peu pour mon reſte de vie,
De n'avoir à rougir que de ſon infamie,
L'infame ſe joüant de mon trop de bonté
Me fait encor rougir de ma credulité.

SCENE III.

GERONTE, DORANTE, CLITON.

GER. Etes-vous Gentilhomme? DO. Ah, rencontre faſcheuſe!
 Etant ſorty de vous la choſe eſt peu douteuſe.
GER. Croyez-vous qu'il ſuffit d'eſtre ſorty de moy?
DOR. Avec toute la France aiſément je le croy.
GER. Et ne ſçavez-vous point avec toute la France,
 D'où ce tiltre d'honneur a tiré ſa naiſſance,
 Et que la vertu ſeule a mis en ce haut rang
 Ceux qui l'ont juſqu'à moy fait paſſer dans leur ſang?
DOR. J'ignorerois un point que n'ignore perſonne,
 Que la vertu l'acquiert, comme le ſang le donne.
GER. Où le ſang a manqué, ſi la vertu l'acquiert,
 Où le ſang l'a donné, le vice auſſi le pert.
 Ce qui naiſt d'un moyen perit par ſon contraire,
 Tout ce que l'un a fait, l'autre peut le défaire,
 Et dans la laſcheté du vice où je te voy,
 Tu n'es plus Gentilhomme étant ſorty de moy.
DOR. Moy? GER. Laiſſe-moy parler, toy, de qui l'impoſture
 Soüille honteuſement ce don de la Nature.

COMEDIE.

Qui se dit Gentilhomme, & ment comme tu fais,
Il ment, quand il le dit, & ne le fut jamais,
Est-il vice plus bas ? est-il tache plus noire,
Plus indigne d'un homme élevé pour la gloire ?
Est-il quelque foiblesse ? est-il quelque action
Dont un cœur vraiment noble ait plus d'aversion,
Puisqu'un seul démenty luy porte une infamie,
Qu'il ne peut effacer, s'il n'expose sa vie,
Et si dedans le sang il ne lave l'affront,
Qu'un si honteux outrage imprime sur son front ?
DOR. Qui vous dit que je mens ? *GER.* Qui me le dit, infame ?
Dy-moy, si tu le peux, dy le nom de ta femme,
Le conte qu'hier au soir tu m'en fis publier.
CLI.[a] Dites que le sommeil vous l'a fait oublier.   [a] *A Dorante.*
GER. Ajouste, ajouste encor avec effronterie
Le nom de ton beau-pere & de sa Seigneurie,
Invente à m'éblouïr quelques nouveaux détours.
CLI.[b] Appellez la memoire, ou l'esprit au secours.   [b] *A Dorante.*
GER. De quel front cependant faut-il que je confesse
Que ton effronterie a surpris ma vieillesse,
Qu'un homme de mon âge a crû legerement
Ce qu'un homme du tien debite impudemment ?
Tu me fais donc servir de fable & de risée,
Passer pour esprit foible, & pour cervelle usée !
Mais dy-moy, te portois-je à la gorge un poignard ?
Voyois-tu violence, ou courroux de ma part ?
Si quelque aversion t'éloignoit de Clarice,
Quel besoin avois-tu d'un si lasche artifice ?
Et pouvois-tu douter que mon consentement
Ne dûst tout accorder à ton contentement,
Puisque mon indulgence au dernier point venuë
Consentoit à tes yeux l'Hymen d'une inconnuë ?
Ce grand excés d'amour que je t'ay témoigné
N'a point touché ton cœur, ou ne l'a point gagné,
Ingrat, tu m'as payé d'une impudente feinte,
Et tu n'as eu pour moy respect, amour, ny crainte.
Va, je te desavouë. *DOR.* Hé, mon pere, écoutez.
GER. Quoy, des contes en l'air & sur l'heure inventez.
DOR. Non, la verité pure. *GER.* En est-il dans ta bouche ?
CLI.[c] Voicy pour vostre adresse une assez rude touche.   [c] *A Dorante.*
DOR. Epris d'une beauté qu'à peine j'ay pû voir
Qu'elle a pris sur mon ame un absolu pouvoir,

De Lucrece, en un mot, vous la pouvez connoistre.
GER. Dy vray, je la connois, & ceux qui l'ont fait naistre,
Son pere est mon amy. *DOR.* Mon cœur en un moment
Etant de ses regards charmé si puissamment,
Le choix que vos bontez avoient fait de Clarice,
Si-tost que je le sçeus, me parut un supplice.
Mais comme j'ignorois si Lucrece & son sort
Pouvoient avec le vostre avoir quelque rapport,
Ie n'osay pas encor vous découvrir la flame
Que venoient ses beautez d'allumer dans mon ame,
Et j'avois ignoré, Monsieur, jusqu'à ce jour
Que la dexterité fust un crime en amour.
Mais si je vous osois demander quelque grace,
A present que je sçais, & son bien, & sa race,
Ie vous conjurerois par les nœuds les plus doux
Dont l'amour & le sang puissent m'unir à vous,
De seconder mes vœux auprès de cette belle;
Obtenez-la d'un pere, & je l'obtiendray d'elle.
GER. Tu me fourbes encor. *DOR.* Si vous ne m'en croyez,
Croyez-en, pour le moins, Cliton que vous voyez,
Il sçait tout mon secret. *GER.* Tu ne meurs pas de honte
Qu'il faille que de luy je fasse plus de conte,
Et que ton pere mesme en doute de ta foy
Donne plus de croyance à ton valet qu'à toy?
Ecoute, je suis bon, & malgré ma colere
Ie veux encor un coup montrer un cœur de pere,
Ie veux encor un coup pour toy me hazarder,
Ie connoy ta Lucrece, & la vay demander;
Mais si de ton costé le moindre obstacle arrive...
DOR. Pour vous mieux asseurer souffrez que je vous suive.
GER. Demeure icy, demeure, & ne suy point mes pas,
Ie doute, je hazarde, & je ne te croy pas.
Mais sçache que tantost si pour cette Lucrece
Tu fais la moindre fourbe, ou la moindre finesse,
Tu peux bien fuir mes yeux, & ne me voir jamais,
Autrement souvien-toy du serment que je fais.
Ie jure les rayons du jour qui nous éclaire,
Que tu ne mourras point que de la main d'un pere,
Et que ton sang indigne à mes pieds répandu
Rendra prompte justice à mon honneur perdu.

SCENE IV.

DORANTE, CLITON.

DOR. IE crains peu les effets d'une telle menace.
CLI. Vous vous rendez trop toſt, & de mauvaiſe grace,
Et cet eſprit adroit qui l'a dupé deux fois
Devoit en galant-homme aller juſques à trois.
Toutes tierces, dit-on, ſont bonnes, ou mauvaiſes.
DOR. Cliton, ne raille point que tu ne me déplaiſes,
D'un trouble tout nouveau j'ay l'eſprit agité.
CLI. N'eſt-ce point du remords d'avoir dit verité?
Si pourtant ce n'eſt point quelque nouvelle adreſſe,
Car je doute à preſent ſi vous aimez Lucrece,
Et vous voy ſi fertile en ſemblables détours,
Que quoy que vous diſiez, je l'entens au rebours.
DOR. Ie l'aime, & ſur ce point ta défiance eſt vaine,
Mais je hazarde trop, & c'eſt ce qui me geſne.
Si ſon pere & le mien ne tombent point d'accord,
Tout commerce eſt rompu, je fais naufrage au port,
Et d'ailleurs quand l'affaire entre eux ſeroit concluë,
Suis-je ſeur que la fille y ſoit bien reſoluë?
I'ay tantoſt veu paſſer cet objet ſi charmant,
Sa compagne, ou je meure, a beaucoup d'agrément,
Aujourd'huy que mes yeux l'ont mieux examinée,
De ma premiere amour j'ay l'ame un peu geſnée,
Mon cœur entre les deux eſt preſque partagé,
Et celle-cy l'auroit s'il n'étoit engagé.
CLI. Mais pourquoy donc montrer une flame ſi grande,
Et porter voſtre pere à faire une demande?
DOR. Il ne m'auroit pas crû ſi je ne l'avois fait.
CLI. Quoy, meſme en diſant vray vous mentiez en effet?
DOR. C'étoit le ſeul moyen d'appaiſer ſa colere.
Que maudit ſoit quiconque a détrompé mon pere,
Avec ce faux Hymen j'aurois eu le loiſir
De conſulter mon cœur, & je pourrois choiſir.
CLI. Mais ſa compagne enfin n'eſt autre que Clarice.
DOR. Ie me ſuis donc rendu moy-meſme un bon office.
O qu'Alcippe eſt heureux, & que je ſuis confus!
Mais Alcippe, après tout, n'aura que mon refus.

LE MENTEVR,

    N'y penſons plus, Cliton, puisque la place eſt priſe.
CLI. Vous en voilà défait auſſi-bien que d'Orphiſe.
DOR. Reportons à Lucrece un esprit ébranlé
    Que l'autre à ſes yeux meſme avoit presque volé.
    Mais Sabine ſurvient.

SCENE V.

DORANTE, SABINE, CLITON.

DOR.   Qv'as-tu fait de ma lettre?
    En de ſi belles mains as-tu ſçeu la remettre?
SA. Ouy, Monſieur, mais... DO. Quoy, mais? SA. Elle a tout déchiré.
DOR. Sans lire? SAB. Sans rien lire. DOR. Et tu l'as enduré?
SAB. Ah, ſi vous aviez veu comme elle m'a grondée,
    Elle ma va chaſſer, l'affaire en eſt vuidée.
DOR. Elle s'appaiſera, mais pour t'en conſoler,
    Tens la main. SAB. Hé, Monſieur. DO. Oſe encor luy parler,
    Ie ne perds pas ſi-toſt toutes mes esperances.
CLI. Voyez la bonne piece avec ſes reverences,
    Comme ſes déplaiſirs ſont deja conſolez,
    Elle vous en dira plus que vous n'en voulez.
DOR. Elle a donc déchiré mon billet ſans le lire?
SAB. Elle m'avoit donné charge de vous le dire,
    Mais à parler ſans fard.... CLI. Sçait-elle ſon métier?
SAB. Elle n'en a rien fait, & l'a leu tout entier.
    Ie ne puis ſi long-temps abuſer un brave homme.
CLI. Si quelqu'un l'entend mieux, je l'iray dire à Rome.
DOR. Elle ne me hait pas, à ce conte? SAB. Elle? non.
DO. M'aime-t'elle? SA. Non-plus. D. Tout de bon? SA. Tout de bon.
DO. Aime-t'elle quelqu'autre? S. Encor moins. D. Qu'obtiendray-je?
SAB. Ie ne ſçay. DO. Mais enfin dy-moy. SA. Que vous diray-je?
DOR. Verité. SAB. Ie la dis. DOR. Mais elle m'aimera?
SAB. Peut-eſtre. DO. Et quand encor? SA. Quand elle vous croira.
DOR. Quand elle me croira? Que ma joye eſt extreſme!
SAB. Quand elle vous croira, dites qu'elle vous aime.
DOR. Ie le dis déja donc, & m'en oſe vanter,
    Puisque ce cher objet n'en ſçauroit plus douter,
    Mon pere.... SAB. La voicy qui vient avec Clarice.

COMEDIE.

SCENE VI.

CLARICE, LUCRECE, DORANTE, SABINE, CLITON.

CLA.[a] IL peut te dire vray, mais ce n'est pas son vice, [a] *A Lucrece.*
Comme tu le connois, ne précipite rien.
DOR.[b] Beauté, qui pouvez seule, & mon mal, & mon bien... [b] *A Clarice*
CLA.[c] On diroit qu'il m'en veut, & c'est moy qu'il regarde. [c] *A Lucrece.*
LVC.[d] Quelques regards sur toy sont tombez par mégarde, [d] *A Clarice*
Voyons s'il continuë. DOR.[e] Ah, que loin de vos yeux [e] *A Clarice.*
Les momens à mon cœur deviennent ennuyeux,
Et que je reconnoy par mon experience
Quel supplice aux amans est une heure d'absence!
CLA.[f] Il continuë encor. LVC.[g] Mais voy ce qu'il m'écrit. [f] *A Lucrece.*
CLA.[h] Mais écoute. LVC.[i] Tu prens pour toy ce qu'il me dit. [g] *A Clarice*
CLA. Esclaircissons-nous-en. Vous m'aimez donc, Dorante? [h] *A Lucrece.*
DOR.[a] Helas! que cette amour vous est indifferente! [i] *A Clarice*
Depuis que vos regards m'ont mis sous vostre loy... [a] *à Clarice.*
CLA.[b] Crois-tu que le discours s'adresse encore à toy? [b] *à Lucrece*
LVC.[c] Ie ne sçais où j'en suis. CLA.[d] Oyons la fourbe entiere. [c] *à Clarice.*
LVC.[e] Veu ce que nous sçavons, elle est un peu grossiere. [d] *à Lucrece*
CLA.[f] C'est ainsi qu'il partage entre nous son amour, [e] *à Clarice.*
Il te flate de nuit & m'en conte de iour. [f] *à Lucrece*
DOR.[g] Vous consultez ensemble! Ah, quoy qu'elle vous die, [g] *à Clarice.*
Sur de meilleurs conseils disposez de ma vie,
Le sien auprés de vous me seroit trop fatal,
Elle a quelque sujet de me vouloir du mal.
LVC.[h] Ah, je n'en ay que trop, & si je ne me vange... [h] *En elle mesme.*
CLA.[i] Ce qu'elle me disoit est de vray fort étrange. [i] *A Dorante.*
DOR. C'est quelque invention de son esprit jaloux.
CLA. Ie le croy, mais enfin, me reconnoissez-vous?
DOR. Si je vous reconnoy? quittez ces railleries,
Vous que j'entretins hier dedans les Thuilleries,
Que je fis aussi-tost maistresse de mon sort?
CLA. Si je veux toutefois en croire son rapport
Pour une autre déja vostre ame inquietée...
DOR. Pour une autre déja je vous aurois quittée?
Que plûtost à vos pieds mon cœur sacrifié....
CLA. Bien plus, si je la croy, vous étes marié.

DOR. Vous me joüez, Madame, & sans doute pour rire,
Vous prenez du plaisir à m'entendre redire,
Qu'à dessein de mourir en des liens si doux
Ie me fais marié pour toute autre que vous.
CLA. Mais avant qu'avec moy le nœud d'Hymen vous lie,
Vous serez marié, si l'on veut, en Turquie?
DOR. Avant qu'avec toute autre on me puisse engager,
Ie seray marié, si l'on veut, en Alger.
CLA. Mais enfin vous n'avez que mépris pour Clarice?
DOR. Mais enfin vous sçavez le nœud de l'artifice,
Et que pour estre à vous je fais ce que je puis.
CLA. Ie ne sçay plus moy-mesme à mon tour où j'en suis.
^a à Cliton.   Lucrece, écoute un mot. DOR.^a Lucrece ! que dit-elle ?
^b à Doran-
te.   CLI.^b Vous en tenez, Monsieur, Lucrece est la plus belle.
Mais laquelle des deux, j'en ay le mieux jugé,
Et vous auriez perdu si vous aviez gagé.
^c à Cliton. DOR.^c Cette nuit à la voix j'ay crû la reconnoistre.
^d à Doran- CLI.^d Clarice sous son nom parloit à sa fenestre,
te.   Sabine m'en a fait un secret entretien.
DOR. Bonne bouche, j'en tiens, mais l'autre la vaut bien,
Et comme dès tantost je la trouvois bien faite,
Mon cœur déja panchoit où mon erreur le jette.
Ne me découvre point, & dans ce nouveau feu
Tu me vas voir, Cliton, joüer un nouveau jeu,
Sans changer de discours changeons de baterie.
^e à Clarice. LVC.^e Voyons le dernier point de son effronterie,
Quand tu luy diras tout, il fera bien surpris.
^f à Doran- CLA.^f Comme elle est mon amie, elle m'a tout appris,
te.   Cette nuit vous l'aimiez, & m'avez méprisée,
Laquelle de nous deux avez-vous abusée ?
Vous luy parliez d'amour en termes assez doux.
DOR. Moy ! depuis mon retour je n'ay parlé qu'à vous.
CLA. Vous n'avez point parlé cette nuit à Lucrece ?
DOR. Vous n'avez point voulu me faire un tour d'adresse,
Et je ne vous ay point reconnuë à la voix ?
CLA. Nous diroit-il bien vray pour la premiere fois ?
DOR. Pour me vanger de vous j'eus assez de malice
Pour vous laisser joüir d'un si lourd artifice,
Et vous laissant passer pour ce que vous vouliez,
Ie vous en donnay plus que vous ne m'en donniez.
Ie vous embarrassay, n'en faites point la fine,
Choisissez un peu mieux vos dupes à la mine,
Vous pensiez

COMEDIE

   Vous pensiez me joüer, & moy je vous joüois,
   Mais par de faux mépris que je dasavoüois,
   Car enfin je vous aime, & je hay de ma vie
   Les jours que j'ay vécu sans vous avoir servie.
CLA. Pourquoy, si vous m'aimez, feindre un Hymen en l'air
   Quand un pere pour vous est venu me parler?
   Quel fruit de cette fourbe osez-vous promettre?
LVC.[a] Pourquoy, si vous l'aimez, m'écrire cette lettre?   [a] A Dorante.
DOR.[b] J'aime de ce couroux les principes cachez,   [b] A Lucrece.
   Ie ne vous déplais pas puisque vous fâchez,
   Mais j'ay moy-mesme enfin assez joüé d'adresse,
   Il faut vous dire vray, je n'aime que Lucrece.
CLA.[c] Est-il un plus grand fourbe, & peux-tu l'écouter?   [c] A Lucrece.
DOR.[d] Quand vous m'aurez ouy, vous n'en pourrez douter.   [d] A Lucrece.
   Sous vostre nom, Lucrece, & par vostre fenestre
   Clarice m'a fait piece, & je l'ay sçeu connoistre,
   Comme en y consentant vous m'avez affligé,
   Ie vous ay mise en peine, & je m'en suis vangé.
LVC. Mais que disiez-vous hier dedans les Thuilleries?
DOR. Clarice fut l'objet de mes galanteries.
CLA.[e] Veux-tu long-temps encor écouter ce mocqueur?   [e] A Lucrece.
DOR.[f] Elle avoit mes discours mais vous aviez mon cœur,   [f] A Lucrece.
   Où vos yeux faisoient naistre un feu que j'ay fait taire,
   Iusqu'à ce que ma flame ait eu l'aveu d'un pere.
   Comme tout ce discours n'étoit que fiction.
   Ie cachois mon retour, & ma condition.
CLA.[g] Voy que fourbe sur fourbe à nos yeux il entasse,   [g] A Lucrece.
   Et ne fait que joüer des tours de passe-passe.
DOR.[h] Vous seule êtes l'objet dont mon cœur est charmé.   [h] A Lucrece.
LVC.[i] C'est ce que les effets m'ont fort mal confirmé.   [i] à Dorante.
DOR. Si mon pere à present porte parole au vostre,
   Après son témoignage en voudrez-vous quelqu'autre?
LVC. Après son témoignage il faudra consulter
   Si nous aurons encor quelque lieu d'en douter.
DOR.[l] Qu'à de telles clartez vostre erreur se dissipe.   [l] à Clarice.
   Et vous, belle Clarice, aimez toûjours Alcippe,
   Sans l'Hymen de Poitiers il ne tenoit plus rien,
   Ie ne luy feray pas ce mauvais entretien,
   Mais entre vous & moy vous sçavez le mystere.
   Le voicy qui s'avance, & j'apperçoy mon pere.

Tome II.

SCENE VII.

GERONTE, DORANTE, ALCIPPE,
CLARICE, LVCRECE, ISABELLE,
SABINE, CLITON.

<small>a Sortant de chez Clarice & parlant à elle.</small> ALC.^a NOs parens sont d'accord, & vous êtes à moy.
GER.^b Voſtre pere à Dorante engage voſtre foy.
<small>b Sortant de chez Lucrece & parlant à elle.</small> ALC.^c Vn mot de voſtre main, l'affaire eſt terminée.
GER.^d Vn mot de voſtre bouche acheve l'Hymenée.
DOR.^e Ne ſoyez pas rebelle à ſeconder mes vœux.
ALC. Etes-vous aujourd'huy muettes toutes deux?
<small>c à Clarice.</small> CLA. Mon pere a ſur mes vœux vne entiere puiſſance.
<small>d à Lucrece</small> LVC. Le devoir d'vne fille eſt dans l'obeïſſance.
<small>e à Lucrece</small> GER.^f Venez donc recevoir ce doux commandement.
<small>f à Clarice</small> ALC.^g Venez donc ajoûter ce doux conſentement.^h
<small>g à Alcippe</small> SAB.ⁱ Si vous vous mariez, il ne pleuvra plus gueres.
<small>h rentre chez Clarice avec elle & Iſabelle</small> DOR. Ie changeray pour toy cette pluye en rivieres.
SAB. Vous n'aurez pas loiſir ſeulement d'y penſer,
  Mon meſtier ne vaut rien quand on s'en peut paſſer.
<small>& le rentre chez Lucrece.</small> CLI. Comme en ſa propre fourbe vn menteur s'embarraſſe!
  Peu ſçauroient comme luy s'en tirer avec grace.
<small>i à Dorante comme il rentre</small> Vous autres qui doutiez s'il en pourroit ſortir,
<small>Seul.</small> Par vn ſi rare exemple apprenez à mentir.

FIN.

LA SVITE
DV
MENTEVR,
COMEDIE.

ACTEVRS

DORANTE.

CLITON, Valet de Dorante.

CLEANDRE, Gentilhomme de Lyon.

MELISSE, Sœur de Cleandre.

PHILISTE, Amy de Dorante, & amoureux de Melisse.

LYSE, Femme de chambre de Melisse.

Vn Prevost.

La Scene est à Lyon.

LA SVITE DV MENTEVR, COMEDIE

ACTE I.

SCENE PREMIERE.

DORANTE, CLITON.

CLI. AH! Monsieur, c'est donc vous? *D.*Cliton, je te revoy!
CLI. Ie vous trouve, Monsieur, dans la maison du Roy!
Quel charme, quel desordre, ou quelle raillerie
Des prisons de Lyon fait vostre hostellerie?

Dorante paroit écrivant dans une prison, & le Geolier ouvrant la porte à Cliton, & le luy montrant.

DOR. Tu le sçauras tantost, mais qui t'amene icy?
CLI. Les soins de vous chercher. DOR. Tu prens trop de soucy,
 Et bien qu'aprés deux ans ton devoir s'en avise,
 Ta rencontre me plaist, j'en aime la surprise,
 Ce devoir, quoy que tard, enfin s'est éveillé.
CLI. Et qui sçavoit, Monsieur, où vous étiez allé?
 Vous ne nous témoigniez qu'ardeur & qu'allegresse,
 Qu'impatiens desirs de posseder Lucrece,

O iij

L'argent étoit touché, les accords publiez,
Le festin commandé, les parens conviez,
Les violons choisis ainsi que la journée,
Rien ne sembloit plus seur qu'un si proche Hymenée,
Et parmy ces apprests, la nuit d'auparavant
Vous sceustes faire gille, & fendistes le vent.
   Comme il ne fut jamais d'Eclypse plus obscure,
Chacun sur ce depart forma sa conjecture,
Tous s'entre-regardoient, étonnez, ébaïs,
L'un disoit, *il est jeune, il veut voir le païs,*
L'autre, *il s'est allé batre, il a quelque querelle,*
L'autre d'une autre idée embroüilloit sa cervelle,
Et tel vous soupçonnoit de quelque guerison
D'un mal privilegié dont je tairay le nom.
Pour moy, j'écoutois tout, & mis dans mon caprice
Qu'on ne devinoit rien que par vostre artifice;
Ainsi ce qui chez eux prenoit plus de credit
M'étoit aussi suspect, que si vous l'eussiez dit,
Et tout simple, & doucet, sans y chercher finesse,
Attendant le boiteux, je consolois Lucrece.
DOR. Ie l'aimois, je te jure, & pour la posseder
Mon amour mille fois voulut tout hazarder;
Mais quand j'eus bien pensé que j'allois à mon âge
Au sortir de Poitiers entrer au Mariage,
Que j'eus consideré ses chaisnes de plus prés,
Son visage à ce prix n'eut plus pour moy d'attraits.
L'horreur d'un tel lien m'ensuit de la Maîtresse,
Ie crûs qu'il falloit mieux employer ma jeunesse,
Et que quelques appas qui pûssent me ravir,
C'étoit mal en user que si-tost m'asservir.
Ie combats toutefois, mais le temps qui s'avance
Me fait précipiter en cette extravagance,
Et la tentation de tant d'argent touché
M'acheve de pousser où j'étois trop panché.
Que l'argent est commode à faire une folie!
L'argent me fait resoudre à courir l'Italie,
Ie pars de nuit en poste, & d'un soin diligent
Ie quitte la Maîtresse, & j'emporte l'argent.
   Mais dy-moy, que fit-elle, & que dit lors son pere?
Le mien, ou je me trompe, étoit fort en colere?
CLI. D'abord de part & d'autre on vous attend sans bruit;
Vn jour se passe, deux, trois, quatre, cinq, six, huit.

Enfin n'esperant plus, on éclate, on foudroye,
Lucrece par dépit témoigne de la joye,
Chante, dance, discourt, rit, mais sur mon honneur
Elle enrageoit, Monsieur, dans l'ame, & de bon cœur.
Ce grand bruit s'accommode, & pour plaistrer l'affaire
La pauvre delaissée épouse vostre pere,
Et rongeant dans son cœur son déplaisir secret,
D'un visage content prend le change à regret.
L'éclat d'un tel affront l'ayant trop décriée,
Il n'est à son avis que d'estre mariée,
Et comme en un naufrage on se prend où l'on peut,
En fille obeïssante elle veut ce qu'on veut.
Voilà donc le bonhomme enfin à sa seconde,
C'est à dire qu'il prend la poste à l'autre Monde,
Vn peu moins de deux mois le met dans le cercüeil.
DOR. I'ay sçeu sa mort à Rome, où j'en ay pris le deüil.
CLI. Elle a laissé chez vous un diable de ménage.
Ville prise d'assaut n'est pas mieux au pillage,
La Vefve & les Cousins, chacun y fait pour soy
Comme fait un Traitant pour les deniers du Roy,
Où qu'ils jettent la main, ils font rafles entieres,
Ils ne pardonnent pas mesme au plomb des goutieres,
Et ce sera beaucoup si vous trouvez chez vous,
Quand vous y rentrerez, deux gonds, & quatre cloux.
    I'apprens qu'on vous a veu cependant à Florence,
Pour vous donner avis je pars en diligence,
Et je suis étonné qu'en entrant dans Lyon
Ie voy courir du peuple avec émotion;
Ie veux voir ce que c'est, & je voy, ce me semble,
Pousser dans la prison quelqu'un qui vous ressemble,
On m'y permet l'entrée, & vous trouvant icy,
Ie trouve en mesme temps mon voyage accourcy.
Voilà mon avanture, apprez-moy la vostre.
DOR. La mienne est bien étrange, on me prend pour un autre.
CLI. I'eusse osé le gager. Est-ce meurtre, ou larcin?
DOR. Suis-je fait en voleur, ou bien en assassin?
Traistre, en ay-je l'habit, ou la mine, ou la taille?
CLI. Connoit-on à l'habit aujourd'huy la canaille,
Et n'est-il point, Monsieur, à Paris des filoux,
Et de taille & de mine aussi bonnes que vous?
DOR. Tu dis vray, mais écoute. Apres une querelle
Qu'à Florence un jaloux me fit pour quelque belle,

J'eus avis que ma vie y couroit du danger.
Ainsi donc sans trompette il fallut déloger.
Ie pars seul & de nuit, & prens ma route en France,
Où si-tost que je suis en païs d'asseurance,
Comme d'avoir couru je me sens un peu las,
I'abandonne la poste, & viens au petit pas.
Approchant de Lyon je voy dans la campagne...

bas. CLI. N'aurons-nous point icy de guerres d'Allemagne?
DOR. Que dis-tu ? CLI. Rien, Monsieur, je gronde entre mes dents,
Du malheur qui suivra ces rares incidents,
I'en ay l'ame déja toute preoccupée.
DOR. Donc à deux Cavaliers je voy tirer l'épée,
Et pour en empescher l'evenement fatal,
I'y cours la mienne au poin, & descens de cheval.
L'un & l'autre voyant à quoy je me prépare,
Se haste d'achever avant qu'on les separe,
Presse sans perdre temps, si bien qu'à mon abord
D'un coup que l'un allonge il blesse l'autre à mort,
Ie me jette au blessé, je l'embrasse, & j'essaye
Pour arréter son sang de luy bander sa playe,
L'autre sans perdre temps en cet évenement,
Saute sur mon cheval, le presse vivement,
Disparoit, & mettant à couvert le coupable,
Me laisse auprès du mort faire le charitable.
    Ce fut en cet état, les doigts de sang souillez,
Qu'au bruit de ce duel trois Sergents éveillez,
Tous gonflez de l'espoir d'une bonne lipée
Me découvrirent seul, & la main à l'épée.
Lors suivant du métier le serment solemnel
Mon argent fut pour eux le premier criminel,
Et s'en étant saisis aux premieres approches
Ces Messieurs pour prison luy donnerent leurs poches,
Et moy, non sans couleur, encor qu'injustement,
Ie fus conduit par eux en cet appartement.
Qui te fait ainsi rire, & qu'est-ce que tu penses?
CLI. Ie trouve icy, Monsieur, beaucoup de circonstances,
Vous en avez sans doute un tresor infiny,
Vostre Hymen de Poitiers n'en fut pas mieux fourny,
Et le cheval sur tout vaut en cette rencontre
Le pistolet ensemble, & l'épée, & la Monstre.
DOR. Ie me suis bien défait de ces traits d'écolier
Dont l'usage autrefois m'étoit si familier,

         Et maintenant,

COMEDIE.

Et maintenant, Cliton, je vis en honneste homme.
CLI. Vous êtes amendé du voyage de Rome,
Et voſtre ame en ce lieu réduite au repentir
Fait mentir le Proverbe en ceſſant de mentir!
Ah! j'aurois pluſtoſt crû.... *DOR.* Le temps m'a fait connoiſtre
Quelle indignité c'eſt, & quel mal en peut naiſtre.
CLI. Quoy? ce duel, ces coups ſi juſtement portez,
Ce cheval, ces Sergents.... *DOR.* Autant de veritez.
CLI. J'en ſuis faſché pour vous, Monſieur, & ſur tout d'une
Que je ne conte pas à petite infortune.
Vous êtes priſonnier, & n'avez point d'argent;
Vous ſerez criminel. *DOR.* Je ſuis trop innocent.
CLI. Ah! Monſieur, ſans argent eſt-il de l'innocence?
DOR. Fort peu, mais dans ces murs Philiſte a pris naiſſance,
Et comme il eſt parent des premiers Magiſtrats,
Soit d'argent, ſoit d'amis, nous n'en manquerons pas.
J'ay ſçeu qu'il eſt en ville, & luy venois d'écrire,
Lors qu'icy le Concierge eſt venu t'introduire.
Va luy porter ma lettre. *CLI.* Avec un tel ſecours
Vous ſerez innocent avant qu'il ſoit deux jours.

Mais je ne comprens rien à ces nouveaux myſteres,
Les filles doivent eſtre icy fort volontaires,
Iuſques dans la priſon elles cherchent les gens.

SCENE II.

DORANTE, CLITON, LYSE.

CLI. Il ne fait que ſortir des mains de trois Sergents, [a] *A Lyſe.*
Je t'en veux avertir, un fol eſpoir te trouble,
Il cajole des mieux, mais il n'a pas le Double.
LYS. J'en apporte pour luy. *CLI.* Pour luy! tu m'as dupé,
Et je doute ſans toy ſi nous aurions ſoupé.
LYS.[b] Avec ce paſſe-port ſuis-je la bien-venuë? [b] *Elle monſtre une bourſe.*
CLI. Tu nous vas à tous deux donner dedans la veuë.
LYS. Ay-je bien pris mon temps? *CLI.* Le mieux qu'il ſe pouvoit.
C'eſt une honneſte fille, & Dieu nous la devoit.
Monſieur, écoutez-la. *DOR.* Que veut-elle? *LYS.* Vne Dame
Vous offre en cette lettre un cœur tout plein de flame.
DOR. Vne Dame? *CLI.* Liſez ſans faire de façons,
Dieu nous aime, Monſieur, comme nous ſommes bons,

Tome II.   P

114 *LA SVITE DV MENTEVR,*

 Et ce n'est pas là tout, l'amour ouvre son coffre,
 Et l'argent qu'elle tient vaut bien le cœur qu'elle offre.

^a *lis.* DOR.^a *Au bruit du monde qui vous conduisoit prisonnier j'ay mis les yeux à la fenestre, & vous ay trouvé de si bonne mine, que mon cœur est allé dans la mesme prison que vous, & n'en veut point sortir tant que vous y serez. Ie feray mon possible pour vous en tirer au pluftost. Cependant obligez-moy de vous servir de ces cent pistoles que je vous envoye; vous en pouvez avoir besoin en l'estat où vous êtes, & il m'en demeure assez d'autres à vostre service.*

^b *conti-* DOR.^b Cette lettre sans nom. CLI. Les mots en sont François.
nuë.
^c *à Lyse.* ^c Dy-moy, sont-ce Louys, ou pistoles de poids?
^d *à Doran-* DOR. Tais-toy. LYS.^d Pour ma maistresse il est de consequence
te. De vous taire deux jours son nom, & sa naissance,
 Ce secret trop tost sçeu peut la perdre d'honneur.
 DOR. Ie seray cependant aveugle en mon bonheur,
 Et d'un si grand bien-fait j'ignoreray la source?
^e *à Doran-* CLI.^e Curiosité, bas, prenons toujours la bourse,
te. Souvent c'est perdre tout que vouloir tout sçavoir.
^f *à Doran-* LYS.^f Puis-je la luy donner? CLI.^g Donne, j'ay tout pouvoir,
te.
^g *à Lyse.* Quand mesme ce seroit le tresor de Venise.
 DOR. Tout-beau, tout-beau, Cliton, il nous faut... CL. Lascher prise?
 Quoy, c'est ainsi, Monsieur.... DOR. Parleras-tu toûjours?
 CLI. Et voulez-vous du Ciel renvoyer le secours?
 DOR. Accepter de l'argent porte en soy quelque honte.
 CLI. Ie m'en charge pour vous, & la prens pour mon conte.
^h *à Lyse.* DOR.^h Ecoute un mot. CLI. Ie tremble, il va la refuser.
 DOR. Ta maistresse m'oblige. CLI. Il en veut mieux user.
 Oyons. DOR. Sa courtoisie est extresme, & m'étonne,
 Mais.... CLI. Le Diable de Mais. DO. Mais qu'elle me pardonne...
 CLI. Ie me meurs, je suis mort. DOR. Si j'en change l'effet,
 Et reçoy comme un prest le don qu'elle me fait.
 CLI. Ie suis ressuscité, prest ou don, ne m'importe.
ⁱ *à Cliton,* DOR.ⁱ Prens. Ie luy rendray mesme avant que je sorte.
& puis à
Lyse. CLI.^a Ecoute un mot. Tu peux t'en aller à l'instant,
^a *à Lyse.* Et revenir demain avec encor autant,
 Et vous, Monsieur, songez à changer de demeure,
 Vous serez innocent avant qu'il soit une heure.
^b *à Cliton,* DOR.^b Ne me romps plus la teste, & toy, tarde un moment,
& puis à
Lyse. I'escris à ta maistresse un mot de compliment.
^c *Dorante* CLI. Disons-nous cependant deux mots de guerre ensemble.
va écrire L. Disons. C. Contemple-moy. L. Toy? C. Oüy, moy. Que t'en semble?
sur la ta-
ble.

COMEDIE.

Dy. *LYS.* Que tout vert & rouge, ainsi qu'un Perroquet,
Tu n'és que bien en cage, & n'as que du caquet.
CLI. Tu ris, cette action, qu'est-elle? *LYS.* Ridicule.
CLI. Et cette main? *LYS.* De taille à bien ferrer la mule.
CLI. Cette jambe, ce pied? *LYS.* Si tu fors des prisons
Dignes de t'instaler aux petites maisons.
CL. Ce front? *LY.* Est un peu creux. *CL.* Cette teste? *LY.* Vn peu folle,
CLI. Ce ri à de voix enfin avec cette parole?
LYS. Ah! c'est là que mes sens demeurent étonnez,
Le ton de voix est rare aussi-bien que le nez.
CLI. Ie meure, ton humeur me semble si jolie
Que tu me vas resoudre à faire une folie.
Touche, je veux t'aimer, tu seras mon soucy,
Nos maistres font l'amour, nous le ferons aussi.
I'auray mille beaux mots tous les jours à te dire,
Ie coucheray de feux, de sanglots, de martyre,
Ie te diray, *je meurs, je suis dans les abois,*
Ie brusle... *LYS.* Et tout cela de ce beau ton de voix?
Ah! si tu m'entreprens deux jours de cette sorte,
Mon cœur est déconfit, & je me tiens pour morte,
Si tu me veux en vie, affoibly ces attraits,
Et retien pour le moins la moitié de leurs traits.
CLI. Tu sçais mesme charmer alors que tu te moques,
Gouverne doucement l'ame que tu m'excroques,
On a traité mon maistre avec moins de rigueur,
On n'a pris que sa bourse, & tu prens jusqu'au cœur.
LYS. Il est riche, ton maistre? *CLI.* Assez. *LYS.* Et Gentilhomme?
CLI. Il le dit. *LYS.* Il demeure? *CLI.* A Paris. *LYS.* Et se nomme?
DOR.[a] Porte-luy cette lettre, & reçoy... *CLI.*[b] Sans conter?
DOR. Cette part de l'argent que tu viens d'apporter.
CLI. Elle n'en prendra pas, Monsieur, je vous proteste.
LYS. Celle qui vous l'envoye en a pour moy de reste.
CLI. Ie vous le disois bien, elle a le cœur trop bon.
LYS. Luy pourray-je, Monsieur, apprendre vostre nom?
DOR. Il est dans mon billet, mais pren, je t'en conjure.
CLI. Vous faut-il dire encor que c'est luy faire injure?
LYS. Vous perdez temps, Monsieur, je sçay trop mon devoir:
Adieu, dans peu de temps je viendray vous revoir,
Et porte tant de joye à celle qui vous aime,
Qu'elle rapportera la réponse elle mesme.
CLI. Adieu, belle railleuse. *LYS.* Adieu, cher babillard.

[a] *Fouillant dans la bourse.*
[b] *Luy retenant le bras.*

SCENE III.

DORANTE, CLITON.

DOR. CEtte fille est jolie, elle a l'esprit gaillard.
CLI. J'en estime l'humeur, j'en aime le visage,
Mais plus que tous les deux j'adore son message.
DOR. C'est celle dont il vient qu'il en faut estimer,
C'est elle qui me charme, & que je veux aimer.
CLI. Quoy? vous voulez, Monsieur, aimer cette inconnuë?
DOR. Ouy, je la veux aimer, Cliton. *CLI.* Sans l'avoir veuë?
DOR. Vn si rare bien-fait, en un besoin pressant
S'empare puissamment d'un cœur reconnoissant,
Et comme de soy-mesme il marque un grand merite,
Dessous cette couleur il parle, il sollicite,
Peint l'objet aussi beau qu'on le voit genereux,
Et si l'on n'est ingrat, il faut estre amoureux.
CLI. Vostre amour va toûjours d'un étrange caprice.
Dés l'abord, autrefois vous aimastes Clarice,
Celle-cy sans la voir; Mais, Monsieur, vostre nom,
Luy deviez-vous l'apprendre, & si-tost? *DOR.* Pourquoy non?
J'ay crû le devoir faire, & l'ay fait avec joye.
CLI. Il est plus décrié que la fausse monnoye.
DOR. Mon nom? *CLI.* Ouy, dans Paris en langage commun
Dorante & le Menteur à present ce n'est qu'un,
Et vous y possedez ce haut degré de gloire,
Qu'en une Comedie on a mis vostre histoire.
DOR. En une Comedie? *CLI.* Et si naïvement
Que j'ay crû, la voyant, voir un enchantement.
On y voit un Dorante avec vostre visage,
On le prendroit pour vous, il a vostre air, vostre âge,
Vos yeux, vostre action, vostre maigre embonpoint,
Et paroit comme vous adroit au dernier point.
Comme à l'évenement j'ay part à la peinture,
Aprés vostre portrait on produit ma figure,
Le Heros de la Farce, un certain Jodelet
Fait marcher aprés vous vostre digne valet,
Il a jusqu'à mon nez, & jusqu'à ma parole,
Et nous avons tous deux appris en mesme école.
C'est l'original mesme, il vaut ce que je vaux,
Si quelqu'autre s'en mesle, on peut s'inscrire en faux,

Et tout autre que luy dans cette Comedie
N'en fera jamais voir qu'une fausse copie.
Pour Clarice & Lucrece, elles en ont quelque air,
Philiste avec Alcippe y vient vous accorder,
Vostre feu pere mesme est joüé sous le masque.
DOR. Cette Piece doit estre & plaisante & fantasque,
Mais son nom? CLI. Vostre nom de guerre, Le Menteur.
DOR. Les Vers en sont-ils bons? fait-on cas de l'Autheur?
CLI. La piece a reüssi, quoy que foible de style,
Et d'un nouveau Proverbe elle enrichit la Ville,
De sorte qu'aujourd'huy presque en tous les quartiers
On dit, quand quelqu'un ment, qu'il revient de Poitiers.
Et pour moy, c'est bien pis, je n'ose plus paroistre,
Ce maraut de farceur m'a fait si bien connoistre,
Que les petits enfans, si-tost qu'on m'appercçoit,
Me courent dans la ruë, & me montrent au doigt,
Et chacun rit de voir les Courtauts de boutique,
Grossissant à l'envy leur chienne de Musique,
Se rompre le gosier dans cette belle humeur,
A crier aprés moy, Le Valet du Menteur.
Vous en riez vous-mesme! DOR. Il faut bien que j'en rie?
CLI. Ie n'y trouve que rire, & cela vous décrie,
Mais si bien, qu'à present voulant vous marier,
Vous ne trouveriez pas la fille d'un Huissier,
Pas celle d'un records, pas d'un cabaret mesme.
DOR. Il faut donc avancer prés de celle qui m'aime,
Comme Paris est loin, si je ne suis deceu,
Nous pourrons reüssir avant qu'elle ait rien sçeu.
Mais quelqu'un vient à nous, & j'entens du murmure.

SCENE IV.

LE PREVOST, CLEANDRE, DORANTE, CLITON.

CLE.[a] AH! je suis innocent, vous me faites injure.   [a] *Au Prevost.*
PRE.[b] Si vous l'étes, Monsieur, ne craignez aucun mal,   [b] *A Cleandre.*
Mais comme enfin le mort étoit vostre rival,
Et que le prisonnier proteste d'innocence,
Ie doy sur ce soupçon vous mettre en sa presence.

118 LA SVITE DV MENTEVR,

^a *Au Pre-*
vost.
^b *A Clean-*
dre.
^c *à Dorante*

^d *Bas.*
^e *Au Pre-*
vost.
^f *Bas.*

^g *Bas.*
^h *Au Pre-*
vost.

ⁱ *Bas.*

^k *A Clean-*
dre.

^l *Au Pre-*
vost.

CLE.^a Et si pour s'affranchir il ose me charger?
PRE.^b La Iustice entre vous en sçaura bien juger,
   Souffrez paisiblement que l'ordre s'execute.
      ^cVous avez veu, Monsieur, le coup qu'on vous impute,
   Voyez ce Cavalier, en seroit-il l'autheur?
CLE.^d Il va me reconnoistre. Ah Dieu ! je meurs de peur.
DOR.^e Souffrez que j'examine à loisir son visage.
   ^fC'est luy, mais il n'a fait qu'en homme de courage,
   Ce seroit lascheté, quoy qu'il puisse arriver,
   De perdre un si grand cœur quand je puis le sauver.
   Ne le découvrons point. CLE.^g Il me connoit, je tremble.
DOR.^h Ce Cavalier, Monsieur, n'a rien qui luy ressemble,
   L'autre est de moindre taille, il a le poil plus blond,
   Le teint plus coloré, le visage plus rond,
   Et je le connoy moins, tant plus je le contemple.
CLE.ⁱ O generosité qui n'eut jamais d'exemple !
DOR. L'habit mesme est tout autre. PRE. Enfin ce n'est pas luy?
DOR. Non, il n'a point de part au duel d'aujourd'huy.
PRE.^k Ie suis ravy, Monsieur, de voir vostre innocence
   Asseurée à present par sa reconnoissance,
   Sortez quand vous voudrez, vous avez tout pouvoir
   Excusez la rigueur qu'a voulu mon devoir.
   Adieu. CLE.^l Vous avez fait le deu de vostre office.

SCENE V.

DORANTE, CLEANDRE, CLITON.

^a *A Clean-*
dre.

DO.^a MOn Cavalier, pour vous je me fais injustice,
   Ie vous tiens pour brave homme; & vous connoy bien,
   Faites vostre devoir, comme j'ay fait le mien.
CL. Monsieur... DO. Point de replique, on pourroit nous entendre
CLE. Sçachez donc seulement qu'on m'appelle Cleandre,
   Que je sçay mon devoir, que j'en prendray soucy,
   Et que je periray pour vous tirer d'icy.

COMEDIE.

SCENE VI
DORANTE, CLITON.

DOR. N'Est-il pas vray, Cliton, que ç'eust esté dommage
   De livrer au malheur ce genereux courage?
   J'avois entre mes mains, & sa vie, & sa mort,
   Et je me viens de voir arbitre de son sort.
CLI. Quoy? c'est là donc, Monsieur. DOR. Ouy, c'est là le coupable.
CLI. L'homme à vostre cheval? DOR. Rien n'est si veritable.
CLI. Ie ne sçais où j'en suis, & deviens tout confus,
   Ne m'aviez-vous pas dit que vous ne mentiez plus?
DOR. I'ay veu sur son visage un noble caractere
   Qui me parlant pour luy m'a forcé de me taire,
   Et d'une voix connue entre les gens de cœur
   M'a dit qu'en le perdant je me perdrois d'honneur.
   I'ay crû devoir mentir pour sauver un brave homme.
CLI. Et c'est ainsi, Monsieur, que l'on s'amende à Rome?
   Ie me tiens au Proverbe, ouy, courez, voyagez,
   Ie veux estre Guenon si jamais vous changez,
   Vous mentirez toûjours, Monsieur, sur ma parole,
   Croyez-moy que Poitiers est une bonne école,
   Pour le bien du Public je veux le publier,
   Les leçons qu'on y prend ne peuvent s'oublier.
DOR. Ie ne mens plus, Cliton, je t'en donne asseurance,
   Mais en un tel sujet l'occasion dispense.
CLI. Vous en prendrez autant comme vous en verrez,
   Menteur vous voulez vivre, & Menteur vous mourrez,
   Et l'on dira de vous pour Oraison funebre,
   C'estoit en mentant un Autheur tres-celebre,
   Qui sçeut y raffiner de si digne façon
   Qu'aux maistres du metier il en eust fait leçon,
   Et qui tant qu'il vecut, sans craindre aucun risque,
   Aux plus forts d'aprés luy pût donner quinze & bisque.
DOR. Ie n'ay plus qu'à mourir, mon Epitaphe est fait,
   Et tu m'erigeras en Cavalier parfait,
   Tu ferois violence à l'humeur la plus triste,
   Mais sans plus badiner, va-t'en chercher Philiste,
   Donne-luy cette lettre, & moy, sans plus mentir,
   Avec les prisonniers j'iray me divertir.

ACTE II.

SCENE PREMIERE.

MELISSE, LYSE.

ᵃ Elle tient une lettre ouverte en sa main.

MEL. En vers il écrit bien, sa lettre est excellente.
LYS. Madame, sa personne est encor plus galante,
Tout est charmant en luy, sa grace, son maintien...
MEL. Il semble que déja tu luy veüilles du bien?
LYS. I'en trouve, à dire vray, la rencontre si belle,
 Que je voudrois l'aimer si j'étois Demoiselle.
 Il est riche, & de plus, il demeure à Paris,
 Où des Dames, dit-on, est le vray Paradis,
 Et ce qui vaut bien mieux que toutes ses richesses,
 Les maris y sont bons, & les femmes maistresses;
 Ie vous le dis encor, je m'y passerois bien,
 Et si j'étois son fait, il seroit fort le mien.
MEL. Tu n'és pas dégoutée. Enfin, Lyse, sans rire,
 C'est un homme bien fait? LYS. Plus que je ne puis dire.
MEL. A sa lettre il paroit qu'il a beaucoup d'esprit;
 Mais dy-moy, parle-t'il aussi bien qu'il écrit?
LYS. Pour luy faire en discours montrer son éloquence,
 Il luy faudroit des gens de plus de conséquence;
 C'est à vous d'éprouver ce que vous demandez.
MEL. Et que croit-il de moy? LYS. Ce que vous luy mandez,
 Que vous l'avez tantost veu par vostre fenestre,
 Que vous l'aimez déja. MEL. Cela pourroit bien estre.
LYS. Sans l'avoir jamais veu? MEL. I'écris bien sans le voir.
LYS. Mais vous suivez sur un frere un absolu pouvoir,
 Qui vous ayant conté par quel bonheur étrange
 Il s'est mis à couvert de la mort de Florange,
 Se sert de cette feinte, en cachant vostre nom,
 Pour luy donner secours dedans cette prison.
 L'y voyant en sa place, il fait ce qu'il doit faire.
MEL. Ie n'écrivois tantost qu'à dessein de luy plaire,

           Mais,

COMEDIE.

Mais, Lyſe, maintenant j'ay pitié de l'ennuy
D'un homme ſi bien fait qui ſouffre pour autruy,
Et par quelques motifs que je vienne d'écrire,
Il eſt de mon honneur de ne m'en pas dédire.
La lettre eſt de ma main, elle parle d'amour,
S'il ne ſçait qui je ſuis, il peut l'apprendre un jour,
Vn tel gage m'oblige à luy tenir parole,
Ce qu'on met par écrit paſſe une amour frivole,
Puis qu'il a du merite on ne m'en peut blaſmer,
Et je luy doy mon cœur s'il daigne l'eſtimer.
Ie m'en forme en idée une image ſi rare
Qu'elle pourroit gagner l'ame la plus barbare,
L'Amour en eſt le peintre, & ton rapport flateur,
En fournit les couleurs à ce doux enchanteur.
LYS. Tout comme vous l'aimez vous verrez qu'il vous aime,
Si vous vous engagez, il s'engage de meſme,
Et ſe forme de vous un tableau ſi parfait,
Que c'eſt lettre pour lettre, & portrait pour portrait.
Il faut que voſtre amour plaiſamment s'entretienne,
Il ſera voſtre idée, & vous ſerez la ſienne,
L'alliance eſt mignarde, & cette nouveauté
Sur tout dans une lettre aura grande beauté,
Quand vous y ſouſcrirez pour Dorante, ou Meliſſe,
Voſtre tres-humble idée à vous rendre ſervice.
  Vous vous moquez, Madame, & loin d'y conſentir
Vous n'en parlez ainſi que pour vous divertir.
MEL. Ie ne me moque point. LYS. Et que fera, Madame,
Cet autre Cavalier dont vous poſſedez l'ame,
Voſtre amant? MEL. Qui? LY. Philiſte. ME. Ah ne préſume pas
Que ſon cœur ſoit ſenſible au peu que j'ay d'appas,
Il fait mine d'aimer, mais ſa galanterie
N'eſt qu'un amuſement, & qu'une raillerie.
LYS. Il eſt riche, & parent des premiers de Lyon.
MEL. Et c'eſt ce qui le porte à plus d'ambition.
S'il me voit quelquefois, c'eſt comme par ſurpriſe,
Dans ſes civilitez on diroit qu'il mépriſe.
Qu'un ſeul mot de ſa bouche eſt un rare bonheur,
Et qu'un de ſes regards eſt un excés d'honneur.
L'amour meſme d'un Roy me ſeroit importune,
S'il falloit la tenir à ſi haute fortune,
La ſienne eſt un treſor qu'il fait bien d'épargner,
L'avantage eſt trop grand, j'y pourrois trop gagner.

Tome II. Q

Il n'entre point chez nous, & quand il me rencontre,
Il semble qu'avec peine à mes yeux il se montre,
Et prend l'occasion avec une froideur
Qui craint en me parlant d'abaisser sa Grandeur.
LYS. Peut-estre il est timide, & n'ose davantage.
MEL. S'il craint, c'est que l'amour trop avant ne l'engage,
Il voit souvent mon frere, & ne parle de rien.
LYS. Mais vous le recevez, ce me semble, assez bien?
MEL. Comme je ne suis pas en amour des plus fines,
Faute d'autre j'en souffre, & je luy rens ses mines;
Mais je commence à voir que de tels cajoleurs
Ne font qu'effaroucher les partis les meilleurs,
Et ne doy plus souffrir qu'avec cette grimace
D'un veritable amant il occupe la place.
LYS. Ie l'ay veu pour vous voir faire beaucoup de tours.
MEL. Qui l'empesche d'entrer, & me voir tous les jours?
Cette façon d'agir est-elle plus polie?
Croit-il... LYS. Les amoureux ont chacun leur folie.
La sienne est de vous voir avec tant de respect,
Qu'il passe pour superbe, & vous devient suspect,
Et la vostre, un dégoust de cette retenuë
Qui vous fait mépriser la personne connuë,
Pour donner vostre estime, & chercher avec soin
L'amour d'un inconnu parce qu'il est de loin.

SCENE II.

CLEANDRE, MELISSE, LYSE.

CLE. ENvers ce prisonnier as-tu fait cette feinte,
Ma sœur? M. Sans me connoistre il me croit l'ame atteinte,
Que je l'ay veu conduire en ce triste sejour,
Que ma lettre & l'argent sont des effets d'amour,
Et Lyse qui l'a veu m'en dit tant de merveilles,
Qu'elle fait presque entrer l'amour par les oreilles.
CLE. Ah, si tu sçavois tout! MEL. Elle ne laisse rien,
Elle en vante l'esprit, la taille, le maintien,
Le visage attrayant, & la façon modeste.
CLE. Ah, que c'est peu de chose au prix de ce qui reste!
MEL. Que reste-t'il à dire? un courage invaincu?
CLE. C'est le plus genereux qui jamais ait vécu,

COMEDIE.

C'est le cœur le plus noble, & l'ame la plus haute...
MEL. Quoy ? vous voulez, mon frere, ajouster à sa faute,
Percer avec ces traits un cœur qu'elle a blessé,
Et vous-mesme achever ce qu'elle a commencé ?
CLE. Ma sœur, à peine sçay-je encor comme il se nomme,
Et je sçay qu'on n'a veu jamais plus honneste homme,
Et que ton frere enfin periroit aujourd'huy,
Si nous avions affaire à tout autre qu'à luy.
   Quoy que nostre partie aye esté si secrette
Que j'en dusse esperer une seure retraite,
Et que Florange & moy (comme je t'ay conté)
Afin que ce duel ne pust estre éventé,
Sans prendre de seconds, l'eussions faite de sorte,
Que sans armes chacun sortit par une porte,
Que nous n'eussions ensemble esté veus de huit jours,
Que presque tout le monde ignorast nos amours,
Et que l'occasion me fut si favorable,
Que je vis l'innocent saisi pour le coupable;
(Ie croy te l'avoir dit, qu'il nous vint séparer,
Et que sur son cheval je sceus me retirer.)
Comme je me montrois, afin que ma presence
Donnast lieu d'en juger une entiere innocence,
Sur un bruit épandu que le deffunt & moy
D'une mesme beauté nous adorions la loy,
Vn Prevost soupçonneux me saisit dans la rue,
Me méne au prisonnier, & m'expose à sa veuë.
Iuge quel trouble j'eus de me voir en ces lieux :
Ce Cavalier me voit, m'examine des yeux,
Me reconnoit, je tremble encor à te le dire,
Mais appren sa vertu, chere sœur, & l'admire.
   Ce grand cœur, se voyant mon destin en la main,
Devient pour me sauver à soy-mesme inhumain,
Luy qui souffre pour moy sçait mon crime, & le nie,
Dit que ce qu'on m'impute est une calomnie,
Dépeint le criminel de toute autre façon,
Oblige le Prevost à sortir sans soupçon,
Me promet amitié, m'asseure de se taire.
Voilà ce qu'il a fait, voy ce que je doy faire.
MEL. L'aimer, le secourir, & tous deux avoüer
Qu'une telle vertu ne se peut trop loüer.
CLE. Si je l'ay plaint tantost de souffrir pour mon crime,
Cette pitié, ma sœur, étoit bien legitime;

Q ij

Mais ce n'est plus pitié, c'est obligation,
Et le devoir succede à la compassion.
Nos plus puissans secours ne sont qu'ingratitude,
Mets à les redoubler ton soin & ton étude;
Sous ce mesme pretexte, & ces déguisemens
Ajouste à ton argent perles, & diamans,
Qu'il ne manque de rien, & pour sa delivrance
Ie vay de mes amis faire agir la puissance.
Que si tous leurs efforts ne peuvent le tirer,
Pour m'acquiter vers luy j'iray me declarer.
 Adieu, de ton costé pren soucy de me plaire,
Et voy ce que tu dois à qui te sauve un frere.
MEL. Ie vous obeïray tres-ponctuellement.

SCENE III.

MELISSE, LYSE.

LYS. Vous pouviez dire encor tres-volontairement,
Et la faveur du Ciel vous a bien conservée
Si ces derniers discours ne vous ont acheyée.
Le party de Philiste a dequoy s'appuyer;
Ie n'en suis plus, Madame, il n'est bon qu'à noyer,
Il ne valut jamais un cheveu de Dorante.
Ie puis vers la prison apprendre une courante?
MEL. Ouy, tu peux te resoudre encore à te croter.
LYS. Quels de vos diamans me faut-il luy porter?
MEL. Mon frere va trop viste, & sa chaleur l'emporte
Iusqu'à connoistre mal des gens de cette sorte.
Aussi comme son but est different du mien,
Ie doy prendre un chemin fort éloigné du sien.
Il est reconnoissant, & je suis amoureuse,
Il a peur d'estre ingrat, & je veux estre heureuse.
A force de presens il se croit acquiter,
Mais le redoublement ne fait que rebuter.
Si le premier oblige un homme de merite,
Le second l'importune, & le reste l'irrite,
Et passé le besoin, quoy qu'on luy puisse offrir,
C'est un accablement qu'il ne sçauroit souffrir.
 L'Amour est liberal, mais c'est avec adresse,
Le prix de ses presens est en leur gentillesse,

COMEDIE.

Et celuy qu'à Dorante exprés tu vas porter,
Ie veux qu'il le defrobe au lieu de l'accepter.
Ecoute une pratique affez ingenieufe.
LYS. Elle doit eftre belle, & fort myfterieufe.
MEL. Au lieu des diamans dont tu viens de parler,
Avec quelques douceurs il faut le regaler,
Entrer fous ce pretexte, & trouver quelque voye
Par où fans que j'y fois tu faffes qu'il me voye.
Porte-luy mon portrait, & comme fans deffein
Fais qu'il puiffe aifément le furprendre en ton fein:
Feins lors pour le r'avoir un déplaifir extrefme,
S'il le rend, c'en eft fait, s'il le retient, il m'aime.
LYS. A vous dire le vray, vous en fçavez beaucoup.
MEL. L'Amour eft un grand maiftre, il inftruit tout d'un coup.
LYS. Il vient de vous donner de belles tablatures.
MEL. Viens querir mon portrait avec des confitures,
Comme pourra Dorante en ufer bien, ou mal,
Nous refoudrons aprés touchant l'original.

SCENE IV.

PHILISTE, DORANTE, CLITON.

Cette Scene eft dans la prifon.

DOR. VOilà, mon cher amy, la veritable hiftoire
D'une avanture étrange, & difficile à croire;
Mais puifque je vous voy mon fort eft affez doux.
PHI. L'avanture eft étrange, & bien digne de vous,
Et fi je n'en voyois la fin trop veritable,
I'aurois bien de la peine à la trouver croyable.
Vous me feriez fufpect, fi vous étiez ailleurs.
CLI. Ayez pour luy, Monfieur, des fentimens meilleurs,
Il s'eft bien converty dans un fi long voyage,
C'eft tout un autre efprit fous le mefme vifage,
Et tout ce qu'il debite eft pure verité.
S'il ne ment quelquefois par generofité.
C'eft le mefme qui prit Clarice pour Lucrece,
Qui fit jaloux Alcippe avec fa noble adreffe,
Et malgré tout cela, le mefme toutefois
Depuis qu'il eft icy n'a menty qu'une fois.

PHI. En voudrois-tu jurer ? *CLI.* Ouy, Monsieur, & j'en jure
Par le Dieu des Menteurs dont il est creature,
Et s'il vous faut encor un serment plus nouveau,
Par l'Hymen de Poitiers & le festin sur l'eau.
PHI. Laissant là ce badin, amy, je vous confesse
Qu'il me souvient toûjours de vos traits de jeunesse.
Cent fois en cette ville aux meilleures maisons
I'en ay fait un bon conte en déguisant les noms,
I'en ay ry de bon cœur, & j'en ay bien fait rire,
Et quoy que maintenant je vous entende dire,
Ma memoire toûjours me les vient presenter,
Et m'en fait un rapport qui m'invite à douter.
DOR. Formez en ma faveur de plus saines pensées,
Ces petites humeurs sont aussi-tost passées,
Et l'air du Monde change en bonnes qualitez
Ces teintures qu'on prend aux Vniversitez.
PHI. Dés lors à cela prés vous étiez en estime
D'avoir une ame noble, & grande, & magnanime.
CLI. Ie le disois dés lors, sans cette qualité
Vous n'eussiez pû jamais le payer de bonté.
DOR. Ne te tairas-tu point ? *CLI.* Dis-je rien qu'il ne sçache,
Et fais-je à vostre nom quelque nouvelle tache?
N'étoit-il pas, Monsieur, avec Alcippe, & vous,
Quand ce festin en l'air le rendit si jaloux?
Luy qui fut le témoin du conte que vous fistes,
Luy qui vous separa lors que vous vous batistes,
Ne sçait-il pas encor les plus rusez détours
Dont vostre esprit adroit bricola vos amours?
PHI. Amy, ce flux de langue est trop grand pour se taire,
Mais sans plus l'écouter parlons de vostre affaire.
  Elle me semble aisée, & j'ose me vanter
Qu'assez facilement je pourray l'emporter:
Ceux dont elle dépend sont de ma connoissance,
Et mesme à la pluspart je touche de naissance.
Le mort étoit d'ailleurs fort peu consideré,
Et chez les gens d'honneur on ne l'a point pleuré.
Sans perdre plus de temps souffrez que j'aille apprendre
Pour en venir à bout quel chemin il faut prendre.
Ne vous attristez point cependant en prison,
On aura soin de vous comme en vostre maison,
Le Concierge en a l'ordre, il tient de moy sa place,
Et si-tost que je parle, il n'est rien qu'il ne fasse.

COMEDIE.

DOR. Ma joye est de vous voir, vous me l'allez ravir.
PHI. Ie prens congé de vous pour vous aller servir,
Cliton divertira vostre melancolie.

SCENE V.

DORANTE, CLITON.

CLI. COmment va maintenant l'amour, ou la folie?
Cette Dame obligeante au visage inconnu,
Qui s'empare des cœurs avec son revenu,
Est-elle encore aimable? a-t'elle encor des charmes?
Par generosité luy rendrons-nous les armes?
DOR. Cliton, je la tiens belle, & m'ose figurer
Qu'elle n'a rien en soy qu'on ne puisse adorer.
Qu'en imagines-tu? CLI. I'en fais des conjectures
Qui s'accordent fort mal avecque vos figures.
Vous payer par avance, & vous cacher son nom,
Quoy que vous présumiez, ne marque rien de bon.
A voir ce qu'elle a fait, & comme elle procede,
Ie jurerois, Monsieur, qu'elle est, ou vieille, ou laide,
Peut-estre l'une & l'autre, & vous a regardé
Comme un galand commode & fort incommodé.
DOR. Tu parles en brutal. CLI. Vous, en visionnaire.
Mais si je disois vray, que pretendez-vous faire?
DOR. Envoyer & la Dame & les amours au vent.
CLI. Mais vous avez receu, quiconque prend, se vend.
DOR. Quitte pour luy jetter son argent à la teste.
CLI. Le compliment est doux, & la défaite honneste.
Tout de bon à ce coup vous êtes converty,
Ie le soûtiens, Monsieur, le Proverbe a menty.
Sans scrupule autrefois, témoin vostre Lucrece,
Vous emportiez l'argent, & quittiez la Maitresse;
Mais Rome vous a fait si grand homme de bien,
Qu'à present vous voulez rendre à chacun le sien.
Vous vous étes instruit des cas de conscience.
DOR. Tu m'embrouilles l'esprit faute de patience;
Deux ou trois jours peut-estre, un peu plus, un peu moins,
Eclairciront ce trouble, & purgeront ces soins,
Tu sçais qu'on m'a promis que la beauté qui m'aime
Viendra me rapporter sa réponse elle-mesme,

128　*LA SVITE DV MENTEVR,*
　　　Voy déja sa servante, elle revient. *CLI.* Tant pis,
　　　Dussiez-vous enrager, c'est ce que je vous dis.
　　　Si frequente ambassade & Maîtresse invisible
　　　Sont de ma conjecture une preuve infaillible.
　　　Voyons ce qu'elle veut, & si son passe-port
　　　Est aussi bien fourny comme au premier abord.
　DOR. Veux-tu qu'à tous momens il pleuve des pistoles?
　CLI. Qu'avons-nous sans cela besoin de ses paroles?

SCENE VI.

DORANTE, LYSE, CLITON.

a A Lyse. *DOR.* Ie ne t'esperois pas si soudain de retour.
　LYS. Vous jugerez par là d'un cœur qui meurt d'amour.
　　　De vos civilitez ma maîtresse est ravie,
　　　Elle seroit venuë, elle en brusle d'envie,
　　　Mais une compagnie au logis la retient,
　　　Elle viendra bien-tost, & peut-estre elle vient,
　　　Et je me connois mal à l'ardeur qui l'emporte
　　　Si vous ne la voyez mesme avant que je sorte.
　　　Acceptez cependant quelque peu de douceurs
　　　Fort propres en ces lieux à conforter les cœurs,
　　　Les seches sont dessous, celles-cy sont liquides.
　CLI. Les amours de tantost me sembloient plus solides.
　　　Si tu n'as autre chose, épargne mieux tes pas,
　　　Cette inégalité ne me satisfait pas,
　　　Nous avons le cœur bon, & dans nos avantures
　　　Nous ne fusmes jamais hommes à confitures.
　LYS. Badin, qui te demande icy ton sentiment?
　CLI. Ah! tu me fais l'amour un peu bien rudement.
　LYS. Est-ce à toy de parler, que n'attens-tu ton heure?
　DOR. Sçaurons-nous cette fois son nom, ou sa demeure?
　LYS. Non pas encor si-tost. *DOR.* Mais te vaut-elle bien?
　　　Parle-moy franchement, & ne déguise rien.
　LYS. A ce conte, Monsieur, vous me trouvez passable?
　DOR. Ie te trouve de taille, & d'esprit agreable,
　　　Tant de grace en l'humeur, & tant d'attrait aux yeux,
　　　Qu'à te dire le vray je ne voudrois pas mieux.
　　　Elle me charmera pourveu qu'elle te vaille.
　LYS. Ma maîtresse n'est pas tout à fait de ma taille,

　　　　　　　　　　　　　　　　　　　　　　Mais

COMEDIE.

Mais elle me surpasse en esprit, en beauté,
Autant & plus encor, Monsieur, qu'en qualité.
DOR. Tu sçais adroitement couler ta flaterie.
Que ce bout de ruban a de galanterie!
Ie veux le desrober, mais qu'est-ce qui le suit?
LYS. Rendez-le moy, Monsieur, j'ay haste, il s'en va nuit.
DOR. Ie verray ce que c'est. LYS. C'est une mignature.
DOR. O le charmant portrait! l'adorable peinture!
Elle est faite à plaisir? LYS. Après le naturel.
DOR. Ie ne croy pas jamais avoir rien veu de tel.
LYS. Ces quatre diamans dont elle est enrichie
Ont sous eux quelque fueille, ou mal nette, ou blanchie,
Et je cours de ce pas y faire regarder.
DOR. Et quel est ce portrait? LYS. Le faut-il demander?
Et doutez-vous si c'est ma maitresse elle-mesme?
DOR. Quoy, celle qui m'écrit? LYS. Ouy, celle qui vous aime,
A l'aimer tant soit peu vous l'auriez deviné.
DOR. Vn si rare bonheur ne m'est pas destiné,
Et tu me veux flater par cette fausse joye.
LYS. Quand je dis vray, Monsieur, je pretens qu'on me croye.
Mais je m'amuse trop, l'Orfévre est loin d'icy,
Donnez-moy, je perds temps. DOR. Laisse-moy ce soucy,
Nous avons un Orfévre arrêté pour ses debtes,
Qui sçaura tout remettre au point que tu souhaites.
LYS. Vous m'en donnez, Monsieur. DOR. Ie te le feray voir.
LYS. A-t'il la main fort bonne? DOR. Autant qu'on peut l'avoir.
LYS. Sans mentir? DOR. Sans mentir. CLI. Il est trop jeune, il n'ose.
LYS. Ie voudrois bien pour vous faire icy quelque chose,
Mais vous le montreriez. DOR. Non, à qui que ce soit.
LYS. Vous me ferez chasser si quelqu'autre le voit.
DOR. Va, dors en seureté. LYS. Mais enfin à quand rendre?
DOR. Dès demain. LYS. Demain donc je viendray le reprendre,
Ie ne puis me resoudre à vous desobliger.
CLI. Elle se met pour vous en un tres-grand danger,
Dirons-nous rien nous deux? LY. Non. CL. Comme tu méprises!
LYS. Ie n'ay pas le loisir d'entendre tes sottises.
CLI. Avec cette rigueur tu me feras mourir.
LYS. Peut-estre à mon retour je sçauray te guerir,
Ie ne puis mieux pour l'heure, Adieu. CLI. Tout me succede.

Tome II. R

SCENE VII.

DORANTE, CLITON.

DOR. VIen, Cliton, & regarde. Est-elle vieille, ou laide?
Voit-on des yeux plus vifs? voit-on des traits plus doux?
CLI. Ie suis un peu moins dupe, & plus fusté que vous.
C'est un leurre, Monsieur, la chose est toute claire,
Elle a fait tout du long les mines qu'il faut faire.
On amorce le Monde avec de tels portraits,
Pour les faire surprendre on les apporte exprés,
On s'en fasche, on fait bruit, on vous les redemande,
Mais on tremble toûjours de crainte qu'on les rende,
Et pour derniere adresse une telle beauté
Ne se voit que de nuit & dans l'obscurité.
De peur qu'en un moment l'amour ne s'estropie,
A voir l'original si loin de sa copie.
Mais laissons ce discours qui peut vous ennuyer,
Vous feray-je venir l'Orfévre prisonnier?
DOR. Simple, n'as-tu point veu que c'étoit une feinte,
Vn effet de l'amour dont mon ame est atteinte?
CLI. Bon, en voicy déja de deux en mesme jour,
Par devoir d'honneste homme, & par effet d'amour.
Avec un peu de temps nous en verrons bien d'autres,
Chacun a ses talens, & ce sont-là les vostres.
DOR. Tay-toy, tu m'étourdis de tes sottes raisons,
Allons prendre un peu d'air dans la Cour des Prisons.

COMÉDIE. 131

ACTE III.

SCENE PREMIERE.

CLEANDRE, DORANTE, CLITON.

L'Acte se passe dans la prison.

DOR. E vous en prie encor, discourons d'autre chose,
    Et sur vn tel sujet ayons la bouche close,
    On peut nous écouter, & vous surprendre icy,
    Et si vous vous perdez vous me perdez aussi.
La parfaite amitié que pour vous j'ay conceuë,
Quoy qu'elle soit l'effet d'une premiere veuë,
Ioint mon peril au vostre, & les vnit si bien,
Qu'au cours de vostre sort elle attache le mien.
CLE. N'ayez aucune peur, & sortez d'un tel doute,
I'ay des gens là-dehors qui gardent qu'on écoute,
Et je puis vous parler en toute seureté
De ce que mon malheur doit à vostre bonté.
    Si d'un bien-fait si grand qu'on reçoit sans merite
Qui s'avouë insolvable aucunement s'acquite,
Pour m'acquiter vers vous autant que je le puis,
I'avouë, & hautement, Monsieur, que je le suis:
Mais si cette amitié par l'amitié se paye,
Ce cœur qui vous doit tout vous en rend une vraye.
La vostre la devance à peine d'un moment,
Elle attache mon sort au vostre également,
Et l'on n'y trouvera que cette difference,
Qu'en vous elle est faveur, en moy reconnoissance.
DOR. N'appellez point faveur ce qui fut un devoir,
Entre les gens de cœur il suffit de se voir.
Par un effort secret de quelque sympathie
L'un à l'autre aussi-tost un certain nœud les lie,
Chacun d'eux sur son front porte écrit ce qu'il est,
Et quand on luy ressemble, on prend son interest.

R ij

CLI. Par exemple, voyez, aux traits de ce vifage
Mille Dames m'ont pris pour homme de courage,
Et fi-toſt que je parle, on devine à demy
Que le fexe jamais ne fut mon ennemy.
CLE. Cet homme a de l'humeur. *DO.* C'eſt un vieux Domeſtique
Qui, comme vous voyez, n'eſt pas melancolique.
A cauſe de ſon âge il ſe croit tout permis;
Il ſe rend familier avec tous mes amis,
Meſle par tout ſon mot, & jamais quoy qu'on die,
Pour donner ſon avis il n'attend qu'on l'en prie.
Souvent il importune, & quelquefois il plaiſt.
CLE. I'en voudrois connoiſtre un de l'humeur dont il eſt.
CLI. Croyez qu'à le trouver vous auriez grande peine,
Le Monde n'en voit pas quatorze à la douzaine,
Et je jurerois bien, Monſieur, en bonne foy
Qu'en France il n'en eſt point que Iodelet & moy.
DOR. Voilà de ſes bons mots les galantes ſurpriſes.
Mais qui parle beaucoup dit beaucoup de ſottiſes,
Et quand il a deſſein de ſe mettre en credit,
Plus il y fait d'effort, moins il ſçait ce qu'il dit.
CLI. On appelle cela des Vers à ma loüange.
CLE. Preſque inſenſiblement nous avons pris le change,
Mais revenons, Monſieur, à ce que je vous dois.
DOR. Nous en pourrons parler encor quelqu'autre fois,
Il ſuffit pour ce coup. *CLE.* Ie ne ſçaurois vous taire
En quel heureux état ſe trouve voſtre affaire.
Vous ſortirez bien-toſt, & peut-eſtre demain,
Mais un ſi prompt ſecours ne vient pas de ma main,
Les amis de Philiſte en ont trouvé la voye,
I'en doy rougir de honte au milieu de ma joye,
Et je ne ſçaurois voir ſans eſtre un peu jaloux
Qu'il m'oſte les moyens de m'employer pour vous.
Ie cede avec regret à cet amy fidelle,
S'il a plus de pouvoir, il n'a pas plus de zéle,
Et vous m'obligerez au ſortir de priſon
De me faire l'honneur de prendre ma maiſon.
Ie n'attens point le temps de voſtre delivrance
De peur qu'encor un coup Philiſte me devance;
Comme il m'oſte aujourd'huy l'eſpoir de vous ſervir,
Vous loger eſt un bien que je luy veux ravir.
DOR. C'eſt un excès d'honneur que vous me voulez rendre,
Et je croirois faillir de m'en vouloir défendre.

COMEDIE.

CLE. Ie vous en repriray quand vous pourrez fortir,
Et lors nous taſcherons à vous bien divertir,
Et vous faire oublier l'ennuy que je vous cauſe.
    Auriez-vous cependant beſoin de quelque choſe?
Vous étes voyageur, & pris par des Sergens,
Et quoy que ces Meſſieurs ſoient fort honneſtes gens,
Il en eſt quelques-uns... *CLI.* Les ſiens en ſont du nombre,
Ils ont en le prenant pillé juſqu'à ſon ombre,
Et n'étoit que le Ciel a ſçeu le ſoulager,
Vous le verriez encor fort net, & fort leger.
Mais comme je pleurois ſes triſtes avantures,
Nous avons receu lettre, argent, & confitures.
CLE. Et de qui? *DOR.* Pour le dire il faudroit deviner,
Iugez ce qu'en ma place on peut s'imaginer.
    Vne Dame m'écrit, me flate, me régale,
Me promet une amour qui n'eut jamais d'égale,
Me fait force preſens.... *CLE.* Et vous viſite? *DOR.* Non.
CLE. Vous ſçavez ſon logis? *DOR.* Non-pas meſme ſon nom.
Ne ſoupçonnez-vous point ce que ce pourroit eſtre?
CLE. A moins que de la voir je ne la puis connoiſtre.
DOR. Pour un ſi bon amy je n'ay point de ſecret.
    Voyez, connoiſſez-vous les traits de ce portrait?
CLE. Elle ſemble éveillée, & paſſablement belle,
Mais je ne vous en puis dire aucune Nouvelle,
Et je ne connoy rien à ces traits que je voy.
Ie vay vous préparer une chambre chez moy.
Adieu.

SCENE II.

DORANTE, CLITON.

DOR. Ce brusque Adieu marque un trouble dans l'ame,
Sans doute il la connoit. *CLI.* C'eſt peut-eſtre ſa femme.
DOR. Sa femme? *CLI.* Ouy, c'eſt ſans doute elle qui vous écrit,
Et vous venez de faire un coup de grand eſprit.
    Voilà de vos ſecrets, & de vos confidences.
DOR. Nomme-les par leur nom, dy de mes imprudences.
    Mais ſeroit-ce en effet celle que tu me dis?
CLI. Envoyez vos portraits à de tels étourdis,
Ils gardent un ſecret avec extreſme adreſſe.
    C'eſt ſa femme, vous dis-je, ou du moins ſa Maîtreſſe,

R iij

Ne l'avez-vous pas veu tout changé de couleur?
DOR. Ie l'ay veu comme atteint d'une vive douleur
Faire de vains efforts pour cacher sa surprise.
Son desordre, Cliton, montre ce qu'il déguise,
Il a pris un pretexte à sortir promptement,
Sans se donner loisir d'un mot de compliment.
CLI. Qu'il sera dangereux rencontrer sa colere,
Il va tout renverser si l'on le laisse faire,
Et je vous tiens pour mort si sa fureur se croit:
Mais sur tout ses valets peuvent bien marcher droit,
Malheureux le premier qui faschera son maistre,
Pour autres cent Louys je ne voudrois pas l'estre.
DOR. La chose est sans remede, en soit ce qui pourra,
S'il fait tant le mauvais peut-estre on le verra.
Ce n'est pas qu'après tout, Cliton, si c'est sa femme
Ie ne sçache étouffer cette naissante flame,
Ce seroit luy prêter un fort mauvais secours,
Que luy ravir l'honneur en conservant ses jours,
D'une belle action j'en ferois une noire,
I'en ay fait mon amy, je prens part à sa gloire,
Et je ne voudrois pas qu'on pûst me reprocher
De servir un brave homme au prix d'un bien si cher.
CLI. Et s'il est son amant? DOR. Puis qu'elle me préfere,
Ce que j'ay fait pour luy vaut bien qu'il me défere:
Sinon, il a du cœur, il en sçait bien les loix,
Et je suis resolu de défendre son choix.
Tandis pour un moment trefve de raillerie,
Ie veux entretenir un peu ma resverie.^a

^a *Il prend le portrait de Mélisse.*

  Merveille qui m'as enchanté,
Portrait à qui je rens les armes,
As-tu bien autant de bonté
Comme tu me fais voir de charmes?
Helas! au lieu de l'esperer,
Ie ne fais que me figurer
Que tu te plains à cette belle,
Que tu luy dis mon procedé,
Et que je te fus infidelle
Si-tost que je t'eus possedé.
  Garde mieux le secret que moy,
Daigne en ma faveur te contraindre,
Si j'ay pû te manquer de foy,
C'est m'imiter que de t'en plaindre,

COMEDIE.

Ta colere en me puniſſant
Te fait criminel d'innocent,
Sur toy retombent les vangeances....
CLI.[a] Vous ne dites, Monſieur, que des extravagances,
Et parlez juſtement le langage des fous.
Donnez, j'entretiendray ce portrait mieux que vous,
Ie veux vous en montrer de meilleures methodes,
Et luy faire des vœux plus courts, & plus commodes.
    Adorable & riche beauté,
    Qui joints les effets aux paroles,
    Merveille qui m'as enchanté
    Par tes douceurs & tes piſtoles,
    Sçache un peu mieux les partager,
    Et ſi tu nous veux obliger
    A dépeindre aux races futures
    L'éclat de tes faits inouys,
    Garde pour toy les confitures,
    Et nous accable de Louys.
Voilà parler en homme. *DOR.* Arréte tes ſaillies,
Ou va du moins ailleurs debiter tes folies,
Ie ne ſuis pas toûjours d'humeur à t'écouter.
CLI. Et je ne ſuis jamais d'humeur à vous flater,
Ie ne vous puis ſouffrir de dire une ſottiſe,
Par un double intereſt je prens cette franchiſe,
L'un, vous étes mon maiſtre, & j'en rougis pour vous,
L'autre, c'eſt mon talent, & j'en deviens jaloux.
DOR. Si c'eſt là ton talent, ma faute eſt ſans exemple.
CLI. Ne me l'enviez point, le voſtre eſt aſſez ample,
Et puis qu'enfin le Ciel m'a voulu departir
Le don d'extravaguer comme à vous de mentir,
Comme je ne mens point devant voſtre Excellence,
Ne dites à mes yeux aucune extravagance,
N'entreprenez ſur moy, non-plus que moy ſur vous.
DOR. Tay-toy, le Ciel m'envoye un entretien plus doux,
L'Ambaſſade revient. *CLI.* Que nous apporte-t'elle,
DOR. Maraut, veux-tu toûjours quelque douceur nouvelle?
CLI. Non-pas, mais le paſſé m'a rendu curieux,
Ie luy regarde aux mains un peu pluſtoſt qu'aux yeux.

[a] *Luy oſtût le portrait.*

SCENE III.

DORANTE, MELISSE, CLITON, LYSE.

Melisse est déguisée en servante, & cache son visage sous une coiffe.

a A Lyse.

CLI.[a] MOntre ton passe-port. Quoy ! tu viens les mains vuides !
Ainsi détruit le temps les biens les plus solides,
Et moins d'un jour reduit tout vostre heur & le mien
Des Louys aux douceurs, & des douceurs à rien.
LYS. Si j'apportay tantost, à present je demande.
DOR. Que veux-tu ? LYS. Ce portrait que je veux qu'on me rende.
DOR. As-tu pris du secours pour faire plus de bruit ?
LYS. I'améne icy ma sœur, parce qu'il s'en va nuit.
Mais vous pensez en vain chercher une défaite,
Demandez-luy, Monsieur, quelle vie on m'a faite.
DOR. Quoy, ta maistresse sçait que tu me l'as laissé ?
LYS. Elle s'en est doutée, & je l'ay confessé.
DOR. Elle s'en est donc mise en colere ? LYS. Et si forte,
Que je n'ose rentrer si je ne le rapporte :
Si vous vous obstinez à me le retenir,
Ie ne sçay dés ce soir, Monsieur, que devenir,
Ma fortune est perduë, & dix ans de service.
DOR. Ecoute, il n'est pour toy chose que je ne fisse,
Si je te nuis icy, c'est avec grand regret,
Mais on aura mon cœur avant que ce portrait.
Va dire de ma part à celle qui t'envoye
Qu'il fait tout mon bonheur, qu'il fait toute ma joye,
Que rien n'approcheroit de mon ravissement,
Si je le possedois de son consentement ;
Qu'il est l'unique bien où mon espoir se fonde,
Qu'il est le seul tresor qui me soit cher au Monde :
Et quand à ta fortune il est en mon pouvoir
De la faire monter par-de-là ton espoir.
LYS. Ie ne veux point de vous, ny de vos recompenses.
DOR. Tu me dédaignes trop. LYS. Ie le dois. CLI. Tu l'offences,
Mais voulez-vous, Monsieur, me croire & vous vanger ?
Rendez-luy son portrait pour la faire enrager.
LYS. O le grand habile homme ! il y connoit finesse.
C'est donc ainsi, Monsieur, que vous tenez promesse ?

Mais

COMEDIE. 137

Mais puisqu'auprés de vous j'ay si peu de credit,
Demandez à ma sœur ce qu'elle m'en a dit,
Et si c'est sans raison que j'ay tant l'épouvante.
DOR. Tu verras que ta sœur sera plus obligeante:
Mais si ce grand courroux luy donne autant d'effroy,
Ie feray tout autant pour elle que pour toy.
LYS. N'importe, parlez-luy, du moins vous sçaurez d'elle
Avec quelle chaleur j'ay pris vostre querelle.
DOR.ᵃ Son ordre est-il si rude? MEL. Il est assez exprés,   ᵃ *A Melisse*
Mais sans mentir, ma sœur vous presse un peu de prés,
Quoy qu'elle ait commandé, la chose a deux visages.
CLI. Comme toutes les deux jouent leurs personnages!
MEL. Souvent tout cet effort à r'avoir un portrait
N'est que pour voir l'amour par l'état qu'on en fait.
C'est peut-estre aprés tout le dessein de Madame,
Ma sœur non-plus que moy ne lit pas dans son ame,
En ces occasions il fait bon hazarder,
Et de force, ou de gré je sçaurois le garder.
Si vous l'aimez, Monsieur, croyez qu'en son courage
Elle vous aime assez pour vous laisser ce gage;
Ce seroit vous traiter avec trop de rigueur
Puisqu'avant ce portrait on aura vostre cœur,
Et je la trouverois d'une humeur bien étrange
Si je ne luy faisois accepter cette échange.
Ie l'entreprens pour vous, & vous répondray bien
Qu'elle aimera ce gage autant comme le sien.
DOR. O Ciel! & de quel nom faut-il que je te nomme!
CLI. Ainsi font deux soldats logez chez le bon-homme;
Quand l'un veut tout tuer, l'autre rabat les coups,
L'un jure comme un Diable, & l'autre file doux.
Les belles, n'en déplaise à tout vostre grimoire,
Vous vous entr'entendez comme larrons en foire.
MEL. Que dit cet insolent? DOR. C'est un fou qui me sert.
CLI. Vous dites que... DOR.ᵇ Tay-toy, ta sottise me perd;   ᵇ *A Cliton.*
Ie suivray ton conseil, il m'a rendu la vie.   ᶜ *A Melisse*
LYS. Avec sa complaisance a flater vostre envie,
Dans le cœur de Madame elle croit penetrer,
Mais son front en rougit, & n'ose se montrer.
MEL.ᵈ Mon front n'en rougit point, & je veux bien qu'il voye,   ᵈ *se découvrant.*
D'où luy vient ce conseil qui luy rend tant de joye.
DOR. Mes yeux, que voy-je? où suis-je? étes-vous des flateurs?
Si le portrait dit vray, les habits sont menteurs,

Tome II.   S

Madame, c'est ainsi que vous sçavez surprendre!
MEL. C'est ainsi que je tasche à ne me point méprendre,
A voir si vous m'aimez, & sçavez meriter
Cette parfaite amour que je vous veux porter.
  Ce portrait est à vous, vous l'avez sçeu défendre,
Et de plus, sur mon cœur vous pouvez tout pretendre,
Mais par quelque motif que vous l'eussiez rendu,
L'un & l'autre à jamais étoit pour vous perdu,
Ie retirois le cœur en retirant ce gage,
Et vous n'eussiez de moy jamais veu que l'image.
Voilà le vray sujet de mon déguisement,
Pour ne rien hazarder j'ay pris ce vétement,
Pour entrer sans soupçon, pour en sortir de mesme,
Et ne me point montrer qu'ayant veu si l'on m'aime.
DOR. Ie demeure immobile, & pour vous repliquer,
Ie pers la liberté mesme de m'expliquer.
Surpris, charmé, confus d'une telle merveille,
Ie ne sçay si je dors, je ne sçay si je veille,
Ie ne sçay si je vis, & je sçay toutefois
Que ma vie est trop peu pour ce que je vous dois,
Que tous mes jours usez dessous vostre service,
Que tout mon sang pour vous offert en sacrifice,
Que tout mon cœur bruslé d'amour pour vos appas,
Envers vostre beauté ne m'acquiteroient pas.
MEL. Sçachez pour arrêter ce discours qui me flate,
Que je n'ay pû moins faire à moins que d'estre ingrate,
Vous avez fait pour moy plus que vous ne sçavez,
Et je vous doy bien plus que vous ne me devez.
Vous m'entendrez un jour, à present je vous quitte,
Et malgré mon amour je romps cette visite,
Le soin de mon honneur veut que j'en use ainsi,
Ie crains à tous momens qu'on me surprenne icy,
Encor que déguisée on pourroit me connoistre.
Ie vous puis cette nuit parler par ma fenestre,
Du moins si le Concierge est homme à consentir
A force de presens que vous puissiez sortir.
Vn peu d'argent fait tout chez les gens de sa sorte.
DOR. Mais apres que les dons m'auront ouvert la porte,
Où dois-je vous chercher? MEL. Ayant sçeu la maison
Vous pourriez aisément vous informer du nom,
Encor un jour ou deux il me faut vous le taire,
Mais vous n'êtes pas homme à me vouloir déplaire.

COMEDIE. 139

Ie loge en Belle-cour, environ au milieu,
Dans un grand pavillon. N'y manquez pas. Adieu.
DOR. Donnez quelque signal pour plus certaine adresse.
LYS. Vn linge servira de marque plus expresse,
I'en prendray soin. ME. On ouvre, & quelqu'un vous vient voir,
Si vous m'aimez, Monsieur... DOR. Ie sçay bien mon devoir, *Elles
Sur ma discretion prenez toute asseurance.   abaissent
 toutes
 deux leur
 voiffe.*

SCENE IV.

PHILISTE, DORANTE, CLITON.

PHI. AMy, nostre bonheur passé nostre esperance.
Vous avez compagnie! Ah, voyons s'il vous plaist.
DOR. Laissez-les s'échaper, je vous diray qui c'est.
Ce n'est qu'une Lingere, allant en Italie
Ie la vis en passant, & la trouvay jolie,
Nous fismes connoissance, & me sçachant icy,
Comme vous le voyez, elle en a pris soucy.
PHI. Vous trouvez en tous lieux d'assez bonnes fortunes.
DOR. Celle-cy pour le moins n'est pas des plus communes.
PHI. Elle vous semble belle, à ce conte? DOR. A ravir.
PHI. Ie n'en suis point jaloux. DOR. M'y voulez-vous servir?
PHI. Ie suis trop maladroit pour un si noble roolle.
DOR. Vous n'avez seulement qu'à dire une parole.
PHI. Qu'une? DOR. Non, cette nuit j'ay promis de la voir,
Seur que vous obtiendrez mon congé pour ce soir,
Le Concierge est à vous. PHI. C'est une affaire faite.
DOR. Quoy, vous me refusez un mot que je souhaite?
PHI. L'ordre, tout au contraire, en est déja donné,
Et vostre esprit trop prompt n'a pas bien deviné.
Comme je vous quittois avec peine à vous croire,
Quatre de mes amis m'ont conté vostre histoire,
Ils marchoient aprés vous deux ou trois mille pas,
Ils vous ont veu courir, tomber le mort à bas,
L'autre vous démonter, & fuir en diligence,
Ils ont veu tout cela de sur une éminence,
Et n'ont connu personne étant trop éloignez.
Voilà, quoy qu'il en soit, tous nos procés gagnez,

S ij

Et plûtost de beaucoup que je n'osois pretendre,
Ie n'ay point perdu temps, & les ay fait entendre,
Si bien que sans chercher d'autre éclaircissement
Vos Iuges m'ont promis vostre élargissement.
Mais quoy qu'il soit constant qu'on vous prend pour un autre,
Il faudra caution, & je seray la vostre.
Ce sont formalitez que pour vous dégager
Les Iuges, disent-ils, sont tenus d'exiger,
Mais sans doute ils en font ainsi que bon leur semble.
Tandis ce soir chez moy nous souperons ensemble,
Dans un moment ou deux vous y pourrez venir,
Nous aurons tout loisir de nous entretenir,
Et vous prendrez le temps de voir vostre Lingere.
Ils m'ont dit toutefois qu'il seroit necessaire
De coucher pour la forme un moment en prison,
Et m'en ont sur le champ rendu quelque raison;
Mais c'est si peu mon jeu que de telles matieres,
Que j'en pers aussi-tost les plus belles lumieres.
Vous sortirez demain, il n'est rien de plus vray,
C'est tout ce que j'en aime, & tout ce que j'en sçay.
DOR. Que ne vous doy-je point pour de si bons offices?
PHI. Amy, ce ne sont-là que de petits services,
Ie voudrois pouvoir mieux, tout me seroit fort doux.
Ie vay chercher du monde à souper avec vous,
Adieu, je vous attens au plus tard dans une heure.

SCENE V.

DORANTE, CLITON.

DOR. TU ne dis mot, Cliton. CLI. Elle est belle, ou je meure.
DOR. Elle te semble belle? CLI. Et si parfaitement
Que j'en suis mesme encor dans le ravissement,
Encor dans mon esprit je la vois, & l'admire,
Et je n'ay sçeu depuis trouver le mot à dire.
DOR. Ie suis ravy de voir que mon élection
Ait enfin merité ton approbation.
CLI. Ah, pleust à Dieu, Monsieur, que ce fust la servante!
Vous verriez comme quoy je la trouve charmante,
Et comme pour l'aimer je ferois le mutin.
DOR. Admire en cet amour la force du Destin.

CLI. J'admire bien plustost vostre adresse ordinaire,
Qui change en un moment cette Dame en Lingere.
DOR. C'estoit necessité dans cette occasion,
De crainte que Philiste eust quelque vision,
S'en formast quelque idée, & la pust reconnoistre.
CLI. Cette Metamorphose est de vos coups de maistre,
Ie n'en parleray plus, Monsieur, que cette fois,
Mais en un demy-jour contez déja pour trois.
Vn coupable, honneste homme, un portrait, une Dame,
A son premier métier rendent soudain vostre ame;
Et vous sçavez mentir par generosité,
Par adresse d'amour, & par necessité.
Quelle conversion! *DOR.* Tu fais bien le severe.
CLI. Non, non, à l'avenir je fais vœu de m'en taire,
J'aurois trop à conter. *DOR.* Conserver un secret,
Ce n'est pas tant mentir qu'estre amoureux discret,
L'honneur d'une Maistresse aisément y dispose.
CLI. Ce n'est qu'autre pretexte, & non pas autre chose.
Croyez-moy, vous mourrez, Monsieur, dans vostre peau,
Et vous meriterez cet illustre tombeau,
Cette digne oraison que n'agueres j'ay faite:
Vous vous en souvenez, sans que je la repete.
DOR. Pour de pareils sujets peut-on s'en garantir?
Et toy-mesme à ton tour ne crois-tu point mentir?
L'occasion convie, aide, engage, dispense,
Et pour servir un autre on ment sans qu'on y pense.
CLI. Si vous m'y surprenez, étrillez-y moy bien.
DOR. Allons trouver Philiste, & ne jurons de rien.

S iij

ACTE IV.

SCENE PREMIERE

MELISSE, LYSE.

MEL. En tremble encor de peur, & n'en suis pas remise.
LYS. Aussi bien comme vous je pensois estre prise.
M. Non, Philisten est fait que pour m'incomoder,
Voyez ce qu'en ces lieux il venoit demander,
S'il est heure si tard de faire une visite.
LYS. Vn amy veritable à toute heure s'acquite,
Mais un amant fascheux, soit de jour, soit de nuit,
Toûjours à contre-temps à nos yeux se produit,
Et depuis qu'une fois il commence à déplaire,
Il ne manque jamais d'occasion contraire,
Tant son mauvais destin semble prendre de soins
A mesler sa presence où l'on la veut le moins.
MEL. Quel desordre eust-ce été, Lyse, s'il m'eust connuë?
LYS. Il vous auroit donné fort avant dans la veuë.
MEL. Quel bruit, & quel éclat n'eust point fait son couroux?
LYS. Il eust été peut-estre aussi honteux que vous.
Vn homme un peu content & qui s'en fait accroire,
Se voyant méprisé, rabat bien de sa gloire,
Et surpris qu'il en est en telle occasion,
Toute sa vanité tourne en confusion.
Quand il a de l'esprit, il feint tendre le change,
Loin de s'en émouvoir en raillant il se vange,
Affecte des mépris, comme pour reprocher
Que la perte qu'il fait ne vaut pas s'en fascher;
Tant qu'il peut il témoigne une ame indifferente.
Quoy qu'il en soit enfin vous avez veu Dorante,
Et fort adroitement je vous ay mise en jeu.
MEL. Et fort adroitement tu m'as fait voir son feu.
LYS. Et bien, mais que vous semble encor du personnage?
Vous en ay-je trop dit. MEL. J'en ay veu davantage.

COMEDIE.

LYS. Avez-vous du regret d'avoir trop hazardé?
MEL. Ie n'ay qu'un déplaisir, d'avoir si peu tardé.
LYS. Vous l'aimez? *MEL.* Ie l'adore. *LYS.* Et croyez qu'il vous aime?
MEL. Qu'il m'aime, & d'une amour comme la mienne extrême.
LYS. Vne première veuë, un moment d'entretien
Vous fait ainsi tout croire, & ne douter de rien!
MEL. Quand les ordres du Ciel nous ont faits l'un pour l'autre,
Lyse, c'est un accord bien-tost fait que le nostre,
Sa main entre les cœurs par un secret pouvoir
Séme l'intelligence avant que de se voir;
Il prépare si bien l'Amant & la Maitresse
Que leur ame au seul nom s'émeut & s'interesse,
On s'estime, on se cherche, on s'aime en un moment,
Tout ce qu'on s'entredit persuade aisément,
Et sans s'inquieter de mille peurs frivoles
La foy semble courir au devant des paroles.
La langue en peu de mots en explique beaucoup,
Les yeux plus éloquens font tout voir tout d'un coup,
Et dequoy qu'à l'envy tous les deux nous instruisent,
Le cœur en entend plus que tous les deux n'en disent.
LYS. Si, comme dit Sylvandre, une ame en se formant,
Ou descendant du Ciel, prend d'un autre l'Aimant,
La sienne a pris le vostre, & vous a rencontrée.
MEL. Quoy, tu lis les Romans? *LYS.* Ie puis bien lire Astrée,
Ie suis de son village, & j'ay de bons garands
Qu'elle & son Celadon étoient des mes parents.
MEL. Quelle preuve en as-tu? *LYS.* Ce vieux saule, Madame,
Où chacun d'eux cachoit ses lettres & sa flame,
Quand le jaloux Semire en fit un faux témoin,
Du pré de mon grand pere il fait encor le coin,
Et l'on m'a dit que c'est un infaillible signe
Que d'un si rare Hymen je viens en droite ligne.
Vous ne m'en croyez pas? *MEL.* De vray c'est un grand point.
LYS. Aurois-je tant desprit, si cela n'étoit point?
D'où viendroit cette adresse à faire vos messages,
A joüer avec vous de si bons personnages,
Ce tresor de lumiere & de vivacité,
Que d'un sang amoureux que j'ay d'eux herité?
MEL. Tu le disois tantost, chacun a sa folie,
Les uns l'ont importune, & la tienne est jolie.

SCENE II.

CLEANDRE, MELISSE, LYSE.

CLE. Ie viens d'avoir querelle avec ce prisonnier,
  Ma sœur... MEL. Avec Dorante? Avec ce Cavalier,
Dont vous tenez l'honneur, dont vous tenez la vie?
Qu'avez-vous fait? CLE. Vn coup dont tu seras ravie.
MEL. Qu'à cette lascheté je puisse consentir!
CLE. Bien plus, tu m'aideras à le faire mentir.
MEL. Ne le présumez pas, quelque espoir qui vous flate,
  Si vous étes ingrat, je ne puis estre ingrate.
CLE. Tu semble t'en fascher! MEL. Ie m'en fasche pour vous,
  D'un mot il peut vous perdre, & je crains son couroux.
CLE. Il est trop genereux, & d'ailleurs la querelle
  Dans les termes qu'elle est n'est pas si criminelle.
Ecoute. Nous parlions des Dames de Lyon,
Elles sont assez mal en son opinion,
Il confesse de vray qu'il a peu veu la ville,
Mais il se l'imagine en beautez fort sterile,
Et ne peut se resoudre à croire qu'en ces lieux
La plus belle ait dequoy captiver de bons yeux.
Pour l'honneur du pais j'en nomme trois ou quatre,
Mais à moins que de voir il n'en veut rien rabatre,
Et comme il ne le peut étant dans la prison,
I'ay creu par un portrait le mettre à la raison,
Et sans chercher plus loin ces beautez qu'on admire,
Ie ne veux que le tien pour le faire dédire.
Me le déniras-tu, ma sœur, pour un moment?
MEL. Vous me jouez, mon frere, assez accortement,
  La querelle est adroite, & bien imaginée.
CLE. Non, je m'en suis vanté, ma parole est donnée.
MEL. S'il faut ruser icy, j'en sçais autant que vous,
  Et vous serez bien fin si je ne romps vos coups,
  Vous pensez me surprendre, & je n'en fais que rire,
  Dites donc tout d'un coup ce que vous voulez dire.
CLE. Et bien, je viens de voir ton portrait en ses mains.
MEL. Et c'est ce qui vous fasche? CLE. Et c'est dont je me plains.
MEL. I'ay creu vous obliger, & l'ay fait pour vous plaire,
  Vostre ordre étoit exprés. CLE. Quoy? je te l'ay fait faire?
                                                MEL. Ne

MEL. Ne m'avez-vous pas dit, *sous ces déguisemens*
Ajouste à ton argent perles, & diamans?
Ce sont vos propres mots, & vous en étes cause.
CLE. Et quoy, de ce portrait disent-ils quelque chose?
MEL. Puisqu'il est enrichy de quatre diamans,
N'est-ce pas obeïr à vos commandemens?
CLE. C'est fort bien expliquer le sens de mes prieres;
Mais, ma sœur, ces faveurs sont un peu singulieres,
Qui donne le portrait promet l'original.
MEL. C'est encore vostre ordre, ou je m'y connoy mal.
Ne m'avez-vous pas dit, *pren soucy de me plaire,*
Et voy ce que tu dois à qui te sauve un frere?
Puisque vous luy devez, & la vie, & l'honneur,
Pour vous en revancher, doy-je moins que mon cœur?
Et doutez-vous encor à quel point je vous aime,
Quand pour vous acquiter je me donne moy-mesme?
CLE. Certes, pour m'obeïr avec plus de chaleur
Vous donnez à mon ordre une étrange couleur,
Et prenez un grand soin de bien payer mes debtes.
Non que mes volontez en soient mal satisfaites;
Loin d'éteindre ce feu je voudrois l'allumer,
Qu'il eust dequoy vous plaire, & voulust vous aimer,
Ie tiendrois à bonheur de l'avoir pour beau-frere,
I'en cherche les moyens, j'y fais ce qu'on peut faire,
Et c'est à ce dessein qu'au sortir de prison
Ie viens de l'obliger à prendre la maison,
Afin que l'entretien produise quelques flames
Qui forment doucement l'union de vos ames.
Mais vous sçavez trouver des chemins plus aisez;
Sans sçavoir s'il vous plaist, ny si vous luy plaisez,
Vous pensez l'engager en luy donnant ces gages,
Et luy donnez sur vous de trop grands avantages.
Que sera-ce, ma sœur, si quand vous le verrez
Vous n'y rencontrez pas ce que vous esperez?
Si quelque aversion vous prend pour son visage?
Si le vostre le choque, ou qu'un autre l'engage,
Et que de ce portrait donné legerement
Il érige un trophée à quelque objet charmant?
MEL. Sans l'avoir jamais veu je connoy son courage,
Qu'importe après cela quel en soit le visage?
Tout le reste m'en plaist, si le cœur en est haut,
Et si l'ame est parfaite, il n'a point de defaut.

Tome II. T

Ajoûtez que vous-mesme après vostre avanture
Ne m'en avez pas fait une laide peinture;
Et comme vous devez vous y connoistre mieux,
Ie m'en rapporte à vous, & choisis par vos yeux.
N'en doutez nullement, je l'aimeray, mon frere,
Et si ces foibles traits n'ont point dequoy luy plaire,
S'il aime en autre lieu, n'en apprehendez rien,
Puisqu'il est genereux, il en usera bien.
CLE. Quoy qu'il en soit, ma sœur, soyez plus retenuë
Alors qu'à tous momens vous serez à sa veuë,
Vostre amour me ravit, je veux le couronner,
Mais souffrez qu'il se donne avant que vous donner.
Il sortira demain, n'en soyez point en peine,
Adieu, je vais une heure entretenir Climene.

SCENE III.

MELISSE, LYSE.

LYS. Vous en voilà défaite & quitte à bon marché,
Encor est-il traitable alors qu'il est fasché,
Sa colere a pour vous une douce methode,
Et sur la remontrance il n'est pas incommode.
MEL. Aussi qu'ay-je commis pour en donner sujet?
Me ranger à son choix sans sçavoir son projet,
Deviner sa pensée, obeïr par avance,
Sont-ce, Lyse, envers luy des crimes d'importance?
LYS. Obeïr par avance est un jeu delicat,
Dont tout autre que luy feroit un mauvais plat.
Mais ce nouvel amant dont vous faites vostre ame,
Avec un grand secret ménage vostre flame:
Devoit-il exposer ce portrait à ses yeux?
Ie le tiens indiscret. MEL. Il n'est que curieux,
Et ne montreroit pas si grande impatience
S'il me consideroit avec indifference.
Outre qu'un tel secret peut souffrir un amy.
LYS. Mais un homme qu'à peine il connoît à demy?
MEL. Mon frere luy doit tant, qu'il a lieu d'en attendre
Tout ce que d'un amy tout autre peut pretendre.
LYS. L'amour excuse tout dans un cœur enflamé,
Et tout crime est leger dont l'autheur est aimé.

COMEDIE.

Ie ferois plus fevere, & tiens qu'à juste tiltre
Vous luy pouvez tantost en faire un bon chapitre.
MEL. Ne querellons perfonne, & puisque tout va bien,
De crainte d'avoir pis, ne nous plaignons de rien.
LYS. Que vous avez de peur que le marché n'échape!
MEL. Avec tant de façons que veux-tu que j'attrape?
Ie poffede fon cœur, je ne veux rien de plus,
Et je perdrois le temps en debats fuperflus.
Quelquefois en amour trop de fineffe abufe,
S'excufera-t'il mieux que mon feu ne l'excufe?
Allons, allons l'attendre, & fans en murmurer,
Ne penfons qu'aux moyens de nous en affeurer.
LYS. Vous ferez-vous connoiftre? ME. Ouy, s'il fçait de mon frere
Ce que jufqu'à prefent j'avois voulu luy taire,
Sinon, quand il viendra prendre fon logement
Il fe verra furpris plus agreablement.

SCENE IV.

DORANTE, PHILISTE, CLITON.

DOR. ME reconduire encor! cette ceremonié
D'entre les vrais amis devroit eftre bannie.
PHI. Iufques en Belle-cour je vous ay reconduit
Pour voir une Maîtreffe en faveur de la nuit,
Le temps eft affez doux, & je la voy paroiftre
En de femblables nuits fouvent à la feneftre.
I'attendray le hazard un moment en ce lieu,
Et vous laiffe aller voir voftre Lingere, Adieu.
DOR. Que je vous laiffe icy de nuit fans compagnie!
PHI. C'eft faire à voftre tour trop de ceremonie,
Peut-eftre qu'à Paris j'aurois befoin de vous,
Mais je ne crains icy ny rivaux, ny Filoux.
DOR. Amy, pour des rivaux, chaque jour en fait naiftre,
Vous en pouvez avoir, & ne les pas connoiftre.
Ce n'eft pas que je veüille entrer dans vos fecrets,
Mais nous nous tiendrons loin en confidents difcrets,
I'ay du loifir affez. PHI. Si l'heure ne vous preffe
Vous fçaurez mon fecret touchant cette Maîtreffe,
Elle demeure, amy, dans ce grand pavillon.
CLI.ᵃ Tout fe prépare mal à cet échantillon.

ᵃ *Bal.*

T ij

DOR. Est-ce où je pense voir un linge qui voltige?
PHI. Iustement. DO. Elle est belle? PH. Assez. DO. Et vous oblige?
PHI. Ie ne sçaurois encor, s'il faut tout avoüer,
 Ny m'en plaindre beaucoup, ny beaucoup m'en loüer.
 Son accueil n'est pour moy ny trop doux, ny trop rude,
 Il est, & sans faveur, & sans ingratitude,
 Et je la voy toûjours dedans un certain point,
 Qui ne me chasse pas, & ne l'engage point.
 Mais je me trompe fort, ou sa fenestre s'ouvre.
DOR. Ie me trompe moy-mesme, ou quelqu'un s'y découvre.
PHI. I'avance, approchez-vous, mais sans suivre mes pas,
 Et prenez un détour qui ne vous montre pas,
 Vous jugerez quel fruit je puis esperer d'elle;
 Pour Cliton, il peut faire icy la sentinelle.
a Il parle à Cliton apres que Philiste s'est éloigné.
 ^a Que me vient-il de dire, & qu'est-ce que je voy?
 Cliton, sans doute il aime en mesme lieu que moy,
 O Ciel! que mon bonheur est de peu de durée.
CLI. S'il prend l'occasion qui vous est preparée,
 Vous pouvez disputer avec vostre valet
 A qui mieux de vous deux gardera le mulet.
DOR. Que de confusion & de trouble en mon ame!
CLI. Allez prêter l'oreille aux discours de la Dame,
 Au bruit que je feray prenez bien vostre temps,
b Dorante va auprès de Philiste.
 Et nous luy donnerons de jolis passe-temps.^b

SCENE V.

MELISSE, LYSE, PHILISTE, DORANTE, CLITON.

Melisse & Lyse sont à la fenestre.

ME. Est-ce vous? PH. Ouy, Madame. M. Ah! que j'en suis ravie!
 Que mon sort cette nuit devient digne d'envie!
 Certes je n'osois plus esperer ce bonheur.
PHI. Manquerois-je à venir où j'ay laissé mon cœur?
MEL. Qu'ainsi je sois aimée, & que de vous j'obtienne
 Vne amour si parfaite, & pareille à la mienne!
PHI. Ah! s'il en est besoin, j'en jure, & par vos yeux.
MEL. Vous revoir en ce lieu m'en persuade mieux,
 Et sans autre serment cette seule visite
 M'asseure d'un bonheur qui passe mon merite.

CLI. A l'aide. *MEL.* I'oy du bruit. *CLI.* A la force, au secours.
PHI. C'est quelqu'un qu'on maltraite, excusez si j'y cours,
   Madame, je reviens. *CLI.*[a] On m'égorge, on me tuë.
   Au meurtre. *PHI.* Il est déja dans la prochaine ruë.
DOR. C'est Cliton, retournez, il suffira de moy.
PHI. Ie ne vous quitte point, allons.[b] *MEL.* Ie meurs d'effroy.
CLI.[c] Ie suis mort. *MEL.* Vn rival luy fait cette surprise.
LYS. C'est plûtost quelque yvrongne, ou quelqu'autre sottise
   Qui ne meritoit pas rompre vostre entretien.
MEL. Tu flates mes desirs.

[a] *S'éloignant toûjours derriere le theatre.*
[b] *Ils sortent tous deux.*
[c] *Derriere le theatre.*

SCENE VI.

DORANTE, MELISSE, LYSE.

DOR. Madame, ce n'est rien.
Des marauts dont le vin embroüilloit la cervelle
Vuidoient à coups de poin une vieille querelle,
Ils étoient trois contre un, & le pauvre batu
A crier de la sorte exerçoit sa vertu.
   [d] Si Cliton m'entendoit, il conteroit pour quatre.
MEL. Vous n'avez donc point eu d'ennemis à combatre?
DOR. Vn coup de plat d'épée a tout fait écouler.
MEL. Ie mourois de frayeur vous y voyant aller.
DOR. Que Philiste est heureux ! qu'il doit aimer la vie !
MEL. Vous n'avez pas sujet de luy porter envie.
DOR. Vous luy parliez n'aguere en termes assez doux.
MEL. Ie pense d'aujourd'hy n'avoir parlé qu'à vous.
DOR. Vous ne luy parliez pas avant tout ce vacarme,
   Vous ne luy disiez pas que son amour vous charme,
   Qu'aucuns feux à vos feux ne peuvent s'égaler?
MEL. I'ay tenu ce discours, mais j'ay crû vous parler,
   N'étes-vous pas Dorante? *DOR.* Ouy, je le suis, Madame,
   Le malheureux témoin de vostre peu de flame,
   Ce qu'un moment fit naistre un autre l'a détruit,
   Et l'ouvrage d'un jour se perd en une nuit.
MEL. L'erreur n'est pas un crime, & vostre aimable idée
   Regnant sur mon esprit m'a si bien possedée,
   Que dans ce cher objet le sien s'est confondu,
   Et lors qu'il m'a parlé je vous ay répondu.

[d] *Bas.*

En fa place tout autre euft paffé pour vous-mefme,
Vous verrez par la fuite à quel point je vous aime.
Pardonnez cependant à mes esprits deceus,
Daignez prendre pour vous les vœux qu'il a receus,
Ou fi manque d'amour voftre foupçon perfifte...
DOR. N'en parlons plus, de grace, & parlons de Philifte,
Il vous fert, & la nuit me l'a trop découvert.
MEL. Dites qu'il m'importune, & non pas qu'il me fert,
N'en craignez rien, Adieu, j'ay peur qu'il ne revienne.
DOR. Où voulez-vous demain que je vous entretienne?
Ie dois eftre élargy. MEL. Ie vous feray fçavoir
Dés demain chez Cleandre où vous me pourrez voir.
DOR. Et qui vous peut fi-toft apprendre ces Nouvelles?
MEL. Et ne fçavez-vous pas que l'Amour a des aifles?
DOR. Vous avez habitude avec ce Cavalier.
MEL. Non, je fçay tout cela d'un Esprit familier,
Soyez moins curieux, plus fecret, plus modefte,
Sans ombrage, & demain nous parlerons du refte.

Seul. DOR.[a] Comme elle eft ma Maitreffe, elle m'a fait leçon,
Et d'un foupçon je tombe en un autre foupçon,
Lors que je crains Cleandre un amy me traverfe.
Mais nous avons bien fait de rompre le commerce,
Ie croy l'entendre.

SCENE VII.

DORANTE, PHILISTE, CLITON.

PHI. **A**My, vous m'avez toft quitté!
DOR. Sçachant fort peu la Ville, & dans l'obscurité,
En moins de quatre pas j'ay tout perdu de veuë,
Et m'étant égaré dès la premiere ruë,
Comme je fçais un peu ce que c'eft que l'amour,
I'ay creu qu'il vous falloit attendre en Belle-cour,
Mais je n'ay plus trouvé perfonne à la fenestre.
Dites moy cependant qui maffacroit ce traistre,
Qui le faifoit crier? PHI. A quelques mille pas
Ie l'ay rencontré feul tombé fur des plaftras.
DOR. Maraut, ne criois-tu que pour nous mettre en peine?
CLI. Souffrez encore un peu que je reprenne haleine.

COMEDIE.

Comme à Lyon le Peuple aime fort les Laquais,
Et leur donne souvent de dangereux paquets,
Deux coquins me trouvant tantost en sentinelle
Ont laissé choir sur moy leur haine naturelle,
Et si-tost qu'ils ont veu mon habit rouge & vert....
DOR. Quand il est nuit sans Lune, & qu'il fait temps couvert,
Connoit-on les couleurs ? tu donnes une bourde.
CLI. Ils portoient sous le bras une lanterne sourde.
C'étoit fait de ma vie, ils me traisnoient à l'eau,
Mais sentant du secours ils ont craint pour leur peau,
Et joüant des talons tous deux en gens habiles
Ils m'ont fait trébucher sur un monceau de tuiles,
Chargé de tant de coups, & de poin, & de pié,
Que je croy tout au moins en estre estropié.
Puissay-je voir bien-tost la canaille noyée.
PHI. Si j'eusse pû les joindre, ils me l'eussent payée,
La belle occasion dont je n'ay pû joüir,
Et que cette sottise a fait évanoüir.
Vous en étes témoin, cette belle adorable
Ne me pourroit jamais estre plus favorable,
Iamais je n'en receus d'accueil si gracieux ;
Mais j'ay bien-tost perdu ces momens précieux.
    Adieu, je prendray soin demain de vostre affaire,
Il est saison pour vous de voir vostre Lingere,
Puissiez-vous recevoir dans ce doux entretien
Vn plaisir plus solide, & plus long que le mien.

SCENE VIII.

DORANTE, CLITON.

DOR. CLiton, si tu le peux, regarde-moy sans rire.
CLI. I'entens à demy-mot, & ne m'en puis dédire,
I'ay gagné vostre mal. DOR. Et bien, l'occasion ?
CLI. Elle fait le menteur ainsi que le larron.
Mais si j'en ay donné, c'est pour vostre service.
DOR. Tu l'as bien fait courir avec cet artifice.
CLI. Si je ne fusse cheu, je l'eusse mené loin ;
Mais sur tout j'ay trouvé la lanterne au besoin,
Et sans ce prompt secours vostre feinte importune
M'eust bien embarrassé de vostre nuit sans Lune.

Sçachez une autre fois que ces difficultez
Ne se proposent point qu'entre gens concertez.
DOR. Pour le mieux éblouïr je faisois le severe.
CLI. C'étoit un jeu tout propre à gaster le mystere.
Dites-moy cependant, étes-vous satisfait?
DOR. Autant comme on peut l'estre. CLI. En effet? DOR. En effet.
CLI. Et Philiste? DOR. Il se tient comblé d'heur & de gloire,
Mais on l'a pris pour moy dans une nuit si noire,
On s'excuse du moins avec cette couleur.
CLI. Ces fenestres toûjours vous ont porté malheur.
Vous y pristes jadis Clarice pour Lucrece,
Aujourd'huy mesme erreur trompe cette Maîtresse,
Et vous n'avez point eu de pareils rendez-vous
Sans faire une jalouse, ou devenir jaloux.
DOR. Ie n'ay pas lieu de l'estre, & n'en sors pas fort triste.
CLI. Vous pourrez maintenant sçavoir tout de Philiste.
DOR. Cliton, tout au contraire, il me faut l'éviter,
Tout est perdu pour moy s'il me va tout conter.
De quel front oserois-je après sa confidence
Souffrir que mon amour se mist en évidence?
Après les soins qu'il prend de rompre ma prison,
Aimer en mesme lieu semble une trahison.
Voyant cette chaleur qui pour moy l'interesse,
Ie rougis en secret de servir sa Maîtresse,
Et croy devoir du moins ignorer son amour,
Iusqu'à ce que le mien ait pû paroistre au jour.
Declaré le premier, je l'oblige à se taire,
Ou si de cette flame il ne se peut défaire,
Il ne peut refuser de s'en remettre au choix
De celle dont tous deux nous adorons les loix.
CLI. Quand il vous préviendra, vous pouvez le défendre
Aussi-bien contre luy comme contre Cleandre.
DOR. Contre Cleandre & luy je n'ay pas mesme droit,
Ie dois autant à l'un comme l'autre me doit,
Et tout homme d'honneur n'est qu'en inquietude
Pouvant estre suspect de quelque ingratitude.
Allons nous reposer, la nuit & le sommeil
Nous pourront inspirer quelque meilleur conseil.

ACTE

ACTE V.

SCENE PREMIERE.

LYSE, CLITON.

CLI. Ovs voicy bien logez, Lyse, & sans raillerie
Ie ne souhaitois pas meilleure hostellerie.
Enfin nous voyons clair à ce que nous faisons,
Et je puis à loisir te conter mes raisons.
LYS. Tes raisons, c'est à dire, autant d'extravagances?
CLI. Tu me connois déja! *LYS.* Bien mieux que tu ne penses.
CLI. I'en debite beaucoup. *LYS.* Tu sçais les prodiguer.
CLI. Mais sçais-tu que l'amour me fait extravaguer?
LYS. En tiens-tu donc pour moy? *CLI.* I'en tiens, je le confesse.
LYS. Autant comme ton maistre en tient pour ma maistresse?
CLI. Non pas encor si fort, mais dès ce mesme instant
Il ne tiendra qu'à toy que je n'en tienne autant,
Tu n'as qu'à l'imiter pour estre autant aimée.
LYS. Si son ame est en feu, la mienne est enflamée,
Et je croy jusqu'icy ne l'imiter pas mal.
CLI. Tu manques, à vray dire, encor au principal.
LYS. Ton secret est obscur. *CLI.* Tu ne veux pas l'entendre,
Voy quelle est sa methode, & tasche de la prendre.
Ses attraits tout-puissans ont des avant-coureurs
Encor plus souverains à luy gagner les cœurs,
Mon maistre se rendit à ton premier message;
Ce n'est pas qu'en effet je n'aime ton visage,
Mais l'amour aujourd'huy dans les cœurs les plus vains
Entre moins par les yeux qu'il ne fait par les mains,
Et quand l'objet aimé voit les siennes garnies,
Il voit en l'autre objet des graces infinies.
Pourrois-tu te resoudre à m'attaquer ainsi?
LYS. I'en voudrois estre quitte à moins d'un grand-mercy.
CLI. Ecoute, je n'ay pas une ame interessée,
Et je te veux ouvrir le fond de ma pensée.

Aimons-nous but à but, fans foupçon, fans rigueur,
Donnons ame pour ame, & rendons cœur pour cœur.
LYS. I'en veux bien à ce prix. *CLI.* Donc fans plus de langage,
Tu veux bien m'en donner quelques baifers pour gage?
LYS. Pour l'ame, & pour le cœur, tant que tu les voudras,
Mais pour le bout du doigt, ne le demande pas,
Vn amour delicat hait ces faveurs groffieres,
Et je t'ay bien donné des preuves plus entieres.
Pourquoy me demander des gages fuperflus?
Ayant l'ame & le cœur, que te faut-il de plus?
CLI. I'ay le gouft fort groffier en matiere de flame,
Ie fçay que c'eft beaucoup qu'avoir le cœur, & l'ame,
Mais je ne fçay pas moins qu'on a fort peu de fruit
Et de l'ame, & du cœur, fi le refte ne fuit.
LYS. Et quoy, pauvre ignorant, ne fçais-tu pas encore
Qu'il faut fuivre l'humeur de celle qu'on adore,
Se rendre complaifant, vouloir ce qu'elle veut?
CLI. Si tu n'en veux changer, c'eft ce qui ne fe peut.
Dequoy me gueriroient ces gages invifibles?
Comme j'ay l'efprit lourd, je les veux plus fenfibles,
Autrement, marché nul. *LYS.* Ne defefpere point,
Chaque chofe a fon ordre, & tout vient à fon point,
Peut-eftre avec le temps nous pourrons-nous connoiftre.
Appren-moy cependant qu'eft devenu ton maiftre.
CLI. Il eft avec Philifte allé remercier
Ceux que pour fon affaire il a voulu prier.
LYS. Ie croy qu'il eft ravy de voir que fa Maitreffe
Eft la fœur de Cleandre, & devient fon hofteffe?
CLI. Il a raifon de l'eftre, & de tout efperer.
LYS. Avec toute affeurance il peut fe declarer,
Autant comme la fœur le frere le fouhaite,
Et s'il l'aime en effet, je tiens la chofe faite.
CLI. Ne doute point s'il l'aime après qu'il meurt d'amour.
LYS. Il femble toutefois fort trifte à fon retour.

COMEDIE.

SCENE II.

DORANTE, CLITON, LYSE.

DOR. Tout est perdu, Cliton, il faut ployer bagage.
CLI. Ie fais icy, Monsieur, l'amour de bon courage,
Au lieu de m'y troubler, allez en faire autant.
DOR. N'en parlons plus. CLI. Entrez, vous dis-je, on vous attend.
D. Que m'importe? C. On vous aime. D. Helas! C. On vous adore.
DOR. Ie le sçay. CLI. D'où vient donc l'ennuy qui vous devore?
DOR. Que je te trouve heureux! CLI. Le Destin m'est si doux
Que vous avez sujet d'en estre fort jaloux.
Alors qu'on vous caresse à grands coups de pistoles,
I'obtiens tout doucement paroles pour paroles.
L'avantage est fort rare, & me rend fort heureux.
DOR. Il faut partir, te dis-je. CLI. Ouy, dans un an, ou deux.
DOR. Sans tarder un moment. LYS. L'amour esprouve des charmes
A donner quelquefois de pareilles alarmes.
DOR. Lyse, c'est tout de bon. LYS. Vous n'en avez pas lieu.
DOR. Ta maistresse survient, il faut luy dire Adieu.
Puisse en ses belles mains ma douleur immortelle
Laisser toute mon ame en prenant congé d'elle.

SCENE III.

DORANTE, MELISSE, LYSE, CLITON.

MEL. Av bruit de vos soûpirs tremblante & sans couleur
Ie viens sçavoir de vous mon crime, ou mon malheur,
Si j'en suis le sujet, si j'en suis le remede,
Si je puis le guerir, ou s'il faut que j'y cede,
Si je dois, ou vous plaindre, ou me justifier,
Et de quels ennemis il faut me défier.
DOR. De mon mauvais destin qui seul me persecute.
MEL. A ses injustes loix que faut-il que j'impute?
DOR. Le coup le plus mortel dont il m'eust pû fraper.
MEL. Est-ce un mal que mes yeux ne puissent dissiper?

V ij

DOR. Voſtre amour le fait naiſtre & vos yeux le redoublent.
MEL. Si je ne puis calmer les ſoucis qui vous troublent,
 Mon amour avec vous ſçaura les partager.
DOR. Ah, vous les aigriſſez les voulant ſoulager.
 Puis-je voir tant d'amour avec tant de merite,
 Et dire ſans mourir qu'il faut que je vous quitte?
MEL. Vous me quittez! ô Ciel! Mais, Lyſe, ſoûtenez,
 Ie ſens manquer la force à mes ſens étonnez.
DOR. Ne croiſſez point ma playe, elle eſt aſſez ouverte,
 Vous me montrez en vain la grandeur de ma perte,
 Ce grand excès d'amour que font voir vos douleurs
 Triomphe de mon cœur ſans vaincre mes malheurs.
 On ne m'arréte pas pour redoubler mes chaiſnes,
 On redouble ma flame, on redouble mes peines:
 Mais tous ces nouveaux feux qui viennent m'embraſer
 Me donnent ſeulement plus de fers à briſer.
MEL. Donc à m'abandonner voſtre ame eſt reſoluë?
DOR. Ie cede à la rigueur d'une force abſoluë.
MEL. Voſtre manque d'amour vous y fait conſentir.
DOR. Traitez-moy de volage, & me laiſſez partir,
 Vous me ſerez plus douce en m'étant plus cruelle.
 Ie ne pars toutefois que pour eſtre fidelle,
 A quelques loix par là qu'il me faille obeïr,
 Ie m'en revolterois ſi je pouvois trahir,
 Sçachez-en le ſujet, & peut-eſtre, Madame,
 Que vous-meſme avoûrez, en liſant dans mon ame,
 Qu'il faut plaindre Dorante au lieu de l'accuſer,
 Que plus il quitte en vous, plus il eſt à priſer,
 Et que tant de faveurs deſſus luy répanduës
 Sur un indigne objet ne ſont pas deſcenduës.
  Ie ne vous redis point combien il m'étoit doux
 De vous connoiſtre enfin, & de loger chez vous,
 Ny comme avec tranſport je vous ay rencontrée:
 Par cette porte, helas! mes maux ont pris entrée,
 Par ce dernier bon-heur mon bonheur s'eſt détruit,
 Ce funeſte départ en eſt l'unique fruit,
 Et ma bonne fortune à moy-meſme contraire
 Me fait perdre la ſœur par la faveur du frere.
 Le cœur enflé d'amour & de raviſſement
 I'allois rendre à Philiſte un mot de compliment,
 Mais luy tout auſſi-toſt ſans le vouloir entendre,
 Cher amy, m'a-t-il dit, *vous logez chez Cleandre,*

COMEDIE.

Vous aurez veu sa sœur, je l'aime, & vous pouvez
Me rendre beaucoup plus que vous ne me devez,
En faveur de mes feux parlez à cette belle,
Et comme mon amour a peu d'accès chez elle,
Faites l'occasion quand je vous iray voir.
A ces mots j'ay fremy sous l'horreur du devoir,
Par ce que je luy doy jugez de ma misere,
Voyez ce que je puis, & ce que je dois faire.
Ce cœur qui le trahit, s'il vous aime aujourd'huy,
Ne vous trahit pas moins s'il vous parle pour luy.
Ainsi pour n'offenser son amour, ny le vostre,
Ainsi pour n'estre ingrat ny vers l'un, ny vers l'autre,
J'oste de vostre veuë un amant malheureux,
Qui ne peut plus vous voir sans vous trahir tous deux,
Luy, puisqu'à son amour j'oppose ma presence,
Vous, puisqu'en sa faveur je m'impose silence.
MEL. C'est à Philiste donc que vous m'abandonnez?
Ou plûtost c'est Philiste à qui vous me donnez?
Vostre amitié trop ferme, ou vostre amour trop lasche,
M'ostant ce qui me plaist me rend ce qui me fasche?
Que c'est à contre-temps faire l'amant discret
Qu'en ces occasions conserver un secret!
Il falloit découvrir... Mais simple, je m'abuse,
Vn amour si leger eust mal servy d'excuse,
Vn bien acquis sans peine est un tresor en l'air,
Ce qui coûte si peu ne vaut pas en parler,
La garde en importune, & la perte en console,
Et pour le retenir c'est trop qu'une parole.
DOR. Quelle excuse, Madame, & quel remercîment?
Et quel conte eust-il fait d'un amour d'un moment,
Allumé d'un coup d'œil? car luy dire autre chose,
Luy conter de vos feux la veritable cause,
Que je vous sauve un frere, & qu'il me doit le jour,
Que la reconnoissance a produit vostre amour,
C'étoit mettre en sa main le destin de Cleandre,
C'étoit trahir ce frere en voulant vous défendre,
C'étoit me repentir de l'avoir conservé,
C'étoit l'assassiner aprés l'avoir sauvé,
C'étoit desavoüer ce genereux silence
Qu'au peril de mon sang garda mon innocence,
Et perdre, en vous forçant à ne plus m'estimer,
Toutes les qualitez qui vous firent m'aimer.

V iij

MEL. Helas! tout ce discours ne sert qu'à me confondre,
Ie n'y puis consentir, & n'y sçay que répondre.
Mais je découvre enfin l'adresse de vos coups,
Vous parlez pour Philiste, & vous faites pour vous.
Vos Dames de Paris vous r'appellent vers elles,
Nos Provinces pour vous n'en ont point d'assez belles;
Si dans vostre prison vous avez fait l'amant
Ie ne vous y servois que d'un amusement.
A peine en sortez-vous que vous changez de stile,
Pour quitter la Maîtresse il faut quitter la ville,
Ie ne vous retiens plus, allez. *DOR.* Puisse à vos yeux
M'écraser à l'instant la colere des Cieux,
Si j'adore autre objet que celuy de Melisse,
Si je connoy des vœux que pour vostre service,
Et si pour d'autres yeux on m'entend soupirer,
Tant que je pourray voir quelque lieu d'esperer.
Ouy, Madame, souffrez que cet amour persiste,
Tant que l'Hymen engage, ou Melisse, ou Philiste.
Iusque-là les douceurs de vostre souvenir
Avec un peu d'espoir sçauront m'entretenir;
I'en jure par vous-mesme, & ne suis pas capable
D'un serment, ny plus saint, ny plus inviolable.
Mais j'offense Philiste avec un tel serment,
Pour guerir vos soupçons je nuis à vostre amant,
I'effaceray ce crime avec cette priere.
Si vous devez le cœur à qui vous sauve un frere,
Vous ne devez pas moins au genereux secours
Dont tient le jour celuy qui conserva ses jours.
Aimez en ma faveur un amy qui vous aime,
Et possedez Dorante en un autre luy-mesme.
  Adieu, contre vos yeux c'est assez combatu,
Ie sens à leurs regards chanceler ma vertu,
Et dans le triste état où mon ame est reduite
Pour sauver mon honneur je n'ay plus que la fuite.

COMEDIE.

    Vous aurez veu sa sœur, je l'aime, & vous pouvez
Me rendre beaucoup plus que vous ne me devez,
En faveur de mes feux parlez à cette belle,
Et comme mon amour a peu d'accès chez elle,
Faites l'occasion quand je vous iray voir.
A ces mots j'ay fremy sous l'horreur du devoir,
Par ce que je luy doy jugez de ma misere,
Voyez ce que je puis, & ce que je dois faire.
Ce cœur qui le trahit, s'il vous aime aujourd'huy,
Ne vous trahit pas moins s'il vous parle pour luy.
Ainsi pour n'offenser son amour, ny le vostre,
Ainsi pour n'estre ingrat ny vers l'un, ny vers l'autre,
I'oste de vostre veuë un amant malheureux,
Qui ne peut plus vous voir sans vous trahir tous deux,
Luy, puisqu'à son amour j'oppose ma presence,
Vous, puisqu'en sa faveur je m'impose silence.
MEL. C'est à Philiste donc que vous m'abandonnez?
Ou plûtost c'est Philiste à qui vous me donnez?
Vostre amitié trop ferme, ou vostre amour trop lasche,
M'ostant ce qui me plaist me rend ce qui me fasche?
Que c'est à contre-temps faire l'amant discret
Qu'en ces occasions conserver un secret?
Il falloit découvrir.... Mais simple, je m'abuse,
Vn amour si leger eust mal servy d'excuse,
Vn bien acquis sans peine est un tresor en l'air,
Ce qui coûte si peu ne vaut pas en parler,
La garde en importune, & la perte en console,
Et pour le retenir c'est trop qu'une parole.
DOR. Quelle excuse, Madame, & quel remercîment?
Et quel conte eust-il fait d'un amour d'un moment,
Allumé d'un coup d'œil? car luy dire autre chose,
Luy conter de vos feux la veritable cause,
Que je vous sauve un frere, & qu'il me doit le jour,
Que la reconnoissance a produit vostre amour,
C'étoit mettre en sa main le destin de Cleandre,
C'étoit trahir ce frere en voulant vous défendre,
C'étoit me repentir de l'avoir conservé,
C'étoit l'assassiner après l'avoir sauvé,
C'étoit desavoüer ce genereux silence
Qu'au peril de mon sang garda mon innocence,
Et perdre, en vous forçant à ne plus m'estimer,
Toutes les qualitez qui vous firent m'aimer.

V iij

SCENE V.

DORANTE, PHILISTE, CLEANDRE, MELISSE, LYSE, CLITON.

CLE. MA sœur, auriez-vous crû.... Vous montrez peu de joye!
En si bon entretien qui vous peut attrister?

[a] *A Cleandre.*
[b] *à Philiste*

MEL.[a] I'en contois le sujet, vous pouvez l'écouter.
[b] Vous m'aimez, je l'ay sçeu, de vostre propre bouche,
Ie l'ay sçeu de Dorante, & vostre amour me touche,
Si trop peu pour vous rendre un amour tout pareil,
Assez pour vous donner un fidelle conseil.
Ne vous obstinez plus à cherir une ingrate,
I'aime ailleurs, c'est en vain, qu'un faux espoir vous flate,
I'aime, & je suis aimée, & mon frere y consent,
Mon choix est aussi beau que mon amour puissant,
Vous l'auriez fait pour moy si vous étiez mon frere,
C'est Dorante en vn mot qui seul a pû me plaire.
Ne me demandez point, ny quelle occasion,
Ny quel temps entre nous a fait cette union,
S'il la faut appeller, ou surprise, ou constance,
Ie ne vous en puis dire aucune circonstance.
Contentez-vous de voir que mon frere aujourd'huy
L'estime, & l'aime assez pour le loger chez luy,
Et d'apprendre de moy que mon cœur se propose
Le change & le tombeau pour une mesme chose.
Lors que nostre destin nous sembloit le plus doux,
Vous l'avez obligé de me parler pour vous,
Il l'a fait, & s'en va pour vous quitter la place:
Iugez par ce discours quel malheur nous menace.
Voilà cet accident qui le fait retirer,
Voilà ce qui le trouble, & qui me fait pleurer,
Voilà ce que je crains, & voilà les alarmes,
D'où viennent ses soûpirs, & d'où naissent mes larmes.

PHI. Ce n'est pas là, Dorante, agir en Cavalier,
Sur ma parole encor vous étes prisonnier,
Vostre liberté n'est qu'une prison plus large,
Et je répons de vous s'il survient quelque charge;
Vous partez cependant, & sans m'en advertir!
Rentrez dans la prison dont vous vouliez sortir.

DOR. Allons,

COMEDIE.

DOR. Allons, je suis tout prest d'y laisser une vie
 Plus digne de pitié qu'elle n'estoit d'envie,
 Mais après le bonheur que je vous ay cedé
 Ie meritois peut-estre un plus doux procedé.
PHI. Vn amy tel que vous n'en merite point d'autre,
 Ie vous dis mon secret, vous me cachez le vostre,
 Et vous ne craignez point d'irriter mon couroux,
 Lors que vous me jugez moins genereux que vous,
 Vous pouvez me ceder un objet qui vous aime,
 Et j'ay le cœur trop bas pour vous traiter de mesme.
 Pour vous en ceder un à qui l'amour me rend,
 Sinon trop mal voulu, du moins indifferent,
 Si vous avez pû naistre, & noble, & magnanime,
 Vous ne me deviez pas tenir en moindre estime.
 Malgré nostre amitié je m'en doy ressentir,
 Rentrez dans la prison dont vous vouliez sortir.
CLE. Vous prenez pour mepris son trop de deference,
 Dont il ne faut tirer qu'une pleine asseurance
 Qu'un amy si parfait que vous osez blasmer,
 Vous aime plus que luy sans vous moins estimer.
 Si pour luy vostre foy sert aux Iuges d'ostage,
 Permettez qu'auprés d'eux la mienne la dégage,
 Et sortant du peril d'en estre inquieté
 Remettez-luy, Monsieur, toute sa liberté.
 Ou si mon mauvais sort vous rend inexorable,
 Au lieu de l'innocent arrétez le coupable.
 C'est moy qui me sçeus hier sauver sur son cheval
 Aprés avoir donné la mort à mon rival,
 Ce duel fut l'effet de l'amour de Climéne,
 Et Dorante sans vous se fust tiré de peine,
 Si devant le Prevost son cœur trop genereux
 N'eust voulu méconnoistre un homme malheureux.
PHI. Ie ne demande plus quel secret a pû faire
 Et l'amour de la sœur, & l'amitié du frere,
 Ce qu'il a fait pour vous est digne de vos soins.
 Vous luy devez beaucoup, vous ne rendez pas moins,
 D'un plus haut sentiment la vertu n'est capable;
 Et puisque ce duel vous avoit fait coupable,
 Vous ne pouviez jamais envers un innocent
 Estre plus obligé, ny plus reconnoissant.
 Ie ne m'oppose point à vostre gratitude,
 Et si je vous ay mis en quelque inquietude,

Tome II. X

Si d'un si prompt depart j'ay paru me piquer,
Vous ne m'entendiez pas, & je vay m'expliquer.
On nomme une prison le nœud d'l'Hymenée,
L'Amour mesme a des fers dont l'ame est enchaisnée,
Vous les rompiez pour moy, je n'y puis consentir,
Rentrez dans la prison dont vous vouliez sortir.
DOR. Amy, c'est là le but qu'avoit vostre colere!
PHI. Amy, je fais bien moins que vous ne vouliez faire.
CLE. Comme à luy je vous dois & la vie & l'honneur.
MEL. Vous m'avez fait trembler pour croistre mon bonheur.

[a] à Melisse. PHI.[a] J'ay voulu voir vos pleurs pour mieux voir vostre flame,
Et la crainte a trahy les secrets de vostre ame;
Mais quittons desormais des complimens si vains.
[b] à Cleandre. [b] Vostre secret, Monsieur, est seur entre mes mains,
Recevez-moy pour tiers d'une amitié si belle,
Et croyez qu'à l'envy je vous seray fidelle.
[c] seul. CLI.[c] Ceux qui sont las debout se peuvent aller seoir,
Je vous donne en passant cet advis, & bon-soir.

FIN.

RODOGVNE
PRINCESSE
DES PARTHES
TRAGEDIE

ACTEVRS

CLEOPATRE, Reine de Sirie, veufve de Demetrius Nicanor.

SELEVCVS,
ANTIOCHVS, } Fils de Demetrius & de Cleopatre.

RODOGVNE, Sœur de Phraates Roy des Parthes.

TIMAGENE, Gouverneur des deux Princes.

ORONTE, Ambassadeur de Phraates.

LAONICE, Sœur de Timagene, Confidente de Cleopatre.

La Scene est à Seleucie dans le Palais Royal.

RODOGVNE,
TRAGEDIE.

ACTE I.

SCENE PREMIERE.

LAONICE, TIMAGENE.

LAO. ENFIN ce jour pompeux, cet heureux
    jour nous luit
Qui d'un trouble si long doit dissiper la
    nuit,
Ce grand jour où l'Hymen étouffant la
    vangeance
Entre le Parthe & nous remet l'intelli-
    gence,
Affranchit sa Princesse, & nous fait pour jamais
Du motif de la guere un lien de la paix.
Ce grand jour est venu, mon frere, où nostre Reine
Cessant de plus tenir la Couronne incertaine
Doit rompre aux yeux de tous son silence obstiné,
De deux Princes gemeaux nous declarer l'aisné,
Et l'avantage seul d'un moment de naissance,
Dont elle a jusqu'icy caché la connoissance,
Mettant au plus heureux le sceptre dans la main,
Va faire l'un Sujet, & l'autre Souverain.

X iij

Mais n'admirez-vous point que cette mesme Reine
Le donne pour époux à l'objet de sa haine,
Et n'en doit faire un Roy qu'afin de couronner
Celle que dans les fers elle aimoit à gesner?
Rodogune par elle en esclave traitée
Par elle se va voir sur le trosne montée,
Puisque celuy des deux qu'elle nommera Roy
Luy doit donner la main & recevoir sa foy.

TIM. Pour le mieux admirer trouvez bon, je vous prie,
Que j'apprenne de vous les troubles de Syrie.
I'en ay veu les premiers, & me souviens encor
Des malheureux succès du grand Roy Nicanor,
Quand des Parthes vaincus pressant l'adroite fuite
Il tomba dans leurs fers au bout de sa poursuite.
Ie n'ay pas oublié que cet évenement
Du perfide Tryphon fit le soûlevement.
Voyant le Roy captif, la Reine desolée,
Il creut pouvoir saisir la Couronne ébranlée,
Et le Sort favorable à son lasche attentat
Mit d'abord sous ses loix la moitié de l'Etat.
La Reine craignant tout de ces nouveaux orages,
En sçeut mettre à l'abry ses plus précieux gages,
Et pour n'exposer pas l'enfance de ses fils,
Me les fit chez son frere enlever à Memphis.
Là nous n'avons rien sçeu que de la Renommée,
Qui par un bruit confus diversement semée,
N'a porté jusqu'à nous ces grands renversemens
Que sous l'obscurité de cent déguisemens.

LAO. Sçachez donc que Tryphon après quatre batailles
Ayant sçeu nous reduire à ces seules murailles,
En forma tost le siege, & pour comble d'effroy
Vn faux bruit s'y coula touchant la mort du Roy.
Le Peuple épouvanté qui déja dans son ame
Ne suivoit qu'à regret les ordres d'une femme,
Voulut forcer la Reine à choisir un époux.
Que pouvoit-elle faire, & seule, & contre tous?
Croyant son mary mort, elle épousa son frere,
L'effet monstra soudain ce conseil salutaire;
Le Prince Antiochus devenu nouveau Roy
Sembla de tous costez traisner l'heur avec soy:
La victoire attachée au progrès de ses armes
Dessus nos ennemis rejetta nos alarmes,

TRAGEDIE 167

Et la mort de Tryphon dans un dernier combat
Changeant tout nostre sort luy rendit tout l'Estat.
Quelque promesse alors qu'il eut faite à la mere,
De remettre ses fils au trosne de leur pere,
Il témoigna si peu de la vouloir tenir,
Qu'elle n'osa jamais les faire revenir.
Ayant regné sept ans, son ardeur militaire
Ralluma cette guerre où succomba son frere,
Il attaqua le Parthe, & se creut assez fort
Pour en vanger sur luy la prison & la mort.
Iusques dans ses Etats il luy porta la guerre,
Il s'y fit par tout craindre à l'égal du tonnerre,
Il luy donna bataille, où mille beaux exploits...
Ie vous acheveray le reste une autre fois,
Vn des Princes survient.   *Elle se
                                                                 vent reti-
                                                                 rer.*

SCENE II.

ANTIOCHVS, TIMAGENE, LAONICE.

ANT.   Demeurez, Laonice,
Vous pouvez comme luy me rendre un bon office.
   Dans l'etat où je suis, triste, & plein de soucy,
Si j'espere beaucoup, je crains beaucoup aussi.
Vn seul mot aujourd'huy maistre de ma fortune,
M'oste, ou donne à jamais le Sceptre, & Rodogune,
Et de tous les Mortels ce secret revelé
Me rend le plus content, ou le plus desolé.
Ie voy dans le hazard tous les biens que j'espere,
Et ne puis estre heureux sans le malheur d'un frere,
Mais d'un frere si cher, que les nœuds d'amitié
Font sur moy de ses maux rejallir la moitié.
Donc pour moins hazarder j'aime mieux moins pretendre,
Et pour rompre le coup que mon cœur n'ose attendre,
Luy cedant de deux biens le plus brillant aux yeux,
M'asseurer de celuy qui m'est plus precieux.
Heureux, si sans attendre un fascheux droit d'ainesse,
Pour un Trosne incertain j'en obtiens la Princesse!

Et puis par ce partage épargner les soûpirs
Qui naistroient de ma peine, ou de ses déplaisirs.
Va le voir de ma part, Timagene, & luy dire
Que pour cette beauté je luy cede l'Empire;
Mais porte-luy si haut la douceur de regner,
Qu'à cet éclat du Trosne il se laisse gagner,
Qu'il s'en laisse éblouïr, jusqu'à ne pas connoistre
A quel prix je consens de l'accepter pour maistre.
^a Et vous, en ma faveur voyez ce cher objet,
Et taschez d'abaisser ses yeux sur un Sujet
Qui peut-estre aujourd'huy porteroit la couronne,
S'il n'attachoit les siens à sa seule personne,
Et ne la preferoit à cet illustre rang
Pour qui les plus grands cœurs prodiguent tout leur sang.
TIM. ^bSeigneur, le Prince vient, & vostre amour luy-mesme
Luy peut sans interprete offrir le Diadesme.
ANT. Ah! je tremble, & la peur d'un trop juste refus
Rend ma langue muette & mon esprit confus.

^a *Timagene s'en va, & le Prince continuë à parler à Laonice.*

^b *Il rentre sur le Theatre.*

SCENE III.

SELEVCVS, ANTIOCHVS, TIMAGENE, LAONICE.

SEL. Vous puis-je en confiance expliquer ma pensée?
ANT. Parlez, nostre amitié par ce doute est blessée?
SEL. Helas! c'est le malheur que je crains aujourd'huy,
L'égalité, mon frere, en est le ferme appuy,
C'en est le fondement, la liaison, le gage,
Et voyant d'un costé tomber tout l'auantage,
Avec juste raison je crains qu'entre nous deux
L'égalité rompuë en rompe les doux nœuds,
Et que ce jour fatal à l'heur de nostre vie
Iette sur l'un de nous trop de honte, ou d'Envie.
ANT. Comme nous n'avons eu jamais qu'un sentiment,
Cette peur me touchoit, mon frere également,
Mais si vous le voulez, j'en sçay bien le remede.
SEL. Si je veux! bien plus, je l'aponce, & vous cede
Tout ce que la Couronne a de charmant en soy.
Ouy, Seigneur (car je parle à present à mon Roy)

Pour

Pour le Trosne cedé donnez-moy Rodogune,
Et je n'envìray point vostre haute fortune.
Ainsi nostre destin n'aura rien de honteux,
Ainsi nostre bonheur n'aura rien de douteux,
Et nous mépriserons ce foible droit d'ainesse,
Vous, satisfait du Trosne, & moy de la Princesse.
ANT. Helas! SEL. Recevez vous l'offre avec déplaisir?
ANT. Pouvez-vous nommer offre une ardeur de choisir,
   Qui de la mesme main qui me cede un Empire
M'arrache un bien plus grand, & le seul où j'aspire.
SEL. Rodogune? ANT. Elle-mesme, ils en sont les témoins.
SEL. Quoy, l'estimez-vous tant? ANT. Quoy, l'estimez vous moins?
SEL. Elle vaut bien un Trosne, il faut que je le die.
ANT. Elle vaut à mes yeux tout ce qu'en a l'Asie.
SEL. Vous l'aimez donc, mon frere? ANT. Et vous l'aimez aussi;
   C'est là tout mon malheur, c'est là tout mon soucy,
J'esperois que l'éclat dont le Trosne se pare
Toucheroit vos desirs plus qu'un objet si rare,
Mais aussi-bien qu'à moy son prix vous est connu,
Et dans ce juste choix vous m'avez prévenu,
Ah, deplorable Prince! SEL. Ah, Destin trop contraire!
ANT. Que ne ferois-je point contre un autre qu'un frere?
SEL. O mon cher frere! ô nom pour un rival trop doux!
   Que ne ferois-je point contre un autre que vous?
ANT. Où nous vas-tu reduire, amitié fraternelle?
SEL. Amour, qui doit icy vaincre de vous, ou d'elle?
ANT. L'amour, l'amour doit vaincre, & la triste amitié
Ne doit estre à tous deux qu'un objet de pitié.
Vn grand cœur cede un Trosne, & le cede avec gloire,
Cet effort de vertu couronne sa memoire,
Mais lors qu'un digne objet a pû nous enflamer,
Qui le cede est un lasche, & ne sçait pas aimer.
   De tous deux Rodogune a charmé le courage,
Cessons par trop d'amour de luy faire un outrage.
Elle doit épouser, non pas vous, non pas moy,
Mais de moy, mais de vous, quiconque sera Roy:
La Couronne entre nous flote encore incertaine,
Mais sans incertitude elle doit estre Reine,
Cependant aveuglez dans nostre vain projet
Nous la faisions tous deux la femme d'un Sujet!
Regnons, l'ambition ne peut estre que belle,
Et pour elle quittée, & reprise pour elle.

Tom II.   Y

Et ce Trofne, où tous deux nous ofions renoncer,
Souhaitons-le tous deux afin de l'y placer;
C'eſt dans noſtre deſtin le ſeul conſeil à prendre,
Nous pouvons nous en plaindre, & nous devons l'attendre.
SEL. Il faut encor plus faire, il faut qu'en ce grand jour
Noſtre amitié triomphe auſſi-bien que l'amour.
Ces deux ſiéges fameux de Thebes, & de Troye,
Qui mirent l'une en ſang, l'autre aux flames en proye,
N'eurent pour fondemens à leurs maux infinis
Que ceux que contre nous le Sort a reünis.
Il ſeme entre nous deux toute la jalouſie
Qui dépeupla la Grece, & ſaccagea l'Aſie;
Vn meſme eſpoir du Sceptre eſt permis à tous deux,
Pour la meſme beauté nous faiſons meſmes vœux,
Thebes perit pour l'un, Troye a bruſlé pour l'autre,
Tout va choir en ma main, ou tomber en la voſtre,
En vain noſtre amitié taſchoit à partager,
Et ſi j'oſe tout dire, un titre aſſez leger,
Vn droit d'aiſneſſe obſcur ſur la foy d'une mere,
Va combler l'un de gloire, & l'autre de miſere.
Que de ſujets de plainte en ce double intereſt
Aura le malheureux contre un ſi foible Arreſt!
Que de ſources de haine! helas jugez le reſte,
Craignez-en avec moy l'évenement funeſte,
Ou plutoſt avec moy faites un digne effort
Pour armer voſtre cœur contre un ſi triſte ſort.
Malgré l'éclat du Troſne, & l'amour d'une femme,
Faiſons ſi bien regner l'amitié ſur noſtre ame,
Qu'étouffant dans leur perte un regret ſuborneur
Dans le bon-heur d'un frere on trouve ſon bon-heur.
Ainſi ce qui jadis perdit Thebes, & Troye,
Dans nos cœurs mieux unis ne verſera que joye,
Ainſi noſtre amitié triomphante à ſon tour
Vaincra la jalouſie en cedant à l'amour,
Et de noſtre deſtin bravant l'ordre barbare
Trouvera des douceurs aux maux qu'il nous prépare.
ANT. Le pourrez-vous, mon frere? SEL. Ah, que vous me preſſez!
Ie le voudray du moins, mon frere, & c'eſt aſſez,
Et ma raiſon ſur moy gardera tant d'empire
Que je deſavoüray mon cœur, s'il en ſoûpire.
ANT. I'embraſſe comme vous ces nobles ſentimens,
Mais allons leur donner le ſecours des ſermens,

TRAGEDIE.

Afin qu'étant témoins de l'amitié jurée
Les Dieux contre un tel coup asseurent sa durée.
SEL. Allons, allons l'étraindre au pied de leurs Autels
Par des liens sacrez & des nœuds immortels.

SCENE IV.

LAONICE, TIMAGENE.

LAO. PEut-on plus dignement meriter la Couronne?
TIM. Ie ne suis point surpris de ce qui vous étonne,
Confident de tous deux, prévoyant leur douleur
I'ay préveu leur constance, & j'ay plaint leur malheur.
Mais de grace achevez l'histoire commencée.
LAO. Pour la reprendre donc où nous l'avons laissée,
Les Parthes au combat par les nostres forcez,
Tantost presque vainqueurs, tantost presque enfoncez,
Sur l'une & l'autre Armée également heureuse
Virent long-temps voler la victoire douteuse;
Mais la Fortune enfin se tourna contre nous,
Si bien qu'Antiochus percé de mille coups,
Près de tomber aux mains d'une troupe ennemie
Luy voulut desrober les restes de sa vie,
Et préferant aux fers la gloire de perir
Luy-mesme par sa main acheva de mourir.
La Reine ayant appris cette triste Nouvelle
En receut tost après une autre plus cruelle,
Que Nicanor vivoit, que sur un faux rapport
De ce premier époux elle avoit creu la mort,
Que piqué jusqu'au vif contre son Hymenée
Son ame à l'imiter s'étoit determinée,
Et que pour s'affranchir des fers de son vainqueur
Il alloit épouser la Princesse sa sœur.
(C'est cette Rodogune, où l'un & l'autre frere
Trouve encor les appas qu'avoit trouvez leur pere)
La Reine envoye en vain pour se justifier,
On a beau la defendre, on a beau le prier,
On ne rencontre en luy qu'un juge inexorable,
Et son amour nouveau la veut croire coupable,
Son erreur est un crime, & pour l'en punir mieux,
Il veut mesme épouser Rodogune à ses yeux,

Y ij

Arracher de son front le sacré Diadesme,
Pour ceindre une autre teste en sa presence mesme;
Soit qu'ainsi sa vangeance eust plus d'indignité,
Soit qu'ainsi cet Hymen eust plus d'authorité,
Et qu'il asseurast mieux par cette barbarie
Aux enfans qui naistroient le Trosne de Syrie.
 Mais tandis qu'animé de colere & d'amour
Il vient desheriter ses fils par son retour,
Et qu'un gros escadron de Parthes pleins de joye
Conduit ces deux amans, & court comme à la proye,
La Reine au desespoir de n'en rien obtenir
Se resout de se perdre, ou de le prévenir.
Elle oublie un mary qui veut cesser de l'estre,
Qui ne veut plus la voir qu'en implacable maistre,
Et changeant à regret son amour en horreur
Elle abandonne tout à sa juste fureur.
Elle mesme leur dresse une embusche au passage,
Se mesle dans les coups, porte par tout sa rage,
En pousse jusqu'au bout les furieux effets.
Que vous diray-je enfin ? les Parthes sont défaits,
Le Roy meurt, & dit-on, par la main de la Reine.
Rodogune captive est livrée à sa haine;
Tous les maux qu'un esclave endure dans les fers,
Alors sans moy, mon frere, elle les eust soufferts,
La Reine à la gesner prenant mille delices
Ne commettoit qu'à moy l'ordre de ses supplices;
Mais quoy que m'ordonnast cette ame toute en feu,
Ie promettois beaucoup, & j'executois peu.
Le Parthe cependant en jure la vangeance,
Sur nous à main armée il fond en diligence,
Nous surprend, nous assiege, & fait un tel effort,
Que la ville aux abois, on luy parle d'accord.
Il veut fermer l'oreille enflé de l'avantage,
Mais voyant parmy nous Rodogune en ostage,
Enfin il craint pour elle, & nous daigne écouter,
Et c'est ce qu'aujourd'huy l'on doit executer.
 La Reine de l'Egypte a rappellé nos Princes,
Pour remettre à l'aisné son Trosne & ses Provinces,
Rodogune a paru sortant de sa prison
Comme vn Soleil levant dessus nostre Horison,
Le Parthe a decampé pressé par d'autres guerres
Contre l'Armenien qui ravage ses terres;

TRAGEDIE.

D'un ennemy cruel il s'est fait nostre appuy,
La Paix finit la haine, & pour comble aujourd'huy
(Doy-je dire de bonne, ou mauvaise fortune?)
Nos deux Princes tous deux adorent Rodogune.
TIM. Si-tost qu'ils ont paru tous deux en cette Cour,
Ils ont veu Rodogune, & j'ay veu leur amour:
Mais comme étans rivaux nous les trouvons à plaindre,
Connoissant leur vertu je n'en voy rien à craindre.
Pour vous, qui gouvernez cet objet de leurs vœux…
LAO. Et n'ay point encor veu qu'elle aime aucun des deux.
TIM. Vous me trouvez mal-propre à cette confidence,
Et peut-estre à dessein je la voy qui s'avance,
Adieu, je dois au rang qu'elle est preste à tenir
Du moins la liberté de vous entretenir.

SCENE V.

RODOGVNE, LAONICE.

ROD. IE ne sçay quel malheur aujourd'huy me menace,
Et coule dans ma joye une secrette glace,
Ie tremble, Laonice, & te voulois parler
Ou pour chasser ma crainte, ou pour m'en consoler.
LAO. Quoy, Madame, en ce jour pour vous si plein de gloire?
ROD. Ce jour m'en promet tant que j'ay peine à tout croire.
La Fortune me traite avec trop de respect,
Et le Trosne, & l'Hymen, tout me devient suspect.
L'Hymen semble à mes yeux cacher quelque supplice,
Le Trosne sous mes pas creuser un précipice,
Ie voy de nouveaux fers après les miens brisez,
Et je prens tous ces biens pour des maux déguisez,
En un mot, je crains tout de l'esprit de la Reine.
LAO. La paix qu'elle a jurée en a calmé la haine.
ROD. La haine entre les Grands se calme rarement,
La Paix souvent n'y sert que d'un amusement,
Et dans l'état où j'entre, à te parler sans feinte,
Elle a lieu de me craindre, & je crains cette crainte.
Non qu'enfin je ne donne au bien des deux Etats
Ce que j'ay dû de haine à de tels attentats,
I'oublie, & pleinement toute mon avanture:
Mais une grande offence est de cette nature

Que toûjours son autheur impute à l'offensé
Vn vif ressentiment dont il le croit blessé,
Et quoy qu'en apparence on les reconcilie,
Il le craint, il le hait, & jamais ne s'y fie,
Et toûjours alarmé de cette illusion,
Si-tost qu'il peut le perdre, il prend l'occasion.
Telle est pour moy la Reine. *LAO.* Ah, Madame, je jure
Que par ce faux soupçon vous luy faites injure.
Vous devez oublier un desespoir jaloux
Où força son courage un infidelle époux.
Si teinte de son sang, & toute furieuse,
Elle vous traita lors en rivale odieuse,
L'impetuosité d'un premier mouvement
Engageoit sa vangeance à ce dur traitement,
Il falloit un pretexte à vaincre sa colere,
Il y falloit du temps, & pour ne vous rien taire,
Quand je me dispensois à luy mal obeïr,
Quand en vostre faveur je semblois la trahir,
Peut-estre qu'en son cœur plus douce, & repentie
Elle en dissimuloit la meilleure partie,
Que se voyant tromper elle fermoit les yeux,
Et qu'un peu de pitié la satisfaisoit mieux.
A present que l'amour succede à la colere,
Elle ne vous voit plus qu'avec des yeux de mere,
Et si de cet amour je la voyois sortir,
Ie jure de nouveau de vous en aduertir.
Vous sçavez comme quoy je vous suis toute acquise:
Le Roy souffriroit-il d'ailleurs quelque surprise?
ROD. Qui que ce soit des deux qu'on couronne aujourd'huy,
Elle sera sa mere, & pourra tout sur luy.
LAO. Qui que ce soit des deux, je sçay qu'il vous adore,
Connoissant leur amour pouvez-vous craindre encore?
ROD. Ouy, je crains leur Hymen, & d'estre à l'un des deux.
LAO. Quoy, sont-ils des sujets indignes de vos feux?
ROD. Comme ils ont mesme sang avec pareil merite
Vn avantage égal pour eux me sollicite,
Mais il est mal-aisé dans cette égalité
Qu'un esprit combatu ne panche d'un costé.
Il est des nœuds secrets, il est des sympathies
Dont par le doux rapport les ames assorties
S'attachent l'une à l'autre; & se laissent piquer
Par ces je ne sçay quoy qu'on ne peut expliquer.

C'est par là que l'un d'eux obtient la preference,
Ie croy voir l'autre encore avec indifference,
Mais cette indifference est une aversion
Lors que je la compare avec ma passion.
Etrange effet d'amour! incroyable chimere!
Ie voudrois estre à luy si je n'aimois son frere,
Et le plus grand des maux toutefois que je crains,
C'est que mon triste sort me livre entre ses mains.
LAO. Ne pourray-je servir une si belle flame?
ROD. Ne croy pas en tirer le secret de mon ame.
Quelque époux que le Ciel vueille me destiner,
C'est à luy pleinement que je veux me donner.
De celuy que je crains si je suis le partage,
Ie sçauray l'accepter avec mesme visage,
L'Hymen me le rendra précieux à son tour,
Et le devoir fera ce qu'auroit fait l'amour,
Sans crainte qu'on reproche à mon humeur forcée
Qu'un autre qu'un mary regne sur ma pensée.
LAO. Vous craignez que ma foy vous l'ose reprocher!
ROD. Que ne puis-je à moy-mesme aussi-bien le cacher?
LAO. Quoy que vous me cachiez, aisément je devine,
Et pour vous dire enfin ce que je m'imagine,
Le Prince.... *ROD.* Garde-toy de nommer mon vainqueur,
Ma rougeur trahiroit les secrets de mon cœur,
Et je te voudrois mal de cette violence
Que ta dexterité feroit à mon silence,
Mesme de peur qu'un mot par hazard échapé
Te fasse voir ce cœur, & quels traits l'ont frapé,
Ie romps vn entretien dont la suite me blesse.
Adieu, mais souvien-toy que c'est sur ta promesse
Que mon esprit reprend quelque tranquillité.
LAO. Madame, asseurez-vous sur ma fidelité.

ACTE II.

SCENE PREMIERE.

CLEOPATRE.

ERMENs fallacieux, salutaire contrainte
Que m'imposa la force, & qu'accepta ma crainte,
Heureux déguisemens d'un immortel couroux,
Vains fantosmes d'Etat, évanoüissez-vous.
Si d'un peril pressant la terreur vous fit naistre,
Avec ce peril mesme il vous faut disparoistre,
Semblables à ces vœux dans l'orage formez
Qu'efface un prompt oubly quand les flots sont calmez.
Et vous qu'avec tant d'art cette feinte a voilée,
Recours des impuissans, haine dissimulée,
Digne vertu des Rois, noble secret de Cour,
Eclatez, il est temps, & voicy nostre jour.
Montrons-nous toutes deux, non plus comme Sujettes,
Mais telle que je suis, & telle que vous étes,
Le Parthe est éloigné, nous pouvons tout oser,
Nous n'avons rien à craindre, & rien à déguiser,
Ie hay, je regne encor. Laissons d'illustres marques
En quittant, s'il le faut, ce haut rang des Monarques,
Faisons-en avec gloire un depart éclatant,
Et rendons-le funeste à celle qui l'attend.
C'est encor, c'est encor cette mesme ennemie
Qui cherchoit ses honneurs dedans mon infamie,
Dont la haine à son tour croit me faire la loy,
Et regner par mon ordre, & sur vous, & sur moy.
Tu m'estimes bien lasche, imprudente rivale,
Si tu crois que mon cœur jusques-là se ravale,
Qu'il souffre qu'un Hymen qu'on t'a promis en vain
Te mette ta vangeance, & mon Sceptre à la main.
Voy jusqu'où m'emporta l'amour du Diadesme,
Voy quel sang il me coûte, & tremble pour toy-mesme,
                                                    Tremble,

Tremble, te dis-je, & songe en dépit du Traité
Que pour t'en faire un don je l'ay trop acheté.

SCENE II.

CLEOPATRE, LAONICE.

CLE. Laonice, vois-tu que le Peuple s'apreste
Au pompeux appareil de cette grande Feste?
LAO. La joye en est publique, & les Princes tous deux
Des Syriens ravis emportent tous les vœux,
L'un & l'autre fait voir un merite si rare
Que le souhait confus entre les deux s'égare,
Et ce qu'en quelques-uns on voit d'attachement
N'est qu'un foible ascendant d'un premier mouvement.
Ils panchent d'un costé prests à tomber de l'autre,
Leur choix pour s'affermir attend encor le vostre,
Et de celuy qu'ils font ils sont si peu jaloux
Que vostre secret sçeu les reünira tous.
CLE. Sçais-tu que mon secret n'est pas ce que l'on pense?
LAO. J'attens avec eux tous celuy de leur naissance.
CLE. Pour un esprit de Cour, & nourry chez les Grands
Tes yeux dans leurs secrets sont bien peu penetrans.
Appren, ma confidente, apprens à me connoistre.
Si je cache en quel rang le Ciel les a fait naistre,
Voy, voy, que tant que l'ordre en demeure douteux,
Aucun des deux ne regne, & je regne pour eux.
Quoy que ce soit un bien que l'un & l'autre attende,
De crainte de le perdre aucun ne le demande,
Cependant je possede, & leur droit incertain
Me laisse avec leur sort leur sceptre dans la main.
Voilà mon grand secret. Sçais-tu par quel mystere
Je les laissois tous deux en dépost chez mon frere?
LAO. J'ay creu qu'Antiochus les tenoit éloignez
Pour joüir des Etats qu'il avoit regagnez.
CLE. Il occupoit leur Trosne, & craignoit leur presence,
Et cette juste crainte asseuroit ma puissance.
Mes ordres en étoient de point en point suivis
Quand je le menaçois du retour de mes fils,
Voyant ce foudre prest à suivre ma colere,
Quoy qu'il me plust oser, il n'osoit me déplaire,

Et content malgré luy du vain titre de Roy,
S'il regnoit au lieu d'eux, ce n'étoit que sous moy.
  Ie te diray bien plus. Sans violence aucune
I'aurois veu Nicanor épouser Rodogune,
Si content de luy plaire & de me dédaigner
Il eust vécu chez elle en me laissant regner,
Son retour me faschoit plus que son Hymenée,
Et j'aurois pû l'aimer s'il ne l'eust couronnée.
Tu vis comme il y fit des efforts superflus,
Ie fis beaucoup alors, & ferois encor plus,
S'il étoit quelque voye, infame, ou legitime,
Que m'enseignast la gloire, ou que m'ouvrist le crime,
Qui me pust conserver un bien que j'ay chery
Iusqu'à verser pour luy tout le sang d'un mary.
Dans l'état pitoyable où m'en reduit la suite,
Delices de mon cœur, il faut que je te quitte,
On m'y force, il le faut, mais on verra quel fruit
En recevra bientost celle qui m'y reduit.
L'amour que j'ay pour toy tourne en haine pour elle,
Autant que l'un fut grand, l'autre sera cruelle,
Et puisqu'en te perdant j'ay sur qui m'en vanger,
Ma perte est supportable, & mon mal est leger.
LAO. Quoy, vous parlez encor de vangeance & de haine
Pour celle dont vous mesme allez faire une Reine?
CLE. Quoy, je ferois un Roy pour estre son époux,
Et m'exposer aux traits de son juste courroux?
N'apprendras-tu jamais, ame basse & grossiere,
A voir par d'autres yeux que les yeux du vulgaire?
Toy qui connois ce Peuple, & sçais qu'aux champs de Mars
Laschement d'une femme il suit les étendarts,
Que sans Antiochus Tryphon n'eust dépouillée,
Que sous luy son ardeur fut soudain reveillée,
Ne sçaurois-tu juger que si je nomme un Roy,
C'est pour le commander, & combatre pour moy?
I'en ay le choix en main avec le droit d'aisnesse,
Et puisqu'il en faut faire une aide à ma foiblesse,
Que la guerre sans luy ne peut se rallumer,
I'useray bien du droit que j'ay de le nommer.
On ne montera point au rang dont je devale,
Qu'en épousant ma haine au lieu de ma rivale,
Ce n'est qu'en me vangeant qu'on me le peut ravir,
Et je feray regner qui me voudra servir.

LAO. Ie vous connoiſſois mal. *CLE.* Connoy-moy toute entiere.
Quand je mis Rodogune en tes mains priſonniere,
Ce ne fut ny pitié, ny reſpect de ſon rang,
Qui m'arreſta le bras & conſerva ſon ſang.
La mort d'Antiochus me laiſſoit ſans Armée,
Et d'une troupe en haſte à me ſuivre animée,
Beaucoup dans ma vangeance ayant finy leurs jours
M'expoſoient à ſon frere, & foible, & ſans ſecours.
Ie me voyois perduë à moins d'un tel oſtage :
Il vint, & ſa fureur craignit pour ce cher gage,
Il m'impoſa des loix, exigea des ſermens,
Et moy, j'accorday tout pour obtenir du temps.
Le temps eſt un treſor plus grand qu'on ne peut croire,
I'en obtins, & je crûs obtenir la victoire,
I'ay pû reprendre haleine, & ſous de faux appreſts...
Mais voicy mes deux fils que j'ay mandez exprés,
Ecoute, & tu verras quel eſt cet Hymenée
Où ſe doit terminer cette illuſtre journée.

SCENE III.

CLEOPATRE, ANTIOCHVS, SELEVCVS, LAONICE.

CLE. MEs enfans, prenez place. Enfin voicy le jour
Si doux à mes ſouhaits, ſi cher à mon amour,
Où je puis voir briller ſur une de vos teſtes
Ce que j'ay conſervé parmy tant de tempeſtes,
Et vous remettre un bien aprés tant de malheurs
Qui m'a coûté pour vous tant de ſoins & de pleurs.
Il peut vous ſouvenir quelles furent mes larmes,
Quand Tryphon me donna de ſi rudes alarmes,
Que pour ne vous pas voir expoſez à ſes coups,
Il fallut me reſoudre à me priver de vous.
Quelles peines depuis, grands Dieux, n'ay-je ſouffertes !
Chaque jour redoubla mes douleurs, & mes pertes,
Ie vis voſtre Royaume entre ces murs reduit,
Ie crûs mort voſtre pere, & ſur un ſi faux bruit
Le Peuple mutiné voulut avoir un maiſtre,
I'eus beau le nommer laſche, ingrat, parjure, traiſtre,

Z ij

Il fallut satisfaire à son brutal desir,
Et de peur qu'il en prist, il m'en fallut choisir,
Pour vous sauver l'Etat que n'eussay-je pû faire?
Ie choisis un époux avec des yeux de mere,
Vostre oncle Antiochus, & j'esperay qu'en luy
Vostre Trosne tombant trouveroit un appuy.
Mais à peine son bras en releve la cheute,
Que par luy de nouveau le Sort me persecute;
Maistre de vostre Etat par sa valeur sauvé,
Il s'obstine à remplir ce Trosne relevé,
Qui luy parle de vous attire sa menace,
Il n'a deffait Tryphon que pour prendre sa place,
Et de depositaire, & de liberateur
Il s'érige en Tyran, & lasche usurpateur,
Sa main l'en a puny, pardonnons à son Ombre,
Aussi-bien en un seul voicy des maux sans nombre,
Nicanor vostre pere, & mon premier époux....
   Mais pourquoy luy donner encor des noms si doux,
Puisque l'ayant crû mort il sembla ne revivre,
Que pour s'en dépoüiller afin de nous poursuivre?
Passons, je ne me puis souvenir sans trembler
Du coup dont j'empeschay qu'il nous pûst accabler:
Ie ne sçay s'il est digne, ou d'horreur, ou d'estime,
S'il plûst aux Dieux, ou non, s'il fut Iustice, ou crime,
Mais soit crime, ou Iustice, il est certain, mes fils,
Que mon amour pour vous fit tout ce que je fis.
Ny celuy des grandeurs, ny celuy de la vie
Ne jetta dans mon cœur cette aveugle furie.
I'étois lasse d'un Trosne, où d'éternels malheurs
Me combloient chaque jour de nouvelles douleurs,
Ma vie est presque usée, & ce reste inutile
Chez mon frere avec vous trouvoit un seur azile:
Mais voir après douze ans, & de soins, & de maux
Vn pere vous oster le fruit de mes travaux!
Mais voir vostre Couronne après luy destinée
Aux enfans qui naistroient d'un second Hymenée!
A cette indignité je ne connus plus rien,
Ie me crûs tout permis pour garder vostre bien.
Recevez donc, mes fils, de la main d'une mere
Vn Trosne racheté par le malheur d'un pere,
Ie crûs qu'il fit luy-mesme un crime en vous l'ostant,
Et si j'en ay fait un en vous le rachetant,

Daigne du juste Ciel la bonté souveraine
Vous en laissant le fruit m'en reserver la peine,
Ne lancer que sur moy les foudres meritez,
Et n'épandre sur vous que des prosperitez.
ANT. Iusques icy, Madame, aucun ne met en doute
Les longs & grands travaux que nostre amour vous coûte,
Et nous croyons tenir des soins de cet amour
Ce doux espoir du Trosne aussi-bien que le jour,
Le recit nous en charme, & nous fait mieux comprendre
Quelles graces tous deux nous vous en devons rendre :
Mais afin qu'à jamais nous les puissions benir,
Epargnez le dernier à nostre souvenir.
Ce sont fatalitez dont l'ame embarassée
A plus qu'elle ne veut se voit souvent forcée,
Sur les noires couleurs d'un si triste tableau
Il faut passer l'éponge, ou tirer le rideau,
Vn fils est criminel quand il les examine,
Et quelque suite enfin que le Ciel y destine,
I'en rejette l'idée, & croy qu'en ces malheurs
Le silence ou l'oubly nous sied mieux que les pleurs.
Nous attendons le Sceptre avec mesme esperance,
Mais si nous l'attendons, c'est sans impatience,
Nous pouvons sans regner vivre tous deux contens,
C'est le fruit de vos soins, joüissez-en long-temps,
Il tombera sur nous quand vous en serez lasse,
Nous le recevrons lors avec meilleure grace,
Et l'accepter si-tost semble nous reprocher
De n'estre revenus que pour vous l'arracher.
SEL. I'ajousteray, Madame, à ce qu'a dit mon frere
Que bien qu'avec plaisir & l'un & l'autre espere,
L'ambition n'est pas nostre plus grand desir.
Regnez, nous le verrons tous deux avec plaisir,
Et c'est bien la raison que pour tant de puissance
Nous vous rendions du moins un peu d'obeïssance,
Et que celuy de nous dont le Ciel a fait choix
Sous vostre illustre exemple apprenne l'art des Rois.
CLE. Dites tout, mes enfans, vous fuyez la Couronne,
Non que son trop d'éclat ou son poids vous étonne;
L'unique fondement de cette aversion
C'est la honte attachée à sa possession.
Elle passe à vos yeux pour la mesme infamie
S'il faut la partager avec vostre ennemie,

Et qu'un indigne Hymen la fasse retomber
Sur celle qui venoit pour vous la desrober.
  O nobles sentimens d'une ame genereuse!
O fils vraiment mes fils! ô mere trop heureuse!
Le sort de vostre pere enfin est éclaircy,
Il étoit innocent, & je puis l'estre aussi,
Il vous aima toûjours, & ne fut mauvais pere
Que charmé par la sœur, ou forcé par le frere,
Et dans cette embuscade où son effort fut vain
Rodogune, mes fils, le tua par ma main.
Ainsi de cet amour la fatale puissance
Vous coûte vostre pere, à moy mon innocence,
Et si ma main pour vous n'avoit tout attenté,
L'effet de cet amour vous auroit tout coûté.
Ainsi vous me rendrez l'innocence, & l'estime,
Lors que vous punirez la cause de mon crime.
De cette mesme main qui vous a tout sauvé
Dans son sang odieux je l'aurois bien lavé,
Mais comme vous aviez vostre part aux offenses,
Ie vous ay reservé vostre part aux vangeances,
Et pour ne tenir plus en suspens vos esprits,
Si vous voulez regner, le Trosne est à ce prix.
Entre deux fils que j'aime avec mesme tendresse
Embrasser ma querelle est le seul droit d'aisnesse,
La mort de Rodogune en nommera l'aisné.
  Quoy, vous montrez tous deux un visage étonné!
Redoutez-vous son frere? Aprés la paix infame,
Que mesme en la jurant je detestois dans l'ame,
I'ay fait lever des gens par des ordres secrets,
Qu'à vous suivre en tous lieux vous trouverez tous prests,
Et tandis qu'il fait teste aux Princes d'Armenie,
Nous pouvons sans peril briser sa tyrannie.
Qui vous fait donc pâlir à cette juste loy?
Est-ce pitié pour elle? est-ce haine pour moy?
Voulez-vous l'épouser afin qu'elle me brave,
Et mettre mon destin aux mains de mon esclave?
Vous ne répondez point! Allez, enfans ingrats,
Pour qui je crûs en vain conserver ces Etats,
I'ay fait vostre oncle Roy, j'en feray bien un autre,
Et mon nom peut encor icy plus que le vostre.
SEL. Mais, Madame, voyez que pour premier exploit...
CLE. Mais que chacun de vous pense a ce qu'il me doit.

TRAGEDIE.

Ie sçay bien que le sang qu'à vos mains je demande
N'est pas le digne essay d'une valeur bien grande,
Mais si vous me devez & le Sceptre, & le jour,
Ce doit estre envers moy le sceau de vostre amour.
Sans ce gage ma haine à jamais s'en défie,
Ce n'est qu'en m'imitant que l'on me justifie.
Rien ne vous sert icy de faire les surpris,
Ie vous le dis encor, le Trosne est à ce prix,
Ie puis en disposer comme de ma conqueste,
Point d'aisné, point de Roy qu'en m'apportant sa teste,
Et puisque mon seul choix vous y peut élever,
Pour joüir de mon crime, il le faut achever.

SCENE IV.

SELEVCVS, ANTIOCHVS.

SEL. ESt-il une constance à l'épreuve du foudre
Dont ce cruel Arrest met nostre espoir en poudre?
ANT. Est-il un coup de foudre à comparer aux coups
Que ce cruel Arrest vient de lancer sur nous?
SEL. O haines, ô fureurs dignes d'une Megere!
O femme, que je n'ose appeller encor mere!
Aprés que tes forfaits ont regné pleinement,
Ne sçaurois-tu souffrir qu'on regne innocemment?
Quels attraits penses-tu qu'ait pour nous la Couronne,
S'il faut qu'un crime égal par ta main nous la donne,
Et de quelles horreurs nous doit-elle combler,
Si pour monter au Trosne il faut te ressembler?
ANT. Gardons plus de respect aux droits de la Nature,
Et n'imputons qu'au Sort nostre triste avanture.
Nous le nommions cruel, mais il nous estoit doux
Quand il ne nous donnoit à combatre que nous.
Confidens tout ensemble & rivaux l'un de l'autre
Nous ne concevions point de mal pareil au nostre,
Cependant à nous voir l'un de l'autre rivaux
Nous ne concevions pas la moitié de nos maux.
SEL. Vne douleur si sage & si respectueuse
Ou n'est guere sensible, ou guere impetueuse,
Et c'est en de tels maux avoir l'esprit bien fort,
D'en connoistre la cause, & l'imputer au Sort.

Pour moy, je sens les miens avec plus de foiblesse,
Plus leur cause m'est chere, & plus l'effet m'en blesse,
Non que pour m'en vanger j'ose entreprendre rien,
Ie donnerois encor tout mon sang pour le sien,
Ie sçay ce que je dois ; mais dans cette contrainte,
Si je retiens mon bras, je laisse aller ma plainte,
Et j'estime qu'au point qu'elle nous a blessez
Qui ne fait que s'en plaindre a du respect assez.
Voyez-vous bien quel est le ministere infame
Qu'ose exiger de nous la haine d'une femme?
Voyez-vous qu'aspirant à des crimes nouveaux
De deux Princes ses fils elle fait ses bourreaux?
Si vous pouvez le voir, pouvez-vous vous en taire?
ANT. Ie voy bien plus encor, je voy qu'elle est ma mere,
Et plus je voy son crime indigne de ce rang,
Plus je luy voy souïller la source de mon sang.
I'en sens de ma douleur croistre la violence,
Mais ma confusion m'impose le silence,
Lors que dans ses forfaits sur nos fronts imprimez
Ie voy les traits honteux dont nous sommes formez.
Ie tasche à cet objet d'estre aveugle, ou stupide,
I'ose me déguiser jusqu'à son parricide,
Ie me cache à moy-mesme un excés de malheur,
Où nostre ignominie égale ma douleur,
Et détournant les yeux d'une mere cruelle,
I'impute tout au Sort qui m'a fait naistre d'elle.
Ie conserve pourtant encor un peu d'espoir,
Elle est mere, & le sang a beaucoup de pouvoir,
Et le Sort l'eust-il faite encor plus inhumaine,
Vne larme du fils peut amollir sa haine.
SEL. Ah ! mon frere, l'amour n'est gueres vehement
Pour des fils élevez dans un bannissement,
Et qu'ayant fait nourrir presque dans l'esclavage,
Elle n'a rappelez que pour servir sa rage.
De ses pleurs tant vantez je découvre le fard,
Nous avons en son cœur vous & moy peu de part,
Elle fait bien sonner ce grand amour de mere,
Mais elle seule enfin s'aime & se considere,
Et quoy que nous étale un langage si doux,
Elle a tout fait pour elle, & n'a rien fait pour nous.
Ce n'est qu'un faux amour que la haine domine,
Nous ayant embrassez elle nous assassine,

En veut

TRAGEDIE.

En veut au cher objet dont nous sommes épris,
Nous demande son sang, met le Trosne à ce prix:
Ce n'est plus de sa main qu'il nous le faut attendre,
Il est, il est à nous, si nous osons le prendre:
Nostre revolte icy n'a rien que d'innocent,
Il est à l'un de nous si l'autre le consent.
Regnons, & son couroux ne sera que foiblesse,
C'est l'unique moyen de sauver la Princesse,
Allons la voir, mon frere, & demeurons unis,
C'est l'unique moyen de voir nos maux finis.
Ie forme un beau dessein que son amour m'inspire,
Mais il faut qu'avec luy nostre union conspire,
Nostre amour aujourd'huy si digne de pitié
Ne sçauroit triompher que par nostre amitié.

ANT. Cet avertissement marque une défiance
Que la mienne pour vous souffre avec patience,
Allons, & soyez seur que mesme le trépas
Ne peut rompre des nœuds que l'amour ne rompt pas.

ACTE III.

SCENE PREMIERE.

RODOGVNE, ORONTE,
LAONICE.

ROD. VOILA comme l'amour succede à la colere,
Comme elle ne me voit qu'avec des yeux de mere,
Comme elle aime la paix, comme elle fait un Roy,
Et comme elle use enfin de ses fils, & de moy.
Et tantost mes soupçons luy faisoient une offense?
Elle n'avoit rien fait qu'en sa juste défense?
Lors que tu la trompois elle fermoit les yeux?
Ah, que ma défiance en jugeoit beaucoup mieux!
Tu le vois, Laonice. *LAO.* Et vous voyez, Madame,
Quelle fidelité vous conserve mon ame,
Et qu'ayant reconnu sa haine, & mon erreur,
Le cœur gros de soupirs & fremissant d'horreur,
Ie romps une foy deuë aux secrets de ma Reine,
Et vous viens découvrir mon erreur & sa haine.
ROD. Cet avis salutaire est l'unique secours,
A qui je croy devoir le reste de mes jours,
Mais ce n'est pas assez de m'avoir avertie,
Il faut de ces perils m'applanir la sortie,
Il faut que tes conseils m'aident à repousser...
LAO. Madame, au nom des Dieux, vueillez m'en dispenser,
C'est assez que pour vous je luy sois infidelle,
Sans m'engager encore à des conseils contre elle.
Oronte est avec vous, qui comme Ambassadeur
Devoit de cet Hymen honorer la splendeur;
Comme c'est en ses mains que le Roy vostre frere
A déposé le soin d'une teste si chere,
Ie vous laisse avec luy pour en deliberer,
Quoy que vous resolviez, laissez-moy l'ignorer.

Au reste, asseurez-vous de l'amour des deux Princes,
Plutost que de vous perdre ils perdront leurs Provinces,
Mais je ne répons pas que ce cœur inhumain
Ne vueille à leur refus s'armer d'une autre main.
Ie vous parle en tremblant, si j'étois icy veuë
Vostre peril croistroit & je serois perduë,
Fuyez, grande Princesse, & souffrez cet Adieu.
ROD. Va, je reconnoistray ce service en son lieu.

SCENE II.

RODOGVNE, ORONTE.

ROD. Qve ferons-nous, Oronte, en ce peril extresme,
Où l'on fait de mon sang le prix d'un Diadesme?
Fuirons-nous chez mon frere? attendrons-nous la mort?
Ou ferons-nous contr'elle un genereux effort?
ORO. Nostre fuite, Madame, est assez difficile,
I'ay veu des gens de guerre épandus par la ville,
Si l'on veut vostre perte, on vous fait observer,
Ou s'il vous est permis encor de vous sauver,
L'avis de Laonice est sans doute une adresse,
Feignant de vous servir elle sert sa maitresse:
La Reine qui sur tout craint de vous voir regner
Vous donne ces terreurs pour vous faire eloigner,
Et pour rompre un Hymen qu'avec peine elle endure,
Elle en veut à vous-mesme imputer la rupture.
Elle obtiendra par vous le but de ses souhaits,
Et vous accusera de violer la paix,
Et le Roy plus piqué contre vous que contre elle,
Vous voyant luy porter une guerre nouvelle,
Blasmera vos frayeurs, & nos legeretez
D'avoir osé douter de la foy des Traitez,
Et peut-estre pressé des guerres d'Armenie,
Vous laissera moquée, & la Reine impunie.
A ces honteux moyens gardez de recourir,
C'est icy qu'il vous faut, ou regner, ou perir,
Le Ciel pour vous ailleurs n'a point fait de couronne,
Et l'on s'en rend indigne alors qu'on l'abandonne.
ROD. Ah, que de vos conseils j'aimerois la vigueur
Si nous avions la force égale à ce grand cœur!

Aa ij

Mais pourrons-nous braver une Reine en colere
Avec ce peu de gens que m'a laissez mon frere?
ORO. I'aurois perdu l'esprit, si j'osois me vanter
Qu'avec ce peu de gens nous pussions resister,
Nous mourrons à vos pieds, c'est toute l'assistance
Que vous peut en ces lieux offrir nostre impuissance.
Mais pouvez-vous trembler, quand dans ces mesmes lieux
Vous portez le grand maistre, & des Rois, & des Dieux?
L'Amour fera luy seul tout ce qu'il vous faut faire,
Faites-vous un rempart des fils contre la mere,
Ménagez bien leur flame, ils voudront tout pour vous,
Et ces astres naissans sont adorez de tous?
Quoy que puisse en ces lieux une Reine cruelle,
Pouvant tout sur ses fils, vous y pouvez plus qu'elle.
Cependant trouvez bon qu'en ces extremitez
Ie tasche à rassembler nos Parthes écartez,
Ils sont peu, mais vaillans, & peuvent de sa rage
Empescher la surprise, & le premier outrage.
Craignez moins, & sur tout, Madame, en ce grand jour,
Si vous voulez regner, faites regner l'Amour.

SCENE III.

RODOGVNE.

Qvoy! je pourrois descendre à ce lasche artifice,
D'aller de mes amans mandier le service,
Et sous l'indigne appas d'un coup d'œil affeté
I'irois jusqu'en leurs cœurs chercher ma seureté?
Celles de ma naissance ont horreur des bassesses,
Leur sang tout genereux hait ces molles adresses,
Quel que soit le secours qu'ils me puissent offrir,
Ie croiray faire assez de le daigner souffrir.
Ie verray leur amour, j'eprouveray sa force,
Sans flater leurs desirs, sans leur jetter d'amorce,
Et s'il est assez fort pour me servir d'appuy,
Ie le feray regner, mais en regnant sur luy.
 Sentimens étouffez de colere, & de haine,
Rallumez vos flambeaux à celles de la Reine,
Et d'un oubly contraint rompez la dure loy,
Pour rendre enfin justice aux Manes d'un grand Roy.

Rapportez à mes yeux son image sanglante,
D'amour & de fureur encor étincelante,
Telle que je le vis, quand tout percé de coups
Il me cria *vangeance, Adieu, je meurs pour vous.*
Chere Ombre, helas ! bien loin de l'avoir poursuivie,
J'allois baiser la main qui t'arracha la vie,
Rendre un respect de fille à qui versa ton sang;
Mais pardonne aux devoirs que m'impose mon rang.
Plus la haute naissance approche des Couronnes,
Plus cette grandeur mesme asservit nos personnes,
Nous n'avons point de cœur pour aimer, ny haïr,
Toutes nos passions ne sçavent qu'obeïr.
Aprés avoir armé pour vanger cet outrage,
D'une paix mal conceuë on m'a faite le gage,
Et moy, fermant les yeux sur ce noir attentat,
Ie suivois mon destin en victime d'Etat.
Mais aujourd'huy qu'on voit cette main parricide
Des restes de ta vie insolemment avide,
Vouloir encor percer ce sein infortuné
Pour y chercher le cœur que tu m'avois donné,
De la paix qu'elle rompt je ne suis plus le gage,
Ie brise avec honneur mon illustre esclavage,
I'ose reprendre un cœur pour aimer, & haïr,
Et ce n'est plus qu'à toy que je veux obeïr.

   Le consentiras-tu, cet effort sur ma flame,
Toy, son vivant portrait que j'adore dans l'ame,
Cher Prince, dont je n'ose en mes plus doux souhaits
Fier encor le nom aux murs de ce Palais ?
Ie sçay quelles seront tes douleurs, & tes craintes,
Ie voy déja tes maux, j'entens déja tes plaintes,
Mais pardonne aux devoirs qu'exige enfin un Roy
A qui tu dois le jour qu'il a perdu pour moy.
I'auray mesmes douleurs, j'auray mesmes alarmes,
S'il t'en coûte un soupir, j'en verseray des larmes :
Mais Dieux ! que je me trouble en les voyant tous deux !
Amour, qui me confons, cache du moins tes feux,
Et content de mon cœur dont je te fais le maistre,
Dans mes regards surpris garde-toy de paroistre.

RODOGVNE,

SCENE IV.

ANTIOCHVS, SELEVCVS, RODOGVNE.

ANT. NE vous offensez pas, Princesse, de nous voir
De vos yeux à vous-mesme expliquer le pouvoir,
Ce n'est pas d'aujourd'huy que nos cœurs en soupirent,
A vos premiers regards tous deux ils se rendirent,
Mais un profond respect nous fit taire, & brusler,
Et ce mesme respect nous force de parler.
L'heureux moment approche où vostre Destinée
Semble estre aucunement à la nostre enchaisnée,
Puisque d'un droit d'aisnesse incertain parmy nous
La nostre attend un sceptre, & la vostre un espoux.
C'est trop d'indignité que nostre Souveraine
De l'vn de ses captifs tienne le nom de Reine.
Nostre amour s'en offense, & changeant cette loy
Remet à nostre Reine à nous choisir un Roy.
Ne vous abaissez plus à suivre la Couronne,
Donnez-la sans souffrir qu'avec elle on vous donne,
Reglez nostre destin qu'ont mal reglé les Dieux,
Nostre seul droit d'aisnesse est de plaire à vos yeux,
L'ardeur qu'allume en nous une flame si pure
Préfere vostre choix au choix de la Nature,
Et vient sacrifier à vostre élection
Toute nostre esperance & nostre ambition.
   Prononcez donc, Madame, & faites un Monarque,
Nous cederons sans honte à cette illustre marque,
Et celuy qui perdra vostre divin objet
Demeurera du moins vostre premier Sujet:
Son amour immortel sçaura toujours luy dire
Que ce rang prés de vous vaut ailleurs un Empire,
Il y mettra sa gloire, & dans un tel malheur
L'heur de vous obeïr flatera sa douleur.
ROD. Princes, je doy beaucoup à cette déference
De vostre ambition, & de vostre esperance,
Et j'en recevrois l'offre avec quelque plaisir,
Si celles de mon rang avoient droit de choisir.

TRAGEDIE.

Comme fans leur avis les Rois difpofent d'elles,
Pour affermir leur Trofne, ou finir leurs querelles,
Le deftin des Etats eft arbitre du leur,
Et l'ordre des Traitez régle tout dans leur cœur.
C'eft luy que fuit le mien, & non pas la Couronne,
J'aimeray l'un de vous parce qu'il me l'ordonne,
Du fecret revelé j'en prendray le pouvoir,
Et mon amour pour naiftre attendra mon devoir.
N'attendez rien de plus, ou voftre attente eft vaine,
Le choix que vous m'offrez appartient à la Reine,
J'entreprendrois fur elle à l'accepter de vous.
Peut-eftre on vous a teu jufqu'où va fon couroux,
Mais je doy par épreuve affez bien le connoiftre
Pour fuir l'occafion de le faire renaiftre.
Que n'en ay-je fouffert, & que n'a-t'elle ofé?
Ie veux croire avec vous que tout eft appaifé,
Mais craignez avec moy que ce choix ne ranime
Cette haine mourante à quelque nouveau crime.
Pardonnez-moy ce mot qui viole un oubly
Que la paix entre nous doit avoir étably:
Le feu qui femble éteint fouvent dort fous la cendre,
Qui l'ofe réveiller peut s'en laiffer furprendre,
Et je meriterois qu'il me pûft confumer,
Si je luy fourniffois dequoy fe rallumer.

SEL. Pouvez-vous redouter fa haine renaiffante
S'il eft en voftre main de la rendre impuiffante?
Faites un Roy, Madame, & regnez avec luy,
Son couroux defarmé demeure fans appuy,
Et toutes fes fureurs fans effet rallumées
Ne poufferont en l'Air que de vaines fumées.
Mais a-t'elle intereft au choix que vous ferez,
Pour en craindre les maux que vous vous figurez?
La Couronne eft à nous, & fans luy faire injure,
Sans manquer de refpect aux droits de la Nature,
Chacun de nous à l'autre en peut ceder fa part,
Et rendre à voftre choix ce qu'il doit au hazard.
Qu'un fi foible fcrupule en noftre faveur ceffe,
Voftre inclination vaut bien un droit d'aifneffe,
Dont vous feriez traitée avec trop de rigueur,
S'il fe trouvoit contraire aux vœux de voftre cœur.
On vous applaudiroit quand vous feriez à plaindre,
Pour vous faire regner ce feroit vous contraindre,

Vous donner la Couronne en vous tyrannisant,
Et verser du poison sur ce noble present.
Au nom de ce beau feu qui tous deux nous consume,
Princesse, à nostre espoir ostez cette amertume,
Et permettez que l'heur qui suivra vostre époux
Se puisse redoubler à le tenir de vous.
ROD. Ce beau feu vous aveugle autant comme il vous brusle,
Et taschant d'avancer son effort vous recule,
Vous croyez que ce choix que l'un & l'autre attend
Pourra faire un heureux sans faire un mécontent,
Et moy, quelque vertu que vostre cœur prépare,
Ie crains d'en faire deux, si le mien se declare.
Non que de l'un & l'autre il dédaigne les vœux,
Ie tiendrois à bon-heur d'estre à l'un de vous deux,
Mais souffrez que je suive enfin ce qu'on m'ordonne:
Ie me mettray trop haut s'il faut que je me donne,
Quoy qu'aisément je cede aux ordres de mon Roy,
Il n'est pas bien aisé de m'obtenir de moy,
Sçavez-vous quels devoirs, quels travaux, quels services
Voudront de mon orgueil exiger les caprices?
Par quels degrez de gloire on me peut meriter?
En quels affreux perils il faudra vous jetter?
Ce cœur vous est acquis après le Diadesme,
Princes, mais gardez-vous de le rendre à luy-mesme,
Vous y renoncerez peut-estre pour jamais,
Quand je vous auray dit à quel prix je le mets.
SEL. Quel seront les devoirs, quels travaux, quels services,
Dont nous ne vous fassions d'amoureux sacrifices?
Et quels affreux perils pourrons-nous redouter,
Si c'est par ces degrez qu'on peut vous meriter?
ANT. Princesse, ouvrez ce cœur, & jugez mieux du nostre,
Iugez mieux du beau feu qui brusle l'un & l'autre,
Et dites hautement à quel prix vostre choix
Veut faire l'un de nous le plus heureux des Rois.
ROD. Princes, le voulez-vous? ANT. C'est nostre unique envie.
ROD. Ie verray cette ardeur d'un repentir suivie.
SEL. Avant ce repentir tous deux nous perirons.
ROD. Enfin vous le voulez? SEL. Nous vous en conjurons.
ROD. Et bien donc, il est temps de me faire connoistre:
I'obeïs à mon Roy puisqu'un de vous doit l'estre,
Mais quand j'auray parlé, si vous vous en plaignez,
I'atteste tous les Dieux que vous m'y contraignez,

Et que

TRAGEDIE.

Et que c'est malgré moy qu'à moy-mesme renduë
J'écoute une chaleur qui m'étoit défenduë,
Qu'un devoir rappelé me rend un souvenir
Que la foy des Traitez ne doit plus retenir.

 Tremblez, Princes, tremblez, au nom de vostre pere,
Il est mort, & pour moy par les mains d'une mere,
Ie l'avois oublié sujette à d'autres loix,
Mais libre, je luy rens enfin ce que je dois.
C'est à vous de choisir mon amour, ou ma haine,
J'aime les fils du Roy, je hay ceux de la Reine,
Reglez vous là dessus, & sans plus me presser,
Voyez auquel des deux vous voulez renoncer.
Il faut prendre party, mon choix suivra le vostre,
Ie respecte autant l'un que je deteste l'autre,
Mais ce que j'aime en vous du sang de ce grand Roy,
S'il n'est pas digne de luy, n'est pas digne de moy.
Ce sang que vous portez, ce Trosne qu'il vous laisse,
Valent bien que pour luy vostre cœur s'interesse,
Vostre gloire le veut, l'Amour vous le prescrit,
Qui peut contr'elle & luy soulever vostre esprit?
Si vous leur preferez vne mere cruelle,
Soyez cruels, ingrats, parricides comme elle,
Vous devez la punir si vous la condamnez,
Vous devez l'imiter si vous la soûtenez.
 Quoy, cette ardeur s'éteint! l'un & l'autre soûpire!
J'avois sçeu le prévoir, j'avois sçeu le prédire...

ANT. Princesse... *ROD.* Il n'est plus temps, le mot en est lasché,
Quand j'ay voulu me taire, en vain je l'ay tasché,
Appellez ce devoir haine, rigueur, colere,
Pour gagner Rodogune il faut vanger un pere,
Ie me donne à ce prix. Osez me meriter,
Et voyez qui de vous daignera m'accepter.
Adieu, Princes.

SCENE V.

ANTIOCHVS, SELEVCVS.

ANT. Helas, c'eſt donc ainſi qu'on traite
Les plus profonds reſpects d'une amour ſi parfaite!
SEL. Elle nous fuit, mon frere, après cette rigueur.
ANT. Elle fuit, mais en Parthe, en nous perçant le cœur.
SEL. Que le Ciel eſt injuſte! une ame ſi cruelle,
Meritoit noſtre mere, & devoit naiſtre d'elle.
ANT. Plaignons-nous ſans blaſpheſme. SE. Ah, que vous me geſnez
Par cette retenuë où vous vous obſtinez!
Faut-il encor regner, faut-il l'aimer encore?
ANT. Il faut plus de reſpect pour celle qu'on adore.
SEL. C'eſt ou d'elle, ou du Troſne eſtre ardemment épris,
Que vouloir, ou l'aimer, ou regner à ce prix.
ANT. C'eſt, & d'elle & de luy tenir bien peu de conte,
Que faire une revolte, & ſi pleine, & ſi prompte.
SEL. Lors que l'obeïſſance a tant d'impieté
La revolte devient une neceſſité.
ANT. La revolte, mon frere, eſt bien précipitée
Quand la loy qu'elle rompt peut eſtre retractée,
Et c'eſt à nos deſirs trop de temerité
De vouloir de tels biens avec facilité.
Le Ciel par les travaux veut qu'on monte à la gloire,
Pour gagner un triomphe il faut une victoire;
Mais que je taſche en vain de flater nos tourmens!
Nos malheurs ſont plus forts que ces déguiſemens,
Leur excès à mes yeux paroit un noir abyſme
Où la haine s'apreſte à couronner le crime;
Où la gloire eſt ſans nom, la vertu ſans honneur,
Où ſans un parricide il n'eſt point de bon-heur,
Et voyant de ces maux l'épouvantable image,
Ie me ſens affoiblir quand je vous encourage,
Ie fremis, je chancelle, & mon cœur abatu
Suit tantoſt ſa douleur, & tantoſt ſa vertu.
Mon frere, pardonnez à des diſcours ſans ſuite,
Qui font trop voir le trouble où mon ame eſt reduite.
SEL. I'en ferois comme vous, ſi mon eſprit troublé
Ne ſecoüoit le joug dont il eſt accablé.

TRAGEDIE.

Dans mon ambition, dans l'ardeur de ma flame,
Ie voy ce qu'est un Trosne, & ce qu'est vne femme,
Et jugeant par leur prix de leur possession,
I'éteins enfin ma flame, & mon ambition,
Et je vous cederois l'un & l'autre avec joye,
Si dans la liberté que le Ciel me renvoye
La crainte de vous faire un funeste present
Ne me jettoit dans l'ame un remords trop cuisant.
   Desrobons-nous, mon frere, à ces ames cruelles,
Et laissons-les sans nous achever leurs querelles.
ANT. Comme j'aime beaucoup, j'espere encor un peu,
L'espoir ne peut s'éteindre où brusle tant de feu,
Et son reste confus me rend quelques lumieres,
Pour juger mieux que vous de ces ames si fieres.
Croyez-moy, l'une & l'autre a redouté nos pleurs,
Leur fuite à nos soupirs a desrobé leurs cœurs,
Et si tantost leur haine eust attendu nos larmes,
Leur haine à nos douleurs auroit rendu les armes.
SEL. Pleurez donc à leurs yeux, gemissez, soupirez,
Et je craindray pour vous ce que vous esperez.
Quoy qu'en vostre faveur vos pleurs obtiennent d'elles,
Il vous faudra parer leurs haines mutuelles,
Sauver l'une de l'autre, & peut-estre leurs coups
Vous trouvant au milieu ne perceront que vous.
C'est ce qu'il faut pleurer. Ny Maîtresse, ny mere,
N'ont plus de choix icy, ny de loix à nous faire:
Quoy que leur rage exige, ou de vous, ou de moy,
Rodogune est à vous puisque je vous fais Roy.
Epargnez vos soupirs, & de l'une & de l'autre,
I'ay trouvé mon bon-heur, contentez-vous du vostre,
Ie n'en suis point jaloux, & ma triste amitié
Ne le verra jamais que d'un œil de pitié.

Bb ij

SCENE VI
ANTIOCHVS.

Que je serois heureux si je n'aimois un frere!
Lors qu'il ne veut pas voir le mal qu'il se veut faire,
Mon amitié s'oppose à son aveuglement:
Elle agira pour vous, mon frere, également,
Et n'abusera point de cette violence
Que l'indignation fait à vostre esperance.
La pesanteur du coup souvent nous étourdit,
On le croit repoussé quand il s'approfondit,
Et quoy qu'un juste orgueil sur l'heure persuade
Qui ne sent point son mal est d'autant plus malade,
Ces ombres de santé cachent mille poisons,
Et la mort suit de prés ces fausses guerisons.
Daignent les justes Dieux rendre vain ce présage,
Cependant allons voir si nous vaincrons l'orage,
Et si contre l'effort d'un si puissant couroux
La Nature & l'Amour voudront parler pour nous.

TRAGEDIE. 197

ACTE IV.

SCENE PREMIERE.

ANTIOCHVS, RODOGVNE.

ROD. **P**RINCE, qu'ay-je entendu! parce que je soûpire,
Vous presumez que j'aime, & vous m'osez le dire!
Est-ce un frere, est-ce vous dont la temerité
S'imagine... *ANT.* Appaisez ce courage irrité,
Princesse, aucun de nous ne seroit temeraire
Iusqu'à s'imaginer qu'il eust l'heur de vous plaire,
Ie voy vostre merite, & le peu que je vaux,
Et ce rival si cher connoît mieux ses defauts.
Mais si tantost ce cœur parloit par vostre bouche,
Il veut que nous croyions qu'un peu d'amour le touche,
Et qu'il daigne écouter quelques-uns de nos vœux,
Puisqu'il tient à bon-heur d'estre à l'un de nous deux.
Si c'est presomption de croire ce miracle,
C'est une impieté de douter de l'Oracle,
Et meriter les maux où vous nous condamnez,
Qu'éteindre un bel espoir que vous nous ordonnez.
Princesse, au nom des Dieux, au nom de cette flame...
ROD. Vn mot ne fait pas voir jusques au fond d'une ame,
Et vostre espoir trop prompt prend trop de vanité
Des termes obligeans de ma civilité.
Ie l'ay dit, il est vray, mais quoy qu'il en puisse estre,
Meritez cet amour que vous voulez connoistre.
Lors que j'ay soûpiré, ce n'étoit pas pour vous,
I'ay donné ces soûpirs aux Manes d'un époux,
Et ce sont les effets du souvenir fidelle
Que sa mort à toute heure en mon ame rappelle.
Prince, soyez ses fils, & prenez son party.
ANT. Recevez donc son cœur en nous deux reparty.
Ce cœur qu'un saint amour rangea sous vostre empire,
Ce cœur pour qui le vostre à tous momens soûpire,

Bb iij

Ce cœur en vous aimant indignement percé
Reprend pour vous aimer le sang qu'il a versé,
Il le reprend en nous, il revit, il vous aime,
Et montre en vous aimant qu'il est encor le mesme.
Ah, Princesse, en l'état où le Sort nous a mis,
Pouvons-nous mieux montrer que nous sommes ses fils?
ROD. Si c'est son cœur en vous qui revit, & qui m'aime,
Faites ce qu'il feroit s'il vivoit en luy-mesme,
A ce cœur qu'il vous laisse osez prêter un bras,
Pouvez-vous le porter, & ne l'écouter pas?
S'il vous explique mal ce qu'il en doit attendre,
Il emprunte ma voix pour mieux se faire entendre,
Vne seconde fois il vous le dit par moy,
Prince, il faut le vanger. ANT. J'accepte cette loy.
Nommez les assassins, & j'y cours. ROD. Quel mystere
Vous fait en l'acceptant méconnoistre une mere?
ANT. Ah! si vous ne voulez voir finir nos destins,
Nommez d'autres vangeurs, ou d'autres assassins.
ROD. Ah! je voy trop regner son party dans vostre ame,
Prince, vous le prenez. ANT. Ouy, je le prens, Madame,
Et j'apporte à vos pieds le plus pur de son sang,
Que la Nature enferme en ce malheureux flanc.
  Satisfaites-vous-mesme à cette voix secrette
Dont la vostre envers nous daigne estre l'interprete,
Executez son ordre & hastez-vous sur moy
De punir une Reine, & de vanger un Roy:
Mais quitte par ma mort d'un devoir si severe,
Ecoutez-en un autre en faveur de mon frere,
De deux Princes unis à soupirer pour vous
Prenez l'un pour victime, & l'autre pour epoux,
Punissez un des fils des crimes de la mere,
Mais payez l'autre aussi des services du pere,
Et laissez un exemple à la posterité
Et de rigueur entiere, & d'entiere equité.
Quoy, n'écouterez-vous ny l'amour, ny la haine?
Ne pourray-je obtenir ny salaire, ny peine?
Ce cœur qui vous adore, & que vous dédaignez…
ROD. Helas, Prince! ANT. Est-ce encor le Roy que vous plaignez?
Ce soupir ne va-t-il que vers l'Ombre d'un pere?
ROD. Allez, ou pour le moins rappelez vostre frere,
Le combat pour mon ame étoit moins dangereux
Lors que je vous avois à combatre tous deux,

TRAGEDIE.

Vous étes plus fort seul que vous n'étiez ensemble,
Ie vous bravois tantost, & maintenant je tremble.
I'aime, n'abusez pas, Prince, de mon secret,
Au milieu de ma haine il m'échape à regret,
Mais enfin il m'échape, & cette retenuë
Ne peut plus soûtenir l'effort de vostre veuë,
Ouy, jaime un de vous deux malgré ce grand couroux,
Et ce dernier soûpir dit assez que c'est vous.
   Vn rigoureux devoir à cét amour s'oppose,
Ne m'en accusez point, vous en étes la cause,
Vous l'avez fait renaistre en me pressant d'un choix
Qui rompt de vos Traitez les favorables loix.
D'un pere mort pour moy voyez le sort étrange,
Si vous me laissez libre, il faut que je le vange,
Et mes feux dans mon ame ont beau s'en mutiner,
Ce n'est qu'à ce prix seul que je puis me donner,
Mais ce n'est pas de vous qu'il faut que je l'attende,
Vostre refus est juste autant que ma demande,
A force de respect vostre amour s'est trahy,
Ie voudrois vous haïr s'il m'avoit obeï,
Et je n'estime pas l'honneur d'une vangeance
Iusqu'à vouloir d'un crime estre la recompense.
Rentrons donc sous les loix que m'impose la Paix,
Puisque m'en affranchir c'est vous perdre à jamais.
Prince, en vostre faveur je ne puis davantage,
L'orgueil de ma naissance enfle encor mon courage,
Et quelque grand pouvoir que l'amour ait sur moy,
Ie n'oubliray jamais que je me dois un Roy.
Ouy, malgré mon amour j'attendray d'une mere
Que le Trosne me donne, ou vous, ou vostre frere:
Attendant son secret vous aurez mes desirs,
Et s'il le fait regner, vous aurez mes soûpirs;
C'est tout ce qu'à mes feux ma gloire peut permettre,
Et tout ce qu'à vos feux les miens osent promettre.
ANT. Que voudrois-je de plus? son bonheur est le mien,
  Rendez heureux ce frere, & je ne perdray rien,
  L'amitié le consent, si l'amour l'apprehende,
  Ie beniray le Ciel d'une perte si grande,
  Et quittant les douceurs de cet espoir flotant
  Ie mourray de douleur, mais je mourray content.
ROD. Et moy, si mon destin entre ses mains me livre,
  Pour un autre que vous s'il m'ordonne de vivre,

Mon amour... mais Adieu, mon esprit se confond.
Prince, si voſtre flame à la mienne répond,
Si vous n'étes ingrat à ce cœur qui vous aime,
Ne me revoyez point qu'avec le Diadeſme.

SCENE II.
ANTIOCHVS.

LEs plus doux de mes vœux enfin ſont exaucez,
Tu viens de vaincre, Amour, mais ce n'eſt pas aſſez.
Si tu veux triompher dedans noſtre avanture,
Aprés avoir vaincu, fais vaincre la Nature,
Et préte luy pour nous ces tendres ſentimens
Que ton ardeur inſpire aux cœurs des vrais amans,
Cette pitié qui force, & ces dignes foibleſſes
Dont la vigueur détruit les fureurs vangereſſes.
Voicy la Reine. Amour, Nature, juſtes Dieux,
Faites-la-moy fléchir, ou mourir à ſes yeux.

SCENE III.
CLEOPATRE, ANTIOCHVS, LAONICE.

CLE. ET bien, Antiochus, vous doy-je la Couronne?
ANT. Madame, vous ſçavez ſi le Ciel me la donne.
CLE. Vous ſçavez mieux que moy ſi vous la meritez.
ANT. Ie ſçay que je peris ſi vous ne m'écoutez.
CLE. Vn peu trop lent peut-eſtre à ſervir ma colere,
Vous vous étes laiſſé prevenir par un frere?
Il a ſçeu me vanger quand vous déliberiez,
Et je dois à ſon bras ce que vous eſperiez?
Ie vous en plains, mon fils, ce malheur eſt extreſme,
C'eſt perir en effet que perdre un Diadeſme;
Ie n'y ſçay qu'un remede, encor eſt-il faſcheux,
Etonnant, incertain, & triſte pour tous deux,
Ie periray moy-meſme avant que de le dire,
Mais enfin on perd tout quand on perd un Empire.
ANT. Le remede a nos maux eſt tout en voſtre main,
Et n'a rien de faſcheux, d'étonnant, d'incertain,

Voſtre

TRAGEDIE.

Vostre seule colere a fait nostre infortune,
Nous perdons tout, Madame, en perdant Rodogune,
Nous l'adorons tous deux, jugez en quels tourmens
Nous jette la rigueur de vos commandemens.
    L'aveu de cet amour sans doute vous offense,
Mais enfin nos malheurs croissent par le silence,
Et vostre cœur qu'aveugle un peu d'inimitié,
S'il ignore nos maux, n'en peut prendre pitié;
Au point où je les voy c'en est le seul remede.
CLE. Quelle aveugle fureur vous-mesme vous possede?
Avez-vous oublié que vous parlez à moy,
Ou si vous presumez estre déja mon Roy?
ANT. Ie tasche avec respect à vous faire connoistre
Les forces d'un amour que vous avez fait naistre.
CLE. Moy? j'aurois allumé cet insolent amour?
ANT. Et quel autre pretexte a fait nostre retour?
Nous avez-vous mandez qu'afin qu'un droit d'aisnesse
Donnast à l'un de nous le Trosne, & la Princesse?
Vous avez bien fait plus, vous nous l'avez fait voir,
Et c'estoit par vos mains nous mettre en son pouvoir.
Qui de nous deux, Madame, eust osé s'en defendre
Quand vous nous ordonniez à tous deux d'y pretendre?
Si sa beauté deslors n'eust allumé nos feux,
Le devoir auprès d'elle eust attaché nos vœux,
Le desir de regner eust fait la mesme chose,
Et dans l'ordre des loix que la Paix nous impose,
Nous devions aspirer à sa possession.
Par amour, par devoir, ou par ambition.
Nous avons donc aimé, nous avons crû vous plaire,
Chacun de nous n'a craint que le bonheur d'un frere,
Et cette crainte enfin cedant à l'amitié
l'implore pour tous deux un moment de pitié.
Avons-nous dû prevoir cette haine cachée
Que la foy des Traitez n'avoit point arrachée?
CLE. Non, mais vous avez dû garder le souvenir
Des hontes que pour vous j'avois sçeu prevenir,
Et de l'indigne etat où vostre Rodogune,
Sans moy, sans mon courage, eust mis vostre fortune.
Ie croyois que vos cœurs sensibles à ces coups
En sçauroient conserver un genereux couroux,
Et je le retenois avec ma douceur feinte,
Afin que grossissant sous un peu de contrainte,

Tome II.   Cc

Ce torrent de colere & de reſſentiment
Fuſt plus impetueux en ſon débordement.
Ie fais plus maintenant, je preſſe, ſollicite,
Ie commande, menace, & rien ne vous irrite.
Le ſceptre dont ma main vous doit recompenſer
N'a point dequoy vous faire un moment balancer,
Vous ne conſiderez, ny luy, ny mon injure,
L'Amour étouffe en vous la voix de la Nature,
Et je pourrois aimer des fils dénaturez!
ANT. La Nature & l'Amour ont leurs droits ſeparez,
L'un n'oſte point à l'autre une ame qu'il poſſede.
CLE. Non, non, où l'Amour regne, il faut que l'autre cede.
ANT. Leurs charmes à nos cœurs ſont également doux,
Nous perirons tous deux, s'il faut perir pour vous;
Mais auſſi.... CLE. Pourſuivez, fils ingrat, & rebelle.
ANT. Nous perirons tous deux s'il faut perir pour elle.
CLE. Periſſez, periſſez, voſtre rebellion
Merite plus d'horreur que de compaſſion,
Mes yeux ſçauront le voir ſans verſer une larme,
Sans regarder en vous que l'objet qui vous charme,
Et je triompheray voyant perir mes fils
De ſes adorateurs, & de mes ennemis.
ANT. Et bien, triomphez-en, que rien ne vous retienne,
Voſtre main tremble-t'elle? y voulez-vous la mienne?
Madame, commandez, je ſuis preſt d'obeir,
Ie perçeray ce cœur qui vous oſe trahir,
Heureux ſi par ma mort je puis vous ſatisfaire,
Et noyer dans mon ſang toute voſtre colere.
Mais ſi la dureté de voſtre averſion
Nomme encor noſtre amour une rebellion,
Du moins ſouvenez-vous qu'elle n'a pris pour armes
Que de foibles ſoûpirs, & d'impuiſſantes larmes.
CLE. Ah, que n'a-t'elle pris, & la flame, & le fer!
Que bien plus aiſément j'en ſçaurois triompher!
Vos larmes dans mon cœur ont trop d'intelligence,
Elles ont preſque éteint cette ardeur de vangeance,
Ie ne puis refuſer des ſoûpirs à vos pleurs,
Ie ſens que je ſuis mere auprés de vos douleurs.
C'en eſt fait, je me rens, & ma colere expire,
Rodogune eſt à vous auſſi-bien que l'Empire,
Rendez graces aux Dieux qui vous ont fait l'aiſné,
Poſſedez-la, regnez. ANT. O moment fortuné!

O trop heureuse fin de l'excés de ma peine!
Ie rens graces aux Dieux qui calment voſtre haine,
Madame, eſt-il poſſible? *CLE.* En vain j'ay reſiſté,
La Nature eſt trop forte, & mon cœur s'eſt dompté.
Ie ne vous dis plus rien, vous aimez voſtre mere,
Et voſtre amour pour moy taira ce qu'il faut taire.
ANT. Quoy! je triomphe donc ſur le point de perir!
La main qui me bleſſoit a daigné me guerir.
CLE. Ouy, je veux couronner une flame ſi belle,
Allez à la Princeſſe en porter la Nouvelle,
Son cœur comme le voſtre en deviendra charmé,
Vous n'aimeriez pas tant ſi vous n'etiez aimé.
ANT. Heureux Antiochus, heureuſe Rodogune.
Ouy, Madame, entre nous la joye en eſt commune.
CLE. Allez donc, ce qu'icy vous perdez de momens
Sont autant de larcins à vos contentemens,
Et ce ſoir deſtiné pour la ceremonie,
Fera voir pleinement ſi ma haine eſt finie.
ANT. Et nous vous ferons voir tous nos deſirs bornez
A vous donner en nous des Sujets couronnez.

SCENE IV.

CLEOPATRE, LAONICE.

LAO. ENfin, ce grand courage a vaincu ſa colere.
CLE. Que ne peut point un fils ſur le cœur d'une mere?
LAO. Vos pleurs coulent encore, & ce cœur adoucy...
CLE. Envoyez-moy ſon frere, & nous laiſſez icy.
Sa douleur ſera grande, à ce que je preſume,
Mais j'en ſçauray ſur l'heure adoucir l'amertume,
Ne luy témoignez rien, il luy ſera plus doux
D'apprendre tout de moy qu'il ne ſeroit de vous.

SCENE V.

CLEOPATRE.

QVe tu penetres mal le fond de mon courage!
Si je verſe des pleurs, ce ſont des pleurs de rage,

Cc ij

Et ma haine qu'en vain tu crois s'évanoüir,
Ne les a fait couler qu'afin de t'éblouïr,
Ie ne veux plus que moy dedans ma confidence.
Et toy, credule amant que charme l'apparence,
Et dont l'esprit leger s'attache aysément
Aux attraits captieux de mon déguisement,
Va, triomphe en idée avec ta Rodogune,
Au sort des Immortels prefere ta fortune,
Tandis que mieux instruite en l'art de me vanger
En de nouveaux malheurs je sçauray te plonger.
Ce n'est pas tout d'un coup qu'estant d'orgueil trebuche,
De qui se rend trop tost on doit craindre une embuche
Et c'est mal démesler le cœur d'avec le front,
Que prendre pour sincere un changement si prompt,
L'effet te fera voir comme je suis changée.

SCENE VI.

CLEOPATRE, SELEVCVS.

CLE. Sçavez-vous, Seleucus, que je me suis vangée?
SEL. Pauvre Princesse, helas! *CLE.* Vous déplorez son sort!
Quoy, l'aimiez-vous? *SEL.* Assez pour regretter sa mort.
CLE. Vous luy pouvez servir encor d'amant fidelle,
Si j'ay sçeu me vanger, ce n'a pas été d'elle.
SEL. O Ciel! & de qui donc, Madame? *CLE.* C'est de vous,
Ingrat, qui n'aspirez qu'à vous voir son époux,
De vous qui l'adorez en dépit d'une mere,
De vous qui dédaignez de servir ma colere,
De vous de qui l'amour rebelle à mes desirs,
S'oppose à ma vangeance, & détruit mes plaisirs.
SEL. De moy! *CLE.* De toy, perfide. Ignore, dissimule
Le mal que tu dois craindre, & le feu qui te brûsle,
Et si pour l'ignorer tu crois t'en garantir,
Du moins en l'apprenant commence à le sentir.
  Le Trosne estoit à toy par le droit de naissance,
Rodogune avec luy tomboit en ta puissance,
Tu devois l'épouser, tu devois estre Roy,
Mais comme ce secret n'est connu que de moy,
Ie puis comme je veux tourner le droit d'aisnesse,
Et donne à ton rival ton Sceptre, & ta Maitresse.

SEL. A mon frere ? *CLE.* C'est luy que j'ay nommé l'aisné
SEL. Vous ne m'affligez point de l'avoir couronné,
  Et par une raison qui vous est inconnuë,
  Mes propres sentimens vous avoient prévenuë,
  Les biens que vous m'ostez n'ont point d'attraits si doux,
  Que mon cœur n'ait cedez à ce frere avant vous,
  Et si vous bornez-là toute vostre vangeance,
  Vos desirs & les miens seront d'intelligence.
CLE. C'est ainsi qu'on déguise un violent dépit,
  C'est ainsi qu'une feinte au dehors l'assoupit,
  Et qu'on croit amuser de fausses patiences
  Ceux dont en l'ame on craint les justes défiances.
SEL. Quoy, je conserverois quelque couroux secret !
CLE. Quoy, lasche, tu pourrois la perdre sans regret ?
  Elle de qui les Dieux te donnoient l'Hymenée ?
  Elle dont tu plaignois la perte imaginée ?
SEL. Considerer sa perte avec compassion
  Ce n'est pas aspirer à sa possession.
CLE. Que la mort la ravisse, ou qu'un rival l'emporte,
  La douleur d'un amant est également forte,
  Et tel qui se console apres l'instant fatal
  Ne sçauroit voir son bien aux mains de son rival,
  Piqué jusques au vif il tasche à le reprendre,
  Il fait de l'insensible afin de mieux surprendre,
  D'autant plus animé, que ce qu'il a perdu
  Par rang, ou par merite à sa flame estoit deu.
SEL. Peut-estre, mais enfin par quel amour de mere
  Pressez-vous tellement ma douleur contre un frere ?
  Prenez-vous interest à la faire éclater ?
CLE. J'en prens à la connoistre, & la faire avorter,
  J'en prens à conserver malgré toy mon ouvrage
  Des jaloux attentats de ta secrette rage.
SEL. Je le veux croire ainsi, mais quel autre interest
  Nous fait tous deux aisnez, quand, & comme il vous plaist ?
  Qui des deux vous doit croire ? & par quelle justice
  Faut-il que sur moy seul tombe tout le supplice,
  Et que du mesme amour dont nous sommes blessez
  Il soit recompensé quand vous m'en punissez ?
CLE. Comme Reine, à mon choix je fais justice, ou grace,
  Et je m'étonne fort d'où vous vient cette audace,
  D'où vient qu'un fils vers moy noircy de trahison,
  Ose de mes faveurs me demander raison.

Cc iij

SEL. Vous pardonnerez donc ces chaleurs indiscrettes.
Ie ne suis point jaloux du bien que vous luy faites,
Et je voy quel amour vous avez pour tous deux,
Plus que vous ne pensez, & plus que je ne veux,
Le respect me defend d'en dire davantage.
   Ie n'ay ny faute d'yeux, ny faute de courage,
Madame, mais enfin n'esperez voir en moy
Qu'amitié pour mon frere, & zéle pour mon Roy.
Adieu.

SCENE VII

CLEOPATRE

DE quel malheur suis-je encore capable?
Leur amour m'offensoit, leur amitié m'accable,
Et contre mes fureurs je trouve en mes deux fils
Deux enfans revoltez, & deux rivaux unis.
Quoy, sans emotion perdre Trosne, & Maistresse?
Quel est icy ton charme, odieuse Princesse?
Et par quel privilege allumant de tels feux
Peux-tu n'en prendre qu'un, & m'oster tous les deux?
N'espere pas pourtant triompher de ma haine,
Pour regner sur deux cœurs tu n'es pas encor Reine.
Ie sçay bien qu'en l'estat où tous deux je les voy
Il me les faut percer pour aller jusqu'à toy :
Mais n'importe, mes mains sur le pere enhardies
Pour un bras refusé sçauront prendre deux vies.
Leurs jours également sont pour moy dangereux,
I'ay commencé par luy, j'acheveray par eux.
   Sors de mon cœur, Nature, ou fay qu'ils m'obeïssent,
Fay-les servir ma haine, ou consens qu'ils perissent.
Mais deja l'un a veu que je les veux punir,
Souvent qui tarde trop se laisse prevenir.
Allons chercher le temps d'immoler mes victimes,
Et de me rendre heureuse à force de grands crimes.

ACTE V.

SCENE PREMIERE.
CLEOPATRE.

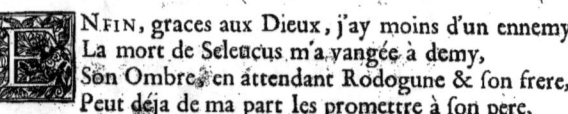NFIN, graces aux Dieux, j'ay moins d'un ennemy,
La mort de Seleucus m'a vangée à demy,
Son Ombre, en attendant Rodogune & son frere,
Peut déja de ma part les promettre à son pere,
Ils le suivront de prés, & j'ay tout preparé
Pour reünir bien-tost ce que j'ay separé.
 O toy, qui n'attens plus que la ceremonie
Pour jetter à mes pieds ma rivale punie,
Et par qui deux amans vont d'un seul coup du sort
Recevoir l'Hymenée, & le Trosne, & la Mort,
Poison, me sçauras-tu rendre mon Diadesme?
Le fer m'a bien servie, en feras-tu de mesme?
Me seras-tu fidelle? Et toy, que me veux-tu,
Ridicule retour d'une sotte vertu,
Tendresse dangereuse autant comme importune?
Ie ne veux point pour fils l'époux de Rodogune,
Et ne voy plus en luy les restes de mon sang,
S'il m'arrache du Trosne, & la met en mon rang.
 Reste du sang ingrat d'un époux infidelle,
Heritier d'une flame envers moy criminelle,
Aime mon ennemie, & peris comme luy.
Pour la faire tomber j'abatray son appuy,
Aussi-bien sous mes pas c'est creuser un abysme,
Que retenir ma main sur la moitié du crime,
Et te faisant mon Roy, c'est trop me negliger,
Que te laisser sur moy pere & frere à vanger.
Qui se vange à demy court luy-mesme à sa peine,
Il faut, ou condamner, ou couronner sa haine.
Dust le Peuple en fureur pour ses maistres nouveaux
De mon sang odieux arroser leurs tombeaux,

Dust le Parthe vangeur me trouver sans defense,
Dust le Ciel égaler le supplice à l'offense,
Trosne, à t'abandonner je ne puis consentir.
Par un coup de tonnerre il vaut mieux en sortir,
Il vaut mieux meriter le sort le plus étrange:
Tombe sur moy le Ciel, pourveu que je me vange,
I'en recevray le coup d'un visage remis,
Il est doux de perir aprés ses ennemis,
Et de quelque rigueur que le Destin me traite,
Ie pers moins à mourir, qu'à vivre leur Sujette.
  Mais voicy Laonice, il faut dissimuler
Ce que le seul effet doit bien-tost reveler.

SCENE II.

CLEOPATRE, LAONICE.

CLE. Viennent-ils, nos amans? LAO. Ils approchent, Madame.
  On lit dessus leur front l'allegresse de l'ame,
L'Amour s'y fait paroistre avec la Majesté,
Et suivant le vieil ordre en Syrie usité,
D'une grace en tous deux toute auguste & Royale
Ils viennent prendre icy la coupe Nuptiale,
Pour s'en aller au Temple au sortir du Palais
Par les mains du grand Prestre estre unis à jamais,
C'est là qu'il les attend pour benir l'alliance,
Le Peuple tout ravy par ses vœux le devance,
Et pour eux à grands cris demande aux Immortels
Tout ce qu'on leur souhaite aux pieds de leurs Autels,
Impatient pour eux que la ceremonie
Ne commence bien-tost, ne soit bien-tost finie.
Les Parthes à la foule aux Syriens meslez,
Tous nos vieux differens de leur ame exilez,
Font leur Suite assez grosse, & d'une voix commune
Benissent à l'envy le Prince, & Rodogune.
Mais je les voy déja, Madame, c'est à vous
A commencer icy des spectacles si doux.

SCENE

TRAGEDIE.

SCENE III.

CLEOPATRE, ANTIOCHVS, RODOGVNE, ORONTE, LAONICE, *Troupe de Parthes, & de Syriens.*

CLE. Approchez, mes enfans, (car l'amour maternelle,
　Madame, dans mon cœur vous tient déja pour telle,
Et je croy que ce nom ne vous déplaira pas.)
ROD. Ie le cheriray mesme au-delà du trépas,
　Il m'est trop doux, Madame, & tout l'heur que j'espere,
　C'est de vous obeir & respecter en mere.
CLE. Aimez-moy seulement, vous allez estre Rois,
　Et s'il faut du respect, c'est moy qui vous le dois.
ANT. Ah, si nous recevons la supreme puissance,
　Ce n'est pas pour sortir de vostre obeïssance,
　Vous regnerez icy quand nous y regnerons,
　Et ce seront vos loix que nous y donnerons.
CLE. I'ose le croire ainsi, mais prenez vostre place,
　Il est temps d'avancer ce qu'il faut que je fasse.

Icy Antiochus s'assied dans un fauteüil, Rodogune à sa gauche en mesme rang, & Cleopatre à sa droite, mais en rang inferieur, & qui marque quelque inégalité. Oronte s'assied aussi à la gauche de Rodogune avec la mesme difference, & Cleopatre cependant qu'ils prennent leurs places, parle à l'oreille de Laonice qui s'en va querir une coupe pleine de vin empoisonné. Après qu'elle est partie Cleopatre continuë.

　Peuple qui m'écoutez, Parthes, & Syriens,
Sujets du Roy son frere, ou qui fustes les miens,
Voicy de mes deux fils celuy qu'un droit d'aisnesse
Eleve dans le Trosne, & donne à la Princesse.
Ie luy rens cet Etat que j'ay sauvé pour luy,
Ie cesse de regner, il commence aujourd'huy.
Qu'on ne me traite plus icy de Souveraine,
Voicy vostre Roy, Peuple, & voicy vostre Reine,
Vivez pour les servir, respectez-les tous deux,
Aimez-les, & mourez s'il est besoin pour eux.
　Oronte, vous voyez avec quelle franchise
Ie leur rens ce pouvoir dont je me suis démise,

RODOGVNE,

Prétez les yeux au reste, & voyez les effets
Suivre de point en point les Traitez de la Paix.[a]

[a] Laonice revient avec une coupe à la main.

ORO. Voſtre ſincerité s'y fait aſſez paroiſtre,
Madame, & j'en feray recit au Roy mon maiſtre.
CLE. L'Hymen eſt maintenant noſtre plus cher ſoucy,
L'uſage veut, mon fils, qu'on le commence icy,
Recevez de ma main la coupe Nuptiale
Pour eſtre aprés unis ſous la foy conjugale,
Puiſſe-t'elle eſtre un gage envers voſtre moitié,
De voſtre amour enſemble & de mon amitié.
ANT.[b] Ciel, que ne doy-je point aux bontez d'une mere!

[b] Il prend la coupe.

CLE. Le temps preſſe, & voſtre heur d'autant plus ſe differe.
ANT.[c] Madame, haſtons donc ces glorieux momens,

[c] A Rodogune.

Voicy l'heureux eſſay de nos contentemens.
Mais ſi mon frere étoit le témoin de ma joye....
CLE. C'eſt eſtre trop cruel de vouloir qu'il la voye,
Ce ſont des déplaiſirs qu'il fait bien d'épargner,
Et ſa douleur ſecrette a droit de l'éloigner.
ANT. Il m'avoit aſſeuré qu'il la verroit ſans peine,
Mais n'importe, achevons.

SCENE IV.

CLEOPATRE, ANTIOCHVS, RODOGVNE, ORONTE, TIMAGENE, LAONICE, Troupe.

TIM. AH, Seigneur. CLE. Timagene,
Quelle eſt voſtre inſolence? TIM. Ah, Madame. AN.[d] Parlez.

[d] Il rend la coupe à Laonice.

TIM. Souffrez pour un moment que mes ſens rappellez....
ANT. Qu'eſt-il donc arrivé? TIM. Le Prince voſtre frere....
ANT. Quoy, ſe voudroit-il rendre à mon bon-heur contraire?
TIM. L'ayant cherché long-temps afin de divertir
L'ennuy que de ſa perte il pouvoit reſſentir,
Ie l'ay trouvé, Seigneur, au bout de cette allée
Où la clarté du Ciel ſemble toûjours voilée.
Sur un lit de gazon de foibleſſe étendu
Il ſembloit déplorer ce qu'il avoit perdu,

TRAGEDIE.

Son ame à ce penser paroissoit attachée,
Sa teste sur un bras languissamment panchée,
Immobile, & resveur en malheureux amant...
ANT. Enfin, que faisoit-il, achevez promptement.
TIM. D'une profonde playe en l'estomac ouverte
Son sang à gros boüillons sur cette couche verte...
CLE. Il est mort! TI. Ouy, Madame. CL. Ah, Destins ennemis
Qui m'enviez le bien que je m'étois promis!
Voilà le coup fatal que je craignois dans l'ame,
Voilà le desespoir où l'a reduit sa flame,
Pour vivre en vous perdant il avoit trop d'amour,
Madame, & de sa main il s'est privé du jour.
TIM.[a] Madame, il a parlé, sa main est innocente.
CLE.[b] La tienne est donc coupable, & ta rage insolente
Par une laschete qu'on ne peut égaler
L'ayant assassiné le fait encor parler.
ANT. Timagéne, souffrez la douleur d'une mere
Et les premiers soupçons d'une aveugle colere.
Comme ce coup fatal n'a point d'autres témoins,
J'en ferois autant qu'elle à vous connoistre moins.
Mais que vous a-t'il dit? achevez je vous prie.
TIM. Surpris d'un tel spectacle à l'instant je m'écrie,
Et soudain à mes cris ce Prince en soûpirant
Avec assez de peine entr'ouvre un œil mourant,
Et ce reste égaré de lumiere incertaine
Luy peignant son cher frere au lieu de Timagéne,
Remply de vostre idée il m'adresse pour vous
Ces mots où l'amitié regne sur le couroux.
    Vne main qui nous fut bien chere
Vange ainsi le refus d'un coup trop inhumain,
    Regnez, & sur tout, mon cher frere,
    Gardez-vous de la mesme main.
C'est.... La Parque à ce mot luy coupe la parole,
Sa lumiere s'éteint, & son ame s'envole,
Et moy tout effrayé d'un si tragique sort
J'accours pour vous en faire un funeste rapport.
ANT. Rapport vraiment funeste, & sort vraiment tragique,
Qui va changer en pleurs l'allegresse publique.
O frere plus aimé que la clarté du jour,
O rival aussi cher que m'étoit mon amour,
Ie te pers, & je trouve en ma douleur extresme
Vn malheur dans ta mort plus grand que ta mort mesme.

[a] *A Cleopatre.*
[b] *A Timagene.*

O de ſes derniers mots fatale obſcurité,
En quel gouffre d'horreurs m'as-tu précipité ?
Quand j'y penſe chercher la main qui l'aſſaſſine
Ie m'impute à forfait tout ce que j'imagine,
Mais aux marques enfin que tu m'en viens donner,
Fatale obſcurité, qui doy-je en ſoupçonner ?
   Vne main qui nous fut bien chere,
Madame, eſt-ce la voſtre, ou celle de ma mere ?
Vous vouliez toutes deux un coup trop inhumain,
Nous vous avons tous deux refuſé noſtre main,
Qui de vous s'eſt vangée ? eſt-ce l'une, eſt-ce l'autre,
Qui fait agir la ſienne au refus de la noſtre ?
Eſt-ce vous qu'en coupable il me faut regarder ?
Eſt-ce vous deſormais dont je me doy garder ?
CL. Quoy, vous me ſoupçonnez ! RO. Quoy, je vous ſuis ſuſpecte !
ANT. Ie ſuis amant, & fils, je vous aime, & reſpecte,
Mais quoy que ſur mon cœur puiſſent des noms ſi doux,
A ces marques enfin je ne connois que vous.
As-tu bien entendu ? dis-tu vray, Timagene ?
TIM. Avant qu'en ſoupçonner la Princeſſe, ou la Reine,
Ie mourrois mille fois, mais enfin mon recit
Contient, ſans rien de plus, ce que le Prince a dit.
ANT. D'un & d'autre coſté l'action eſt ſi noire
Que n'en pouvant douter je n'oſe encor la croire.
O quiconque des deux avez verſé ſon ſang,
Ne vous préparez plus à me percer le flanc,
Nous avons mal ſervy vos haines mutuelles,
Aux jours l'une de l'autre également cruelles,
Mais ſi j'ay refuſé ce déteſtable employ,
Ie veux bien vous ſervir toutes deux contre moy.
Qui que vous ſoyez donc, recevez une vie
Que déja vos fureurs m'ont à demy ravie.
ROD. Ah, Seigneur, arrétez. TIM. Seigneur, que faites-vous ?
ANT. Ie ſers ou l'une, ou l'autre, & je préviens ſes coups.
CLE. Vivez, regnez heureux. ANT. Oſtez-moy donc de doute,
Et montrez-moy la main qu'il faut que je redoute,
Qui pour m'aſſaſſiner oſe me ſecourir,
Et me ſauve de moy pour me faire perir.
Puis-je vivre & traiſner cette geſne éternelle,
Confondre l'innocente avec la criminelle,
Vivre, & ne pouvoir plus vous voir ſans m'alarmer,
Vous craindre toutes deux, toutes deux vous aimer ?

TRAGEDIE.

Vivre avec ce tourment c'est mourir à toute heure,
Tirez-moy de ce trouble, ou souffrez que je meure,
Et que mon déplaisir par un coup genereux
Epargne un parricide à l'une de vous deux.
CLE. Puisque le mesme jour que ma main vous couronne
Ie perds un de mes fils & l'autre me soupçonne,
Qu'au milieu de mes pleurs qu'il devroit essuyer
Son peu d'amour me force à me justifier,
Si vous n'en pouvez mieux consoler une mere
Qu'en la traitant d'égal avec une étrangere,
Ie vous diray, Seigneur (car ce n'est plus à moy
A nommer autrement, & mon juge, & mon Roy)
Que vous voyez l'effet de cette vieille haine
Qu'en dépit de la Paix me garde l'inhumaine,
Qu'en son cœur du passé soûtient le souvenir,
Et que j'avois raison de vouloir prévenir.
Elle a soif de mon sang, elle a voulu l'épandre,
I'ay préveu d'assez loin ce que j'en viens d'apprendre,
Mais je vous ay laissé desarmer mon couroux.
ᵃ Sur la foy de ses pleurs je n'ay rien craint de vous,   ᵃ *A Rodogune.*
Madame, mais ô Dieux! quelle rage est la vostre!
Quand je vous donne un fils, vous assassinez l'autre,
Et m'enviez soudain l'unique & foible appuy
Qu'une mere oprimée eust pû trouver en luy.
Quand vous m'accablerez, où sera mon refuge?
Si je m'en plains au Roy, vous possedez mon juge,
Et s'il m'ose écouter, peut-estre, helas! en vain
Il voudra se garder de cette mesme main.
Enfin je suis leur mere, & vous leur ennemie,
I'ay recherché leur gloire, & vous leur infamie,
Et si je n'eusse aimé ces fils que vous m'ostez
Vostre abord en ces lieux les eust desheritez.
C'est à luy maintenant en cette concurrence
A regler ses soupçons sur cette difference,
A voir de qui des deux il doit se défier,
Si vous n'avez un charme à vous justifier.
ROD.ᵇ Ie me défendray mal, l'innocence étonnée   ᵇ *A Cleapatre.*
Ne peut s'imaginer qu'elle soit soupçonnée,
Et n'yant rien préveu d'un attentat si grand,
Qui l'en veut accuser sans peine la surprend.
    Ie ne m'étonne point de voir que vostre haine
Pour me faire coupable a quitté Timagene,

Dd iij

Au moindre jour ouvert de tout jetter fur moy
Son recit s'eſt trouvé digne de voſtre foy.
Vous l'accuſiez pourtant, quand voſtre ame alarmée
Craignoit qu'en expirant ce fils vous euſt nommée;
Mais de ſes derniers mots voyant le ſens douteux
Vous avez pris ſoudain le crime entre nous deux.
Certes ſi vous voulez paſſer pour veritable
Que l'une de nous deux de ſa mort ſoit coupable,
Ie veux bien par reſpect ne vous imputer rien;
Mais voſtre bras au crime eſt plus fait que le mien,
Et qui ſur un époux fit ſon apprentiſſage
A bien pû ſur un fils achever ſon ouvrage.
Ie ne déniray point, puiſque vous les ſçavez,
De juſtes ſentimens dans mon ame élevez:
Vous demandiez mon ſang, j'ay demandé le voſtre,
Le Roy ſçait quels motifs ont pouſſé l'une & l'autre;
Comme par ſa prudence il a tout adoucy,
Il vous connoit peut-eſtre, & me connoit auſſi.
^a Seigneur, c'eſt un moyen de vous eſtre bien chere,
Que pour don nuptial vous immoler un frere:
On fait plus, on m'impute un coup ſi plein d'horreur
Pour me faire un paſſage à vous percer le cœur.
^b Où fuirois-je de vous aprés tant de furie,
Madame, & que feroit toute voſtre Syrie,
Où ſeule & ſans appuy contre mes attentats
Ie verrois.... Mais, Seigneur, vous ne m'écoutez pas!
ANT. Non, je n'écoute rien, & dans la mort d'un frere
Ie ne veux point juger entre vous, & ma mere:
Aſſaſſinez un fils, maſſacrez un époux,
Ie ne veux me garder, ny de vous, ny de vous.
Suivons aveuglément ma triſte Deſtinée,
Pour m'expoſer à tout achevons l'Hymenée.
Cher frere, c'eſt pour moy le chemin du trépas,
La main qui t'a percé ne m'épargnera pas,
Ie cherche à te rejoindre, & non à m'en défendre,
Et luy veux bien donner tout lieu de me ſurprendre;
Heureux ſi ſa fureur qui me prive de toy
Se fait bien-toſt connoiſtre en achevant ſur moy,
Et ſi du Ciel trop lent à la reduire en poudre
Son crime redoublé peut arracher la foudre.
Donnez-moy. RO.^c Quoy, Seigneur! A. Vous m'arrétez en vain,
Donnez. ROD. Ah, gardez vous de l'une & l'autre main!

^a *A Antiochus.*

^b *A Cleopatre.*

^c *Elle l'empeſche de prendre la coupe.*

TRAGEDIE.

Cette coupe est suspecte, elle vient de la Reine,
Craignez de toutes deux quelque secrette haine.
CLE. Qui m'épargnoit tantost, ose enfin m'accuser.
ROD. De toutes deux, Madame, il doit tout refuser,
Ie n'accuse personne, & vous tiens innocente,
Mais il en faut sur l'heure une preuve evidente.
Ie veux bien à mon tour subir les mesmes loix,
On ne peut craindre trop pour le salut des Rois ;
Donnez donc cette preuve, & pour toute replique,
Faites faire un essay par quelque Domestique.
CLE.[a] Ie le feray moy-mesme. Et bien, redoutez-vous
Quelque sinistre effet encor de mon couroux ?
I'ay souffert cet outrage avecque patience.
ANT.[b] Pardonnez-luy, Madame, un peu de défiance,
Comme vous l'accusez elle fait son effort
A rejetter sur vous l'horreur de cette mort,
Et soit amour pour moy, soit adresse pour elle,
Ce soin la fait paroistre un peu moins criminelle.
Pour moy, qui ne voy rien dans le trouble où je suis
Qu'un gouffre de malheurs, qu'un abysme d'ennuis,
Attendant qu'en plein jour ces veritez paroissent,
I'en laisse la vangeance aux Dieux qui les connoissent,
Et vay sans plus tarder.... ROD. Seigneur, voyez ses yeux
Déja tous égarez, troubles, & furieux,
Cette affreuse sueur qui court sur son visage,
Cette gorge qui s'enfle. Ah bons Dieux, quelle rage !
Pour vous perdre après elle, elle a voulu perir.
ANT.[c] N'importe, elle est ma mere, il faut la secourir.
CLE. Va, tu me veux en vain rappeler à la vie,
Ma haine est trop fidelle, & m'a trop bien servie,
Elle a paru trop tost pour te perdre avec moy,
C'est le seul déplaisir qu'en mourant je reçoy ;
Mais j'ay cette douceur dedans cette disgrace
De ne voir point regner ma rivale en ma place.
   Regne, de crime en crime enfin te voilà Roy,
Ie t'ay défait d'un pere, & d'un frere, & de moy.
Puisse le Ciel tous deux vous prendre pour victimes,
Et laisser choir sur vous les peines de mes crimes,
Puissiez-vous ne trouver dedans vostre union
Qu'horreur, que jalousie, & que confusion,
Et pour vous souhaiter tous les malheurs ensemble,
Puisse naistre de vous un fils qui me ressemble.

[a] *Prenant la coupe.*

[b] *Prenant la coupe de la main de Cleopatre après qu'elle a beu.*

[c] *Rendant la coupe à Laonice, ou à quelqu'autre.*

ANT. Ah, vivez pour changer cette haine en amour.
CLE. Ie maudirois les Dieux s'ils me rendoient le jour.
Qu'on m'emporte d'icy, je me meurs, Laonice,
Si tu veux m'obliger par un dernier service,
Après les vains efforts de mes inimitiez,
Sauve-moy de l'affront de tomber à leurs pieds.ᵃ

ᵃ *Elle s'en va, & Laonice luy aide à marcher.*

ORO. Dans les justes rigueurs d'un sort si déplorable,
Seigneur, le juste Ciel vous est bien favorable,
Il vous a preservé sur le point de perir
Du danger le plus grand que vous pûssiez courir,
Et par un digne effet de ses faveurs puissantes,
La coupable est punie, & vos mains innocentes.

ANT. Oronte, je ne sçay dans son funeste sort
Qui m'afflige le plus, ou sa vie, ou sa mort,
L'une & l'autre a pour moy des malheurs sans exemple,
Plaignez mon infortune. Et vous, allez au Temple
Y changer l'allegresse en un dueil sans pareil,
La pompe Nuptiale en funebre appareil,
Et nous verrons après par d'autres sacrifices
Si les Dieux voudront estre à nos vœux plus propices.

FIN.

THEODORE

THEODORE
VIERGE ET MARTYRE,
TRAGEDIE
CHRETIENNE.

ACTEVRS

VALENS, Gouverneur d'Antioche.

PLACIDE, Fils de Valens.

CLEOBVLE, Amy de Placide.

DIDYME, Amoureux de Theodore.

PAVLIN, Confident de Valens.

LYCANTE, Capitaine d'une cohorte Romaine.

MARCELLE, Femme de Valens.

THEODORE, Princeſſe d'Antioche.

STEPHANIE, Confidente de Marcelle.

La Scene eſt à Antioche dans le Palais du Gouverneur.

THEODORE
VIERGE ET MARTYRE,
TRAGEDIE
CHRETIENNE.

ACTE I

SCENE PREMIERE.
PLACIDE, CLEOBVLE.

PLA. Il est vray, Cleobule, & je veux l'avoüer,
La Fortune me flate assez pour m'en loüer,
Mon pere est Gouverneur de toute la Syrie,
Et comme si c'étoit trop peu de flaterie,
Moy-mesme elle m'embrasse, & vient de me donner,
Tout jeune que ie suis, l'Egypte à gouverner.
Certes si je m'enflois de ces vaines fumées
Dont on voit à la Cour tant d'ames si charmées,
Si l'éclat des grandeurs avoit pû me ravir,
J'aurois dequoy me plaire, & dequoy m'assouvir.
Au dessous des Cesars je suis ce qu'on peut estre,
A moins que de leur rang le mien ne sçauroit croistre,

Ee ij

Et pour haut qu'on ait mis des tiltres si sacrez,
On y monte souvent par de moindres degrez.
Mais ces honneurs pour moy ne sont qu'une infamie,
Parce que je les tiens d'une main ennemie;
Et leur plus doux appas, qu'un excès de rigueur,
Parce que pour échange on veut avoir mon cœur.
On perd temps toutefois, ce cœur n'est point à vendre,
Marcelle, en vain par là tu crois gagner un gendre,
Ta Flavie à mes yeux fait toûjours mesme horreur.
Ton frere Marcellin peut tout sur l'Empereur,
Mon pere est ton époux, & tu peux sur son ame
Ce que sur un mary doit pouvoir une femme:
Va plus outre, & par zéle ou par dexterité
Ioins le vouloir des Dieux à leur authorité,
Assemble leur faveur, assemble leur colere,
Pour aimer je n'écoute Empereur, Dieux, ny pere,
Et je la trouverois un objet odieux
Des mains de l'Empereur, & d'un pere, & des Dieux.
CLE. Quoy que pour vous Marcelle ait le nom de marastre,
Considerez, Seigneur, qu'elle vous idolatre,
Voyez d'un œil plus sain ce que vous luy devez,
Les biens, & les honneurs qu'elle vous a sauvez.
Quand Diocletian fut maistre de l'Empire...
PLA. Mon pere étoit perdu, c'est ce que tu veux dire,
Si-tost qu'à son party le bonheur eut manqué,
Sa teste fut proscrite, & son bien confisqué,
On vit à Marcellin sa dépoüille donnée:
Il sçeut la racheter par ce triste Hymenée,
Et forçant son grand cœur à ce honteux lien,
Luy-mesme il se livra pour rançon de son bien.
Deslors on asservit jusques à mon enfance,
De Flavie avec moy l'on conclud l'alliance,
Et depuis ce moment Marcelle a fait chez nous
Vn destin que tout autre auroit trouvé fort doux.
La dignité du fils comme celle du pere
Descend du haut pouvoir que luy donne ce frere:
Mais à la regarder de l'œil dont je la voy,
Ce n'est qu'un joug pompeux qu'on veut jetter sur moy,
On éleve chez nous un Trosne pour sa fille,
On y séme l'éclat dont on veut qu'elle brille,
Et dans tous ces honneurs je ne vois en effet
Qu'un infame dépost des presens qu'on luy fait.

CLE. S'ils ne font qu'un dépoſt du bien qu'on luy veut faire,
Vous en étes, Seigneur, mauvais dépoſitaire,
Puisqu'avec tant d'effort on vous voit travailler
A mettre ailleurs l'éclat dont elle doit briller.
Vous aimez Theodore, & voſtre ame ravie
Luy veut donner ce Trofne élevé pour Flavie,
C'eſt là le fondement de voſtre averſion.
PLA. Ce n'eſt point un ſecret que cette paſſion,
Flavie au lit malade en meurt de jalouſie,
Et dans l'aſpre dépit dont ſa mere eſt ſaiſie,
Elle tonne, foudroye, & pleine de fureur
Menace de tout perdre auprés de l'Empereur :
Comme de ſes faveurs je ris de ſa colere,
Quoy qu'elle ait fait pour moy, quoy qu'elle puiſſe faire,
Le paſſé ſur mon cœur ne peut rien obtenir,
Et je laiſſe au hazard le ſoin de l'avenir.
Ie me plais à braver cet orgueilleux courage,
Chaque jour pour l'aigrir je vay juſqu'à l'outrage;
Son ame imperieuſe & prompte à fulminer
Ne ſçauroit me haïr juſqu'à m'abandonner.
Souvent elle me flate alors que je l'offence,
Et quand je l'ay pouſſée à quelque violence,
L'amour de ſa Flavie en rompt tous les effets,
Et l'éclat s'en termine à de nouveaux bien-faits.
Ie la plains, ſa Flavie, & plus à plaindre qu'elle,
Comme elle aime un ingrat, j'adore une cruelle,
Dont la rigueur la vange, & rejettant ma foy,
Me rend tous les mépris qu'elle reçoit de moy.
Mon ſort des deux coſtez merite qu'on le plaigne,
L'une me perſecute, & l'autre me dédaigne,
Ie hay qui m'idolatre, & j'aime qui me fuit,
Et je pourſuis en vain ainſi qu'on me pourſuit.
Telle eſt de mon deſtin la fatale injuſtice,
Telle eſt la tyrannie enſemble & le caprice
Du Demon aveuglé, qui ſans diſcretion
Verſe l'Antipathie & l'inclination.
Mais puisqu'à d'autres yeux je parois trop aimable,
Que peut voir Theodore en moy de mépriſable ?
Sans doute elle aime ailleurs, & s'impute à bonheur
De préferer Didyme au fils du Gouverneur.
CLE. Comme elle je ſuis né, Seigneur, dans Antioche,
Et par les droits du ſang je luy ſuis aſſez proche,

Ie connois son courage, & vous répondray bien
Qu'étant sourde à vos vœux elle n'écoute rien,
Et que cette rigueur dont vostre amour l'accuse
Ne donne point ailleurs ce qu'elle vous refuse.
Ce malheureux rival dont vous étes jaloux,
En reçoit chaque jour plus de mépris que vous.
 Mais quand mesme ses feux répondroient à vos flames,
Qu'une amour mutuelle uniroit vos deux ames,
Voyez où cette amour vous peut précipiter,
Quel orage sur vous elle doit exciter ?
Ce que dira Valens, ce que fera Marcelle,
Souffrez que son parent vous die enfin pour elle...
PLA. Ah! si je puis encor quelque chose sur toy,
Ne me dy rien pour elle, & dy-luy tout pour moy,
Dy-luy que je suis seur des bontez de mon pere,
Où que s'il se rendoit d'une humeur trop severe,
L'Egypte où l'on m'envoyé est un azile ouvert
Pour mettre nostre flame & nostre heur à couvert.
Là saisis d'un rayon des puissances supresmes
Nous ne recevrons plus de loix que de nous mesmes;
Quelques noires vapeurs que puissent concevoir
Et la mere & la fille ensemble au desespoir,
Tout ce qu'elles pourront enfanter de tempestes
Sans venir jusqu'à nous crevera sur leurs testes,
Et nous érigerons en cet heureux sejour
De leur rage impuissante un trophée à l'Amour.
 Parle, parle pour moy, presse, agy, persuade,
Fay quelque chose enfin pour mon esprit malade,
Fay-luy voir mon pouvoir, fay-luy voir mon ardeur;
Son dédain est peut-estre un effet de sa peur,
Et si tu luy pouvois arracher cette crainte,
Tu pourrois dissiper cette froideur contrainte,
Tu pourrois... Mais je voy Marcelle qui survient.

TRAGEDIE.

SCENE II.

MARCELLE, PLACIDE, CLEOBULE, STEPHANIE.

MAR. CE mauvais conseiller toûjours vous entretient?
PLA. Vous dites vray, Madame, il tasche à me surprendre,
Son conseil est mauvais, mais je sçay m'en défendre.
MAR. Il vous parle d'aimer ? *PLA.* Contre mon sentiment.
MAR. Levez, levez le masque, & parlez franchement,
De vostre Theodore il est l'Agent fidelle,
Pour vous mieux engager elle fait la cruelle,
Vous chasse en apparence, & pour vous retenir,
Par ce parent adroit vous fait entretenir.
PLA. Par ce fidelle Agent elle est donc mal servie,
Loin de parler pour elle, il parle pour Flavie,
Et ce parent adroit en matiere d'Amour
Agit contre son sang pour mieux faire sa Cour.
C'est, Madame, en effet le mal qu'il me conseille,
Mais j'ay le cœur trop bon pour luy prester l'oreille.
MAR. Dites le cœur trop bas pour aimer en bon lieu.
PLA. L'objet où vont mes vœux seroit digne d'un Dieu.
MAR. Il est digne de vous, d'une ame vile & basse.
PLA. Ie fais donc seulement ce qu'il faut que je fasse,
Ne blasmez que Flavie, un cœur si bien placé
D'une ame vile & basse est trop embarrassé,
D'un choix qui luy fait honte il faut qu'elle s'irrite,
Et me prive d'un bien qui passe mon merite.
MAR. Avec quelle arrogance osez-vous me parler?
PLA. Au dessous de Flavie ainsi me ravaler,
C'est de cette arrogance un mauvais témoignage,
Ie ne me puis, Madame, abaisser davantage.
MAR. Vostre respect est rare, & fait voir clairement
Que vostre humeur modeste aime l'abaissement.
Et bien, puisqu'à present j'en suis mieux avertie,
Il faudra satisfaire à cette modestie,
Avec un peu de temps nous en viendrons à bout.
PLA. Vous ne m'osterez rien, puisque je vous dois tout.
Qui n'a que ce qu'il doit a peu de perte à faire.
MAR. Vous pourrez bien-tost prendre un sentiment contraire.

PLA. Ie n'en changeray point pour la perte d'un bien
  Qui me rendra celuy de ne vous devoir rien.
MAR. Ainsi l'ingratitude en soy-mesme se flate,
  Mais je sçauray punir cette ame trop ingrate,
  Et pour mieux abaisser vos esprits souslevez
  Ie vous osteray plus que vous ne me devez.
PLA. La menace est obscure, expliquez-la, de grace.
MAR. L'effet expliquera le sens de la menace,
  Tandis, souvenez-vous, malgré tous vos mépris,
  Que j'ay fait ce que sont, & le pere, & le fils.
  Vous me devez l'Egypte, & Valens Antioche.
PLA. Nous ne vous devons rien après un tel reproche.
  Vn bien-fait perd sa grace à le trop publier,
  Qui veut qu'on s'en souvienne, il le doit oublier.
MAR. Ie l'oublirois, ingrat, si pour tant de puissance
  Ie recevois de vous quelque reconnoissance.
PLA. Et je m'en souviendrois jusqu'aux derniers abois,
  Si vous vous contentiez de ce que je vous dois.
MAR. Après tant de bien-faits osay-je trop pretendre?
PLA. Ce ne sont plus bien-faits alors qu'on veut les vendre.
MAR. Que doit donc un grand cœur aux faveurs qu'il reçoit?
PLA. S'avoüant redevable il rend tout ce qu'il doit.
MAR. Tous les ingrats en foule iront à vostre école,
  Puisqu'on y devient quitte en payant de parole.
PLA. Ie vous diray donc plus, puisque vous me pressez,
  Nous ne vous devons pas tout ce que vous pensez.
MA. Que seriez-vous sans moy? *PL.* Sans vous? ce que nous sommes,
  Nostre Empereur est juste, & sçait choisir les hommes,
  Et mon pere après tout ne se trouve qu'au rang
  Où l'auroient mis sans vous ses vertus & son sang.
MAR. Ne vous souvient-il plus qu'on proscrivit sa teste?
PLA. Par là vostre artifice en fit vostre conqueste.
MAR. Ainsi de ma faveur vous nommez les effets?
PLA. Vn autre amy peut-estre auroit bien fait sa paix,
  Et si vostre faveur pour luy s'est employée,
  Par son Hymen, Madame, il vous a trop payée,
  On voit peu d'unions de deux telles moitiez,
  Et la faveur à part on sçait qui vous étiez.
MAR. L'ouvrage de mes mains avoir tant d'insolence!
PLA. Elles m'ont mis trop haut pour souffrir une offence.
MAR. Quoy, vous tranchez icy du nouveau Gouverneur?
PLA. De mon rang en tous lieux je soûtiendray l'honneur.
                              MAR. Con-

MAR. Confiderez donc mieux quelle main vous y porte,
L'Hymen feul de Flavie en eft pour vous la porte.
PLA. Si je n'y puis entrer qu'acceptant cette loy,
Reprenez voftre Egypte, & me laiffez à moy.
MAR. Plus il me doit d'honneurs, plus fon orgueil me brave!
PLA. Plus je reçoy d'honneurs, moins je dois eftre esclave.
MAR. Confervez ce grand cœur, vous en aurez befoin.
PLA. Ie le conferveray, Madame, avec grand foin,
Et voftre grand pouvoir en chaffera la vie
Avant que d'y furprendre aucun lieu pour Flavie.
MAR. I'en chafferay du moins l'ennemy qui me nuit.
PLA. Vous ferez peu d'effet avec beaucoup de bruit.
MAR. Ie joindray de fi prés l'effet à la menace,
Que fa perte aujourd'huy me quittera la place.
PLA. Vous perdrez aujourd'huy... *MAR.* Theodore à vos yeux.
M'entendez-vous, Placide ? Ouy, j'en jure les Dieux,
Qu'aujourd'huy mon couroux armé contre fon crime
Au pied de leurs Autels en fera ma victime.
PLA. Et je jure à vos yeux ces mefmes Immortels
Que je la vangeray jusque fur leurs Autels.
Ie jure plus encor, que fi je pouvois croire
Que vous euffiez deffein d'une action fi noire,
Il n'eft point de respect qui puft me retenir
D'en punir la penfée, & de vous prévenir,
Et que pour garantir une tefte fi chere
Ie vous irois chercher jusqu'au lit de mon pere.
M'entendez-vous, Madame ? Adieu, penfez-y bien,
N'épargnez pas mon fang fi vous verfez le fien,
Autrement, ce beau fang en fera verfer d'autre,
Et ma fureur n'eft pas pour fe borner au voftre.

SCENE III.

MARCELLE, STEPHANIE.

MAR. As-tu veu, Stephanie, un plus farouche orgueil?
　　　As-tu veu des mépris plus dignes du cercueil?
　　Et pourrois-je épargner cette insolente vie,
　　Si sa perte n'étoit la perte de Flavie,
　　Dont le cruel destin prend un si triste cours,
　　Qu'aux jours de ce barbare il attache ses jours?
STE. Ie tremble encor de voir où sa rage l'emporte.
MAR. Ma colere en devient, & plus juste, & plus forte,
　　Et l'aveugle fureur dont ses discours sont pleins
　　Ne m'arrachera pas ma vangeance des mains.
STE. Après vostre vangeance apprehendez la sienne.
MAR. Qu'une indigne épouvante à present me retienne!
　　De ce feu turbulent l'éclat impetueux
　　N'est qu'un foible avorton d'un cœur présomptueux,
　　La menace à grand bruit ne porte aucune atteinte,
　　Elle n'est qu'un effet d'impuissance & de crainte,
　　Et qui si près du mal s'amuse à menacer
　　Veut amollir le coup qu'il ne peut repousser.
STE. Theodore vivante, il craint vostre colere,
　　Mais voyez qu'il ne craint que parce qu'il espere,
　　Et c'est à vous, Madame, à bien considerer
　　Qu'il cessera de craindre en cessant d'esperer.
MAR. Si l'espoir fait sa peur, nous n'avons qu'à l'éteindre,
　　Il cessera d'aimer aussi-bien que de craindre,
　　L'amour va rarement jusque dans un tombeau
　　S'unir au reste affreux de l'objet le plus beau.
　　Hazardons, je ne voy que ce conseil à prendre.
　　Theodore vivante, il n'en faut rien pretendre,
　　Et Theodore morte, on peut encor douter
　　Quel sera le succès que tu veux redouter.
　　Quoy qu'il arrive enfin, de la sorte outragée,
　　C'est un plaisir bien doux que de se voir vangée.
　　Mais dy-moy, ton indice est-il bien asseuré?
STE. I'en répons sur ma teste, & l'ay trop averé.
MAR. Ne t'oppose donc plus à ce moment de joye
　　Qu'aujourd'huy par ta main le juste Ciel m'envoye.

TRAGEDIE.

Valens vient à propos, & sur tes bons avis
Ie vay forcer le pere à me vanger du fils.

SCENE IV.

VALENS, MARCELLE, PAVLIN,
STEPHANIE.

MAR. IVsques à quand, Seigneur, voulez-vous qu'abusée
Au mépris d'un ingrat je demeure exposée,
Et qu'un fils arrogant sous vostre authorité
Outrage vostre femme avec impunité?
Sont-ce-là les douceurs, sont-ce-là les caresses
Qu'en faisoient à ma fille esperer vos promesses,
Et faut-il qu'un amour conçeu par vostre aveu
Luy coûte enfin la vie, & vous touche si peu?
VAL. Plûst aux Dieux que mon sang eust dequoy satisfaire,
Et l'amour de la fille, & l'espoir de la mere,
Et qu'en le répandant je luy pusse gagner
Ce cœur dont l'insolence ose la dédaigner.
Mais de ses volontez le Ciel est le seul maistre,
I'ay promis de l'amour, il le doit faire naistre,
Si son ordre n'agit, l'effet ne s'en peut voir,
Et je pense estre quitte y faisant mon pouvoir.
MAR. Faire vostre pouvoir avec tant d'indulgence,
C'est avec son orgueil estre d'intelligence,
Aussi-bien que le fils le pere m'est suspect,
Et vous manquez de foy comme luy de respect.
Ah! si vous déployiez cette haute puissance
Que donnent aux parens les droits de la naissance.
VAL. Si la haine & l'amour luy doivent obeir,
Déployez-la, Madame, à le faire hair.
Quel que soit le pouvoir d'un pere en sa famille,
Puis-je plus sur mon fils que vous sur vostre fille,
Et si vous ne pouvez vaincre sa passion,
Dois-je plus obtenir sur tant d'aversion?
MAR. Elle tasche à se vaincre, & son cœur y succombe,
Et l'effort qu'elle y fait la jette sous la tombe.
VAL. Elle n'a toutefois que l'amour à dompter,
Et Placide bien moins se pourroit surmonter,

Ff ij

Puisque deux passions le font estre rebelle.
L'amour pour Theodore, & la haine pour elle.
MAR. Ostez-luy Theodore, & son amour dompté,
Vous dompterez sa haine avec facilité,
VAL. Pour l'oster à Placide il faut qu'elle se donne,
Aime-t'elle quelqu'autre ? MAR. Elle n'aime personne,
Mais qu'importe, Seigneur, qu'elle écoute aucuns vœux,
Ce n'est pas son Hymen, c'est sa mort que je veux.
VAL. Quoy, Madame, abuser ainsi de ma puissance !
A vostre passion immoler l'innocence !
Les Dieux m'en puniroient. MAR. Trouvent-ils innocens
Ceux dont l'impieté leur refuse l'encens ?
Prenez leur interest, Theodore est Chrétienne,
C'est la cause des Dieux, & ce n'est plus la mienne.
VAL. Souvent la calomnie... MAR. Il n'en faut plus parler
Si vous vous préparez à le dissimuler.
Devenez protecteur de cette Secte impie
Que l'Empereur jamais ne creut digne de vie,
Vous pouvez en ces lieux vous en faire l'appuy,
Mais sçachez qu'il me reste un frere auprés de luy.
VAL. Sans en importuner l'authorité supreme,
Si je vous suis suspect, n'en croyez que vous-mesme,
Agissez en ma place, & faites-la venir,
Quand vous la convaincrez, je sçauray la punir,
Et vous reconnoistrez que dans le fond de l'ame
Ie prens comme je dois l'interest d'une femme.
MAR. Puisque vous le voulez, j'oseray la mander,
Allez-y, Stephanie, allez sans plus tarder:
ᵃ Et si l'on m'a flaté avec un faux indice,
Ie vous iray moy-mesme en demander justice.
VAL. N'oubliez pas alors que je la dois à tous,
Et mesme à Theodore aussi-bien comme à vous.
MAR. N'oubliez pas non plus quelle est vostre promesse.
ᵇ Il est temps que Flavie ait part à l'allegresse,
Avec cette esperance allons la soulager.
Et vous, Dieux, qu'avec moy j'entreprens de vanger,
Agréez ma victime, & pour finir ma peine
Iettez un peu d'amour où regne tant de haine,
Ou si c'est trop pour nous qu'il soûpire à son tour,
Iettez un peu de haine où regne tant d'amour.

ᵃ *Stephanie s'en va, & Marcelle continuë à parler à Valens.*
ᵇ *Valens s'en va, & Marcelle continuë.*

ACTE II.

SCENE PREMIERE.

THEODORE, CLEOBVLE, STEPHANIE.

STE. Arcelle n'est pas loin, & je me persuade
Que son amour l'attache auprès de sa malade,
Mais je vay l'avertir que vous étes icy.
THE. Vous m'obligerez fort d'en prendre le soucy,
Et de luy témoigner avec quelle franchise
A' ses commandemens vous me voyez soûmise.
STE. Dans un moment ou deux vous la verrez venir.

SCENE II.

CLEOBVLE, THEODORE.

CLE. TAndis permettez-moy de vous entretenir,
Et de blasmer un peu cette vertu farouche,
Cette insensible humeur qu'aucun objet ne touche,
D'où naissent tant de feux sans pouvoir l'enflamer,
Et qui semble haïr quiconque l'ose aimer.
Ie veux bien avec vous que dessous vostre empire
Toute nostre jeunesse en vain brusle & soûpire,
I'approuve les mépris que vous rendez à tous,
Le Ciel n'en a point fait qui soient dignes de vous;
Mais je ne puis souffrir que la grandeur Romaine
S'abaissant à vos pieds ait part à cette haine,
Et que vous égaliez par vos durs traitemens,
Ces maistres de la Terre aux vulgaires amans,
Quoy qu'une aspre vertu du nom d'amour s'irrite,
Elle trouve sa gloire à ceder au merite,

Ff iij

Et fa feverité ne luy fait point de loix
Qu'elle n'aime à brifer pour un illustre choix.
Voyez ce qu'eft Valens, voyez ce qu'eft Placide,
Voyez fur quels Etats l'un & l'autre prefide,
Où le pere & le fils peuvent un jour regner,
Et ceffez d'eftre aveugle, & de le dédaigner.
THE. Ie ne fuis point aveugle, & voy ce qu'eft un homme
Qu'élevent la naiffance, & la Fortune, & Rome;
Ie rends ce que je dois à l'éclat de fon fang,
I'honore fon merite, & refpecte fon rang.
Mais vous connoiffez mal cette vertu farouche,
De vouloir qu'aujourd'huy l'ambition la touche,
Et qu'une ame infenfible aux plus faintes ardeurs
Cede honteufement à l'éclat des grandeurs.
Si cette fermeté dont elle eft annoblie
Par quelques traits d'amour pouvoit eftre affoiblie,
Mon cœur plus incapable encor de vanité
Ne feroit point de choix que dans l'égalité,
Et rendant aux grandeurs un refpect legitime,
I'honorerois Placide & j'aimerois Didyme.
CLE. Didyme que fur tous vous femblez dédaigner!
THE. Didyme que fur tous je tafche d'éloigner,
Et qui verroit bien-toft fa flame couronnée
Si mon ame à mes fens étoit abandonnée,
Et fe laiffoit conduire à ces impreffions
Que forment en naiffant les belles paffions.
Comme cét avantage eft digne qu'on le craigne,
Plus je panche à l'aimer, & plus je le dédaigne,
Et m'arme d'autant plus, que mon cœur en fecret
Voudroit s'en laiffer vaincre, & combat à regret.
Ie me fais tant d'effort lors que je le méprife,
Que par mes propres fens je crains d'eftre furprife,
I'en crains une revolte, & que las d'obeir,
Comme je les trahis, ils ne m'ofent trahir.
    Voilà, pour vous montrer mon ame toute nuë,
Ce qui m'a fait bannir Didyme de ma veuë,
Ie crains d'en recevoir quelque coup d'œil fatal,
Et chaffe un ennemy dont je me deffens mal.
Voilà quelle je fuis, & quelle je veux eftre,
La raifon quelque jour s'en fera mieux connoiftre,
Nommez-la cependant vertu, caprice, orgueil,
Ce deffein me fuivra jufque dans le cercueil.

TRAGEDIE.

CLE. Il peut vous y pousser, si vous n'y prenez garde,
D'un œil envenimé Marcelle vous regarde,
Et se prenant à vous du mauvais traitement
Que sa fille à ses yeux reçoit de vostre amant,
Sa jalouse fureur ne peut estre assouvie
A moins de vostre sang, à moins de vostre vie.
Ce n'est plus en secret que fremit son couroux,
Elle en parle tout haut, elle s'en vante à nous,
Elle en jure les Dieux, & ce que j'apprehende,
Pour ce triste sujet sans doute elle vous mande.
Dans un peril si grand faites un protecteur.
THE. Si je suis en peril, Placide en est l'autheur,
L'amour qu'il a pour moy luy seul m'y précipite,
C'est par là qu'on me hait, c'est par là qu'on s'irrite,
On n'en veut qu'à sa flame, on n'en veut qu'à son choix,
C'est contre luy qu'on arme, ou la force, ou les loix.
Tous les vœux qu'il m'adresse avancent ma ruine,
Et par une autre main c'est luy qui m'assassine.
 Ie sçay quel est mon crime, & je ne doute pas
Surquoy l'on doit fonder l'Arrest de mon trépas,
Ie l'attens sans frayeur, mais dequoy qu'on m'accuse
S'il portoit à Flavie un cœur que je refuse.
Qui veut finir mes jours les voudroit proteger,
Et par ce changement il feroit tout changer.
Mais mon peril le flate, & son cœur en espere
Ce que jusqu'à present tous ses soins n'ont pû faire,
Il attend que du mien j'achete son appuy,
I'en trouveray peut-estre un plus puissant que luy,
Et s'il me faut perir, dites-luy qu'avec joye
Ie cours à cette mort où son amour m'envoye,
Et que par un exemple assez rare à nommer,
Ie periray pour luy, si je ne puis l'aimer.
CLE. Ne vous pas mieux servir d'un avis si fidelle,
 C'est... THE. Quittons ce discours, je voy venir Marcelle.

SCENE III.

MARCELLE, THEODORE, CLEOBVLE, STEPHANIE.

^a *A Cleobule.*

MAR.^a Qvoy, toûjours l'un ou l'autre est par vous obsedé?
Qui vous améne icy ? vous avois-je mandé?
Et ne pourray-je voir Theodore, ou Placide,
Sans que vous leur serviez d'interprete, ou de guide?
Cette assiduité marque un zéle imprudent,
Et ce n'est pas agir en adroit confident.
CLE. Ie croy qu'on me doit voir d'une ame indifferente
Accompagner icy Placide, & ma parente.
Ie fais ma Cour à l'un à cause de son rang,
Et rens à l'autre un soin où m'oblige le sang.
MAR. Vous étes bon parent. CLE. Elle m'oblige à l'estre.
MAR. Vostre humeur genereuse aime à le reconnoistre,
Et sensible aux faveurs que vous en recevez
Vous rendez à tous deux ce que vous leur devez.
Vn si rare seruice aura sa recompense
Plus grande qu'on n'estime, & plûtost qu'on ne pense :
Cependant quittez nous, que je puisse à mon tour
Seruir de confidente à cet illustre amour.
CLE. Ne croyez pas, Madame.... MAR. Obeïssez, de grace,
Ie sçay ce qu'il faut croire, & voy ce qui se passe.

TRAGEDIE.

SCENE IV.

MARCELLE, THEODORE, STEPHANIE.

MAR. NE vous offensez pas, objet rare & charmant,
　　Si ma haine avec luy traite un peu rudement,
Ce n'est point avec vous que je la dissimule,
Ie cheris Theodore, & je hay Cleobule,
Et par un pur effet du bien que je vous veux
Ie ne puis voir icy ce parent dangereux.
Ie sçay que pour Placide il vous fait tout facile,
Qu'en sa grandeur nouvelle il vous peint un azile,
Et tasche à vous porter jusqu'à la vanité
D'esperer me braver avec impunité.
Ie n'ignore non-plus que vostre ame plus saine
Connoissant son devoir, ou redoutant ma haine,
Rejette ses conseils, en dédaigne le prix,
Et fait de ces grandeurs un genereux mépris.
Mais comme avec le temps il pourroit vous seduire,
Et vous, changeant d'humeur, me forcer à vous nuire,
I'ay voulu vous parler, pour vous mieux avertir
Qu'il seroit mal-aisé de vous en garantir,
Que si ce qu'est Placide enfloit vostre courage,
Ie puis en un moment renverser mon ouvrage,
Abatre sa fortune, & détruire avec luy
Quiconque m'oseroit opposer son appuy.
Gardez donc d'aspirer au rang où je l'éleve,
Qui commence le mieux ne fait rien s'il n'acheve,
Ne servez point d'obstacle à ce que j'en pretens,
N'acquerez point ma haine en perdant vostre temps,
Croyez que me tromper c'est vous tromper vous-mesme,
Et si vous vous aimez, souffrez que je vous aime.
THE. Ie n'ay point veu, Madame, encor jusqu'à ce jour
Avec tant de menace expliquer tant d'amour,
Et peu faite à l'honneur de pareilles visites
I'aurois lieu de douter de ce que vous me dites,
Mais soit que ce puisse estre, ou feinte, ou verité,
Ie veux bien vous répondre avec sincerité.

Quoy que vous me jugiez l'ame baſſe & timide,
Ie croirois ſans faillir pouvoir aimer Placide,
Et ſi ſa paſſion avoit pû me toucher
I'aurois aſſez de cœur pour ne le point cacher.
Cette haute puiſſance à ſes vertus renduë
L'égale preſque aux Rois dont je ſuis deſcenduë,
Et ſi Rome & le temps m'en ont oſté le rang,
Il m'en demeure encor le courage & le ſang.
Dans mon ſort ravalé je ſçay vivre en Princeſſe,
Ie fuy l'ambition, mais je hay la foibleſſe,
Et comme ſes grandeurs ne peuvent m'ébranler,
L'épouvante jamais ne me fera parler.
Ie l'eſtime beaucoup, mais en vain il ſoûpire,
Quand meſme ſur ma teſte il feroit choir l'Empire,
Vous me verriez répondre à cette illuſtre ardeur
Avec la meſme eſtime, & la meſme froideur.
Sortez d'inquietude, & m'obligez de croire
Que la gloire où j'aſpire eſt toute une autre gloire,
Et que ſans m'éblouïr de cet éclat nouveau
Plûtoſt que dans ſon lit j'entrerois au tombeau.
MAR. Ie vous croy, mais ſouvent l'amour bruſle ſans luire,
Dans un profond ſecret il aime à ſe conduire,
Et voyant Cleobule aller tant & venir,
Entretenir Placide, & vous entretenir,
Ie ſens toûjours dans l'ame un reſte de ſcrupule,
Que je blaſme moy-meſme & tiens pour ridicule,
Mais mon cœur ſoupçonneux ne s'en peut départir.
Vous avez deux moyens de l'en faire ſortir,
Epouſez, ou Didyme, ou Cleante, ou quelqu'autre,
Ne m'importe pas qui, mon choix ſuivra le voſtre,
Et je le combleray de tant de Dignitez
Que peut-eſtre il vaudra ce que vous me quittez.
Ou, ſi vous ne pouvez ſi-toſt vous y reſoudre,
Iurez-moy par ce Dieu qui porte en main le foudre,
Et dont tout l'Vnivers doit craindre le courroux,
Que Placide jamais ne ſera voſtre époux.
Ie luy fais pour Flavie offrir un ſacrifice,
Peut-eſtre que vos vœux le rendront plus propice,
Venez les joindre aux miens, & le prendre à témoin.
THE. Ie veux vous ſatisfaire, & ſans aller ſi loin,
I'atteſte icy le Dieu qui lance le tonnerre,
Ce Monarque abſolu du Ciel, & de la Terre,

TRAGEDIE.

Et dont tout l'Vnivers doit craindre le couroux,
Que Placide jamais ne fera mon époux.
En est-ce assez, Madame, étes-vous satisfaite?
MAR. Ce serment à peu près est ce que je souhaite,
Mais pour vous dire tout, la sainteté des lieux,
Le respect des Autels, la presence des Dieux,
Le rendant, & plus saint, & plus inviolable,
Me le pourroient aussi rendre bien plus croyable.
THE. Le Dieu que j'ay juré connoit tout, entend tout,
Il remplit l'Vnivers de l'un à l'autre bout,
Sa grandeur est sans borne ainsi que sans exemple,
Il n'est pas moins icy qu'au milieu de son Temple,
Et ne m'entend pas mieux dans son Temple qu'icy.
MAR. S'il vous entend par tout, je vous entens aussi.
On ne m'éblouït pas d'une mauvaise ruse,
Suivez-moy dans le Temple, & tost, & sans excuse.
THE. Vostre cœur soupçonneux ne m'y croiroit non-plus,
Et je vous y ferois des sermens superflus.
MAR. Vous desobeïssez! *THE.* Ie croy vous satisfaire.
MAR. Suivez, suivez mes pas. *THE.* Ce seroit vous déplaire,
Vos desseins d'autant plus en seroient reculez,
Ma desobeïssance est ce que vous voulez.
MAR. Il faut de deux raisons que l'une vous retienne,
Ou vous aimez Placide, ou vous étes Chrétienne.
THE. Ouy, je la suis, Madame, & le tiens à plus d'heur
Qu'une autre ne tiendroit toute vostre grandeur.
Ie voy qu'on vous l'a dit, ne cherchez plus de ruse,
I'avouë, & hautement, & tost, & sans excuse,
Armez-vous à ma perte, éclatez, vangez-vous,
Par ma mort à Flavie asseurez un époux,
Et noyez dans ce sang dont vous étes avide,
Et le mal qui la tuë, & l'amour de Placide.
MAR. Ouy, pour vous en punir je n'épargneray rien,
Et l'interest des Dieux asseurera le mien.
THE. Le vostre en mesme temps asseurera ma gloire,
Triomphant de ma vie, il fera ma victoire,
Mais si grande, si haute, & si pleine d'appas,
Qu'à ce prix j'aimeray les plus cruels trépas.
MAR. De cette illusion soyez persuadée,
Perissant à mes yeux triomphez en idée,
Goustez d'un autre monde à loisir les appas,
Et devenez heureuse où je ne seray pas.

Gg ij

Ie n'en fuis point jaloufe, & toute ma puiffance
Vous veut bien d'un tel heur hafter la jouiffance,
Mais gardez de paſlir, & de vous étonner
A l'aspect du chemin qui vous y doit mener.
THE. La mort n'a que douceur pour une ame Chrétienne.
MAR. Voftre felicité va donc faire la mienne.
THE. Voftre haine eft trop lente à me la procurer.
MAR. Vous n'aurez pas long-temps sujet d'en murmurer.
Allez trouver Valens, allez, ma Stephanie,
Mais demeurez, il vient.

SCENE V.

VALENS, MARCELLE, THEODORE, PAVLIN, STEPHANIE.

MAR. Ce n'eft point calomnie,
Seigneur, elle eft Chrétienne, & s'en oſe vanter.
VAL. Theodore, parlez fans vous épouvanter.
THE. Puifque je fuis coupable aux yeux de l'injuftice,
Ie fais gloire du crime, & j'aspire au supplice,
Et d'un crime fi beau le fupplice eft fi doux,
Que qui peut le connoiftre en doit eftre jaloux.
VAL. Ie ne recherche plus la damnable origine
De cette aveugle amour où Placide s'obstine,
Cette noire Magie ordinaire aux Chrétiens
L'arréte indignement dans vos honteux liens,
Voftre charme après luy fe répand fur Flavie,
De l'un il prend le cœur, & de l'autre la vie.
Vous ofez donc ainfi jufques dans ma maison,
Iufques fur mes enfans verfer voftre poifon?
Vous ofez donc tous deux les prendre pour victimes?
THE. Seigneur, il ne faut point me fuppofer de crimes,
C'eft à des fauffetez fans befoin recourir,
Puifque je fuis Chrétienne, il fuffit pour mourir.
Ie fuis prefte, où faut-il que je porte ma vie?
Où me veut voftre haine immoler à Flavie?
Haftez, haftez, Seigneur, ces heureux châtimens,
Qui feront mes plaifirs, & vos contentemens.

TRAGEDIE.

VAL. Ah, je rabatray bien cette fiere constance.
THE. Craindrois-je des tourmens qui font ma recompense?
VAL. Ouy, j'en sçay que peut-estre aisément vous craindrez,
Vous en recevrez l'ordre, & vous en resoudrez,
Ce courage toûjours ne sera pas si ferme.
Paulin, que là dedans pour prison on l'enferme,
Mettez-y bonne garde. [a]

SCENE VI.

VALENS, MARCELLE, PAVLIN, STEPHANIE.

MAR. Et quoy, pour la punir,
Quand le crime est constant, qui vous peut retenir?
VAL. Agrêrez-vous le choix que je fais d'un supplice?
MAR. J'agrêray tout, Seigneur, pourveu qu'elle perisse,
Choisissez le plus doux, ce sera m'obliger.
VAL. Ah! que vous sçavez mal comme il se faut vanger!
MAR. Je ne suis point cruelle, & n'en veux à sa vie,
Que pour rendre Placide à l'amour de Flavie.
Ostez-nous cet obstacle à nos contentemens.
Mais en faveur du sexe épargnez les tourmens,
Qu'elle meure, il suffit. *VAL.* Ouy, sans plus de demeure,
Pour l'interest des Dieux je consens qu'elle meure,
Indigne de la vie elle doit en sortir,
Mais pour vostre interest je n'y puis consentir.
Quoy, Madame, la perdre est-ce gagner Placide?
Croyez-vous que sa mort le change, ou l'intimide,
Que ce soit un moyen d'estre aimable à ses yeux
Que de mettre au tombeau ce qu'il aime le mieux?
Ah, ne vous flatez point d'une esperance vaine,
En cherchant son amour vous redoublez sa haine,
Et dans le desespoir où vous l'allez plonger,
Loin d'en aimer la cause, il voudra s'en vanger.
Chaque jour à ses yeux cette Ombre ensanglantée
Sortant des tristes nuits où vous l'aurez jettée,
Vous peindra toutes deux avec des traits d'horreur
Qui feront de sa haine une aveugle fureur,
Et lors, je ne dis pas tout ce que j'apprehende,
Son ame est violente, & son amour est grande,

[a] *Paulin la conduit avec quelques Soldats, & l'ayant enfermée il revient incontinent.*

Verfer le fang aimé ce n'eſt pas l'en guerir,
Et le defesperer ce n'eſt pas l'acquerir.
MAR. Ainſi donc vous laiſſez Theodore impunie?
VAL. Non, je la veux punir, mais par l'ignominie,
Et pour forcer Placide à vous porter ſes vœux,
Rendre cette Chrétienne indigne de ſes feux.
MAR. Ie ne vous entens point. VAL. Contentez-vous, Madame,
Que je voy pleinement les deſirs de voſtre ame,
Que de voſtre intereſt je veux faire le mien.
Allez, & ſur ce point ne demandez plus rien,
Si je m'expliquois mieux, quoy que ſon ennemie,
Vous la garantiriez d'une telle infamie,
Et quelque bon ſuccès qu'il en faille eſperer,
Voſtre haute vertu ne pourroit l'endurer.
Agréez ce ſupplice, & ſans que je le nomme,
Sçachez qu'aſſez ſouvent on le pratique à Rome,
Qu'il eſt craint des Chrétiens, qu'il plaiſt à l'Empereur,
Aux filles de ſa ſorte il fait le plus d'horreur,
Et que ce digne objet de voſtre juſte haine
Voudroit de mille morts racheter cette peine.
MAR. Soit que vous me vouliez éblouïr, ou vanger,
Iuſqu'à l'évenement je n'en veux point juger.
Ie vous en laiſſe faire. Adieu, diſpoſez d'elle,
Mais gardez d'oublier qu'enfin je ſuis Marcelle,
Et que ſi vous trompez un ſi juſte couroux,
Ie me ſçauray bien-toſt vanger d'elle, & de vous.

SCENE VII.

VALENS, PAVLIN.

VAL. L'Imperieuſe humeur ! voy comme elle me brave,
Comme ſon fier orgueil m'oſe traiter d'eſclave.
PAV. Seigneur, j'en ſuis confus, mais vous le meritez,
Au lieu d'y reſiſter vous vous y ſoûmettez.
VAL. Ne t'imagine pas que dans le fond de l'ame
Ie préfere à mon fils les fureurs d'une femme;
L'un m'eſt plus cher que l'autre, & par ce triſte Arreſt
Ce n'eſt que de ce fils que je prens l'intereſt.
Theodore eſt Chrétienne, & ce honteux ſupplice
Vient moins de ma rigueur, que de mon artifice.

Cette haute infamie où je veux la plonger
Est moins pour la punir, que pour la voir changer.
Ie connoy les Chrétiens, la mort la plus cruelle
Affermit leur constance, & redouble leur zéle,
Et sans s'épouvanter de tous nos châtimens,
Ils trouvent des douceurs au milieu des tourmens,
Mais la pudeur peut tout sur l'esprit d'une fille
Dont la vertu répond à l'illustre famille,
Et j'attens aujourd'huy d'un si puissant effort
Ce que n'obtiendroient pas les frayeurs de la mort.
Après ce grand effet j'oseray tout pour elle,
En dépit de Flavie, en dépit de Marcelle,
Et je n'ay rien à craindre auprès de l'Empereur
Si ce cœur endurcy renonce à son erreur.
Luy-mesme il me loüra d'avoir sçeu l'y reduire,
Luy-mesme il détruira ceux qui m'en voudroient nuire,
I'auray lieu de braver Marcelle, & ses amis:
Ma vertu me soûtient où son credit m'a mis,
Mais elle me perdroit, quelque rang que je tienne,
Si j'osois à ses yeux sauver cette Chrétienne.
 Va la voir de ma part, & tasche à l'étonner,
Dy-luy qu'à tout le Peuple on va l'abandonner,
Tranche le mot enfin, que je la prostituë;
Et quand tu la verras troublée, & combatuë,
Donne entrée à Placide, & souffre que son feu
Tasche d'en arracher un favorable aveu,
Les larmes d'un amant & l'horreur de sa honte
Pourront fléchir ce cœur qu'aucun peril ne dompte,
Et lors elle n'a point d'ennemis si puissans,
Dont elle ne triomphe avec un peu d'encens,
Et cette ignominie où je l'ay condamnée
Se changera soudain en heureux Hymenée.
PAV. Vostre prudence est rare, & j'en suivray les loix,
Daigne le juste Ciel seconder vostre choix,
Et par une influence un peu moins rigoureuse
Disposer Theodore à vouloir estre heureuse.

ACTE III.

SCENE PREMIERE.

THEODORE, PAVLIN.

THE. Vm'allez-vous conduire? *P.* Il est en vostre choix,
Suivez-moy dans le Temple, ou subissez nos loix.
THE. De ces indignitez vos Iuges sont capables
PAV. Ils égalent la peine aux crimes des coupables.
THE. Si le mien est trop grand pour le dissimuler,
N'est-il point de tourmens qui puissent l'égaler?
PAV. Comme dans les tourmens vous trouvez des delices,
Ils ont trouvé pour vous ailleurs de vrais supplices,
Et par un chastiment aussi grand que nouveau.
De vostre vertu mesme ils font vostre bourreau.
THE. Ah, qu'un si detestable & honteux sacrifice
Est pour elle en effet un rigoureux supplice!
PAV. Ce mépris de la mort qui par tout à nos yeux
Brave si hautement, & nos loix, & nos Dieux,
Cette indigne fierté ne seroit pas punie,
A ne vous oster rien de plus cher que la vie.
Il faut qu'on leur immole après de tels mépris
Ce que chez vostre sexe on met à plus haut prix,
Ou que cette fierté de nos loix ennnemie
Cede aux justes horreurs d'une pleine infamie,
Et que vostre pudeur rende à nos Immortels
L'encens que vostre orgueil refuse à leurs Autels.
THE. Valens me fait par vous porter cette menace,
Mais s'il hait les Chrétiens, il respecte ma race,
Le sang d'Antiochus n'est pas encor si bas
Qu'on l'abandonne en proye aux fureurs des soldats.
PAV. Ne vous figurez point qu'en un tel sacrilege
Le sang d'Antiochus ait quelque privilege:
Les Dieux sont au dessus des Rois dont vous sortez,
Et l'on vous traite icy comme vous les traitez.

Vous

TRAGEDIE. 241

 Vous les deshonorez, & l'on vous deshonore.
THE. Vous leur immolez donc l'honneur de Theodore,
 A ces Dieux dont enfin la plus fainte action
 N'eſt qu'inceſte, adultere, & proſtitution?
 Pour vanger les mépris que je fais de leurs Temples
 Ie me voy condamnée à ſuivre leurs exemples,
 Et dans vós dures loix je ne puis éviter
 Ou de leur rendre hommage, ou de les imiter.
 Dieu de la pureté, que vos loix ſont bien autres!
PAV. Au lieu de blaſphemer, obeïſſez aux noſtres,
 Et ne redoublez point par vos impietez
 La haine & le couroux de nos Dieux irritez,
 Aprés nos châtimens ils ont encor leur foudre,
 On vous donne de grace une heure à vous reſoudre,
 Vous ſçavez voſtre Arreſt, vous avez à choiſir,
 Vſez utilement de ce peu de loiſir.
THE. Quelles ſont vos rigueurs, ſi vous le nommez grace,
 Et quel choix voulez-vous qu'une Chrétienne faſſe
 Reduite à balancer ſon eſprit agité
 Entre l'Idolatrie, & L'impudicité?
 Le choix eſt inutile où les maux ſont extrêmes,
 Reprenez voſtre grace, & choiſiſſez vous-meſmes,
 Quiconque peut choiſir conſent à l'un des deux,
 Et le conſentement eſt ſeul laſche & honteux.
 Dieu tout juſte, & tout bon, qui lit dans nos penſées,
 N'impute point de crime aux actions forcées.
 Soit que vous contraigniez pour vos Dieux impuiſſans
 Mon corps à l'infamie, ou ma main à l'encens,
 Ie ſçauray conſerver d'une ame reſoluë
 A l'époux ſans macule une épouſe impolluë.

Tome II.   Hh

SCENE II.

PLACIDE, THEODORE, PAULIN.

THE. Mais que voy-je ? Ah, Seigneur! est-ce Marcelle, ou vous,
Dont sur mon innocence éclate le couroux ?
L'Arrest qu'a contre moy prononcé vostre pere,
Est-ce pour la vanger, ou pour vous satisfaire ?
Est-ce mon ennemie, ou mon illustre amant
Qui du nom de vos Dieux abuse insolemment ;
Vos feux de sa fureur se sont-ils faits complices ?
Sont-ils d'intelligence à choisir mes supplices ?
Etouffent-ils si bien vos respects genereux,
Qu'ils fassent mon bourreau d'un Heros amoureux ?
PLA. Retirez-vous, Paulin. PAV. On me l'a mise en garde.
PLA. Ie sçay jusqu'à quel point ce devoir vous regarde,
Prenez soin de la porte, & sans me repliquer.
Ce n'est pas devant vous que je veux m'expliquer.
PAV. Seigneur... PLA. Laissez-nous, dis-je, & craignez ma colere,
Ie vous garantiray de celle de mon pere.

SCENE III.

PLACIDE, THEODORE.

THE. Quoy, vous chassez Paulin, & vous craignez ses yeux,
Vous qui ne craignez pas la colere des Cieux ?
PLA. Redoublez vos mépris, mais bannissez des craintes
Qui portent à mon cœur de plus rudes atteintes ;
Ils sont encor plus doux que les indignitez
Qu'imputent vos frayeurs à mes temeritez,
Et ce n'est pas contr'eux que mon ame s'irrite.
Ie sçay qu'ils font justice à mon peu de merite,
Et lors que vous pouviez joüir de vos dédains,
Si j'osois les nommer quelquefois inhumains,
Ie les justifiois dedans ma conscience,
Et je n'attendois rien que de ma patience,
Sans que pour ces grandeurs qui font tant de jaloux
Ie me sois jamais creu moins indigne de vous.

TRAGEDIE.

Aussi ne pensez pas que je vous importune
De payer mon amour, ou de voir ma fortune,
Ie ne demande pas un bien qui leur soit deu,
Mais je viens pour vous rendre un bien presque perdu;
Encor le mesme amant qu'une rigueur si dure
A toûjours veu brusler, & souffrir sans murmure,
Qui plaint du sexe en vous les respects violez,
Vostre liberateur enfin, si vous voulez.
THE. Pardonnez donc, Seigneur, à la premiere idée
Qu'a jetté dans mon ame une peur mal fondée,
De mille objets d'horreur mon esprit combatu
Auroit tout soupçonné de la mesme vertu.
Dans un peril si proche & si grand pour ma gloire,
Comme je dois tout craindre, aussi je puis tout croire,
Et mon honneur timide entre tant d'ennemis
Sur les ordres du pere a mal jugé du fils.
Ie voy, graces au Ciel, par un effet contraire
Que la vertu du fils soûtient celle du pere,
Qu'elle r'anime en luy la raison qui mouroit,
Qu'elle r'appelle en luy l'honneur qui s'égaroit,
Et le rétablissant dans une ame si belle
Détruit heureusement l'ouvrage de Marcelle.
Donc à vostre priere il s'est laissé toucher?
PLA. I'aurois touché plûtost un cœur tout de rocher.
Soit crainte, soit amour qui possede son ame,
Elle est toute asservie aux fureurs d'une femme,
Ie le dis à ma honte, & j'en rougis pour luy,
Il est inexorable, & j'en mourrois d'ennuy,
Si nous n'avions l'Egypte, où fuir l'ignominie
Dont vous veut laschement combler sa tyrannie.
Consentez-y, Madame, & je suis assez fort
Pour rompre vos prisons & changer vostre sort.
Ou si vostre pudeur au Peuple abandonnée
S'en peut mieux affranchir que par mon Hymenée,
S'il est quelqu'autre voye à vous sauver l'honneur,
I'y consens, & renonce à mon plus doux bonheur.
Mais si contre un Arrest à cet honneur funeste
Pour en rompre le coup ce moyen seul vous reste,
Si refusant Placide il vous faut estre à tous,
Fuyez cette infamie en suivant un époux,
Suivez-moy dans les lieux où je seray le maistre,
Où vous serez sans peur ce que vous voudrez estre,

244 *THEODORE*,
 Et peut-eſtre ſuivant ce que vous reſoudrez,
Ie ne ſeray bien-toſt que ce que vous voudrez.
C'eſt aſſez m'expliquer, que rien ne vous retienne,
Ie vous aime, Madame, & vous aime Chrétienne,
Venez me donner lieu d'aimer ma dignité
Qui fera mon bon-heur, & voſtre ſeureté.
THE. N'eſperez pas, Seigneur, que mon ſort déplorable
Me puiſſe à voſtre amour rendre plus favorable,
Et que d'un ſi grand coup mon eſprit abatu
Defere à ſes malheurs plus qu'à voſtre vertu.
Ie l'ay toûjours connuë, & toûjours eſtimée,
Ie l'ay plainte ſouvent d'aimer ſans eſtre aimée,
Et par tous ces dédains où j'ay ſçeu recourir
I'ay voulu vous déplaire afin de vous guerir.
Loüez-en le deſſein, en apprenant la cauſe.
Vn obſtacle eternel à vos deſirs s'oppoſe,
Chrétienne, & ſous les loix d'un plus puiſſant époux....
Mais, Seigneur, à ce mot ne ſoyez pas jaloux,
Quelque haute ſplendeur que vous teniez de Rome,
Il eſt plus grand que vous, mais ce n'eſt point un homme,
C'eſt le Dieu des Chrétiens, c'eſt le maiſtre des Rois,
C'eſt luy qui tient ma foy, c'eſt luy dont j'ay fait choix,
Et c'eſt enfin à luy que mes vœux ont donnée
Cette virginité que l'on a condamnée.
 Que puis-je donc pour vous n'ayant rien à donner?
Et par où voſtre amour ſe peut-il couronner,
Si pour moy voſtre Hymen n'eſt qu'un laſche adultere,
D'autant plus criminel qu'il ſeroit volontaire,
Dont le Ciel puniroit les ſacrileges nœuds,
Et que ce Dieu jaloux vangeroit ſur tous deux?
Non non, en quelque état que le Sort m'ait reduite,
Ne me parlez, Seigneur, ny d'Hymen, ny de fuite,
C'eſt changer d'infamie, & non pas l'éviter,
Loin de m'en garantir c'eſt m'y précipiter.
Mais pour braver Marcelle, & m'affranchir de honte
Il eſt une autre voye, & plus ſeure & plus prompte,
Que dans l'Eternité j'aurois lieu de benir,
La mort, & c'eſt de vous que je dois l'obtenir.
Si vous m'aimez encor, comme j'oſe le croire,
Vous devez cette grace à voſtre propre gloire,
En m'arrachant la mienne on la va déchirer,
C'eſt voſtre choix, c'eſt vous qu'on va deshonorer.

TRAGEDIE.

L'amant si fortement s'unit à ce qu'il aime,
Qu'il en fait dans son cœur une part de luy-mesme,
C'est par là qu'on vous blesse, & c'est par là, Seigneur,
Que peut jusques à vous aller le deshonneur.
  Tranchez donc cette part par où l'ignominie
Pourroit soüiller l'éclat d'une si belle vie,
Rendez à vostre honneur toute sa pureté,
Et mettez par ma mort son lustre en seureté.
Mille dont vostre Rome adore la memoire
Se sont bien tous entiers immolez à leur gloire,
Comme eux en vray Romain de la vostre jaloux,
Immolez cette part trop indigne de vous,
Sauvez-la par sa perte, ou si quelque tendresse
A ce bras genereux imprime sa foiblesse,
Si du sang d'une fille il craint de se rougir,
Armez, armez le mien, & le laissez agir.
Ma loy me le défend, mais mon Dieu me l'inspire,
Il parle, & j'obeïs à son secret empire,
Et contre l'ordre exprés de son commandement
Ie sens que c'est de luy que vient ce mouvement.
Pour le suivre, Seigneur, souffrez que vostre épée
Me puisse.... *P.* Ouy, vous l'aurez, mais dans mon sang trempée,
Et vostre bras du moins en recevra du mien
Le glorieux exemple avant que le moyen.
THE. Ah, ce n'est pas pour vous un mouvement à suivre,
 C'est à moy de mourir, mais c'est à vous de vivre.
PLA. Ah, faites moy donc vivre, ou me laissez mourir,
Cessez de me tuer, ou de me secourir.
Puisque vous n'écoutez ny mes vœux, ny mes larmes,
Puisque la mort pour vous a plus que moy de charmes,
Souffrez que ce trépas que vous trouvez si doux
Ait à son tour pour moy plus de douceur que vous.
  Puis-je vivre & vous voir morte, ou deshonorée?
Vous que de tout mon cœur j'ay toûjours adorée?
Vous qui de mon destin reglez le triste cours?
Vous dis-je, à qui j'attache, & ma gloire, & mes jours?
Non non, s'il vous faut voir deshonorée, ou morte,
Souffrez un desespoir où la raison me porte;
Renoncer à la vie avant de tels malheurs
Ce n'est que prévenir l'effet de mes douleurs.
En ces extremitez je vous conjure encore,
Non par ce zéle ardent d'un cœur qui vous adore,

Hh iij

Non par ce vain éclat de tant de Dignitez,
Trop au dessous du sang des Rois dont vous sortez.
Non par ce desespoir où vous poussez ma vie;
Mais par la sainte horreur que vous fait l'infamie,
Par le Dieu que j'ignore, & pour qui vous vivez,
Et par ce mesme bien que vous luy conservez,
Daignez-en éviter la perte irréparable,
Et sous les saints liens d'un nœud si venerable
Mettez en seureté ce qu'on va vous ravir.
THE. Vous n'étes pas celuy dont Dieu s'y veut servir :
Il sçaura bien sans vous en susciter un autre,
Dont le bras moins puissant, mais plus saint que le vostre,
Par un zéle plus pur se fera mon appuy,
Sans porter ses desirs sur un bien tout à luy.
Mais parlez à Marcelle.

SCENE IV.

MARCELLE, PLACIDE, THEODORE, PAVLIN, STEPHANIE.

PLA. AH Dieux, quelle infortune!
Faut-il qu'à tous momens... MAR. Je vous suis importune
De mesler ma presence aux secrets des amans
Qui n'ont jamais besoin de pareils truchemens.
PAV. Madame, on m'a forcé de puissance absoluë.
à Paulin. MAR. L'ayant soufferte ainsi vous l'avez bien voulu,
Ne me repliquez plus, & me la renfermez.

TRAGEDIE.

SCENE V.

MARCELLE, PLACIDE, STEPHANIE.

MAR. Ainsi donc vos desirs en sont toûjours charmez,
Et quand un juste Arrest la couvre d'infamie,
Comme de tout l'Empire & des Dieux ennemie,
Au milieu de sa honte elle plaist à vos yeux
Et vous fait l'ennemy de l'Empire & des Dieux;
Tant les illustres noms d'infame & de rebelle
Vous semblent precieux à les porter pour elle?
Vous trouvez, je m'asseure, en un si digne lieu
Cet objet de vos vœux encor digne d'un Dieu?
I'ay conservé son sang de peur de vous déplaire,
Et pour ne forcer pas vostre juste colere,
A ce serment conceu par tous les Immortels
De vanger son trépas jusques sur les Autels.
Vous vous étiez par là fait une loy si dure
Que sans moy vous seriez sacrilege, ou parjure,
Ie vous en ay fait grace en luy laissant le jour,
Et j'épargne du moins un crime à vostre amour.
PLA. Triomphez-en dans l'ame, & taschez de paroistre
Moins insensible aux maux que vous avez fait naistre.
En l'état où je suis c'est une lascheté
D'insulter aux malheurs où vous m'avez jetté,
Et l'amertume enfin de cette raillerie
Tourneroit aisément ma douleur en furie.
Si quelque espoir arrête & suspend mon couroux,
Il ne peut estre grand puisqu'il n'est plus qu'en vous;
En vous, que j'ay traitée avec tant d'insolence,
En vous de qui la haine a tant de violence,
Contre ces malheurs mesme où vous m'avez jetté
I'espere encor en vous trouver quelque bonté.
Ie fais plus, je l'implore, & cette ame si fiere
Du haut de son orgueil descend à la priere,
Après tant de mépris s'abaisse pleinement,
Et de vostre triomphe acheve l'ornement.
Voyez ce qu'aucun Dieu n'eust osé vous promettre,
Ce que jamais mon cœur n'auroit creu se permettre,

Placide suppliant, Placide à vos genoux,
Vous doit eftre, Madame, un fpectacle affez doux,
Et c'eft par la douceur de ce mefme fpectacle
Que mon cœur vous demande un auffi grand miracle.
Arrachez Theodore aux hontes d'un Arreft
Qui mefle avec le fien mon plus cher intereft,
Toute ingrate, inhumaine, inflexible, Chrétienne,
Madame, elle eft mon choix, & fa gloire eft la mienne,
S'il faut qu'elle fubiffe une fi dure loy,
Toute l'ignominie en rejallit fur moy,
Et je n'ay pas moins qu'elle à rougir d'un fupplice
Qui profane l'Autel où j'ay fait facrifice,
Et de l'illuftre objet de mes plus faints defirs
Fait l'infame rebut des plus fales plaifirs.
S'il vous demeure encor quelque efpoir pour Flavie,
Confervez-moy l'honneur pour conferver ma vie,
Et fongez que l'affront où vous m'abandonnez
Deshonore l'époux que vous luy destinez.
Ie vous le dis encor, fauvez-moy cette honte,
Ne defefperez pas une ame qui fe dompte,
Et par le noble effort d'un genereux employ
Triomphez de vous-mefme auffi-bien que de moy.
Theodore eft pour vous une utile ennemie,
Et fi, proche qu'elle eft de choir dans l'infamie,
Ma plus fincere ardeur n'en peut rien obtenir,
Vous n'avez pas beaucoup à craindre l'avenir.
Le temps ne la rendra que plus inexorable,
Le temps détrompera peut-eftre un miferable,
Daignez luy donner lieu de me pouvoir guerir,
Et ne me perdez pas en voulant m'acquerir.
MAR. Quoy, vous voulez enfin me devoir voftre gloire!
Certes un tel miracle eft difficile à croire,
Que vous qui n'afpiriez qu'à ne me devoir rien
Vous me vouliez devoir un fi précieux bien.
Mais comme en fes defirs aifément on fe flate,
Deuffay-je contre moy fervir une ame ingrate,
Perdre encor mes faveurs, & m'en voir abufer,
Ie vous aime encor trop pour vous rien refufer.

Ouy, puifque Theodore enfin me rend capable
De vous rendre une fois un fervice agreable,
Puifque fon intereft vous force à me traiter
Mieux que tous mes bien-faits n'avoient fçeu meriter,

Et par

TRAGEDIE. 249

Et par soin de vous plaire, & par reconnoissance
Ie vay pour l'un & l'autre employer ma puissance,
Et pour un peu d'espoir qui m'est en vain rendu
Rendre à mes ennemis l'honneur presque perdu.
Ie vay d'un juste Iuge adoucir la colere,
Rompre le triste effet d'un Arrest trop severe,
Répondre à vostre attente, & vous faire éprouver
Cette bonté qu'en moy vous esperez trouver.
Iugez par cette épreuve à mes vœux si cruelle
Quel pouvoir vous avez sur l'esprit de Marcelle,
Et ce que vous pourriez un peu plus complaisant,
Quand vous y pouvez tout mesme en la méprisant,
Mais pourray-je à mon tour vous faire une priere?
PLA. Madame, au nom des Dieux, faites-moy grace entiere,
En l'état où je suis, quoy qu'il puisse avenir,
Ie vous dois tout promettre, & ne puis rien tenir.
Ie ne vous puis donner qu'une attente frivole;
Ne me reduisez point à manquer de parole,
Ie crains, mais j'aime encor, & mon cœur amoureux....
MAR. Le mien est raisonnable, autant que genereux.
Ie ne demande pas que vous cessiez encore
Ou de hair Flavie, ou d'aimer Theodore,
Ce grand coup doit tomber plus insensiblement,
Et je me deffirois d'un si prompt changement.
Il faut languir encor dedans l'incertitude,
Laisser faire le temps, & son ingratitude;
Ie ne veux à present qu'une fausse pitié,
Qu'une feinte douceur, qu'une ombre d'amitié.
Vn moment de visite à la triste Flavie
Des portes du trépas rappelleroit sa vie,
Cependant que pour vous je vay tout obtenir,
Pour soulager ses maux, allez l'entretenir,
Ne luy promettez rien, mais souffrez qu'elle espere,
Et trompez-la du moins pour la rendre à sa mere.
Vn coup d'œil y suffit, un mot ou deux plus doux,
Faites un peu pour moy quand je fais tout pour vous,
Daignez pour Theodore un moment vous contraindre.
PLA. Vn moment est bien long à qui ne sçait pas feindre,
Mais vous m'en conjurez par un nom trop puissant,
Pour ne rencontrer pas un cœur obeïssant.
I'y vay, mais par pitié souvenez-vous vous-mesme
Des troubles d'un amant qui craint pour ce qu'il aime,

Tome II.   Ii

Et qui n'a pas pour feindre assez de liberté
Tant que pour son objet il est inquieté.
MAR. Allez sans plus rien craindre ayant pour vous Marcelle.

SCENE VI.

MARCELLE, STEPHANIE.

STE. ENfin vous triomphez de cet esprit rebelle?
MA. Quel triōphe! ST. Est-ce peu que de voir à vos pieds
Sa haine & son orgueil enfin humiliez?
MAR. Quel triomphe, te dis-je! & qu'il a d'amertumes!
Et que nous sommes loin de ce que tu presumes!
Tu le vois à mes pieds pleurer, gémir, prier,
Mais ne croy pas pourtant le voir s'humilier,
Ne croy pas qu'il se rende aux bontez qu'il implore;
Mais voy de quelle ardeur il aime Theodore,
Et juge quel pouvoir cet amour a sur luy,
Puisqu'il peut le reduire à chercher mon appuy.
Que n'oseront ses feux entreprendre pour elle,
S'ils ont pû l'abaisser jusqu'aux pieds de Marcelle,
Et que dois-je esperer d'un cœur si fort épris,
Qui mesme en m'adorant me fait voir ses mépris?
Dans ses submissions voy ce qui l'y convie,
Mesure à son amour sa haine pour Flavie,
Et voyant l'un & l'autre en son abaissement,
Iuge de mon triomphe un peu plus sainement.
Voy dans son triste effet sa ridicule pompe,
I'ay peine en triomphant d'obtenir qu'il me trompe,
Qu'il feigne par pitié, qu'il donne un faux espoir.
STE. Et vous l'allez servir de tout vôstre pouvoir?
MAR. Ouy, je vay le servir, mais comme il le merite.
Toy, va par quelque adresse amuser sa visite,
Et sous un faux appas prolonger l'entretien.
STE. Donc.... MAR. Le temps presse, va, sans t'informer de rien.

TRAGEDIE.

ACTE IV.

SCENE PREMIERE.

*PLACIDE, STEPHANIE.*ᵃ

ᵃ*Ils sortent ensemble de chez Marcelle.*

STE. **S**Eigneur... P. Va, Stephanie, en vain tu me rappelles,
Ces feintes ont pour moy des gesnes trop cruelles,
Marcelle en ma faveur agit trop lentement,
Et laisse trop durer cet ennuyeux moment.
Pour souffrir plus long-temps un supplice si rude
J'ay trop d'impatience, & trop d'inquietude,
Il faut voir Theodore, il faut sçavoir mon sort,
Il faut... STE. Ah, faites-vous, Seigneur, un peu d'effort,
Marcelle qui vous sert de toute sa puissance
Merite bien du moins cette reconnoissance.
Retournez chez Flavie attendre un bien si doux,
Et ne craignez plus rien puis-qu'elle agit pour vous.
PLA. L'effet tarde beaucoup, pour n'avoir rien à craindre,
Elle feignoit peut-estre en me priant de feindre,
On retire souvent le bras pour mieux frapper,
Qui veut que je la trompe, a droit de me tromper.
STE. Considerez l'humeur implacable d'un pere,
Quelle est pour les Chrétiens sa haine & sa colere,
Combien il faut de temps afin de l'émouvoir.
PLA. Helas! il n'en faut guere à trahir mon espoir.
Peut-estre en ce moment qu'icy tu me cajoles,
Que tu remplis mon cœur d'esperances frivoles,
Ce rare & cher objet qui fait seul mon destin
Du soldat insolent est l'indigne butin.
Va flater si tu veux la douleur de Flavie,
Et me laisse éclaircir de l'état de ma vie,
C'est trop l'abandonner à l'injuste pouvoir.
   Ouvrez, Paulin, ouvrez, & me la faites voir.
On ne me répond point, & la porte est ouverte!
Paulin, Madame. STE. O Dieux! la fourbe est découverte.

I i ij

Où fuiray-je? *PLA.* Demeure, infame, & ne crains rien,
Ie ne veux pas d'un sang abjet comme le tien,
Il faut à mon couroux de plus nobles victimes,
Instruy-moy seulement de l'ordre de tes crimes,
Qu'a-t'on fait de mon ame? où la doy-je chercher?
STE. Vous n'avez pas sujet encor de vous fascher.
Elle est... *PLA.* Dépesche, dy ce qu'en a fait Marcelle.
STE. Tout ce que vostre amour pouvoit attendre d'elle.
Peut-on croire autre chose avec quelque raison,
Quand vous voyez déja qu'elle est hors de prison?
PLA. Ah, j'en aurois déja receu les asseurances,
Et tu veux m'amuser de vaines apparences,
Cependant que Marcelle agit comme il luy plaist,
Et fait sans resistance executer l'Arrest.
De ma credulité Theodore est punie,
Elle est hors de prison, mais dans l'ignominie,
Et je devois juger dans mon sort rigoureux
Que l'ennemy qui flate est le plus dangereux.
Mais souvent on s'aveugle, & dans des maux extresmes
Les hommes genereux jugent tout par eux-mesmes,
Et lors qu'on les trahit....

SCENE II.

PLACIDE, LYCANTE, STEPHANIE.

LYC. Jugez-en mieux, Seigneur,
Marcelle vous renvoye, & la joye, & l'honneur,
Elle a de l'infamie arraché Theodore.
PLA. Elle a fait ce miracle! *LYC.* Elle a plus fait encore.
PLA. Ne me fay plus languir, dy promptement. *LYC.* D'abord
Valens changeoit l'Arrest en un Arrrest de mort...
PLA. Ah, si de cet Arrest jusqu'à l'effet on passe...
LYC. Marcelle a refusé cette sanglante grace,
Elle la veut entiere, & tasche à l'obtenir,
Mais Valens irrité s'obstine à la bannir,
Et voulant que cet ordre à l'instant s'execute,
Quoy qu'en vostre faveur Marcelle luy dispute,
Il mande Theodore, & la veut promptement
Faire conduire aux lieux de son banissement.

STE. Et vous vous alarmiez de voir sa prison vuide?
PLA. Tout fait peur à l'Amour, c'est un enfant timide,
 Et si tu le connois, tu me dois pardonner.
LYC. Elle fait ses efforts pour vous la ramener,
 Et vous conjure encore un moment de l'attendre.
PLA. Quelles graces, bons Dieux, ne luy doy-je point rendre!
 Va, dy-luy que j'attens icy ce grand succés
 Où sa bonté pour moy paroit avec excés.ᵃ   ᵃ *Lycante rentre.*
STE. Et moy je vay pour vous consoler sa Flavie.
PLA. Fay-luy donc quelque excuse à flater son envie,
 Et dy-luy de ma part tout ce que tu voudras.
 Mon ame n'eut jamais les sentimens ingrats,
 Et j'ay honte en secret d'estre dans l'impuissance
 De monstrer plus d'effets de ma reconnoissance.ᵇ   ᵇ *Il est seul.*
 Certes une ennemie à qui je doy l'honneur
 Meritoit dans son choix un peu plus de bonheur,
 Devoit trouver une ame un peu moins défenduë,
 Et j'ay pitié de voir tant de bonté perduë.
 Mais le cœur d'un amant ne peut se partager,
 Elle a beau se contraindre, elle a beau m'obliger,
 Ie n'ay qu'aversion pour ce qui la regarde.

SCENE III.

PLACIDE, PAVLIN.

PLA. Vous ne me direz plus qu'on vous l'a mise en garde,
 Paulin? *PA.* Elle n'est plus, Seigneur, en mon pouvoir.
PLA. Quoy, vous en soupirez? *PAV.* Ie pense le devoir.
PLA. Soûpirer du bon-heur que le Ciel me renvoye!
PAV. Ie ne voy pas pour vous de grands sujets de joye.
PLA. Qu'on la bannisse, ou non, je la verray toûjours.
PAV. Quel fruit de cette veuë esperent vos amours?
PLA. Le temps adoûcira cette ame rigoureuse.
PAV. Le temps ne rendra pas la vostre plus heureuse.
PLA. Sans doûte elle aura peine à me laisser perir.
PAV. Qui le peut esperer devoit la secourir.
PLA. Marcelle a fait pour moy tout ce que j'ay dû faire.
PAV. Ie n'ay donc rien à dire, & dois icy me taire.
PLA. Non non, il faut parler avec sincerité,
 Et loüer hautement sa generosité.

PAV. Si vous me l'ordonnez je loüray donc sa rage.
Mais depuis quand, Seigneur, changez-vous de courage?
Depuis quand pour vertu prenez-vous la fureur?
Depuis quand loüez-vous ce qui doit faire horreur?
PLA. Ah, je tremble à ces mots que j'ay peine à comprendre.
PAV. Ie ne sçay pas, Seigneur, ce qu'on vous fait entendre,
Ou quel puissant motif retient vostre courroux,
Mais Theodore enfin n'est plus digne de vous.
PLA. Quoy, Marcelle en effet ne l'a pas garantie?
PAV. A peine d'avec vous, Seigneur, elle est sortie,
Que l'ame toute en feu, les yeux étincelans,
Rapportant elle-mesme un ordre de Valens,
Avec trente soldats elle a saisi la porte,
Et tirant de ce lieu Theodore à main forte...
PLA. O Dieux! jusqu'à ses pieds j'ay donc pû m'abaisser
Pour voir trahir des vœux qu'elle a feint d'exaucer,
Et pour en recevoir avec tant d'insolence
De tant de lascheté la digne recompense!
Mon cœur avoit déja pressenty ce malheur.
Mais acheve, Paulin, d'irriter ma douleur,
Et sans m'entretenir des crimes de Marcelle,
Dy-moy qui je me dois immoler aprés elle,
Et sur quels insolens aprés son chatiment
Doit choir le reste affreux de mon ressentiment.
PAV. Armez-vous donc, Seigneur, d'un peu de patience,
Et forcez vos transports à me prêter silence,
Tandis que le recit d'une injuste rigueur
Peut-estre à chaque mot vous percera le cœur.
Ie ne vous diray point avec quelle tristesse
A ce honteux supplice a marché la Princesse;
Forcé de la conduire en ces infames lieux,
De honte & de dépit j'en détournois les yeux,
Et pour la consoler, ne sçachant que luy dire,
Ie maudissois tout bas les loix de nostre Empire,
Et vous étiez le Dieu dedans mes déplaisirs
Qu'en secret pour les rompre invoquoient mes soûpirs.
PLA. Ah, pour gagner ce temps on charmoit mon courage
D'une fausse promesse, & puis d'un faux message,
Et j'ay creû dans ces cœurs de la sincerité!
Ne fay plus de reproche à ma credulité,
Et poursuy. *PAV.* Dans ces lieux à peine on l'a traisnée,
Qu'on a veu des soldats la troupe mutinée,

TRAGEDIE.

Tous courent à la proye avec avidité,
Tous montrent à l'envy mesme brutalité,
Ie croyois déja voir de cette ardeur égale
Naistre quelque discorde à ces Tigres fatale,
Quand Didyme... *PL.* Ah, le lasche! ah, le traistre! *PA.* Ecoutez.
Ce traistre a reüny toutes leurs volontez,
Le front plein d'impudence, & l'œil armé d'audace.
Compagnons, a-t'il dit, *on me doit une grace,*
Depuis plus de dix ans je souffre les mépris
Du plus ingrat objet dont on puisse estre épris,
Ce n'est pas de mes feux que je veux recompense,
Mais de tant de rigueurs la premiere vangeance;
Après, vous punirez à loisir ses dédains.
Il leur jette de l'or en suite à pleines mains,
Et lors, soit par respect qu'on eust pour sa naissance,
Soit qu'ils eussent marché sous son obeissance,
Soit que son or pour luy fist un si prompt effort,
Ces cœurs en sa faveur tombent soudain d'accord,
Il entre sans obstacle. *PLA.* Il y mourra, l'infame,
Vien me voir dans ses bras luy faire vomir l'ame,
Vien voir de ma colere un juste & prompt effet
Ioindre en ces mesmes lieux la peine à son forfait,
Confondre son triomphe avecque son supplice.
PAV. Ce n'est pas en ces lieux qu'il vous fera justice,
Didyme en est sorty. *PLA.* Quoy, Paulin, ce voleur
A déja par sa fuite évité ma douleur!
PAV. Ouy, mais il n'étoit plus en sortant ce Didyme
Dont l'orgueil insolent demandoit sa victime,
Ses cheveux sur son front s'efforçoient de cacher
La rougeur que son crime y sembloit attacher,
Et le remords de sorte abatoit son courage,
Que mesme il n'osoit plus nous montrer son visage;
L'œil bas, le pied timide, & le corps chancelant,
Tel qu'un coupable enfin qui s'échape en tremblant.
A peine il est sorty, que la fiere insolence
Du soldat mutiné reprend sa violence,
Chacun en sa valeur mettant tout son appuy
S'efforce de montrer qu'il n'a cedé qu'à luy.
On se pousse, on se presse, on se bat, on se tuë,
I'en vois une partie à mes pieds abatuës,
Au spectacle sanglant que je m'étois promis
Cleobule survient avec quelques amis,

Met l'épée à la main, tourne en fuite le reste,
Entre. *PLA.* Luy seul? *PA.* Luy seul. *PL.* Ah, Dieux, quel coup
PAV. Sans doute il n'est entré que pour l'en retirer. (funeste!
PLA. Dy, dy qu'il est entré pour la deshonorer,
Et que le Sort cruel pour haster ma ruïne
Veut qu'après un rival un amy m'assassine.
Le traistre! mais dy-moy, l'en as-tu veu sortir?
Montroit-il de l'audace, ou quelque repentir?
Qui des siens l'a suivy? *PAV.* Cette troupe fidelle
M'a chassé comme Chef des soldats de Marcelle,
Ie n'ay rien veu de plus, mais loin de le blasmer,
Ie présume... *PLA.* Ah, je sçay ce qu'il faut présumer,
Il est entré luy seul. *PAV.* Ayant si peu d'escorte
C'est ainsi qu'il a dû s'asseurer de la porte,
Et si là tous ensemble il ne les eust laissez,
Assez facilement on les auroit forcez.
Mais le voicy qui vient pour vous en rendre conte.
A son zéle de grace épargnez cette honte.

SCENE IV.

PLACIDE, PAVLIN, CLEOBVLE.

PLA. ET bien, vostre parente? elle est hors de ces lieux,
Où l'on sacrifioit sa pudeur à nos Dieux?
CLE. Ouy, Seigneur. *PLA.* I'ay regret qu'un cœur si magnanime
Se soit ainsi laissé prévenir par Didyme.
CLE. I'en dois estre honteux, mais je m'étonne fort
Qui vous a pû si-tost en faire le rapport,
I'en croyois apporter les premieres Nouvelles.
PLA. Graces aux Dieux, sans vous I'ay des amis fidelles:
Mais ne differez plus à me la faire voir.
CLE. Qui, Seigneur? *PL.* Theodore. *CL.* Est-elle en mon pouvoir?
PLA. Ne me dites-vous pas que vous l'avez sauvée?
CLE. Ie vous le dirois! moy, qui ne l'ay plus trouvée!
PLA. Quoy, soudain par un charme elle avoit disparu?
CLE. Puisque déja ce bruit jusqu'à vous a couru,
Vous sçavez que sans charme elle a fuy sa disgrace,
Que je n'ay plus trouvé que Didyme en sa place:
Quel plaisir prenez-vous à me le déguiser?
PLA. Quel plaisir prenez-vous vous-mesme à m'abuser,

Quand

TRAGEDIE.

Quand Paulin de ses yeux a veu sortir Didyme?
CLE. Si ses yeux l'ont trompé, l'erreur est legitime,
 Et si vous n'en sçavez que ce qu'il vous a dit,
 Ecoutez-en, Seigneur, un fidelle recit.
 Vous ignorez encor la meilleure partie,
 Sous l'habit de Didyme elle-mesme est sortie.
PLA. Qui? *CLE.* Vostre Theodore, & cet audacieux
 Sous le sien au lieu d'elle est resté dans ces lieux.
PLA. Que dis-tu, Cleobule? ils ont fait cet échange?
CLE. C'est une nouveauté qui semble assez étrange.
PLA. Et qui me porte encor de plus étranges coups,
 Voy si c'est sans raison que j'en étois jaloux,
 Et malgré les avis de ta fausse prudence
 Iuge de leur amour par leur intelligence.
CLE. I'ose en douter encore, & je ne voy pas bien
 Si c'est zéle d'amant, ou fureur de Chrétien.
PLA. Non non, ce temeraire au peril de sa teste
 A mis en seureté son illustre conqueste,
 Par tant de feins mépris elle qui t'abusoit,
 Luy conservoit ce cœur qu'elle me refusoit,
 Et ses dédains cachoient une faveur secrette,
 Dont tu n'étois pour moy qu'un aveugle interprete.
   L'œil d'un amant jaloux a bien d'autres clartez,
 Les cœurs pour ses soupçons n'ont point d'obscuritez,
 Son malheur luy fait jour jusques au fond d'une ame
 Pour y lire sa perte écrite en traits de flame.
 Elle me disoit bien, l'ingrate, que son Dieu
 Sçauroit sans mon secours la tirer de ce lieu,
 Et seure qu'elle étoit de celuy de Didyme
 A se servir du mien elle eust creu faire un crime.
 Mais auroit-on bien pris pour generosité
 L'impetueuse ardeur de sa temerité?
 Après un tel affront & de telles offenses
 M'auroit-on envié la douceur des vengeances?
CLE. Vous le verriez déja si j'avois pû souffrir
 Qu'en cet habit de fille on vous le vinst offrir,
 I'ay creu que sa valeur & l'éclat de sa race
 Pouvoient bien meriter cette petite grace,
 Et vous pardonnerez à ma vieille amitié
 Si jusques-là, Seigneur, elle étend sa pitié.
 Le voicy qu'Amyntas vous améne à main forte.
PLA. Pourray-je retenir la fureur qui m'emporte?

Tome II.   Kk

CLE. Seigneur, reglez si bien ce violent couroux,
Qu'il n'en échape rien trop indigne de vous.

SCENE V.

PLACIDE, DIDYME, CLEOBULE,
PAULIN, AMYNTAS, Troupe.

PLA. Approche, heureux rival, heureux choix d'une ingrate
Dont je voy qu'à ma honte enfin l'amour éclate.
C'est donc pour t'enrichir d'un si noble butin
Qu'elle s'est obstinée à suivre son destin,
Et pour mettre ton ame au comble de sa joye,
Cet esprit déguisé n'a point eu d'autre voye?
Dans ces lieux dignes d'elle elle a receu ta foy,
Et pris l'occasion de se donner à toy?
DID. Ah, Seigneur, traitez mieux une vertu parfaite.
PLA. Ah, je sçay mieux que toy comme il faut qu'on la traite,
I'en connoy l'artifice & de tous ses mépris.
  Sur quelle confiance as-tu tant entrepris?
Ma perfide maraftre & mon tyran de pere
Auroient-ils contre moy choisir ton ministere,
Et pour mieux t'enhardir à me voler mon bien
T'auroient-ils promis grace, appuy, faveur, soûtien?
Aurois-tu bien uny leurs fureurs à ton zéle,
Son amant tout ensemble, & l'Agent de Marcelle?
Qu'en as-tu fait enfin? où me la caches-tu?
DID. Derechef jugez mieux de la mesme vertu.
Ie n'ay rien entrepris, ny comme amant fidelle,
Ny comme impie Agent des fureurs de Marcelle,
Ny sous l'espoir flateur de quelque impunité,
Mais par un pur effet de generosité:
Ie le nommerois mieux, si vous pouviez comprendre
Par quel zéle un Chrétien ose tout entreprendre.
La mort qu'avec ce nom je ne puis éviter
Ne vous laisse aucun lieu de vous inquieter.
Qui s'apreste à mourir, qui court à ses supplices,
N'abaisse pas son ame à ces molles delices,
Et prés de rendre conte à son juge Eternel
Il craint d'y porter mesme un desir criminel.

TRAGEDIE. 259

J'ay soustrait Theodore à la rage insensée,
Sans blesser sa pudeur de la moindre pensée;
Elle fuit, & sans tache, où l'inspire son Dieu;
Ne m'en demandez point ny l'ordre, ny le lieu,
Comme je n'en pretens ny faveur, ny salaire.
J'ay voulu l'ignorer afin de le mieux taire.
PLA. Ah, tu me fais icy des contes superflus,
J'ay trop été credule & je ne le suis plus.
Quoy, sans rien obtenir, sans mesme rien pretendre
Vn zéle de Chrétien t'a fait tout entreprendre?
Quel prodige pareil s'est jamais rencontré?
DID. Paulin vous aura dit comme je suis entré,
Prêtez l'oreille au reste, & punissez en suite
Tout ce que vous croirez de coupable en sa fuite.
PLA. Dy, mais en peu de mots, & seur que les tourmens
M'auront bien-tost vangé de tes déguisemens.
DID. La Princesse à ma veuë également atteinte
D'étonnement, d'horreur, de colere, & de crainte,
A tant de passions exposée à la fois,
A perdu quelque temps l'usage de la voix.
Aussi j'avois l'audace encor sur le visage,
Qui parmy ces mutins m'avoit donné passage,
Et je portois encor sur le front imprimé
Cet insolent orgueil dont je l'avois armé.
Enfin reprenant cœur *Arreste*, me dit-elle,
Arreste, & m'alloit faire une longue querelle;
Mais pour laisser agir l'erreur qui la surprend,
Le temps étoit trop cher, & le peril trop grand.
Donc pour la détromper, *Non*, luy dis-je, *Madame*,
Quelqu'outrageux mépris dont vous traitiés ma flame,
Ie ne viens point icy comme amant indigné
Me vanger de l'objet dont je fus dédaigné
Vne plus sainte ardeur regne au cœur de Didyme,
Il vient de vostre honneur se faire la victime,
Le payer de son sang, & s'exposer pour vous
A tout ce qu'oseront la haine, & le couroux.
Fuyez sous mon habit, & me laissez, de grâce,
Sous le vostre en ces lieux occuper vostre place,
C'est par ce moyen seul qu'on peut vous garantir,
Conservez une Vierge en faisant un Martyr.
Elle à cette priere encor demy tremblante,
Et meslant à sa joye un reste d'épouvante,

Kk ij

Me demande pardon d'un visage étonné
De tout ce que son ame a craint, ou soupçonné.
Ie m'apreste à l'échange, elle à la mort s'apreste,
Ie luy tends mes habits, elle m'offre sa teste,
Et demande à sauver un si precieux bien
Aux dépens de son sang, plûtost qu'au prix du mien.
Mais Dieu la persuade, & nostre combat cesse,
Ie voy suivant mes vœux éschaper la Princesse.
PAV. C'estoit donc à dessein qu'elle cachoit ses yeux,
Comme rouges de honte en sortant de ces lieux?
DID. En luy disant Adieu je l'en avois instruite,
Et le Ciel a daigné favoriser sa fuite.
Seigneur, ce peu de mots suffit pour vous guerir,
Vivez sans jalousie, & m'envoyez mourir.
PLA. Helas! & le moyen d'estre sans jalousie
Lors que ce cher objet te doit plus que la vie?
Ta courageuse adresse à ses divins appas
Vient de rendre un secours que leur devoit mon bras,
Et lors que je me laisse amuser de paroles
Tu t'exposes pour elle, ou plûtost tu t'immoles,
Tu donnes tout ton sang pour luy sauver l'honneur,
Et je ne serois pas jaloux de ton bon-heur?
Mais ferois-je perir celuy qui l'a sauvée?
Celuy par qui Marcelle est pleinement bravée?
Qui m'a rendu ma gloire, & preservé mon front
Des infames couleurs d'un si mortel affront?
Tu vivras. Toutefois défendrois-je ta teste,
Alors que Theodore est ta juste conqueste,
Et que cette beauté qui me tient sous sa loy
Ne sçauroit plus sans crime estre à d'autres qu'à toy?
N'importe, si ta flame en est mieux écoutée
Ie diray seulement que tu l'as meritée,
Et sans plus regarder ce que j'auray perdu,
I'auray devant les yeux ce que tu m'as rendu.
De mille déplaisirs qui m'arrachoient la vie
Ie n'ay plus que celuy de te porter envie,
Ie sçauray bien le vaincre, & garder pour tes feux
Dans une ame jalouse un esprit genereux.
Va donc heureux rival, rejoindre ta Princesse,
Desrobe-toy comme elle aux yeux d'une Tygresse,
Tu m'as sauvé l'honneur, j'asseureray tes jours,
Et mourray, s'il le faut, moy-mesme à ton secours.

TRAGEDIE.

DID. Seigneur... PLA. Ne me dy rien. Aprés de tels services
　Ie n'ay rien à pretendre à moins que tu perisses,
　Ie le sçay, je l'ay dit, mais dans ce triste état,
　Ie te suis redevable, & ne puis estre ingrat.

ACTE V.

SCENE PREMIERE.

PAVLIN, CLEOBVLE.

PAV. Vy, Valens pour Placide a beaucoup d'indulgence,
　　　　Il est mesme en secret de son intelligence,
　　　　C'estoit par cet Arrest-luy qu'il consideroit,
　　　　Et je vous ay conté ce qu'il en esperoit.
　Mais il hait des Chrétiens l'opiniastre zéle,
　Et s'il aime Placide, il redoute Marcelle,
　Il en sçait le pouvoir, il en voit la fureur,
　Et ne veut pas se perdre auprés de l'Empereur.
　Il ne veut pas perir pour conserver Didyme,
　Puisqu'il s'est laissé prendre, il paira pour son crime,
　Valens sçaura punir son illustre attentat
　Par inclination, & par raison d'Etat,
　Et si quelque malheur r'amene Theodore,
　A moins qu'elle renonce à ce Dieu qu'elle adore,
　Dust Placide luy-mesme aprés elle en mourir,
　Par les mesmes motifs il la fera perir.
　Dans l'ame il est ravy d'ignorer sa retraite,
　Il fait des vœux au Ciel pour la tenir secrette,
　Il craint qu'un indiscret la vienne reveler,
　Et n'osera rien plus que de dissimuler.
CLE. Cependant vous sçavez, pour grand que soit ce crime,
　Ce qu'a juré Placide en faveur de Didyme,
　Piqué contre Marcelle il cherche à la braver,
　Et hazardera tout afin de le sauver.
　Il a des amis prests, il en assemble encore,
　Et si quelque malheur vous rendoit Theodore,

Kk iij

Ie prévoy des transports en luy si violens
Que je crains pour Marcelle, & mesme pour Valens.
Mais a-t'il condamné ce genereux coupable?
PAV. Il l'interroge encor, mais en Iuge implacable.
CLE. Il m'a permis pourtant de l'attendre en ce lieu
Pour tascher à le vaincre, ou pour luy dire Adieu.
Ah, qu'il dissiperoit un dangereux orage,
S'il vouloit à nos Dieux rendre le moindre hommage!
PAV. Quand de sa folle erreur vous l'auriez diverty,
En vain de ce peril vous le croiriez sorty.
Flavie est aux abois, Theodore échapée
D'un mortel desespoir jusqu'au cœur l'a frapée,
Marcelle n'attend plus que son dernier soûpir;
Iugez à quelle rage ira son déplaisir,
Et si, comme on ne peut s'en prendre qu'à Didyme,
Son époux luy voudra refuser sa victime.
CLE. Ah, Paulin, un Chrétien à nos Autels reduit
Fait auprès des Cesars un trop precieux bruit,
Il leur devient trop cher pour souffrir qu'il perisse;
Mais je le voy déja qu'on améne au supplice.

SCENE II.

PAVLIN, CLEOBVLE, LYCANTE, DIDYME.

CLE. Lycante, souffre icy l'Adieu de deux amis,
Et me donne un moment que Valens m'a promis.
LYC. I'en ay l'ordre, & je vay disposer ma cohorte
A garder cependant les dehors de la porte.
Ie ne mets point d'obstacle à vos derniers secrets,
Mais tranchez promptement d'inutiles regrets.

TRAGEDIE.

SCENE III.

CLEOBVLE, DIDYME, PAVLIN.

CLE. CE n'est point, cher amy, le cœur troublé d'alarmes,
Que je t'attens icy pour te donner des larmes,
Vn astre plus benin vient d'éclairer tes jours,
Il faut vivre, Didyme, il faut vivre. *DID.* Et j'y cours,
Pour la cause de Dieu s'offrir en sacrifice,
C'est courir à la vie, & non pas au supplice.
CLE. Peut-estre dans ta Secte est-ce une vision,
Mais l'heur que je t'apporte est sans illusion.
Theodore est à toy, ce dernier témoignage
Et de ta passion, & de ton grand courage,
A si bien en amour changé tous ses mépris,
Qu'elle t'attend chez moy pour t'en donner le prix.
DID. Que me sert son amour & sa reconnoissance,
Alors que leur effet n'est plus en sa puissance?
Et qui t'améne icy par ce frivole attrait
Aux douceurs de ma mort mesler un vain regret,
Empescher que ma joye à mon heur ne réponde,
Et m'arracher encor un regard vers le Monde?
Ainsi donc Theodore est cruelle à mon sort
Iusqu'à persecuter, & ma vie, & ma mort,
Dans sa haine & sa flame également à craindre,
Et moy dans l'une & l'autre également à plaindre?
CLE. Ne te figure point d'impossibilité
Où tu fais, si tu veux, trop de facilité,
Où tu n'as qu'à te faire un moment de contrainte.
Donne à ton Dieu ton cœur, aux nostres quelque feinte;
Vn peu d'encens offert aux pieds de leurs Autels
Peut égaler ton sort au sort des Immortels.
DID. Et pour cela vers moy Theodore t'envoye?
Son esprit adoucy me veut par cette voye?
CLE. Non, elle ignore encor que tu sois arrété,
Mais ose en sa faveur te mettre en liberté,
Ose te desrober aux fureurs de Marcelle,
Et Placide t'enleve en Egypte avec elle,
Où son cœur genereux te laisse entre ses bras
Estre avec seureté tout ce que tu voudras.

DID. Va, dangereux amy que l'Enfer me fuscite,
Ton damnable artifice en vain me follicite,
Mon cœur inébranlable aux plus cruels tourmens
A presque été furpris de tes chatoüillemens,
Leur molleffe a plus fait que le fer, ny la flame,
Elle a frapé mes fens, elle a broüillé mon ame,
Ma raifon s'eft troublée, & mon foible a paru,
Mais j'ay dépoüillé l'homme & Dieu m'a fecouru.
 Va revoir ta parente, & dy-luy qu'elle quitte
Ce foin de me payer par-de-là mon merite,
Ie n'ay rien fait pour elle, elle ne me doit rien,
Ce qu'elle juge amour n'eft qu'ardeur de Chrétien,
C'eft la connoiftre mal que de la reconnoiftre,
Ie n'en veux point de prix que du fouverain Maiftre,
Et comme c'eft luy feul que j'ay confideré,
C'eft luy feul dont j'attens ce qu'il m'a préparé.
 Si pourtant elle croit me devoir quelque chofe,
Et peut avant ma mort fouffrir que j'en difpofe,
Qu'elle paye à Placide, & tafche à conferver
Des jours que par les miens je luy viens de fauver,
Qu'elle fuye avec luy, c'eft tout ce que veut d'elle
Le fouvenir mourant d'une flame fi belle.
Mais elle mefme vient, helas, à quel deffein?

SCENE IV.

DIDYME, THEODORE, CLEOBVLE, PAVLIN, LYCANTE.

Lycante fuit Theodore, & entre incontinent chez Marcelle fans rien dire.

DID. Penfez-vous m'arracher la palme de la main,
Madame, & mieux que luy m'expliquant voftre envie,
Par un charme plus fort m'attacher à la vie?
THE. Ouy, Didyme, il faut vivre, & me laiffer mourir,
C'eft à moy qu'on en veut, c'eft à moy de perir.

a À Theodore.
b à Paulin.

CLE.[a] O Dieux! quelle fureur aujourd'huy vous poffede?
[b] Mais prévenons le mal par le dernier remede,
Ie cours trouver Placide, & toy, tire en longueur
De Valens, fi tu peux, la derniere rigueur.

SCENE V.

DIDYME, THEODORE, PAVLIN.

DID. Qvoy ! ne craignez-vous point qu'une rage ennemie
 Vous fasse de nouveau traisner à l'infamie ?
THE. Non non, Flavie est morte, & Marcelle en fureur
 Dédaigne un chastiment qui m'a fait tant d'horreur,
 Ie n'en ay rien à craindre, & Dieu me le revele,
 Ce n'est plus que du sang que veut cette cruelle,
 Et quelque cruauté qu'elle veuille essayer.
 S'il ne faut que du sang, j'ay trop dequoy payer,
 Rens-moy, rens-moy ma place assez & trop gardée,
 Pour me sauver l'honneur je te l'avois cedée.
 Iusques-là seulement j'ay souffert ton secours,
 Mais je la viens reprendre alors qu'on veut mes jours.
 Rens, Didyme, rens-moy le seul bien où j'aspire,
 C'est le droit de mourir, c'est l'honneur du Martyre,
 A quel tiltre peux-tu me retenir mon bien ?
DID. A quel droit voulez-vous vous emparer du mien ?
 C'est à moy qu'appartient, quoy que vous puissiez dire,
 Et le droit de mourir, & l'honneur du Martyre,
 De sort comme d'habits nous avons sceu changer,
 Et l'Arrest de Valens me le vient d'adjuger.
THE. Il ne t'a condamné qu'au lieu de Theodore,
 Mais si l'Arrest t'en plaist, l'effet m'en deshonore,
 Te voir au lieu de moy payer Dieu de son sang,
 C'est te laisser au Ciel aller prendre mon rang.
 Ie ne souffriray point, quoy que Valens ordonne,
 Qu'en me rendant ma gloire on m'oste ma Couronne.
 I'en appelle à Marcelle, & sans plus t'abuser,
 Voy comme ce grand Dieu luy-mesme en vient d'user.
 De cette mesme honte il sauve Agnes dans Rome,
 Il daigne s'y servir d'un Ange au lieu d'un homme,
 Mais si dans l'infamie il vient la secourir,
 Si-tost qu'on veut son sang, il la laisse mourir.
DID. Sur cet exemple donc ne trouvez pas estrange,
 Puisqu'il se sert icy d'un homme au lieu d'un Ange,
 S'il daigne mettre au rang de ces Esprits heureux
 Celuy dont pour sa gloire il se sert au lieu d'eux.

Tome II.   Ll

Ie n'ay regardé qu'elle en conservant la vostre,
Et ne luy donne pas mon sang au lieu d'un autre
Quand ce qu'il m'a fait faire a pû m'en acquerir,
Et l'honneur du Martyre, & le droit de mourir.
THE. Tu t'obstines en vain, la haine de Marcelle...

SCENE VI.

MARCELLE, THEODORE, DIDYME, PAVLIN, LYCANTE, STEPHANIE.

a A Lycante. *MAR.*a Avec quelque douceur j'en reçoy la Nouvelle,
Non que mes déplaisirs s'en puissent soulager,
Mais c'est toujours beaucoup que se pouvoir vanger.
THE. Madame, je vous viens rendre vostre victime,
Ne le retenez plus, ma fuite est tout son crime,
Ce n'est qu'au lieu de moy qu'on le mene à l'Autel,
Et puisque je me montre il n'est plus criminel.
C'est moy pour qui Placide a dédaigné Flavie,
C'est moy par consequent qui luy couste la vie.
DID. Non, c'est moy seul, Madame, & vous l'avez pû voir,
Qui sauvant sa rivale ay fait son desespoir,
C'est moy de qui l'audace a terminé sa vie,
C'est moy par consequent qui vous oste Flavie,
Et sur qui doit verser ce courage irrité
Tout ce que la vangeance a de severité.
MAR. O couple de ma perte également coupable,
Sacrileges autheurs du malheur qui m'accable,
Qui dans ce vain debat vous vantez à l'envy,
Lors que j'ay tout perdu, de me l'avoir ravy.
Donc jusques a ce point vous bravez ma colere,
Qu'en vous faisant perir je ne vous puis déplaire,
Et que loin de trembler sous la punition,
Vous y courez tous deux avec ambition?
Elle semble à tous deux porter un Diadesme,
Vous en estes jaloux comme d'un bien supresme,
L'un & l'autre de moy s'efforce à l'obtenir,
Ie puis vous immoler & ne puis vous punir,
Et quelque sang qu'épande une mere affligée,
Ne vous punissant pas, elle n'est pas vangée.

TRAGEDIE.

Toutefois Placide aime, & voſtre châtiment
Portera ſur ſon cœur ſes coups plus puiſſamment,
Dans ce gouffre de maux c'eſt luy qui m'a plongée,
Et ſi je l'en punis, je ſuis aſſez vangée.
THE.[a] I'ay donc enfin gagné, Didyme, & tu le vois,
L'Arreſt eſt prononcé, c'eſt moy dont on fait choix,
C'eſt moy qu'aime Placide, & ma mort te delivre.
DID. Non non, ſi vous mourez, Didyme vous doit ſuivre.
MAR. Tu la ſuivras, Didyme, & je ſuivray tes vœux,
Vn déplaiſir ſi grand n'a pas trop de tous deux.
Que ne puis-je auſſi-bien immoler à Flavie
Tous les Chrétiens enſemble, & toute la Syrie,
Ou que ne peut ma haine avec un plein loiſir
Animer les bourreaux qu'elle ſçauroit choiſir,
Repaiſtre mes douleurs d'une mort dure & lente,
Vous la rendre à la fois, & cruelle, & traiſnante,
Et parmy les tourmens ſoutenir voſtre ſort
Pour vous faire ſentir chaque jour une mort?
Mais je ſçay le ſecours que Placide prepare,
Ie ſçay l'effort pour vous que fera ce barbare,
Et ma triſte vangeance a beau ſe conſulter,
Il me faut, ou la perdre, ou la précipiter.
Haſtons-la donc, Lycante, & courons-y ſur l'heure,
La plus prompte des morts eſt icy la meilleure,
N'avoir pour y deſcendre à pouſſer qu'un ſoupir,
C'eſt mourir doucement, mais c'eſt enfin mourir,
Et lors qu'un grand obſtacle à nos fureurs s'oppoſe,
Se vanger à demy c'eſt du moins quelque choſe.
Amenez-les tous deux. *PAV.* Sans l'ordre de Valens?
Madame, écoutez moins des tranſports ſi bouillans,
Sur ſon authorité c'eſt beaucoup entreprendre.
MAR. S'il en demande conte, eſt-ce à vous de le rendre?
Paulin, portez ailleurs vos conſeils indiſcrets,
Et ne prenez ſoucy que de vos intereſts.
THE.[b] Ainſi de ce combat que la vertu nous donne,
Nous ſortirons tous deux avec une Couronne.
DID. Ouy, Madame, on exauce & vos vœux, & les miens.
Dieu.... *MAR.* Vous ſuivrez ailleurs de ſi doux entretiens,
Amenez-les tous deux. *PAV.*[c] Quel orage s'apreſte!
Que je voy ſe former une horrible tempeſte!
Si Placide ſurvient, que de ſang répandu,
Et qu'il en répandra s'il trouve tout perdu!

[a] *A Didyme.*

[b] *A Didyme.*

[c] *Seul.*

Allons chercher Valens, qu'à tant de violence
Il oppose, non-plus une molle prudence,
Mais un courage masle & qui d'authorité
Sans rien craindre....

SCENE VII.

VALENS, PAULIN.

VAL. AH Paulin, est-ce une verité,
Est-ce une illusion, est-ce une resverie ?
Viens-je d'oüir la voix de Marcelle en furie ?
Ose-t'elle traisner Theodore à la mort ?
PAU. Ouy, si Valens n'y fait un genereux effort.
VAL. Quel effort genereux veux-tu que Valens fasse,
Lors que de tous costez il ne voit que disgrace ?
PAU. Faites voir qu'en ces lieux c'est vous qui gouvernez,
Qu'aucun n'y doit perir si vous ne l'ordonnez.
La Syrie à vos loix est-elle assujettie,
Pour souffrir qu'une femme y soit Iuge & Partie ?
Iugez de Theodore. *VAL.* Et qu'en puis-je ordonner
Qui dans mon triste sort ne serve à me gesner ?
Ne la condamner pas c'est me perdre avec elle,
C'est m'exposer en butte aux fureurs de Marcelle,
Au pouvoir de son frere, au couroux des Cesars,
Et pour un vain effort courir mille hazards.
La condamner d'ailleurs c'est faire un parricide,
C'est de ma propre main assassiner Placide,
C'est luy porter au cœur d'inévitables coups....
PAU. Placide donc, Seigneur, osera plus que vous,
Marcelle a fait armer Lycante & sa cohorte,
Mais sur elle & sur eux il va fondre à main forte,
Resolu de forcer pour cet objet charmant
Iusqu'à vostre Palais, & vostre appartement.
Prévenez ce desordre, & jugez quel carnage
Produit le desespoir qui s'oppose à la rage,
Et combien des deux parts l'amour & la fureur
Etaleront icy de spectacles d'horreur.
VAL. N'importe, laissons faire, & Marcelle, & Placide.
Que l'amour en furie, ou la haine en decide,

TRAGEDIE.

Que Theodore en meure, ou ne perisse pas,
J'auray lieu d'excuser sa vie, où son trépas.
S'il la sauve, peut-estre on trouvera dans Rome
Plus de cœur que de crime à l'ardeur d'un jeune homme,
Ie l'en desavoûray, j'iray l'en accuser,
Les pousser par ma plainte à le favoriser,
A plaindre son malheur en blasmant son audace,
Cesar mesme pour luy me demandera grace,
Et cette illusion de ma severité
Augmentera ma gloire & mon authorité.
PAV. Et s'il ne peut sauver cet objet qu'il adore?
Si Marcelle à ses yeux fait perir Theodore?
VAL. Marcelle aura sans moy commis cet attentat,
J'en sçauray prés de luy faire un crime d'Etat,
A ses ressentimens égaler ma colere,
Luy promettre vangeance, & trancher du severe,
Et n'ayant point de part en cet évenement
L'en consoler en pere un peu plus aisément.
Mes soins avec le temps pourront tarir ses larmes.
PAV. Seigneur, d'un mal si grand c'est prendre peu d'alarmes,
Placide est violent, & pour la secourir
Il perira luy-mesme, ou fera tout perir.
Si Marcelle y succombe, apprehendez son frere,
Et si Placide y meurt, les déplaisirs d'un pere.
De grace prévenez ce funeste hazard.
Mais que voy-je? peut-estre il est déja trop tard,
Stephanie entre icy de pleurs toute trempée.
VAL. Theodore à Marcelle est sans doute échapée,
Et l'amour de Placide a bravé son effort.

SCENE VIII.

VALENS, PAVLIN, STEPHANIE.

^a *A Stepha-*
nie.
VA.^a MArcelle a donc oſé les traiſner à la mort,
Sans mon ſçeu, ſans mon ordre, & ſon audace extreſme....
STE. Seigneur, pleurez ſa perte, elle eſt morte elle-meſme.
VAL. Elle eſt morte! *STE.* Elle l'eſt. *VAL.* Et Placide a commis...
STE. Non, ce n'eſt en effet ny luy, ny ſes amis,
Mais s'il n'en eſt l'autheur, du moins il en eſt cauſe.
VAL. Ah, pour moy l'un & l'autre eſt une meſme choſe,
Et puiſque c'eſt l'effet de leur inimitié,
Ie dois vanger ſur luy cette chere moitié.
Mais appren-moy ſa mort du moins ſi tu l'as veuë.
STE. De l'eſcalier à peine elle eſtoit deſcenduë,
Qu'elle aperçoit Placide aux portes du Palais
Suivy d'un gros armé d'amis & de valets.
Sur les bords du perron ſoudain elle s'avance,
Et preſſant ſa fureur qu'accroiſt cette preſence,
Vien, dit-elle, *vien voir l'effet de ton ſecours*,
Et ſans perdre de temps en de plus longs diſcours,
Ayant fait avancer l'une & l'autre victime,
D'un coſté Theodore, & de l'autre Didyme,
Elle leve le bras, & de la meſme main
Leur enfonce à tous deux un poignard dans le ſein.
VAL. Quoy, Theodore eſt morte! *STE.* Et Didyme avec elle.
VAL. Et l'un & l'autre enfin de la main de Marcelle?
Ah, tout eſt pardonnable aux douleurs d'un amant,
Et quoy qu'ait fait Placide en ſon reſſentiment....
STE. Il n'a rien fait, Seigneur, mais écoutez le reſte.
Il demeure immobile à cet objet funeſte,
Quelque ardeur qui le pouſſe à vanger ce malheur,
Pour en avoir la force il a trop de douleur;
Il pâlit, il fremit, il tremble, il tombe, il paſme,
Sur ſon cher Cleobule il ſemble rendre l'ame.
Cependant triomphante entre ces deux mourans,
Marcelle les contemple à ſes pieds expirans,
Ioüit de ſa vangeance, & d'un regard avide
En cherche les douceurs juſqu'au cœur de Placide,
Et tantoſt ſe repaiſt de leurs derniers ſoûpirs,
Tantoſt gouſte à plains yeux ſes mortels déplaiſirs,

Y mesure sa joye, & trouve plus charmante
La douleur de l'amant que la mort de l'amante,
Nous témoigne un dépit qu'après ce coup fatal
Pour estre trop sensible il sent trop peu son mal,
En hait sa pasmoison qui la laisse impunie,
Au peril de ses jours la souhaite finie.
Mais à peine il revit, qu'elle haussant la voix,
Ie n'ay pas resolu de mourir à ton choix,
Dit-elle, *ny d'attendre à rejoindre Flavie*
Que ta rage insolente ordonne de ma vie.
A ces mots furieuse, & se perçant le flanc
De ce mesme poignard fumant d'un autre sang,
Elle ajouste, *va, traistre, à qui j'épargne un crime,*
Si tu veux te vanger, cherche une autre victime,
Ie meurs, mais j'ay dequoy rendre graces aux Dieux
Puisque je meurs vangée, & vangée à tes yeux.
Lors mesme dans la mort conservant son audace
Elle tombe, & tombant elle choisit sa place,
D'où son œil semble encore à longs traits se saouler
Du sang des malheureux qu'elle vient d'immoler.
VAL. Et Placide? STE. I'ay fuy voyant Marcelle morte,
De peur qu'une douleur & si juste & si forte
Ne vangeast.... Mais, Seigneur, je l'aperçoy qui vient.
VAL. Arreste, de foiblesse à peine il se soutient,
Et d'ailleurs, à ma veuë il sçaura se contraindre.
Ne crain rien. Mais ô Dieux, que j'ay moy-mesme à craindre!

SCENE IX.

VALENS, PLACIDE, CLEOBVLE, PAVLIN, STEPHANIE, Troupe.

VA. Cleobule, quel sang coule sur ses habits?
CL. Le sien propre, Seigneur. VA. Ah Placide, ah mon fils.
PLA. Retire-toy, cruel. VAL. Cet amy si fidelle
N'a pû rompre le coup qui t'immole à Marcelle!
Qui sont les assassins? CLE. Son propre desespoir.
VAL. Et vous ne deviez pas le craindre, & le prevoir?
CLE. Ie l'ay craint & préveu jusqu'à saisir ses armes,
Mais comme après ce soin j'en avois moins d'alarmes,

Embrassant Theodore, un funeste hazard
A fait dessous sa main rencontrer ce poignard,
Par où ses déplaisirs trompant ma prévoyance...
VAL. Ah, falloit-il avoir si peu de défiance ?
PLA. Rens-en graces au Ciel, heureux pere & mary,
Par là t'est conservé ce pouvoir si chery,
Ta dignité dans l'ame à ton fils preferée,
Ta propre vie enfin par là t'est asseurée,
Et ce sang qu'un amour pleinement indigné
Peut-estre en ses transports n'auroit pas épargné.
Pour ne point violer les droits de la naissance
Il falloit que mon bras s'en mist dans l'impuissance,
C'est par là seulement qu'il s'est pû retenir,
Et je me suis puny de peur de te punir.
  Ie te punis pourtant, c'est ton sang que je verse,
Si tu m'aimes encor, c'est ton sein que je perce,
Et c'est pour te punir que je viens en ces lieux
Pour le moins en mourant te blesser par les yeux.
Daigne ce juste Ciel... VAL. Cleobule, il expire.
CLE. Non, Seigneur, je l'entens encore qui soûpire,
Ce n'est que la douleur qui luy coupe la voix.
VAL. Non non, j'ay tout perdu, Placide est aux abois.
Mais ne rejettons pas une esperance vaine,
Portons-le reposer dans la chambre prochaine,
Et vous autres, allez prendre soucy des morts,
Tandis que j'auray soin de calmer ses transports.

FIN.

HERACLIVS

HERACLIVS
EMPEREVR D'ORIENT,
TRAGEDIE

ACTEVRS

PHOCAS, Empereur d'Orient.

HERACLIVS, Fils de l'Empereur Maurice, creu Martian fils de Phocas, Amant d'Eudoxe.

MARTIAN, Fils de Phocas, creu Leonce fils de Leontine, Amant de Pulcherie.

PVLCHERIE, Fille de l'Empereur Maurice, Maitresse de Martian.

LEONTINE, Dame de Constantinople, autrefois Gouvernante d'Heraclius, & de Martian.

EVDOXE, Fille de Leontine, & Maitresse d'Heraclius.

CRISPE, Gendre de Phocas.

EXVPERE, Patricien de Constantinople.

AMINTAS, Amy d'Exupere.

Vn Page de Leontine.

La Scene est à Constantinople.

HERACLIVS
EMPEREVR D'ORIENT.
TRAGEDIE.

ACTE I.

SCENE PREMIERE.

PHOCAS, CRISPE.

PHO. CRISPE, il n'est que trop vray, la plus
belle Couronne
N'a que de faux brillans dont l'éclat
l'environne,
Et celuy dont le Ciel pour un sceptre
fait choix
Jusqu'à ce qu'il le porte en ignore le
poids.
Mille & mille douceurs y semblent attachées,
Qui ne sont qu'un amas d'amertumes cachées,
Qui croit les posseder les sent s'évanoüir,
Et la peur de les perdre oste l'heur d'en joüir.
Sur tout, qui comme moy d'une obscure naissance
Monte par la revolte à la Toute-puissance,
Qui de simple soldat à l'Empire élevé
Ne l'a que par le crime acquis & conservé;

Mm ij

SCENE II.

PHOCAS, PVLCHERIE, CRISPE.

PHO. Enfin, Madame, il est temps de vous rendre,
Le besoin de l'Etat défend de plus attendre,
Il luy faut des Cesars, & je me suis promis
D'en voir naistre bien-tost de vous, & de mon fils.
Ce n'est pas exiger grande reconnoissance
Des soins que mes bontez ont pris de vostre enfance,
De vouloir qu'aujourd'huy pour prix de mes bien-faits
Vous daigniez accepter les dons que je vous fais.
Ils ne font point de honte au rang le plus sublime,
Ma Couronne, & mon fils valent bien quelque estime,
Ie vous les offre encor après tant de refus,
Mais apprenez aussi que je n'en souffre plus,
Que de force, ou de gré je me veux satisfaire,
Qu'il me faut craindre en maistre, ou me cherir en pere,
Et que, si vostre orgueil s'obstine à me haïr,
Qui ne peut estre aimé se peut faire obeïr.

PVL. I'ay rendu jusqu'icy cette reconnoissance
A ces soins tant vantez d'élever mon enfance,
Que tant qu'on m'a laissée en quelque liberté
I'ay voulu me défendre avec civilité:
Mais puisqu'on use enfin d'un pouvoir tyrannique
Ie voy bien qu'à mon tour il faut que je m'explique,
Que je me montre entiere à l'injuste fureur,
Et parle à mon Tyran en fille d'Empereur.
 Il falloit me cacher avec quelque artifice
Que j'étois Pulcherie, & fille de Maurice,
Si tu faisois dessein de m'éblouïr les yeux
Iusqu'à prendre tes dons pour des dons precieux.
Voy quels sont ces presens dont le refus t'étonne.
Tu me donnes, dis-tu, ton fils & ta Couronne:
Mais que me donnes-tu, puisque l'une est à moy,
Et l'autre en est indigne étant sorty de toy?
Ta liberalité me fait peine à comprendre,
Tu parles de donner, quand tu ne fais que rendre,
Et puisqu'avecque moy tu veux le couronner,
Tu ne me rends mon bien que pour te le donner.

Tu veux que cet Hymen que tu m'ofes prefcrire
Porte dans ta maifon les tiltres de l'Empire,
Et de cruel Tyran, d'infame raviffeur,
Te faffe vray Monarque, & jufte poffeffeur.
Ne reproche donc plus à mon ame indignée
Qu'en perdant tous les miens tu m'as feule épargnée,
Cette feinte douceur, cette ombre d'amitié
Vint de ta Politique, & non de ta pitié;
Ton intereft deflors fit feul cette referve,
Tu m'as laiffé la vie afin qu'elle te ferve,
Et mal feur dans un Trofne où tu crains l'avenir,
Tu ne m'y veux placer que pour t'y maintenir,
Tu ne m'y fais monter que de peur d'en defcendre:
Mais connoy Pulcherie, & ceffe de pretendre.
Ie fçay qu'il m'appartient, ce Trofne où tu te fieds,
Que c'eft à moy d'y voir tout le Monde à mes pieds;
Mais comme il eft encor teint du fang de mon pere,
S'il n'eft lavé du tien, il ne fçauroit me plaire,
Et ta mort que mes vœux s'efforcent de hafter
Eft l'unique degré par où j'y veux monter.
Voilà quelle je fuis, & quelle je veux eftre;
Qu'un autre t'aime en pere, où te redoute en maiftre,
Le cœur de Pulcherie eft trop haut, & trop franc,
Pour craindre, ou pour flater le bourreau de fon fang.
PHO. I'ay forcé ma colere à te prefter filence
Pour voir à quel excès iroit ton infolence,
I'ay veu ce qui t'abufe, & me fait méprifer,
Et t'aime encore affez pour te defabufer.
N'eftime plus mon Sceptre ufurpé fur ton pere,
Ny que pour l'appuyer ta main foit neceffaire:
Depuis vint ans je regne, & je regne fans toy,
Et j'en eus tout le droit du choix qu'on fit de moy.
Le Trofne où je me fieds n'eft pas un bien de race,
L'Armée a fes raifons pour remplir cette place,
Son choix en eft le tiltre, & tel eft noftre fort
Qu'une autre élection nous condamne à la mort,
Celle qu'on fit de moy fut l'Arreft de Maurice,
I'en vis avec regret le trifte facrifice,
Au repos de l'Etat il fallut l'accorder,
Mon cœur qui refiftoit fut contraint de ceder;
Mais pour remettre un jour l'Empire en fa famille
Ie fis ce que je pûs, je confervay fa fille,

  Et sans avoir besoin de tiltre, ny d'appuy,
  Ie te fais part d'un bien qui n'étoit plus à luy.
PVL. Vn chetif Centenier des troupes de Mysie,
  Qu'un gros de mutinez élût par fantaisie,
  Oser arrogamment se vanter à mes yeux
  D'estre juste Seigneur du bien de mes ayeux !
  Luy qui n'a pour l'Empire autre droit que ses crimes,
  Luy qui de tous les miens fit autant de victimes,
  Croire s'estre lavé d'un si noir attentat
  En imputant leur perte au repos de l'Etat !
  Il fait plus, il me croit digne de cette excuse !
  Souffre, souffre à ton tour que je te desabuse,
  Appren que si jadis quelques seditions
  Vsurperent le droit de ces élections,
  L'Empire étoit chez nous un bien hereditaire,
  Maurice ne l'obtint qu'en gendre de Tibere,
  Et l'on voit depuis luy remonter mon destin
  Iusqu'au grand Theodose, & jusqu'à Constantin.
  Et je pourrois avoir l'ame assez abatuë...
PHO. Et bien, si tu le veux, je te le restituë,
  Cet Empire, & consens encor que ta fierté
  Impute à mes remords l'effet de ma bonté.
  Dy que je te le rends, & te fais des caresses
  Pour appaiser des tiens les Ombres vangeresses,
  Et tout ce qui pourra sous quelque autre couleur
  Authoriser ta haine, & flater ta douleur;
  Pour un dernier effort je veux souffrir la rage
  Qu'allume dans ton cœur cette sanglante image.
  Mais que t'a fait mon fils ? étoit-il au berceau
  Des tiens que je perdis le juge, ou le bourreau ?
  Tant de vertus qu'en luy le Monde entier admire
  Ne l'ont-elles pas fait trop digne de l'Empire ?
  En ay-je eu quelque espoir qu'il n'aye assez remply,
  Et voit-on sous le Ciel Prince plus accomply ?
  Vn cœur comme le tien, si grand, si magnanime....
PVL. Va, je ne consons point ses vertus, & ton crime.
  Comme ma haine est juste & ne m'aveugle pas,
  I'en vois assez en luy pour les plus grands Etats,
  I'admire chaque jour les preuves qu'il en donne,
  I'honore sa valeur, j'estime sa personne,
  Et panche d'autant plus à luy vouloir du bien,
  Que s'en voyant indigne il ne demande rien,

Que ses

Que ſes longues froideurs témoignent qu'il s'irrite,
Qu'on exige de moy par-de-là ſon merite,
Et que de tes projets ſon cœur triſte & confus
Pour m'en faire juſtice approuve mes refus.
Ce fils ſi vertueux d'un pere ſi coupable,
S'il ne devoit regner, me pourroit eſtre aimable,
Et cette grandeur meſme où tu veux le porter
Eſt l'unique motif qui m'y fait reſiſter.
Aprés l'aſſaſſinat de ma famille entiere,
Quand tu ne m'as laiſſé pere, mere, ny frere,
Que j'en faſſe ton fils legitime heritier!
Que j'aſſeure par là leur Troſne au meurtrier!
Non, non, ſi tu me crois le cœur ſi magnanime,
Qu'il oſe ſeparer ſes vertus de ton crime,
Separe tes preſens, & ne m'offre aujourd'huy
Que ton fils ſans le Sceptre, ou le Sceptre ſans luy.
Aviſe, & ſi tu crains qu'il te fuſt trop infame
De remettre l'Empire en la main d'une femme,
Tu peux dés aujourd'huy le voir mieux occupé,
Le Ciel me rend un frere à ta rage échapé,
On dit qu'Heraclius eſt tout preſt de paroiſtre,
Tyran, deſcens du Troſne, & fay place à ton maiſtre.
PHO. A ce conte, arrogante, un fantoſme nouveau,
Qu'un murmure confus fait ſortir du tombeau,
Te donne cette audace, & cette confiance!
Ce bruit s'eſt fait déja digne de ta croyance,
Mais.... PVL. Je ſçay qu'il eſt faux, pour t'aſſeurer ce rang
Ta rage eut trop de ſoin de verſer tout mon ſang:
Mais la ſoif de ta perte en cette conjoncture
Me fait aimer l'autheur d'une belle impoſture.
Au ſeul nom de Maurice il te fera trembler,
Puiſqu'il ſe dit ſon fils, il veut luy reſſembler,
Et cette reſſemblance où ſon courage aſpire
Merite mieux que toy de gouverner l'Empire.
J'iray par mon ſuffrage affermir cette erreur,
L'avoüer pour mon frere, & pour mon Empereur,
Et dedans ſon party jetter tout l'avantage
Du Peuple convaincu par mon premier hommage.
Toy, ſi quelque remords te donne un juſte effroy,
Sors du Troſne, & te laiſſe abuſer comme moy,
Pren cette occaſion de te faire juſtice.
PHO. Ouy, je me la feray bien-toſt par ton ſupplice,

Ma bonté ne peut plus arrêter mon devoir,
Ma patience a fait par-dé-là son pouvoir,
Qui se laisse outrager merite qu'on l'outrage,
Et l'audace impunie enfle trop un courage.
Tonne, menace, brave, espere en de faux bruits,
Fortifie, affermy ceux qu'ils auront seduits,
Dans ton ame à ton gré change ma Destinée,
Mais choisy pour demain la mort, ou l'Hymenée.
PVL. Il n'est pas pour ce choix besoin d'un grand effort
A qui hait l'Hymenée, & ne craint point la mort.

SCENE III.

PHOCAS, PVLCHERIE, HERACLIVS, CRISPE.

En ces deux Scenes Heraclius passe pour Martian, & Martian pour Leonce. Heraclius se connoit, mais Martian ne se connoit pas.
a A Pulcherie.
b A Heraclius.

PHO. ^aDy si tu veux encor que ton cœur la souhaite,
^bApproche, Martian, que je te le répete.
Cette ingrate Furie après tant de mépris
Conspire encor la perte, & du pere, & du fils,
Elle mesme a semé cette erreur populaire
D'un faux Heraclius qu'elle accepte pour frere;
Mais quoy qu'à ces mutins elle puisse imposer,
Demain ils la verront mourir, ou t'épouser.
HER. Seigneur.... *PHO.* Garde sur toy d'attirer ma colere.
HER. Deussay-je mal user de cet amour de pere,
Etant ce que je suis, je me dois quelque effort,
Pour vous dire, Seigneur, que c'est vous faire tort,
Et que c'est trop montrer d'injuste défiance
De ne pouvoir regner que par son alliance.
Sans prendre un nouveau droit du nom de son époux,
Ma naissance suffit pour regner après vous,
J'ay du cœur, & tiendrois l'Empire mesme infame,
S'il falloit le tenir de la main d'une femme.
PHO. Et bien, elle mourra, tu n'en as pas besoin.
HER. De vous-mesme, Seigneur, daignez mieux prendre soin,
Le Peuple aime Maurice, en perdre ce qui reste
Nous rendroit ce tumulte au dernier point funeste.
Au nom d'Heraclius à demy soulevé,
Vous verriez par sa mort le desordre achevé.

TRAGEDIE.

Il vaut mieux la priver du rang qu'elle rejette,
Faire regner une autre, & la laisser Sujette,
Et d'un party plus bas punissant son orgueil....
PHO. Quand Maurice peut tout du creux de son cercueil,
A ce fils supposé dont il me faut défendre,
Tu parles d'ajouster un veritable gendre!
HER. Seigneur, j'ay des amis chez qui cette moitié...
PHO. A l'épreuve d'un Sceptre il n'est point d'amitié,
Point qui ne s'éblouïsse à l'éclat de sa pompe,
Point qu'après son Hymen sa haine ne corrompe.
Elle mourra, te dis-je. PVL. Ah! ne m'empeschez pas
De rejoindre les miens par un heureux trépas.
La vapeur de mon sang ira grossir le foudre
Que Dieu tient déja prest à le reduire en poudre,
Et ma mort en servant de comble à tant d'horreurs...
PHO. Par ses remercîmens juge de ses fureurs.
J'ay prononcé l'Arrest, il faut que l'effet suive.
Resous-la de t'aimer, si tu veux qu'elle vive,
Sinon, j'en jure encor & ne t'écoute plus,
Son trépas dès demain punira ses refus.

SCENE IV.

PVLCHERIE, HERACLIVS, MARTIAN.

HER. EN vain il se promet que sous cette menace
L'espere en vostre cœur surprendre quelque place,
Vostre refus est juste, & j'en sçay les raisons.
Ce n'est pas à nous deux d'unir les deux maisons,
D'autres Destins, Madame, attendent l'un & l'autre,
Ma foy m'engage ailleurs aussi-bien que la vostre,
Vous aurez en Leonce un digne possesseur,
Ie seray trop heureux d'en posseder la sœur,
Ce guerrier vous adore, & vous l'aimez de mesme,
Ie suis aimé d'Eudoxe autant comme je l'aime,
Leontine leur mere est propice à nos vœux,
Et quelque effort qu'on fasse à rompre ces beaux nœuds,
D'un amour si parfait les chaisnes sont si belles,
Que nos captivitez doivent estre eternelles.

PVL. Seigneur, vous connoissez ce cœur infortuné,
Leonce y peut beaucoup, vous me l'avez donné,
Et vostre main illustre augmente le merite
Dés vertus dont l'éclat pour luy me sollicite.
Mais à d'autres pensers il me faut recourir,
Il n'est plus temps d'aimer alors qu'il faut mourir,
Et quand à ce depart une ame se prepare...
HER. Redoutez un peu moins les rigueurs d'un barbare;
Pardonnez-moy ce mot, pour vous servir d'appuy,
I'ay peine à reconnoistre encore un pere en luy.
Resolu de perir pour vous sauver la vie,
Ie sens tous mes respects ceder à cette envie,
Ie ne suis plus son fils s'il en veut à vos jours,
Et mon cœur tout entier vole à vostre secours.
PVL. C'est donc avec raison que je commence à craindre,
Non la mort, non l'Hymen où l'on me veut contraindre,
Mais ce peril extresme où pour me secourir
Ie voy vostre grand cœur aveuglement courir.
MAR. Ah mon Prince, ah Madame, il vaut mieux vous resoudre
Par un heureux Hymen à dissiper ce foudre.
Au nom de vostre amour, & de vostre amitié,
Prenez de vostre sort tous deux quelque pitié,
Que la vertu du fils si pleine & si sincere
Vainque la juste horreur que vous avez du pere,
Et pour mon interest n'exposez pas tous deux...
HER. Que me dis-tu, Leonce, & qu'est-ce que tu veux?
Tu m'as sauvé la vie, & pour reconnoissance
Ie voudrois à tes feux oster leur recompense,
Et ministre insolent d'un Prince furieux
Couvrir de cette honte un nom si glorieux,
Ingrat à mon amy, perfide à ce que j'aime,
Cruel à la Princesse, odieux à moy-mesme?
Ie te connoy, Leonce, & mieux que tu ne crois,
Ie sçay ce que tu vaux, & ce que je te dois.
Son bonheur est le mien, Madame, & je vous donne
Leonce & Martian en la mesme personne,
C'est Martian en luy que vous favorisez.
Opposons la constance aux perils opposez;
Ie vay près de Phocas essayer la priere,
Et si je n'en obtiens la grace toute entiere,
Malgré le nom de pere, & le titre de fils,
Ie deviens le plus grand de tous ses ennemis.

TRAGEDIE.

Ouy, si sa cruauté s'obstine à vostre pere,
J'iray pour l'empescher jusqu'à la force ouverte,
Et puisse, si le Ciel m'y voit rien épargner,
Vn faux Heraclius en ma place regner.
Adieu, Madame. *PVL.* Adieu, Prince trop magnanime,[a]
Prince digne en effet d'un Trosne acquis sans crime,
Digne d'un autre pere. Ah Phocas, ah Tyran,
Se peut-il que ton sang ait formé Martian ?
    Mais allons, cher Leonce, admirant son courage,
Tascher de nostre part à repousser l'orage.
Tu t'es fait des amis, je sçay des mécontens,
Le Peuple est ébranslé, ne perdons point de temps,
L'honneur te le commande, & l'amour t'y convie.
MAR.[b] Pour ostage en ses mains ce Tigre a vostre vie,
Et je n'oseray rien qu'avec un juste effroy
Qu'il ne vange sur vous ce qu'il craindra de moy.
PVL. N'importe, à tout oser le peril doit contraindre,
Il ne faut craindre rien quand on a tout à craindre.
Allons examiner pour ce coup genereux
Les moyens les plus prompts, & les moins dangereux.

[a] *Heraclius s'en va & Pulcherie continuë.*

[b] *Creu Leonce.*

Nn iij

ACTE II.

SCENE PREMIERE.

LEONTINE, EVDOXE.

LEO. Oila ce que j'ay craint de son ame enflamée.
    E. S'il m'eust caché son sort, il m'auroit mal aimée.
   LEO. Avec trop d'imprudence il vous l'a revelé,
   Vous étes fille, Eudoxe, & vous avez parlé.
Vous n'avez pû sçavoir cette grande Nouvelle
Sans la dire à l'oreille à quelque ame infidelle,
A quelque esprit leger, ou de vostre heur jaloux,
A qui ce grand secret a pesé comme à vous.
C'est par là qu'il est sçeu, c'est par là qu'on publie
Ce prodige étonnant d'Heraclius en vie,
C'est par là qu'un Tyran plus instruit que troublé
De l'ennemy secret qui l'auroit accablé,
Ajoustera bien-tost sa mort à tant de crimes,
Et se sacrifira pour nouvelles victimes.
Ce Prince dans son sein pour son fils élevé,
Vous qu'adore son ame, & moy qui l'ay sauvé,
Voyez combien de maux pour n'avoir sçeu vous taire.
EVD. Madame, mon respect souffre tout d'une mere,
Qui pour peu qu'elle veuille écouter la raison,
Ne m'accusera plus de cette trahison:
Car c'en est une enfin bien digne de supplice,
Qu'avoir d'un tel secret donné le moindre indice.
LEO. Et qui donc aujourd'huy le fait connoistre à tous?
Est-ce le Prince, ou moy? *EVD.* Ny le Prince, ny vous.
De grace examinez ce bruit qui vous alarme.
On dit qu'il est en vie, & son nom seul les charme:
On ne dit point comment vous trompastes Phocas,
Livrant un de vos fils pour ce Prince au trépas,
Ny comme aprés du sien étant la Gouvernante,
Par une tromperie encor plus importante,

TRAGEDIE.

Vous en fistes l'échange, & prenant Martian
Vous laissastes pour fils ce Prince à son Tyran,
En sorte que le sien passe icy pour mon frere,
Cependant que de l'autre il croit estre le pere,
Et voit en Martian Leonce qui n'est plus,
Tandis que sous ce nom il aime Heraclius.
On diroit tout cela si par quelque imprudence
Il m'étoit échapé d'en faire confidence:
Mais pour toute Nouvelle on dit qu'il est vivant,
Aucun n'ose pousser l'histoire plus avant,
Comme ce sont pour tous des routes inconnuës
Il semble à quelques-uns qu'il doit tomber des nuës,
Et j'en sçay tel qui croit dans sa simplicité
Que pour punir Phocas Dieu l'a ressuscité.
Mais le voicy.

SCENE II.

HERACLIVS, LEONTINE, EVDOXE.

HER. Madame, il n'est plus temps de taire
D'un si profond secret le dangereux mystere:
Le Tyran alarmé du bruit qui le surprend
Rend ma crainte trop juste, & le peril trop grand.
Non que de ma naissance il fasse conjecture,
Au contraire il prend tout pour grossiere imposture,
Et me connoit si peu, que pour la renverser
A l'Hymen qu'il souhaite il prétend me forcer.
Il m'oppose à mon nom qui le vient de surprendre,
Ie suis fils de Maurice, il m'en veut faire gendre,
Et s'acquerir les droits d'un Prince si chery
En me donnant moy-mesme à ma sœur pour mary.
En vain nous resistons à son impatience,
Elle par haine aveugle, & moy par connoissance,
Luy, qui ne conçoit rien de l'obstacle eternel
Qu'oppose la Nature à ce nœud criminel,
Menace Pulcherie au refus obstinée,
Luy propose à demain la mort, ou l'Hymenée,
I'ay fait pour le fléchir un inutile effort,
Pour éviter l'inceste elle n'a que la mort.

Iugez s'il n'est pas temps de montrer qui nous sommes,
De cesser d'estre fils du plus méchant des hommes,
D'immoler mon Tyran aux perils de ma sœur,
Et de rendre à mon pere un juste successeur.
LEO. Puisque vous ne craignez que sa mort, ou l'inceste,
Ie rends grace, Seigneur, à la bonté celeste,
De ce qu'en ce grand bruit le Sort nous est si doux,
Que nous n'avons encor rien à craindre pour vous.
Vostre courage seul nous donne lieu de craindre,
Moderez-en l'ardeur, daignez vous y contraindre,
Et puisqu'aucun soupçon ne dit rien à Phocas,
Soyez encor son fils, & ne vous montrez pas.
Dequoy que ce Tyran menace Pulcherie,
I'auray trop de moyens d'arréter sa furie,
De rompre cet Hymen, ou de le retarder,
Pourveu que vous veüilliez ne vous point hazarder.
Répondez-moy de vous, & je vous répons d'elle.
HER. Iamais l'occasion ne s'offrira si belle.
Vous voyez un grand Peuple à demy revolté,
Sans qu'on sçache l'autheur de cette nouveauté.
Il semble que de Dieu la main appesantie,
Se faisant du Tyran l'effroyable Partie,
Veüille avancer par là son juste châtiment,
Et que par ce grand bruit semé confusement
Il dispose les cœurs à prendre un nouveau maistre,
Et presse Heraclius de se faire connoistre.
C'est à nous de répondre à ce qu'il en pretend,
Montrons Heraclius au Peuple qui l'attend,
Evitons le hazard qu'un imposteur l'abuse,
Et qu'après s'estre armé d'un nom que je refuse,
De mon trosne à Phocas sous ce titre arraché
Il puisse me punir de m'estre trop caché.
Il ne sera pas temps, Madame, de luy dire
Qu'il me rende mon nom, ma naissance, & l'Empire,
Quand il se prévaudra de ce nom déja pris
Pour me joindre au Tyran dont je passe pour fils.
LEO. Sans vous donner pour Chef à cette populace,
Ie rompray bien encor ce coup, s'il vous menace,
Mais gardons jusqu'au bout ce secret important,
Fiez-vous plus à moy qu'à ce Peuple inconstant.
Ce que j'ay fait pour vous depuis vostre naissance
Semble digne, Seigneur, de cette confiance.

Ie ne

TRAGEDIE.

Ie ne laisseray point mon ouvrage imparfait,
Et bien-tost mes desseins auront leur plein effet.
Ie puniray Phocas, je vangeray Maurice,
Mais aucun n'aura part à ce grand sacrifice,
I'en veux toute la gloire, & vous me la devez,
Vous regnerez par moy, si par moy vous vivez.
Laissez entre mes mains meurir vos Destinées,
Et ne hazardez point le fruit de vint années.
EVD. Seigneur, si vostre amour peut écouter mes pleurs,
Ne vous exposez point au dernier des malheurs.
La mort de ce Tyran, quoy que trop legitime,
Aura dedans vos mains l'image d'un grand crime,
Le Peuple pour miracle osera maintenir
Que le Ciel par son fils l'aura voulu punir;
Et sa haine obstinée après cette Chimere
Vous croira parricide en vangeant vostre pere.
La verité n'aura ny le nom, ny l'effet,
Que d'un adroit mensonge à couvrir ce forfait,
Et d'une telle erreur l'ombre sera trop noire,
Pour ne pas obscurcir l'éclat de vostre gloire.
Ie sçay bien que l'ardeur de vanger vos parents...
HER. Vous en êtes aussi, Madame, & je me rens,
Ie n'examine rien, & n'ay pas la puissance
De combatre l'amour, & la reconnoissance.
Le secret est à vous, & je serois ingrat
Si sans vostre congé j'osois en faire éclat,
Puisque sans vostre adveu toute mon avanture
Passeroit pour un songe, ou pour une imposture.
Ie diray plus, l'Empire est plus à vous qu'à moy,
Puisqu'à Leonce mort tout entier je le doy,
C'est le prix de son sang, c'est pour y satisfaire
Que je rens à la sœur ce que je tiens du frere.
Non que pour m'acquiter par cette élection
Mon devoir ait forcé mon inclination,
Il presenta mon cœur aux yeux qui le charmerent,
Il prepara mon ame aux feux qu'ils allumerent,
Et ces yeux tout divins par un soudain pouvoir
Acheverent sur moy l'effet de ce devoir.
Ouy, mon cœur, chere Eudoxe, à ce Trosne n'aspire
Que pour vous voir bien-tost maitresse de l'Empire,
Ie ne me suis voulu jetter dans le hazard
Que par la seule soif de vous en faire part;

Tome II. Oo

C'étoit là tout mon but. Pour éviter l'inceste,
Ie n'ay qu'à m'éloigner de ce climat funeste;
Mais si je me desrobe au rang qui vous est dû,
Ce sera par moy seul que vous l'aurez perdu,
Seul je vous osteray ce que je vous doy rendre.
Disposez des moyens, & du temps de le prendre,
Quand vous voudrez regner, faites-m'en possesseur;
Mais comme enfin j'ay lieu de craindre pour ma sœur,
Tirez-la dans ce jour de ce peril extresme,
Ou demain je ne prens conseil que de moy-mesme.
LEO. Reposez-vous sur moy, Seigneur, de tout son sort,
Et n'en apprehendez ny l'Hymen, ny la mort.

SCENE III.

LEONTINE, EVDOXE.

LEO. CE n'est plus avec vous qu'il faut que je déguise,
Ça ne vous rien cacher son amour m'authorise,
Vous sçaurez les desseins de tout ce que j'ay fait,
Et pourrez me servir à presser leur effet.
Nostre vray Martian adore la Princesse;
Animons toutes deux l'amant pour la Maîtresse,
Faisons que son amour nous vange de Phocas,
Et de son propre fils arme pour nous le bras.
Si j'ay pris soin de luy, si je l'ay laissé vivre,
Si je perdis Leonce, & ne le fis pas suivre,
Ce fut sur l'espoir seul qu'un jour pour s'agrandir
A ma pleine vangeance il pourroit s'enhardir,
Ie ne l'ay conservé que pour ce parricide.
EVD. Ah, Madame! LEO. Ce mot déja vous intimide!
C'est à de telles mains qu'il nous faut recourir,
C'est par là qu'un Tyran est digne de perir,
Et le couroux du Ciel pour en purger la Terre
Nous doit un parricide au refus du tonnerre.
C'est à nous qu'il remet de l'y précipiter,
Phocas le commettra, s'il le peut éviter,
Et nous immolerons au sang de vostre frere
Le pere par le fils, ou le fils par le pere.
L'ordre est digne de nous, le crime est digne d'eux,
Sauvons Heraclius au peril de tous deux.

EVD. Ie sçay qu'un parricide est digne d'un tel pere,
Mais faut-il qu'un tel fils soit en peril d'en faire,
Et sçachant sa vertu, pouvez-vous justement
Abuser jusque-là de son aveuglement?
LEO. Dans le fils d'un Tyran l'odieuse naissance
Merite que l'erreur arrache l'innocence,
Et que de quelque éclat qu'il se soit revêtu,
Vn crime qu'il ignore en souille la vertu.
PAG. Exupere, Madame, est là qui vous demande.
LEO. Exupere! à ce nom que ma surprise est grande!
Qu'il entre. A quel dessein vient-il parler à moy?
Luy que je ne voy point? qu'à peine je connoy?
Dans l'ame il hait Phocas qui s'immola son pere,
Et sa venuë icy cache quelque mystere,
Ie vous l'ay déja dit, vostre langue nous perd.

SCENE IV.

EXVPERE, LEONTINE. EVDOXE.

EX. Madame, Heraclius vient d'estre découvert.
L. Hé bien! *EX.* Si... *L.* Taisez-vous. Depuis quãd? *E.* Tout ᵃ *A Eudo-*
LEO. Et déja l'Empereur a commandé qu'il meure?   (à l'heure. *xe.*
EXV. Le Tyran est bien loin de s'en voir éclaircy.
LEO. Comment? *EXV.* Ne craignez rien, Mdame, le voicy.
LEO. Ie ne voy que Leonce. *EXV.* Ah, quittez l'artifice.

SCENE V.

MARTIAN, LEONTINE, EXVPERE, EVDOXE.

MAR. Madame, doy-je croire un billet de Maurice?
Voyez si c'est sa main, où s'il est contrefait,
Dites s'il me détrompe, ou m'abuse en effet,
Si je suis vostre fils, ou s'il étoit mon pere;
Vous en devez connoistre encor le caractere.

O o ij

BILLET DE MAURICE.

Leontine lit le billet.

Leontine a trompé Phocas,
Et livrant pour mon fils un des siens au trépas,
Desrobe à sa fureur l'heritier de l'Empire:
O vous qui me restez de fidelles Sujets,
Honorez son grand zéle, appuyez ses projets,
Sous le nom de Leonce Heraclius respire.

MAVRICE.

Elle rend le billet à Exupere qui le luy a donné, & continuë.

Seigneur, il vous dit vray, vous étiez en mes mains
Quand on ouvrit Byzance au pire des Humains,
Maurice m'honora de cette confiance,
Mon zéle y répondit par-de-là sa croyance.
Le voyant prisonnier & ses quatre autres fils,
Ie cachay quelques jours ce qu'il m'avoit commis,
Mais enfin toute preste à me voir découverte,
Ce zéle sur mon sang détourna vostre perte,
I'allay pour vous sauver vous offrir à Phocas,
Mais j'offris vostre nom, & ne vous donnay pas.
La genereuse ardeur de Sujette fidelle
Me rendit pour mon Prince à moy-mesme cruelle,
Mon fils fut pour mourir le fils de l'Empereur,
I'éblouïs le Tyran, je trompay sa fureur,
Leonce au lieu de vous luy servit de victime.

Elle fait un soûpir.

*Ah! pardonnez de grace, il m'échape sans crime,
I'ay pris pour vous sa vie, & luy rens un soûpir,
Ce n'est pas trop, Seigneur, pour un tel souvenir;
A cet illustre effort par mon devoir reduite,
I'ay dompté la Nature, & ne l'ay pas détruite.
Phocas ravy de joye à cette illusion
Me combla de faveurs avec profusion,
Et nous fit de sa main cette haute fortune,
Dont il n'est pas besoin que je vous importune.
Voila ce que mes soins vous laissoient ignorer,
Et j'attendois, Seigneur, à vous le declarer,
Que par vos grands exploits vostre rare vaillance
Pûst faire à l'Vnivers croire vostre naissance,
Et qu'une occasion pareille à ce grand bruit
Nous pûst de son aveu promettre quelque fruit.
Car comme j'ignorois que nostre grand Monarque
En eust pû rien sçavoir, ou laisser quelque marque,

Ie doutois qu'un secret n'étant sçeu que de moy
Sous un Tyran si craint pûst trouver quelque foy.
EXV. Comme sa cruauté pour mieux gesner Maurice
Le forçoit de ses fils à voir le sacrifice,
Ce Prince vit l'échange, & l'alloit empescher,
Mais l'acier des bourreaux fut plus prompt à trancher,
La mort de vostre fils arrêta cette envie,
Et prevint d'un moment le refus de sa vie.
 Maurice à quelque espoir se laissant lors flater
S'en ouvrit à Felix qui vint le visiter,
Et trouva les moyens de luy donner ce gage
Qui vous en pûst un jour rendre un plein témoignage.
Felix est mort, Madame, & n'aguere en mourant
Il remit ce depost à son plus cher parent,
Et m'ayant tout conté, *Tien*, dit-il, *Exupere*,
 Sers ton Prince, & vange ton pere.
 Armé d'un tel secret, Seigneur, j'ay voulu voir
Combien parmy le Peuple il auroit de pouvoir,
I'ay fait semer ce bruit sans vous faire connoistre,
Et voyant tous les cœurs vous souhaiter pour maistre,
I'ay ligué du Tyran les secrets ennemis,
Mais sans leur découvrir plus qu'il ne m'est permis.
Ils aiment vostre nom sans sçavoir davantage,
Et cette seule joye anime leur courage,
Sans qu'autres que les deux qui vous parloient là bas
De tout ce qu'elle a fait sçache plus que Phocas.
Vous venez de sçavoir ce que vous vouliez d'elle,
C'est à vous de répondre à son genereux zéle.
Le Peuple est mutiné, nos amis assemblez,
Le Tyran effrayé, ses confidens troublez,
Donnez l'aveu du Prince à sa mort qu'on apreste,
Et ne dédaignez pas d'ordonner de sa teste.
MAR. Surpris des nouveautez d'un tel évenement,
Ie demeure à vos yeux muet d'étonnement.
Ie sçay ce que je dois, Madame, au grand service
Dont vous avez sauvé l'heritier de Maurice,
Ie croyois comme fils devoir tout à vos soins,
Et je vous dois bien plus lors que je vous suis moins:
Mais pour vous expliquer toute ma gratitude
Mon ame a trop de trouble, & trop d'inquietude.
I'aimois, vous le sçavez, & mon cœur enflamé
Trouve enfin une sœur dedans l'objet aimé,

       O o iij

Ie perds une Maîtresse en gagnant un Empire,
Mon amour en murmure, & mon cœur en soûpire,
Et de mille pensers mon esprit agité
Paroit ensevely dans la stupidité.
Il est temps d'en sortir, l'honneur nous le commande,
Il faut donner un Chef à vostre illustre bande,
Allez, brave Exupere, allez, je vous rejoins,
Souffrez que je luy parle un moment sans témoins,
Disposez cependant vos amis à bien faire,
Sur tout sauvons le fils en immolant le pere,
Il n'eut rien du Tyran qu'un peu de mauvais sang,
Dont la derniere guerre a trop purgé son flanc.
EXV. Nous vous rendrons, Seigneur, entiere obeïssance,
Et vous allons attendre avec impatience.

SCENE VI.

MARTIAN, LEONTINE, EVDOXE.

MAR. Madame, pour laisser toute sa dignité
A ce dernier effort de generosité,
Ie croy que les raisons que vous m'avez données
M'en ont seules caché le secret tant d'années.
D'autres soupçonneroient qu'un peu d'ambition,
Du Prince Martian voyant la passion,
Pour luy voir sur le Trosne élever vostre fille,
Auroit voulu laisser l'Empire en sa famille,
Et me faire trouver un tel destin bien doux
Dans l'éternelle erreur d'estre sorty de vous;
Mais je tiendrois à crime une telle pensée.
Ie me plains seulement d'une ardeur insensée,
D'un detestable amour que pour ma propre sœur
Vous-mesme vous avez allumé dans mon cœur.
Quel dessein faisiez-vous sur cet aveugle inceste ?
LEO. Ie vous aurois tout dit avant ce nœud funeste,
Et je le craignois peu, trop seure que Phocas
Ayant d'autres desseins ne le souffriroit pas.
Ie voulois donc, Seigneur, qu'une flame si belle
Portast vostre courage aux vertus dignes d'elle,

TRAGEDIE.

Et que voſtre valeur l'ayant ſçeu meriter,
Le refus du Tyran vous puſt mieux irriter.
Vous n'avez pas rendu mon esperance vaine,
I'ay veu dans voſtre amour une ſource de haine,
Et j'oſe dire encor qu'un bras ſi renommé
Peut-eſtre auroit moins fait ſi le cœur n'euſt aimé.
Achevez donc, Seigneur, & puiſque Pulcherie
Doit craindre l'attentat d'une aveugle furie...
MAR. Peut-eſtre il vaudroit mieux moy-meſme la porter
A ce que le Tyran témoigne en ſouhaiter.
Son amour qui pour moy reſiſte à ſa colere
N'y reſiſtera plus quand je ſeray ſon frere;
Pourrois-je luy trouver un plus illuſtre époux?
LEO. Seigneur, qu'allez-vous faire, & que me dites-vous?
MAR. Que peut-eſtre pour rompre un ſi digne Hymenée
I'expoſe à tort ſa teſte avec ma Deſtinée,
Et fais d'Heraclius un chef de conjurez,
Dont je voy les complots encor mal aſſeurez.
Aucun d'eux du Tyran n'approche la perſonne,
Et quand meſme l'iſſuë en pourroit eſtre bonne,
Peut-eſtre il m'eſt honteux de reprendre l'Etat
Par l'infame ſuccès d'un laſche aſſaſſinat:
Peut-eſtre il vaudroit mieux en teſte d'une Armée
Faire parler pour moy toute ma Renommée,
Et trouver à l'Empire un chemin glorieux
Pour vanger mes parens d'un bras victorieux.
C'eſt dont je vay reſoudre avec cette Princeſſe
Pour qui non plus l'amour, mais le ſang m'intereſſe,
Vous avec voſtre Eudoxe... LEO. Ah, Seigneur, écoutez.
MAR. I'ay beſoin de conſeils dans ces difficultez,
Mais à parler ſans fard, pour écouter les voſtres,
Outre mes intereſts vous en avez trop d'autres.
Ie ne ſoupçonne point vos vœux, ny voſtre foy,
Mais je ne veux d'avis que d'un cœur tout à moy.
Adieu.

SCENE VII.

LEONTINE, EVDOXE.

LEO. Tout me confond, tout me devient contraire,
Ie ne fais rien du tout quand je pense tout faire,
Et lors que le hazard me flate avec excès,
Tout mon dessein avorte au milieu du succès.
Il semble qu'un Démon funeste à sa conduite
Des beaux commencemens empoisonne la suite.
Ce billet dont je voy Martian abusé
Fait plus en ma faveur que je n'aurois osé,
Il arme puissamment le fils contre le pere;
Mais comme il a levé le bras en qui j'espere,
Sur le point de fraper, je vois avec regret
Que la Nature y forme un obstacle secret.
La verité le trompe, & ne peut le seduire,
Il sauve en reculant ce qu'il croit mieux détruire,
Il doute, & du costé que je le voy pancher
Il va presser l'inceste au lieu de l'empescher.
EVD. Madame, pour le moins vous avez connoissance
De l'autheur de ce bruit, & de mon innocence.
Mais je m'étonne fort de voir à l'abandon
Du Prince Heraclius les droits avec le nom,
Ce billet confirmé par vostre témoignage
Pour monter dans le Trosne est un grand avantage.
Si Martian le peut sous ce titre occuper,
Pensez-vous qu'il se laisse aisément détromper,
Et qu'au premier moment qu'il vous verra dédire
Aux mains de son vray maistre il remette l'Empire?
LEO. Vous étes curieuse, & voulez trop sçavoir,
N'ay-je pas déja dit que j'y sçauray pourvoir?
Taschons sans plus tarder à revoir Exupere,
Pour prendre en ce desordre un conseil salutaire.

ACTE

ACTE III.

SCENE PREMIERE.

MARTIAN, PVLCHERIE.

MAR. Ie veux bien l'avoüer, Madame (car mon cœur
A de la peine encore à vous nommer ma sœur)
Quand malgré ma fortune à vos pieds abaissée
I'osay jusques à vous élever ma pensée,
Plus plein d'étonnement que de timidité
I'interrogeois ce cœur sur sa temerité,
Et dans ses mouvemens pour secrette réponse
Ie sentois quelque chose au dessus de Leonce,
Dont malgré ma raison l'imperieux effort
Emportoit mes desirs au-delà de mon sort.
PVL. Moy-mesme assez souvent j'ay senty dans mon ame
Ma naissance en secret me reprocher ma flame;
Mais quoy, l'Imperatrice à qui je doy le jour
Avoit innocemment fait naistre cet amour.
I'approchois de quinze ans, alors qu'empoisonnée
Pour auoir contredit mon indigne Hymenée,
Elle mesla ces mots à ses derniers soûpirs,
Le Tyran veut surprendre, ou forcer vos desirs,
Ma fille, & sa fureur à son fils vous destine,
Mais prenez un époux des mains de Leontine,
Elle garde un tresor qui vous sera bien cher.
Cet ordre en sa faueur me sçeut si bien toucher,
Qu'au lieu de la haïr d'avoir livré mon frere,
I'en tins le bruit pour faux, elle me devint chere,
Et confondant ces mots de tresor & d'époux,
Ie crûs les bien entendre expliquant tout de vous.
I'opposois de la sorte à ma fiere naissance
Les favorables loix de mon obeissance,
Et je m'imputois mesme à trop de vanité
De trouver entre nous quelque inégalité.

La race de Leonce étant Patricienne,
L'éclat de vos vertus l'égaloit à la mienne,
Et je me laissois dire en mes douces erreurs,
C'est de pareils Heros qu'on fait les Empereurs.
Tu peux bien sans rougir aimer un grand courage
A qui le Monde entier peut rendre un juste hommage.
I'écoutois sans dédain ce qui m'authorisoit,
L'Amour pensoit le dire, & le sang le disoit,
Et de ma passion la flateuse imposture
S'emparoit dans mon cœur des droits de la Nature.
MAR. Ah, ma sœur (puisqu'enfin mon destin éclaircy
Veut que je m'accoustume à vous nommer ainsi)
Qu'aisément l'amitié jusqu'à l'amour nous mene !
C'est un panchant si doux qu'on y tombe sans peine,
Mais quand il faut changer l'amour en amitié,
Que l'ame qui s'y force est digne de pitié,
Et qu'on doit plaindre un cœur qui n'osant s'en défendre
Se laisse déchirer avant que de se rendre !
Ainsi donc la Nature à l'espoir le plus doux
Fait succeder l'horreur ! & l'horreur d'estre à vous !
Ce que je suis m'arrache à ce que j'aimois d'estre !
Ah, s'il m'étoit permis de ne me pas connoistre,
Qu'un si charmant abus seroit à préferer
A l'aspre verité qui vient de m'éclairer !
PVL. I'eus pour vous trop d'amour pour ignorer ses forces,
Ie sçay quelle amertume aigrit de tels divorces,
Et la haine à mon gré les fait plus doucement,
Que quand il faut aimer, mais aimer autrement.
I'ay senty comme vous une douleur bien vive
En brisant les beaux fers qui me tenoient captive :
Mais j'en condamnerois le plus doux souvenir,
S'il avoit à mon cœur cousté plus d'un soupir.
Ce grand coup m'a surprise, & ne m'a point troublée,
Mon ame l'a receu sans en estre accablée,
Et comme tous mes feux n'avoient rien que de saint,
L'honneur les alluma, le devoir les éteint,
Ie ne voy plus d'amant où je rencontre un frere,
L'un ne me peut toucher ny l'autre me déplaire,
Et je tiendray toujours mon bon-heur infiny
Si les miens sont vangez, & le Tyran puny.
    Vous, que va sur le trosne élever la naissance,
Regnez sur vostre cœur avant que sur Byzance,

TRAGEDIE.

Et domptant comme moy ce dangereux mutin,
Commencez à répondre à ce noble destin.
MAR. Ah! vous fustes toûjours l'illustre Pulcherie,
En fille d'Empereur dés le berceau nourrie,
Et ce grand nom sans peine a pû vous enseigner
Comment dessus vous-mesme il vous falloit regner:
Mais pour moy, qui caché sous une autre avanture
D'une ame plus commune ay pris quelque teinture,
Il n'est pas merveilleux si ce que je me crûs
Mesle un peu de Leonce au cœur d'Heraclius.
A mes confus regrets soyez donc moins severe,
C'est Leonce qui parle, & non pas vostre frere:
Mais si l'un parle mal, l'autre va bien agir,
Et l'un ny l'autre enfin ne vous fera rougir,
Ie vay des conjurez embrasser l'entreprise,
Puisqu'une ame si haute à fraper m'authorise,
Et tient que pour répandre un si coupable sang
L'assassinat est noble & digne de mon rang.
Pourray-je cependant vous faire une priere?
PVL. Prenez sur Pulcherie une puissance entiere.
MAR. Puisqu'un amant si cher ne peut plus estre à vous,
Ny vous, mettre l'Empire en la main d'un époux,
Epousez Martian comme un autre moy-mesme,
Ne pouvant estre à moy, soyez à ce que j'aime.
PVL. Ne pouvant estre à vous, je pourrois justement
Vouloir n'estre à personne, & fuir tout autre amant;
Mais on pourroit nommer cette fermeté d'ame
Vn reste mal éteint d'incestueuse flame.
Afin donc qu'à ce choix j'ose tout accorder,
Soyez mon Empereur pour me le commander.
Martian vaut beaucoup, sa personne m'est chere,
Mais purgez sa vertu des crimes de son pere,
Et donnez à mes feux pour legitime objet
Dans le fils du Tyran vostre premier Sujet.
MAR. Vous le voyez, j'y cours, mais enfin s'il arrive
Que l'issuë en devienne, ou funeste, ou tardive,
Vostre perte est jurée, & d'ailleurs nos amis
Au Tyran immolé voudront joindre ce fils.
Sauvez d'un tel peril & sa vie, & la vostre,
Par cet heureux Hymen conservez l'un & l'autre,
Garantissez ma sœur des fureurs de Phocas,
Et mon amy de suivre un tel père au trépas.

P p ij

Faites qu'en ce grand jour la troupe d'Exupere
Dans un sang odieux respecte mon beau-frere,
Et donnez au Tyran qui n'en pourra joüir
Quelques momens de joye afin de l'éblouïr.
PVL. Mais durant ces momens unie à sa famille,
Il deviendra mon pere, & je seray sa fille,
Ie luy devray respect, amour, fidelité,
Ma haine n'aura plus d'impetuosité,
Et tous mes vœux pour vous seront mols & timides
Quand mes vœux contre luy seront des parricides.
Outre que le succés est encore à douter,
Que l'on peut vous trahir, qu'il peut vous resister:
Si vous y succombez, pourray-je me dédire
D'avoir porté chez luy les titres de l'Empire?
Ah! combien ces momens dequoy vous me flatez
Alors pour mon supplice auroient d'éternitez!
Vostre haine voit peu l'erreur de sa tendresse,
Comme elle vient de naistre, elle n'est que foiblesse,
La mienne a plus de force, & les yeux mieux ouverts,
Et se deust avec moy perdre tout l'Vnivers.
Iamais un seul moment, quoy que l'on puisse faire,
Le Tyran n'aura droit de me traiter de pere,
Ie ne refuse au fils ny mon cœur, ny ma foy,
Vous l'aimez, je l'estime, il est digne de moy,
Tout son crime est un pere à qui le sang l'attache,
Quand il n'en aura plus, il n'aura plus de tache,
Et cette mort propice à former ces beaux nœuds
Purifiant l'objet justifira mes feux.
   Allez donc preparer cette heureuse journée,
Et du sang du Tyran signez cet Hymenée.
Mais quel mauvais Démon devers nous le conduit.
MAR. Ie suis trahy, Madame, Exupere le suit.

SCENE II.

*PHOCAS, EXVPERE, AMYNTAS,
MARTIAN, PVLCHERIE,
CRISPE.*

CRI. QVel est vostre entretien avec cette Princesse?
    Des nopces que je veux? *MA.* C'est dequoy je la presse.
PHO. Et vous l'avez gagnée en faveur de mon fils?
MAR. Il sera son époux, elle me l'a promis.
PHO. C'est beaucoup obtenu d'une ame si rebelle.
    Mais quand? *MAR.* C'est un secret que je n'ay pas sçeu d'elle.
PHO. Vous pouvez m'en dire un dont je suis plus jaloux.
    On dit qu'Heraclius est fort connu de vous,
    Si vous aimez mon fils, faites-le moy connoistre.
MAR. Vous le connoissez trop, puisque je voy ce traistre.
EXV. Ie sers mon Empereur, & je sçay mon devoir.
MAR. Chacun te l'avoüra, tu le fais assez voir.
PHO. De grace, éclaircissez ce que je vous propose,
    Ce billet à demy m'en dit bien quelque chose,
    Mais, Leonce, c'est peu si vous ne l'achevez.
MAR. Nommez-moy par mon nom puisque vous le sçavez,
    Dites Heraclius, il n'est plus de Leonce,
    Et j'entens mon Arrest sans qu'on me le prononce.
PHO. Tu peux bien t'y resoudre apres ton vain effort,
    Pour m'arracher le Sceptre, & conspirer ma mort.
MAR. I'ay fait ce que j'ay dû, vivre sous ta puissance
    C'eust été démentir mon nom, & ma naissance,
    Et ne point écouter le sang de mes parens
    Qui ne crie en mon cœur que la mort des Tyrans.
    Quiconque pour l'Empire eut la gloire de naistre
    Renonce à cet honneur s'il peut souffrir un maistre,
    Hors le Trosne, ou la mort, il doit tout dédaigner,
    C'est un lasche s'il n'ose, ou se perdre, ou regner.
    I'entens donc mon Arrest sans qu'on me le prononce,
    Heraclius mourra comme a vécu Leonce,
    Bon Sujet, meilleur Prince, & ma vie & ma mort
    Rempliront dignement & l'un & l'autre sort.
    La mort n'a rien d'affreux pour une ame bien née,
    A mes costez pour toy je l'ay cent fois traisnée,

Et mon dernier exploit contre tes ennemis
Fut d'arrêter son bras qui tomboit sur ton fils.
PHO. Tu prens pour me toucher un mauvais artifice.
Heraclius n'eut point de part à ce service,
I'en ay payé Leonce, à qui seul étoit dû
L'inestimable honneur de me l'avoir rendu.
Mais sous des noms divers à soy-mesme contraire
Qui conserva le fils attente sur le pere,
Et se desavoüant d'un aveugle secours,
Si-tost qu'il se connoit, il en veut à mes jours.
Ie te devois sa vie, & je me doy justice,
Leonce est effacé par le fils de Maurice,
Contre un tel attentat rien n'est à balancer,
Et je sçauray punir comme recompenser.
MAR. Ie sçay trop qu'un Tyran est sans reconnoissance
Pour en avoir conceu la honteuse esperance,
Et suis trop au dessus de cette indignité
Pour te vouloir piquer de generosité.
Que ferois-tu pour moy de me laisser la vie,
Si pour moy sans le Trosne elle n'est qu'infamie?
Heraclius vivroit pour te faire la Cour?
Rens-luy, rens-luy son Sceptre, ou prive-le du jour,
Pour ton propre interest sois juge incorruptible,
Ta vie avec la sienne est trop incompatible,
Vn si grand enemy ne peut estre gagné,
Et je te punirois de m'avoir épargné.
Si de ton fils sauvé j'ay rappellé l'image,
I'ay voulu de Leonce étaler le courage,
Afin qu'en le voyant tu ne doutasses plus
Iusques où doit aller celuy d'Heraclius.
Ie me tiens plus heureux de perir en Monarque,
Que de vivre en éclat sans en porter la marque,
Et puisque pour joüir d'un si glorieux sort
Ie n'ay que ce moment qu'on destine à ma mort,
Ie la rendray si belle, & si digne d'envie,
Que ce moment vaudra la plus illustre vie.
M'y faisant donc conduire asseure ton pouvoir,
Et delivre mes yeux de l'horreur de te voir.
PHO. Nous verrons la vertu de cette ame hautaine.
Faites-le retirer en la chambre prochaine,
Crispe, & qu'on l'y garde attendant que mon choix
Pour punir son forfait vous donne d'autres loix.

TRAGEDIE.

MAR.[a] Adieu, Madame, Adieu. Ie n'ay pû davantage,
Ma mort vous va laisser encor dans l'esclavage,
Le Ciel par d'autres mains vous en daigne affranchir.

[a] *A Pulcherie.*

SCENE III.

*PHOCAS, PVLCHERIE,
EXVPERE, AMYNTAS.*

PHO. ET toy, n'espere pas desormais me fléchir,
Ie tiens Heraclius, & n'ay plus rien à craindre,
Plus lieu de te flater, plus lieu de me contraindre,
Ce frere & ton espoir vont entrer au cercüeil,
Et j'abatray d'un coup sa teste, & ton orgueil.
Mais ne te contrains point dans ces rudes alarmes,
Laisse aller tes soûpirs, laisse couler tes larmes.
PVL. Moy pleurer ! moy gemir, Tyran ! j'aurois pleuré
Si quelques laschetez l'avoient deshonoré,
S'il n'eust pas emporté sa gloire toute entiere,
S'il m'avoit fait rougir par la moindre priere,
Si quelque infame espoir qu'on luy dust pardonner
Eust merité la mort que tu luy vas donner.
Sa vertu jusqu'au bout ne s'est point démentie,
Il n'a point pris le Ciel, ny le Sort à Partie,
Point querellé le bras qui fait ces lasches coups,
Point daigné contre luy perdre un juste couroux.
Sans te nommer ingrat, sans trop le nommer traistre,
De tous deux, de soy-mesme il s'est montré le maistre,
Et dans cette surprise il a bien sçeu courir
A la necessité qu'il voyoit de mourir.
Ie goustois cette joye en un sort si contraire,
Ie l'aimay comme amant, je l'aime comme frere,
Et dans ce grand revers je l'ay veu hautement
Digne d'estre mon frere, & d'estre mon amant.
PHO. Explique, explique mieux le fond de ta pensée,
Et sans plus te parer d'une vertu forcée,
Pour appaiser le pere offre le cœur au fils,
Et tasche à racheter ce cher frere à ce prix.
PVL. Crois-tu que sur la foy de tes fausses promesses
Mon ame ose descendre à de telles bassesses?

Pren mon sang pour le sien, mais s'il y faut mon cœur,
Perisse Heraclius avec sa triste sœur.
PHO. Et bien, il va perir, ta haine en est complice.
PVL. Et je verray du Ciel bien-tost choir ton supplice.
Dieu pour le reserver à ses puissantes mains
Fait avorter exprés tous les moyens humains,
Il veut fraper le coup sans nostre ministere.
Si l'on t'a bien donné Leonce pour mon frere,
Les quatre autres peut-estre à tes yeux abusez
Ont été comme luy des Cesars supposez.
L'Etat qui dans leur mort voyoit trop sa ruine
Avoit des genereux autres que Leontine,
Ils trompoient d'un Barbare aisément la fureur,
Qui n'avoit jamais veu la Cour, ny l'Empereur.
Crains, Tyran, crains encor, tous les quatre peut-estre
L'un aprés l'autre enfin se vont faire paroistre,
Et malgré tous tes soins, malgré tout ton effort,
Tu ne les connoistras qu'en recevant la mort.
Moy-mesme à leur defaut je seray la conqueste
De quiconque à mes pieds apportera ta teste,
L'esclave le plus vil qu'on puisse imaginer
Sera digne de moy s'il peut t'assassiner.
Va perdre Heraclius, & quitte la pensée,
Que je me pare icy d'une vertu forcée,
Et sans m'importuner de répondre à tes vœux,
Si tu pretens regner, défay-toy de tous deux.

SCENE IV.

PHOCAS, EXVPERE, AMYNTAS.

PHO. J'Ecoute avec plaisir ces menaces frivoles,
Je ris d'un desespoir qui n'a que des paroles,
Et de quelque façon qu'elle m'ose outrager
Le sang d'Heraclius m'en doit assez vanger.
Vous donc, mes vrais amis, qui me tirez de peine,
Vous dont je voy l'amour quand j'en craignois la haine,
Vous qui m'avez livré mon secret ennemy,
Ne soyez point vers moy fidelles à demy.

Resolvez

TRAGEDIE.

Resolvez avec moy des moyens de sa perte.
La ferons-nous secrette, ou bien à force ouverte?
Prendrons-nous le plus seur, ou le plus glorieux?
EXV. Seigneur, n'en doutez point, le plus seur vaut le mieux,
Mais le plus seur pour vous est que sa mort éclate,
De peur qu'en l'ignorant le Peuple ne se flate,
N'attende encor ce Prince, & n'ait quelque raison
De courir en aveugle à qui prendra son nom.
PHO. Donc pour oster tout doute à cette populace,
Nous envoirons sa teste au milieu de la Place.
EXV. Mais si vous la coupez dedans vostre Palais
Ces obstinez mutins ne le croiront jamais,
Et sans que pas-un d'eux à son erreur renonce,
Ils diront qu'on impute un faux nom à Leonce,
Qu'on en fait un fantosme afin de les tromper,
Prests à suivre toûjours qui voudra l'usurper.
PHO. Lors nous leur ferons voir ce billet de Maurice.
EXV. Ils le tiendront pour faux, & pour un artifice,
Seigneur, après vint ans vous esperez en vain
Que ce Peuple ait des yeux pour connoistre sa main.
Si vous voulez calmer toute cette tempeste,
Il faut en pleine Place abatre cette teste,
Et qu'il die en mourant à ce Peuple confus,
Peuple, n'en doute point, je suis Heraclius.
PHO. Ie voy bien qu'il le faut, & déja je destine
L'immolant en public d'y joindre Leontine;
Mais si ces insolens l'arrachent de nos mains?
EXV. Qui l'osera, Seigneur? *PHO.* Ce Peuple que tu crains.
EXV. Ah, souvenez-vous mieux des desordres qu'enfante
Dans un Peuple sans Chef la premiere épouvante.
Le seul bruit de ce Prince au Palais arresté
Dispersera soudain chacun de son costé,
Les plus audacieux craindront vostre justice,
Et le reste en tremblant ira voir son supplice.
Mais ne leur donnez pas, tardant trop à punir,
Le temps de se remettre, & de se réunir,
Envoyez des soldats à chaque coin des ruës,
Saisissez l'Hippodrome avec ses avenuës,
Dans tous les lieux publics rendez-vous le plus fort:
Pour nous, qu'un tel indice interesse à sa mort,
De peur que d'autres mains ne se laissent seduire,
Iusques à l'échaffaut laissez-nous le conduire,

Nous aurons trop d'amis pour en venir à bout,
I'en répons sur ma teste, & j'auray l'œil à tout.
PHO. C'en est trop, Exupere, allez, je m'abandonne
Aux fidelles conseils que vostre ardeur me donne,
C'est l'unique moyen de dompter nos mutins,
Et d'éteindre à jamais ces troubles intestins.
Ie vay sans differer pour cette grande affaire
Donner à tous mes Chefs un ordre necessaire :
Vous, pour répondre aux soins que vous m'avez promis,
Allez de vostre part assembler vos amis,
Et croyez qu'après moy, jusqu'à ce que j'expire,
Ils seront, eux & vous, les maistres de l'Empire.

SCENE V.

EXVPERE, AMYNTAS.

EXV. Nous sommes en faveur, amy, tout est à nous,
L'heur de nostre destin va faire des jaloux.
AMY. Quelque allegresse icy que vous fassiez paroistre,
Trouvez-vous doux les noms de perfide & de traistre ?
EXV. Ie sçay qu'aux genereux ils doivent faire horreur,
Ils m'ont frapé l'oreille, ils m'ont blessé le cœur ;
Mais bien-tost par l'effet que nous devons attendre
Nous serons en état de ne les plus entendre.
Allons, pour un moment qu'il faut les endurer,
Ne fuyons pas les biens qu'ils nous font esperer.

TRAGEDIE.

ACTE IV.

SCENE PREMIERE.

HERACLIVS, EVDOXE.

HER. Vous avez grand sujet d'apprehender pour elle,
Phocas au dernier point la tiendra criminelle,
Et je le connoy mal, ou s'il la peut trouver
Il n'est moyen humain qui puisse la sauver.
Je vous plains, cher Eudoxe, & non-pas vostre mere,
Elle a bien merité ce qu'a fait Exupere,
Il trahit justement qui vouloit me trahir.
EVD. Vous croyez qu'à ce point elle ait pû vous haïr!
Vous pour qui son amour a forcé la Nature!
HER. Comment voulez-vous donc nommer son imposture?
M'empescher d'entreprendre, & par un faux rapport
Confondre en Martian, & mon nom, & mon sort,
Abuser d'un billet que le hazard luy donne,
Attacher de sa main mes droits à sa personne,
Et le mettre en état dessous sa bonne foy,
De regner en ma place, ou de perir pour moy,
Madame, est-ce en effet me rendre un grand service?
EVD. Eust-elle démenty ce billet de Maurice?
Et l'eust-elle pû faire, à moins que reveler
Ce que sur tout alors il luy falloit celer?
Quand Martian par là n'eust pas connu son pere,
C'étoit vous hazarder sur la foy d'Exupere;
Elle en doutoit, Seigneur, & par l'évenement
Vous voyez que son zele en doutoit justement.
Seure en soy des moyens de vous rendre l'Empire
Qu'à vous-mesme jamais elle n'a voulu dire,
Elle a sur Martian tourné le coup fatal
De l'épreuve d'un cœur qu'elle connoissoit mal.

Qq ij

Seigneur, où feriez-vous sans ce nouveau service?
HER. Qu'importe qui des deux on destine au supplice?
   Qu'importe, Martian, veu ce que je te doy,
   Qui trahisse mon sort d'Exupere, ou de moy?
   Si l'on ne me découvre, il faut que je m'expose,
   Et l'un & l'autre enfin ne sont que mesme chose,
   Sinon, qu'étant trahy je mourrois malheureux,
   Et que m'offrant pour toy je mourray genereux.
EVD. Quoy! pour desabuser une aveugle furie,
   Rompre vostre destin, & donner vostre vie!
HER. Vous étes plus aveugle encor en vostre amour.
   Perira-t'il pour moy quand je luy doy le jour,
   Et lors que sous mon nom il se livre à sa perte,
   Tiendray-je sous le sien ma fortune couverte?
   S'il s'agissoit icy de le faire Empereur,
   Ie pourrois luy laisser mon nom, & son erreur;
   Mais conniver en lasche à ce nom qu'on me vole,
   Quand son pere à mes yeux au lieu de moy l'immole!
   Souffrir qu'il se trahisse aux rigueurs de mon sort!
   Vivre par son supplice, & regner par sa mort!
EVD. Ah! ce n'est pas, Seigneur, ce que je vous demande,
   De cette lascheté l'infamie est trop grande;
   Montrez-vous pour sauver ce Heros du trépas,
   Mais montrez-vous en maistre, & ne vous perdez pas.
   Rallumez cette ardeur où s'opposoit ma mere,
   Garantissez le fils par la perte du pere,
   Et prenant à l'Empire un chemin éclatant,
   Montrez Heraclius au Peuple qui l'attend.
HER. Il n'est plus temps, Madame, un autre a pris ma place,
   Sa prison a rendu le Peuple tout de glace,
   Déja préoccupé d'un autre Heraclius,
   Dans l'effroy qui le trouble, il ne me croira plus,
   Et ne me regardant que comme un fils perfide,
   Il aura de l'horreur de suivre un Parricide.
   Mais quand mesme il voudroit seconder mes desseins,
   Le Tyran tient déja Martian en ses mains,
   S'il voit qu'en sa faveur je marche à force ouverte,
   Piqué de ma revolte il hastera sa perte;
   Et croira qu'en m'ostant l'espoir de le sauver,
   Il m'ostera l'ardeur qui me fait soûlever.
   N'en parlons plus, en vain vostre amour me retarde,
   Le sort d'Heraclius tout entier me regarde,

TRAGEDIE.

Soit qu'il faille regner, soit qu'il faille perir,
Au tombeau comme au trosne on me verra courir.
Mais voicy le Tyran, & son traistre Exupere.

SCENE II.

PHOCAS, HERACLIVS, EXVPERE,
EVDOXE, Troupe de Gardes.

PHO.[a] Qv'on la tienne en lieu seur en attendant sa mere.
 HE. A-t'elle quelque part. PH. Nous verrons à loisir,
Il est bon cependant de la faire saisir.
EVD.[b] Seigneur, ne croyez rien de ce qu'il vous va dire.
PHO.[c] Ie croiray ce qu'il faut pour le bien de l'Empire.
 [d] Ses pleurs pour ce coupable imploroient ta pitié?
HER. Seigneur. PHO. Ie sçay pour luy quelle est ton amitié,
Mais je veux que toy-mesme ayant bien veu son crime
Tiennes ton zele injuste, & sa mort legitime.
Qu'on le fasse venir. Pour en tirer l'aveu
Il ne sera besoin ny du fer, ny du feu,
Loin de s'en repentir, l'orgueilleux en fait gloire.
 Mais que me diras-tu qu'il ne me faut pas croire?
Eudoxe m'en conjure, & l'avis me surprend.
Aurois-tu découvert quelque crime plus grand?
HER. Ouy, sa mere a plus fait contre vostre service,
Que ne sçait Exupere, & que n'a veu Maurice.
PHO. La perfide! ce jour luy sera le dernier.
Parle. HER. I'acheveray devant le prisonnier,
Trouvez bon qu'un secret d'une telle importance,
Puisque vous le mandez, s'explique en sa presence.
PHO. Le voicy, mais sur tout ne me dy rien pour luy.

[a] Il monstre Eudoxe à ses Gardes.
[b] s'en allant.
[c] A Eudoxe.
[d] A Heraclius.

SCENE III

PHOCAS, HERACLIVS, MARTIAN, EXVPERE, Troupe de Gardes.

HER. Ie sçay qu'en ma priere il auroit peu d'appuy,
Et loin de me donner une inutile peine,
Tout ce que je demande à vostre juste haine,
C'est que de tels forfaits ne soient pas impunis:
Perdez Heraclius, & sauvez vostre fils.
Voilà tout mon souhait, & toute ma priere.
M'en refuserez-vous ? *PHO.* Tu l'obtiendras entiere,
Ton salut en effet est douteux sans sa mort.
MAR. Ah Prince, j'y courois sans me plaindre du Sort,
Son indigne rigueur n'est pas ce qui me touche,
Mais en oüyr l'Arrest sortir de vostre bouche!
Ie vous ay mal connu jusques à mon trépas.
HER. Et mesme en ce moment tu ne me connois pas.
Ecoute, pere aveugle, & toy, Prince credule,
Ce que l'honneur défend que plus je dissimule.
Phocas, connoy ton sang, & tes vrais ennemis,
Ie suis Heraclius, & Leonce est ton fils.
MAR. Seigneur, que dites-vous ? *HER.* Que je ne puis plus taire,
Que deux fois Leontine osa tromper ton pere,
Et se servant de nos noms un insensible abus
Fit un faux Martian du jeune Heraclius.
PHO. Maurice te dément, lasche, tu n'as qu'à lire.
Sous le nom de Leonce Heraclius respire.
Tu fais après cela des contes superflus.
HER. Si ce billet fut vray, Seigneur, il ne l'est plus.
I'étois Leonce alors, & j'ay cessé de l'estre
Quand Maurice immolé n'en a pû rien connoistre.
S'il laissa par écrit ce qu'il avoit pû voir,
Ce qui suivit sa mort fut hors de son pouvoir.
Vous portastes soudain la guerre dans la Perse,
Où vous eustes trois ans la Fortune diverse:
Cependant Leontine étant dans le Chasteau
Reine de nos Destins & de nostre berceau,
Pour me rendre le rang qu'occupoit vostre race,
Prit Martian pour elle, & me mit en sa place.

TRAGEDIE.

Ce zéle en ma faveur luy succeda si bien,
Que vous-mesme au retour vous n'en connustes rien,
Et ces informes traits qu'à six mois a l'enfance
Ayant mis entre nous fort peu de difference,
Le foible souvenir en trois ans s'en perdit,
Vous pristes aisément ce qu'elle vous rendit:
Nous vécusmes tous deux sous le nom l'un de l'autre,
Il passa pour son fils, je passay pour le vostre,
Et je ne jugeois pas ce chemin criminel
Pour remonter sans meurtre au Trosne paternel.
Mais voyant cette erreur fatale à cette vie
Sans qui déja la mienne auroit été ravie,
Ie me croirois, Seigneur, coupable infiniment
Si je souffrois encore un tel aveuglement.
Ie viens reprendre un nom qui seul a fait son crime,
Conservez vostre haine, & changez de victime,
Ie ne demande rien que ce qui m'est promis,
Perdez Heraclius, & sauvez vostre fils.
MAR. Admire de quel fils le Ciel t'a fait le pere,
Admire quel effort sa vertu vient de faire,
Tyran, & ne pren pas pour une verité
Ce qu'invente pour moy sa generosité.
    C'est trop, Prince, c'est trop pour ce petit service [a] *A Heraclius.*
Dont honora mon bras ma fortune propice,
Ie vous sauvay la vie, & ne la perdis pas,
Et pour moy vous cherchez un asseuré trépas!
Ah! si vous m'en devez quelque reconnoissance,
Prince, ne m'ostez pas l'honneur de ma naissance,
Avoir tant de pitié d'un sort si glorieux,
De crainte d'estre ingrat c'est m'estre injurieux.
PHO. En quel trouble me jette une telle dispute!
A quels nouveaux malheurs m'expose-t'elle en bute!
Lequel croire, Exupere, & lequel démentir?
Tombay-je dans l'erreur, ou si j'en vay sortir?
Si ce billet est vray, le reste est vray-semblable.
EXV. Mais qui sçait si ce reste est faux, ou veritable?
PHO. Leontine deux fois a pû tromper Phocas.
EXV. Elle a pû les changer & ne les changer pas,
Et plus que vous, Seigneur, dedans l'inquietude
Ie ne voy que du trouble, & de l'incertitude.
HER. Ce n'est pas d'aujourd'huy que je sçay qui je suis,
Vous voyez quels effets en ont esté produits,

Depuis plus de quatre ans vous voyez quelle adresse
l'apporte à rejetter l'Hymen de la Princesse,
Où sans doute aisément mon cœur eust consenty
Si Leontine alors ne m'en eust averty.
MAR. Leontine? *HE.* Elle-mesme. *MA.* Ah Ciel! quelle est sa ruse!
Martian aime Eudoxe, & sa mere l'abuse;
Par l'horreur d'un Hymen qu'il croit incestueux
De ce Prince à sa fille elle asseure les vœux,
Et son ambition adroite à le seduire
Le plonge en une erreur dont elle attend l'Empire.
Ce n'est que d'aujourd'huy que je sçay qui je suis,
Mais de mon ignorance elle esperoit ces fruits,
Et me tiendroit encor la verité cachée,
Si tantost ce billet ne l'en eust arrachée.

[a] *A Exi-
pere.*

PHO.[a] La méchante l'abuse aussi-bien que Phocas.
EXV. Elle a pû l'abuser, & ne l'abuser pas.
PHO. Tu vois comme la fille a part au stratagesme.
EXV. Et que la mere a pû l'abuser elle mesme.
PHO. Que de pensers divers! que de soucis flotans!
EXV. Je vous en tireray, Seigneur, dans peu de temps.
PHO. Dy-moy, tout est-il prest pour ce juste supplice.
EXV. Ouy, si nous connoissions le vray fils de Maurice.
HER. Pouvez-vous en douter aprés ce que j'ay dit?
MAR. Donnez-vous à l'erreur encor quelque credit?
HER. Amy, rens-moy mon nom, la faveur n'est pas grande,
Ce n'est que pour mourir que je te le demande,
Repren ce triste jour que tu m'as racheté,
Ou rens-moy cet honneur que tu m'as presque osté.
MAR. Pourquoy de mon Tyran volontaire victime
Précipiter vos jours pour me noircir d'un crime?
Prince, qui que je sois, j'ay conspiré sa mort,
Et nos noms au dessein donnent un divers sort:
Dedans Heraclius il a gloire solide,
Et dedans Martian il devient parricide.
Puisqu'il faut que je meure, illustre, ou criminel,
Couvert, ou de loüange, ou d'opprobre eternel,
Ne souïllez point ma mort, & ne vueillez pas faire
Du vangeur de l'Empire un assassin d'un pere.
HER. Mon nom seul est coupable, & sans plus disputer
Pour te faire innocent tu n'as qu'à le quitter;
Il conspira luy seul, tu n'en és point complice,
Ce n'est qu'Heraclius qu'on envoye au supplice,

Sois

TRAGEDIE.

Sois son fils, tu vivras. MAR. Si je l'avois été,
Seigneur, ce traistre en vain m'auroit sollicité,
Et lors que contre vous il m'a fait entreprendre,
La Nature en secret auroit sçeu m'en défendre.
HER. Appren donc qu'en secret mon cœur t'a prévenu,
I'ay voulu conspirer, mais on m'a retenu,
Et dedans mon peril Leontine timide
MAR. N'a pû voir Martian commettre un parricide.
HER. Toy que de Pulcherie elle a fait amoureux,
Iuge sous les deux noms ton dessein, & tes feux,
Elle a rendu pour toy l'un & l'autre funeste,
Martian parricide, Heraclius inceste,
Et n'eust pas eu pour moy d'horreur d'un grand forfait,
Puisque dans ta personne elle en pressoit l'effet.
Mais elle m'empeschoit de hazarder ma teste,
Esperant par ton bras me livrer ma conqueste.
Ce favorable aveu dont elle t'a seduit
T'exposoit aux perils pour m'en donner le fruit,
Et c'étoit ton succés qu'attendoit sa prudence
Pour découvrir au Peuple, ou cacher ma naissance.
PHO. Helas! je ne puis voir qui des deux est mon fils,
Et je voy que tous deux ils sont mes ennemis.
En ce piteux état quel conseil doy-je suivre?
I'ay craint un ennemy, mon bon-heur me le livre,
Ie sçay que de mes mains il ne se peut sauver,
Ie sçay que je le vois, & ne puis le trouver.
La Nature tremblante, incertaine, étonnée,
D'un nuage confus couvre sa Destinée,
L'assassin sous cette ombre échape à ma rigueur,
Et present à mes yeux il se cache en mon cœur.
Martian. A ce nom aucun ne veut répondre,
Et l'amour paternel ne sert qu'à me confondre,
Trop d'un Heraclius en mes mains est remis,
Ie tiens mon ennemy, mais je n'ay plus de fils.
Que veux-tu donc, Nature, & que pretens-tu faire?
Si je n'ay plus de fils, puis-je encor estre pere?
Dequoy parle à mon cœur ton murmure parfait?
Ne me dy rien du tout, ou parle tout à fait,
Qui que ce soit des deux que mon sang ait fait naistre,
Ou laisse-moy le perdre, ou fay-le-moy connoistre.
O toy, qui que tu sois, enfant denaturé,
Et trop digne du sort que tu t'es procuré,

Tome II. Rr

Mon trosne est-il pour toy plus honteux qu'un supplice?
O malheureux Phocas! ô trop heureux Maurice!
Tu recouvres deux fils pour mourir après toy,
Et je n'en puis trouver pour regner après moy.
Qu'aux honneurs de ta mort je doy porter envie,
Puisque mon propre fils les préfere à sa vie!

SCENE IV.

PHOCAS, HERACLIVS, MARTIAN, CRISPE, EXVPERE, LEONTINE.

a *A Pho-* CRI. SEigneur, ma diligence enfin a reüssi,
cas.   J'ay trouvé Leontine, & je l'améne icy.
b *A Leon-* PHO.b Approche, malheureuse. HER.c Avoüez tout, Madame,
tine.   J'ay tout dit. LEO.d Quoy, Seigneur? PH. Tu l'ignores, infame!
c *A Leon-* Qui des deux est mon fils? LEO. Qui vous en fait douter?
tine.
d *A Hera-* HER.e Le nom d'Heraclius que son fils veut porter,
clius.   Il en croit ce billet & vostre témoignage,
e *A Leon-* Mais ne le laissez pas dans l'erreur davantage.
tine.
PHO. N'atten pas les tourmens, ne me déguise rien.
M'as-tu livré ton fils? as-tu changé le mien?
LEO. Ie t'ay livré mon fils, & j'en aime la gloire,
Si je parle du reste, oseras-tu m'en croire,
Et qui t'asseurera que pour Heraclius,
Moy qui t'ay tant trompé, je ne te trompe plus?
PHO. N'importe, fay-nous voir quelle haute prudence
En des temps si divers leur en fait confidence,
A l'un depuis quatre ans, à l'autre d'aujourd'hay.
LEO. Le secret n'en est sçeu ny de luy, ny de luy,
Tu n'en sçauras non-plus les veritables causes:
Devine, si tu peux, & choisi, si tu l'oses.
L'un des deux est ton fils, l'autre ton Empereur.
Tremble dans ton amour, tremble dans ta fureur,
Ie te veux toûjours voir, quoy que ta rage fasse,
Craindre ton ennemy dedans ta propre race,
Toûjours aimer ton fils dedans ton ennemy,
Sans estre ny Tyran, ny pere, qu'à demy.
Tandis qu'autour des deux tu perdras ton étude,
Mon ame joüira de ton inquietude,

TRAGEDIE.

Ie riray de ta peine, ou si tu m'en punis,
Tu perdras avec moy le secret de ton fils.
PHO. Et si je les punis tous deux sans les connoistre,
L'un comme Heraclius, l'autre pour vouloir l'estre ?
LEO. Ie m'en consoleray, quand je verray Phocas
Croire affermir son sceptre en se coupant le bras,
Et de la mesme main son ordre tyrannique
Vanger Heraclius dessus son fils unique.
PHO. Quelle reconnoissance, ingrate, tu me rens
Des bien-faits répandus sur toy, sur tes parens,
De t'avoir confié ce fils que tu me caches,
D'avoir mis en tes mains ce cœur que tu m'arraches,
D'avoir mis à tes pieds ma Cour qui t'adoroit !
Rens-moy, mon fils, ingrate. LEO. Il m'en desavoüeroit,
Et ce fils, quel qu'il soit, que tu ne peux connoistre,
A le cœur assez bon pour ne vouloir pas l'estre.
Admire sa vertu qui trouble ton repos.
C'est du fils d'un Tyran que j'ay fait ce Heros,
Tant ce qu'il a receu d'heureuse nourriture
Dompte ce mauvais sang qu'il eut de la Nature.
C'est assez dignement répondre à tes bien-faits
Que d'avoir dégagé ton fils de tes forfaits,
Seduit par ton exemple & par sa complaisance.
Il t'auroit ressemblé, s'il eust sçeu sa naissance.
Il seroit lasche, impie, inhumain comme toy,
Et tu me dois ainsi plus que je ne te doy.
EXV. L'impudence & l'orgueil suivent les impostures,
Ne vous exposez plus à ce torrent d'injures,
Qui ne faisant qu'aigrir vostre ressentiment
Vous donne peu de jour pour ce discernement.
Laissez-la moy, Seigneur, quelques moments en garde,
Puisque j'ay commencé, le reste me regarde,
Malgré l'obscurité de son illusion
I'espere démesler cette confusion.
Vous sçavez à quel point l'affaire m'interesse.
PHO. Acheve, si tu peux, par force, ou par adresse,
Exupere, & sois seur que je te devray tout
Si l'ardeur de ton zele en peut venir à bout.
Ie sçauray cependant prendre à part l'un & l'autre,
Et peut-estre qu'enfin nous trouverons le nostre.
Agy de ton costé, je la laisse avec toy,
Gesne, flate, surprens. Vous autres, suivez-moy.

Rr ij

SCENE V.
EXVPERE, LEONTINE.

EXV. ON ne peut nous entendre. Il est juste, Madame,
Que je vous ouvre enfin jusqu'au fond de mon ame.
C'est passer trop long-temps pour traistre auprés de vous,
Vous haïssez Phocas, nous le haïssons tous.
LEO. Ouy, c'est bien luy montrer ta haine, & ta colere,
Que luy vendre ton Prince, & le sang de ton pere.
EXV. L'apparence vous trompe, & je suis en effet
LEO. L'homme le plus méchant que la Nature ait fait.
EXV. Ce qui passe à vos yeux pour une perfidie,
LEO. Cache une intention fort noble, & fort hardie.
EXV. Pouvez-vous en juger puisque vous l'ignorez ?
Considerez l'estat de tous nos conjurez,
Il n'est aucun de nous à qui sa violence
N'ait donné trop de lieu d'une juste vangeance.
Et nous en croyant tous dans nostre ame indignez
Le Tyran du Palais nous a tous esloignez.
Il y falloit rentrer par quelque grand service.
LEO. Et tu crois m'eblouïr avec cet artifice ?
EXV. Madame, apprenez tout. Ie n'ay rien hazardé,
Vous sçavez de quel nombre il est toujours gardé,
Pouvions-nous le surprendre, ou forcer les cohortes
Qui de jour & de nuit tiennent toutes ses portes ?
Pouvions-nous mieux sans bruit nous approcher de luy ?
Vous voyez la posture où j'y suis aujourd'huy,
Il me parle, il m'écoute, il me croit, & luy-mesme
Se livre entre mes mains, aide à mon stratagesme.
C'est par mes seuls conseils qu'il veut publiquement
Du Prince Heraclius faire le chastiment,
Que sa Milice éparse à chaque coin des ruës
A laissé du Palais les portes presque nuës,
Ie puis en un moment m'y rendre le plus fort,
Mes amis sont tous prests, c'en est fait, il est mort,
Et j'useray si bien de l'accés qu'il me donne
Qu'aux pieds d'Heraclius je mettray sa Couronne.
Mais aprés mes desseins pleinement découverts,
De grace faites-moy connoistre qui je sers,
Et ne le cachez plus à ce cœur qui n'aspire
Qu'à le rendre aujourd'huy maistre de tout l'Empire.

THEODORE
VIERGE ET MARTYRE,
TRAGEDIE
CHRETIENNE.

Ce fier Tyran qui me caresse
Montre pour moy tant de tendresse,
Que mon cœur s'en laisse alarmer:
Lors qu'il me prie & me conjure,
Son amitié paroit si pure,
Que je ne sçaurois presumer
Si c'est par instinct de Nature,
Ou par coutume de m'aimer.

Dans cette croyance incertaine
J'ay pour luy des transports de haine
Que je ne conserve pas bien;
Cette grace qu'il veut me faire
Etonne & trouble ma colere,
Et je n'ose resoudre rien,
Quand je trouve un amour de pere
En celuy qui m'osta le mien.

Retien, grande Ombre de Maurice,
Mon ame au bord du precipice
Que cette obscurité luy fait,
Et m'aide à faire mieux connoistre
Qu'en ton fils Dieu n'a pas fait naistre
Vn Prince a ce point imparfait,
Ou que je merirois de l'estre,
Si je ne le suis en effet.

Soûtien ma haine qui chancelle,
Et redoublant pour ta querelle
Cette noble ardeur de mourir,
Fay voir... mais il m'exauce, on vient me secourir.

SCENE II.

HERACLIVS, PVLCHERIE.

HER. O Ciel ! quel bon Démon devers moy vous envoye,
  Madame ? PVL. Le Tyran qui veut que je vous voye,
Et met tout en usage afin de s'eclaircir.
HER. Par vous-mesme en ce trouble il pense reüssir?
PVL. Il le pense, Seigneur, & ce brutal espere,
  Mieux qu'il ne trouve un fils, que je découvre un frere,

TRAGEDIE.

    Comme si j'étois fille à ne luy rien celer
    De tout ce que le sang pourroit me reveler.
HER. Puisse-t'il par un trait de lumiere fidelle
    Vous le mieux reveler qu'il ne me le revele.
    Aidez-moy cependant, Madame, à repousser
    Les indignes frayeurs dont je me sens presser.
PVL. Ah, Prince, il ne faut point d'asseurance plus claire,
    Si vous craignez la mort, vous n'étes point mon frere,
    Ces indignes frayeurs vous ont trop découvert.
HER. Moy, la craindre, Madame ! Ah, je m'y suis offert,
    Qu'il me traite en Tyran, qu'il m'envoye au supplice,
    Ie suis Heraclius, je suis fils de Maurice.
    Sous ces noms précieux je cours m'ensevelir,
    Et m'étonne si peu que je l'en fais pastir.
    Mais il me traite en pere, il me flate, il m'embrasse,
    Ie n'en puis arracher une seule menace.
    I'ay beau faire & beau dire afin de l'irriter,
    Il m'écoute si peu qu'il me force à douter,
    Malgré moy comme fils toujours il me regarde,
    Au lieu d'estre en prison je n'ay pas mesme un Garde.
    Ie ne sçay qui je suis, & crains de le sçavoir,
    Ie veux ce que je dois, & cherche mon devoir,
    Ie crains de le hair si j'en tiens la naissance,
    Ie le plains de m'aimer si je m'en doy vangeance,
    Et mon cœur indigné d'une telle amitié
    En fremit de colere, & tremble de pitié.
    De tous ses mouvemens mon esprit se défie,
    Il condamne aussi-tost tout ce qu'il justifie,
    La colere, l'amour, la haine, & le respect
    Ne me presentent rien qui ne me soit suspect,
    Ie crains tout, je fuis tout, & dans cette avanture
    Des deux costez en vain j'écoute la Nature.
    Secourez donc un frere en ces perplexitez.
PVL. Ah, vous ne l'étes point puisque vous en doutez,
    Celuy qui comme vous pretend à cette gloire
    D'un courage plus ferme en croit ce qu'il doit croire,
    Comme vous on le flate, il y sçait resister,
    Rien ne le touche assez pour le faire douter,
    Et le sang par un double & secret artifice
    Parle en vous pour Phocas, comme en luy pour Maurice.
HER. A ces marques en luy connoissez Martian,
    Il a le cœur plus dur étant fils d'un Tyran.

La generosité suit la belle naissance,
La pitié l'accompagne, & la reconnoissance,
Dans cette grandeur d'ame un vray Prince affermy
Est sensible aux malheurs mesme d'un ennemy,
La haine qu'il luy doit ne sçauroit le défendre,
Quand il s'en voit aimé, de s'en laisser surprendre,
Et trouve assez souvent son devoir arrété
Par l'effort naturel de la propre bonté.
Cette digne vertu de l'ame la mieux née,
Madame, ne doit pas souiller ma Destinée,
Ie doute, & si ce doute a quelque crime en soy,
C'est assez m'en punir que douter comme moy,
Et mon cœur qui sans cesse en sa faveur se flate
Cherche qui le soutienne, & non-pas qui l'abate,
Il demande secours pour mes sens étonnez,
Et non le coup mortel dont vous m'assassinez.
PVL. L'œil le mieux éclairé sur de telles matieres,
Peut prendre de faux jours pour de vives lumieres,
Et comme nostre sexe ose assez promptement
Suivre l'impression d'un premier mouvement,
Peut-estre qu'en faveur de ma premiere idée
Ma haine pour Phocas m'a trop persuadée.
Son amour est pour vous un poison dangereux,
Et quoy que la pitié montre un cœur genereux,
Celle qu'on a pour luy de ce rang degenere,
Vous le devez haïr, & fust il vostre pere:
Si ce titre est douteux, son crime ne l'est pas,
Qu'il vous offre sa grace, ou vous livre au trépas,
Il n'est pas moins Tyran quand il vous favorise,
Puisque c'est ce cœur mesme alors qu'il tyrannise,
Et que vostre devoir par là mieux combatu,
Prince, met en peril jusqu'à vostre vertu.
Doutez, mais haïssez, & quoy qu'il execute.
Ie douteray d'un nom qu'un autre vous dispute,
En douter lors qu'en moy vous cherchez quelque appuy,
Si c'est trop peu pour vous, c'est assez contre luy.
L'un de vous est mon frere, & l'autre y peut pretendre,
Entre tant de vertus mon choix se peut méprendre,
Mais je ne puis faillir dans vostre sort douteux
A cherir l'un & l'autre, & vous plaindre tous deux.
I'espere encor pourtant, on murmure, on menace,
Vn tumulte, dit-on, s'éleve dans la Place,

Exupere

TRAGEDIE.

Exupere est allé fondre sur ces mutins,
Et peut-estre de là dépendent nos Destins.
Mais Phocas entre.

SCENE III.

PHOCAS, HERACLIVS, MARTIAN, PVLCHERIE, Gardes.

PHO. Et bien, se rendra-t'il, Madame?
PVL. Quelque effort que je fasse à lire dans son ame,
   Ie n'en voy que l'effet que je m'étois promis,
   Ie trouve trop d'un frere, & vous trop peu d'un fils.
PHO. Ainsi le Ciel vous veut enrichir de ma perte.
PVL. Il tient en ma faveur leur naissance couverte,
   Ce frere qu'il me rend seroit déja perdu,
   Si dedans vostre sang il ne l'eust confondu.
PHO.[a] Cette confusion peut perdre l'un & l'autre,   [a] *A Pulcherie.*
   En faveur de mon sang je feray grace au vostre,
   Mais je veux le connoistre, & ce n'est qu'à ce prix,
   Qu'en luy donnant la vie il me rendra mon fils.
   [b] Pour la derniere fois, ingrat, je t'en conjure,   [b] *A Heraclius.*
   Car enfin c'est vers toy que panche la Nature,
   Et je n'ay point pour luy ces doux empressemens
   Qui d'un cœur paternel font les vrais mouvemens.
   Ce cœur s'attache à toy par d'invincibles charmes,
   En crois-tu mes soûpirs? en croiras-tu mes larmes?
   Songe avec quel amour mes soins t'ont élevé,
   Avec quelle valeur son bras t'a conservé,
   Tu nous dois à tous deux. HER. Et pour reconnoissance
   Ie vous rens vostre fils, je luy rens sa naissance.
PHO. Tu me l'ostes, cruel, & le laisses mourir.
HER. Ie meurs pour vous le rendre, & pour le secourir.
PHO. C'est me l'oster assez que ne vouloir plus l'estre.
HER. C'est vous le rendre assez que le faire connoistre.
PHO. C'est me l'oster assez que me le supposer.
HER. C'est vous le rendre assez que vous desabuser.
PHO. Laisse-moy mon erreur puisqu'elle m'est si chere,
   Ie t'adopte pour fils, accepte-moy pour pere,

Tome II.   Sf

   Fay vivre Heraclius sous l'un ou l'autre sort,
   Pour moy, pour toy, pour luy fay-toy ce peu d'effort.
HER. Ah, c'en est trop enfin, & ma gloire blessée
   Dépoüille un vieux respect où je l'avois forcée.
   De quelle ignominie osez-vous me flater ?
   Toutes les fois, Tyran, qu'on se laisse adopter,
   Il faut que cette grace un peu plus haut nous monte,
   Qu'elle nous fasse honneur, & non pas de la honte,
   Et ce seroit un Monstre horrible à vos Etats,
   Que le fils de Maurice adopté par Phocas.
PHO. Va, cesse d'esperer la mort que tu merites,
   Ce n'est que contre luy, lasche, que tu m'irrites,
   Tu te veux rendre en vain indigne de ce rang,
   Ie m'en prens à la cause, & j'épargne mon sang.
   Puisque ton amitié de ma foy se défie
   Iusqu'à prendre son nom pour luy sauver la vie,
   Soldats, sans plus tarder, qu'on l'immole à ses yeux,
   Et sois après sa mort mon fils, si tu le veux.
HER. Perfides, arrétez. MAR. Ah, que voulez-vous faire,
   Prince ? HER. Sauver le fils de la fureur du pere.
MAR. Conservez-luy ce fils qu'il ne cherche qu'en vous,
   Ne troublez point un sort qui luy semble si doux,
   C'est avec assez d'heur qu'Heraclius expire,
   Puisque c'est en vos mains que tombe son Empire.
   Le Ciel daigne benir vostre sceptre, & vos jours.
PHO. C'est trop perdre de temps à souffrir ces discours,
   Dépesche, Octavian. HER. N'attente rien, barbare.
   Ie suis..... PHO. Avoüe enfin. HER. Ie tremble, je m'égare,
   Et mon cœur.... PHO. Tu pourrras à loisir y penser.
   ^b Frape. HER. Arrête, je suis.... Puis-je le prononcer ?
PHO. Acheve, ou.... HER. Ie suis donc, s'il faut que je le die,
   Ce qu'il faut que je sois pour luy sauver la vie.
   Oüy, je luy dois assez, Seigneur, quoy qu'il en soit,
   Pour vous payer pour luy de l'amour qu'il vous doit,
   Et je vous le promets entier, ferme, sincere,
   Et tel qu'Heraclius l'auroit pour son vray pere.
   I'accepte en sa faveur ses parens pour les miens,
   Mais sçachez que vos jours me répondront des siens.
   Vous me serez garand des hazards de la guerre,
   Des ennemis secrets, de l'éclat du tonnerre,
   Et de quelque façon que le couroux des Cieux
   Me prive d'un amy qui m'est si precieux,

^a *A Heraclius.*
^b *A Octavian.*

Ie vangeray sur vous, & fussiez-vous mon pere,
Ce qu'aura fait sur luy leur injuste colere.
PHO. Ne crains rien, de tous deux je feray mon appuy,
L'amour qu'il a pour toy m'asseure trop de luy,
Mon cœur pasme de joye, & mon ame n'aspire
Qu'à vous associer l'un & l'autre à l'Empire.
I'ay retrouvé mon fils, mais sois-le tout à fait,
Et donne-m'en pour marque un veritable effet,
Ne laisse plus de place à la supercherie,
Pour achever ma joye épouse Pulcherie.
HER. Seigneur, elle est ma sœur. PHO. Tu n'és donc point mon fils,
Puisque si laschement déja tu t'en dedis.
PVL. Qui te donne, Tyran, une attente si vaine?
Quoy, son consentement étoufferoit ma haine?
Pour l'avoir étonné tu m'aurois fait changer?
I'aurois pour cette honte un cœur assez leger?
Ie pourrois épouser, ou ton fils, ou mon frere?

SCENE IV.

PHOCAS, PVLCHERIE, MARTIAN, CRISPE, Gardes.

CRI. SEigneur, vous devez tout au grand cœur d'Exupere,
Il est l'unique autheur de nos meilleurs destins,
Luy seul & ses amis ont dompté vos mutins,
Il a fait prisonniers leurs Chefs qu'il vous améne.
PHO. Dy-luy qu'il me les garde en la Salle prochaine,
Ie vay de leurs complots m'éclaircir avec eux.[a]
  Toy cependant, ingrat, sois mon fils si tu veux,
En l'état où je suis je n'ay plus lieu de feindre,
Les mutins sont domptez & je cesse de craindre.
Ie vous laisse tous trois.[b] *Vse bien du moment*
Que je prens pour en faire un juste châtiment,
Et si tu n'aimes mieux que l'un & l'autre meure,
Trouve, ou choisy mon fils, & l'épouse sur l'heure:
Autrement, si leur sort demeure encor douteux,
Ie jure à mon retour qu'ils periront tous deux.
Ie ne veux point d'un fils dont l'implacable haine
Prend ce nom pour affront & mon amour pour gesne.

[a] *Crispe s'en va, & Phocas parle à Heraclius.*
[b] *A Pulcherie.*

Toy.... *PVL.* Ne menace point, je suis preste à mourir.
PHO. A mourir ! jusques là je pourrois te cherir !
  N'espere pas de moy cette faveur supresme,
  Et pense...*PV.* A quoy, Tyran ? *PHO.* A m'épouser moy-mesme,
  Au milieu de leur sang à tes pieds répandu.
PVL. Quel supplice ! *PHO.* Il est grand pour toy, mais il t'est dû,
  Tes mépris de la mort bravoient trop ma colere.
  Il est en toy de perdre, ou de sauver ton frere,
  Et du moins, quelque erreur qui puisse me troubler,
  I'ay trouvé les moyens de te faire trembler.

SCENE V.

HERACLIVS, MARTIAN, PVLCHERIE.

PVL. Le lasche ! il vous flatoit lors qu'il trembloit dans l'ame,
  Mais tel est d'un Tyran le naturel infame,
  Sa douceur n'a jamais qu'un mouvement contraint,
  S'il ne craint il opprime, & s'il n'opprime il craint,
  L'une & l'autre fortune en montre la foiblesse,
  L'une n'est qu'insolence, & l'autre que bassesse.
  A peine est-il sorty de ses lasches terreurs,
  Qu'il a trouvé pour moy le comble des horreurs.
    Mes freres, puisqu'enfin vous voulez tous deux l'estre,
  Si vous m'aimez en sœur, faites-le moy paroistre.
HER. Que pouvons-nous tous deux, lors qu'on tranche nos jours ?
PVL. Vn genereux conseil est un puissant secours.
MAR. Il n'est point de conseil qui vous soit salutaire,
  Que d'épouser le fils pour éviter le pere,
  L'horreur d'un mal plus grand vous y doit disposer.
PVL. Qui me le montrera, si je veux l'épouser ?
  Et dans cet Hymenée à ma gloire funeste
  Qui me garantira des perils de l'inceste ?
MAR. Ie le voy trop à craindre, & pour vous, & pour nous,
  Mais, Madame, on peut prendre un vain tiltre d'époux,
  Abuser du Tyran la rage forcenée,
  Et vivre en frere & sœur sous un feint Hymenée.
PVL. Feindre, & nous abaisser à cette lascheté !
HER. Pour tromper un Tyran c'est generosité,

Et c'est mettre en faveur d'un frere qu'il vous donne
Deux ennemis secrets auprés de sa personne,
Qui dans leur juste haine animez & constans
Sur l'ennemy commun sçauront prendre leur temps,
Et terminer bien-tost la feinte avec sa vie.
PVL. Pour conserver vos jours & fuir mon infamie,
Feignons, vous le voulez, & j'y resiste en vain.
Sus donc, qui de vous deux me prétera la main ?
Qui veut feindre avec moy ? qui sera mon complice ?
HER. Vous, Prince, à qui le Ciel inspire l'artifice.
MAR. Vous que veut le Tyran pour fils obstinément.
HER. Vous qui depuis quatre ans la servez en amant.
MAR. Vous sçaurez mieux que moy surprendre sa tendresse.
HER. Vous sçaurez mieux que moy la traiter de Maîtresse.
MAR. Vous aviez commencé tantost d'y consentir.
PVL. Ah, Princes, vostre cœur ne peut se démentir,
Et vous l'avez tous deux trop grand, trop magnanime
Pour souffrir sans horreur l'ombre mesme d'un crime.
Ie vous connoissois trop pour juger autrement,
Et de vostre conseil, & de l'événement ;
Et je n'y déférois que pour vous voir dédire.
Toute fourbe est honteuse aux cœurs nez pour l'Empire,
Princes, attendons tout sans consentir à rien.
HER. Admirez cependant quel malheur est le mien.
L'obscure verité que de mon sang je signe
Du grand nom qui me perd ne me peut rendre digne,
On n'en croit pas ma mort, & je pers mon trépas,
Puisque mourant pour luy je ne le sauve pas.
MAR. Voyez d'autre costé quelle est ma Destinée,
Madame, dans le cours d'une seule journée
Ie suis Heraclius, Leonce, & Martian,
Ie sors d'un Empereur, d'un Tribun, d'un Tyran.
De tous trois ce desordre en un jour me fait naistre,
Pour me faire mourir enfin sans me connoistre.
PVL. Cedez, cedez tous deux aux rigueurs de mon sort,
Il a fait contre vous un violent effort,
Vostre malheur est grand, mais quoy qu'il en succede,
La mort qu'on me refuse en sera le remede,
Et moy... mais que nous veut ce perfide ?

SCENE VI.

HERACLIVS, MARTIAN,
PVLCHERIE, AMYNTAS.

AMY.   **M**On bras
 Vient de laver ce nom dans le sang de Phocas.
HE. Que nous dis-tu? *A.* Qu'à tort vous nous prenez pour traiftres,
 Qu'il n'eft plus de Tyran, que vous étes les maiftres.
HE. Dequoy? *A.* De tout l'Empire. *M.* Et par toy? *A.* Non, Seigneur,
 Vn autre en a la gloire, & j'ay part à l'honneur.
HER. Et quelle heureufe main finit noftre mifere?
AMY. Princes, l'auriez-vous creu? c'eft la main d'Exupere.
MAR. Luy qui me trahiffoit? *AMY.* C'eft dequoy s'étonner,
 Il ne vous trahiffoit que pour vous couronner.
HER. N'a-t'il pas des mutins diffipé la furie?
AMY. Son ordre excitoit feul cette mutinerie.
MAR. Il en a pris les Chefs toutefois. *AMY.* Admirez
 Que ces prifonniers mefme avec luy conjurez
 Sous cette illufion couroient à leur vangeance.
 Tous contre ce Barbare étant d'intelligence,
 Suivis d'un gros d'amis nous paffons librement
 Au travers du Palais à fon Apartement.
 La Garde y reftoit foible, & fans aucun ombrage,
 Crifpe mefme à Phocas porte noftre meffage;
 Il vient, à fes genoux on met les prifonniers,
 Qui tirent pour fignal leurs poignards les premiers,
 Le refte impatient dans fa noble colere
 Enferme la victime, & foudain Exupere,
 Qu'on arrefte, dit-il, *le premier coup m'eft dû,*
 C'eft luy qui me rendra l'honneur presque perdu.
 Il frape, & le Tyran tombe auffi-toft fans vie,
 Tant de nos mains la fienne eft promptement fuivie:
 Il s'éleve un grand bruit, & mille cris confus
 Ne laiffent difcerner que VIVE HERACLIVS,
 Nous faififfons la porte, & les Gardes fe rendent,
 Mefmes cris auffi-toft de tous coftez s'entendent,
 Et de tant de foldats qui luy fervoient d'appuy
 Phocas après fa mort n'en a pas un pour luy.

TRAGEDIE.

PVL. Quel chemin Exupere a pris pour sa ruine?
AMY. Le voicy qui s'avance avecque Leontine.

SCENE VII.

HERACLIVS, MARTIAN, LEONTINE, PVLCHERIE, EVDOXE, EXVPERE, AMYNTAS, Troupe.

HER.[a] Est-il donc vray, Madame, & changeons-nous de sort?   [a] *A Leontine.*
    Amyntas nous fait-il un fidelle rapport?
LEO. Seigneur, un tel succès à peine est concevable,
    Et d'un si grand dessein la conduite admirable.
HER.[b] Perfide genereux, haste-toy d'embrasser   [b] *A Exupere.*
    Deux Princes impuissans à te recompenser.
EXV.[c] Seigneur, il me faut grace, ou de l'un, ou de l'autre,   [c] *A Heraclius.*
    I'ay répandu son sang si j'ay vangé le vostre.
MAR. Qui que ce soit des deux, il doit se consoler
    De la mort d'un Tyran qui vouloit l'immoler;
    Ie ne sçay quoy pourtant dans mon cœur en murmure.
HER. Peut-estre en vous par là s'explique la Nature,
    Mais, Prince, vostre sort n'en sera pas moins doux,
    Si l'Empire est à moy, Pulcherie est à vous,
    Puisque le pere est mort, le fils est digne d'elle.
    [d] Terminez donc, Madame, enfin nostre querelle.   [d] *A Leontine.*
LEO. Mon témoignage seul peut-il en decider?
MAR. Quelle autre seureté pourrions-nous demander?
LEO. Ie vous puis estre encor suspecte d'artifice,
    Non, ne m'en croyez pas, croyez l'Imperatrice,
    [e] Vous connoissez sa main, Madame, & c'est à vous   [e] *A Pulcherie luy donnant un billet.*
    Que je remets le sort d'un frere, & d'un époux.
    Voyez ce qu'en mourant me laissa vostre mere.
PVL. I'en baise en soûpirant le sacré caractere.
LEO. Apprenez d'elle enfin quel sang vous a produits,
    Princes. *HER.*[f] Qui que je sois, c'est à vous que je suis.   [f] *A Eudoxe.*
    BILLET DE CONSTANTINE.
    [g] *Parmy tant de malheurs mon bonheur est étrange:*   [g] *Pulcherie lit.*
    Aprés avoir donné son fils au lieu du mien,
    Leontine à mes yeux par un second échange
    Donne encor à Phocas mon fils au lieu du sien.

Vous qui pourrez douter d'un si rare service,
Sçachez qu'elle a deux fois trompé nostre Tyran:
Celuy qu'on croit Leonce est le vray Martian,
Et le faux Martian est vray fils de Maurice.

CONSTANTINE.

[a] *A Heraclius.*
[b] *A Pulcherie.*
[c] *A Heraclius.*
[d] *A Martian.*

PVL.[a] Ah, vous étes mon frere. HER.[b] Et c'est heureusement
Que le trouble éclaircy vous rend à vostre amant.
LEO.[c] Vous en sçaviez assez pour éviter l'inceste,
Et non pas pour vous rendre un tel secret funeste.
[d] Mais pardonnez, Seigneur, à mon zéle parfait
Ce que j'ay voulu faire, & ce qu'un autre a fait.
MAR. Ie ne m'oppose point à la commune joye,
Mais souffrez des soupirs que la Nature envoye,
Quoy que jamais Phocas n'ait merité d'amour
Vn fils ne peut moins rendre à qui l'a mis au jour,
Ce n'est pas tout d'un coup qu'à ce titre on renonce.
HER. Donc pour mieux l'oublier, soyez encor Leonce,
Sous ce nom glorieux aimez ses ennemis,
Et meure du Tyran jusqu'au nom de son fils.

[e] *A Eudoxe.*
[f] *A Heraclius.*
[g] *A Exupere & Amyntas.*

[e] Vous, Madame, acceptez & ma main, & l'Empire,
En échange d'un cœur pour qui le mien soupire.
EVD.[f] Seigneur, vous agissez en Prince genereux.
HER.[g] Et vous, dont la vertu me rend ce trouble heureux,
Attendant les effets de ma reconnoissance,
Reconnoissons, amis, la celeste puissance,
Allons luy rendre hommage, & d'un esprit content
Montrer Heraclius au Peuple qui l'attend.

FIN.

ANDROMEDE.

ANDROMEDE,
TRAGEDIE

DECORATION DV PROLOGVE.

L'Ouverture du Theatre presente de front aux yeux des Spectateurs une vaste montagne, dont les sommets inégaux s'élevant les uns sur les autres, portent le faiste jusque dans les nuës. Le pied de cette montagne est percé à jour par une grotte profonde, qui laisse voir la Mer en éloignement. Les deux costez du Theatre sont occupez par une forest d'arbres touffus & entrelassez les uns dans les autres. Sur un des sommets de la montagne paroit Melpomene, la Muse de la Tragedie, & à l'opposite dans le Ciel on voit le Soleil s'avancer dans un char tout lumineux, tiré par les quatre chevaux qu'Ovide luy donne.

DECORATION DV PREMIER ACTE.

Cette grande masse de montagne, & ces rochers élevez les un's sur les autres qui la composoient, ayant disparu en un moment par un merveilleux artifice, laissent voir en leur place la Ville capitale du Royaume de Cephée, ou plustost la Place publique de cette Ville. Les deux costez & le fond du Theatre sont des Palais magnifiques tous differents de structure, mais qui gardent admirablement l'égalité & les justesses de la Perspective. Apres que les yeux ont eu loisir de se satisfaire à considerer leur beauté, la Reine Cassiope paroit comme passant par cette Place pour aller au Temple. Elle est conduite par Persée, encor inconnu, mais qui passe pour un Cavalier de grand merite, qu'elle entretient des malheurs publics, attendant que le Roy la rejoigne, pour aller à ce Temple de compagnie.

DECORATION DV SECOND ACTE.

Cette Place publique s'évanoüit en un instant, pour faire place à un Iardin delicieux, & ces grands Palais sont changez en autant de Vases de marbre blanc qui portent alternativement, les uns des statuës d'où sortent autant de jets d'eau, les autres des Myrthes, des Iasmins, & d'autres arbres de cette nature. De chaque costé se détache un rang d'Orangers dans de pareils Vases, qui viennent former un admirable berceau jusqu'au milieu du Theatre, & le separent ainsi en trois allées, que l'artifice ingenieux de la Perspective fait paroistre longues de plus de mille pas. C'est là qu'on voit Andromede avec ses Nymphes qui cueillent des fleurs, & en composent une guirlande dont cette Princesse veut couronner Phinée, pour le recompenser par cette galanterie de la bonne Nouvelle qu'il luy vient d'apporter.

DECORATION DV TROISIE'ME ACTE.

IL se fait icy une si étrange Metamorphose, qu'il semble qu'avant que de sortir de ce Iardin, Persée ait découvert cette monstrueuse teste de

Meduse qu'il porte par tout sous son bouclier. Les Myrthes & les Iasmins qui le composoient sont devenus des Rochers affreux, dont les masses inégalement escarpées & bossuës suivent si parfaitement le caprice de la Nature, qu'il semble qu'elle ait plus contribué que l'Art, à les placer ainsi des deux costez du Theatre. C'est enquoy l'artifice de l'ouvrier est merveilleux, & se fait voir d'autant plus, qu'il prend soin de se cacher. Les vagues s'emparent de toute la Scene, à la reserve de cinq ou six pieds qu'elles laissent pour leur servir de rivage. Elles sont dans une agitation continuelle, & composent comme un Golfe enfermé entre ces deux rangs de falaises. On en voit l'emboucheure se dégorger dans la pleine Mer, qui paroist si vaste & d'une si grande étenduë, qu'on jureroit que les vaisseaux qui flotent prés de l'Orizon dont la veuë est bornée, sont éloignez de plus de six lieuës de ceux qui les considerent. Il n'y a personne qui ne juge que cet horrible spectacle est le funeste appareil de l'injustice des Dieux, & du supplice d'Andromede : aussi la voit-on au haut des nuës, d'où les deux Vents qui l'ont enlevée l'apportent avec impetuosité, & l'attachent au pied d'un de ces Rochers.

DECORATION DV QVATRIESME ACTE.

Les vagues fondent sous le Theatre, & ces hideuses masses de pierre dont elles batoient le pied, font place à la magnificence d'un Palais Royal. On ne le voit pas tout entier, on n'en voit que le Vestibule, ou plustost la grande Salle, qui doit servir aux nopces de Persée & d'Andromede. Deux rangs de colomnes de chaque costé, l'un de rondes, & l'autre de quarrées en font les ornements. Elles sont enrichies de statuës de marbre blanc d'une grandeur naturelle, & leurs bases, corniches, amortissemens, étalent tout ce que peut la justesse de l'Architecture. Le frontispice suit le mesme ordre, & par trois portes dont il est percé, il fait voir trois allées de Cyprés, où l'œil s'enfonce à perte de veuë.

DECORATION DV CINQVIESME ACTE.

L'Architecte ne s'est pas épuisé en la structure de ce Palais Royal. Le Temple qui luy succede a tant d'avantage sur luy, qu'il fait mépriser ce qu'on admiroit. Aussi est-il juste que la demeure des Dieux l'emporte sur celle des hommes, & l'Art du sieur Torelli est icy d'autant plus merveilleux, qu'il fait paroistre une grande diversité en ces deux Decorations, quoy qu'elles soient presque la mesme chose. On voit encor en celle-cy deux rangs de colomnes comme en l'autre, mais d'un ordre si different, qu'on n'y remarque aucun rapport. Celles-cy sont de porphyre, & tous les accompagnemens qui les soûtiennent, & qui les finissent, de bronze cizelé, dont la graveure represente quantité de Dieux & de Deesses. La reflexion des lumieres sur ce bronze en fait sortir un jour tout extraordinaire. Vn grand & superbe Dome couvre le milieu de ce Temple magnifique. Il est par tout enrichy du mesme metal, & au-devant de ce Dome l'artifice de l'ouvrier jette une gallerie toute brillante d'or & d'azur. Le dessous de cette Gallerie laisse voir le dedans du Temple par trois portes d'argent ouvragées à jour. On y verroit Cephée sacrifiant à Iupiter pour le mariage de sa fille, n'étoit que l'attention que les spectateurs preteroient à ce sacrifice les détourneroit de celle qu'ils doivent à ce qui se passe dans le parvis que represente le Theatre.

ACTEVRS

DIEVX dans les Machines.

IVPPITER.
IVNON.
NEPTVNE.
MERCVRE.
LE SOLEIL.
VENVS.
MELPOMENE.
ÆOLE.
CYMODOCE.
EPHYRE.   } Nereïdes.
CYDIPPE.
Huit VENTS.

HOMMES.

CEPHEE Roy d'Ethiopie pere d'Andromede.
CASSIOPE Reine d'Ethiopie.
ANDROMEDE Fille de Cephée & de Cassiope.
PHINEE Prince d'Ethiopie.
PERSEE Fils de Iupiter & de Danaë.
TIMANTE, Capitaine des Gardes du Roy.
AMMON, Amy de Phinée.
AGLANTE
CEPHALIE } Nymphes d'Andromede.
LIRIOPE
Vn Page de Phinée.
Chœur de Peuple.
Suite du Roy.

La Scene est en Ethiopie, dans la ville capitale du Royaume de Cephée, proche de la Mer.

ANDROMEDE,
TRAGEDIE.

PROLOGVE.

LE SOLEIL, MELPOMENE.

MEL. RRESTE un peu ta course impetueuse,
 Mon Theatre, Soleil, merite bien tes
   yeux;
  Tu n'en vis jamais en ces lieux
  La pompe plus majestueuse:
 I'ay reüny, pour la faire admirer,
 Tout ce qu'ont de plus beau la France,
   & l'Italie,
De tous leurs Arts mes sœurs l'ont embellie,
Préte-moy tes rayons pour la mieux éclairer.
Daigne à tant de beautez par ta propre lumiere
  Donner un parfait agrément,
  Et rends cette merueille entiere,
 En luy seruant toy-mesme d'ornement.
SOL. Charmante Muse de la Scéne,
  Chere, & divine Melpoméne,
Tu sçais de mon destin l'inviolable loy;
  Ie donne l'ame à toutes choses,
  Ie fais agir toutes les causes,
Mais quand je puis le plus, je suis le moins à moy.
  Par une puissance plus forte
  Le char que je conduis m'emporte,

Chaque jour sans repos doit, & naistre, & mourir,
J'en suis esclave alors que j'y préside,
Et ce frein que je tiens aux chevaux que je guide
Ne regle que leur route, & les laisse courir.
MEL. La naissance d'Hercule & le festin d'Atrée
T'ont fait rompre ces loix,
Et tu peux faire encor ce qu'on t'a veu deux fois
Faire en mesme contrée.
Ie dis plus, tu le dois en faveur du spectacle
Qu'au Monarque des Lys je prepare aujourd'huy;
Le Ciel n'a fait que miracles en luy,
Luy voudrois-tu refuser un miracle?
SOL. Non, mais je le reserve à ces bien-heureux jours
Qu'ennoblira sa premiere victoire,
Alors j'arréteray mon cours,
Pour estre plus long-temps le témoin de sa gloire.
Pren cependant le soin de le bien divertir,
Pour luy faire avec joye attendre les années,
Qui feront éclater les belles Destinées
Des Peuples que son bras luy doit assujettir.
Calliope ta sœur déja d'un œil avide
Cherche dans l'avenir les faits de ce grand Roy,
Dont les hautes vertus luy donneront employ
Pour plus d'une Iliade, & plus d'une Æneide.
MEL. Que je porte d'envie à cette illustre sœur,
Quoy que j'aye à craindre pour elle
Que sous ce grand fardeau sa force ne chancelle!
Mais quel qu'en soit enfin le merite, & l'honneur,
J'auray sur elle au moins cet avantage,
Que déja je le voy, que déja je luy plais,
Et que de ses vertus, & que de ses hauts faits,
Déja dans ses pareils je luy trace une image.
Ie luy montre Pompée, Alexandre, César,
Mais comme des Heros attachez à son char,
Et tout ce haut éclat où je les fais paroistre
Luy peint plus qu'ils n'étoient, & moins qu'il ne doit estre.
SOL. Il en effacera les plus glorieux noms,
Dès qu'il pourra luy mesme animer son Armée,
Et tout ce que d'eux tous a dit la Renommée
Te fera voir en luy le plus grand des Bourbons.
Son pere & son ayeul tous rayonnants de gloire,
Ces grands Rois qu'en tous lieux a suivy la victoire,

TRAGEDIE.

Luy voyant emporter sur eux le premier rang,
En deviendront jaloux s'il n'étoit pas leur sang.
Mais vole dans mon char, Muse, je veux t'aprendre
Tout l'avenir d'un Roy qui t'est si precieux.
MEL. Ie sçay déja ce qu'on doit en attendre,
Et je lis chaque jour son destin dans les Cieux.
SOL. Vien donc, viens avec moy faire le tour du Monde,
  Qu'unissant ensemble nos voix,
Nous fassions resonner sur la Terre, & sur l'onde,
Qu'il est, & le plus jeune, & le plus grand des Rois.
MEL. Soleil, j'y vole, attens-moy donc de grace.
SOL.   Vien, je t'attends, & te fais place.

^aCieux écoutez, écoutez Mers profondes,
  Et vous antres & bois,
Affreux deserts, rochers batus des ondes,
Redites aprés nous d'une commune voix,
Louys est le plus jeune, & le plus grand des Rois.

 La Majesté qui déja l'environne
  Charme tous ses François,
Il est luy seul digne de sa Couronne,
Et quand mesme le Ciel l'auroit mise à leur choix,
Il seroit le plus jeune, & le plus grand des Rois.

 C'est à vos soins, Reine, qu'on doit la gloire
  De tant de grands exploits,
Ils sont par tout suivis de la victoire,
Et l'ordre merveilleux dont vous donnez ses loix
Le rend, & le plus jeune, & le plus grand des Rois.

SOL. Voilà ce que je dis sans cesse
  Dans tout mon large tour,
 Mais c'est trop retarder le jour,
 Allons, Muse, l'heure me presse,
  Et ma rapidité
Doit regagner le temps que sur cette Province,
  Pour contempler ce Prince,
  Ie me suis arrété. ^b

---

^a *Melpomène vole dans le char du Soleil, & y ayant pris place auprès de luy, ils unissent leurs voix, & chantent cet Air à la loüange du Roy; le dernier vers de chaque couplet est repeté par le Chœur de la Musique.*

^b *Le Soleil part avec rapidité, & enleve Melpomène avec luy dans son char pour aller publier ensemble la mesme chose au reste de l'Univers.*

ACTE I

SCENE PREMIERE.

CASSIOPE, PERSEE,
Suite de la Reine.

CAS. Genereux Inconnu, qui chez tous les Monarques
Portez de vos vertus les éclatantes marques,
Et dont l'aspect suffit à convaincre nos yeux
Que vous sortez du sang, ou des Rois, ou des Dieux,
Puisque vous avez veu le sujet de ce crime
Que chaque mois expie une telle victime,
Cependant qu'en ce lieu nous attendrons le Roy,
Soyez-y juste juge entre les Dieux & moy.
Iugez de mon forfait, jugez de leur colere,
Iugez s'ils ont eu droit d'en punir une mere,
S'ils ont dû faire agir leur haine au mesme instant.
PER. I'en ay déja jugé, Reine, en vous imitant,
Et si de vos malheurs la cause ne procede
Que d'avoir fait justice aux beautez d'Andromede,
Si c'est là ce forfait digne d'un tel couroux,
Ie veux estre à jamais coupable comme vous.
Mais comme un bruit confus n'apprend ce mal extresme,
Ne le puis-je, Madame, apprendre de vous-mesme,
Pour mieux renouveler ce crime glorieux,
Où soudain la raison est complice des yeux?
CAS. Ecoutez. La douleur se soulage à se plaindre,
Et quelques maux qu'on souffre, ou que l'on aye à craindre,
Ce qu'un cœur genereux en montre de pitié
Semble en nostre faveur en prendre la moitié.
Ce fut ce mesme jour qui conclud l'Hymenée
De ma chere Andromede avec l'heureux Phinée;
Nos Peuples tous ravis de ces illustres nœuds
Sur les bords de la Mer dresserent force jeux,

Elle en

TRAGEDIE.

Elle en donnoit les prix: dispensez ma tristesse,
De vous dépeindre icy la publique allegresse,
On décrit mal la joye au milieu des malheurs,
Et sa plus douce idée est un sujet de pleurs.
O jour, que ta memoire encore m'est cruelle!
Andromede jamais ne me parut si belle,
Et voyant ses regards s'épandre sur les eaux
Pour joüir, & juger d'un combat de vaisseaux,
Telle, dis-je, *Venus sortit du sein de l'Onde,*
Et promit à ses yeux la conqueste du Monde,
Quand elle eut consulté sur leur éclat nouveau
Les miroirs vagabonds de son flotant berçeau.

A ce fameux spectacle on vit les Nereïdes
Lever leurs moites fronts de leurs palais liquides,
Et pour nouvelle pompe à ces nobles ébats
A l'envy de la Terre étaler leurs appas.
Elles virent ma fille, & leurs regards à peine
Rencontrerent les siens sur cette humide plaine,
Que par des traits plus forts se sentant effacer,
Eblouïs & confus je les vis s'abaisser,
Examiner les leurs, & sur tous leurs visages
En chercher d'assez vifs pour braver nos rivages.
Ie les vis se choisir jusqu'à cinq & six fois,
Et rougir aussi-tost nous comparant leur choix,
Et cette vanité qu'en toutes les familles
On voit si naturelle aux meres pour leurs filles
Leur cria par ma bouche, *en est-il parmy vous,*
O Nymphes, qui ne cede à des attraits si doux,
Et pourrez-vous nier, vous autres Immortelles,
Qu'entre nous la Nature en forme de plus belles?
Ie m'emportois sans doute, & c'en étoit trop dit,
Ie les vis s'en cacher de honte, & de dépit,
I'en vis dedans leurs yeux les vives étincelles,
L'Onde qui les receut s'en irrita pour elles,
I'en vis enfler la vague, & la Mer en couroux
Rouler à gros boüillons ses flots jusques à nous.

C'eust été peu des flots, la soudaine tempeste
Qui trouble nostre joye, & dissipe la Feste,
Enfante en moins d'une heure & pousse sur nos bords
Vn Monstre contre nous armé de mille morts.
Nous fuyons, mais en vain, il suit, il brise, il tuë,
Chaque victime est morte aussi-tost qu'abatuë,

Tome II. Vu

Nous ne voyons qu'horreur, que sang de toutes parts,
Son haleine est poison, & poison ses regards,
Il ravage, il desole & nos champs, & nos villes,
Et contre sa fureur il n'est aucuns aziles.
　Aprés beaucoup d'efforts & de vœux superflus,
Ayant souffert beaucoup, & craignant encor plus,
Nous courons à l'Oracle en de telles alarmes,
Et voicy ce qu'Ammon répondit à nos larmes.
　Pour appaiser Neptune, exposez tous les mois
Au Monstre qui le vange une fille à son choix,
Iusqu'à ce que le calme à l'orage succéde:
　　　Le Sort vous montrera
　　　Celle qu'il agréra;
Differez cependant les nopces d'Androméde.
　Comme dans un grand mal un moindre semble doux,
Nous prenons pour faveur ce reste de couroux,
Le Monstre disparu nous rend un peu de joye,
On ne le voit qu'aux jours qu'on luy livre sa proye;
Mais ce remede enfin n'est qu'un amusement,
Si l'on souffre un peu moins, on craint également,
Et toutes nous tremblons devant vne infortune
Qui toutes nous menace avant qu'en fraper une.
La peur s'en renouvelle au bout de chaque mois,
I'en ay creu de frayeur déja mourir cinq fois,
Déja nous avons veu cinq beautez devorées,
Mais des beautez (helas!) dignes d'estre adorées,
Et de qui tous les traits pleins d'vn celeste feu
Ne cedoient qu'à ma fille, & luy cedoient bien peu;
Comme si choisissant de plus belle en plus belle,
Le Sort par ces degrez taschoit d'approcher d'elle,
Et que pour élever ses traits jusques à nous
Il essayast sa force, & mesurast ses coups.
　Rien n'a pû jusqu'icy toucher ce Dieu barbare,
Et le sixiéme choix aujourd'huy se prepare,
On le va faire au Temple, & je sens malgré moy
Des mouvements secrets redoubler mon effroy.
Ie fis hier à Venus offrir un sacrifice
Qui jamais à mes vœux ne parut si propice,
Et toutefois mon cœur à force de trembler
Semble prévoir le coup qui le doit accabler.
　Vous donc, qui connoissez, & mon crime, & sa peine,
Dites-moy s'il a pû meriter tant de haine,

TRAGEDIE.

Et si le Ciel devoit tant de severité
Aux premiers mouvemens d'un peu de vanité.
PER. Ouy, Madame, il est juste, & j'auoûray moy-mesme
Qu'en le blasmant tantost j'ay commis un blasphesme,
Mais vous ne voyez pas dans vostre aveuglement
Quel grand crime il punit d'un si grand châtiment.
 Les Nymphes de la Mer ne luy sont pas si cheres
Qu'il veüille s'abaisser à suivre leurs coleres,
Et quand vostre mépris en fit comparaison,
Il voyoit mieux que vous que vous aviez raison.
Il vange (& c'est de là que vostre mal procéde)
L'injustice renduë aux beautez d'Andromede.
Sous les loix d'un Mortel vostre choix l'asservit:
Cette injure est sensible aux Dieux qu'elle ravit,
Aux Dieux qu'elle captive, & ces rivaux celestes
S'opposent à des nœuds à sa gloire funestes,
En sauvent les appas qui les ont éblouïs,
Punissent vos Sujets qui s'en sont réjouis.
Iuppiter resolu de l'oster à Phinée
Exprés par son Oracle en défend l'Hymenée,
A sa flame peut-estre il veut la reserver;
Ou s'il peut se resoudre enfin à s'en priver,
A quelqu'un de ses fils sans doute il la destine,
Et voilà de vos maux la secrette origine.
Faites cesser l'offence, & le mesme moment
Fera cesser icy son juste châtiment.
CAS. Vous montrez pour ma fille une trop haute estime,
Quand pour la mieux flater vous me faites un crime,
Dont la civilité me force de juger
Que vous ne m'accusez qu'afin de m'obliger.
Si quelquefois les Dieux pour des beautez mortelles
Quittent de leur sejour les clartez eternelles,
Ces mesmes Dieux aussi de leur grandeur jaloux
Ne font pas chaque jour ce miracle pour nous.
Et quand pour l'esperer je serois assez folle,
Le Roy dont tout dépend est homme de parole,
Il a promis sa fille, & verra tout perir
Avant qu'à se dédire il veüille recourir.
Il tient cette alliance, & glorieuse, & chere,
Phinée est de son sang, il est fils de son frere.
PER. Reine, le sang des Dieux vaut bien celuy des Rois;
Mais nous en parlerons encor quelqu'autre fois,
Voicy le Roy qui vient.

SCENE II.

CEPHEE, CASSIOPE,
PHINEE, PERSEE,
Suite du Roy & de la Reine.

CEP. N'En parlons plus, Phinée,
Et laiſſons d'Androméde aller la Deſtinée.
Voſtre amour fait pour elle un inutile effort,
Ie la doy comme une autre au triſte choix du Sort,
Elle eſt cauſe du mal, puiſqu'elle l'eſt du crime,
Peut-eſtre qu'il la veut pour derniere victime,
Et que nos châtimens deviendroient eternels,
S'ils ne pouvoient tomber ſur les vrais criminels.
PHI. Eſt-ce un crime en ces lieux, Seigneur, que d'eſtre belle?
CEP. Elle a rendu par là ſa mere criminelle.
PHI. C'eſt donc un crime icy que d'avoir de bons yeux,
Qui ſçachent bien juger d'un tel preſent des Cieux.
CEP. Qui veut en bien juger n'a point le privilége
D'aller juſqu'au blaſphême, & juſqu'au ſacrilege.
CAS. Ce blaſphême, Seigneur, dequoy vous m'accuſez...
CEP. Madame, après les maux que vous avez cauſez,
C'eſt à vous à pleurer, & non à vous défendre.
Voyez, voyez quel ſang vous avez fait répandre,
Et ne laiſſez paroiſtre en cette occaſion
Que larmes, que ſoûpirs, & que confuſion.
ᵃ A Phinée. ᵃIe vous le dis encor, elle la crût trop belle,
Et peut-eſtre le Sort l'en veut punir en elle,
Deſrober Androméde à cette élection,
C'eſt deſrober ſa mere à la punition.
PHI. Déja cinq fois, Seigneur, à ce choix expoſée,
Vous voyez que cinq fois le Sort l'à refuſée.
CEP. Si le couroux du Ciel n'en veut point à ſes jours,
Ce qu'il a fait cinq fois il le fera toûjours.
PHI. Le tenter ſi ſouvent c'eſt laſſer ſa clemence,
Il pourra vous punir de trop de confiance,
Vouloir toûjours faveur c'eſt trop luy demander,
Et c'eſt un crime enfin que de tant hazarder.

TRAGEDIE.

 Mais quoy, n'eſt-il, Seigneur, ny bonté paternelle
 Ny tendreſſe du ſang qui vous parle pour elle?
CEP. Ah, ne m'arrachez point mon ſentiment ſecret.
 Phinée, il eſt tout vray, je l'expoſe à regret,
 I'aime que voſtre amour en ſa faveur me preſſe,
 La Nature en mon cœur avec luy s'intereſſe,
 Mais elle ne ſçauroit mettre d'accord en moy
 Les tendreſſes d'un pere & les devoirs d'un Roy,
 Et par une juſtice à moy-meſme ſevere
 Ie vous refuſe en Roy ce que je veux en pere.
PHI. Quelle eſt cette juſtice, & quelles ſont ces loix
 Dont l'aveugle rigueur s'étend juſques aux Rois?
CEP. Celles que font les Dieux, qui tous Rois que nous ſommes
 Puniſſent nos forfaits ainſi que ceux des hommes,
 Et qui ne nous font part de leur ſacré pouvoir
 Que pour le meſurer aux regles du devoir.
 Que diroient mes Sujets ſi je me faiſois grace,
 Et ſi durant qu'au Monſtre on expoſe leur race,
 Ils voyoient par un droit tyrannique & honteux
 Le crime en ma maiſon, & la peine ſur eux?
PHI. Heureux ſont les Sujets, heureuſes les Provinces
 Dont le ſang peut payer pour celuy de leurs Princes.
CEP. Mais heureux eſt le Prince, heureux ſont ſes projets
 Quand il ſe fait juſtice ainſi qu'à ſes Sujets.
 Noſtre Oracle après tout n'excepte point ma fille,
 Ses termes generaux comprennent ma famille,
 Et ne confondre pas ce qu'il a confondu
 C'eſt ſe mettre au deſſus du Dieu qui l'a rendu.
PER. Seigneur, s'il m'eſt permis d'entendre voſtre Oracle,
 Ie croy qu'à ſa priere il donne peu d'obſtacle;
 Il parle d'Andromede, il la nomme, il ſuffit,
 Arrétez-vous pour elle à ce qu'il vous en dit;
 La ſeparer long-temps d'un amant ſi fidelle
 C'eſt tout le châtiment qu'il ſemble vouloir d'elle.
 Differez ſon Hymen ſans l'expoſer au choix;
 Le Ciel aſſez ſouvent doux aux crimes des Rois,
 Quand il leur a montré quelque legere haine,
 Répand ſur leurs Sujets le reſte de leur peine.
CEP. Vous prenez mal l'Oracle, & pour l'expliquer mieux [a] *Le Ciel*
 Sçachez... [a] mais quel éclat vient de fraper mes yeux? *s'ouvre*
 D'où partent ces longs traits de nouvelles lumieres? *durant*
PER. Du Ciel qui vient d'ouvrir ſes luiſantes barrieres, *cette con-*
               teſtation

D'où quelque Deité vient, ce semble, icy-bas
Terminer elle-mesme entre vous ces debats.
CAS. Ah : je la reconnoy, la Deesse d'Eryce,
C'est elle, c'est Venus à mes vœux si propice,
Ie voy dans ses regards mon bon-heur renaissant.
Peuple, faites des vœux tandis qu'elle descend.

SCENE III.

VENVS, CEPHEE, CASSIOPE, PERSEE, PHINEE, CHOEVR de Musique, Suite du Roy & de la Reine.

du Roy avec Phinée, & fait voir dans un profond éloignement l'Etoille de Venus qui sert de machine pour apporter cette Deesse jusqu'au milieu du Theatre. Elle s'avance lentement, sans que l'œil puisse découvrir à quoy elle est suspenduë, & cependant le Peuple a loisir de luy adresser ses vœux par cet Hymne, que chantent les Musiciens.

CHOE. Reine de Paphe & d'Amathonte,
Mere d'Amour & fille de la Mer,
Peux-tu voir sans un peu de honte
Que contre nous elle ait voulu s'armer,
Et que du mesme sein qui fut ton origine
    Sorte nostre ruine ?

Peux-tu voir que de la mesme onde
Il ose naistre un tel Monstre aprés toy,
Que d'où vint tant de bien au Monde
Il vienne enfin tant de mal & d'effroy,
Et que l'heureux berceau de ta beauté supresme
    Enfante l'horreur mesme ?

Vange l'honneur de ta naissance
Qu'on a souïllé par vn tel attentat,
Rens-luy sa premiere innocence,
Et tu rendras le calme à cet Etat,
Et nous dirons que d'où le mal procéde,
    Part aussi le reméde.

CAS. Peuple, elle veut parler, silence à la Deesse,
Silence, & preparez vos cœurs à l'allegresse,
Elle a receu nos vœux, & les daigne exaucer,
Ecoutez-en l'effet qu'elle va prononcer.

VEN. [a]Ne tremblez plus, Mortels, ne tremble plus, ô mere,   [a] *Au milieu de l'air.*
On va jetter le Sort pour la derniere fois,
Et le Ciel ne veut plus qu'un choix
Pour appaiser de tout point sa colere :
Andromede ce soir aura l'illustre époux
Qui seul est digne d'elle, & dont seule elle est digne,
Preparez son Hymen, où pour faveur insigne
Les Dieux ont resolu de se joindre avec vous.
PHI. [b]Souffrez que sans tarder je porte à ma Princesse,   [b] *A Cephée.*
Seigneur, l'heureux Arrest qu'a donné la Deesse.
CEP. Allez, l'impatience est trop juste aux amants.
CAS. [c]Suivons-la dans le Ciel par nos remerciments,   [c] *Venus remonte.*
Et d'vne voix commune adorant sa puissance
Montrons à ses faveurs nostre reconnoissance.
CHOE.   Ainsi toûjours sur tes Autels
       Tous les Mortels
   Offrent leurs cœurs en sacrifice,
   Ainsi le Zephyre en tout temps
Sur tes palais de Cythere & d'Eryce
Fasse regner les graces du Printemps.

     Daigne affermir l'heureuse paix
       Qu'à nos souhaits
   Vient de promettre ton Oracle;
   Et fay pour ces jeunes amants,
Pour qui tu viens de faire ce miracle,
Vn siecle entier de doux rauissements.

     Dans nos campagnes & nos bois
       Toutes nos voix
   Beniront tes douces atteintes;
   Et dans les rochers d'alentour
La mesme Echo qui redisoit nos plaintes,
Ne redira que des soûpirs d'amour.
CEP. C'est assez, la Deesse est déja disparuë;
Ses dernieres clartez se perdent dans la nuë;
Allons jetter le Sort pour la derniere fois :
Malheureux le dernier que foudroira son choix,
Et dont en ce grand iour la perte domestique
Soüillera de ses pleurs l'allegresse publique.
Madame, cependant songez à preparer
Cet Hymen que les Dieux veulent tant honorer,

Rendez-en l'appareil digne de ma puissance,
Et digne, s'il se peut, d'une telle presence.
CAS. I'obeis avec joye, & c'est me commander
Ce qu'avec passion j'allois vous demander.

SCENE IV.

CASSIOPE, PERSEE,
Suite de la Reine.

CAS. ET bien, vous le voyez, ce n'étoit pas un crime,
Et les Dieux ont trouvé cet Hymen legitime,
Puisque leur ordre exprés nous le fait achever,
Et que par leur presence ils doivent l'approuver.
Mais quoy ? vous soûpirez ? PER. I'en ay bien lieu, Madame.
CAS. Le sujet ? PER. Vostre joye. CAS. Elle vous gesne l'ame!
PER. Aprés ce que j'ay dit douter d'vn si beau feu,
Reine, c'est ou m'entendre, ou me croire bien peu:
Mais ne me forcez pas du moins à vous le dire,
Quand mon ame en fremit, & mon cœur en soûpire.
Pouvois-je avoir des yeux, & ne pas l'adorer,
Et pourrois-je la perdre & n'en pas soûpirer ?
CAS. Quel espoir formiez-vous puisqu'elle étoit promise,
Et qu'en vain son bon-heur domptoit vostre franchise?
PER. Vouloir que la raison regne sur un amant,
C'est estre plus que luy dedans l'aveuglement.
Vn cœur digne d'aimer court à l'objet aimable,
Sans penser au succés dont sa flame est capable,
Il s'abandonne entier, & n'examine rien;
Aimer est tout son but, aimer est tout son bien,
Il n'est difficulté, ny peril qui l'étonne.
Ce qui n'est point à moy n'est encor à personne,
Disois-je, & ce rival qui possede sa foy,
S'il espere un peu plus, n'obtient pas plus que moy.
Voilà durant vos maux dequoy vivoit ma flame,
Et les douces erreurs dont je flatois mon ame.
Pour nourrir des desirs d'un beau feu trop contents,
C'étoit assez d'espoir que d'esperer au temps,
Luy qui fait chaque jour tant de metamorphoses,
Pouvoit en ma faveur faire beaucoup de choses:

Mais

TRAGEDIE.

Mais enfin la Deeſſe a prononcé ma mort,
Et je ſuis ce dernier ſur qui tombe le Sort.
J'étois indigne d'elle, & de ſon Hymenée,
Et toutefois, helas ! je valois bien Phinée.
CAS. Vous plaindre en cet état, c'eſt tout ce que je puis.
PER. Vous vous plaindrez peut-eſtre apprenant qui je ſuis.
Vous ne vous trompiez point touchant mon origine,
Lors que vous la jugiez ou Royale, ou Divine;
Mon pere eſt.... Mais pourquoy contre vous l'animer?
Puiſqu'il nous faut mourir, mourons ſans le nommer,
Il vangeroit ma mort, ſi j'avois fait connoiſtre
De quel illuſtre ſang j'ay la gloire de naiſtre,
Et voſtre grand bon-heur ſeroit mal aſſeuré,
Si vous m'aviez connu ſans m'avoir preferé.
C'eſt trop perdre de temps, courons à voſtre joye,
Courons à ce bon-heur que le Ciel vous envoye,
J'en veux eſtre témoin, afin que mon tourment
Puiſſe par ce poiſon finir plus promptement.
CAS. Le temps vous fera voir pour ſouverain reméde
Le peu que vous perdez en perdant Andromède,
Et les Dieux, dont pour nous vous voyez la bonté,
Vous rendront bien-toſt plus qu'ils ne vous ont oſté.
PER. Ny le temps, ny les Dieux ne feront ce miracle.
Mais allons, à voſtre heur je ne mets point d'obſtacle.
Reine, c'eſt l'affoiblir que de le retarder,
Et les Dieux ont parlé, c'eſt à moy de ceder.

Tome II.   X x

ACTE II.

SCENE PREMIERE.

*ANDROMEDE, CHOEVR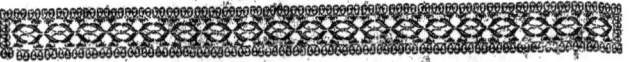
de Nymphes.*

AND. Ymphes, nostre guirlande est encor mal ornée,
Et devant qu'il soit peu nous reverrons Phinée,
Que de ma propre main j'en voulois couronner
Pour les heureux avis qu'il vient de me donner.
Toutefois la faveur ne seroit pas bien grande,
Et mon cœur après tout vaut bien une guirlande,
Dans l'état où le Ciel nous a mis aujourd'huy,
C'est l'unique present qui soit digne de luy.
    Quittez, Nymphes, quittez ces peines inutiles,
L'augure déplairoit de tant de fleurs steriles,
Il faut à nostre Hymen des présages plus doux.
Dites-moy cependant laquelle d'entre vous...
Mais il faut me le dire, & sans faire les fines.
AGL. Quoy, Madame? AND. A tes yeux je voy que tu devines,
Dy-moy donc, d'entre vous laquelle a retenu
En ces lieux jusqu'icy cet illustre Inconnu.
Car enfin ce n'est point sans un peu de mystere
Qu'un tel Heros s'attache à la Cour de mon pere,
Quelque chaîne l'arreste, & le force à tarder.
Qu'on ne perde point temps à s'entreregarder,
Parlez, & d'un seul mot éclaircissez mes doutes.
Aucune ne répond, & vous rougissez toutes!
Quoy, toutes l'aimez-vous? un si parfait amant
Vous a-t-il sçeu charmer toutes également?
Il n'en faut point rougir, il est digne qu'on l'aime,
Si je n'aimois ailleurs peut-estre que moy-mesme,
Ouy, peut-estre à le voir si bien fait, si bien né,
Il auroit eu mon cœur, s'il n'eust été donné.

TRAGEDIE.

Mais j'aime trop Phinée, & le change est un crime.
AGL. Ce Heros vaut beaucoup puisqu'il a vostre estime,
Mais il sçait ce qu'il vaut, & n'a jusqu'à ce jour
A pas-une de nous daigné montrer d'amour.
AND. Que dis-tu ? AGL. Pas fait mesme une offre de service.
AND. Ah ! c'est dequoy rougir toutes avec justice,
Et la honte à vos fronts doit bien cette couleur,
Si tant de si beaux yeux ont pû manquer son cœur.
CEP. Où les vostres, Madame, épandent leur lumiere,
Cette honte pour nous est assez coûtumiere.
Les plus vives clartez s'éteignent auprés d'eux,
Comme auprés du Soleil meurent les autres feux,
Et pour peu qu'on vous voye & qu'on vous considere
Vous ne nous laissez point de conquestes à faire.
AND. Vous étes une adroite, achevez, achevez,
C'est peut-estre en effet vous qui le captivez,
Car il aime, & j'en voy la preuve trop certaine.
Chaque fois qu'il me parle il semble estre à la gesne,
Son visage & sa voix changent à tous propos,
Il hesite, il s'égare au bout de quatre mots,
Ses discours vont sans ordre, & plus je les écoute,
Plus j'entens des soûpirs dont j'ignore la route.
Où vont-ils, Cephalie, où vont-ils ? répondez.
CEP. C'est à vous d'en juger, vous qui les entendez.
PAG*. Qu'elle est lente, cette journée.
AND. Taisons-nous, cette voix me parle pour Phinée,
Sans doute il n'est pas loin, & veut à son retour
Que des accens si doux m'expliquent son amour.
PAG. Qu'elle est lente, cette journée,
   Dont la fin me doit rendre heureux !
  Chaque moment à mon cœur amoureux
   Semble durer plus d'une année.
  O Ciel ! quel est l'heur d'un amant,
  Si quand il en a l'asseurance,
    Sa juste impatience
    Est un nouveau tourment !

  Ie doy posseder Andromede,
  Iuge, Soleil, quel est mon bien.
  Vis-tu jamais amour égal au mien ?
  Vois-tu beauté qui ne luy cede ?
  Puis donc que la longueur du jour

* *Il chante sans estre veu.*

ANDROMEDE,

De mon nouveau mal est la source,
Précipite ta course,
Et tarde ton retour.

Tu luis encor, & ta lumiere
Semble se plaire à m'affliger
Ah ! mon amour te va bien obliger
A quitter soudain ta carriere.
Vien, Soleil, vien voir la beauté
Dont le diuin éclat me dompte,
Et tu fuiras de honte
D'avoir moins de clarté.

SCENE II.

PHINEE, ANDROMEDE, CHOEVR de Nymphes, Suite de Phinee.

PHI. Ce n'est pas mon dessein, Madame, de surprendre,
Puis qu'avant que d'entrer je me suis fait entendre.
AND. Vos vœux pour les tacher n'étoient pas criminels,
Puisqu'ils suivent des Dieux les ordres eternels.
PHI. Que me direz-vous donc de leur galanterie?
AND. Que je vay vous payer de vostre flaterie.
PHI. Comment? AND. En vous donnant de semblables témoins,
Si vous aimez beaucoup, que je n'aime pas moins,
Approchez, Liriope, & rendez-luy son change,
C'est vous, c'est vostre voix que je veux qui me vange.
De grace écoutez-la, nous avons écouté,
Et demandons silence apres avoir presté.

ᵃ Elle chante.

LIR. ᵃ Phinée est plus aimé qu'Andromede n'est belle,
Bien qu'icy bas tout cede à ses attraits;
Comme il n'est point de si doux traits,
Il n'est point de cœur si fidelle.
De mille appas son visage semé
La rend une merveille,
Mais quoy qu'elle soit sans pareille,
Phinée est encor plus aimé.

Bien que le juste Ciel fasse voir que sans crime

TRAGEDIE. 349

On la préfere aux Nymphes de la Mer,
Ce n'est que de sçavoir aimer,
Qu'elle-mesme veut qu'on l'estime :
Chacun d'amour pour elle consume,
   D'un cœur luy fait un Temple,
  Mais quoy qu'elle soit sans exemple,
  Phinée est encor plus aimé.

Enfin si ses beaux yeux passent pour un miracle,
C'est un miracle aussi que son amour,
  Pour qui Venus en ce beau jour
  A prononcé ce digne Oracle.
Le Ciel luy-mesme en la voyant charmé
   La juge incomparable,
  Mais quoy qu'il l'ait faite adorable,
  Phinée est encor plus aimé.

PAG. Heureux amant ! *LIR.* Heureuse amante !
PAG. Ils n'ont qu'une ame. *LIR.* Ils n'ont tous deux qu'un cœur.
PAG. Ioignons nos voix pour chanter leur bon-heur.
LIR. Ioignons nos voix pour benir leur attente.
PA. & LI. Andromede ce soir aura l'illustre époux
  Qui seul est digne d'elle, & dont seule elle est digne,
  Préparons son Hymen, où pour faveur insigne
  Les Dieux ont resolu de se joindre avec nous.
CHO. Préparons son Hymen, où pour faveur insigne
  Les Dieux ont resolu de se joindre avec nous.
PAG. Le Ciel le veut. *LIR.* Venus l'ordonne.
PAG. L'Amour les joint. *LIR.* L'Hymen va les unir.
PAG. Douce union que chacun doit benir !
LIR. Heureuse amour qu'un tel succez couronne !
PA. & LI. Andromede ce soir aura l'illustre époux
  Qui seul est digne d'elle, & dont seule elle est digne,
  Préparons son Hymen, où pour faveur insigne
  Les Dieux ont resolu de se joindre avec nous.
CHO. Préparons son Hymen, où pour faveur insigne
  Les Dieux ont resolu de se joindre avec nous.
AND. Il n'en faut point mentir, leur accord m'a surprise.
PHI. Madame, c'est ainsi que tout me favorise,
  Et que tous vos Sujets soûpirent en ces lieux
  Après l'heureux effet de cét Arrest des Dieux,
  Que leurs souhaits unis...

a Cet Air chanté, le Page de Phinée & cette Nymphe font un Dialogue en Musique, dont chaque couplet a pour refrain l'Oracle que Venus a prononcé au premier Acte en faveur de ces deux Amans, chanté par les deux voix unies, & repeté par le Chœur entier de la Musique.

Xx iij

SCENE III.

PHINEE, ANDROMEDE,
TIMANTE, CHOEVR
de Nymphes, Suite de Phinée.

TIM. AH, Seigneur ! ah, Madame !
PHI. Que nous veux-tu, Timante, & qui trouble ton ame ?
TIM. Le pire des malheurs. PHI. Le Roy seroit-il mort ?
TIM. Non, Seigneur, mais enfin le triste choix du Sort
Vient de tomber... Helas ! pourray-je vous le dire ?
AND. Est-ce sur quelque objet pour qui ton cœur soûpire ?
TIM. Soûpirer à vos yeux du pire de ses coups,
N'est-ce pas dire assez qu'il est tombé sur vous ?
PHI. Qui te fait nous donner de si vaines alarmes ?
TIM. Si vous n'en croyez pas mes soûpirs & mes larmes,
Vous en croirez le Roy, qui bien-tost à vos yeux
La va livrer luy-mesme aux Ministres des Dieux.
PHI. C'est nous faire, Timante, un conte ridicule,
Et je tiendrois le Roy bien simple & bien credule,
Si plus qu'une Déesse il en croyoit le Sort.
TIM. Le Roy non plus que vous ne l'a pas crû d'abord,
Il a fait par trois fois essayer sa malice,
Et l'a veu par trois fois faire mesme injustice,
Du vase par trois fois ce beau nom est sorty.
PHI. Et toutes les trois fois le Sort en a menty.
Le Ciel a fait pour vous une autre Destinée,
Son ordre est immuable, il veut nostre Hymenée,
Il le veut, il y met le bon-heur de ces lieux,
Et ce n'est pas au Sort à démentir les Dieux.
AND. Assez souvent le Ciel par quelque fausse joye
Se plaist à prévenir les maux qu'il nous envoye,
Du moins il m'a rendu quelques momens bien doux
Par ce flateur espoir que j'allois estre à vous,
Mais puisque ce n'étoit qu'une trompeuse attente,
Gardez mon souvenir, & je mourray contente.
PHI. Et vous mourrez contente ! & j'ay pû meriter
Qu'avec contentement vous puissiez me quitter !
Détacher sans regret vostre ame de la mienne !
Vouloir que je le voye, & que je m'en souvienne !

TRAGEDIE.

Et mon fidelle amour qui receut voſtre foy
Vous trouve indifferente entre la mort, & moy!
 Ouy, je m'en ſouviendray, vous le voulez, Madame,
I'accepte le ſupplice où vous livrez mon ame,
Mais quelque peu d'amour que vous me faſſiez voir,
Le mien n'oubliera pas les loix de ſon devoir.
Ie doy malgré le Sort, je doy malgré vous-meſme,
Si vous aimez ſi mal, vous montrer comme on aime,
Et faire reconnoiſtre aux yeux qui m'ont charmé
Que j'étois digne au moins d'eſtre un peu mieux aimé.
Vous l'avoûrez bien-toſt, & j'auray cette gloire
Qui dans tout l'avenir ſuivra noſtre memoire,
Que pour ſe voir quitter avec contentement
Vn amant tel que moy n'en eſt pas moins amant.
AND. C'eſt donc trop peu pour moy que des malheurs ſi proches,
Si vous ne les croiſſez pas d'injuſtes reproches!
Vous quitter ſans regret! les Dieux me ſont témoins
Que j'en montrerois plus ſi je vous aimois moins.
C'eſt pour vous trop aimer que je parois toute autre,
I'étouffe ma douleur pour n'aigrir pas la voſtre,
Ie retiens mes ſoûpirs de peur de vous faſcher,
Et me montre inſenſible afin de moins toucher.
Helas! ſi vous ſçavez faire voir comme on aime,
Du moins vous voyez mal quand l'amour eſt extreſme,
Ouy, Phinée, & je doute en courant à la mort,
Lequel m'eſt plus cruel, ou de vous, ou du Sort.
PHI. Helas! qu'il étoit grand quand je l'ay crû s'éteindre,
Voſtre amour, & qu'à tort ma flame oſoit s'en plaindre!
Princeſſe, vous pouuez me quitter ſans regret,
Vous ne perdez en moy qu'un amant indiſcret,
Qu'un amant temeraire, & qui meſme a l'audace
D'accuſer voſtre amour quand vous luy faites grace.
Mais pour moy dont la perte eſt ſans comparaiſon,
Qui perds en vous perdant & lumiere & raiſon,
Ie n'ay que ma douleur qui m'aveugle, & me guide,
Deſſus toute mon ame elle ſeule preſide,
Elle y regne, & je cede entier à ſon transport,
Mais je ne cede pas aux caprices du Sort.
 Que le Roy par ſcrupule à ſa rigueur defere,
Qu'une indigne équité le faſſe injuſte pere,
La Reine & mon amour ſçauront bien empeſcher
Qu'un choix ſi criminel ne coûte un ſang ſi cher.

J'ose tout, je puis tout après un tel Oracle.
TIM. La Reine est hors d'état d'y joindre aucun obstacle,
Surprise comme vous d'un tel événement,
Elle en a de douleur perdu tout sentiment,
Et sans doute le Roy livrera la Princesse
Avant qu'on l'ait pû voir sortir de sa foiblesse.
PHI. Et bien, mon amour seul sçaura jusqu'au trépas,
Malgré tous... *AND.* Le Roy vient, ne vous emportez pas.

SCENE IV.

CEPHEE, PHINEE, ANDROMEDE, PERSEE, TIMANTE, CHOEVR de Nymphes, Suite du Roy & de Phinée.

CEP. MA fille, si tu sçais les Nouvelles funestes
De ce dernier effort des coleres celestes,
Si tu sçais de ton sort l'impitoyable cours,
Qui fait le plus cruel du plus beau de nos jours,
Espargne ma douleur, juges-en par sa cause,
Et va sans me forcer à te dire autre chose.
AND. Seigneur, je vous l'avoüe, il est bien rigoureux
De tout perdre au moment qu'on se doit croire heureux,
Et le coup qui surprend un espoir legitime
Porte plus d'une mort au cœur de la victime.
Mais enfin il est juste, & je le doy benir,
La cause des malheurs les doit faire finir.
Le Ciel qui se repent si tost de ses caresses
Verra plus de constance en moy qu'en ses promesses;
Heureuse, si mes jours un peu précipitez
Satisfont à ces Dieux pour moy seule irritez,
Si je suis la derniere à leur couroux offerte,
Si le salut public peut naistre de ma perte:
Malheureuse pourtant, de ce qu'un si grand bien
Vous a déja coûté d'autre sang que le mien,
Et que je ne suis pas la premiere & l'unique
Qui rende à vostre Etat la seureté publique.
PHI. Quoy! vous vous obstinez encore à me trahir?
AND. Je vous plains, je me plains, mais je dois obeïr.

PHI. Hon-

TRAGEDIE.

PHI. Honteuse obeïssance à qui vostre amour céde.
CEP. Obeïssance illustre, & digne d'Andromede.
  Son nom comblé par là d'un immortel honneur....
PHI. Ie l'empescheray bien, ce funeste bon-heur,
  Andromede est à moy, vous me l'avez donnée,
  Le Ciel pour nostre Hymen a pris cette journée,
  Venus l'a commandé, qui me la peut oster?
  Le Sort auprès des Dieux se doit-il écouter?
  Ah! si j'en vois icy les infames Ministres
  S'apprester aux effets de ses ordres sinistres....
CEP. Apprenez que le Sort n'agit que sous les Dieux,
  Et souffrez comme moy le bon-heur de ces lieux.
  Vostre perte n'est rien au prix de ma misere,
  Vous n'étes qu'amoureux, Phinée, & je suis pere.
  Il est d'autres objets dignes de vostre foy,
  Mais il n'est point ailleurs d'autres filles pour moy.
  Songez donc mieux qu'un pere à ces affreux ravages
  Que par tout de ce Monstre épandirent les rages,
  Et n'en rappelez pas l'épouvantable horreur,
  Pour trop croire & trop suivre une aveugle fureur.
PHI. Que de nouveau ce Monstre entré dessus vos terres
  Fasse à tous vos Sujets d'impitoyables guerres,
  Le sang de tout un Peuple est trop bien employé,
  Quand celuy de ses Rois en peut estre payé,
  Et je ne connoy point d'autre perte publique
  Que celle où vous condamne un Sort si tyrannique.
CEP. Craignez ces mesmes Dieux qui président au Sort.
PHI. Qu'entr'eux-mesmes ces Dieux se montrent donc d'accord.
  Quelle crainte après tout me pourroit y resoudre?
  S'ils m'ostent Andromede, ont-ils quelqu'autre foudre?
  Il n'est plus de respect qui puisse rien sur moy,
  Andromede est mon Sort, & mes Dieux, & mon Roy.
  Punissez un impie, & perdez un rebelle,
  Satisfaites le Sort en m'exposant pour elle,
  I'y cours, mais autrement je jure ses beaux yeux,
  Et mes uniques Rois, & mes uniques Dieux...*

*Icy le tonnerre commence à rouler avec un si grand bruit, & accompagné d'éclairs re-

doublez avec tant de promptitude, que cette feinte donne de l'épouvante aussi-bien que de l'admiration, tant elle approche du naturel. On voit cependant descendre Aeole avec huit Vents, dont quatre sont à ses deux costez, en sorte toutefois que les deux plus proches sont portez sur le mesme nuage que luy, & les deux plus éloignez sont comme volans en l'air tout contre ce mesme nuage. Les quatre autres paroissent deux à deux au milieu de l'air sur les aisles du Theatre, deux à la main gauche, & deux à la droite. Ce qui n'empesche pas Phinée de continuer ses blasphesmes.

SCENE V.

ÆOLE, Huit VENTS, CEPHEE, PERSEE, PHINEE, ANDROMEDE, CHOEVR de Nymphes, Suite du Roy & de Phinée.

CEP. Arrêtez, ce nuage enferme une tempeste
Qui peut-estre déja menace vostre teste,
N'irritez plus les Dieux déja trop irritez.
PHI. Qu'il creue, ce nuage, & que ces Deïtez....
CEP. Ne les irritez plus, vous dis-je, & prenez garde...
PHI. A les trop irriter, qu'est-ce que je hazarde?
Que peut craindre un amant quand il voit tout perdu?
Tombe, tombe sur moy leur foudre s'il m'est dû.
Mais s'il est quelque main assez lasche, & traitresse,
Pour suivre leur caprice, & saisir ma Princesse,
Seigneur, encor un coup, je jure ses beaux yeux,
Et mes uniques Rois, & mes uniques Dieux....

^a Au milieu de l'air.

ÆOL.^a Temeraire Mortel, n'en dy pas davantage,
Tu n'obliges que trop les Dieux à te haïr,
Quoy que pense attenter l'orgueil de ton courage,
Ils ont trop de moyens de se faire obeir.
Connoy-moy pour ton infortune,
Ie suis Æole Roy des Vents.
Partez, mes orageux Suivans,
Faites ce qu'ordonne Neptune.^b

^b Ce commandement d'Aeole produit un spectacle estrange & merveilleux tout ensemble.

AND. O Ciel! CEP. Ils l'ont saisie, & l'enlevent en l'air.
PHI. Ah! ne presumez pas ainsi me la voler,
Ie vous suivray par tout malgré vostre surprise.

Les deux Vents qui étoient à ses costez suspendus en l'air, s'envolent l'un à gauche, & l'autre à droite: deux autres remontent avec luy dans le Ciel sur le mesme nuage qui les vient d'apporter: deux autres qui étoient à sa main gauche sur les aisles du Theatre s'avantent au milieu de l'air, où ayant fait un tour ainsi que deux tourbillons, ils passent au costé droit du Theatre, d'où les deux derniers fondent sur Andromede, & l'ayant saisie chacun par un bras, ils l'enlevent de l'autre costé jusques dans les nuës.

SCENE VI.

CEPHEE, PERSEE, Suite du Roy.

PER. SEigneur, un tel peril ne veut point de remise,
Mais esperez encor, je vole à son secours,
Et vay forcer le Sort à prendre un autre cours.
CEP. Vint amans pour Nerée en firent l'entreprise,
Mais il n'est point d'effort que ce Monstre ne brise:
Tous voulurent sauver ses attraits adorez,
Tous furent avec elle à l'instant devorez.
PER. Le Ciel aime Andromede, il veut son Hymenée,
Seigneur, & si les Vents l'arrachent à Phinée,
Ce n'est que pour la rendre à quelque illustre époux
Qui soit plus digne d'elle, & plus digne de vous;
A quelqu'autre par là les Dieux l'ont reservée.
Vous sçaurez qui je suis, quand je l'auray sauvée,
Adieu, par des chemins aux hommes inconnus
Ie vay mettre en effet l'Oracle de Venus,
Le temps nous est trop cher pour le perdre en paroles.
CEP. Moy qui ne puis former d'esperances frivoles,
Pour ne voir point courir ce grand cœur au trépas,
Ie vay faire des vœux qu'on n'écoutera pas.

ACTE III

SCENE PREMIERE

*ANDROMEDE au pied d'un Rocher,
Deux VENTS qui l'y attachent,
TIMANTE, CHOEVR
de Peuple sur le Rivage.*

TIM. LLons voir, chers amis, ce qu'elle est devenuë,
La Princesse, & mourir, s'il se peut, à sa veuë.
CH. La voilà que ces Vents achevent d'attacher
En infames bourreaux à ce fatal Rocher.
TIM. Ouy, c'est elle sans doute. Ah, l'indigne spectacle!
ᵃ Les Vents CHE. Si le Ciel n'est injuste, il luy doit un miracle.ᵃ
s'envo- TIM. Il en fera voir un, s'il en croit nos desirs.
lent. AND. O Dieux! TIM. Avec respect écoutons ses soûpirs,
 Et puissent les accens de ses premieres plaintes
 Porter dans tous nos cœurs de mortelles atteintes.
AND. Affreuse image du trépas,
  Qu'un triste honneur m'avoit fardée,
 Surprenantes horreurs, épouvantable idée,
  Qui tantost ne m'ebranliez pas;
 Que l'on vous conçoit mal, quand on vous envisage
  Avec un peu d'éloignement!
 Qu'on vous méprise alors, qu'on vous brave aisément!
  Mais que la grandeur de courage
  Devient d'un difficile usage
  Lors qu'on touche au dernier moment!

  Icy seule, & de toutes parts
  A mon destin abandonnée,
 Icy que je n'ay plus ny parens, ny Phinée,
  Sur qui détourner mes regards,
 L'attente de la mort de tout mon cœur s'empare,
  Il n'a qu'elle à considerer,

TRAGEDIE.

Et quoy que de ce Monstre il s'ose figurer,
 Ma constance qui s'y prépare,
 Le trouve d'autant plus barbare,
 Qu'il differe à me devorer.

 Etrange effet de mes malheurs!
 Mon ame traisnante, abatuë,
N'a qu'un moment à vivre, & ce moment me tuë
 A force de vives douleurs.
Ma frayeur a pour moy mille mortelles feintes,
 Cependant que la mort me fuit;
Ie pasme au moindre vent, je meurs au moindre bruit,
 Et mes esperances éteintes
 N'attendent la fin de mes craintes
 Que du Monstre qui les produit.

 Qu'il tarde à suivre mes desirs,
 Et que sa cruelle paresse
A ce cœur dont ma flame est encor la maîtresse,
 Coûte d'amers & longs soûpirs!
O toy, dont jusqu'icy la douceur m'a suivie,
 Va-t'en, souvenir indiscret,
Et cessant de me faire un entretien secret
 De ce Prince qui m'a servie,
 Laisse-moy sortir de la vie
 Avec un peu moins de regret.

 C'est assez que tout l'Vnivers
 Conspire à faire mes supplices,
Ne les redouble point, toy qui fus mes delices,
 En me montrant ce que je perds;
Laisse-moy....

SCENE II.

CASSIOPE, ANDROMEDE, TIMANTE, CHOEVR de Peuple.

CAS. Me voicy, qui seule ay fait le crime,
Me voicy, justes Dieux, prenez vostre victime,
S'il est quelque justice encore parmy vous,
C'est à moy seule, à moy qu'est dû vostre couroux.
Punir les innocens, & laisser les coupables,
Inhumains, est-ce en estre, est-ce en estre capables?
A moy tout le supplice, à moy tout le forfait.
Que faites-vous, cruels? qu'avez-vous presque fait?
Andromede est icy vostre plus rare ouvrage,
Andromede est icy vostre plus digne image,
Elle rassemble en soy vos attraits divisez,
On vous connoistra moins, si vous la détruisez.
Ah, je découvre enfin d'où provient tant de haine,
Vous en étes jaloux plus que je n'en fus vaine,
Si vous la laissiez vivre, envieux Tout-puissans,
Elle auroit plus que vous, & d'autels, & d'encens,
Chacun prefereroit le portrait au modelle,
Et bien-tost l'Vnivers n'adoreroit plus qu'elle.
AND. En l'état où je suis le Sort m'est-il trop doux,
Si vous ne me donnez dequoy craindre pour vous?
Faut-il encor ce comble à des malheurs extresmes?
Qu'esperez-vous, Madame, à force de blasphesmes?
CAS. Attirer, & leur Monstre, & leur foudre sur moy:
Mais je ne les irrite, helas! que contre toy,
Sur ton sang innocent retombent tous mes crimes,
Seule, tu leur tiens lieu de mille autres victimes,
Et pour punir ta mere, ils n'ont, ces cruels Dieux,
Ny Monstre dans la Mer, ny foudre dans les Cieux.
Aussi sçavent-ils bien que se prendre à ta vie,
C'est percer de mon cœur la plus tendre partie,
Que je souffre bien plus en te voyant perir,
Et qu'ils me feroient grace en me faisant mourir.
Ma fille, c'est donc là cet heureux Hymenée,
Cette illustre union par Venus ordonnée,

TRAGEDIE.

Qu'avecque tant de pompe il falloit préparer,
Et que ces mesmes Dieux devoient tant honorer!
  Ce que nos yeux ont veu, n'étoit-ce donc qu'un songe,
Déesse, ou ne viens-tu que pour dire un mensonge?
Nous aurois-tu parlé sans l'aveu du Destin?
Est-ce ainsi qu'à nos maux le Ciel trouve une fin?
Est-ce ainsi qu'Andromède en reçoit les caresses?
Si contre elle l'Envie émeut quelques Déesses,
L'Amour en sa faveur n'arme-t'il point de Dieux?
Sont-ils tous devenus, ou sans cœur, ou sans yeux?
Le maistre souverain de toute la Nature
Pour de moindres beautez a changé de figure,
Neptune a soûpiré pour de moindres appas,
Elle en montre à Phœbus que Daphné n'avoit pas,
Et l'Amour en Psyché voyoit bien moins de charmes
Quand pour elle il daigna se blesser de ses armes.
  Qui desrobe à tes yeux le droit de tout charmer,
Ma fille? au vif éclat qu'ils sement dans la Mer,
Les Tritons amoureux, malgré leurs Nereïdes,
Dévroient déja sortir de leurs grotes humides,
Aux fureurs de leur Monstre à l'envy s'opposer,
Contre ce mesme écueil eux-mesmes l'écraser,
Et de ses os brisez, de sa rage étouffée,
Au pied de ton Rocher t'élever un trophée.
AND.[a] Renouveler le crime, est-ce pour le fléchir?
Vous hastez mon supplice au lieu de m'affranchir,
Vous appelez le Monstre. Ah! du moins à sa veuë
Quittez la vanité qui m'a déja perduë,
Il n'est Mortel, ny Dieu qui m'ose secourir,
Il vient, consolez-vous, & me laissez mourir.
CAS. Ie le voy, c'en est fait. Paroy du moins, Phinée,
Pour sauver la beauté qui t'étoit destinée,
Parois, il en est temps, viens en dépit des Dieux
Sauver ton Andromede, ou perir à ses yeux,
L'amour te le commande, & l'honneur t'en convie,
Peux-tu, si tu la perds, aimer encor la vie?
AND. Il n'a manqué d'amour, ny manque de valeur,
Mais sans doute, Madame, il est mort de douleur,
Et comme il a du cœur, & sçait que je l'adore,
Il periroit icy, s'il respiroit encore.
CAS. Dy plûtost que l'ingrat n'ose te meriter.
  Toy donc, que plus qu'il luy t'osois tantost vanter,

[a] *Elle voit venir le Monstre de loin.*

Viens, amant inconnu, dont la haute origine,
Si nous t'en voulons croire, est Royale, ou Divine,
Viens-en donner la preuve, & par un prompt secours
Fay-nous voir quelle foy l'on doit à tes discours,
Supplante ton rival par une illustre audace,
Viens à droit de conqueste en occuper la place,
Andromede est à toy, si tu l'oses gagner.
Quoy, lasches, le peril vous la fait dédaigner!
Il éteint en tous deux ces flames sans secondes!
Allons, mon desespoir, jusqu'au milieu des ondes
Faire servir l'effort de nos bras impuissans
D'exemple & de reproche à leurs feux languissans,
Faisons ce que tous deux devroient faire avec joye,
Détournons sa fureur dessus une autre proye,
Heureuse, si mon sang la pouvoit assouvir;
Allons, mais qui m'arreste? ah! c'est mal me servir.[a]

[a] *On voit icy Persée descendre du haut des nuës.*

SCENE III.

ANDROMEDE attachée au Rocher, PERSEE en l'air sur le cheval Pegase, CASSIOPE, TIMANTE, & le CHOEUR sur le Rivage.

[b] *Il montre Persée à Cassiope, & l'empesche de se jetter en la Mer.*
[c] *Il est en l'air sur le Pegase.*

TIM.[b] COUrez-vous à la mort, quand on vole à vostre aide?
Voyez par quels chemins on secourt Andromede,
Quel Heros, ou quel Dieu sur ce cheval aisé...
CAS. Ah! c'est cet Inconnu par mes cris appelé,
C'est luy-mesme. Seigneur, que mon ame étonnée...
PER.[c] Reine, voyez par là si je vaux bien Phinée,
Si j'étois moins que luy digne de vostre choix,
Et si le sang des Dieux cede à celuy des Rois.
CAS. Rien n'égale, Seigneur, un amour si fidelle,
Combatez donc pour vous, en combatant pour elle,
Vous ne trouverez point de sentimens ingrats.

[d] *à Andromede.*
[e] *Il chante cependant que Persée combat le Monstre.*

PER.[d] Adorable Princesse, advoüez-en mon bras.
CHO.[e] Courage, enfant des Dieux, elle est vostre conqueste,
Et jamais amant ny guerrier
Ne vit ceindre sa teste
D'un si beau myrthe, ou d'un si beau laurier.

Vne

TRAGEDIE.

Vne VO.[a] Andromede est le prix qui suit vostre victoire,
  Combatez, combatez,
 Et vos plaisirs & vostre gloire
Rendront jaloux les Dieux dont vous sortez.
Le CH.[b] Courage, enfant des Dieux, elle est vostre conqueste,
  Et jamais amant ny guerrier
  Ne vit ceindre sa teste
D'un si beau myrthe, ou d'un si beau laurier.
TIM.[c] Voyez de quel effet nostre attente est suivie,
Madame, elle est sauvée, & le Monstre est sans vie.
PER.[d] Rendez graces au Dieu qui m'en a fait vainqueur.
CAS. O Ciel, que ne vous puis-je assez ouvrir mon cœur?
L'Oracle de Venus enfin s'est fait entendre,
Voilà ce dernier choix qui nous devoit tout rendre,
Et vous étes, Seigneur, l'incomparable époux,
Par qui le sang des Dieux doit se joindre avec nous.
 Ne pense plus, ma fille, à ton ingrat Phinée,
C'est à ce grand Heros que le Sort t'a donnée,
C'est pour luy que le Ciel te destine aujourd'huy,
Il est digne de toy, rens-toy digne de luy.
PER. Il faut la meriter par mille autres services,
Vn peu d'espoir suffit pour de tels sacrifices.
 Princesse, cependant quittez ces tristes lieux
Pour rendre à vostre Cour tout l'éclat de vos yeux.
Ces Vents, ces mesmes Vents qui vous ont enlevée,
Vont rendre de tout point ma victoire achevée:
L'ordre que leur prescrit mon pere Iuppiter
Iusqu'en vostre Palais les force à vous porter,
Les force à vous remettre où tantost leur surprise...
AND. D'une frayeur mortelle à peine encor remise,
Pardonnez, grand Heros, si mon étonnement
N'a pas la liberté d'aucun remerciment.
PER. Venez, Tyrans des Mers, reparer vostre crime,
Venez restituer cette illustre victime,
Meritez vostre grace, impetueux mutins,
Par vostre obeyssance au maistre des Destins.[e]
CAS.[f] Peuple, qu'à pleine voix l'allegresse publique
Aprés un tel miracle en triomphe s'explique,
Et fasse retentir sur ce rivage heureux
L'immortelle valeur d'un bras si genereux.
CHO. Le Monstre est mort, crions victoire,
  Victoire tous, victoire à pleine voix,

[a] seule.
[b] Repete.
[c] A la Reine.
[d] Ayant tué le Monstre.
[e] Les Vents obeissent aussi-tost à ce commandement de Persée, & on les voit en un moment détacher cette Princesse, & la reporter par dessus les flots jusques au lieu d'où ils l'avoient apportée au commencement de cet Acte. En mesme temps Persée revole en haut sur son cheval aislé, & aprés avoir fait un caracol admirable au milieu de l'air, il tire du mesme costé qu'on a veu disparoistre la Princesse. Tâdis qu'il vole, tout le rivage retentit de cris de joye & de chants de victoire.
[f] Voyant

Persée re-voler en haut après sa victoi-re.

Que nos campagnes & nos bois
Ne resonnent que de sa gloire,
Princesse, elle vous donne enfin l'illustre époux
Qui seul étoit digne de vous.

Vous étes sa digne conqueste,
Victoire tous, victoire à son amour,
C'est luy qui nous rend ce beau jour,
C'est luy qui calme la tempeste :
Et c'est luy qui vous donne enfin l'illustre époux
Qui seul étoit digne de vous.

ª Après que Persée est dispa-ru.

CAS.ª Dieux, j'étois sur ces bords immobile de joye,
Allons voir où ces Vents ont reporté leur proye,
Embrasser ce vainqueur, & demander au Roy
L'effet du juste espoir qu'il a receu de moy.

SCENE IV.

CYMODOCE, EPHYRE, CYDIPPE.

Ces trois Nereïdes s'élevent du milieu des flots.

CYM. Ainsi nostre colere est de tout point bravée,
Ainsi nostre victime à nos yeux enlevée
Va croistre les douceurs de ses contentements
Par le juste mépris de nos ressentimens.
EPH. Toute nostre fureur, toute nostre vangeance
Semble avec son Destin estre d'intelligence,
N'agir qu'en sa faveur, & ses plus rudes coups
Ne font que luy donner un plus illustre époux.
CYD. Le Sort, qui jusqu'icy nous a donné le change,
Immole à ses beautez le Monstre qui nous vange :
Du mesme sacrifice, & dans le mesme lieu,
De victime qu'elle est, elle devient le Dieu.
Cessons doresnavant, cessons d'estre immortelles,
Puisque les Immortels trahissent nos querelles,
Qu'une beauté commune est plus chere à leurs yeux ;
Car son liberateur est sans doute un des Dieux.
Autre qu'un Dieu n'eust pû nous oster cette proye,
Autre qu'un Dieu n'eust pû prendre une telle voye,
Et ce cheval aislé fust pery mille fois,
Avant que de voler sous un indigne poids.

TRAGEDIE.

CYM. Ouy, c'est sans doute un Dieu qui vient de la défendre,
Mais il n'est pas, mes sœurs, encor temps de nous rendre,
Et puisqu'un Dieu pour elle ose nous outrager,
Il faut trouver aussi des Dieux à nous vanger.
Du sang de nostre Monstre encore toutes teintes
Au Palais de Neptune allons porter nos plaintes,
Luy demander raison de l'immortel affront
Qu'une telle défaite imprime à nostre front.
CYD. Ie croy qu'il nous prévient, les ondes en boüillonnent,
Les Conques des Tritons dans ces rochers resonnent,
C'est luy-mesme, parlons.

SCENE V.

NEPTVNE, Les trois NEREIDES.

NEP.[a] Ie sçay vos déplaisirs,
Mes filles, & je viens au bruit de vos soûpirs.
De l'affront qu'on vous fait plus que vous en colere,
C'est moy que tyrannise un superbe de frere,
Qui dans mon propre Etat m'osant faire la loy,
M'envoye un de ses fils pour triompher de moy.
Qu'il regne dans le Ciel, qu'il regne sur la Terre,
Qu'il gouverne à son gré l'éclat de son Tonnerre,
Que mesme du Destin il soit independant,
Mais qu'il me laisse à moy gouverner mon Trident.
C'est bien assez pour luy d'un si grand avantage,
Sans me venir braver encor dans mon partage.
Après cet attentat sur l'Empire des Mers,
Mesme honte à leur tour menace les Enfers,
Aussi leur Souverain prendra nostre querelle:
Ie vay l'interesser avec Iunon pour elle,
Et tous trois assemblans nostre pouvoir en un,
Nous sçaurons bien dompter nostre Tyran commun.
Adieu, consolez-vous, Nymphes trop outragées,
Ie periray moy-mesme, ou vous serez vangées,
Et j'ay sçeu du Destin qui se ligue avec nous,
Qu'Andromede icy-bas n'aura jamais d'époux.[b]
CYM. Après le doux espoir d'une telle promesse,
Reprenons, cheres sœurs, une entiere allegresse.

Les Nereides se plongent aussi dans la Mer.

[a] *Il est dans son Char, formé d'une grande Conque de Nacre, & tiré par deux chevaux marins.*

[b] *Il fond au milieu de la Mer.*

ACTE IV.

SCENE PREMIERE

ANDROMEDE, PERSEE,
CHOEVR de Nymphes,
Suite de Persee.

PER. Ve me permettez-vous, Madame, d'esperer?
Mon amour jusqu'à vous a-t'il lieu d'aspirer,
Et puis-je en cette illustre & charmante journée,
Pretendre jusqu'au cœur que possedoit Phinée?
AND. Laissez-moy l'oublier puisqu'on me donne à vous,
Et s'il l'a possedé n'en soyez point jaloux.
Le choix du Roy l'y mit, le choix du Roy l'en chasse,
Ce mesme choix du Roy vous y donne sa place,
N'exigez rien de plus, je ne sçay point haïr,
Ie ne sçay point aimer, mais je sçais obeïr,
Ie sçay porter ce cœur à tout ce qu'on m'ordonne,
Il suit aveuglément la main qui vous le donne,
De sorte, grand Heros, qu'après le choix du Roy,
Ce que vous demandez est plus à vous qu'à moy.
PER. Que je puisse abuser ainsi de sa puissance!
Hazarder vos plaisirs sur vostre obeyssance!
Et de liberateur de vos rares beautez
M'élever en Tyran dessus vos volontez!
Princesse, mon bon-heur vous auroit mal servie,
S'il vous faisoit esclave en vous rendant la vie,
Et s'il n'avoit sauvé des jours si précieux,
Que pour les attacher sous un joug odieux.
C'est aux courages bas, c'est aux amans vulgaires,
A faire agir pour eux l'authorité des peres,
Souffrez à mon amour des chemins differens,
I'ay veu parler pour moy les Dieux, & vos parens,
Ie sens que mon espoir s'enfle de leur suffrage,
Mais je n'en veux enfin tirer autre avantage,

TRAGEDIE.

Que de pouvoir icy faire hommage à vos yeux
Du choix de vos parens, & du vouloir des Dieux.
Ils vous donnent à moy, je vous rens à vous-mesme,
Et comme enfin c'est vous, & non-pas moy que j'aime,
J'aime mieux m'exposer à perdre un bien si doux,
Que de vous obtenir d'un autre que de vous.
Ie garde cet espoir, & hazarde le reste,
Et me soit vostre choix, ou propice, ou funeste,
Ie beniray l'Arrest qu'en feront vos desirs,
Si ma mort vous épargne un peu de déplaisirs.
Remplissez mon espoir, ou trompez mon attente,
Ie mourray sans regret, si vous vivez contente,
Et mon trépas n'aura que d'aimables momens,
S'il vous ôte un obstacle à vos contentemens.

AND. C'est trop d'estre vainqueur dans la mesme journée
Et de ma retenuë, & de ma Destinée.
Aprés que par le Roy vos vœux sont exaucez,
Vous parler d'obeyr, c'étoit vous dire assez
Mais vous voulez douter afin que je m'explique,
Et que vostre victoire en devienne publique.
Sçachez donc... PER. Non, Madame, où j'ay tant d'interest
Ce n'est pas devant moy qu'il faut faire l'Arrest.
L'excés de vos bontez pourroit en ma presence,
Faire à vos sentimens un peu de violence;
Ce bras vainqueur du Monstre, & qui vous rend le jour,
Pourroit en ma faveur seduire vostre amour,
La pitié de mes maux pourroit mesme surprendre,
Ce cœur trop genereux pour s'en vouloir défendre,
Et le moyen qu'un cœur, ou seduit, ou surpris,
Fust juste en ses faveurs, ou juste en ses mépris?
 De tout ce que j'ay fait ne voyez que ma flame,
De tout ce qu'on vous dit ne croyez que vostre ame,
Ne me répondez point, & consultez-la bien,
Faites vostre bon-heur sans aucun soin du mien.
Ie luy voudrois du mal s'il retranchoit du vostre,
S'il vous pouvoit coûter un soûpir pour quelqu'autre,
Et si quittant pour moy quelques destins meilleurs
Vostre devoir laissoit vostre tendresse ailleurs.
Ie vous le dis encor dans ma plus douce attente,
Ie mourray trop content si vous vivez contente,
Et si l'heur de ma vie ayant sauvé vos jours,
La gloire de ma mort asseure vos amours.

Adieu, je vais attendre, ou triomphe, ou supplice,
L'un comme effet de grace, & l'autre de justice.
AND. A ces profonds respects qu'icy vous me rendez,
Ie ne replique point, vous me le défendez :
Mais quoy que vostre amour me condamne au silence,
Ie vous diray, Seigneur, malgré vostre défence,
Qu'un Heros tel que vous ne sçauroit ignorer
Qu'ayant tout merité l'on doit tout esperer.

SCENE II.

ANDROMEDE, CHOEVR de Nymphes.

AND. Nymphes, l'auriez vous creu, qu'en moins d'une journée
J'aimasse de la sorte un autre que Phinée ?
Le Roy l'a commandé, mais de mon sentiment
Ie m'offrois en secret à son commandement,
Ma flame impatiente invoquoit sa puissance,
Et couroit au devant de mon obeissance.
Ie fais plus, au seul nom de mon premier vainqueur,
L'amour à la colere abandonne mon cœur,
Et ce captif rebelle ayant brisé sa chaisne,
Va jusques au dedain, s'il ne passe à la haine.
Que direz-vous d'un change, & si prompt, & si grand,
Qui dans ce mesme cœur moy-mesme me surprend ?
AGL. Que pour faire un bon-heur promis par tant d'Oracles
Cette grande journée est celle des miracles,
Et qu'il n'est pas aux Dieux besoin de plus d'effort,
A changer vostre cœur, qu'à changer vostre Sort.
Cet empire absolu qu'ils ont dessus nos ames
Eteint comme il leur plaist & rallume nos flames,
Et verse dans nos cœurs, pour se faire obeïr,
Des principes secrets d'aimer & de hair.
Nous en voyions au vostre en cette haute estime
Que vous nous témoigniez pour ce bras magnanime,
Au defaut de l'amour que Phinée emportoit,
Il luy donnoit deslors tout ce qui luy restoit,
Deslors ces mesmes Dieux, dont l'ordre s'execute,
Le panchoient du costé qu'ils preparoient sa cheute,

TRAGEDIE.

Et cette haute estime attendant ce beau jour,
N'étoit qu'un beau degré pour monter à l'amour.
CEP. Vn digne amour succede à cette haute estime;
Si je puis toutefois vous le dire sans crime,
C'est hazarder beaucoup que croire entierement
L'impetuosité d'un si prompt changement.
     Comme pour vous Phinée eut toûjours quelques charmes,
Peut-estre il ne luy faut qu'un soûpir & deux larmes,
Pour dissiper un peu de cette avidité
Qui d'un si gros torrent suit la rapidité.
Deux amants que separe une legere offense
Reprennent aisément leur vieille intelligence,
Vous reverrez en luy ce qui le fit aimer,
Les mesmes qualitez qu'il vous plût estimer.
AND. Et j'y verray de plus cette ame lasche & basse
Iusqu'à m'abandonner à toute ma disgrace,
Cet ingrat trop aimé qui n'osa me sauver,
Qui me voyant perir voulut se conserver,
Et creut s'estre acquité devant ce que nous sommes
En querellant les Dieux, & menaçant les hommes.
S'il eust.... Mais le voicy, voyons si ses discours
Rompront de ce torrent ou grossiront le cours.

SCENE III.

ANDROMEDE, PHINEE, AMMON, CHOEVR de Nymphes, Suite de Phinée.

PHI. SVr un bruit qui m'étonne, & que je ne puis croire,
       Madame, mon amour jaloux de vostre gloire,
Vient sçavoir s'il est vray que vous soyez d'accord,
Par un change honteux, de l'Arrest de ma mort.
Ie ne suis point surpris que le Roy, que la Reine,
Suivent les mouvemens d'une foiblesse humaine,
Tout ce qui me surprend ce sont vos volontez.
On vous donne à Persée, & vous y consentez!
Et toute vostre foy demeure sans défense,
Alors que de mon bien on fait sa recompense!
AND. Ouy, j'y consens, Phinée, & j'y doy consentir,
Et quel que soit ce bien qu'il a sçeu garantir,

Sans vous faire injustice on en fait son salaire,
Quand il a fait pour moy ce que vous deviez faire.
De quel front osez vous me nommer vostre bien,
Vous qu'on a veu tantost n'y pretendre plus rien?
Quoy, vous consentirez qu'un Monstre me devore,
Et ce Monstre étant mort je suis à vous encore!
Quand je sors de peril vous revenez à moy!
Vous avez de l'amour, & je vous dois ma foy!
C'étoit de sa fureur qu'il me falloit défendre,
Si vous vouliez garder quelque droit d'y pretendre:
Ce demy-Dieu n'a fait, quoy que vous pretendiez,
Que n'arracher au Monstre à qui vous me cediez.
Quittez donc cette vaine & temeraire idée,
Ne me demandez plus quand vous m'avez cedée:
Ce doit estre pour vous mesme chose aujourd'huy,
Ou de me voir au Monstre, ou de me voir à luy.
PHI. Qu'ay-je oublié pour vous de ce que j'ay pû faire?
N'ay-je pas des Dieux mesme attiré la colere?
Lors que je vis Æole armé pour m'en punir,
Fut-il en mon pouvoir de vous mieux retenir?
N'eurent-ils pas besoin d'un éclat de tonnerre,
Ses Ministres aislez, pour me jetter par terre?
Et voyant mes efforts avorter sans effets,
Quels pleurs n'ay-je versez, & quels vœux n'ay-je faits?
AND. Vous avez donc pour moy daigné verser des larmes,
Lors que pour me défendre un autre a pris les armes!
Et dedans mon peril vos sentimens ingrats
S'amusoient à des vœux quand il falloit des bras!
PHI. Que pouvois-je de plus, ayant veu pour Nerée
De vint amants armez la troupe devorée?
Devois-je encor promettre un succès à ma main,
Qu'on voyoit au dessus de tout l'effort humain?
Devois-je me flater de l'espoir d'un miracle?
AND. Vous deviez l'esperer sur la foy d'un Oracle,
Le Ciel l'avoit promis par un Arrest si doux,
Il l'a fait par un autre, & l'auroit fait par vous.
    Mais quand vous auriez creu vostre perte asseurée,
Du moins ces vint amants devorez pour Nerée
Vous laissoient un exemple, & noble, & glorieux,
Si vous n'eussiez pas craint de perir à mes yeux.
Ils voyoient de leur mort la mesme certitude,
Mais avec plus d'amour, & moins d'ingratitude,

Tous

TRAGEDIE.

Tous voulurent mourir pour leur objet mourant:
Que leur amour du vostre étoit bien different!
L'effort de leur courage a produit vos alarmes,
Vous a réduit aux vœux, vous a réduit aux larmes,
Et quoy que plus heureuse en un semblable sort,
Ie voy d'un œil jaloux la gloire de sa mort.
Elle avoit vint amants qui voulurent la suivre,
Et je n'en avois qu'un qui m'a voulu survivre.
Encor ces vint amants qui vous ont alarmé
N'étoient pas tous aimez, & vous étiez aimé:
Ils n'avoient la pluspart qu'une foible esperance,
Et vous aviez, Phinée, une entiere asseurance,
Vous possediez mon cœur, vous possediez ma foy,
N'étoit-ce point assez pour mourir avec moy?
Pouviez-vous... *PHI.* Ah, de grace, imputez-moy, Madame,
Les crimes les plus noirs dont soit capable une ame,
Mais ne soupçonnez point ce malheureux amant
De vous pouvoir jamais survivre un seul moment.
I'épargnois à mes yeux un funeste spectacle,
Où mes bras impuissans n'avoient pû mettre obstacle,
Et tenois ma main preste à servir ma douleur
Au moindre & premier bruit qu'eust fait vostre malheur.
AND. Et vos respects trouvoient une digne matiere
A me laisser l'honneur de perir la premiere!
Ah! c'étoit à mes yeux qu'il falloit y courir,
Si vous aviez pour moy cette ardeur de mourir.
Vous ne me deviez pas envier cette joye
De voir offrir au Monstre une premiere proye:
Vous m'auriez de la mort adoucy les horreurs,
Vous m'auriez fait du Monstre adorer les fureurs,
Et luy voyant ouvrir ce gouffre épouvantable,
Ie l'aurois regardé comme un port favorable,
Comme un vivant sepulchre, où mon cœur amoureux
Eust bruslé de rejoindre un amant genereux.
I'aurois desavoüé la valeur de Persée,
En me sauvant la vie il m'auroit offensée,
Et de ce mesme bras qu'il m'auroit conservé
Ie vous immolerois ce qu'il m'auroit sauvé.
Ma mort auroit déja couronné vostre perte,
Et la bonté du Ciel ne l'auroit pas soufferte,
C'est à vostre refus que les Dieux ont remis
En de plus dignes mains ce qu'ils m'avoient promis,

Tome II.   A aa

Mon cœur eust mieux aimé le tenir de la voftre,
Mais je vis par un autre, & vivray pour un autre.
Vous n'avez aucun lieu d'en devenir jaloux,
Puisque fur ce rocher j'étois morte pour vous,
Qui pouvoit le souffrir, peut me voir fans envie
Vivre pour un Heros de qui je tiens la vie,
Et quand l'Amour encor me parleroit pour luy,
Ie ne puis difpofer des conqueftes d'autruy.
Adieu.

SCENE IV.

PHINEE, AMMON, Suite de Phinée.

PHI. Vous voulez donc que j'en faffe la mienne,
Cruelle, & que ma foy de mon bras vous obtienne?
Et bien, nous l'irons voir, ce bien-heureux vainqueur,
Qui triomphant d'un Monstre a dompté voftre cœur.
C'étoit trop peu pour luy d'une feule victoire,
S'il n'euft dedans ce cœur triomphé de ma gloire?
Mais fi fa main au Monstre arrache un bien fi cher,
La mienne à fon bon-heur fçaura bien l'arracher,
Et vainqueur de tous deux en une feule tefte,
De ce qui fut mon bien je feray ma conquefte,
La force me rendra ce que ne peut l'amour.
Allons-y, chers amis, & montrons dés ce jour.
AMM. Seigneur, auparavant d'une ame plus remife
Daignez voir le fuccés d'une telle entreprife.
Sçavez-vous que Perfée eft fils de Iupiter,
Et qu'ainfi vous avez le foudre à redouter?
PHI. Ie fçay que Danaé fut fon indigne mere,
L'or qui plut dans fon fein l'y forma d'adultere?
Mais le pur fang des Rois n'eft pas moins precieux,
Ny moins chery du Ciel, que les crimes des Dieux.
AMM. Mais vous ne fçavez pas, Seigneur, que fon épée
De l'horrible Medufe a la tefte coupée,
Que fous fon bouclier il la porte en tous lieux,
Et que c'eft fait de vous s'il en frape vos yeux.
PHI. On dit que ce prodige eft pire qu'un tonnerre,
Qu'il ne faut que le voir pour n'eftre plus que pierre,
Et que n'aguere Atlas qui ne s'en put cacher,
A cet afpect fatal devint un grand rocher;

TRAGEDIE.

Soit une verité, soit un conte, n'importe,
Si la valeur ne peut, que le nombre l'emporte.
Puisqu'Andromede enfin vouloit me voir perir,
Ou triompher d'un Monstre afin de l'acquerir,
Que fiere de se voir l'objet de tant d'Oracles
Elle veut que pour elle on fasse des miracles;
Cette teste est un Monstre, aussi-bien que celuy
Dont cet heureux rival la delivre aujourd'huy,
Et nous aurons ainsi dans un seul adversaire
Et Monstres à combatre, & miracles à faire.
Peut-estre quelques Dieux prendront nostre party,
Quoy que de leur Monarque il se dise sorty,
Et Iunon pour le moins prendra nostre querelle
Contre l'amour furtif d'un époux infidelle.*

SCENE V.

*IVNON dans son Char au milieu de l'air,
PHINEE, AMMON,
Suite de Phinée.*

IVN. N'En doute point, Phinée, & cesse d'endurer.
PHI. Elle-mesme paroît pour nous en asseurer!
IVN. Ie ne seray pas seule, ainsi que moy Neptune
    S'interesse en ton infortune.
    Et déja la noire Alecton
    Du fond des Enfers déchaisnée,
    A par les ordres de Pluton
De mille cœurs pour toy la fureur mutinée :
Fort de tant de seconds, ose, & sers mon couroux
Contre l'indigne sang de mon perfide époux.
PHI. Nous te suivons, Déesse, & dessous tes auspices
Nous franchirons sans peur les plus noirs precipices.
    Que craindrons-nous, amis, nous avons Dieux pour Dieux,
Oracle pour Oracle, & la faveur des Cieux
D'un contrepoids égal dessus nous balancée
N'est pas entierement du costé de Persée.
IVN. Ie te le dis encor, ose, & sers mon couroux
Contre l'indigne sang de mon perfide époux.
AMM. Sous tes commandemens, nous y courons, Déesse,
    Le cœur plein d'esperance, & l'ame d'allegresse:

a Iunon se fait voir dans un Char superbe, tiré par deux Paons, & si bien enrichy, qu'il paroit digne de l'orgueil de la Déesse qui s'y fait porter. Elle se promene au milieu de l'Air, dont un Poëtes luy attribuent l'Empire, & y fait plusieurs tours, tantost à droite, & tantost à gauche, cependant qu'elle asseure Phinée de sa protection.

ANDROMEDE,

Allons, Seigneur, allons assembler vos amis,
Courons au grand succés qu'elle vous a promis,
Aussi-bien le Roy vient, il faut quitter la place,
De peur... PHI. Non, demeurez pour voir ce qui se passe,
Et songez à m'en faire un fidelle rapport,
Tandis que je m'apreste à cet illustre effort.

SCENE VI.

CEPHEE, CASSIOPE, ANDROMEDE, PERSEE, AMMON, TIMANTE, CHOEVR de Peuple.

TIM. Seigneur, le souvenir des plus aspres supplices
Quand un tel bien les suit n'a jamais que delices,
Si d'un mal sans pareil nous nous vismes surpris,
Nous benissons le Ciel d'un tel mal à ce prix,
Et voyant quel époux il donne à la Princesse,
La douleur s'en termine en ces chants d'allegresse.

a Il chan-
te.
CHO.ª Vivez, vivez, heureux amants,
Dans les douceurs que l'amour vous inspire,
Vivez heureux, & vivez si long-temps,
Qu'au bout d'un siecle entier on puisse encor vous dire,
Vivez, heureux amants.

Que les plaisirs les plus charmants
Fassent les jours d'une si belle vie,
Qu'ils soient sans tache, & que tous leurs moments
Fassent redire mesme à la voix de l'Envie,
Vivez, heureux amants.

Que les Peuples les plus puissants
Dans nos souhaits à pleins vœux nous secondent,
Qu'aux Dieux pour vous ils prodiguent l'encens,
Et des bouts de la Terre à l'envy nous répondent,
Vivez, heureux amants.
CEP. Allons, amis, allons dans ce comble de joye
Rendre graces au Ciel de l'heur qu'il nous envoye,

Allons dedans le Temple avecque mille vœux
De cet illustre Hymen achever les beaux nœuds,
Allons sacrifier à Iuppiter son pere,
Le prier de souffrir ce que nous pensons faire,
Et ne s'offenser pas que ce noble lien
Fasse un meslange heureux de son sang, & du mien.
CAS. Souffrez qu'auparavant par d'autres sacrifices
Nous nous rendions des eaux les Deïtez propices.
Neptune est irrité, les Nymphes de la Mer
Ont de nouveaux sujets encor de s'animer,
Et comme mon orgueil fit naistre leur colere,
Par mes submissions je doy les satisfaire.
Sur leurs sables témoins de tant de vanitez
Ie vay sacrifier à leurs Divinitez,
Et conduisant ma fille à ce mesme rivage,
De ses mesmes beautez leur rendre un plein hommage,
Ioindre nos vœux au sang des taureaux immolez:
Puis nous vous rejoindrons au Temple où vous allez.
PER. Souffrez qu'en mesme temps de ma fiere marastre
Ie tasche d'appaiser la haine opiniastre,
Qu'un pareil sacrifice, & de semblables vœux
Tirent d'elle l'aveu qui peut me rendre heureux.
Vous sçavez que Iunon à ce lien préside,
Que sans elle l'Hymen marche d'un pied timide,
Et que sa jalousie aime à persecuter
Quiconque ainsi que moy sort de son Iupiter.
CEP. Ie suis ravy de voir qu'au milieu de vos flames
De si dignes respects regnent dessus vos ames.
Allez, j'immoleray pour vous à Iupiter,
Et je ne voy plus rien enfin à redouter.
Des Dieux les moins benins l'eternelle puissance
Ne veut de nous qu'amour, & que reconnoissance;
Et jamais leur couroux ne montre de rigueurs,
Que n'abate aussi-tost l'abaissement des cœurs.

ACTE V

SCENE PREMIERE

PHINEE, AMMON.

AMM. Os amis assemblez bruslent tous de vous suivre,
Et Iunon dãs son Temple entre vos mains le livre:
Ce rival presque seul au pied de son Autel
Semble attendre à genoux l'honneur du coup (mortel.
Là, comme la Déesse agrêra la victime,
Plus les lieux seront saints, moindre en sera le crime,
Et son aveu changeant de nom à l'attentat,
Ce sera sacrifice au lieu d'assassinat.
PHI. Que me sert que Iunon, que Neptune propice,
Que tous les Dieux ensemble aiment ce sacrifice,
Si la seule Déesse à qui je fais des vœux
Ne m'en voit que d'un œil d'autant plus rigoureux,
Et si ce coup sensible au cœur de l'inhumaine
D'un injuste mépris fait une juste haine?
  Amy, quelque fureur qui puisse m'agiter,
Ie cherche à l'acquerir, & non à l'irriter,
Et m'immoler l'objet de sa nouvelle flame
Ce n'est pas le chemin de rentrer dans son ame.
AMM. Mais, Seigneur, vous touchez à ce moment fatal
Qui pour jamais la donne à cet heureux rival.
En cette extremité que pretendez-vous faire?
PHI. Tout horsmis l'irriter, tout horsmis luy déplaire,
Soûpirer à ses pieds, pleurer à ses genoux,
Trembler devant sa haine, adorer son couroux.
AMM. Quittez, quittez, Seigneur, un respect si funeste,
Ostez-vous ce rival, & hazardez le reste:
En dust-elle à jamais dédaigner vos soûpirs,
La vangeance elle seule a de si doux plaisirs.
PHI. N'en cherchons les douceurs, amy, que les dernieres,
Rarement un amant les peut gouster entieres,

Et quand de sa vangeance elles sont tout le fruit,
Ce sont fausses douceurs que l'amertume suit.
La mort de son rival, les pleurs de son ingrate
Ont bien je ne sçay quoy qui dans l'abord le flate,
Mais de ce cher objet s'en voyant plus haï,
Plus il s'en est flaté, plus il s'en croit trahy,
Sous d'eternels regrets son ame est abatuë,
Et sa propre vangeance incessamment le tuë.
 Ce n'est pas que je veüille enfin la negliger,
Si je ne puis fléchir, je cours à me vanger,
Mais souffre à mon amour, mais souffre à ma foiblesse
Encor un peu d'effort auprès de ma Princesse.
Vn amant veritable espere jusqu'au bout,
Tant qu'il voit un moment qui peut luy rendre tout.
L'inconstante peut-estre encor toute étonnée
N'étoit pas bien à soy quand elle s'est donnée,
Et la reconnoissance a fait plus que l'amour
En faveur d'une main qui luy rendoit le jour.
Au sortir du peril, pasle encore & tremblante,
L'image de la mort devant les yeux errante,
Elle a creu tout devoir à son liberateur:
Mais souvent le devoir ne donne pas le cœur.
Il agit rarement sans un peu d'imposture,
Et fait peu de presens dont ce cœur ne murmure.
Peut-estre, amy, peut-estre après ce grand effroy,
Son amour en secret aura parlé pour moy,
Les traits mal effacez de tant d'heureux services,
Les douceurs d'un beau feu qui furent ses delices,
D'un regret amoureux touchant son souvenir,
Auront en ma faveur surpris quelque soûpir,
Qui s'échapant d'un cœur qu'elle force à ma perte,
M'en aura pû laisser la porte encor ouverte.
Ah! si ce triste Hymen se pouvoit éloigner.
AMM. Quoy, vous voulez encor vous faire dédaigner?
Sous ce honteux espoir vostre fureur se dompte?
PHI. Que veux-tu? ne sois point le témoin de ma honte,
Andromede revient, va trouver nos amis,
Va preparer leurs bras à ce qu'ils m'ont promis.
Ou mes nouveaux respects fléchiront l'inhumaine,
Ou ses nouveaux mépris animeront ma haine,
Et tu verras mes feux changez en juste horreur
Armer mes desespoirs, & haster ma fureur.
AMM. Ie vous plains, mais enfin j'obeïs, & vous laisse.

SCENE II.

CASSIOPE, ANDROMEDE, PHINEE, Suite de la Reyne.

PHI. Vne seconde fois, adorable Princesse,
Malgré de vos rigueurs l'imperieuse loy....
AND. Quoy, vous voyez la Reine, & vous parlez à moy ?
PHI. C'est de vous seule aussi que j'ay droit de me plaindre,
Ie serois trop heureux de la voir vous contraindre,
Et n'accuserois plus vostre infidelité
Si vous vous excusiez sur son authorité.
  Au nom de cette amour autrefois si puissante,
Aidez un peu la mienne à vous faire innocente,
Dites-moy que vostre ame à regret obeït,
Qu'un rigoureux devoir malgré vous me trahit,
Donnez-moy lieu de dire, *elle-mesme elle en pleure,*
Elle change forcée, & son cœur me demeure,
Et soudain de la Reine embrassant les genoux
Vous m'y verrez mourir sans me plaindre de vous.
Mais que luy puis-je, helas! demander pour remede,
Quand la main qui me tuë est celle d'Andromede,
Et que son cœur leger ne court au changement
Qu'avec la vanité d'y courir justement ?
CAS. Et quel droit sur ce cœur pouvoit garder Phinée,
Quand Persée a trouvé la place abandonnée,
Et n'a fait autre chose en prenant son party
Que s'emparer d'un lieu dont vous étiez forty ?
Mais forty (le diray-je, & pourrez-vous l'entendre ?)
Ouy, forty laschement, de peur de le défendre.
Ainsi nous n'avons fait que le recompenser
D'un bien où vostre bras venoit de renoncer,
Que vous cediez au Monstre, à luy-mesme, à tout autre :
Si c'est une injustice, examinons la vostre.
  La voyant exposée aux rigueurs de son fort,
Vous vous étiez déja consolé de sa mort,
Et quand par un Heros le Ciel l'a garantie,
Vous ne vous pouvez plus consoler de sa vie.
PHI. Ah ! Madame.... *CAS.* Et bien, soit, vous avez soûpiré
Autant que l'a pû faire un cœur desesperé,

Iamais

Iamais aucun tourment n'égala voſtre peine;
Certes, quelque douleur dont voſtre ame fuſt pleine,
Ce deſeſpoir illuſtre & ces nobles regrets
Luy devoient un peu plus que des ſoupirs ſecrets.
A ce defaut Perſée... *PHI.* Ah! c'en eſt trop, Madame,
Ce nom rend malgré moy la fureur à mon ame,
Ie me force au reſpect, mais toûjours le vanter
C'eſt me forcer moy-meſme à ne rien reſpecter.
Qu'a-t'il fait aprés tout ſi digne de vous plaire
Qu'avec un tel ſecours tout autre n'euſt pû faire,
Et tout Heros qu'il eſt, qu'euſt-il oſé pour vous,
S'il n'euſt eu que ſa flame & ſon bras comme nous?
Mille & mille auroient fait des actions plus belles,
Si le Ciel comme à luy leur euſt prêté des aiſles,
Et vous les auriez veus encor plus genereux,
S'ils euſſent veu le Monſtre & le peril ſous eux.
On s'expoſe aiſément quand on n'a rien à craindre,
Combatre un ennemy qui ne pouvoit l'atteindre,
Voir ſa victoire ſeure, & daigner l'accepter,
C'eſt tout le rare exploit dont il ſe peut vanter;
Et je ne comprens point, ny quelle en eſt la gloire,
Ny quel grand prix merite une telle victoire.
CAS. Et voſtre aveuglement ſera bien moins compris,
Qui d'un ſujet d'eſtime en fait un de mépris.
Le Ciel qui mieux que nous connoiſt ce que nous ſommes
Meſure ſes faveurs au merite des hommes,
Et d'un pareil ſecours vous auriez eu l'apuy,
S'il euſt pû voir en vous meſmes vertus qu'en luy.
Ce ſont graces d'enhaut rares, & ſingulieres,
Qui n'en deſcendent point pour des ames vulgaires,
Ou pour en mieux parler, la juſtice des Cieux
Garde ce privilege au digne ſang des Dieux,
C'eſt par là que leur Roy vient d'avoüer ſa race.
AND. Ie diray plus, Phinée, & pour vous faire grace,
Ie veux ne rien devoir à cét heureux ſecours
Dont ce vaillant guerrier a conſervé mes jours:
Ie veux fermer les yeux ſur toute cette gloire,
Oublier mon peril, oublier ſa victoire,
Et quel qu'en ſoit enfin le merite, où l'éclat,
Ne juger entre vous que depuis le combat.
Voyez ce qu'il a fait, lors qu'aprés ces alarmes
Me voyant toute acquiſe au bon-heur de ſes armes,

Ayant pour luy les Dieux, ayant pour luy le Roy,
Dans sa victoire mesme il s'est vaincu pour moy.
Il m'a sacrifié tout ce haut avantage,
De toute sa conqueste il m'a fait un hommage,
Il m'en a fait un don, & fort de tant de voix,
Au peril de tout perdre il met tout à mon choix :
Il veut tenir pour grace un si juste salaire,
Il reduit son bon-heur à ne me point déplaire,
Preferant mes refus, preferant son trépas
A l'effet de ses vœux qui ne me plairoit pas.
 En usez-vous de mesme, & vostre violence
Garde-t'elle pour moy la mesme déference ?
Vous avez contre vous, & les Dieux, & le Roy,
Et vous voulez encor m'obtenir malgré moy !
Sous ombre d'une foy qui se tient en reserve,
Ie dois à vostre amour ce qu'un autre conserve ;
A moins que d'estre ingrate à mon liberateur,
A moins que d'adorer un lasche adorateur,
Que d'estre à mes parens, aux Dieux mesmes rebelle,
Vous crirez après moy sans cesse, *à l'infidelle !*
 C'étoit aux yeux du Monstre, au pied de ce rocher
Que l'effet de ma foy se devoit rechercher.
Mon ame encor pour vous de mesme ardeur pressée
Vous eust tendu la main au mépris de Persée,
Et crû plus glorieux qu'on m'eust veuë aujourd'huy
Expirer avec vous que regner avec luy.
Mais puisque vous m'avez envié cette joye,
Cessez de m'envier ce que le Ciel m'envoye,
Et souffrez que je tasche enfin à meriter
Au refus de Phinée un fils de Iupiter.
PHI. Ie perds donc temps, Madame, & vostre ame obstinée
N'a plus amour, ny foy, ny pitié pour Phinée ?
Vn peu de vanité qui flate vos parens,
Et d'un rival adroit les respects apparens,
Font plus en un moment avec leurs artifices
Que n'ont fait en six ans ma flame & mes services ?
Ie ne vous diray point que de pareils respects
A tout autre que vous pourroient estre suspects,
Que qui peut se priver de la personne aimée,
N'a qu'une ardeur civile, & fort mal allumée,
Que dans ma violence on doit voir plus d'amour ;
C'est un present des Cieux, faites-luy vostre Cour,

TRAGEDIE.

Plus fidelle qu'à moy, tenez-luy mieux parole,
I'en vay rougir pour vous cependant qu'il me vole;
Mais ce rival peut-estre, après m'avoir volé,
Ne sera pas toûjours sur ce cheval aisé.
AND. Il n'en a pas besoin s'il n'a que vous à craindre.
PHI. Il peut avec le temps estre le plus à plaindre.
AND. Il porte à son costé dequoy l'en garantir.
PHI. Vous l'attendez icy, je vay l'en avertir.
CAS. Son amour peut sans vous nous rendre cet office.
PHI. Le mien s'efforcera pour ce dernier service,
    Vous pouvez cependant divertir vos esprits
    A rendre conte au Roy de vos justes mépris.

SCENE III.

CEPHEE, CASSIOPE, ANDROMEDE,
Suite du Roy & de la Reine.

CEP. Que faisoit-là Phinée? est-il si temeraire
    Que ce que font les Dieux il pense à le défaire?
CAS. Après avoir prié, soûpiré, menacé,
    Il vous a veu, Seigneur, & l'orage a passé.
CEP. Et vous prétiez l'oreille à ses discours frivoles?
CAS. Vn amant qui perd tout peut perdre des paroles,
    Et l'écouter sans trouble & sans rien hazarder,
    C'est la moindre faveur qu'on luy puisse accorder.
    Mais, Seigneur, dites-nous si Iupiter propice
    Se declare en faveur de vostre sacrifice,
    Si de nostre famille il se rend le soûtien,
    S'il consent l'union de nostre sang au sien?
CEP. Iamais les feux sacrez & la mort des victimes
    N'ont daigné mieux répondre à des vœux legitimes.
    Tous auspices heureux, & le grand Iupiter
    Par des signes plus clairs ne pouvoit l'accepter,
    A moins qu'y joindre encor l'honneur de sa presence,
    Et de sa propre bouche asseurer l'alliance.
CAS. Les Nymphes de la Mer nous en ont fait autant.
    Toutes ont hors des flots parû presque à l'instant,
    Et leurs benins regards envoyez au rivage
    Avecque nostre encens ont receu nostre hommage.

Bbb ij

Après le sacrifice honoré de leurs yeux,
Où Neptune à l'envy mesloit ses demy-Dieux,
Toutes ont témoigné d'un panchement de teste
Consentir au bon-heur que le Ciel nous apreste,
Et nos submissions desarmant leurs dédains
Toutes ont pour Adieu batu l'onde des mains.
Que si mesme bon-heur suit les vœux de Persée,
Qu'il ait veu de Iunon sa priere exaucée,
Nous n'avons plus à craindre aucun sinistre effet.
CEP. Les Dieux ne laissent point leur ouvrage imparfait,
N'en doutez point, Madame, aussi-bien que Neptune
Iunon consentira nostre bonne fortune.
Mais que nous veut Aglante?

SCENE IV.

CEPHEE, CASSIOPE, ANDROMEDE, AGLANTE, Suite du Roy & de la Reine.

AGL. AH Seigneur, au secours,
Du genereux Persée on attaque les jours.
Presque au sortir du Temple une troupe mutine
Vient de l'environner, & déja l'assassine:
Phinée en les joignant furieux & jaloux
Leur a crié, *main basse, à luy seul, donnez tous*.
Ceux qui l'accompagnoient tout aussi-tost se rendent,
Clyte & Nylée encor vaillamment le défendent;
Mais ce sont vains efforts de peu d'autres suivis,
Et je viens toute en pleurs vous en donner avis.
CAS. Dieux, est-ce-là l'effet de tant d'heureux presages?
Allez, Gardes, allez signaler vos courages,
Allez perdre ce traistre, & punir ce voleur
Qui pretend sous le nombre accabler la valeur.
CEP. Moderez vos frayeurs, & vous, sechez vos larmes,
Le Ciel n'a point besoin du secours de nos armes,
Il a de ce Heros trop pris les interests
Pour n'avoir pas pour luy des miracles tous prests,
Et peut-estre bien tost sur ce lasche aversaire
Vous entendrez tomber le foudre de son pere.

Iugez de l'avenir par ce qui s'est passé,
Les Dieux acheveront ce qu'ils ont commencé,
Ouy, les Dieux à leur sang doivent ce privilege,
Y mesler nostre main c'est faire un sacrilege.
CAS. Seigneur, sur cet espoir hazarder ce Heros,
C'est trop...

SCENE V.

CEPHEE, CASSIOPE, ANDROMEDE, PHORBAS, AGLANTE, Suite du Roy & de la Reine.

PHO. Mettez, grand Roy, vostre esprit en repos,
La teste de Meduse a puny tous ces traistres.
CEP. Le Ciel n'est point menteur, & les Dieux sont nos maistres.
PHO. Aussi-tost que Persée a pû voir son rival,
Descendons, a-t'il dit, *en un combat égal,*
Quoy que j'aye en ma main un entier avantage,
Ie ne veux que mon bras, ne pren que ton courage.
Pren, pren cet avantage, & j'useray du mien,
Dit Phinée, & soudain sans plus répondre rien,
Les siens donnent en foule, & leur troupe pressée
Fait choir Menale & Clyte aux pieds du grand Persée.
Il s'écrie aussi-tost, *Amis, fermez les yeux,*
Et sauvez vos regards de ce present des Cieux,
I'atteste qu'on m'y force, & n'en fais plus d'excuse.
Il découvre à ces mots la teste de Meduse.
Soudain j'entens des cris qu'on ne peut achever,
I'entens gemir les uns, les autres se sauver,
I'entens le repentir succeder à l'audace,
I'entens Phinée enfin qui luy demande grace.
Perfide, il n'est plus temps, luy dit Persée. Il fuit;
I'entens comme à grands pas ce vainqueur le poursuit,
Comme il court se vanger de qui l'osoit surprendre,
Ie l'entens s'éloigner, puis je cesse d'entendre.
Alors ouvrant les yeux par son ordre fermez,
Ie voy tous ces méchans en pierre transformez,
Mais l'un plein de fureur, & l'autre plein de crainte,
En porte sur le front l'image encor empreinte,

Et tel vouloit fraper, dont le coup suspendu
Demeure en sa statuë à demy descendu,
Tant cet affreux prodige....

SCENE VI.

CEPHEE, CASSIOPE, ANDROMEDE,
PERSEE, PHORBAS, AGLANTE,
Suite du Roy & de la Reyne.

ª A Persée. CEP.ª Est-il puny, ce lasche,
Cet impie? *PER.* Ouy, Seigneur, & si sa mort vous fasche,
Si c'est de vostre sang avoir fait peu d'état...
CEP. Il n'est plus de ma race après son attentat,
Ce crime l'en dégrade, & ce coup temeraire
Efface de mon sang l'illustre caractere.
Perdons-en la memoire, & faisons-la ceder
A l'heur de vous revoir & de vous posseder;
Vous que le juste Ciel remplissant son Oracle
Par miracle nous donne, & nous rend par miracle.
Entrons dedans ce Temple, où l'on n'attend que vous
Pour nous unir aux Dieux par des liens si doux,
ᵇ Les portes Entrons sans differer.ᵇ Mais quel nouveau prodige
se ferment Dans cet excez de joye à craindre nous oblige?
comme ils Qui nous ferme la porte, & nous défend d'entrer
veulent Où tout nostre bon-heur se devoit rencontrer?
entrer.
PER. Puissant maistre du foudre, est-il quelque tempeste
Que le Destin jaloux à dissiper m'apreste?
Quelle nouvelle épreuve attaque ma vertu?
Après ce qu'elle a fait la desavoûrois-tu?
Ou si c'est que le prix dont tu la vois suivie
Au bon-heur de ton fils te fait porter envie?

TRAGEDIE.

SCENE VII.

*MERCVRE, CEPHEE, CASSIOPE,
ANDROMEDE, PERSEE,
PHORBAS, AGLANTE,
Suite du Roy & de la Reine.*

ME.^a Roy, Reine, & vous Princesse, & vous heureux vainqueur, ^a *An milieu de l'air.*
Que Iupiter mon pere
Tient pour mon digne frere,
Ne craignez plus du Sort la jalouse rigueur.
Ces portes du Temple fermées,
Dont vos ames sont alarmées,
Vous marquent des faveurs où tout le Ciel consent :
Tous les Dieux sont d'accord de ce bonheur supresme,
Et leur Monarque tout-puissant
Vous le vient apprendre luy-mesme. ^b   ^b *Mercure*
CAS. Redoublons donc nos vœux, redoublons nos ferveurs, *revole en*
Pour meriter du Ciel ces nouvelles faveurs. *haut après avoir parlé.*
CHO.^c Maistre des Dieux, haste-toy de paroistre, *lé.*
Et de verser sur ton sang & nos Rois   ^c *Il chan-*
Les graces que garde ton choix *te.*
A ceux que tu fais naistre.

Fay choir sur eux de nouvelles couronnes,
Et fay-nous voir pas un heur accomply
Qu'ils ont tous dignement remply   ^d *Tandis*
Le rang que tu leur donnes.^d   *qu'on chante,*
Iupiter des-
cend du Ciel dans un Trosne tout éclatant d'or & de lumieres, enfermé dans un nuage qui l'environne. A ses deux costez deux autres nuages apportent jusqu'à terre Iunon & Neptune appaisez par les sacrifices des amants. Ils se déployent en rond autour de celuy de Iupiter, & occupant toute la face du Theatre ils font le plus agreable spectacle de toute cette representation.

SCENE VIII.

IVPPITER, IVNON, NEPTVNE,
CEPHEE, CASSIOPE, ANDROMEDE,
PERSEE, PHORBAS, AGLANTE,
Suite du Roy & de la Reine.

^a *Il est dans son Trosne au milieu de l'air.*

IVP.^a Des nopces de mon fils la terre n'est pas digne,
  La gloire en appartient aux Cieux,
 Et c'est là ce bonheur insigne
Qu'en vous fermant mon Temple ont annoncé les Dieux.
Roy, Reine, & vous amans, venez sans jalousie

^b *A Persée.*
^c *A Cassiope.*
^d *Si-tost que Iunon a dit ces vers, elle fait prēdre place au Roy & à Persée auprès d'elle. Neptune fait le mésme hōneur à la Reine & à la Princesse Andromede, & tous ensemble remontent dans le Ciel qui les attend, cependant que le Peuple pour acclamation publique chante ces vers qui viennent d'estre prononcez par Iupiter.*

 Vivre à jamais en ce brillant sejour,
  Où le Nectar & l'Ambrosie
Vous seront comme à nous prodiguez chaque jour.
 Et quand la nuit aura tendu ses voiles,
 Vos corps semez de nouvelles étoilles
 Du haut du Ciel éclairant aux Mortels,
 Leur apprendront qu'il vous faut des Autels.

IVN.^b Iunon mesme y consent, & vostre sacrifice
 A calmé les fureurs de son esprit jaloux.
NEP.^c Neptune n'est pas moins propice,
 Et vos encens desarment son couroux.
IVN. Venez, Heros, & vous Cephée,
 Prendre là haut vos places de ma main.
NEP. Reines, venez, que ma haine étouffée
 Vous conduise elle-mesme à cet heur souverain.
PER. Accablez & surpris d'une faveur si grande....
IVN. Arrétez là vostre remerciment,
 L'obeïssance est le seul compliment
  Qu'agrée un Dieu quand il commande.^d
CHO. Allez, amans, allez sans jalousie
 Vivre à jamais en ce brillant sejour,
  Où le Nectar & l'Ambrosie
Vous seront comme aux Dieux prodiguez chaque jour;
 Et quand la nuit aura tendu ses voiles,
 Vos corps semez de nouvelles étoiles
 Du haut du Ciel éclairant aux Mortels,
 Leur apprendront qu'il vous faut des Autels.

FIN.

D. SANCHE
DARRAGON
COMEDIE HEROÏQVE

ACTEVRS.

D. ISABELLE, *Reine de Castille.*

D. LEONOR, *Reine d'Arragon.*

D. ELVIRE, *Princesse d'Arragon.*

BLANCHE, *Dame d'honneur de la Reine de Castille.*

CARLOS, *Cavalier inconnu, qui se trouve estre D. Sanche Roy d'Arragon.*

D. RAYMOND DE MONCADE, *Favory du defunt Roy d'Arragon.*

D. LOPE DE GVSMAN
D. MANRIQVE DE LARE }*Grands de Castille.*
D. ALVAR DE LVNE

La Scene est à Valladolid.

D. SANCHE DARRAGON,
COMEDIE HEROÏQVE.

ACTE I.

SCENE PREMIERE.

D. LEONOR, D. ELVIRE.

LEO. APRES tant de malheurs enfin le Ciel propice
S'est resolu, ma fille, à nous faire justice,
Nostre Arragon pour nous presque tout revolté
Enleve à nos Tyrans ce qu'ils nous ont osté,
Brise les fers honteux de leurs injustes chaisnes,
Se remet sous nos loix, & reconnoit ses Reines,
Et par ses Deputez qu'aujourd'huy l'on attend
Rend d'un si long exil le retour éclatant.
Comme nous la Castille attend cette journée
Qui luy doit de sa Reine asseurer l'Hymenée,
Nous l'allons voir icy faire choix d'un époux;
Que ne puis-je, ma fille, en dire autant de vous?

Ccc ij

Nous allons en des lieux sur qui vint ans d'absence
Nous laissent une foible & douteuse puissance.
Le trouble regne encor où vous devez regner :
Le Peuple vous rappelle, & peut vous dédaigner,
Si vous ne luy portez au retour de Castille
Que l'avis d'une mere, & le nom d'une fille.
D'un mary valeureux les ordres & le bras
Sçauroient bien mieux que nous asseurer vos Etats,
Et par des actions nobles, grandes, & belles,
Dissiper les mutins, & dompter les rebelles.
Vous ne pouvez manquer d'amants dignes de vous :
On aime vostre sceptre, on vous aime, & sur tous
Du Comte Don Alvar la vertu non commune
Vous aima dans l'exil, & durant l'infortune.
Qui vous aima sans sceptre, & se fit vostre appuy,
Quand vous le recouvrez, est bien digne de luy.

ELV. Ce Comte est genereux, & me l'a fait paroistre,
Aussi le Ciel pour moy l'a voulu reconnoistre,
Puisque les Castillans l'ont mis entre les trois
Dont à leur grande Reine ils demandent le choix ;
Et comme ses rivaux luy cedent en merite,
Vn espoir à present plus doux le sollicite,
Il regnera sans nous. Mais Madame, après tout,
Sçavez-vous à quel choix l'Arragon se resout,
Et quels troubles nouveaux j'y puis faire renaistre,
S'il voit que je luy mene un étranger pour maistre ?
Montons de grace au Trosne, & de là beaucoup mieux
Sur le choix d'un époux nous baisserons les yeux.

LEO. Vous les abaissez trop, une secrette flame
A déja malgré-moy fait ce choix dans vostre ame :
De l'inconnu Carlos l'éclatante valeur
Aux merites du Comte a fermé vostre cœur,
Tout est illustre en luy, moy-mesme je l'avoüe,
Mais son sang que le Ciel n'a formé que de bouë,
Et dont il cache exprés la source obstinément....

ELV. Vous pourriez en juger plus favorablement,
Sa naissance inconnuë est peut-estre sans tache :
Vous la présumez basse à cause qu'il la cache,
Mais combien a-t'on veu de Princes déguisez
Signaler leur vertu sous des noms supposez,
Dompter des Nations, gagner des Diadêmes,
Sans qu'aucun les connust, sans se connoistre eux-mesmes ?

COMEDIE. 389

LEO. Quoy, voilà donc enfin dequoy vous vous flatez?
ELV. J'aime & prise en Carlos ses rares qualitez,
 Il n'est point d'ame noble à qui tant de vaillance
 N'arrache cette estime, & cette bien-veillance,
 Et l'innocent tribut de ces affections,
 Que doit toute la Terre aux belles actions,
 N'a rien qui deshonore une jeune Princesse.
 En cette qualité je l'aime, & le caresse,
 En cette qualité ses devoirs assidus
 Me rendent les respects à ma naissance dûs,
 Il fait sa Cour chez moy comme un autre peut faire;
 Il a trop de vertus pour estre temeraire,
 Et si jamais ses vœux s'échapoient jusqu'à moy,
 Ie sçay ce que je suis, & ce que je me doy.
LEO. Daigne le juste Ciel vous donner le courage
 De vous en souvenir, & le mettre en usage.
ELV. Vos ordres sur mon cœur sçauront toujours regner.
LEO. Cependant ce Carlos vous doit accompagner?
 Doit venir jusqu'aux lieux de vostre obeïssance
 Vous rendre ces respects dûs à vostre naissance,
 Vous faire comme icy sa Cour tout simplement?
ELV. De ces pareils la guerre est l'unique élement;
 Accoûtumez d'aller de victoire en victoire,
 Ils cherchent en tous lieux les dangers, & la gloire.
 La prise de Seville, & les Mores défaits
 Laissent à la Castille une profonde paix,
 S'y voyant sans employ sa grande ame inquiete
 Veut bien de D. Garcie achever la défaite,
 Et contre les efforts d'un reste de mutins
 De toute sa valeur haster nos bons Destins.
LEO. Mais quand il vous aura dans le Trosne affermie,
 Et jetté sous vos pieds la puissance ennemie,
 S'en ira-t'il soudain aux climats étrangers
 Chercher tout de nouveau la gloire, & les dangers?
ELV. Madame, la Reine entre.

SCENE II.

D. ISABELLE, D. LEONOR, D. ELVIRE, BLANCHE.

LEO. Avjourd'huy donc, Madame,
Vous allez d'un Heros rendre heureuse la flame,
Et d'un mot satisfaire aux plus ardents souhaits
Que poussent vers le Ciel vos fidelles Sujets?
ISA. Dites, dites plûtost qu'aujourd'huy, grandes Reines,
Ie m'impose à vos yeux la plus dure des gesnes,
Et fais dessus moy-mesme un illustre attentat,
Pour me sacrifier au repos de l'Etat,
Que c'est un sort fascheux & triste que le nostre,
De ne pouvoir regner que sous les loix d'un autre,
Et qu'un sceptre soit creu d'un si grand poids pour nous,
Que pour le soûtenir il nous faille un epoux.
   A peine ay-je deux mois porté le Diadesme,
Que de tous les costez j'entens dire qu'on m'aime,
Si toutefois sans crime, & sans m'en indigner,
Ie puis nommer amour une ardeur de regner.
L'ambition des Grands à cet espoir ouverte
Semble pour m'acquerir s'apprester à ma perte,
Et pour trancher le cours de leurs dissentions
Il faut fermer la porte à leurs pretentions,
Il m'en faut choisir un, eux-mesmes m'en conviennent,
Mon Peuple m'en conjure, & mes Etats m'en prient,
Et mesme par mon ordre ils m'en proposent trois
Dont mon cœur à leur gré peut faire un digne choix.
Don Lope de Guzman, Don Manrique de Lare,
Et Don Alvar de Lune ont un merite rare,
Mais que me sert ce choix qu'on fait en leur faveur
Si pas-un d'eux enfin n'a celuy de mon cœur?
LEO. On vous les a nommez, mais sans vous les prescrire,
On vous obeïra quoy qu'il vous plaise élire,
Si le cœur a choisi, vous pouvez faire un Roy.
ISA. Madame, je suis Reine, & dois regner sur moy.
   Le rang que nous tenons jaloux de nostre gloire
Souvent dans un tel choix nous défend de nous croire,

COMEDIE.

Iette sur nos desirs un joug imperieux,
Et dedaigne l'avis, & du cœur, & des yeux.
Qu'on ouvre. Iuste Ciel, voy ma peine, & m'inspire,
Et ce que je doy faire, & ce que je doy dire.

SCENE III.

*D. IASBELLE, D. LEONOR,
D. ELVIRE, BLANCHE,
D. LOPE, D. MAVRIQVE,
D. ALVAR, CARLOS.*

ISA. Avant que de choisir je demande un serment,
Comtes, qu'on agréera mon choix aveuglément,
Que les deux méprisez, & tous les trois peut-estre,
De ma main, quel qu'il soit, accepteront un maistre.
Car enfin je suis libre à disposer de moy,
Le choix de mes Etats ne m'est point une loy;
D'une troupe importune il m'a débarassée,
Et d'eux tous sur vous trois détourné ma pensée,
Mais sans necessité de l'arrester sur vous.
I'aime à sçavoir par là qu'on vous préfere à tous,
Vous m'en êtes plus chers, & plus considerables,
I'y voy de vos vertus les preuves honorables,
I'y voy la haute estime où sont vos grands exploits;
Mais quoy que mon dessein soit d'y borner mon choix,
Le Ciel en un moment quelquefois nous éclaire,
Ie veux en le faisant pouvoir ne le pas faire,
Et que vous avoüiez que pour devenir Roy
Quiconque me plaira n'a besoin que de moy.
LOP. C'est une authorité qui vous demeure entiere,
Vostre Etat avec vous n'agit que par priere,
Et ne vous a pour nous fait voir ses sentimens
Que par obeïssance à vos commandemens.
Ce n'est point ny son choix, ny l'éclat de ma race,
Qui me font, grande Reine, esperer cette grace,
Ie l'attens de vous seule, & de vostre bonté,
Comme on attend un bien qu'on n'a pas merité,
Et dont sans regarder service, ny famille,
Vous pouvez faire part au moindre de Castille.

C'est à nous d'obeïr, & non d'en murmurer ;
Mais vous nous permettrez toutefois d'esperer,
Que vous ne ferez choir cette faveur insigne,
Ce bon-heur d'estre à vous, que sur le moins indigne,
Et que vostre vertu vous fera trop sçavoir
Qu'il n'est pas bon d'user de tout vostre pouvoir.
Voilà mon sentiment. *ISA.* Parlez, vous, Don Manrique.
MAN. Madame, puisqu'il faut qu'à vos yeux je m'explique,
Quoy que vostre discours nous ait fait des leçons
Capables d'ouvrir l'ame à de justes soupçons,
Ie vous diray pourtant, comme à ma Souveraine,
Que pour faire un vray Roy vous le fassiez en Reine,
Que vous laisser borner c'est vous-mesme affoiblir
La dignité du rang qui le doit ennoblir,
Et qu'à prendre pour loy le choix qu'on vous propose
Le Roy que vous feriez vous devroit peu de chose,
Puisqu'il tiendroit les noms de Monarque & d'époux
Du choix de vos Etats aussi-bien que de vous.
    Pour moy qui vous aimay sans sçeptre & sans couronne,
Qui n'ay jamais eu d'yeux que pour vostre personne,
Que mesme le feu Roy daigna considerer

ᵃ Icy les trois Reines prennent chacune un fauteüil, & après que les trois Comtes & le reste des Grands qui sont presens se sont assis sur des bancs preparez exprès, Carlos y voyant une place vuide, s'y veut seoir, & Don Manrique l'en empesche.

Iusqu'à souffrir ma flame, & me faire esperer,
I'oseray me promettre un sort assez propice
De cet aveu d'un frere, & quatre ans de service,
Et sur ce doux espoir deussay-je me trahir,
Puisque vous le voulez je jure d'obeïr.
ISA. C'est comme il faut m'aimer. Et Don Alvar de Lune?
ALV. Ie ne vous feray point de harangue importune.
Choisissez hors des trois, tranchez absolument,
Ie jure d'obeïr, Madame, aveuglement.
ISA. Sous les profonds respects de cette déference
Vous nous cachez peut-estre un peu d'indifference,
Et comme vostre cœur n'est pas sans autre amour,
Vous sçavez des deux parts faire bien vostre Cour.
ALV. Madame... *ISA.* C'est assez, que chacun prenne place.
MAN. Tout beau, tout beau, Carlos, d'où vous vient cette audace,
Et quel titre en ce rang a pû vous établir ?
CAR. I'ay veu la place vuide, & creu la bien remplir.
MAN. Vn soldat bien remplir une place de Comte !
CAR. Seigneur, ce que je suis ne me fait point de honte,
Depuis plus de six ans il ne s'est fait combat
Qui ne m'ait bien acquis ce grand nom de Soldat.

I'en avois

COMEDIE. 393

J'en avois pour témoin le feu Roy vostre frere,
Madame, & par trois fois.... MAN. Nous vous avons veu faire,
Et sçavons mieux que vous ce que peut vostre bras.
ISA. Vous en êtes instruits, & je ne le suis pas,
 Laissez-le me l'apprendre. Il importe aux Monarques
Qui veulent aux vertus rendre de dignes marques,
De les sçavoir connoistre, & ne pas ignorer
Ceux d'entre leurs Sujets qu'ils doivent honorer.
MAN. Ie ne me croyois pas estre icy pour l'entendre.
ISA. Comte, encore une fois laissez-le me l'apprendre,
 Nous aurons temps pour tout. Et vous, parlez, Carlos.
CAR. Ie diray qui je suis, Madame, en peu de mots.
 On m'appelle Soldat, je fais gloire de l'estre,
Au feu Roy par trois fois je le fis bien paroistre,
L'étendart de Castille à ses yeux enlevé
Des mains des ennemis par moy seul fut sauvé,
Cette seule action rétablit la bataille,
Fit rechasser le More au pied de sa muraille,
Et rendant le courage aux plus timides cœurs
Rappela les vaincus, & défit les vainqueurs.
Ce mesme Roy me vit dedans l'Andalousie
Dégager sa personne en prodiguant ma vie,
Quand tout percé de coups sur un monceau de morts,
Ie luy fis si long-temps bouclier de mon corps,
Qu'enfin autour de luy ses Troupes ralliées,
Celles qui l'enfermoient furent sacrifiées,
Et le mesme escadron qui vint le secourir,
Le ramena vainqueur, & moy prest à mourir.
Ie montay le premier sur les murs de Seville,
Et tins la bréche ouverte aux Troupes de Castille.
 Ie ne vous parle point d'assez d'autres exploits,
Qui n'ont pas pour témoins eu les yeux de mes Rois,
Tel me voit, & m'entend, & me méprise encore,
Qui gemiroit sans moy dans les prisons du More.
MAN. Nous parlez-vous, Carlos, pour Don Lope, & pour moy?
CAR. Ie parle seulement de ce qu'a veu le Roy,
 Seigneur, & qui voudra parle à sa conscience.
 Voilà dont le feu Roy me promit recompense,
Mais la mort le surprit comme il la resolvoit.
ISA. Il se fust acquitté de ce qu'il vous devoit,
 Et moy comme heritant son sceptre & sa couronne,
Ie prens sur moy sa debte, & je vous la fais bonne.

Tome II.   Ddd

Seyez-vous, & quittons ces petits differens.
LOP. Souffrez qu'auparavant il nomme ses parens.
 Nous ne contestons point l'honneur de sa vaillance,
 Madame, & s'il en faut nostre reconnoissance,
 Nous avoürons tous deux qu'en ces combats derniers
 L'un & l'autre sans luy nous étions prisonniers;
 Mais enfin la valeur sans l'éclat de la race
 N'eut jamais aucun droit d'occuper cette place.
CAR. Se pare qui voudra des noms de ses ayeux,
 Moy, je ne veux porter que moy-mesme en tous lieux,
 Ie ne veux rien devoir à ceux qui m'ont fait naistre,
 Et suis assez connu sans les faire connoistre.
 Mais pour en quelque sorte obeïr à vos loix,
 Seigneur, pour mes parens je nomme mes exploits,
 Ma valeur est ma race, & mon bras est mon pere.
LOP. Vous le voyez, Madame, & la preuve en est claire,
 Sans doute il n'est pas noble. ISA. Et bien, je l'ennoblis,
 Quelle que soit sa race, & de qui qu'il soit fils.
 Qu'on ne conteste plus. MAN. Encor un mot, de grace.
ISA. Don Manrique, à la fin c'est prendre trop d'audace.
 Ne puis-je l'ennoblir si vous n'y consentez?
MAN. Ouy, mais ce rang n'est deu qu'aux hautes Dignitez,
 Tout autre qu'un Marquis, ou Comte le profane.
a A Carlos. ISA.[a] Et bien, seyez-vous, donc, Marquis de Santillane,
 Comte de Pennafiel, Gouverneur de Burgos.
 Don Manrique, est-ce assez pour faire seoir Carlos?
b D. Manrique & Vous reste-t'il encor quelque scrupule en l'ame?[b]
D. Lope se leuent, MAN. Achevez, achevez, faites-le Roy, Madame,
& Carlos Par ces marques d'honneur l'élever jusqu'à nous,
se sied. C'est moins nous l'égaler, que l'approcher de vous.
 Ce préambule adroit n'étoit pas sans mystere,
 Et ces nouveaux sermens qu'il nous a fallu faire
 Montroient bien dans vostre ame un tel choix préparé.
 Enfin vous le pouvez, & nous l'avons juré,
 Ie suis prest d'obeyr, & loin d'y contredire
 Ie laisse entre ses mains, & vous, & vostre Empire,
 Ie sors avant ce choix, non que j'en sois jaloux,
 Mais de peur que mon front n'en rougisse pour vous.
ISA. Arrétez, insolent, vostre Reine pardonne
 Ce qu'une indigne crainte imprudemment soupçonne,
 Et pour la démentir, veut bien vous asseurer
 Qu'au choix de ses Etats elle veut demeurer,

COMEDIE. 395

Que vous tenez encor mesme rang dans son ame,
Qu'elle prend vos transports pour un excès de flame,
Et qu'au lieu d'en punir le zéle injurieux,
Sur un crime d'amour elle ferme les yeux.
MAN. Madame, excusez donc si quelque antipathie....
ISA. Ne faites point icy de fausse modestie,
J'ay trop veu vostre orgueil pour le justifier,
Et sçay bien les moyens de vous humilier.
  Soit que j'aime Carlos, soit que par simple estime
Ie rende à ses vertus un honneur legitime,
Vous devez respecter, quels que soient mes desseins,
Ou le choix de mon cœur, ou l'œuvre de mes mains.
Ie l'ay fait vostre égal, & quoy qu'on s'en mutine,
Sçachez qu'à plus encor ma faveur le destine.
Ie veux qu'aujourd'huy mesme il puisse plus que moy,
I'en ay fait un Marquis, je veux qu'il fasse un Roy.
S'il a tant de valeur que vous-mesme le dites,
Il sçait quelle est la vostre, & connoit vos merites,
Et jugera de vous avec plus de raison,
Que moy qui n'en connois que la race, & le nom.
Marquis, prenez ma bague, & la donnez pour marque
Au plus digne des trois que j'en fasse un Monarque,
Ie vous laisse y penser tout ce reste du jour.
  Rivaux ambitieux, faites-luy vostre Cour,
Qui me rapportera l'anneau que je luy donne
Recevra sur le champ ma main, & ma Couronne.
Allons, Reines, allons, & laissons-les juger
De quel costé l'amour avoit sçeu m'engager.

SCENE IV.

D. MANRIQUE, D. LOPE,
D. ALVAR, CARLOS.

LOP. ET bien, Seigneur Marquis, nous direz-vous, de grace,
  Ce que pour vous gagner il est besoin qu'on fasse ?
Vous êtes nostre juge, il faut vous adoucir.
CAR. Vous y pourriez peut-estre assez mal reüssir,
  Quittez ces contretemps de froide raillerie.
MAN. Il n'en est pas saison quand il faut qu'on vous prie.

Ddd ij

396 D. SANCHE D'ARRAGON,

CAR. Ne raillons, ny prions, & demeurons amis.
Ie fçay ce que la Reine en mes mains a remis,
I'en uferay fort bien, vous n'avez rien à craindre,
Et pas-un de vous trois n'aura lieu de se plaindre.
Ie n'entreprendray point de juger entre vous
Qui merite le mieux le nom de son époux,
Ie serois temeraire, & m'en sens incapable,
Et peut-estre quelqu'un m'en tiendroit recusable.
Ie m'en recuse donc, afin de vous donner
Vn juge que sans honte on ne peut soupçonner ;
Ce sera voftre épée, & voftre bras luy-mesme.
Comtes, de cet anneau dépend le Diadesme,
Il vaut bien un combat, vous avez tous du cœur,
Et je le garde.... LOP. A qui, Carlos ? CAR. A mon vainqueur.
Qui pourra me l'ofter l'ira rendre à la Reine,
Ce sera du plus digne une preuve certaine,
Prenez entre vous l'ordre, & du temps & du lieu,
Ie m'y rendray sur l'heure, & vay l'attendre. Adieu.

SCENE V.

D. MANRIQVE, D. LOPE, D. ALVAR.

LOP. Vous voyez l'arrogance. ALV. Ainsi les grands courages
Sçavent en genereux repousser les outrages.
MAN. Il se méprend pourtant s'il pense qu'aujourd'huy
Nous daignions mesurer noftre épée avec luy.
ALV. Refuser un combat ! LOP. Des Generaux d'Armée
Ialoux de leur honneur & de leur Renommée,
Ne se commettent point contre un avanturier.
ALV. Ne mettez point si bas un si vaillant guerrier.
Qu'il soit ce qu'en voudra presumer voftre haine,
Il doit eftre pour nous ce qu'a voulu la Reine.
LOP. La Reine qui nous brave, & sans égard au sang
Ose soüiller ainsi l'éclat de noftre rang ?
ALV. Les Rois de leurs faveurs ne sont jamais comptables,
Ils font comme il leur plaift & défont nos semblables.
MAN. Envers les Majestez vous étes bien discret,
Voyez-vous cependant qu'elle l'aime en secret ?

ALV. Dites, si vous voulez, qu'ils sont d'intelligence,
Qu'elle a de sa valeur si haute confiance,
Qu'elle espere par là faire approuver son choix,
Et se rendre avec gloire au vainqueur de tous trois,
Qu'elle nous hait dans l'ame autant qu'elle l'adore;
C'est à nous d'honorer ce que la Reine honore.
MAN. Vous la respectez fort, mais y pretendez-vous?
On dit que l'Arragon a des charmes si doux....
ALV. Qu'ils me soient doux, ou non, je ne croy pas sans crime
Pouvoir de mon païs desavoüer l'estime,
Et puisqu'il m'a jugé digne d'estre son Roy,
Ie soûtiendray par tout l'état qu'il fait de moy.
   Ie vay donc disputer, sans que rien me retarde,
Au Marquis Don Carlos cet anneau qu'il nous garde,
Et si sur sa valeur je le puis emporter,
I'attendray de vous deux qui voudra me l'oster,
Le champ vous sera libre. *LOP.* A la bonne heure, Comte,
Nous vous irons alors le disputer sans honte,
Nous ne dédaignons point un si digne rival,
Mais pour vostre Marquis, qu'il cherche son égal.

ACTE II.

SCENE PREMIERE

D. ISABELLE, BLANCHE.

ISA. **B**LANCHE, as-tu rien connu d'égal à ma misere?
Tu vois tous mes desirs condamnez à se taire,
Mon cœur faire un beau choix sans l'oser accepter,
Et nourrir un beau feu sans l'oser écouter.
Voy par là ce que c'est, Blanche, que d'estre Reine.
Comptable de moy-mesme au nom de Souveraine,
Et Sujette à jamais du Trosne où je me voy,
Ie puis tout pour tout autre, & ne puis rien pour moy.
O Sceptres, s'il est vray que tout vous soit possible,
Pourquoy ne pouvez-vous rendre un cœur insensible?
Pourquoy permettez-vous qu'il soit d'autres appas,
Ou que l'on ait des yeux pour ne les croire pas?
BLA. Ie présumois tantost que vous les alliez croire,
I'en ay plus d'une fois tremblé pour vostre gloire,
Ce qu'à vos trois amans vous avez fait jurer
Au choix de Don Carlos sembloit tout préparer,
Ie le nommois pour vous, mais enfin par l'issue
Ma crainte s'est trouvée heureusement deceuë,
L'effort de vostre amour a sçeu se moderer,
Vous l'avez honoré sans vous deshonorer,
Et satisfait ensemble, en trompant mon attente,
La grandeur d'une Reine, & l'ardeur d'une amante.
ISA. Dy que pour honorer sa generosité
Mon amour s'est joüé de mon authorité,
Et qu'il a fait servir, en trompant ton attente,
Le pouvoir de la Reine au couroux de l'amante.
D'abord par ce discours qui t'a semblé suspect
Ie voulois seulement essayer leur respect,
Soûtenir jusqu'au bout la dignité de Reine,
Et comme enfin ce choix me donnoit de la peine,

COMEDIE.

Perdre quelques momens, choisir un peu plus tard.
J'allois nommer pourtant, & nommer au hazard:
Mais tu fçais quel orgueil ont lors montré les Comtes,
Combien d'affronts pour luy, combien pour moy de hontes.
Certes il est bien dur à qui se voit regner
De montrer quelque estime, & la voir dédaigner.
Sous ombre de vanger sa grandeur méprisée
L'amour à la faveur trouve une pante aisée :
A l'interest du Sceptre aussi-tost attaché
Il agit d'autant plus qu'il se croit bien caché,
Et s'ose imaginer qu'il ne fait rien paroistre
Que ce change de nom ne fasse méconnoistre.
J'ay fait Carlos Marquis, & Comte, & Gouverneur,
Il doit à ses jaloux tous ces titres d'honneur,
M'en voulant faire avare, ils m'en faisoient prodigue,
Ce torrent grossissoit rencontrant cette digue,
C'étoit plus les punir, que le favoriser.
L'amour me parloit trop, j'ay voulu l'amuser,
Par ces profusions j'ay creu le satisfaire,
Et l'ayant satisfait l'obliger à se taire :
Mais, helas ! en mon cœur il avoit tant d'appuy,
Que je n'ay pû jamais prononcer contre luy,
Et n'ay mis en ces mains ce don du Diadesme
Qu'afin de l'obliger à s'exclurre luy-mesme.
Ainsi pour appaiser les murmures du cœur
Mon refus a porté les marques de faveur,
Et revétant de gloire un invisible outrage,
De peur d'en faire un Roy, je l'ay fait davantage.
Outre qu'indifferente aux vœux de tous les trois,
J'esperois que l'amour pourroit suivre son choix,
Et que le moindre d'eux de soy-mesme estimable
Recevroit de sa main la qualité d'aimable.
  Voilà, Blanche, où j'en suis, voilà ce que j'ay fait,
Voilà les vrais motifs dont tu voyois l'effet.
Car mon ame pour luy, quoy qu'ardemment pressée,
Ne sçauroit se permettre une indigne pensée,
Et je mourrois encor avant que m'accorder
Ce qu'en secret mon cœur ose me demander.
Mais enfin je voy bien que je me suis trompée
De m'en estre remise à qui porte une épée,
Et trouve occasion dessous cette couleur
De vanger le mépris qu'on fait de sa valeur,

Ie devois par mon choix étouffer cent querelles,
Et l'ordre que j'y tiens en forme de nouvelles,
Et jette entre les Grands amoureux de mon rang
Vne necessité de répandre du sang.
Mais j'y sçauray pourvoir. *BLA.* C'est un penible ouvrage
D'arréter un combat qu'authorise l'usage,
Que les loix ont reglé, que les Rois vos ayeux
Daignoient assez souvent honorer de leurs yeux.
On ne s'en dedit point sans quelque ignominie,
Et l'honneur aux grands cœurs est plus cher que la vie.
ISA. Ie sçay ce que tu dis, & n'iray pas de front
Faire un commandement qu'ils prendroient pour affront.
Lors que le deshonneur souille l'obeïssance,
Les Rois peuvent douter de leur toute-puissance;
Qui la hazarde alors n'en sçait pas bien user,
Et qui veut pouvoir tout ne doit pas tout oser.
Ie rompray ce combat feignant de le permettre,
Et je le tiens rompu si je puis le remettre.
Les Reines d'Arragon pourront mesme m'aider.
Voicy déja Carlos que je viens de mander,
Demeure, & sois témoin avec combien d'adresse
Ma gloire de mon ame est toûjours la maîtresse.

SCENE II.

D. ISABELLE, CARLOS, BLANCHE.

ISA. Vous avez bien servy, Marquis, & jusqu'icy
Vos armes ont pour nous dignement reüssy:
Ie pense avoir aussi bien payé vos services.
Malgré vos envieux, & leurs mauvais offices,
I'ay fait beaucoup pour vous, & tout ce que j'ay fait
Ne vous a pas coûté seulement un souhait.
Si cette recompense est pourtant si petite
Qu'elle ne puisse aller jusqu'à vostre merite,
S'il vous en reste encor quelqu'autre à souhaiter,
Parlez, & donnez-moy moyen de m'acquiter.
CAR. Aprés tant de faveurs à pleines mains versées
Dont mon cœur n'eust osé concevoir les pensées,
Surpris, troublé, confus, accablé de bien-faits,
Que j'osasse former encor quelques souhaits!

ISA. Vous

COMEDIE. 401

ISA. Vous êtes donc content, & j'ay lieu de me plaindre.
CAR. De moy ? *ISA.* De vous, Marquis. Ie vous parle fans feindre,
Ecoutez. Voftre bras a bien fervy l'Etat,
Tant que vous n'avez eu que le nom de Soldat:
Dès que je vous fais Grand, fi-toft que je vous donne
Le droit de difpofer de ma propre perfonne,
Ce mefme bras s'aprefte à troubler fon repos,
Comme fi le Marquis ceffoit d'eftre Carlos,
Ou que cette grandeur ne fuft qu'un avantage
Qui dûft à fa ruine armer voftre courage.
Les trois Comtes en font les plus fermes foûtiens,
Vous attaquez en eux fes appuis, & les miens,
C'eft fon fang le plus pur que vous voulez répandre;
Et vous pouvez juger l'honneur qu'on leur doit rendre,
Puifque ce mefme Etat me demandant un Roy
Les a jugez eux trois les plus dignes de moy.
   Peut-eftre un peu d'orgueil vous a mis dans la tefte
Qu'à vanger leur mépris ce pretexte eft honnefte,
Vous en avez fuivy la premiere chaleur;
Mais ont-ils méprifé vous, ou voftre valeur?
N'en ont-ils pas rendu témoignage à ma veuë?
Il ont fait peu d'état d'une race inconnuë,
Ils ont douté d'un fort que vous voulez cacher;
Quand un doute fi jufte auroit dû vous toucher,
J'avois pris quelque foin de vous vanger moy-mefme:
Remettre entre vos mains le don du Diadefme,
Ce n'étoit pas, Marquis, vous vanger à demy.
Ie vous ay fait leur juge, & non leur ennemy,
Et fi fous voftre choix j'ay voulu les reduire,
C'eft pour vous faire honneur, & non pour les détruire,
C'eft voftre feul avis, non leur fang que je veux,
Et c'eft m'entendre mal que vous armer contr'eux.
   N'auriez-vous point penfé que fi ce grand courage
Vous pouvoit fur tous trois donner quelque avantage,
On diroit que l'Etat me cherchant un époux
N'en auroit pû trouver de comparable à vous?
   Ah! fi je vous croyois fi vain, fi temeraire...
CAR. Madame, arrétez-là voftre jufte colere,
Ie fuis affez coupable, & n'ay que trop ofé
Sans choifir pour me perdre un crime fuppofé.
   Ie ne me défens point des fentimens d'eftime
Que vos moindres Sujets auroient pour vous fans crime.

Tome II.   Eee

Lors que je vois en vous les celestes accords
Des graces de l'esprit, & des beautez du corps,
Ie puis, de tant d'attraits l'ame toute ravie,
Sur l'heur de voſtre époux jetter un œil d'envie,
Ie puis contre le Ciel en secret murmurer
De n'eſtre pas né Roy pour pouvoir esperer,
Et les yeux éblouïs de cet éclat supreſme
Baiſſer soudain la veuë, & rentrer en moy-meſme.
Mais que je laiſſe aller d'ambitieux soûpirs,
Vn ridicule espoir, de criminels deſirs!
Ie vous aime, Madame, & vous estime en Reine,
Et quand j'aurois des feux dignes de voſtre haine,
Si voſtre ame senſible à ces indignes feux
Se pouvoit oublier juſqu'à souffrir mes vœux,
Si par quelque malheur que je ne puis comprendre
Du Troſne juſqu'à moy je la voyois descendre,
Commençant auſſi-toſt à vous moins estimer,
Ie ceſſerois ſans doute auſſi de vous aimer.
  L'amour que j'ay pour vous eſt tout à voſtre gloire,
Ie ne vous pretens point pour fruit de ma victoire,
Ie combats vos amants, sans deſſein d'acquerir
Que l'heur d'en faire voir le plus digne, & mourir,
Et tiendrois mon destin aſſez digne d'envie,
S'il le faiſoit connoiſtre aux dépens de ma vie.
Seroit-ce à vos faveurs répondre pleinement
Que hazarder ce choix à mon seul jugement?
Il vous doit un époux, à la Castille un maiſtre:
Ie puis en mal juger, je puis les mal connoiſtre.
Ie ſçay qu'ainſi que moy le Démon des combats
Peut donner au moins digne, & vous, & vos Etats;
Mais du moins ſi le sort des armes journalieres
En laiſſe par ma mort de mauvaise lumieres,
Elle m'en oſtera la honte, & le regret:
Et meſme ſi voſtre ame en aime un en secret,
Et que ce triſte choix rencontre mal le voſtre,
Ie ne vous verray point entre le bras d'un autre
Reprocher à Carlos par de muets soûpirs
Qu'il eſt l'unique autheur de tous vos déplaiſirs.
ISA. Ne cherchez point d'excuſe à douter de ma flame,
Marquis, je puis aimer, puiſqu'enfin je ſuis femme,
Mais ſi j'aime, c'eſt mal me faire voſtre Cour
Qu'expoſer au trépas l'objet de mon amour,

COMEDIE.

Et toute voſtre ardeur ſe ſeroit moderée
A m'avoir dans ce doute aſſez conſiderée.
Ie le veux éclaircir, & vous mieux éclairer,
Afin de vous apprendre à me conſiderer.
  Ie ne le cele point, j'aime, Carlos, ouy, j'aime,
Mais l'amour de l'Etat plus fort que de moy-meſme
Cherche au lieu de l'objet le plus doux à mes yeux
Le plus digne Heros de regner en ces lieux,
Et craignant que mes feux oſaſſent me ſeduire,
I'ay voulu m'en remettre à vous pour m'en instruire.
Mais je croy qu'il ſuffit que cet objet d'amour
Perde le Troſne, & moy, ſans perdre encor le jour,
Et mon cœur qu'on luy vole en ſouffre aſſez d'alarmes
Sans que ſa mort pour moy me demande des larmes.
CAR. Ah! ſi le Ciel tantoſt me daignoit inſpirer
En quel heureux amant je vous doy reverer,
Que par une facile & ſoudaine victoire...
ISA. Ne penſez qu'à défendre, & vous, & voſtre gloire.
  Quel qu'il ſoit, les reſpects qui l'auroient épargné
Luy donneroient un prix qu'il auroit mal gagné,
Et ceder à mes feux plûtoſt qu'à ſon merite
Ne ſeroit que me rendre au juge que j'évite.
  Ie n'abuſeray point du pouvoir abſolu
Pour défendre un combat entre vous reſolu,
Ie bleſſerois par là l'honneur de tous les quatre,
Les loix vous l'ont permis, je vous verray combatre,
C'eſt à moy comme Reine à nommer le vainqueur.
Dites-moy cependant qui montre plus de cœur?
Qui des trois le premier éprouve la Fortune?
CAR. Don Alvar. ISA. Don Alvar. CAR. Ouy, Don Alvar de Lune.
ISA. On dit qu'il aime ailleurs! CAR. On le dit, mais enfin
  Luy ſeul juſqu'icy tente un ſi noble destin.
ISA. Ie devine à peu près quel intereſt l'engage,
  Et nous verrons demain quel ſera ſon courage.
CAR. Vous ne m'avez donné que ce jour pour ce choix.
ISA. I'aime mieux au lieu d'un vous en accorder trois.
CAR. Madame, ſon cartel marque cette journée.
ISA. C'eſt peu que ſon cartel ſi je ne l'ay donnée,
  Qu'on le faſſe venir pour la voir differer.
Ie vay pour vos combats faire tout preparer,
Adieu, ſouvenez-vous ſur tout de ma défenſe,
Et vous aurez demain l'honneur de ma preſence.

Eee ij

SCENE III.

CARLOS.

COnsens-tu qu'on differe, honneur, le consens-tu?
Cet ordre n'a-t'il rien qui soüille ma vertu?
N'ay-je point à rougir de cette déference
Que d'un combat illustre achepte la licence?
Tu murmures, ce semble? acheve, explique-toy.
La Reine a-t'elle droit de te faire la loy?
Tu n'es point son Sujet, l'Arragon m'a veu naistre.
O Ciel, je m'en souviens, & j'ose encor paroistre!
Et je puis sous les noms de Comte & de Marquis
D'un malheureux Pescheur reconnoistre le fils?
  Honteuse obscurité qui seule me fais craindre,
Iujurieux Destin qui seul me rens à plaindre,
Plus on m'en fait sortir, plus je crains d'y rentrer,
Et croy ne t'avoir fuy que pour te rencontrer.
Ton cruel souvenir sans fin me presecute,
Du rang où l'on m'éleve il me montre la chûte,
Lasse-toy desormais de me faire trembler,
Ie parle à mon honneur, ne vien point le troubler,
Laisse-le sans remords m'approcher des Couronnes,
Et ne viens point m'oster plus que tu ne me donnes.
Ie n'ay plus rien à toy, la guerre a consumé
Tout cet indigne sang dont tu m'avois formé,
I'ay quitté jusqu'au nom que je tiens de ta haine,
Et ne puis... mais voicy ma veritable Reine.

SCENE IV.

D. ELVIRE, CARLOS.

ELV. AH, Carlos ! car j'ay peine à vous nommer Marquis,
Non qu'un titre si beau ne vous soit bien acquis,
Non qu'avecque justice il ne vous appartienne,
Mais parce qu'il vous vient d'autre main que la mienne,
Et que je presumois n'appartenir qu'à moy
D'élever vostre gloire au rang où je la voy.
Ie me consolerois toutefois avec joye
Des faveurs que sans moy le Ciel sur vous déploye,
Et verrois sans envie agrandir un Heros,
Si le Marquis tenoit ce qu'a promis Carlos,
S'il avoit comme luy son bras à mon service.
Ie venois à la Reine en demander justice,
Mais puisque je vous voy, vous m'en ferez raison.
Ie vous accuse donc, non pas de trahison,
Pour un cœur genereux cette tache est trop noire,
Mais d'un peu seulement de manque de memoire.
CAR. Moy, Madame ? *ELV.* Ecoutez mes plaintes en repos,
Ie me plains du Marquis, & non pas de Carlos.
Carlos de tout son cœur me garderoit parole,
Mais ce qu'il m'a donné le Marquis me le vole,
C'est luy seul qui dispose ainsi du bien d'autruy,
Et prodigue son bras quand il n'est plus à luy.
Carlos se souviendroit que sa haute vaillance
Doit ranger Don Garcie à mon obeïssance,
Qu'elle doit affermir mon sceptre dans ma main,
Qu'il doit m'accompagner peut-estre dès demain :
Mais ce Carlos n'est plus, le Marquis luy succede,
Qu'une autre soif de gloire, un autre objet possede,
Et qui du mesme bras que m'engageoit sa foy
Entreprend trois combats pour une autre que moy.
Helas ! si ces honneurs dont vous comble la Reine
Reduisent mon espoir en une attente vaine,
Si les nouveaux desseins que vous en concevez
Vous ont fait oublier ce que vous me devez,
Rendez-luy ces honneurs qu'un tel oubly profane,
Rendez-luy Pennafiel, Burgos, & Santillane,

L'Arragon a dequoy vous payer ces refus,
Et vous donner encor quelque chose de plus.
CAR. Et Carlos, & Marquis, je suis à vous, Madame.
Le changement de rang ne change point mon ame.
Mais vous trouverez bon que par ces trois deffis
Carlos tasche à payer ce que doit le Marquis.
Vous reserver mon bras noircy d'une infamie
Attireroit sur vous la Fortune ennemie,
Et vous hazarderoit par cette lascheté
Au juste chastiment qu'il auroit merité.
Quand deux occasions pressent un grand courage
L'honneur à la plus proche avidement l'engage
Et luy fait preferer sans le rendre inconstant
Celle qui se presente à celle qui l'attend.
Ce n'est pas toutefois, Madame, qu'il l'oublie ;
Mais bien que je vous doive immoler Don Garcie,
I'ay veu que vers la Reine on perdoit le respect,
Que d'un indigne amour son cœur étoit suspect,
Pour m'avoir honoré je l'ay veuë outragée,
Et ne puis m'acquiter qu'aprés l'avoir vangée.
ELV. C'est me faire une excuse où je ne comprens rien,
Sinon que son service est preferable au mien,
Qu'avant que de me suivre on doit mourir pour elle,
Et qu'étant son Sujet il faut m'estre infidelle.
CAR. Ce n'est point en Sujet que je cours au combat,
Peut-estre suis-je né dedans quelqu'autre Etat :
Mais par un zéle entier, & pour l'une, & pour l'autre,
I'embrasse également son service, & le vostre,
Et les plus grands perils n'ont rien de hazardeux
Que j'ose refuser pour aucune des deux.
Quoy qu'engagé demain à combatre pour elle,
S'il falloit aujourd'huy vanger vostre querelle,
Tout ce que je luy doy ne m'empescheroit pas
De m'exposer pour vous à plus de trois combats.
Ie voudrois toutes deux pouvoir vous satisfaire,
Vous, sans manquer vers elle, elle, sans vous déplaire ;
Cependant je ne puis servir elle, ny vous,
Sans de l'une ou de l'autre allumer le couroux.
 Ie plaindrois un amant qui souffriroit mes peines,
Et tel pour deux beautez que je suis pour deux Reines
Se verroit déchiré par un égal amour,
Tel que sont mes respects dans l'une & l'autre Cour,

L'ame d'un tel amant tristement balancée
   Sur d'éternels soucis voit floter sa pensée,
   Et ne pouvant resoudre à quels vœux se borner,
   N'ose rien acquerir, ny rien abandonner.
   Il n'aime qu'avec trouble, il ne voit qu'avec crainte,
   Tout ce qu'il entreprend donne sujet de plainte,
   Ses hommages par tout ont de fausses couleurs,
   Et son plus grand service est un grand crime ailleurs.
ELV. Aussi sont-ce d'amour les premieres maximes
   Que partager son ame est le plus grand des crimes.
   Vn cœur n'est à personne alors qu'il est à deux,
   Aussi-tost qu'il les offre il desrobe ses vœux,
   Ce qu'il a de constance à choisir trop timide
   Le rend vers l'une ou l'autre incessamment perfide,
   Et comme il n'est enfin ny rigueur, ny mépris,
   Qui d'un pareil amour ne soient un digne prix,
   Il ne peut meriter d'aucun œil qui le charme
   En servant, un regard, en mourant, une larme.
CAR. Vous seriez bien severe envers un tel amant.
ELV. Allons voir si la Reine agiroit autrement,
   S'il en devroit attendre un plus leger supplice.
      Cependant Don Alvar le premier entre en lice,
   Et vous sçavez l'amour qu'il m'a toûjours fait voir.
CAR. Ie sçay combien sur luy vous avez de pouvoir.
ELV. Quand vous le combatrez, pensez à ce que j'aime,
   Et ménagez son sang comme le vostre mesme.
CAR. Quoy, m'ordonneriez-vous qu'icy j'en fisse un Roy?
ELV. Ie vous dis seulement que vous pensiez à moy.

ACTE III.

SCENE PREMIERE.

D. ELVIRE, D. ALVAR.

ELV. Ovs pouvez donc m'aimer, & d'une ame bien saine
Entreprendre un combat pour acquerir la Reine!
Quel Astre agit sur vous avec tant de rigueur,
Qu'il force vostre bras à trahir vostre cœur?
L'honneur, me dites-vous, vers l'amour vous excuse:
Ou cet honneur se trompe, ou cet amour s'abuse,
Et je ne comprens point dans un si mauvais tour,
Ny quel est cet honneur, ny quel est cet amour.
Tout l'honneur d'un amant c'est d'estre amant fidelle,
Si vous m'aimez encor, que pretendez-vous d'elle?
Et si vous l'acquerez, que voulez-vous de moy?
Aurez-vous droit alors de luy manquer de foy?
La méprisérez-vous quand vous l'aurez acquise?
ALV. Qu'étant né son sujet jamais je la méprise!
ELV. Que me voulez-vous donc? vaincu par Don Carlos
Aurez-vous quelque grace à troubler mon repos?
En serez-vous plus digne, & par cette victoire
Répandra-t'il sur vous un rayon de sa gloire?
ALV. Que j'ose presenter ma défaite à vos yeux:
ELV. Que me veut donc enfin ce cœur ambitieux?
ALV. Que vous preniez pitié de l'état déplorable
Où vostre long refus reduit un miserable.
Mes vœux mieux écoutez par un heureux effet
M'auroient sçeu garantir de l'honneur qu'on m'a fait,
Et l'Etat par son choix ne m'eust pas mis en peine
De manquer à ma gloire, ou d'acquerir ma Reine.
Vostre refus m'expose à cette dure loy,
D'entreprendre un combat qui n'est que contre moy,
I'en crains également l'une & l'autre fortune;
Et le moyen aussi que j'en souhaite aucune?

Ny vaincu,

Ny vaincu, ny vainqueur, je ne puis estre à vous,
Vaincu, j'en suis indigne, & vainqueur, son époux,
Et le Destin m'y traite avec tant d'injustice,
Que son plus beau succés me tient lieu de supplice.
Aussi quand mon devoir ose la disputer
Ie ne veux l'acquerir que pour vous meriter,
Que pour montrer qu'en vous j'adorois la personne,
Et me pouvois ailleurs promettre une Couronne.
Fasse le juste Ciel que j'y puisse, ou mourir,
Ou ne la meriter que pour vous acquerir.

ELV. Ce sont vœux superflus de vouloir un miracle
Où vostre gloire oppose un invincible obstacle,
Et la Reine pour moy vous sçaura bien payer
Du temps qu'vn peu d'amour vous fit mal employer.
Ma couronne est douteuse, & la sienne affermie,
L'avantage du change en oste l'infamie,
Allez, n'en perdez pas la digne occasion,
Poursuivez-la sans honte, & sans confusion,
La legereté mesme où tant d'honneur engage
Est moins legereté que grandeur de courage:
Mais gardez que Carlos ne me vange de vous.

ALV. Ah: laissez-moy, Madame, adorer ce couroux.
I'avois creu jusqu'icy mon combat magnanime,
Mais je suis trop heureux s'il passe pour un crime,
Et si quand de vos loix l'honneur me fait sortir
Vous m'estimez assez pour vous en ressentir.
De ce crime vers vous quels que soient les supplices,
Du moins il m'a valu plus que tous mes services,
Puisqu'il me fait connoistre, alors qu'il vous déplaist,
Que vous daignez en moy prendre quelque interest.

ELV. Le crime, Don Alvar, dont je semble irritée,
C'est qu'on me persecute aprés m'avoir quittée,
Et pour vous dire encor quelque chose de plus,
Ie me fasche d'entendre accuser mes refus.
Ie suis Reine sans Sceptre, & n'en ay que le titre,
Le pouvoir m'en est dû, le temps en est l'arbitre.
Si vous m'avez servie en genereux amant,
Quand j'ay receu du Ciel le plus dur traitement,
I'ay tasché d'y répondre avec toute l'estime
Que pouvoit en attendre un cœur si magnanime.
Pouvois-je en cet exil davantage sur moy?
Ie ne veux point d'époux que je n'en fasse un Roy,

Tome II. Fff

Et je n'ay pas vne ame assez basse & commune,
Pour en faire un appuy de ma triste fortune.
C'est chez moy, Don Alvar, dans la pompe & l'éclat
Que me le doit choisir le bien de mon Etat.
Il falloit arracher mon sceptre à mon rebelle,
Le remettre en ma main pour le recevoir d'elle;
Ie vous aurois peut-estre alors consideré
Plus que ne m'a permis un sort si déploré.
Mais une occasion plus prompte & plus brillante
A surpris cependant vostre amour chancelante;
Et soit que vostre cœur s'y trouvast disposé,
Soit qu'un si long refus l'y laissast exposé,
Ie ne vous blasme point de l'avoir acceptée,
De plus constans que vous l'auroient bien écoutée.
Quelle qu'en soit pourtant la cause, ou la couleur,
Vous pouviez l'embrasser avec moins de chaleur,
Combatre le dernier, & par quelque apparence
Témoigner que l'honneur vous faisoit violence.
De cette illusion l'artifice secret
M'eust forcée à vous plaindre, & vous perdre à regret:
Mais courir au devant, & vouloir bien qu'on voye
Que vos vœus mal receus m'échapent avec joye!
ALV. Vous auriez donc voulu que l'honneur d'un tel choix
Eust montré vostre amant le plus lasche des trois?
Que pour luy cette gloire eust eu trop peu d'amorces,
Iusqu'à ce qu'un rival eust épuisé ses forces?
Que.... *ELV.* Vous acheverez au sortir du combat,
Si toutefois Carlos vous en laisse en état.
Voilà vos deux rivaux avec qui je vous laisse,
Et vous diray demain pour qui je m'interesse.
ALV. Helas! pour le bien voir je n'ay que trop de jour.

SCENE II.

D. MANRIQVE, D. LOPE, D. ALVAR.

MAN. Qvi vous traite le mieux? la Fortune, ou l'Amour?
La Reine charme-t'elle auprés de Donne Elvire?
ALV. Si j'emporte la bague, il faudra vous le dire.
LOP. Carlos vous nuit par tout, du moins à ce qu'on croit.
ALV. Il fait plus d'un jaloux, du moins à ce qu'on voit.

LOP. Il devroit par pitié vous ceder l'une ou l'autre.
ALV. Plaignant mon interest, n'oubliez pas le vostre.
MAN. De vray, la presse est grande à qui le fera Roy.
ALV. Ie vous plains fort tous deux, s'il vient à bout de moy.
MAN. Mais si vous le vainquez, serons-nous fort à plaindre?
ALV. Quand je l'auray vaincu, vous aurez fort à craindre.
LOP. Ouy, de vous voir long-temps hors de combat pour nous.
ALV. Nous aurons essuyé les plus dangereux coups.
MAN. L'heure nous tardera d'en voir l'experience.
ALV. On pourra vous guerir de cette impatience.
LOP. De grace, faites-donc que ce soit promptement.

SCENE III.

D. ISABELLE, D. MANRIQVE, D. ALVAR, D. LOPE.

ISA. Laissez-moy, Don Aluar, leur parler vn moment,
Ie n'entreprendray rien à vostre préjudice.
Et mon dessein ne va qu'à vous faire justice,
Qu'à vous favoriser plus que vous ne voulez.
ALV. Ie ne sçay qu'obeïr alors que vous parlez.

SCENE IV.

D. ISABELLE, D. MANRIQVE, D. LOPE.

ISA. COmtes, je ne veux plus donner lieu qu'on murmure
Que choisir par autruy c'est me faire une injure,
Et puisque de ma main le choix sera plus beau,
Ie veux choisir moy-mesme, & reprendre l'anneau.
Ie feray plus pour vous, des trois qu'on me propose,
I'en exclus Don Alvar, vous en sçavez la cause,
Ie ne veux point gesner un cœur plein d'autres feux,
Et vous oste un rival pour le rendre à ses vœux.
Qui n'aime que par force aime qu'on le neglige,
Et mon refus du moins autant que vous l'oblige.

Fff ij

Vous êtes donc les seuls que je veux regarder,
Mais avant qu'à choisir j'ose me hazarder,
Ie voudrois voir en vous quelque preuve certaine,
Qu'en moy c'est moy qu'on aime, & non l'éclat de Reine.
L'amour n'est, ce dit-on, qu'une union d'esprits,
Et je tiendrois des deux celuy-là mieux épris
Qui favoriseroit ce que je favorise,
Et ne mépriseroit que ce que je méprise,
Qui prendroit en m'aimant mesme cœur, mesmes yeux :
Si vous ne m'entendez, je vay m'expliquer mieux.
 Aux vertus de Carlos j'ay paru liberale,
Ie voudrois en tous deux voir une estime égale,
Qu'il trouvast mesme honneur, mesme justice en vous;
Car ne présumez pas que je prenne un époux,
Pour m'exposer moy-mesme à ce honteux outrage
Qu'un Roy fait de ma main détruise mon ouvrage.
N'y pensez l'un ny l'autre, à moins qu'un digne effet
Suive de vostre part ce que pour luy j'ay fait,
Et que par cet aveu je demeure asseurée
Que tout ce qui m'a plû doit estre de durée.
MAN. Toûjours Carlos, Madame, & toûjours son bon-heur
Fait dépendre de luy le nostre, & vostre cœur?
Mais puisque c'est par là qu'il faut enfin vous plaire,
Vous-mesme apprenez-nous ce que nous pouvons faire.
 Nous l'estimons tous deux un des braves guerriers
A qui jamais la guerre ait donné des lauriers,
Nostre liberté mesme est deuë à sa vaillance,
Et quoy qu'il ait tantost montré quelque insolence,
Dont nous a dû piquer l'honneur de nostre rang,
Vous avez suppleé l'obscurité du sang,
Ce qu'il vous plaist qu'il soit, il est digne de l'estre.
Nous luy devons beaucoup, & l'allions reconnoistre,
L'honorer en Soldat, & luy faire du bien;
Mais après vos faveurs nous ne pouvons plus rien.
Qui pouvoit pour Carlos ne peut plus pour un Comte,
Il n'est rien en nos mains qu'il en receust sans honte,
Et vous avez pris soin de le payer pour nous.
ISA. Il en est en vos mains, des presens assez doux,
Qui purgeroient vos noms de toute ingratitude,
Et mon ame pour luy de toute inquietude;
Il en est dont sans honte il seroit possesseur.
En un mot, vous avez l'un & l'autre une sœur,

COMEDIE.

Et je veux que le Roy qu'il me plaira de faire
En recevant ma main le fasse son beau-frere,
Et que par cet Hymen son destin affermy
Ne puisse en mon époux trouver son ennemy.
 Ce n'est pas après tout que j'en craigne la haine,
Ie sçay qu'en cet état je seray toûjours Reine,
Et qu'un tel Roy jamais, quel que soit son projet,
Ne sera sous ce nom que mon premier Sujet,
Mais je ne me plais pas à contraindre personne,
Et moins que tous un cœur à qui le mien se donne.
Répondez donc tous deux, n'y consentez-vous pas?
MAN. Ouy, Madame, aux plus longs & plus cruels trépas,
Plûtost qu'à voir jamais de pareils Hymenées
Ternir en un moment l'éclat de mille années.
Ne cherchez point par là cette union d'esprits,
Vostre sçeptre, Madame, est trop cher à ce prix,
Et jamais... *ISA.* Ainsi donc vous me faites connoistre
Que ce que je l'ay fait il est digne de l'estre?
Que je puis suppléer l'obscurité du sang?
MAN. Ouy bien pour l'élever jusques à nostre rang.
Iamais un Souverain ne doit conte à personne
Des Dignitez qu'il fait, & des grandeurs qu'il donne:
S'il est d'un sort indigne, ou l'autheur, ou l'appuy,
Comme il le fait luy seul, la honte est toute à luy,
Mais disposer d'un sang que j'ay receu sans tache!
Avant que le soüiller il faut qu'on me l'arrache,
I'en dois conte aux ayeux dont il est herité,
A toute leur famille, à la posterité.
ISA. Et moy, Manrique, & moy, qui n'en dois aucun conte,
I'en disposeray seule, & j'en auray la honte.
Mais quelle extravagance a pû vous figurer
Que je me donne à vous pour vous deshonorer?
Que mon sçeptre en vos mains porte quelque infamie?
Si je suis jusques-là de moy-mesme ennemie,
En quelle qualité de Sujet, ou d'amant,
M'osez-vous expliquer ce noble sentiment?
Ah! si vous n'apprenez à parler d'autre sorte...
LOP. Madame, pardonnez à l'ardeur qui l'emporte,
Il devoit s'excuser avec plus de douceur.
Nous avons en effet l'un & l'autre une sœur,
Mais si j'ose en parler avec quelque franchise,
A d'autres qu'au Marquis l'une & l'autre est promise.

IS. A qui, Don Lope? *M.* A moy, Madame. *IS.* Et l'autre? *LO.* A moy.
ISA. I'ay donc tort parmy vous de vouloir faire un Roy.
   Allez, heureux amants, allez voir vos Maîtresses,
Et parmy les douceurs de vos dignes careſſes,
N'oubliez pas de dire à ces jeunes esprits
Que vous faites du Trofne un genereux mépris.
Ie vous l'ay déja dit, je ne force perſonne,
Et rens grace à l'Etat des amants qu'il me donne.
LOP. Ecoutez-nous, de grace. *ISA.* Et que me direz-vous?
   Que la constance est belle au jugement de tous,
Qu'il n'est point de grandeurs qui la doivent ſeduire?
Quelques autres que vous m'en ſçauront mieux instruire,
Et ſi cette vertu ne ſe doit point forcer,
Peut-eſtre qu'à mon tour je ſçauray l'exercer.
LOP. Exercez-la, Madame, & ſouffrez qu'on s'explique.
   Vous connoiſtrez du moins Don Lope & Don Manrique,
Qu'un vertueux amour qu'ils ont tous deux pour vous
Ne pouvant rendre heureux ſans en faire un jaloux,
Porte à tarir ainſi la ſource des querelles
Qu'entre les grands rivaux on voit ſi naturelles.
Ils ſe ſont l'un à l'autre attachez par ces nœuds
Qui n'auront leur effet que pour le malheureux.
Il me devra ſa ſœur, s'il faut qu'il vous obtienne,
Et ſi je ſuis à vous, je luy devray la mienne.
Celuy qui doit vous perdre ainſi malgré ſon ſort
A s'approcher de vous fait encor ſon effort;
Ainſi pour conſoler l'une ou l'autre infortune
L'une & l'autre eſt promiſe, & nous n'en devons qu'une,
Nous ignorons laquelle, & vous la choiſirez,
Puiſqu'enfin c'eſt la ſœur du Roy que vous ferez.
   Iugez donc ſi Carlos en peut eſtre beau-frere,
Et ſi vous devez rompre un nœud ſi ſalutaire,
Hazarder un repos à voſtre Etat ſi doux,
Qu'affermit ſous vos loix la concorde entre nous.
ISA. Et ne ſçavez-vous point qu'étant ce que vous êtes,
Vos ſœurs par conſequent mes premieres Sujettes,
Les donner ſans mon ordre, & meſme malgré moy,
C'eſt dans mon propre Etat m'oſer faire la loy?
MAN. Agiſſez donc enfin, Madame, en Souveraine,
Et ſouffrez qu'on s'excuſe, ou commandez en Reine,
Nous vous obeirons, mais ſans y conſentir.
Et pour vous dire tout avant que de ſortir,

COMEDIE.

Carlos est genereux, il connoit sa naissance;
Qu'il se juge en secret sur cette connoissance,
Et s'il trouve son sang digne d'un tel honneur,
Qu'il vienne, nous tiendrons l'alliance à bonheur,
Qu'il choisisse des deux, & l'épouse, s'il l'ose.
   Nous n'avons plus, Madame, à vous dire autre chose,
Mettre en un tel hazard le choix de leur époux,
C'est jusqu'où nous pouvons nous abaisser pour vous;
Mais encore une fois que Carlos y regarde,
Et pense à quels perils cet Hymen le hazarde.
ISA. Vous-mesmes, gardez bien pour le trop dédaigner
Que je ne montre enfin comme je sçay regner.

SCENE V.
D. ISABELLE.

Quel est ce mouvement qui tous deux les mutine
Lors que l'obeïssance au Trosne les destine?
Est-ce orgueil? est-ce envie? est-ce animosité?
Défiance, mépris, ou generosité?
N'est-ce point que le Ciel ne consent qu'avec peine
Cette triste union d'un Sujet à sa Reine,
Et jette un prompt obstacle aux plus aisez desseins
Qui laissent choir mon sceptre en leurs indignes mains?
Mes yeux n'ont-ils horreur d'une telle bassesse
Que pour s'abaisser trop lors que je les abaisse?
Quel destin à ma gloire oppose mon ardeur?
Quel destin à ma flame oppose ma grandeur?
Si ce n'est que par là que je m'en puis défendre,
Ciel, laisse-moy donner ce que je n'ose prendre,
Et puisqu'enfin pour moy tu n'as point fait de Rois,
Souffre de mes Sujets le moins indigne choix.

SCENE VI.
D. ISABELLE, BLANCHE.

ISA. BLanche, j'ay perdu temps. BLA. Ie l'ay perdu de mesme.
  ISA. Les Comtes à ce prix fuyent le Diadesme.
BLA. Et Carlos ne veut point de fortune à ce prix.
ISA. Rend-il haine pour haine, & mépris pour mépris?

BLA. Non, Madame, au contraire, il estime des Dames
Dignes des plus grands cœurs, & des plus belles flames.
ISA. Et qui l'empesche donc d'aimer, & de choisir ?
BLA. Quelque secret obstacle arreste son desir,
Tout le bien qu'il en dit ne passe point l'estime,
Charmantes qu'elles sont, les aimer c'est un crime.
Il ne s'excuse point sur l'inégalité,
Il semble plûtost craindre une infidelité,
Et ses discours obscurs sous un confus mélange
M'ont fait voir malgré luy comme une horreur du change,
Comme une aversion, qui n'a pour fondement
Que les secrets liens d'un autre attachement.
ISA. Il aimeroit ailleurs ! BLA. Ouy, si je ne m'abuse,
Il aime en lieu plus haut que n'est ce qu'il refuse,
Et si je ne craignois vostre juste couroux,
J'oserois deviner, Madame, que c'est vous.
ISA. Ah ! ce n'est pas pour moy qu'il est si temeraire,
Tantost dans ses respects j'ay trop veu le contraire :
Si l'éclat de mon sceptre avoit pû le charmer,
Il ne m'auroit jamais défendu de l'aimer.
S'il aime en lieu si haut, il aime Donne Elvire,
Il doit l'accompagner jusque dans son Empire,
Et fait à mes amants ces deffis genereux,
Non pas pour m'acquerir, mais pour se vanger d'eux.
Ie l'ay donc agrandy pour le voir disparoistre,
Et qu'une Reine ingrate à l'égal de ce traistre
M'enleve après vint ans de refuge en ces lieux
Ce qu'avoit mon Etat de plus doux à mes yeux !
Non, j'ay pris trop de soin de conserver sa vie,
Qu'il combate, qu'il meure, & j'en feray ravie,
Ie sçauray par sa mort à quels vœux m'engager,
Et j'aimeray des trois qui m'en sçaura vanger.
BLA. Que vous peut offenser sa flame, ou sa retraite,
Puisque vous n'aspirez qu'à vous en voir défaite ?
Ie ne sçay pas s'il aime, ou Donne Elvire, ou vous,
Mais je ne comprens point ce mouvement jaloux.
ISA. Tu ne le comprens point ! & c'est ce qui m'étonne.
Ie veux donner son cœur, non que son cœur le donne,
Ie veux que son respect l'empesche de m'aimer,
Non des flames qu'une autre a sçeu mieux allumer.
Ie veux bien plus, qu'il m'aime, & qu'un juste silence
Fasse à des feux pareils pareille violence,

COMEDIE

Que l'inégalité luy donne mesme ennuy,
Qu'il souffre autant pour moy que je souffre pour luy,
Que par le seul dessein d'affermir sa fortune,
Et non point par amour, il se donne à quelqu'une,
Que par mon ordre seul il s'y laisse obliger,
Que ce soit m'obeïr, & non me negliger,
Et que voyant ma flame à l'honorer trop prompte,
Il m'oste de peril sans me faire de honte.
Car enfin il l'a veuë, & la connoit trop bien ;
Mais il aspire au Trosne, & ce n'est pas au mien,
Il me préfere une autre, & cette préference
Forme de son respect la trompeuse apparence.
Faux respect, qui me brave, & veut regner sans moy.
BLA. Pour aimer Donne Elvire, il n'est pas encor Roy.
ISA. Elle est Reine, & peut tout sur l'esprit de sa mere.
BLA. Si ce n'est un faux bruit, le Ciel luy rend un frere,
Don Sanche n'est point mort, & vient icy, dit-on,
Avec les Deputez qu'on attend d'Arragon.
C'est ce qu'en arrivant leurs gens ont fait entendre.
ISA. Blanche, s'il est ainsi, que d'heur j'en dois attendre !
L'injustice du Ciel, faute d'autres objets,
Me forçoit d'abaisser mes yeux sur mes Sujets,
Ne voyant point de Prince égal à ma naissance,
Qui ne fust sous l'Hymen, ou More, ou dans l'enfance ;
Mais s'il luy rend un frere, il m'envoye un époux.
Comtes, je n'ay plus d'yeux pour Carlos, ny pour vous,
Et devenant par là Reine de ma rivale,
J'auray droit d'empescher qu'elle ne se ravale,
Et l'empescheray bien d'avoir plus de bon-heur
Que ne m'en ont permis ces tristes loix d'honneur.
BLA. La belle occasion que vostre jalousie,
Douteuse encor qu'elle est, a promptement saisie.
ISA. Allons l'examiner, Blanche, & taschons de voir
Quelle juste esperance on peut en concevoir.

Tome II.   Ggg

ACTE IV.

SCENE PREMIERE.

D. LEONOR, D. MANRIQVE,
D. LOPE.

MA. Qvoy quel'espoir d'un Trosne & l'amour d'une Reine
Soient des biens que jamais on ne ceda sans peine,
Quoy qu'à l'un de nous deux elle ait promis sa foy,
Nous cessons de prétendre où nous voyons un Roy.
Dans nostre ambition nous sçavons nous connoistre,
Et benissant le Ciel qui nous donne un tel maistre,
Ce Prince qu'il vous rend après tant de travaux
Trouve en nous des Sujets, & non pas des rivaux;
Heureux si l'Arragon joint avec la Castille
Du sang de deux grands Rois ne fait qu'une famille.
 Nous vous en conjurons, loin d'en estre jaloux,
Comme étans l'un & l'autre à l'Etat plus qu'à nous,
Et tous impatiens d'en voir la force unie
Des Maures nos voisins dompter la tyrannie,
Nous renonçons sans honte à ce choix glorieux
Qui d'une grande Reine abaissoit trop les yeux.
LEO. La generosité de vostre déference,
Comtes, flate trop tost ma nouvelle esperance:
D'un avis si douteux j'attens fort peu de fruit,
Et ce grand bruit enfin peut-estre n'est qu'un bruit.
Mais jugez-en tous deux, & me daignez apprendre
Ce qu'avecque raison mon cœur en doit attendre.
 Les troubles d'Arragon vous sont assez connus,
Ie vous en ay souvent tous deux entretenus,
Et ne vous redis point quelles longues miseres
Chasserent Don Fernand du Trosne de ses peres.
Il y voyoit déja monter ses ennemis,
Ce Prince malheureux, quand j'accouchay d'un fils,

COMEDIE.

On le nomma Don Sanche, & pour cacher sa vie
Aux barbares fureurs du traistre Don Garcie,
A peine eus-je loisir de luy dire un Adieu,
Qu'il le fit enlever sans me dire en quel lieu,
Et je n'en pûs jamais sçavoir que quelques marques
Pour reconnoistre un jour le sang de nos Monarques.
Trop inutiles soins contre un si mauvais sort,
Luy mesme au bout d'un an m'apprit qu'il étoit mort.
Quatre ans après il meurt, & me laisse une fille
Dont je vins par son ordre accoucher en Castille.
Il me souvient toûjours de ses derniers propos,
Il mourut en mes bras avec ces tristes mots.
Ie meurs, & je vous laisse en un sort déplorable,
Le Ciel vous puisse un jour estre plus favorable.
Don Raimond a pour vous des secrets importans,
Et vous les apprendra quand il en sera temps:
Fuyez dans la Castille. A ces mots il expire,
Et jamais Don Raimond ne me voulut rien dire.
Ie partis sans lumiere en ces obscuritez,
Mais le voyant venir avec les Députez,
Et que c'est par leurs gens que ce grand bruit éclate,
(Voyez qu'en sa faveur aisément on se flate,)
I'ay crû que du secret le temps étoit venu,
Et que Don Sanche étoit ce mystere inconnu,
Qu'il l'amenoit icy reconnoistre sa mere.
Helas, que c'est en vain que mon amour l'espere!
A ma confusion ce bruit s'est éclaircy,
Bien loin de l'amener, ils le cherchent icy,
Voyez quelle apparence, & si cette Province
A jamais sçeu le nom de ce malheureux Prince.
LOP. Si vous croyez au nom, vous croirez son trépas,
Et qu'on cherche Don Sanche, où Don Sanche n'est pas:
Mais si vous en voulez croire la voix publique,
Et que nostre pensée avec elle s'explique,
Ou le Ciel pour jamais a repris ce Heros,
Ou cet illustre Prince est le vaillant Carlos.
Nous le dirons tous deux, quoy que suspects d'envie,
C'est un miracle pur que le cours de sa vie.
Cette haute vertu qui charme tant d'esprits,
Cette fiére valeur qui brave nos mépris,
Ce port majestueux qui tout inconnu mesme
A plus d'accés que nous auprés du Diadesme,

Ggg ij

Deux Reines qu'à l'envy nous voyons l'estimer,
Et qui peut-estre ont peine à ne les pas aimer,
Ce prompt consentement d'un Peuple qui l'adore,
Madame, après cela j'ose le dire encore,
Ou le Ciel pour jamais a repris ce Heros,
Ou cet illustre Prince est le vaillant Carlos.
Nous avons méprisé sa naissance inconnuë,
Mais à ce peu de jour nous recouvrons la veuë,
Et verrions à regret qu'il falluft aujourd'huy
Ceder nostre esperance à tout autre qu'à luy.
LEO. Il en a le merite, & non pas la naissance,
Et luy-mesme il en donne assez de connoissance,
Abandonnant la Reine à choisir parmy vous
Vn Roy pour la Castille, & pour elle un époux.
MAN. Et ne voyez-vous pas que sa valeur s'apreste
A faire sur tous trois cette illustre conqueste?
Oubliez-vous déja qu'il a dit à vos yeux
Qu'il ne veut rien devoir au nom de ses ayeux?
Son grand cœur se desrobe à ce haut avantage
Pour devoir sa grandeur entiere à son courage,
Dans une Cour si belle & si pleine d'appas,
Avez-vous remarqué qu'il aime en lieu plus bas?
LEO. Le voicy, nous sçaurons ce que luy-mesme en pense.

SCENE II.

D. LEONOR, CARLOS, D. MANRIQVE, D. LOPE.

CAR. Madame, sauvez-moy d'un honneur qui m'offense.
Vn Peuple opiniastre à m'arracher mon nom
Veut que je sois Don Sanche, & Prince d'Arragon.
Puisque par sa presence il faut que ce bruit meure,
Doy-je estre en l'attendant le fantosme d'une heure?
Ou si c'est une erreur qui luy promet ce Roy,
Souffrez-vous qu'elle abuse, & de vous, & de moy?
LEO. Quoy que vous présumiez de la voix populaire,
Par de secrets rayons le Ciel souvent l'éclaire;
Vous apprendrez par là du moins les vœux de tous,
Et quelle opinion les Peuples ont de vous.

LOP. Prince, ne cachez plus ce que le Ciel découvre,
Ne fermez pas nos yeux quand sa main nous les ouvre,
Vous devez estre las de nous faire faillir,
Nous ignorons quels fruits vous en vouliez cueillir,
Mais nous avions pour vous une estime assez haute
Pour n'estre pas forcez à commettre une faute,
Et nostre honneur au vostre en aveugle opposé
Meritoit par pitié d'estre desabusé,
Nostre orgueil n'est pas tel qu'il s'attache aux personnes,
Ou qu'il ose oublier ce qu'il doit aux Couronnes,
Et s'il n'a pas eu d'yeux pour un Roy déguisé,
Si l'inconnu Carlos s'en est veu méprisé,
Nous respectons Don Sanche, & l'acceptons pour maistre,
Si-tost qu'à nostre Reine il se fera connoistre,
Et sans doute son cœur nous en avoûra bien.
Hastez cette union de vostre sceptre au sien,
Seigneur, & d'un Soldat quittant la fausse image,
Recevez comme Roy nostre premier hommage.
CAR. Comtes, ces faux respects dont je me voy surpris
Sont plus injurieux encor que vos mépris.
Ie pense avoir rendu mon nom assez illustre,
Pour n'avoir pas besoin qu'on luy donne un faux lustre,
Reprenez vos honneurs où je n'ay point de part.
I'imputois ce faux bruit aux fureurs du hazard,
Et doutois qu'il pust estre une ame assez hardie
Pour ériger Carlos en Roy de Comedie.
Mais puisque c'est un jeu de vostre belle humeur,
Sçachez que les vaillans honorent la valeur,
Et que tous vos pareils auroient quelque scrupule
A faire de la mienne un éclat ridicule.
Si c'est vostre dessein d'en réjoüir ces lieux,
Quand vous m'aurez vaincu, vous me raillerez mieux,
La raillerie est belle après une victoire,
On la fait avec grace aussi-bien qu'avec gloire.
Mais vous précipitez un peu trop ce dessein,
La bague de la Reine est encore en ma main,
Et l'inconnu Carlos sans nommer sa famille
Vous sert encor d'obstacle au Trosne de Castille,
Ce bras qui vous sauva de la captivité
Peut s'opposer encore à vostre avidité.
MAN. Pour n'estre que Carlos, vous parlez bien en maistre,
Et tranchez bien du Prince, en déniant de l'estre.

Si nous avons tantost jusqu'au bout défendu
L'honneur qu'à nostre rang nous voyions estre dû,
Nous sçaurons bien en jusqu'au bout le défendre,
Mais ce que nous devons, nous aimons à le rendre.
 Que vous soyez Don Sanche, ou qu'un autre le soit,
L'un & l'autre de nous luy rendra ce qu'il doit.
Pour le nouveau Marquis, quoy que l'honneur l'irrite,
Qu'il sçache qu'on l'honore autant qu'il le merite,
Mais que pour nous combatre il faut que le bon sang
Aide un peu sa valeur à soûtenir ce rang.
Qu'il n'y prétende point à moins qu'il se declare:
Non que nous demandions qu'il soit Guzman, ou Lare,
Qu'il soit noble, il suffit pour nous traiter d'égal,
Nous le verrons tous deux comme un digne rival,
Et si Don Sanche enfin n'est qu'une attente vaine,
Nous luy disputerons cet anneau de la Reine.
Qu'il souffre cependant, quoy que brave guerrier,
Que nostre bras dédaigne un simple avanturier.
 Nous vous laissons, Madame, éclaircir ce mystere,
Le sang a des secrets qu'entend mieux une mere,
Et dans les differents qu'avec luy nous avons
Nous craignons doublier ce que nous vous devons.

SCENE III.

D. LEONOR, CARLOS.

CAR. Madame, vous voyez comme l'orgueil me traite,
Pour me faire un honneur on veut que je l'achéte,
Mais s'il faut qu'il m'en couste un secret de vint ans,
Cet anneau dans mes mains pourra briller long-temps.
LEO. Laissons-là ce combat, & parlons de Don Sanche.
Ce bruit est grand pour vous, toute la Cour y panche,
De grace, dites-moy, vous connoissez-vous bien?
CAR. Plust à Dieu qu'en mon sort je ne connusse rien.
Si j'étois quelque enfant épargné des tempestes,
Livré dans un Desert à la mercy des bestes,
Exposé par la crainte, ou par l'inimitié,
Rencontré par hazard, & nourry par pitié;
Mon orgueil à ce bruit prendroit quelque esperance
Sur vostre incertitude, & sur mon ignorance.

Ie me figurerois ces destins merveilleux
Qui tiroient du neant les Heros fabuleux,
Et me revétirois des brillantes chimeres
Qu'osa former pour eux le loisir de nos peres.
Car enfin je suis vain, & mon ambition
Ne peut s'examiner sans indignation ;
Ie ne puis regarder Sceptre, ny Diadesme,
Qu'ils n'emportent mon ame au delà d'elle-mesme.
Inutiles élans d'un vol impetueux,
Que pousse vers le Ciel un cœur presomptueux,
Que soûtiennent en l'air quelques exploits de guerre,
Et qu'un coup d'œil sur moy rabat soudain à terre.

Ie ne suis point Don Sanche, & connoy mes parens,
Ce bruit me donne en vain un nom que je vous rens,
Gardez-le pour ce Prince, une heure ou deux peut-estre
Avec vos Deputez vous le feront connoistre ;
Laissez-moy cependant à cette obscurité
Qui ne fait que justice à ma temerité.

LEO. En vain donc je me flate, & ce que j'aime à croire
N'est qu'une illusion que me fait vostre gloire ?
Mon cœur vous en dédit, un secret mouvement
Qui le panche vers vous malgré moy vous dément ;
Mais je ne puis juger quelle source l'anime,
Si c'est l'ardeur du sang, ou l'effort de l'estime,
Si la Nature agit, ou si c'est le desir,
Si c'est vous reconnoistre, ou si c'est vous choisir.
Ie veux bien toutefois étouffer ce murmure
Comme de vos vertus une aimable imposture,
Condamner pour vous plaire un bruit qui m'est si doux,
Mais où sera mon fils, s'il ne vit point en vous ;
On veut qu'il soit icy, je n'en vois aucun signe,
On connoit horsmis vous quiconque en seroit digne,
Et le vray sang des Rois sous le Sort abatu
Peut cacher sa naissance, & non pas sa vertu.
Il porte sur le front un luisant caractere
Qui parle malgré luy, de tout ce qu'il veut taire,
Et celuy que le Ciel sur le vostre avoit mis
Pouvoit seul m'ébloüir si vous l'eussiez permis.

Vous ne l'étes donc point, puisque vous me le dites,
Mais vous étes à craindre avec tant de merites.
Souffrez que j'en demeure à cette obscurité.
Ie ne condamne point vostre temerité ;

Mon estime au contraire est pour vous si puissante
Qu'il ne tiendra qu'à vous que mon cœur n'y consente:
Vostre sang avec moy n'a qu'à se declarer,
Et je vous donne après liberté d'esperer.
Que si mesme à ce prix vous cachez vostre race,
Ne me refusez point du moins une autre grace.
Ne vous préparez plus à nous accompagner,
Nous n'avons plus besoin de secours pour regner,
La mort de Don Garcie a puny tous ses crimes,
Et rendu l'Arragon à ses Rois legitimes,
N'en cherchez plus la gloire, & quels que soient vos vœux,
Ne me contraignez point à plus que je ne veux.
Le prix de la valeur doit avoir ses limites,
Et je vous crains enfin avec tant de merites.
C'est assez vous en dire, Adieu, pensez-y bien,
Et faites-vous connoistre, ou n'aspirez à rien.

SCENE IV.

CARLOS, BLANCHE.

BLA. Qvi ne vous craindra point, si les Reines vous craignent?
CAR. Elles se font raison lors qu'elles me dédaignent.
BLA. Dédaigner un Heros qu'on reconnoit pour Roy!
CAR. N'aide point à l'Envie à se joüer de moy,
Blanche, & si tu te plais à seconder sa haine,
Du moins respecte en moy l'ouvrage de ta Reine.
BLA. La Reine mesme en vous ne voit plus aujourd'huy
Qu'un Prince que le Ciel nous montre, malgré luy.
Mais c'est trop la tenir dedans l'incertitude,
Ce silence vers elle est une ingratitude,
Ce qu'a fait pour Carlos sa generosité
Meritoit de Don Sanche une civilité.
CAR. Ah, nom fatal pour moy, que tu me persecutes,
Et prepares mon ame à d'effroyables chûtes!

SCENE V.

D. ISABELLE, CARLOS, BLANCHE.

CAR. Madame, commandez qu'on me laisse en repos,
  Qu'on ne confonde plus Don Sanche avec Carlos,
  C'est faire au nom d'un Prince une trop longue injure,
  Ie ne veux que celuy de vostre creature;
  Et si le Sort jaloux qui semble me flater
  Veut m'élever plus haut pour m'en précipiter,
  Souffrez qu'en m'éloignant je desrobe ma teste
  A l'indigne revers que sa fureur m'apreste.
  Ie le voy de trop loin pour l'attendre en ce lieu,
  Souffrez que je l'évite en vous disant Adieu;
  Souffrez.... ISA. Quoy, ce grand cœur redoute une Couronne?
  Quand on le croit Monarque, il fremit, il s'étonne,
  Il veut fuir cette gloire, & se laisse alarmer
  De ce que sa vertu force d'en présumer?
CAR. Ah vous ne voyez pas que cette erreur commune
  N'est qu'une trahison de ma bonne fortune,
  Que déja mes secrets sont à demy trahis.
  Ie luy cachois en vain ma race, & mon païs,
  En vain sous un faux nom je me faisois connoistre
  Pour luy faire oublier ce qu'elle m'a fait naistre,
  Elle a déja trouvé mon païs & mon nom.
    Ie suis Sanche, Madame, & né dans l'Arragon,
  Et je croy déja voir sa malice funeste
  Détruire vostre ouvrage en découvrant le reste,
  Et faire voir icy par un honteux effet
  Quel Comte & quel Marquis vostre faveur a fait.
ISA. Pourrois-je alors manquer de force ou de courage,
  Pour empescher le Sort d'abatre mon ouvrage?
  Ne me desrobez point ce qu'il ne peut ternir,
  Et la main qui l'a fait sçaura le soûtenir.
  Mais vous vous en formez une vaine menace,
  Pour faire un beau pretexte à l'amour qui vous chasse.
  Ie ne demande plus d'où partoit ce dédain,
  Quand j'ay voulu vous faire un Hymen de ma main.
  Allez dans l'Arragon suivre vostre Princesse,
  Mais allez-y du moins sans feindre une foiblesse,

Tome II.   Hhh

Et puisque ce grand cœur s'attache à ses appas,
Montrez en la suivant que vous ne fuyez pas.
CAR. Ah, Madame, plûtost apprenez tous mes crimes,
Ma teste est à vos pieds, s'il vous faut des victimes.
Tout chetif que je suis, je doy vous avoüer
Qu'en me plaignant du Sort j'ay dequoy m'en loüer,
S'il m'a fait en naissant quelque desavantage,
Il m'a donné d'un Roy le nom, & le courage,
Et depuis que mon cœur est capable d'aimer,
A moins que d'une Reine il n'a pû s'enflamer.
Voilà mon premier crime, & je ne puis vous dire
Qui m'a fait infidelle, ou vous, ou Donne Elvire,
Mais je sçay que ce cœur des deux parts engagé
Se donnant à vous deux ne s'est point partagé,
Toûjours prest d'embrasser son service, & le vostre,
Toûjours prest à mourir & pour l'une, & pour l'autre.
Pour n'en adorer qu'une, il eust fallu choisir,
Et ce choix eust été du moins quelque desir,
Quelque espoir outrageux d'estre mieux receu d'elle,
Et j'ay creu moins de crime à paroistre infidelle.
Qui n'a rien à pretendre en peut bien aimer deux,
Et perdre en plus d'un lieu des soupirs & des vœux.
Voilà mon second crime, & quoy que ma souffrance
Iamais à ce beau feu n'ait permis d'esperance,
Ie ne puis, sans mourir d'un desespoir jaloux,
Voir dans les bras d'un autre, ou Donne Elvire, ou vous.
Voyant que vostre choix m'aprestoit ce martire,
Ie voulois m'y soustraire en suivant Donne Elvire,
Et languir auprès d'elle, attendant que le Sort
Par un semblable Hymen m'eust envoyé la mort:
Depuis, l'occasion que vous-mesme avez faite
M'a fait quitter le soin d'une telle retraite,
Ce trouble a quelque temps amusé ma douleur,
I'ay creu par ces combats reculer mon malheur,
Le coup de vostre perte est devenu moins rude
Lors que j'en ay veu l'heure en quelque incertitude,
Et que j'ay pû me faire une si douce loy
Que ma mort vous donnast un plus vaillant que moy.
Mais je n'ay plus, Madame, aucun combat à faire,
Ie voy pour vous Don Sanche un époux necessaire;
Car ce n'est point l'amour qui fait l'Hymen des Rois,
Les raisons de l'Etat réglent toûjours leur choix,

COMEDIE. 427

Leur severe grandeur jamais ne se ravale,
Ayant devant les yeux un Prince qui l'égale;
Et puisque le saint nœud qui le fait vostre époux
Arreste comme sœur Donne Elvire avec vous,
Que je ne puis la voir sans voir ce qui me tuë,
Permettez que j'évite une fatale veuë,
Et que je porte ailleurs les criminels soupirs
D'un reste malheureux de tant de déplaisirs.
ISA. Vous m'en dites assez pour meriter ma haine
Si je laissois agir les sentimens de Reine.
Par un trouble secret je les sens confondus.
Partez, je le consens, & ne les troublez plus.
Mais non, pour fuir Don Sanche attendez qu'on le voye,
Ce bruit peut estre faux, & me rendre ma joye.
Que dis-je ? allez, Marquis, j'y consens de nouveau,
Mais avant que partir donnez-luy mon anneau,
Si ce n'est toutefois une faveur trop grande
Que pour tant de faveurs une Reine demande.
CAR. Vous voulez que je meure, & je dois obeïr,
Dust cette obeïssance à mon sort me trahir,
Ie recevray pour grace un si juste supplice,
S'il en rompt la menace, & prévient la malice,
Et souffré que Carlos en donnant cet anneau
Emporte ce faux nom, & sa gloire au tombeau.
C'est l'unique bonheur où ce coupable aspire.
ISA. Que n'êtes-vous Don Sanche ? Ah Ciel, qu'osay-je dire !
Adieu, ne croyez pas ce soupir indiscret.
CAR. Il m'en a dit assez pour mourir sans regret.

Hhh ij

ACTE V.

SCENE PREMIERE

D. ALVAR, D. ELVIRE.

ALV. Enfin après un fort à mes vœux si contraire,
Ie doy benir le Ciel qui vous renvoye un frere;
Puisque de nostre Reine il doit estre l'époux,
Cette heureuse union me laisse tout à vous.
Ie me vois affranchy d'un honneur tyrannique,
D'un joug que m'imposoit cette faveur publique,
D'un choix qui me forçoit à vouloir estre Roy;
Ie n'ay plus de combat à faire contre moy,
Plus à craindre le prix d'une triste victoire,
Et l'infidelité que vous faisoit ma gloire
Consent que mon amour de ses loix dégagé
Vous rende un inconstant qui n'a jamais changé.
ELV. Vous êtes genereux, mais vostre impatience
Sur un bruit incertain prend trop de confiance,
Et cette prompte ardeur de rentrer dans mes fers
Me console trop tost d'un Trosne que je perds.
Ma perte n'est encor qu'une rumeur confuse
Qui du nom de Carlos malgré Carlos abuse,
Et vous ne sçavez pas, à vous en bien parler,
Par quelle offre, & quels vœux on m'en peut consoler.
Plus que vous ne pensez la Couronne m'est chere,
Ie perds plus qu'on ne croit, si Carlos est mon frere.
Attendez les effets que produiront ces bruits,
Attendez que je sçache au vray ce que je suis,
Si le Ciel m'oste, ou laisse enfin le Diadesme,
S'il vous faut m'obtenir d'un frere, ou de moy-mesme,
Si par l'ordre d'autruy je vous dois écouter,
Ou si j'ay seulement mon cœur à consulter.
ALV. Ah! ce n'est qu'à ce cœur que le mien vous demande,
Madame, c'est luy seul que je veux qui m'entende,

Et mon propre bonheur m'accableroit d'ennuy,
Si je n'étois à vous que par l'ordre d'autruy.
Pourrois-je de ce frere implorer la puissance
Pour ne vous obtenir que par obeissance,
Et par un lasche abus de son authorité,
M'élever en Tyran sur vostre volonté?
ELV. Avec peu de raison vous craignez qu'il arrive,
Qu'il ait des sentimens que mon ame ne suive:
Le digne sang des Rois n'a point d'yeux que leurs yeux,
Et leurs premiers Sujets obeissent le mieux.
Mais vous êtes étrange avec vos déferences,
Dont les submissions cherchent des asseurances;
Vous ne craignez d'agir contre ce que je veux
Que pour tirer de moy que j'accepte vos vœux,
Et vous obstineriez dans ce respect extresme
Iusques à me forcer à dire, *je vous aime.*
Ce mot est un peu rude à prononcer pour nous,
Souffrez qu'à m'expliquer j'en trouve de plus doux,
Ie vous diray beaucoup sans pourtant vous rien dire.
Ie sçay depuis quel temps vous aimez Donne Elvire,
Ie sçay ce que je dois, je sçay ce que je puis,
Mais encor une fois sçachons ce que je suis,
Et si vous n'aspirez qu'au bonheur de me plaire,
Taschez d'approfondir ce dangereux mystere.
Carlos a tant de lieu de vous considerer,
Que s'il devient mon Roy, vous devez esperer.
ALV. Madame... *ELV.* En ma faveur donnez-vous cette peine,
Et me laissez de grace entretenir la Reine.
ALV. I'obeis avec joye, & feray mon pouvoir,
A vous dire bien-tost ce qui s'en peut sçavoir.

SCENE II.

D. LEONOR, D. ELVIRE.

LEO. DOn Alvar me fuit-il? *ELV.* Madame, à ma priere
Il va dans tous ces bruits chercher quelque lumiere,
I'ay craint en vous voyant un secours pour ses feux,
Et de défendre mal mon cœur contre vous deux.
LEO. Ne pourra-t'il jamais gagner vostre courage?
ELV. Il peut tout obtenir ayant vostre suffrage.

LEO. Ie luy puis donc enfin promettre voſtre foy?
ELV. Ouy, ſi vous luy gagnez celuy du nouveau Roy.
LEO. Et ſi ce bruit eſt faux ? ſi vous demeurez Reine?
ELV. Que vous puis-je répondre en étant incertaine?
LEO. En cette incertitude on peut faire eſperer.
ELV. On peut attendre auſſi pour en deliberer,
On agit autrement quand le pouvoir ſupreſme....

SCENE III.

D. ISABELLE, D. LEONOR, D. ELVIRE.

ISA. IInterromps vos ſecrets, mais j'y prens part moy-meſme,
Et j'ay tant d'intereſt de connoiſtre ce fils
Que j'oſe demander ce qui s'en eſt appris.
LEO. Vous ne m'en voyez point davantage éclaircie.
ISA. Mais de qui tenez-vous la mort de Don Garcie,
Veu que depuis un mois qu'il vient des Deputez
On parloit ſeulement de Peuples revoltez ?
LEO. Ie vous puis ſur ce point aiſément ſatisfaire,
Leurs gens m'en ont donné la raiſon aſſez claire.
On aſſiégeoit encor alors qu'ils ſont partis
Dedans leur dernier Fort Don Garcie, & ſon fils,
On l'a pris toſt après, & ſoudain par ſa priſe
Don Raimond priſonnier recouvrant ſa franchiſe,
Les voyant tous deux morts, publie à haute voix
Que nous avions un Roy du vray ſang de nos Rois,
Que Don Sanche vivoit, & part en diligence
Pour rendre à l'Arragon le bien de ſa preſence.
Il joint nos Deputez hier ſur la fin du jour,
Et leur dit que ce Prince étoit en voſtre Cour.
C'eſt tout ce que j'ay pû tirer d'un Domeſtique.
Outre qu'avec ces gens rarement on s'explique,
Comme ils entendent mal, leur rapport eſt confus.
Mais bien-toſt Don Raimond vous dira le ſurplus.
Que nous veut cependant Blanche toute étonnée?

COMEDIE.

SCENE IV.

D. ISABELLE, D. LEONOR, D. ELVIRE, BLANCHE.

BLA. AH, Madame! ISA. Qu'as-tu? BL. La funeste journée!
Voſtre Carlos... I. Et bien? B. Son pere eſt en ces lieux,
Et n'eſt... I. Quoy? B. Qu'un Peſcheur. I. Qui te l'a dit? B. Mes yeux.
IS. Tes yeux? BL. Mes propres yeux. IS. Que j'ay peine à les croire!
LEO. Voudriez-vous, Madame, en apprendre l'histoire?
ELV. Que le Ciel eſt injuſte! ISA. Il l'eſt, & nous fait voir
Par cet injuſte effet ſon abſolu pouvoir,
Qui du ſang le plus vil tire une ame ſi belle,
Et forme une vertu qui n'a luſtre que d'elle.
Parle, Blanche, & dy-nous comme il voit ce malheur.
BLA. Avec beaucoup de honte, & plus encor de cœur.
Du haut de l'eſcalier je le voyois deſcendre.
En vain de ce faux bruit il ſe vouloit défendre,
Voſtre Cour obſtinée à luy changer de nom
Murmuroit tout autour, DON SANCHE D'ARRAGON,
Quand un chetif vieillard le ſaiſit & l'embraſſe.
Luy qui le reconnoît fremit de ſa diſgrace,
Puis laiſſant la Nature à ſes pleins mouvemens,
Répond avec tendreſſe à ſes embraſſemens.
Ses pleurs meſlent aux ſiens une fierté ſinceres,
On n'entend que ſoûpirs, *Ah mon fils! ah mon pere!*
O jour trois fois heureux! moment trop attendu!
Tu m'as rendu la vie, &, vous m'avez perdu.
 Choſe étrange, à ces cris de douleur & de joye
Vn grand Peuple accouru ne veut pas qu'on les croye,
Il s'aveugle ſoy-meſme, & ce pauvre Peſcheur
En dépit de Carlos paſſe pour impoſteur.
Dans les bras de ce fils on luy fait mille hontes,
C'eſt un fourbe, un méchant ſuborné par les Comtes.
Eux-meſmes (admirez leur generoſité)
S'efforcent d'affermir cette incrédulité,
Non qu'ils prennent ſur eux de ſi laſches pratiques,
Mais ils en font autheur un de leurs Domeſtiques,
Qui penſant bien leur plaire, a ſi mal à propos
Inſtruit ce malheureux pour affronter Carlos.

Avec avidité cette histoire est receuë,
Chacun la tient trop vraye aussi-tost qu'elle est sçeuë,
Et pour plus de croyance à cette trahison,
Les Comtes font traisner ce bon-homme en prison.
Carlos rend témoignage en vain contre soy-mesme,
Les veritèz qu'il dit cedent au stratagesme,
Et dans le deshonneur qui l'accable aujourd'huy
Ses plus grands envieux l'en sauvent malgré luy.
Il tempeste, il menace, & boüillant de colere
Il crie à pleine voix qu'on luy rende son pere,
On tremble devant luy sans croire son couroux,
Et rien... Mais le voicy qui vient s'en plaindre à vous.

SCENE V.

D. ISABELLE, D. LEONOR, D. ELVIRE, BLANCHE, CARLOS, D. MANRIQVE, D. LOPE.

CAR. ET bien, Madame, enfin on connoit ma naissance.
Voilà le digne fruit de mon obeïssance,
I'ay préveu ce malheur, & l'aurois évité
Si vos commandemens ne m'eussent arrété.
Ils m'ont livré, Madame, à ce moment funeste,
Et l'on m'arrache encor le seul bien qui me reste!
On me vole mon pere, on le fait criminel!
On attache à son nom un opprobre éternel!
Ie suis fils d'un Pescheur, mais non pas d'un infame,
La bassesse du sang ne va point jusqu'à l'ame,
Et je renonce aux noms de Comte & de Marquis
Avec bien plus d'honneur qu'aux sentimens de fils.
Rien n'en peut effacer le sacré caractere,
De grace commandez qu'on me rende mon pere,
Ce doit leur estre assez de sçavoir qui je suis,
Sans m'accabler encor par de nouveaux ennuis.
MAN. Forcez ce grand courage à conserver sa gloire,
Madame, & l'empeschez luy-mesme de se croire.
Nous n'avons pû souffrir qu'un bras qui tant de fois
A fait trembler le More, & triompher nos Rois,

Receust

COMEDIE.

 Receust de sa naissance une tache éternelle;
 Tant de valeur merite une source plus belle.
 Aidez ainsi que nous ce Peuple à s'abuser,
 Il aime son erreur, daignez l'authoriser,
 A tant de beaux exploits rendez cette justice,
 Et de nostre pitié soûtenez l'artifice.
CAR. Ie suis bien malheureux si je vous fais pitié!
 Reprenez vostre orgueil, & vostre inimitié.
 Apres que ma fortune a saoulé vostre envie
 Vous plaignez aisément mon entrée à la vie,
 Et me croyant par elle à jamais abatu
 Vous exercez sans peine une haute vertu.
 Peut-estre elle ne fait qu'une embusche à la mienne.
 La gloire de mon nom vaut bien qu'on la retienne,
 Mais son plus bel éclat seroit trop acheté
 Si je le retenois par une lascheté,
 Si ma naissance est basse, elle est du moins sans tache,
 Puisque vous la sçavez, je veux bien qu'on la sçache.
  Sanche fils d'un Pescheur, & non d'un imposteur,
 De deux Comtes jadis fut le liberateur:
 Sanche fils d'un Pescheur mettoit n'aguere en peine
 Deux illustres rivaux sur le choix de leur Reine:
 Sanche fils d'un Pescheur tient encor en sa main
 Dequoy faire bien-tost tout l'heur d'un Souverain;
 Sanche enfin malgré luy dedans cette Province,
 Quoy que fils d'un Pescheur, a passé pour un Prince.
  Voila ce qu'a pû faire, & qu'a fait à vos yeux
 Vn cœur que ravaloit le nom de ses ayeux.
 La gloire qui m'en reste apres cette disgrace
 Eclate encore assez pour honorer ma race,
 Et paroistra plus grande à qui comprendra bien
 Qu'à l'exemple du Ciel j'ay fait beacoup de rien.
LOP. Cette noble fierté desavoüe un tel pere,
 Et par un témoignage à soy-mesme contraire
 Obscurcit de nouveau ce qu'on voit éclaircy.
 Non, le fils d'un Pescheur ne parle point ainsi,
 Et son ame paroit si dignement formée,
 Que j'en croy plus que luy l'erreur que j'ay semée.
 Ie le soustiens, Carlos, vous n'étes point son fils,
 La justice du Ciel ne peut l'avoir permis.
 Les tendresses du sang vous font une imposture,
 Et je démens pour vous la voix de la Nature.

Tome II.   Iii

Ne vous repentez point de tant de dignitez
Dont il vous plût orner ses rares qualitez,
Iamais plus digne main ne fit plus digne ouvrage,
Madame, il les releve avec ce grand courage,
Et vous ne leur pouviez trouver plus haut appuy,
Puisque mesme le Sort est au dessous de luy.

ISA. La generosité qu'en tous les trois j'admire
Me met en un état de n'avoir que leur dire,
Et dans la nouveauté de ces évenemens
Par un illustre effort prévient mes sentimens.
  Ils paroistront en vain, Comtes, s'ils vous excitent
A luy rendre l'honneur que ses hauts faits meritent,
Et ne dédaigner pas l'illustre & rare objet
D'une haute valeur qui part d'un sang abjet;
Vous courez au devant avec tant de franchise,
Qu'autant que du Pescheur je m'en trouve surprise.
  Et vous que par mon ordre icy j'ay retenu,
Sanche, puisqu'à ce nom vous étes reconnu,
Miraculeux Heros, dont la gloire refuse
L'avantageuse erreur d'un Peuple qui s'abuse,
Parmy les déplaisirs que vous en recevez
Puis-je vous consoler d'un Sort que vous bravez?
Puis-je vous demander ce que je vous voy faire?
Ie vous tiens malheureux d'estre né d'un tel pere,
Mais je vous tiens ensemble heureux au dernier point
D'estre né d'un tel pere, & de n'en rougir point,
Et de ce qu'un grand cœur mis dans l'autre balance
Emporte encor si haut une telle naissance.

SCENE VI.

D. ISABELLE, D. LEONOR, D. ELVIRE, CARLOS, D. MANRIQUE, D. LOPE, D. ALVAR, BLANCHE.

ALV. PRincesses, admirez l'orgueil d'un Prisonnier
Qu'en faveur de son fils on veut calomnier.
Ce malheureux Pescheur par promesse, ny crainte
Ne sçauroit se resoudre à souffrir une feinte.

J'ay voulu luy parler, & n'en fais que sortir,
I'ay tasché, mais en vain, de luy faire sentir
Combien mal à propos sa presence importune
D'un fils si genereux renverse la fortune,
Et qu'il le perd d'honneur à moins que d'avoüer
Que c'est un lasche tour qu'on le force à joüer,
I'ay mesme à ces raisons ajousté la menace :
Rien ne peut l'ébranler, Sanche est toûjours sa race,
Et quand à ce qu'il perd de fortune & d'honneur,
Il dit qu'il a dequoy le faire grand Seigneur,
Et que plus de cent fois il a sceu de sa femme
(Voyez qu'il est credule & simple au fond de l'ame)
Que voyant ce present qu'en mes mains il a mis
La Reine d'Arragon agrandiroit son fils.
^a Si vous le recevez avec autant de joye,   ^a A D.
Madame, que par moy ce vieillard vous l'envoye,   Leonor.
Vous donnerez sans doute à cet illustre fils
Vn rang encor plus haut que celuy de Marquis.
Ce bonhomme en paroit l'ame toute comblée.^b   ^b D. Alvar
ISA. Madame, à cet aspect vous paroissez troublée!   presente à
LEO. I'ay bien sujet de l'estre en recevant ce don,   D. Leonor
Madame, j'en sçauray si mon fils vit, ou non,   un petit
Et c'est où le feu Roy déguisant la naissance   écrain qui
D'un sort si precieux mit la reconnoissance.   s'ouvre
Disons ce qu'il enferme avant que de l'ouvrir.   sans clef
Ah, Sanche, si par là je puis le découvrir,   au moyen
Vous pouvez estre seur d'un entier avantage   d'un res-
Dans les lieux dont le Ciel a fait nostre partage,   sort secret.
Et qu'après ce tresor que vous m'aurez rendu
Vous recevrez le prix qui vous en sera dû.
Mais à ce doux transport c'est deja trop permettre,
Trouvons nostre bonheur avant que d'en promettre.
  Ce present donc enferme un ruban de cheveux
Que receut Don Fernand pour arres de mes vœux,
Son portrait, & le mien, deux pierres les plus rares
Que forme le Soleil sous les climats barbares,
Et pour un témoignage encore plus certain,
Vn billet que luy-mesme écrivit de sa main.
GAR. Madame, Don Raimond vous demande audience.
LEO. Qu'il entre. Pardonnez à mon impatience,
  Si l'ardeur de le voir & de l'entretenir
  Avant vostre congé l'ose faire venir.

Iii ij

ISA. Vous pouvez commander dans toute la Castille,
Et je ne vous voy plus qu'avec des yeux de fille.

SCENE VII.

D. ISABELLE, D. LEONOR, D. ELVIRE,
CARLOS, D. MANRIQVE, D. LOPE,
D. ALVAR, BLANCHE,
D. RAIMOND.

LEO. Laissez-là, Don Raimond, la mort de nos Tyrans,
Et rendez seulement Don Sanche à ses parens.
Vit-il, peut-il braver nos fieres Destinées ?
RAI. Sortant d'une prison de plus de six années,
Ie l'ay cherché, Madame, où pour les mieux braver
Par l'ordre du feu Roy je le fis élever,
Avec tant de secret que mesme un second pere
Qui l'estime son fils ignore ce mystere.
Ainsi qu'en vostre Cour, Sanche y fut son vray nom,
Et l'on n'en retrancha que cet illustre Don.
Là j'ay sceu qu'à seize ans son genereux courage
S'indigna des emplois de ce faux parentage,
Qu'impatient déja d'estre si mal tombé
A sa fausse bassesse il s'estoit desrobé,
Que déguisant son nom, & cachant sa famille,
Il avoit fait merveille aux guerres de Castille,
D'où quelque bien voisin depuis peu de retour
L'avoit veu plein de gloire, & fort bien dans la Cour,
Que du bruit de son nom elle estoit toute pleine,
Qu'il estoit connu mesme, & chery de la Reine,
Si bien que ce Pescheur d'aise tout transporté,
Avoit couru chercher ce fils si fort vanté.
LEO. Don Raimond, si vos yeux pouvoient le reconnoistre ?
RAI. Ouy, je le voy, Madame. Ah Seigneur, ah mon maistre.
LOP. Nous l'avions bien jugé, grand Prince, rendez-vous,
La verité paroit, cedez aux vœux de tous.
LEO. Don Sanche, voulez-vous estre seul incredule ?
CAR. Ie crains encor du Sort un revers ridicule,
Mais, Madame, voyez si le billet du Roy
Accorde à Don Raimond ce qu'il vous dit de moy.

COMEDIE. 427

LEO.[a] *Pour tromper un Tyran je vous trompe vous-mesme,*
 Vous reverrez ce fils que je vous fais pleurer,
 Cette erreur luy peut rendre un jour le Diadesme,
 Et je vous l'ay caché pour le mieux asseurer.

[a] *Elle ouvre l'écrin, & en tire un billet qu'elle lit.*

 Si ma feinte vers vous passe pour criminelle,
 Pardonnez-moy les maux qu'elle vous fait souffrir,
 De crainte que les soins de l'amour maternelle
 Par leurs empressemens le fissent découvrir.

 Nugne, un pauvre Pescheur, s'en croit estre le pere,
 Sa femme en son absence accouchant d'un fils mort
 Elle receut le vostre, & sceut si bien se taire,
 Que le pere & le fils en ignorent le sort.

 Elle-mesme l'ignore, & d'un si grand échange
 Elle sçait seulement qu'il n'est pas de son sang,
 Et croit que ce present par un miracle étrange
 Doit un jour par vos mains luy rendre son vray rang.

 A ces marques un jour daignez le reconnoistre,
 Et puisse l'Arragon retournant sous vos loix
 Apprendre ainsi que vous de moy qui l'ay veu naistre,
 Que Sanche fils de Nugne est le sang de ses Rois.

Don Fernand d'Arragon.

LEO.[b] Ah, mon fils, s'il en faut encore davantage,
 Croyez-en vos vertus, & vostre grand courage.
CAR.[c] Ce seroit mal répondre à ce rare bonheur
 Que vouloir me défendre encor d'un tel honneur.
 [d] Ie reprens toutefois Nugne pour mon vray pere
 Si vous ne m'ordonnez, Madame, que j'espere.
ISA. C'est trop peu d'esperer, quand tout vous est acquis.
 Ie vous avois fait tort en vous faisant Marquis,
 Et vous n'aurez pas lieu déformais de vous plaindre
 De ce retardement où j'ay deu vous contraindre.
 Et pour moy, que le Ciel destinoit pour un Roy
 Digne de la Castille, & digne encor de moy,
 I'avois mis cette bague en des mains assez bonnes
 Pour la rendre à Don Sanche, & joindre nos Couronnes.

[b] *Aprés avoir leu.*
[c] *A D. Leonor.*
[d] *A D. Isabelle.*

Iii iij

438 D. SANCHE D'ARRAGON, COMEDIE.

CAR. Ie ne m'étonne plus de l'orgueil de mes vœux,
Qui sans le partager donnoient mon cœur à deux :
Dans les obscuritez d'une telle avanture
L'amour se confondoit avecque la Nature.

ELV. Le nostre y répondoit sans faire honte au rang,
Et le mien vous payoit ce que devoit le sang.

^a A D. Elvire. CAR.^a Si vous m'aimez encor, & m'honorez en frere,
Vn époux de ma main pourroit-il vous déplaire ?

ELV. Si Don Alvar de Lune est cet illustre époux,
Il vaut bien à mes yeux tout ce qui n'est point vous.

^b A D. Elvire. CAR.^b Il honoroit en moy la vertu toute nuë.
^c A D. Manrique & D. Lope. ^c Et vous qui dédaigniez ma naissance inconnuë,
Comtes, & les premiers en cet évenement
Iugiez en ma faveur si veritablement,
Vostre dédain fut juste autant que son estime,
C'est la mesme vertu sous une autre maxime.

^d A D. Isabelle. RAI.^d Souffrez qu'à l'Arragon il daigne se montrer,
Nos Deputez, Madame, impatiens d'entrer....

ISA. Il vaut mieux leur donner audience publique,
Afin qu'aux yeux de tous ce miracle s'explique.
Allons ; & cependant qu'on mette en liberté
Celuy par qui tant d'heur nous vient d'estre apporté,
Et qu'on l'amene icy plus heureux qu'il ne pense
Recevoir de ses soins la digne recompense.

F I N.

NICOMEDE,
TRAGEDIE

ACTEVRS

PRVSIAS, Roy de Bythinie.

FLAMINIVS, Ambassadeur de Rome.

ARSINOÉ, Seconde femme de Prusias.

LAODICE, Reine d'Armenie.

NICOMEDE, Fils aisné de Prusias sorty du premier lit.

ATALE, Fils de Prusias & d'Arsinoé.

ARASPE, Capitaine des Gardes de Prusias.

CLEONE, Confidente d'Arsinoé.

La Scene est à Nicomedie.

NICOMEDE

NICOMEDE,
TRAGEDIE.

ACTE I.

SCENE PREMIERE.

NICOMEDE, LAODICE.

LAO. IL doit m'estre bien doux, je l'avoüray,
    Seigneur,
De voir encor mes yeux regner sur vostre
    cœur,
De voir sous les lauriers qui vous cou-
    vrent la teste
Vn si grand conquerant estre encor ma
    conqueste,
Et de toute la gloire acquise à ses travaux
Faire un illustre hommage à ce peu que je vaux.
Quelques biens toutefois que le Ciel me renvoye,
Mon cœur épouvanté se refuse à la joye,
Ie vous vois à regret, tant mon cœur amoureux
Trouve la Cour pour vous un sejour dangereux.
Vostre marastre y regne, & le Roy vostre pere
Ne voit que par ses yeux, seule la considere,
Pour souveraine loy n'a que sa volonté,
Iugez après cela de vostre seureté.

Tome II.   Kkk

La haine que pour vous elle a si naturelle
A mon occasion encor se renouvelle;
Vostre frere son fils depuis peu de retour....
NIC. Ie le sçay, ma Princesse, & qu'il vous fait la Cour.
Ie sçay que les Romains qui l'avoient en ostage
L'ont enfin renvoyé pour un plus digne ouvrage,
Que ce don à sa mere étoit le prix fatal
Dont leur Flaminius marchandoit Annibal,
Que le Roy par son ordre eust livré ce grand homme,
S'il n'eust par le poison luy-mesme évité Rome,
Et rompu par sa mort les spectacles pompeux
Où l'effroy de son nom le destinoit chez eux.
Par mon dernier combat je voyois reünie
La Cappadoce entiere avec la Bithinie,
Lors qu'à cette Nouvelle enflamé de courroux
D'avoir perdu mon maistre, & de craindre pour vous,
I'ay laissé mon Armée aux mains de Theagene,
Pour voler en ces lieux au secours de ma Reine.
Vous en aviez besoin, Madame, & je le voy,
Puisque Flaminius obsede encor le Roy:
Si de son arrivée Annibal fut la cause,
Luy mort, ce long sejour prétend quelqu'autre chose,
Et je ne voy que vous qui le puisse arrester
Pour aider à mon frere à vous persecuter.
LAO. Ie ne veux point douter que sa vertu Romaine
N'embrasse avec chaleur l'interest de la Reine:
Annibal qu'elle vient de luy sacrifier
L'engage en sa querelle, & m'en fait défier,
Mais, Seigneur, jusqu'icy j'aurois tort de m'en plaindre,
Et quoy qu'il entreprenne, avez-vous lieu de craindre?
Ma gloire & mon amour peuvent bien peu sur moy,
S'il faut vostre presence à soutenir ma foy,
Et si je puis tomber en cette frenesie
De préferer Attale au vainqueur de l'Asie!
Attale, qu'en ostage ont nourry les Romains,
Ou plustost qu'en esclave ont façonné leurs mains,
Sans luy rien mettre au cœur qu'une crainte servile
Qui tremble à voir un Aigle, & respecte un Ædile!
NIC. Plutost, plutost la mort, que mon esprit jaloux
Forme des sentimens si peu dignes de vous,
Ie crains la violence, & non vostre foiblesse,
Et si Rome une fois contre nous s'interesse....

TRAGEDIE.

LAO. Ie suis Reine, Seigneur, & Rome a beau tonner,
Elle, ny vostre Roy n'ont rien à m'ordonner.
Si de mes jeunes ans il est dépositaire,
C'est pour executer les ordres de mon pere;
Il m'a donnée à vous, & nul autre que moy
N'a droit de l'en dédire, & me choisir un Roy.
Par son ordre & le mien la Reine d'Armenie
Est deuë à l'heritier du Roy de Bithinie,
Et ne prendra jamais un cœur assez abjet
Pour se laisser reduire à l'Hymen d'un Sujet,
Mettez-vous en repos. NIC. Et le puis-je, Madame,
Vous voyant exposée aux fureurs d'une femme,
Qui pouvant tout icy, se croira tout permis
Pour se mettre en état de voir regner son fils?
Il n'est rien de si saint qu'elle ne fasse enfraindre,
Qui livroit Annibal pourra bien vous contraindre,
Et sçaura vous garder mesme fidelité
Qu'elle a gardée aux droits de l'hospitalité.
LAO. Mais ceux de la Nature ont-ils un privilege
Qui vous asseure d'elle après ce sacrilege?
Seigneur, vostre retour, loin de rompre ses coups,
Vous expose vous-mesme, & m'expose après vous.
Comme il est fait sans ordre, il passera pour crime,
Et vous serez bientost la premiere victime
Que la mere & le fils, ne pouvant m'ébranler,
Pour m'oster mon appuy se voudront immoler.
Si j'ay besoin de vous de peur qu'on me contraigne,
I'ay besoin que le Roy, qu'elle mesme vous craigne,
Retournez à l'Armée, & pour me proteger
Montrez cent mille bras tous prests à me vanger,
Parlez la force en main, & hors de leur atteinte.
S'ils vous tiennent icy, tout est pour eux sans crainte.
Et ne vous flatez point, ny sur vostre grand cœur,
Ny sur l'éclat d'un nom cent & cent fois vainqueur,
Quelque haute valeur que puisse estre la vostre,
Vous n'avez en ces lieux que deux bras comme un autre,
Et fussiez-vous du Monde, & l'amour, & l'effroy,
Quiconque entre au Palais porte sa teste au Roy.
Ie vous le dis encor, retournez à l'Armée,
Ne montrez à la Cour que vostre Renommée,
Asseurez vostre sort pour asseurer le mien,
Faites que l'on vous craigne, & je ne craindray rien.

Kkk ij

NIC. Retourner à l'Armée ! Ah, sçachez que la Reine
La seme d'assassins achetez par sa haine,
Deux s'y sont découverts que j'améne avec moy,
Afin de la convaincre, & détromper le Roy.
Quoy qu'il soit son époux, il est encor mon pere,
Et quand il forcera la Nature à se taire,
Trois Sceptres à son Trosne attachez par mon bras
Parleront au lieu d'elle, & ne se tairont pas.
Que si nostre fortune à ma perte animée
La prépare à la Cour aussi-bien qu'à l'Armée,
Dans ce peril égal qui me suit en tous lieux
M'envirez-vous l'honneur de mourir à vos yeux ?
LAO. Non, je ne vous dis plus desormais que je tremble,
Mais que s'il faut perir nous perirons ensemble :
Armons-nous de courage, & nous ferons trembler
Ceux dont les laschetez pensent nous accabler.
Le Peuple icy vous aime, & hait ces cœurs infames,
Et c'est estre bien fort que regner sur tant d'ames,
Mais vostre frere Attale adresse icy ses pas.
NIC. Il ne m'a jamais veu, ne me découvrez pas.

SCENE II

LAODICE, NICOMEDE, ATTALE.

ATT. Quoy, Madame, toûjours un front inexorable ?
Ne pourray-je surprendre un regard favorable,
Vn regard desarmé de toutes ces rigueurs,
Et tel qu'il est enfin quand il gagne les cœurs ?
LAO. Si ce front est mal propre à m'acquerir le vostre,
Quand j'en auray dessein, j'en sçauray prendre un autre.
ATT. Vous ne l'acquerrez point, puisqu'il est tout à vous.
LAO. Ie n'ay donc pas besoin d'un visage plus doux.
ATT. Conservez-le, de grace, après l'avoir sçeu prendre.
LAO. C'est un bien mal acquis que j'aime mieux vous rendre.
ATT. Vous l'estimez trop peu pour le vouloir garder.
LAO. Ie vous estime trop pour vouloir rien farder,
Vostre rang & le mien ne sçauroient le permettre,
Pour garder vostre cœur je n'ay pas où le mettre,

La place est occupée, & je vous l'ay tant dit,
Prince, que ce discours vous deust estre interdit,
On le souffre d'abord, mais la suite importune.
ATT. Que celuy qui l'occupe a de bonne fortune,
Et que seroit heureux, qui pourroit aujourd'huy
Disputer cette place, & l'emporter sur luy!
NIC. La place à l'emporter cousteroit bien des restes,
Seigneur, ce conquerant garde bien ses conquestes,
Et l'on ignore encor parmy ses ennemis
L'Art de reprendre un Fort qu'une fois il a pris.
ATT. Celuy-cy toutefois peut s'attaquer de sorte,
Que tout vaillant qu'il est, il faudra qu'il en sorte.
LAO. Vous pourriez vous méprendre. *ATT.* Et si le Roy le veut?
LAO. Le Roy juste & prudent ne veut que ce qu'il peut.
ATT. Et que ne peut icy la grandeur souveraine?
LAO. Ne parlez pas si haut, s'il est Roy, je suis Reine,
Et vers moy tout l'effort de son authorité
N'agit que par priere, & par civilité.
ATT. Non, mais agir ainsi souvent c'est beaucoup dire
Aux Reines comme vous qu'on voit dans son Empire,
Et si ce n'est assez des prieres d'un Roy,
Rome qui m'a nourry vous parlera pour moy.
NIC. Rome, Seigneur! *ATT.* Ouy, Rome, en estes-vous en doute?
NIC. Seigneur, je crains pour vous qu'un Romain vous écoute,
Et si Rome sçavoit de quels feux vous brûlez,
Bien loin de vous prester l'appuy dont vous parlez,
Elle s'indigneroit de voir sa creature
A l'éclat de son nom faire une telle injure,
Et vous dégraderoit peut-estre dés demain
Du titre glorieux de Citoyen Romain.
Vous l'a-t'elle donné pour meriter sa haine,
En le deshonorant par l'amour d'une Reine;
Et ne sçavez-vous plus qu'il n'est Princes, ny Rois,
Qu'elle daigne égaler à ses moindres Bourgeois?
Pour avoir tant vécu chez ces cœurs magnanimes,
Vous en avez bien-tost oublié les maximes.
Reprenez un orgueil digne d'elle, & de vous,
Remplissez mieux un nom sous qui nous tremblons tous,
Et sans plus l'abaisser à cette ignominie,
D'idolatrer en vain la Reine d'Armenie,
Songez qu'il faut du moins pour toucher vostre cœur
La fille d'un Tribun, ou celle d'un Preteur:

Que Rome vous promet cette haute alliance,
Dont vous auroit exclus le defaut de naissance,
Si l'honneur souverain de son adoption
Ne vous authorisoit à tant d'ambition.
Forcez, rompez, brisez de si honteuses chaisnes,
Aux Rois qu'elle méprise abandonnez les Reines,
Et concevez enfin des vœux plus élevez
Pour meriter les biens qui vous sont reservez.
ATT. Si cet homme est à vous, imposez-luy silence,
Madame, & retenez une telle insolence.
Pour voir jusqu'à quel point elle pourroit aller,
J'ay forcé ma colere à le laisser parler,
Mais je crains qu'elle échape, & que s'il continuë,
Ie ne m'obstine plus à tant de retenuë.
NIC. Seigneur, si j'ay raison, qu'importe à qui je sois?
Perd-elle de son prix pour emprunter ma voix?
Vous-mesme, amour à part, je vous en fais arbitre.
Ce grand nom de Romain est un precieux titre,
Et la Reine & le Roy l'ont assez acheté
Pour ne se plaire pas à le voir rejetté,
Puisqu'ils se sont privez pour ce nom d'importance,
Des charmantes douceurs d'élever vostre enfance.
Dés l'âge de quatre ans ils vous ont éloigné;
Iugez si c'est pour voir ce titre dédaigné,
Pour vous voir renoncer par l'Hymen d'une Reine
A la part qu'ils avoient à la grandeur Romaine.
D'un si rare tresor l'un & l'autre jaloux...
ATT. Madame, encor un coup, cet homme est-il à vous?
Et pour vous divertir est-il si necessaire,
Que vous ne luy puissiez ordonner de se taire?
LAO. Puisqu'il vous a dépleu vous traitant de Romain,
Ie veux bien vous traiter de fils de Souverain.
En cette qualité vous devez reconnoistre
Qu'un Prince vostre aisné doit estre vostre maistre,
Craindre de luy déplaire, & sçavoir que le sang
Ne vous empesche pas de differer de rang,
Luy garder le respect qu'exige sa naissance,
Et loin de luy voler son bien en son absence.
ATT. Si l'honneur d'estre à vous est maintenant son bien,
Dites un mot, Madame, & ce sera le mien,
Et si l'âge à mon rang fait quelque préjudice,
Vous en corrigerez la fatale injustice.

TRAGEDIE.

Mais si je luy doy tant en fils de Souverain,
Permettez qu'une fois je vous parle en Romain.
Sçachez qu'il n'en est point que le Ciel n'ait fait naistre
Pour commander aux Rois, & pour vivre sans maistre,
Sçachez que mon amour est un noble projet
Pour éviter l'affront de me voir son Sujet,
Sçachez.... *LAO.* Ie m'en doutois, Seigneur, que ma Couronne
Vous charmoit bien du moins autant que ma personne,
Mais telle que je suis, & ma Couronne, & moy,
Tout est à cet aîsné qui sera vostre Roy,
Et s'il étoit icy, peut-estre en sa presence,
Vous penseriez deux fois à luy faire une offense.
ATT. Que ne puis-je l'y voir ! mon courage amoureux....
NIC. Faites quelques souhaits qui soient moins dangereux,
Seigneur, s'il les sçavoit, il pourroit bien luy-mesme
Venir d'un tel amour vanger l'objet qu'il aime.
ATT. Insolent, est-ce enfin le respect qui m'est dû ?
NIC. Ie ne sçay de nous deux, Seigneur, qui l'a perdu.
ATT. Peux-tu bien me connoistre, & tenir ce langage ?
NIC. Ie sçais à qui je parle, & c'est mon avantage
Que n'étant point connu, Prince, vous ne sçavez
Si je vous doy respect, ou si vous m'en devez.
ATT. Ah, Madame, souffrez que ma juste colere....
LAO. Consultez-en, Seigneur, la Reine vostre mere.
Elle entre.

SCENE III.

NICOMEDE, ARSINOE, LAODICE, ATTALE, CLEONE.

NIC. INstruisez mieux le Prince vostre fils,
Madame, & dites-luy de grace qui je suis,
Faute de me connoistre il s'emporte, il s'égare,
Et ce desordre est mal dans une ame si rare,
I'en ay pitié. *ARS.* Seigneur, vous êtes donc icy ?
NIC. Ouy, Madame, j'y suis, & Metrobate aussi.
ARS. Metrobate ! ah le traistre ! *NIC.* Il n'a rien dit, Madame,
Qui vous doive jetter aucun trouble dans l'ame.

ARS. Mais qui cause, Seigneur, ce retour surprenant?
Et vostre Armée? *NIC.* Elle est sous un bon Lieutenant,
Et quant à mon retour, peu de chose le presse.
    J'avois icy laissé mon Maistre, & ma Maîtresse,
Vous m'avez osté l'un, vous dis-je, ou les Romains,
Et je viens sauver l'autre, & d'eux, & de vos mains.
ARS. C'est ce qui vous améne? *NIC.* Ouy, Madame, & j'espere
Que vous m'y servirez auprés du Roy mon pere.
ARS. Ie vous y serviray comme vous l'esperez.
NIC. De vostre bon vouloir nous sommes asseurez.
ARS. Il ne tiendra qu'au Roy qu'aux effets je ne passe.
NIC. Vous voulez à tous deux nous faire cette grace?
ARS. Tenez-vous asseuré que je n'oubliray rien.
NIC. Ie connoy vostre cœur, ne doutez pas du mien.
ATT. Madame, c'est donc là le Prince Nicomede!
NIC. Ouy, c'est moy qui viens voir s'il faut que je vous cede.
ATT. Ah, Seigneur, excusez si vous connoissant mal...
NIC. Prince, faites moy voir un plus digne rival.
    Si vous aviez dessein d'attaquer cette place,
Ne vous départez point d'une si noble audace;
Mais comme à son secours je n'améne que moy,
Ne la menacez plus de Rome, ny du Roy.
Ie la défendray seul, attaquez-la de mesme,
Avec tous les respects qu'on doit au Diadesme.
Ie veux bien mettre à part avec le nom d'aisné
Le rang de vostre maistre où je suis destiné,
Et nous verrons ainsi qui fait mieux un brave homme,
Des leçons d'Annibal, ou de celles de Rome,
Adieu, pensez-y bien, je vous laisse y resver.

SCENE IV.

ARSINOE, ATTALE, CLEONE.

ARS. Quoy, tu faisois excuse à qui m'osoit braver!
ATT. Que ne peut point, Madame, une telle surprise?
Ce prompt retour me perd, & rompt vostre entreprise.
ARS. Tu l'entens mal, Attale, il la met dans ma main.
Va trouver de ma part l'Ambassadeur Romain,
Dedans mon cabinet améne-le sans suite,
Et de ton heureux sort laisse-moy la conduite.
                                   ATT. Mais,

TRAGEDIE.

ATT. Mais, Madame, s'il faut... *ARS.* Va, n'apprehende rien,
Et pour avancer tout haste cet entretien.

SCENE V.
ARSINOE, CLEONE.

CLE. Vous luy cachez, Madame, un dessein qui le touche!
AR. Ie crains qu'en l'apprenât son cœur ne s'effarouche!
Ie crains qu'à la vertu par les Romains instruit
De ce que je prépare il ne m'oste le fruit,
Et ne conçoive mal qu'il n'est fourbe, ny crime,
Qu'un Trosne acquis par là ne rende legitime.
CLE. I'aurois creu les Romains un peu moins scrupuleux,
Et la mort d'Annibal m'eust fait mal juger d'eux.
ARS. Ne leur impute pas une telle injustice,
Vn Romain seul l'a faite, & par mon artifice.
Rome l'eust laissé vivre, & sa legalité
N'eust point forcé les loix de l'hospitalité.
Sçavante à ses dépens de ce qu'il sçavoit faire,
Elle le souffroit mal auprés d'un aversaire;
Mais quoy que par ce triste & prudent souvenir
De chez Antiochus elle l'ait fait bannir,
Elle auroit veu couler sans crainte, & sans envie,
Chez un Prince allié les restes de sa vie.
Le seul Flaminius trop piqué de l'affront
Que son pere défait luy laisse sur le front,
(Car je croy que tu sçais que quand l'Aigle Romaine
Vit choir ses Legions aux bords de Trasiméne,
Flaminius son pere en étoit General,
Et qu'il y tomba mort de la main d'Annibal.)
Ce fils donc qu'a pressé la soif de sa vangeance,
S'est aisément rendu de mon intelligence.
L'espoir d'en voir l'objet entre ses mains remis
A pratiqué par luy le retour de mon fils;
Par luy j'ay jetté Rome en haute jalousie
De ce que Nicomede a conquis dans l'Asie,
Et de voir Laodice unir tous ses Etats
Par l'Hymen de ce Prince à ceux de Prusias:
Si bien que le Senat prenant un juste ombrage
D'un Empire si grand sous un si grand courage,
Il s'en est fait nommer luy-mesme Ambassadeur,
Pour rompre cet Hymen, & borner sa grandeur,

Et voilà le seul point où Rome s'intereſſe.
CLE. Attale à ce deſſein entreprend ſa Maîtreſſe!
Mais que n'agiſſoit Rome, avant que le retour
De cet amant ſi cher affermiſt ſon amour?
ARS. Irriter un vainqueur en teſte d'une Armée,
Preſte à ſuivre en tous lieux ſa colere allumée,
C'étoit trop hazarder, & j'ay creu pour le mieux
Qu'il falloit de ſon Fort l'attirer en ces lieux.
Metrobate l'a fait par des terreurs Paniques,
Feignant de luy trahir mes ordres tyranniques,
Et pour l'aſſaſſiner ſe diſant ſuborné,
Il l'a, graces aux Dieux, doucement amené.
Il vient s'en plaindre au Roy, luy demander juſtice,
Et ſa plainte le jette au bord du précipice.
Sans prendre aucun ſoucy de m'en juſtifier,
Ie ſçauray m'en ſervir à me fortifier.
Tantoſt en le voyant j'ay fait de l'effrayée,
J'ay changé de couleur, je me ſuis écriée,
Il a creu me ſurprendre, & l'a creu bien en vain,
Puiſque ſon retour meſme eſt l'œuvre de ma main.
CLE. Mais quoy que Rome faſſe, & qu'Attale prétende,
Le moyen qu'à ſes yeux Laodice ſe rende?
ARS. Et je n'engage auſſi mon fils en cet amour,
Qu'à deſſein d'éblouïr le Roy, Rome, & la Cour.
Ie n'en veux pas, Cleone, au Sceptre d'Armenie,
Ie cherche à m'aſſeurer celuy de Bithinie,
Et ſi ce Diadeſme une fois eſt à nous,
Que cette Reine aprés ſe choiſiſſe un époux.
Ie ne la vay preſſer que pour la voir rebelle,
Que pour aigrir les cœurs de ſon amant, & d'elle:
Le Roy que le Romain pouſſera vivement
De peur d'offenſer Rome agira chaudement,
Et ce Prince piqué d'une juſte colere
S'emportera ſans doute & bravera ſon pere.
S'il eſt prompt & boüillant, le Roy ne l'eſt pas moins,
Et comme à l'échauffer j'appliqueray mes ſoins,
Pour peu qu'à de tels coups cet amant ſoit ſenſible,
Mon entrepriſe eſt ſeure, & ſa perte infaillible.
Voilà mon cœur ouvert, & tout ce qu'il prétend.
Mais dans mon cabinet Flaminius m'attend,
Allons, & garde bien le ſecret de la Reine.
CLE. Vous me connoiſſez trop pour vous en mettre en peine.

ACTE II

SCENE PREMIERE

PRVSIAS, ARASPE.

PRV. Evenir sans mon ordre, & se montrer icy!
AR. Sire, vous auriez tort d'en prendre aucun soucy,
Et la haute vertu du Prince Nicomede
Pour ce qu'on peut en craindre est un puissant reme-
Mais tout autre que luy devroit estre suspect: (de,
Vn retour si soudain manque un peu de respect,
Et donne lieu d'entrer en quelque défiance
Des secrettes raisons de tant d'impatience.
PRV. Ie ne les voy que trop, & sa temerité
N'est qu'un pur attentat sur mon authorité,
Il n'en veut plus dépendre, & croit que ses conquestes
Au dessus de son bras ne laissent point de testes,
Qu'il est luy seul sa régle, & que sans se trahir
Des Heros tels que luy ne sçauroient obeïr.
ARA. C'est d'ordinaire ainsi que ses pareils agissent.
A suivre leur devoir leurs hauts faits se ternissent,
Et ces grands cœurs enflez du bruit de leurs combats,
Souverains dans l'Armée, & parmy leurs soldats,
Font du commandement une douce habitude,
Pour qui l'obeissance est un métier bien rude.
PRV. Dy tout, Araspe, dy que le nom de Sujet
Reduit toute leur gloire en un rang trop abjet,
Que bien que leur naissance au Trosne les destine,
Si son ordre est trop lent, leur grand cœur s'en mutine,
Qu'un pere garde trop un bien qui leur est dû
Et qui perd de son prix étant trop attendu,
Qu'on voit naistre de la mille sourdes pratiques
Dans le gros de son Peuple, & dans ses Domestiques,
Et que si l'on ne va jusqu'à trancher le cours
De son regne ennuyeux, & de ses tristes jours,

LII ij

Du moins une insolente & fausse obeïssance,
Luy laissant un vain titre, usurpe sa puissance.
ARA. C'est ce que de tout autre il faudroit redouter,
Seigneur, & qu'en tout autre il faudroit arrester.
Mais ce n'est pas pour vous un avis necessaire,
Le Prince est vertueux, & vous étes bon pere.
PRV. Si je n'étois bon pere, il seroit criminel,
Il doit son innocence à l'amour paternel,
C'est luy seul qui l'excuse, & qui le justifie,
Ou luy seul qui me trompe, & qui me sacrifie.
Car je doy craindre enfin que sa haute vertu
Contre l'ambition n'ait en vain combatu,
Qu'il ne force en son cœur la Nature à se taire.
Qui se lasse d'un Roy peut se lasser d'un pere,
Mille exemples sanglans nous peuvent l'enseigner,
Il n'est rien qui ne cede à l'ardeur de regner,
Et depuis qu'une fois elle nous inquiete,
La Nature est aveugle, & la vertu muette.
Te le diray-je, Araspe? il m'a trop bien servy,
Augmentant mon pouvoir il me l'a tout ravy,
Il n'est plus mon Sujet qu'autant qu'il le veut estre,
Et qui me fait regner en effet est mon maistre.
Pour paroistre à mes yeux son merite est trop grand,
On n'aime point à voir ceux à qui l'on doit tant,
Tout ce qu'il a fait parle au moment qu'il m'approche,
Et sa seule presence est un secret reproche:
Elle me dit toujours qu'il m'a fait trois fois Roy,
Que je tiens plus de luy, qu'il ne tiendra de moy,
Et que si je luy laisse un jour une Couronne,
Ma teste en porte trois que sa valeur me donne.
J'en rougis dans mon ame, & ma confusion,
Qui renouvelle & croist à chaque occasion,
Sans cesse offre à mes yeux cette veuë importune,
Que qui m'en donne trois peut bien m'en oster une,
Qu'il n'a qu'à l'entreprendre, & peut tout ce qu'il veut.
Iuge, Araspe, où j'en suis s'il veut tout ce qu'il peut.
ARA. Pour tout autre que luy je sçay comme s'explique
La regle de la vraye & saine Politique.
Aussi-tost qu'un Sujet s'est rendu trop puissant,
Encor qu'il soit sans crime, il n'est pas innocent.
On n'attend point alors qu'il s'ose tout permettre,
C'est un crime d'Etat que d'en pouvoir commettre.

TRAGEDIE.

Et qui sçait bien regner l'empesche prudemment
De meriter un juste & plus grand châtiment,
Et prévient par un ordre à tous deux salutaire,
Ou les maux qu'il prépare, ou ceux qu'il pourroit faire.
Mais, Seigneur, pour le Prince, il a trop de vertu,
Ie vous l'ay déja dit. PRV. Et m'en repondras-tu?
Me seras-tu garand de ce qu'il pourra faire
Pour vanger Annibal, ou pour perdre son frere,
Et le prens-tu pour homme à voir d'un œil égal
Et l'amour de son frere, & la mort d'Annibal?
Non, ne nous flatons point, il court à sa vangeance,
Il en a le pretexte, il en a la puissance,
Il est l'Astre naissant qu'adorent mes Etats,
Il est le Dieu du Peuple, & celuy des soldats,
Seur de ceux-cy sans doute il vient soûlever l'autre,
Fondre avec son pouvoir sur le reste du nostre,
Mais ce peu qui m'en reste, encor que languissant,
N'est pas peut-estre encor tout à fait impuissant.
Ie veux bien toutefois agir avec adresse,
Ioindre beaucoup d'honneur à bien peu de rudesse,
Le chasser avec gloire, & mesler doucement
Le prix de son merite à mon ressentiment.
Mais s'il ne m'obeït, ou s'il ose s'en plaindre,
Quoy qu'il ait fait pour moy, quoy que j'en voye à craindre,
Deussay-je voir par là tout l'Etat hazardé.
ARA. Il vient.

SCENE II.

PRVSIAS, NICOMEDE, ARASPE.

PRV. Vous voilà, Prince! Et qui vous a mandé?
NIC. La seule ambition de pouvoir en personne
Mettre à vos pieds, Seigneur, encor une Couronne,
De joüir de l'honneur de vos embrassemens,
Et d'estre le témoin de vos contentemens.
Aprés la Cappadoce heureusement unie
Aux Royaumes du Pont, & de la Bithinie,
Ie viens remercier, & mon pere, & mon Roy,
D'avoir eu la bonté de s'y servir de moy.

D'avoir choisi mon bras pour une telle gloire,
Et fait tomber sur moy l'honneur de sa victoire.
PRV. Vous pouviez vous passer de mes embrassemens,
Me faire par écrit de tels remercimens,
Et vous ne deviez pas envelopper d'un crime
Ce que vostre victoire ajouste à vostre estime.
Abandonner mon camp en est un capital,
Inexcusable en tous, & plus au General,
Et tout autre que vous, malgré cette conqueste,
Revenant sans mon ordre eust payé de sa teste.
NIC. I'ay failly, je l'avouë, & mon cœur imprudent
A trop creu les transports d'un desir trop ardent :
L'amour que j'ay pour vous a commis cette offense,
Luy seul à mon devoir fait cette violence :
Si le bien de vous voir m'étoit moins précieux,
Ie serois innocent, mais si loin de vos yeux,
Que j'aime mieux, Seigneur, en perdre un peu d'estime,
Et qu'un bonheur si grand me coûte un petit crime,
Qui ne craindra jamais la plus severe loy,
Si l'amour juge en vous ce qu'il a fait en moy.
PRV. La plus mauvaise excuse est assez pour un pere,
Et sous le nom d'un fils toute faute est legere,
Ie ne veux voir en vous que mon unique appuy,
Receyez tout l'honneur qu'on vous doit aujourd'huy.
L'Ambassadeur Romain me demande audience,
Il verra ce qu'en vous je prens de confiance,
Vous l'écouterez, Prince, & répondrez pour moy.
Vous étes aussi-bien le veritable Roy,
Ie n'en suis plus que l'ombre, & l'âge ne m'en laisse
Qu'un vain titre d'honneur qu'on rend à ma vieillesse,
Ie n'ay plus que deux jours peut-estre à le garder.
L'interest de l'Etat vous doit seul regarder,
Prenez-en aujourd'huy la marque la plus haute,
Mais gardez-vous aussi d'oublier vostre faute,
Et comme elle fait bréche au pouvoir souverain,
Pour la bien reparer, retournez dés demain.
Remettez en éclat la puissance absoluë,
Attendez-la de moy comme je l'ay receuë,
Inviolable, entiere, & n'authorisez pas
De plus méchans que vous à la mettre plus bas.
Le Peuple qui vous voit, la Cour qui vous contemple,
Vous desobeïroient sur vostre propre exemple.

Donnez-leur en un autre, & montrez à leurs yeux
Que nos premiers Sujets obeïssent le mieux.
NIC. I'obeïray, Seigneur, & plûtoft qu'on ne penſe,
Mais je demande un prix de mon obeïſſance.
La Reine d'Armenie eſt deuë à ſes Etats,
Et j'en voy les chemins ouverts par nos combats,
Il eſt temps qu'en ſon Ciel cet Aſtre aille reluire,
De grace, accordez-moy l'honneur de l'y conduire.
PRV. Il n'appartient qu'à vous, & cet illuſtre employ
Demande un Roy luy-meſme, ou l'heritier d'un Roy :
Mais pour la renvoyer juſqu'en ſon Armenie,
Vous ſçavez qu'il y faut quelque ceremonie.
Tandis que je feray préparer ſon depart,
Vous irez dans mon camp l'attendre de ma part.
NIC. Elle eſt preſte à partir ſans plus grand équipage.
PRV. Ie n'ay garde à ſon rang de faire un tel outrage.
Mais l'Ambaſſadeur entre, il le faut écouter,
Puis nous verrons quel ordre on y doit apporter.

SCENE III.

PRVSIAS, NICOMEDE,
FLAMINIVS, ARASPE.

FLA. Sur le point de partir, Rome, Seigneur, me mande
Que je vous faſſe encor pour elle une demande.
Elle a nourry vingt ans un Prince voſtre fils,
Et vous pouvez juger les ſoins qu'elle en a pris
Par les hautes vertus & les illuſtres marques
Qui font briller en luy le ſang de vos Monarques.
Sur tout il eſt inſtruit en l'Art de bien regner ;
C'eſt à vous de le croire, & de le témoigner.
Si vous faites état de cette nourriture,
Donnez ordre qu'il regne, elle vous en conjure,
Et vous offenſeriez l'eſtime qu'elle en fait,
Si vous le laiſſiez vivre & mourir en Sujet.
Faites donc aujourd'huy que je luy puiſſe dire
Où vous luy deſtinez un ſouverain Empire.
PRV. Les ſoins qu'ont pris de luy le Peuple & le Senat
Ne trouveront en moy jamais un pere ingrat ;

Ie croy que pour regner il en a les merites,
Et n'en veux point douter après ce que vous dites:
Mais vous voyez, Seigneur, le Prince son aisné,
Dont le bras genereux trois fois m'a couronné,
Il ne fait que sortir encor d'une victoire,
Et pour tant de hauts faits je luy doy quelque gloire,
Souffrez qu'il ait l'honneur de répondre pour moy.
NIC. Seigneur, c'est à vous seul de faire Attale Roy.
PRU. C'est vostre interest seul que sa demande touche.
NIC. Le vostre toutefois m'ouvrira seul la bouche.
Dequoy se mesle Rome, & d'où prend le Senat,
Vous vivant, vous regnant, ce droit sur vostre Etat?
Vivez, regnez, Seigneur, jusqu'à la sepulture,
Et laissez faire après, ou Rome, ou la Nature.
PRU. Pour de pareils amis il faut se faire effort.
NIC. Qui partage vos biens aspire à vostre mort.
Et de pareils amis en bonne Politique....
PRU. Ah, ne me brouillez point avec la Republique,
Portez plus de respect à de tels alliez.
NIC. Ie ne puis voir sous eux les Rois humiliez,
Et quel que soit ce fils que Rome vous renvoye,
Seigneur, je luy rendrois son present avec joye.
S'il est si bien instruit en l'art de commander,
C'est un rare tresor qu'elle devroit garder,
Et conserver chez soy sa chere nourriture,
Ou pour le Consulat, ou pour la Dictature.
FLA. Seigneur, dans ce discours qui nous traite si mal
Vous voyez un effet des leçons d'Annibal,
Ce perfide ennemy de la grandeur Romaine
N'en a mis en son cœur que mépris & que haine.
NIC. Non, mais il m'a sur tout laissé ferme en ce point
D'estimer beaucoup Rome, & ne la craindre point.
On me croit son disciple, & je le tiens à gloire,
Et quand Flaminius attaque sa memoire,
Il doit sçavoir qu'un jour il me fera raison
D'avoir reduit mon maistre au secours du poison,
Et n'oublier jamais qu'autrefois ce grand homme
Commença par son pere à triompher de Rome.
FLA. Ah! c'est trop m'outrager. NIC. N'outragez plus les morts.
PRU. Et vous, ne cherchez point à former de discords,
Parlez, & nettement sur ce qu'il me propose.
NIC. Et bien, s'il est besoin de répondre autre chose,

Attale

Attale doit regner, Rome l'a resolu,
Et puisqu'elle a par tout un pouvoir absolu,
C'est aux Rois d'obeir alors qu'elle commande.
 Attale a le cœur grand, l'esprit grand, l'ame grande,
Et toutes les grandeurs dont se fait un grand Roy,
Mais c'est trop que d'en croire un Romain sur sa foy.
Par quelque grand effet voyons s'il en est digne,
S'il a cette vertu, cette valeur insigne,
Donnez-luy vostre Armée, & voyons ces grands coups,
Qu'il en fasse pour luy ce que j'ay fait pour vous,
Qu'il regne avec éclat sur sa propre conqueste,
Et que de sa victoire il couronne sa teste.
Ie luy préte mon bras, & veux dès maintenant,
S'il daigne s'en servir, estre son Lieutenant.
L'exemple des Romains m'authorise à le faire,
Le fameux Scipion le fut bien de son frere,
Et lors qu'Antiochus fut par eux détrosné,
Sous les loix du plus jeune on vit marcher l'aisné:
Les bords de l'Hellespont, ceux de la mer Ægée,
Le reste de l'Asie à nos costez rangée,
Offrent une matiere à son ambition....
FLA. Rome prend tout ce reste en sa protection,
 Et vous n'y pouvez plus étendre vos conquestes
 Sans attirer sur vous d'effroyables tempestes.
NIC. I'ignore sur ce point les volontez du Roy,
 Mais peut-estre qu'un jour je dépendray de moy,
 Et nous verrons alors l'effet de ces menaces.
 Vous pouvez cependant faire munir ces Places,
 Preparer un obstacle à mes nouveaux desseins,
 Disposer de bonne heure un secours de Romains,
 Et si Flaminius en est le Capitaine,
 Nous pourrons luy trouver un lac de Trasiméne.
PRV. Prince, vous abusez trop tost de ma bonté,
 Le rang d'Ambassadeur doit estre respecté,
 Et l'honneur souverain qu'icy je vous défere....
NIC. Ou laissez-moy parler, Sire, ou faites-moy taire;
 Ie ne sçay point répondre autrement pour un Roy,
 A qui dessus son Trosne on veut faire la loy.
PRV. Vous m'offensez moy-mesme en parlant de la sorte,
 Et vous devez dompter l'ardeur qui vous emporte.
NIC. Quoy? je verray, Seigneur, qu'on borne vos Etats,
 Qu'au milieu de ma course on m'arreste le bras,

Tome II.   M m m

Que de vous menacer on a mesme l'audace,
Et je ne rendray point menace pour menace,
Et je remerciray qui me dit hautement
Qu'il ne m'est plus permis de vaincre impunément?
A Flami- PRV. Seigneur, vous pardonnez aux chaleurs de son âge,
nius. Le temps & la raison pourront le rendre sage.
 NIC. La raison & le temps m'ouvrent assez les yeux,
Et l'âge ne fera que me les ouvrir mieux.
Si j'avois jusqu'icy vécu comme ce frere,
Avec une vertu qui fust imaginaire,
(Car je l'appelle ainsi quand elle est sans effets,
Et l'admiration de tant d'hommes parfaits
Dont il a veu dans Rome éclater le merite,
N'est pas grande vertu si l'on ne les imite.)
Si j'avois donc vécu dans ce mesme repos
Qu'il a vécu dans Rome auprès de ses Heros,
Elle me laisseroit la Bithinie entiere,
Telle que de tout temps l'aisné la tient d'un pere,
Et s'empresseroit moins à la faire regner,
Si vos armes sous moy n'avoient sçeu rien gagner.
Mais parce qu'elle voit avec la Bithinie
Par trois Sceptres conquis trop de puissance unie,
Il faut la diviser, & dans ce beau projet
Ce Prince est trop bien né pour vivre mon Sujet.
Puisqu'il peut la servir à me faire descendre,
Il a plus de vertu que n'en eut Alexandre,
Et je luy doy quitter, pour le mettre en mon rang,
Le bien de mes ayeux, ou le prix de mon sang.
Graces aux Immortels, l'effort de mon courage
Et ma grandeur future ont mis Rome en ombrage;
Vous pouvez l'en guerir, Seigneur, & promptement,
Mais n'exigez d'un fils aucun consentement,
Le maistre qui prit soin d'instruire ma jeunesse
Ne m'a jamais appris à faire une bassesse.
 FLA. A ce que je puis voir, vous avez combatu,
Prince, par interest plûtost que par vertu.
Les plus rares exploits que vous ayez pû faire
N'ont jetté qu'un dépost sur la teste d'un pere,
Vous n'avez fait le Roy que garde de leur prix,
Et ce n'est que pour vous que vous avez conquis,
Puisque cette grandeur à son Trosne attachée
Sur nul autre que vous ne peut estre épanchée.

TRAGEDIE.

Certes, je vous croyois un peu plus genereux.
Quand les Romains le font, ils ne font rien pour eux.
Scipion dont tantoſt vous vantiez le courage
Ne vouloit point regner sur les murs de Cartage,
Et de tout ce qu'il fit pour l'Empire Romain,
Il n'en eut que la gloire & le nom d'Africain.
Mais on ne voit qu'à Rome une vertu si pure,
Le reste de la Terre est d'une autre nature.
 Quant aux raisons d'état qui vous font concevoir
Que nous craignons en vous l'union du pouvoir,
Si vous en conſultiez des teſtes bien senſées,
Elles vous déféroient de ces belles penſées;
Pour le respect du Roy je ne dis rien de plus.
Prenez quelque loisir de resver là dessus,
Laissez moins de fumée à vos feux militaires,
Et vous pourrez avoir des visions plus claires.
NIC. Le temps pourra donner quelque decision
Si la pensée est belle, ou si c'est vision,
Cependant... FLA. Cependant, si vous trouvez des charmes
A pousser plus avant la gloire de vos armes,
Nous ne la bornons point, mais comme il est permis
Contre qui que ce soit de servir ses amis,
Si vous ne le ſçavez, je veux bien vous l'apprendre,
Et vous en donne avis pour ne vous pas surprendre.
 Au reste, soyez seur que vous possederez
Tout ce qu'en voſtre cœur déja vous dévorez,
Le Pont sera pour vous, avec la Galatie,
Avec la Cappadoce, avec la Bithinie.
Ce bien de vos Ayeux, ces prix de voſtre sang,
Ne mettront point Attale en voſtre illuſtre rang,
Et puisque leur partage est pour vous un supplice,
Rome n'a pas dessein de vous faire injustice,
Ce Prince regnera sans rien prendre sur vous.
 *La Reine d'Arménie a besoin d'un époux,   *A Pruſias.
Seigneur, l'occasion ne peut eſtre plus belle,
Elle vit sous vos loix, & vous disposez d'elle.
NIC. Voilà le vray secret de faire Attale Roy,
Comme vous l'avez dit, sans rien prendre sur moy,
La piece est delicate, & ceux qui l'ont tiſſuë
A de si longs détours font une digne issuë.
Ie n'y répons qu'un mot étant sans intereſt.
 Traitez cette Princesse en Reine comme elle est,

Mmm ij

Ne touchez point en elle aux droits du Diadême,
Ou pour les maintenir je periray moy-mesme.
Ie vous en donne avis, & que jamais les Rois
Pour vivre en nos Etats ne vivent sous nos loix,
Qu'elle seule en ces lieux d'elle-mesme dispose.
PRV. N'avez-vous, Nicomede, à luy dire autre chose?
NIC. Non, Seigneur, si ce n'est que la Reine après tout,
Sçachant ce que je puis, me pousse trop à bout.
PRV. Contre elle dans ma Cour que peut vostre insolence?
NIC. Rien du tout, que garder ou rompre le silence.
Vne seconde fois avisez, s'il vous plaist,
A traiter Laodice en Reine comme elle est,
C'est moy qui vous en prie.

SCENE IV.

PRVSIAS, FLAMINIVS, ARASPE.

FLA. ET quoy? toûjours obstacle?
PRV. De la part d'un amant ce n'est pas grand miracle,
Cet orgueilleux esprit enflé de ses succès
Pense bien de son cœur nous empescher l'accès;
Mais il faut que chacun suivie sa Destinée.
L'amour entre les Rois ne fait pas l'Hymenée,
Et les raisons d'Etat plus fortes que ses nœuds
Trouvent bien les moyens d'en éteindre les feux.
FLA. Comme elle a de l'amour, elle aura du caprice.
PRV. Non, non, je vous répons, Seigneur, de Laodice.
Mais enfin elle est Reine, & cette qualité
Semble exiger de nous quelque civilité.
I'ay sur elle après tout une puissance entiere,
Mais j'aime à la cacher sous le nom de priere.
Rendons-luy donc visite, & comme Ambassadeur
Proposez cet Hymen vous-mesme à sa Grandeur.
Ie seconderay Rome, & veux vous introduire,
Puisqu'elle est en nos mains, l'Amour ne nous peut nuire.
Allons de sa réponse à vostre compliment
Prendre l'occasion de parler hautement.

ACTE III.

SCENE PREMIERE

PRVSIAS, FLAMINIVS, LAODICE.

PRV. Reine, puisque ce titre a pour vous tant de charmes,
Sa perte vous devroit donner quelques alarmes,
Qui tranche trop du Roy ne regne pas long-temps.
LAO. I'obſerveray, Seigneur, ces avis importans,
Et ſi jamais je regne, on verra la pratique
D'une ſi ſalutaire & noble Politique.
PRV. Vous vous mettez fort mal au chemin de regner.
LAO. Seigneur, ſi je m'égare, on peut me l'enſeigner.
PRV. Vous mépriſez trop Rome, & vous devriez faire
Plus d'eſtime d'un Roy qui vous tient lieu de pere.
LAO. Vous verriez qu'à tous deux je rends ce que je doy,
Si vous vouliez mieux voir ce que c'eſt qu'eſtre Roy.
Recevoir Ambaſſade en qualité de Reine,
Ce ſeroit à vos yeux faire la Souveraine,
Entreprendre ſur vous, & dedans voſtre Etat,
Sur voſtre authorité commettre un attentat.
Ie la refuſe donc, Seigneur, & me dénie
L'honneur qui ne m'eſt dû que dans mon Arménie.
C'eſt là que ſur mon Troſne avec plus de ſplendeur
Ie puis honorer Rome en ſon Ambaſſadeur,
Faire réponſe en Reine, & comme le merite
Et de qui l'on me parle, & qui m'en ſollicite.
Icy c'eſt un métier que je n'entens pas bien,
Car hors de l'Arménie enfin je ne ſuis rien,
Et ce grand nom de Reine ailleurs ne m'authoriſe
Qu'à n'y voir point de Troſne à qui je ſois ſoûmiſe,
A vivre independante, & n'avoir en tous lieux
Pour Souverains que moy, la raiſon, & les Dieux.
PRV. Ces Dieux vos Souverains, & le Roy voſtre pere
De leur pouvoir ſur vous m'ont fait dépoſitaire,

Mmm iij

Et vous pourrez peut-eſtre apprendre une autre fois
Ce que c'eſt en tous lieux que la raiſon des Rois.
Pour en faire l'épreuve allons en Arménie,
Ie vay vous y remettre en bonne compagnie,
Partons, & dés demain, puiſque vous le voulez.
Préparez-vous à voir vos païs deſolez,
Préparez-vous à voir par toute voſtre terre
Ce qu'ont de plus affreux les fureurs de la guerre,
Des montagnes de morts, des rivieres de ſang.
LAO. Ie perdray mes Etats, & garderay mon rang,
Et ces vaſtes malheurs où mon orgueil me jette
Me feront voſtre eſclave, & non voſtre Sujette,
Ma vie eſt en vos mains, mais non ma Dignité.
PRV. Nous ferons bien changer ce courage indompté;
Et quand vos yeux frapez de toutes ces miſeres
Verront Attale aſſis au Troſne de vos peres,
Alors peut-eſtre, alors, vous le prirez en vain
Que pour y remonter il vous donne la main.
LAO. Si jamais juſque-là voſtre guerre m'engage,
Ie ſeray bien changée, & d'ame, & de courage.
Mais peut-eſtre, Seigneur, vous n'irez pas ſi loin,
Les Dieux de ma fortune auront un peu de ſoin,
Ils vous inſpireront, ou trouveront un homme
Contre tant de Heros que vous prétera Rome.
PRV. Sur un préſomptueux vous fondez voſtre appuy,
Mais il court à ſa perte, & vous traiſne avec luy.
Penſez-y bien, Madame, & faites-vous juſtice,
Choiſiſſez d'eſtre Reine, ou d'eſtre Laodice,
Et pour dernier avis que vous aurez de moy,
Si vous voulez regner, faites Attale Roy.
Adieu.

SCENE II

FLAMINIVS, LAODICE.

FLA. Madame, enfin une vertu parfaite...
LAO. Suivez le Roy, Seigneur, voſtre Ambaſſade eſt faite,
  Et je vous dis encor pour ne vous point flater,
  Qu'icy je ne la doy, ny la veux écouter.
FLA. Et je vous parle auſſi dans ce peril extreſme
  Moins en Ambaſſadeur qu'en homme qui vous aime,
  Et qui touché du ſort que vous vous preparez,
  Taſche à rompre le cours des maux où vous courez.
  I'oſe donc comme amy vous dire en confidence
  Qu'une vertu parfaite a beſoin de prudence,
  Et doit conſiderer pour ſon propre intereſt
  Et les temps où l'on vit, & les lieux où l'on eſt.
  La grandeur de courage en une ame Royale
  N'eſt ſans cette vertu qu'une vertu brutale,
  Que ſon merite aveuglé, & qu'un faux jour d'honneur
  Iette en un tel divorce avec le vray bonheur,
  Qu'elle meſme ſe livre à ce qu'elle doit craindre,
  Ne ſe fait admirer que pour ſe faire plaindre,
  Que pour nous pouvoir dire après un grand ſoûpir,
  I'avois droit de regner, & n'ay ſçeu m'en ſervir.
  Vous irritez un Roy dont vous voyez l'Armée,
  Nombreuſe, obeïſſante, à vaincre acoûtumée,
  Vous étes en ſes mains, vous vivez dans ſa Cour.
LAO. Ie ne ſçay ſi l'honneur eut jamais un faux jour,
  Seigneur, mais je veux bien vous répondre en amie.
  Ma prudence n'eſt pas tout à fait endormie,
  Et ſans examiner par quel deſtin jaloux
  La grandeur de courage eſt ſi mal avec vous,
  Ie veux vous faire voir que celle que j'étale
  N'eſt pas tant qu'il vous ſemble une vertu brutale,
  Que ſi j'ay droit au Troſne elle s'en veut ſervir,
  Et ſçait bien repouſſer qui me le veut ravir.
  Ie voy ſur la frontiere une puiſſante Armée,
  Comme vous l'avez dit, à vaincre accoûtumée;
  Mais par quelle conduite, & ſous quel General?
  Le Roy, s'il s'en fait fort, pourroit s'en trouver mal,

Et s'il vouloit passer de son païs au nostre,
Ie luy conseillerois de s'asseurer d'une autre.
Mais je vis dans sa Cour, je suis dans ses Etats,
Et j'ay peu de raison de ne le craindre pas?
Seigneur, dans sa Cour mesme, & hors de l'Arménie,
La vertu trouve appuy contre la tyrannie,
Tout son Peuple a des yeux pour voir quel attentat
Font sur le bien public les maximes d'Etat,
Il connoit Nicomede, il connoit sa marastre,
Il en sçait, il en voit la haine opiniastre,
Il voit la servitude où le Roy s'est soûmis,
Et connoit d'autant mieux les dangereux amis.

Pour moy que vous croyez au bord du precipice,
Bien loin de mépriser Attale par caprice,
I'évite les mépris qu'il recevroit de moy,
S'il tenoit de ma main la qualité de Roy.
Ie le regarderois comme une ame commune,
Comme un homme mieux né pour une autre fortune,
Plus mon Sujet qu'époux, & le nœud conjugal
Ne le tireroit pas de ce rang inégal.
Mon Peuple à mon exemple en feroit peu d'estime,
Ce seroit trop, Seigneur, pour un cœur magnanime,
Mon refus luy fait grace, & malgré ses desirs
I'épargne à sa vertu d'éternels déplaisirs.

FLA. Si vous me dites vray, vous étes icy Reine,
Sur l'Armée & la Cour je vous voy Souveraine,
Le Roy n'est qu'une Idée, & n'a de son pouvoir
Que ce que par pitié vous luy laissez avoir.
Quoy, mesme vous allez jusques à faire grace!
Aprés cela, Madame, excusez mon audace,
Souffrez que Rome enfin vous parle par ma voix,
Recevoir Ambassade est encor de vos droits,
Ou si ce nom vous choque ailleurs qu'en Arménie,
Comme simple Romain souffrez que je vous die,
Qu'estre allié de Rome, & s'en faire un appuy,
C'est l'unique moyen de regner aujourd'huy:
Que c'est par là qu'on tient ses voisins en contrainte,
Ses Peuples en repos, ses ennemis en crainte :
Qu'un Prince est dans son Trosne à jamais affermy
Quand il est honoré du nom de son amy:
Qu'Attale avec ce titre est plus Roy, plus Monarque,
Que tous ceux dont le front ose en porter la marque,
         Et qu'enfin....

Et qu'enfin.... *LAO.* Il fuffit, je voy bien ce que c'eft,
Tous les Rois ne font Rois qu'autant comme il vous plaift;
Mais fi de leurs Etats Rome à fon gré difpofe,
Certes pour fon Attale elle fait peu de chofe,
Et qui tient en fa main tant dequoy luy donner
A mandier pour luy devroit moins s'obftiner.
Pour un Prince fi cher fa referve m'étonne;
Que ne me l'offre-t'elle avec une Couronne?
C'eft trop m'importuner en faveur d'un Sujet,
Moy qui tiendrois un Roy pour un indigne objet,
S'il venoit par voftre ordre, & fi voftre alliance
Soüilloit entre fes mains la fupreme puiffance.
Ce font des fentimens que je ne puis trahir,
Ie ne veux point de Rois qui fçachent obeïr,
Et puifque vous voyez mon ame toute entiere,
Seigneur, ne perdez plus menace, ny priere.
FLA. Puis-je ne pas vous plaindre en cet aveuglement?
Madame, encor un coup, penfez-y meurement,
Songez mieux ce qu'eft Rome, & ce qu'elle peut faire,
Et fi vous vous aimez, craignez de luy déplaire.
Cartage étant détruite, Antiochus défait,
Rien de nos volontez ne peut troubler l'effet,
Tout fléchit fur la Terre, & tout tremble fur l'Onde,
Et Rome eft aujourd'huy la maîtreffe du Monde.
LAO. La maîtreffe du Monde! ah, vous me feriez peur
S'il ne s'en falloit pas l'Arménie, & mon cœur.
Si le grand Annibal n'avoit qui luy fuccede,
S'il ne revivoit pas au Prince Nicomede,
Et s'il n'avoit laiffé dans de fi dignes mains
L'infaillible fecret de vaincre les Romains.
Vn fi vaillant Difciple aura bien le courage
D'en mettre jufqu'au bout les leçons en ufage:
L'Afie en fait l'épreuve, où trois Sceptres conquis
Font voir en quelle école il en a tant appris.
Ce font des coups d'effay, mais fi grands, que peut-eftre
Le Capitole a droit d'en craindre un coup de maiftre,
Et qu'il ne puiffe un jour.... *FLA.* Cé jour eft encor loin,
Madame, & quelques-uns vous diront au befoin
Quels Dieux du haut en bas renverfent les profanes,
Et que mefme au fortir de Trebie, & de Cannes,
Son ombre épouvanta voftre grand Annibal.
Mais le voicy ce bras à Rome fi fatal.

Tome II.   Nnn

SCENE III.

NICOMEDE, LAODICE,
FLAMINIVS.

NIC. OV Rome à ses Agens donne un pouvoir bien large,
  Ou vous étes bien long à faire voſtre charge.
FLA. Ie ſçay quel eſt mon ordre, & ſi j'en ſors, ou non,
  C'eſt à d'autres qu'à vous que j'en rendray raiſon.
NIC. Allez-y donc, de grace, & laiſſez à ma flame
  Le bonheur à ſon tour d'entretenir Madame.
  Vous avez dans ſon cœur fait de ſi grands progrez,
  Et vos diſcours pour elle ont de ſi grands attraits,
  Que ſans de grands efforts je n'y pourray détruire
  Ce que voſtre harangue y vouloit introduire.
FLA. Les malheurs où la plonge une indigne amitié
  Me faiſoient luy donner un conſeil par pitié.
NIC. Luy donner de la ſorte un conſeil charitable,
  C'eſt eſtre Ambaſſadeur, & tendre, & pitoyable.
  Vous a-t'il conſeillé beaucoup de laſchetez,
  Madame? *FLA.* Ah, c'en eſt trop, & vous vous emportez.
NIC. Ie m'emporte? *FLA.* Sçachez qu'il n'eſt point de contrée
  Où d'un Ambaſſadeur la Dignité ſacrée...
NIC. Ne nous vantez plus tant ſon rang, & ſa ſplendeur,
  Qui fait le conſeiller n'eſt plus Ambaſſadeur,
  Il excede ſa charge, & luy-meſme y renonce.
  Mais dites-moy, Madame, a-t'il eu ſa réponſe?
LAO. Ouy, Seigneur. *NIC.* Sçachez donc que je ne vous prens plus
  Que pour l'Agent d'Attale, & pour Flaminius,
  Et ſi vous me faſchiez, j'ajouſterois peut-eſtre
  Que pour l'empoiſonneur d'Annibal, de mon Maiſtre.
  Voilà tous les honneurs que vous aurez de moy,
  S'ils ne vous ſatisfont, allez vous plaindre au Roy.
FLA. Il me fera juſtice, encor qu'il ſoit bon pere,
  Ou Rome à ſon refus ſe la ſçaura bien faire.
NIC. Allez de l'un & l'autre embraſſer les genoux.
FLA. Les effets répondront. Prince, penſez à vous.

SCENE IV.

NICOMEDE, LAODICE.

NIC. CEt avis est plus propre à donner à la Reine.
    Ma generosité cede enfin à sa haine,
Ie l'épargnois assez pour ne découvrir pas
Les infames projets de ses assassinats,
Mais enfin on m'y force, & tout son crime éclate:
I'ay fait entendre au Roy Zenon & Metrobate,
Et comme leur rapport a dequoy l'étonner
Luy-mesme il prend le soin de les examiner.
LAO. Ie ne sçay pas, Seigneur, quelle en sera la suite,
Mais je ne comprens point toute cette conduite,
Ny comme à cet éclat la Reine vous contraint.
Plus elle vous doit craindre, & moins elle vous craint,
Et plus vous la pouvez accabler d'infamie,
Plus elle vous attaque en mortelle ennemie.
NIC. Elle prévient ma plainte, & cherche adroitement
A la faire passer pour un ressentiment,
Et ce masque trompeur de fausse hardiesse
Nous déguise sa crainte & couvre sa foiblesse.
LAO. Les mysteres de Cour souvent sont si cachez
Que les plus clair-voyans y sont bien empeschez.
Lors que vous n'étiez point icy pour me défendre
Ie n'avois contre Attale aucun combat à rendre,
Rome ne songeoit point à troubler nostre amour;
Bien plus, on ne vous souffre icy que ce seul jour,
Et dans ce mesme jour Rome en vostre presence
Avec chaleur pour luy presse mon alliance.
Pour moy, je ne voy goute en ce raisonnement
Qui n'attend point le temps de vostre éloignement,
Et j'ay devant les yeux toûjours quelque nuage
Qui m'offusque la veuë, & m'y jette un ombrage.
Le Roy cherit sa femme, il craint Rome, & pour vous,
S'il ne voit vos hauts-faits d'un œil un peu jaloux,
Du moins, à dire tout, je ne sçaurois vous taire
Qu'il est trop bon mary pour estre assez bon pere.
Voyez quel contretemps Attale prend icy,
Qui l'appelle avec nous, quel projet, quel soucy.

Ie conçoy mal, Seigneur, ce qu'il faut que j'en penſe,
Mais j'en rompray le coup, s'il y faut ma preſence,
Ie vous quitte.

SCENE V.

NICOMEDE, ATTALE, LAODICE.

ATT. Madame, un ſi doux entretien
N'eſt plus charmant pour vous quand j'y meſle le mien!
LAO. Voſtre importunité, que j'oſe dire extreſme,
Me peut entretenir en un autre moy-meſme;
Il connoit tout mon cœur, & répondra pour moy
Comme à Flaminius il a fait pour le Roy.

SCENE VI.

NICOMEDE, ARASPE.

ATT. Puisque c'eſt la chaſſer, Seigneur, je me retire.
NIC. Non, non, j'ay quelque choſe auſſi-bien à vous dire,
Prince. I'avois mis bas avec le nom d'aiſné
L'avantage du Troſne où je ſuis deſtiné,
Et voulant ſeul icy défendre ce que j'aime,
Ie vous avois prié de l'attaquer de meſme,
Et de ne meſler point ſur tout dans vos deſſeins,
Ny le ſecours du Roy, ny celuy des Romains:
Mais, ou vous n'avez pas la memoire fort bonne,
Ou vous n'y mettez rien de ce qu'on vous ordonne.
ATT. Seigneur, vous me forcez à m'en ſouvenir mal,
Quand vous n'achevez pas de rendre tout égal.
Vous vous défaites bien de quelques droits d'aiſneſſe,
Mais vous défaites-vous du cœur de la Princeſſe,
De toutes les vertus qui vous en font aimer,
Des hautes qualitez qui ſçavent tout charmer,
De trois Sceptres conquis, du gain de ſix batailles,
Des glorieux aſſauts de plus de cent murailles?
Avec de tels ſeconds rien n'eſt pour vous douteux.
Rendez donc la Princeſſe égale entre nous deux,

TRAGEDIE.

Ne luy laissez plus voir ce long amas de gloire
Qu'à pleines-mains sur vous a versé la Victoire,
Et faites qu'elle puisse oublier une fois
Et vos rares vertus, & vos fameux exploits;
Ou contre son amour, contre vostre vaillance,
Souffrez Rome & le Roy dedans l'autre balance.
Le peu qu'ils ont gagné vous fait assez juger
Qu'ils n'y mettront jamais qu'un contrepoids leger.
NIC. C'est n'avoir pas perdu tout vostre temps à Rome,
Que vous sçavoir ainsi défendre en galant homme.
Vous avez de l'esprit, si vous n'avez du cœur.

SCENE VII.

ARSINOE, NICOMEDE, ATTALE, ARASPE.

A. Seigneur, le Roy vous mande. N. Il me mande. A. Ouy, Seigneur.
ARS. Prince, la calomnie est aisée à détruire.
NIC. I'ignore à quel sujet vous m'en venez instruire,
Moy qui ne doute point de cette verité,
Madame. ARS. Si jamais vous n'en aviez douté,
Prince, vous n'auriez pas sous l'espoir qui vous flate
Amené de si loin Zenon, & Metrobate.
NIC. Ie m'obstinois, Madame, à tout dissimuler,
Mais vous m'avez forcé de les faire parler.
ARS. La verité les force, & mieux que vos largesses.
Ces hommes du commun tiennent mal leurs promesses,
Tous deux en ont plus dit qu'ils n'avoient resolu.
NIC. I'en suis fasché pour vous, mais vous l'avez voulu.
ARS. Ie le veux bien encor, & je n'en suis faschée,
Que d'avoir veu par là vostre vertu tachée,
Et qu'il faille ajouster à vos titres d'honneur
La noble qualité de mauvais suborneur.
NIC. Ie les ay subornez contre vous à ce conte?
ARS. I'en ay le déplaisir, vous en aurez la honte.
NIC. Et vous pensez par là leur oster tout credit?
ARS. Non, Seigneur, je me tiens à ce qu'ils en ont dit.
NIC. Qu'ont-ils dit qui vous plaise, & que vous vouliez croire?
ARS. Deux mots de verité qui vous comblent de gloire.

NIC. Peut-on sçavoir de vous ces deux mots importans?
ARS. Seigneur, le Roy s'ennuye, & vous tardez long-temps.
ARS. Vous les sçaurez de luy, c'est trop le faire attendre.
NIC. Ie commence, Madame, enfin à vous entendre.
　Son amour conjugal chassant le paternel
　Vous fera l'innocente, & moy le criminel,
　Mais.... *ARS.* Achevez, Seigneur, ce mais, que veut-il dire?
NIC. Deux mots de verité qui font que je respire.
ARS. Peut-on sçavoir de vous ces deux mots importans?
NIC. Vous les sçaurez du Roy, je tarde trop long-temps.

SCENE VIII.

ARSINOE, ATTALE.

ARS. Nous triomphons, Attale, & ce grand Nicomede
　　Voit quelle digne issuë à ses fourbes succede.
　Les deux accusateurs que luy-mesme a produits,
　Que pour l'assassiner je dois avoir seduits,
　Pour me calomnier subornez par luy-mesme,
　N'ont sçeu bien soûtenir un si noir stratagesme.
　Tous deux m'ont accusée, & tous deux avoüé
　L'infame & lasche tour qu'un Prince m'a joüé.
　Qu'en presence des Rois les veritez sont fortes!
　Que pour sortir d'un cœur elles trouvent de portes!
　Qu'on en voit le mensonge aisément confondu!
　Tous deux vouloient me perdre, & tous deux l'ont perdu.
ATT. Ie suis ravy de voir qu'une telle imposture
　Ait laissé vostre gloire, & plus grande, & plus pure.
　Mais pour l'examiner, & bien voir ce que c'est,
　Si vous pouviez vous mettre un peu hors d'interest,
　Vous ne pourriez jamais sans un peu de scrupule
　Avoir pour deux méchans une ame si credule.
　Ces perfides tous deux se sont dits aujourd'huy
　Et subornez par vous, & subornez par luy:
　Contre tant de vertus, contre tant de victoires
　Doit-on quelque croyance à des ames si noires?
　Qui se confesse traistre est indigne de foy.
ARS. Vous étes genereux, Attale, & je le voy,
　Mesme de vos rivaux la gloire vous est chere.
ATT. Si je suis son rival, je suis aussi son frere,

Nous ne sommes qu'un sang, & ce sang dans mon cœur
A peine à le passer pour calomniateur.
ARS. Et vous en avez moins à me croire assassine,
Moy dont la perte est seure à moins que sa ruine?
ATT. Si contre luy j'ay peine à croire ces témoins,
Quand ils vous accusoient, je les croyois bien moins;
Vostre vertu, Madame, est au dessus du crime,
Souffrez donc que pour luy je garde un peu d'estime.
La sienne dans la Cour luy fait mille jaloux,
Dont quelqu'un a voulu le perdre auprès de vous,
Et ce lasche attentat n'est qu'un trait de l'Envie
Qui s'efforce à noircir une si belle vie.
Pour moy, si par soy-mesme on peut juger d'autruy,
Ce que je sens en moy, je le présume en luy.
Contre un si grand rival j'agis à force ouverte,
Sans blesser son honneur, sans pratiquer sa perte,
J'emprunte du secours, & le fais hautement:
Ie croy qu'il n'agit pas moins genereusement,
Qu'il n'a que les desseins où sa gloire l'invite,
Et n'oppose à mes vœux que son propre merite.
ARS. Vous étes peu du Monde, & sçavez mal la Cour.
ATT. Est-ce autrement qu'en Prince on doit traiter l'amour?
ARS. Vous le traitez, mon fils, & parlez en jeune homme.
ATT. Madame, je n'ay veu que des vertus à Rome.
ARS. Le temps vous apprendra par de nouveaux emplois
Quelles vertus il faut à la suite des Rois.
Cependant si le Prince est encor vostre frere,
Souvenez-vous aussi que je suis vostre mere,
Et malgré les soupçons que vous avez conceus
Venez sçavoir du Roy ce qu'il croit là dessus.

ACTE IV.

SCENE PREMIERE

PRVSIAS, ARSINOE,
ARASPE.

ª Araspe
rentre.

PRV. Aites venir le Prince, Araspe.ª Et vous, Madame,
Retenez des soûpirs dont vous me percez l'ame.
Quel besoin d'accabler mon cœur de vos douleurs,
Quãd vous y pouvez tout sans le secours des pleurs?
Quel besoin que ces pleurs prennent vostre défense?
Douray-je de son crime, ou de vostre innocence,
Et reconnoissez-vous que tout ce qu'il m'a dit
Par quelque impression ébranle mon esprit?
ARS. Ah, Seigneur, est-il rien qui repare l'injure
Que fait à l'innocence un moment d'imposture,
Et peut-on voir mensonge assez-tost avorté
Pour rendre à la vertu toute sa pureté?
Il en reste toûjours quelque indigne memoire
Qui porte une soüillure à la plus haute gloire.
Combien en vostre Cour est-il de médisans?
Combien le Prince a-t-il d'aveugles partisans,
Qui sçachant une fois qu'on m'a calomniée,
Croiront que vostre amour m'a seul justifiée?
Et si la moindre tache en demeure à mon nom,
Si le moindre du Peuple en conserve un soupçon,
Suis-je digne de vous, & de telles alarmes
Touchent-elles trop peu pour meriter mes larmes?
PRV. Ah, c'est trop de scrupule, & trop mal presumer
D'un mary qui vous aime, & qui vous doit aimer.
La gloire est plus solide après la calomnie,
Et brille d'autant mieux qu'elle s'en vit ternie.
Mais voicy Nicomede, & je veux qu'aujourd'huy...

SCENE

TRAGEDIE.

SCENE II.

PRVSIAS, ARSINOE, NICOMEDE,
ARASPE, Gardes.

ARS. Grace, grace, Seigneur, à noſtre vnique appuy,
Grace à tant de lauriers en ſa main ſi fertiles,
Grace à ce conquerant, à ce preneur de villes,
Grace.... NIC. Dequoy, Madame ? eſt-ce d'avoir conquis
Trois Sceptres que ma perte expoſe à voſtre fils ?
D'avoir porté ſi loin vos armes dans l'Aſie
Que meſme voſtre Rome en a pris jalouſie ?
D'avoir trop ſoûtenu la Majeſté des Rois ?
Trop remply voſtre Cour du bruit de mes exploits ?
Trop du grand Annibal pratiqué les maximes ?
S'il faut grace pour moy, choiſiſſez de mes crimes,
Les voilà tous, Madame, & ſi vous y joignez
D'avoir creu des méchans par quelqu'autre gagnez,
D'avoir une ame ouverte, une franchiſe entiere,
Qui dans leur artifice a manqué de lumiere,
C'eſt gloire & non pas crime à qui ne voit le jour
Qu'au milieu d'une Armée, & loin de voſtre Cour,
Qui n'a que la vertu de ſon intelligence,
Et vivant ſans remors marche ſans défiance.
ARS. Ie m'en dédis, Seigneur, il n'eſt point criminel ;
S'il m'a voulu noircir d'un opprobre éternel,
Il n'a fait qu'obeïr à la haine ordinaire
Qu'imprime à ſes pareils le nom de belle-mere.
De cette averſion ſon cœur préoccupé
M'impute tous les traits dont il ſe ſent frapé.
Que ſon Maiſtre Annibal, malgré la foy publique,
S'abandonne aux fureurs d'une terreur Panique,
Que ce vieillard confie & gloire & liberté
Plutoſt au deſeſpoir qu'à l'hoſpitalité ;
Ces terreurs, ces fureurs ſont de mon artifice.
Quelque appas que luy-meſme il trouve en Laodice,
C'eſt moy qui fais qu'Attale a des yeux comme luy,
C'eſt moy qui force Rome à luy ſervir d'appuy,
De cette ſeule main part tout ce qui le bleſſe,
Et pour vanger ce Maiſtre, & ſauver ſa Maitreſſe,

Tome II. Ooo

S'il a tasché, Seigneur, de m'éloigner de vous,
Tout est trop excusable en un amant jaloux.
Ce foible & vain effort ne touche point mon ame,
Ie sçay que tout mon crime est d'estre vostre femme,
Que ce nom seul l'oblige à me persecuter:
Car enfin hors de là que peut-il m'imputer?
Ma voix, depuis dix ans qu'il commande une Armée,
A-t'elle refusé d'enfler sa Renommée?
Et lors qu'il l'a fallu puissamment secourir,
Que la moindre longueur l'auroit laissé perir,
Quel autre a mieux pressé les secours necessaires?
Qui l'a mieux dégagé de ses destins contraires?
A-t'il eu prés de vous un plus soigneux Agent
Pour haster les renforts, & d'hommes, & d'argent?
Vous le sçavez, Seigneur, & pour reconnoissance,
Aprés l'avoir servy de toute ma puissance,
Ie voy qu'il a voulu me perdre auprés de vous;
Mais tout est excusable en un amant jaloux,
Ie vous l'ay déja dit. *PRU.* Ingrat, que peux-tu dire?
NIC. Que la Reine a pour moy des bontez que j'admire.
Ie ne vous diray point que ces puissans secours
Dont elle a conservé mon honneur & mes jours,
Et qu'avec tant de pompe à vos yeux elle étale,
Travailloient par ma main à la grandeur d'Attale,
Que par mon propre bras elle amassoit pour luy,
Et préparoit deslors ce qu'on voit aujourd'huy:
Par quelques sentimens qu'elle aye été poussée,
I'en laisse le Ciel juge, il connoit sa pensée,
Il sçait pour mon salut comme elle a fait des vœux,
Il luy rendra justice, & peut-estre à tous deux.
    Cependant, puisqu'enfin l'apparence est si belle,
Elle a parlé pour moy, je doy parler pour elle,
Et pour son interest vous faire souvenir
Que vous laissez long-temps deux méchans à punir.
Envoyez Metrobate, & Zenon au supplice,
Sa gloire attend de vous ce digne sacrifice,
Tous deux l'ont accusée, & s'ils s'en sont dédits,
Pour la faire innocente, & charger vostre fils,
Ils n'ont rien fait pour eux, & leur mort est trop juste
Aprés s'estre joüez d'une personne Auguste.
L'offense une fois faite à ceux de nostre rang
Ne se repare point que par des flots de sang,

TRAGEDIE.

On n'en fut jamais quitte ainsi pour s'en dédire,
Il faut sous les tourmens que l'imposture expire,
Ou vous exposeriez tout vostre sang Royal
A la legereté d'un esprit déloyal.
L'exemple est dangereux, & hazarde nos vies,
S'il met en seureté de telles calomnies.
ARS. Quoy, Seigneur, les punir de la sincerité
Qui soudain dans leur bouche a mis la verité,
Qui vous a contre moy sa fourbe découverte,
Qui vous rend vostre femme, & m'arrache à ma perte.
Qui vous a retenu d'en prononcer l'Arrest,
Et couvrir tout cela de mon seul interest!
C'est estre trop adroit, Prince, & trop bien l'entendre.
PRV. Laisse-là Metrobate, & songe à te défendre,
Purge-toy d'un forfait si honteux & si bas.
NIC. M'en purger! moy, Seigneur! vous ne le croyez pas,
Vous ne sçavez que trop qu'un homme de ma sorte,
Quand il se rend coupable, un peu plus haut se porte,
Qu'il luy faut un grand crime à tenter son devoir,
Où sa gloire se sauve à l'ombre du pouvoir.
Soulever vostre Peuple, & jetter vostre Armée
Dedans les interests d'une Reine opprimée,
Venir le bras levé la tirer de vos mains,
Malgré l'amour d'Attale, & l'effort des Romains,
Et fondre en vos païs contre leur tyrannie
Avec tous vos soldats, & toute l'Arménie;
C'est ce que pourroit faire un homme tel que moy,
S'il pouvoit se resoudre à vous manquer de foy.
La fourbe n'est le jeu que des petites ames,
Et c'est là proprement le partage des femmes.
Punissez donc, Seigneur, Metrobate & Zenon,
Pour la Reine, ou pour moy, faites-vous-en raison.
A ce dernier moment la conscience presse,
Pour rendre conte aux Dieux tout respect humain cesse,
Et ces esprits legers approchant des abois
Pourroient bien se dédire une seconde fois.
ARS. Seigneur... *NIC.* Parlez, Madame, & dites quelle cause
A leur juste supplice obstinément s'oppose,
Ou laissez-nous penser qu'aux portes du trépas
Il auroient des remords qui ne vous plairoient pas.
ARS. Vous voyez à quel point sa haine m'est cruelle,
Quand je le justifie, il me fait criminelle.

Ooo ij

Mais sans doute, Seigneur, ma presence l'aigrit,
Et mon éloignement remettra son esprit,
Il rendra quelque calme à son cœur magnanime,
Et luy pourra sans doute épargner plus d'un crime.
 Ie ne demande point que par compassion
Vous asseuriez un Sceptre à ma protection,
Ny que pour garantir la personne d'Attale
Vous partagiez entr'eux la puissance Royale :
Si vos amis de Rome en ont pris quelque soin,
C'étoit sans mon aveu, je n'en ay pas besoin,
Ie n'aime point si mal que de ne vous pas suivre
Si-tost qu'entre mes bras vous cesserez de vivre,
Et sur vostre tombeau mes premieres douleurs
Verseront tout ensemble, & mon sang, & mes pleurs.
 PRV. Ah, Madame ! ARS. Ouy, Seigneur, cette heure infortunée
Par vos derniers soupirs clorra ma Destinée,
Et puisqu'ainsi jamais il ne sera mon Roy,
Qu'ay-je à craindre de luy ? que peut-il contre moy ?
Tout ce que je demande en faveur de ce gage,
De ce fils qui déja luy donne tant d'ombrage,
C'est que chez les Romains il retourne achever
Des jours que dans leur sein vous fistes élever :
Qu'il retourne y traisner sans peril, & sans gloire
De vostre amour pour moy l'impuissante memoire.
Ce grand Prince vous sert, & vous servira mieux,
Quand il n'aura plus rien qui luy blesse les yeux.
Et n'apprehendez point Rome, ny sa vangeance,
Contre tout son pouvoir il a trop de vaillance,
Il sçait tous les secrets du fameux Annibal,
De ce Heros à Rome en tous lieux si fatal,
Que l'Asie & l'Afrique admirent l'avantage
Qu'en tire Antiochus, & qu'en receut Carthage.
 Ie me retire donc, afin qu'en liberté
Les tendresses du sang pressent vostre bonté,
Et, je ne veux plus voir, ny qu'en vostre presence
Vn Prince que j'estime indignement m'offense,
Ny que je sois forcée à vous mettre en couroux
Contre un fils si vaillant & si digne de vous.

TRAGEDIE. 477

SCENE III

PRVSIAS, NICOMEDE, ARASPE.

PRV. Nicomede, en deux mots, ce defordre me fafche,
Quoy qu'on t'ofe imputer, je ne te croy point lafche,
Mais donnons quelque chofe à Rome qui fe plaint,
Et tafchons d'affeurer la Reine qui te craint.
J'ay tendreffe pour toy, j'ay paffion pour elle,
Et je ne veux pas voir cette haine éternelle,
Ny que des fentimens que j'aime à voir durer
Ne régnent dans mon cœur que pour le déchirer.
J'y veux mettre d'accord l'Amour, & la Nature,
Eftre pere & mary dans cette conjoncture.
NIC. Seigneur, voulez-vous bien vous en fier à moy?
Ne foyez l'un ny l'autre. *PRV.* Et que doy-je eftre? *NIC.* Roy.
Reprenez hautement ce noble caractere,
Vn veritable Roy n'eft ny mary, ny pere,
Il regarde fon Trofne & rien de plus. Regnez,
Rome vous craindra plus que vous ne la craignez,
Malgré cette puiffance, & fi vafte, & fi grande,
Vous pouvez déja voir comme elle m'apprehende,
Combien en me perdant elle efpere gagner,
Parce qu'elle prévoit que je fçauray régner.
PRV. Je régne donc, ingrat, puifque tu me l'ordonnes.
Choifis, ou Laodice, ou mes quatre Couronnes,
Ton Roy fait ce partage entre ton frere & toy,
Ie ne fuis plus ton pere, obeïs à ton Roy.
NIC. Si vous étiez auffi le Roy de Laodice,
Pour l'offrir à mon choix avec quelque juftice,
Ie vous demanderois le loifir d'y penfer:
Mais enfin pour vous plaire, & ne pas l'offenfer,
I'obeïray, Seigneur, fans repliques frivoles,
A vos intentions, & non à vos paroles.
A ce franc Efchange emportez tous mes droits,
Et laiffez Laodice en liberté du choix.
Voilà quel eft le mien. *PRV.* Quelle baffeffe d'ame,
Quelle fureur t'aveugle en faveur d'une femme?
Tu la préferes, lafche, à ces prix glorieux
Que ta valeur unit au bien de tes Ayeux!

Ooo iij

Après cette infamie es-tu digne de vivre?
NIC. Ie croy que vostre exemple est glorieux à suivre.
 Ne preferez-vous pas une femme à ce fils
 Par qui tous ces Etats au vostre sont unis?
PRV. Me vois-tu renoncer pour elle au Diadesme?
NIC. Me voyez-vous pour l'autre y renoncer moy-mesme?
 Que ceday-je à mon frere en cedant vos Etats?
 Ay-je droit d'y pretendre ayant vostre trépas?
 Pardonnez-moy ce mot, il est fascheux à dire,
 Mais un Monarque enfin comme un autre homme expire,
 Et vos Peuples alors ayant besoin d'un Roy
 Voudront choisir peut-estre entre ce Prince & moy.
 Seigneur, nous n'avons pas si grande ressemblance
 Qu'il faille de bons yeux pour y voir difference,
 Et ce vieux droit d'aisnesse est souvent si puissant
 Que pour remplir un Trosne il r'appelle un absent.
 Que si leurs sentimens se réglent sur les vostres,
 Sous le joug de vos loix j'en ay bien rangé d'autres,
 Et dussent vos Romains en estre encor jaloux,
 Ie feray bien pour moy ce que j'ay fait pour vous.
PRV. I'y donneray bon ordre. NIC. Ouy, si leur artifice
 De vostre sang par vous se fait un sacrifice,
 Autrement vos Etats à ce Prince livrez
 Ne seront en ses mains qu'autant que vous vivrez.
 Ce n'est point en secret que je vous le declare,
 Ie le dis à luy-mesme afin qu'il s'y prepare,
 Le voilà qui m'entend. PRV. Va, sans verser mon sang
 Ie sçauray bien, ingrat, l'asseurer en ce rang,
 Et demain....

SCENE IV

PRVSIAS, NICOMEDE, ATTALE, FLAMINIVS, ARASPE, Gardes.

FLA. SI pour moy vous êtes en colere,
 Seigneur, je n'ay receu qu'une offense legere;
 Le Senat en effet pourra s'en indigner,
 Mais j'ay quelques amis qui sçauront le gagner.
PRV. Ie luy feray raison, & dés demain Attale
 Recevra de ma main la puissance Royale,

TRAGEDIE.

Ie le fais Roy de Pont, & mon seul heritier.
Et quant à ce rebelle, à ce courage fier,
Rome entre vous & luy jugera de l'outrage,
Ie veux qu'au lieu d'Attale il luy serve d'ostage,
Et pour l'y mieux conduire, il vous sera donné,
Si-tost qu'il aura veu son frere couronné.
NIC. Vous m'envoirez à Rome! *PRV.* On t'y fera justice,
Va, va luy demander ta chere Laodice.
NIC. I'iray, j'iray, Seigneur, vous le voulez ainsi,
Et j'y seray plus Roy que vous n'étes icy.
FLA. Rome sçait vos hauts faits, & déja vous adore.
NIC. Tout-beau, Flaminius, je n'y suis pas encore,
La route en est mal seure, à tout considerer,
Et qui m'y conduira pourroit bien s'égarer.
PRV. Qu'on le remene, Araspe, & redoublez sa Garde.
Toy, rens graces à Rome, & sans cesse regarde
Que comme son pouvoir est la source du tien,
En perdant son appuy tu ne seras plus rien.
  Vous, Seigneur, excusez si me trouvant en peine
De quelques déplaisirs que m'a fait voir la Reine,
Ie vay l'en consoler, & vous laisse avec luy.
Attale, encor un coup, rens grace à ton appuy.

SCENE V.

FLAMINIVS, ATTALE.

ATT. Seigneur, que vous diray-je après des avantages
   Qui sont mesme trop grads pour les plus grands courages?
Vous n'avez point de borne, & vostre affection
Passe vostre promesse, & mon ambition.
Ie l'avoûray pourtant, le Trosne de mon pere
Ne fait pas le bon-heur que plus je considere,
Ce qui touche mon cœur, ce qui charme mes sens,
C'est Laodice acquise à mes vœux innocens.
La qualité de Roy qui me rend digne d'elle....
FLA. Ne rendra pas son cœur à vos vœux moins rebelle.
ATT. Seigneur, l'occasion fait un cœur different,
D'ailleurs, c'est l'ordre exprés de son pere mourant,
Et par son propre aveu, la Reine d'Atménie
Est deuë à l'heritier du Roy de Bithinie.

FLA. Ce n'est pas loy pour elle, & Reine comme elle est,
Cet ordre, à bien parler, n'est que ce qu'il luy plaist.
D'ailleurs, aimeroit-elle en vous un Diadesme
Qu'on vous donne aux dépens d'un grand Prince qu'elle aime?
En vous qui la privez d'un si cher protecteur?
En vous qui de sa cheute êtes l'unique autheur?
ATT. Ce Prince hors d'icy, Seigneur, que fera-t'elle?
Qui contre Rome & nous soûtiendra sa querelle?
Car j'ose me promettre encor vostre secours.
FLA. Les choses quelquefois prennent un autre cours,
Pour ne vous point flater, je n'en veux pas répondre.
ATT. Ce seroit bien, Seigneur, de tout point me confondre,
Et je serois moins Roy, qu'un objet de pitié,
Si le bandeau Royal m'ostoit vostre amitié.
Mais je m'alarme trop, & Rome est plus égale,
N'en avez-vous pas l'ordre? *FLA.* Ouy, pour le Prince Attale,
Pour un homme en son sein nourry dés le berceau:
Mais pour le Roy de Pont, il faut ordre nouveau.
ATT. Il faut ordre nouveau! Quoy se pourroit-il faire
Qu'à l'œuvre de ses mains Rome devinst contraire!
Que ma grandeur naissante y fist quelques jaloux!
FLA. Que presumez-vous, Prince, & que me dites-vous?
ATT. Vous-mesme dites moy comme il faut que j'explique
Cette inégalité de vostre Republique.
FLA. Ie vay vous l'expliquer, & veux bien vous guerir
D'une erreur dangereuse où vous semblez courir.
Rome qui vous servoit auprés de Laodice,
Pour vous donner son Trosne eust fait une injustice,
Son amitié pour vous luy faisoit cette loy:
Mais par d'autres moyens elle vous a fait Roy,
Et le soin de sa gloire à present la dispense
De se porter pour vous à cette violence.
Laissez donc cette Reine en pleine liberté,
Et tournez vos desirs de quelqu'autre costé,
Rome de vostre Hymen prendra soin elle-mesme.
ATT. Mais s'il arrive enfin que Laodice m'aime?
FLA. Ce seroit mettre encor Rome dans le hazard
Que l'on creust artifice, ou force de sa part,
Cet Hymen jetteroit une ombre sur sa gloire;
Prince, n'y pensez plus si vous m'en pouvez croire,
Ou si de mes conseils vous faites peu d'état,
N'y pensez plus du moins sans l'aveu du Senat.

ATT. A

ATT. A voir quelle froideur à tant d'amour succede,
Rome ne m'aime pas, elle hait Nicomede,
Et lors qu'à mes desirs elle a feint d'applaudir
Elle a voulu le perdre, & non pas m'agrandir.
FLA. Pour ne vous faire pas de réponse trop rude
Sur ce beau coup d'essay de vostre ingratitude,
Suivez vostre caprice, offensez vos amis,
Vous étes Souverain, & tout vous est permis.
Mais puisqu'enfin ce jour vous doit faire connoistre
Que Rome vous a fait ce que vous allez estre,
Que perdant son appuy vous ne serez plus rien,
Que le Roy vous l'a dit, souvenez-vous-en bien.

SCENE VI.

ATTALE.

Attale, étoit-ce ainsi que regnoient tes Ancestres?
Veux-tu le nom de Roy pour avoir tant de maistres?
Ah, ce titre à ce prix déja m'est importun,
S'il nous en faut avoir, du moins n'en ayons qu'un,
Le Ciel nous l'a donné trop grand, trop magnanime,
Pour souffrir qu'aux Romains il serve de victime.
Montrons-leur hautement que nous avons des yeux,
Et d'un si pesant joug affranchissons ces lieux.
Puisqu'à leurs interests tout ce qu'ils font s'applique,
Que leur vaine amitié cede à leur Politique,
Soyons à nostre tour de leur grandeur jaloux,
Et comme ils font pour eux, faisons aussi pour nous.

Tome II.   P p p

ACTE V.

SCENE PREMIERE.

ARSINOE, ATTALE.

ARS. J'Ay préveu ce tumulte, & n'en voy rien à craindre,
Comme un moment l'allume, un moment peut l'é-
Et si l'obscurité laisse croistre ce bruit, (teindre,
Le jour dissipera les vapeurs de la nuit.
Ie me fasche bien moins qu'un Peuple se mutine,
Que de voir que ton cœur dans son amour s'obstine,
Et d'une indigne ardeur laschement embrasé
Ne rend point de mépris à qui t'a méprisé.
Vange-toy d'une ingrate, & quitte une cruelle
A present que le Sort t'a mis au dessus d'elle;
Son Trosne, & non ses yeux, avoit dû te charmer,
Tu vas regner sans elle, à quel propos l'aimer?
Porte, porte ce cœur à de plus douces chaisnes,
Puisque te voilà Roy, l'Asie a d'autres Reines,
Qui loin de te donner des rigueurs à souffrir,
T'épargneront bien-tost la peine de t'offrir.
ATT. Mais, Madame... AR. Et bien, soit, je veux qu'elle se rende;
Prévois-tu les malheurs qu'en suite j'apprehende?
Si-tost que d'Arménie elle t'aura fait Roy,
Elle t'engagera dans sa haine pour moy.
Mais, ô Dieux, pourra-t'elle y borner sa vangeance?
Pourras-tu dans son lit dormir en asseurance?
Et refusera-t'elle à son ressentiment
Le fer, ou le poison, pour vanger son amant?
Qu'est-ce qu'en sa fureur une femme n'essaye?
ATT. Que de fausses raisons pour me cacher la vraye!
Rome qui n'aime pas à voir un puissant Roy
L'a craint en Nicomede, & le craindroit en moy.
Ie ne doy plus pretendre à l'Hymen d'une Reine
Si je ne veux déplaire à nostre Souveraine,

TRAGEDIE.

Et puisque la fascher ce seroit me trahir,
Afin qu'elle me souffre, il vaut mieux obeir.
Ie sçay par quels moyens sa sagesse profonde
S'achemine à grands pas à l'Empire du Monde.
Aussi-tost qu'un Etat devient un peu trop grand,
Sa cheute doit guerir l'ombrage qu'elle en prend.
C'est blesser les Romains que faire une conqueste,
Que mettre trop de bras sous une seule teste,
Et leur guerre est trop juste aprés cet attentat
Que fait sur leur grandeur un tel crime d'Etat.
Eux qui pour gouverner sont les premiers des hommes,
Veulent que sous leur ordre on soit ce que nous sommes,
Veulent sur tous les Rois un si haut ascendant,
Que leur Empire seul demeure independant.
  Ie les connoy, Madame, & j'ay veu cet ombrage
Détruire Antiochus, & renverser Carthage,
De peur de choir comme eux je veux bien m'abaisser,
Et cede à des raisons que je ne puis forcer.
D'autant plus justement mon impuissance y cede
Que je voy qu'en leurs mains on livre Nicomede,
Vn si grand ennemy leur répond de ma foy,
C'est un Lyon tout prest à déchaisner sur moy.
ARS. C'est dequoy je voulois vous faire confidence,
Mais vous me ravissez d'avoir cette prudence,
Le temps pourra changer, cependant prenez soin
D'asseurer des jaloux dont vous avez besoin.

SCENE II

*FLAMINIVS, ARSINOE,
ATTALE.*

ARS. SEigneur, c'est remporter une haute victoire
      Que de rendre un amant capable de me croire,
J'ay sçeu le ramener aux termes du devoir,
Et sur luy la raison a repris son pouvoir.
FLA. Madame, voyez donc si vous serez capable
De rendre également ce Peuple raisonnable.
Le mal croist, il est temps d'agir de vostre part,
Où quand vous le voudrez, vous le voudrez trop tard.

Ppp ij

Ne vous figurez plus que ce soit le confondre,
Que de le laisser faire, & ne luy point répondre.
Rome autrefois a veu de ces émotions,
Sans embrasser jamais vos resolutions;
Quand il falloit calmer toute une populace,
Le Senat n'épargnoit promesse, ny menace,
Et rappelloit par là son escadron mutin,
Et du mont Quirinal, & du mont Aventin,
Dont il l'auroit veu faire une horrible descente,
S'il eust traité long-temps sa fureur d'impuissante,
Et l'eust abandonnée à sa confusion,
Comme vous semblez faire en cette occasion.
ARS. Après ce grand exemple en vain on delibere,
Ce qu'a fait le Senat montre ce qu'il faut faire,
Et le Roy.... mais il vient.

SCENE III.

PRVSIAS, ARSINOE, FLAMINIVS, ATTALE.

PRV. IE ne puis plus douter,
Seigneur, d'où vient le mal que je vois éclater.
Ces mutins ont pour Chefs les gens de Laodice.
FLA. I'en avois soupçonné déja son artifice.
ATT. Ainsi vostre tendresse, & vos soins sont payez!
FLA. Seigneur, il faut agir, & si vous m'en croyez....

SCENE IV.

PRVSIAS, ARSINOE, FLAMINIVS, ATTALE, CLEONE.

CLE. TOut est perdu, Madame, à moins d'un prompt remede,
Tout le Peuple à grands cris demande Nicomede,
Il commence luy-mesme à se faire raison,
Et vient de déchirer Metrobate, & Zenon.
ARS. Il n'est donc plus à craindre, il a pris ses victimes,
Sa fureur sur leur sang va consumer ses crimes,

TRAGEDIE.

Elle s'applaudira de cet illustre effet,
Et croira Nicomede amplement satisfait.
FLA. Si ce defordre étoit fans Chefs, & fans conduite,
Ie voudrois comme vous en craindre moins la fuite,
Le Peuple par leur mort pourroit s'eftre adoucy;
Mais un deffein formé ne tombe pas ainfi.
Il fuit toûjours fon but jufqu'à ce qu'il l'emporte,
Le premier fang verfé rend fa fureur plus forte,
Il l'amorce, il l'acharne, il en éteint l'horreur,
Et ne luy laiffe plus ny pitié ny terreur.

SCENE V.

PRVSIAS, FLAMINIVS, ARSINOE, ATTALE, CLEONE, ARASPE.

ARA. SEigneur, de tous coftez le Peuple vient en foule,
De moment en moment voftre Garde s'écoule,
Et fuivant les difcours qu'icy mefme j'entens
Le Prince entre mes mains ne fera pas long-temps,
Ie n'en puis plus répondre. *PRV.* Allons, allons le rendre,
Ce precieux objet d'une amitié fi tendre.
Obeïffons, Madame, à ce Peuple fans foy,
Qui las de m'obeïr en veut faire fon Roy,
Et du haut d'un balcon, pour calmer la tempefte,
Sur fes nouveaux Sujets faifons voler fa tefte.
ATT. Ah, Seigneur. *PRV.* C'eft ainfi qu'il luy fera rendu,
A qui le cherche ainfi c'eft ainfi qu'il eft dû.
ATT. Ah, Seigneur, c'eft tout perdre, & livrer à fa rage
Tout ce qui de plus près touche voftre courage,
Et j'ofe dire icy que voftre Majefté
Aura peine elle-mefme à trouver feureté.
PRV. Il faut donc fe refoudre à tout ce qu'il m'ordonne,
Luy rendre Nicomede avecque ma Couronne,
Ie n'ay point d'autre choix, & s'il eft le plus fort,
Ie dois à fon idole, ou mon Sceptre, ou la mort.
FLA. Seigneur, quand ce deffein auroit quelque juftice,
Eft-ce à vous d'ordonner que ce Prince periffe?
Quel pouvoir fur fes jours vous demeure permis?
C'eft l'oftage de Rome, & non plus voftre fils.

Ie doy m'en souvenir quand son pere l'oublie,
C'est attenter sur nous qu'ordonner de sa vie,
I'en doy conte au Senat, & n'y puis consentir.
Ma Galere est au port toute preste à partir,
Le Palais y répond par la porte secrette;
Si vous le voulez perdre, agréez ma retraite.
Souffrez que mon depart fasse connoistre à tous
Que Rome a des conseils plus justes, & plus doux,
Et ne l'exposez pas à ce honteux outrage
De voir à ses yeux mesme immoler son ostage.
ARS. Me croirez-vous, Seigneur, & puis-je m'expliquer?
PRV. Ah, rien de vostre part ne sçauroit me choquer,
Parlez. ARS. Le Ciel m'inspire un dessein dont j'espere
Et satisfaire Rome, & ne vous pas déplaire.
S'il est prest à partir, il peut en ce moment
Enlever avec luy son ostage aisément.
Cette porte secrette icy nous favorise:
Mais pour faciliter d'autant mieux l'entreprise,
Montrez-vous à ce Peuple, & flatant son couroux
Amusez-le du moins à debatre avec vous,
Faites-luy perdre temps, tandis qu'en asseurance
La Galere s'éloigne avec son esperance.
S'il force le Palais, & ne l'y trouve plus,
Vous ferez comme luy le surpris, le confus,
Vous accuserez Rome, & promettrez vangeance
Sur quiconque sera de son intelligence.
Vous envoirez après si-tost qu'il sera jour,
Et vous luy donnerez l'espoir d'un prompt retour,
Où mille empeschemens que vous ferez vous-mesme
Pourront de toutes parts aider au stratagesme.
Quelque aveugle transport qu'il témoigne aujourd'huy,
Il n'attentera rien tant qu'il craindra pour luy,
Tant qu'il présumera son effort inutile;
Icy la delivrance en paroit trop facile,
Et s'il l'obtient, Seigneur, il faut fuir vous & moy,
S'il le voit à sa teste, il en fera son Roy,
Vous le jugez vous-mesme. PRV. Ah, j'avoûray, Madame,
Que le Ciel a versé ce conseil dans vostre ame.
Seigneur, se peut-il voir rien de mieux concerté?
FLA. Il vous asseure & vie, & gloire, & liberté,
Et vous avez d'ailleurs Laodice en ostage,
Mais qui perd temps icy perd tout son avantage.

PRV. Il n'en faut donc plus perdre, allons-y de ce pas.
ARS. Ne prenez avec vous qu'Araspe, & trois soldats,
Peut-estre un plus grand nombre auroit quelque infidelle:
J'iray chez Laodice, & m'asseureray d'elle.
Attale, où courez-vous? *ATT.* Ie vay de mon costé
De ce Peuple mutin amuser la fierté,
A vostre stratagesme en ajouster quelqu'autre.
ARS. Songez que ce n'est qu'un que mon sort & le vostre,
Que vos seuls interests me mettent en danger.
ATT. Ie vay perir, Madame, ou vous en dégager.
ARS. Allez donc, j'apperçoy la Reine d'Armenie.

SCENE VI.

ARSINOE, LAODICE, CLEONE.

ARS. LA cause de nos maux doit-elle estre impunie?
LAO. Non, Madame, & pour peu qu'elle ait d'ambition,
Ie vous répons déja de sa punition.
ARS. Vous qui sçavez son crime, ordonnez de sa peine.
LAO. Vn peu d'abaissement suffit pour une Reine,
C'est déja trop de voir son dessein avorté.
ARS. Dites pour chatiment de sa temerité
Qu'il luy faudroit du front tirer le Diadesme.
LAO. Parmy les genereux il n'en va pas de mesme.
Ils sçavent oublier quand ils ont le dessus,
Et ne veulent que voir leurs ennemis confus.
ARS. Ainsi qui peut vous croire aisément se contente!
LAO. Le Ciel ne m'a pas fait l'ame plus violente.
ARS. Soûlever des Sujets contre leur Souverain,
Leur mettre à tous le fer, & la flame en la main,
Iusque dans le Palais pousser leur insolence,
Vous appelez cela fort peu de violence?
LAO. Nous nous entendons mal, Madame, & je le voy,
Ce que je dis pour vous, vous l'expliquez pour moy.
Ie suis hors de soucy pour ce qui me regarde,
Et je viens vous chercher pour vous prendre en ma garde,
Pour ne hazarder pas en vous la Majesté
Au manque de respect d'un grand Peuple irrité.

Faites venir le Roy, rappellez voſtre Attale,
Que je conſerve en eux la Dignité Royale,
Ce Peuple en ſa fureur peut les connoiſtre mal.
ARS. Peut-on voir un orgueil à voſtre orgueil égal?
Vous par qui ſeule icy toute ce deſordre arrive,
Vous qui dans ce Palais vous voyez ma captive,
Vous qui me répondrez au prix de voſtre ſang
De tout ce qu'un tel crime attente ſur mon rang,
Vous me parlez encore avec la meſme audace,
Que ſi j'avois beſoin de vous demander grace!
LAO. Vous obſtiner, Madame, à me parler ainſi,
C'eſt ne vouloir pas voir que je commande icy,
Que quand il me plaira vous ſerez ma victime.
Et ne m'imputez point ce grand deſordre à crime,
Voſtre Peuple eſt coupable, & dans tous vos Sujets
Ces cris ſeditieux ſont autant de forfaits:
Mais pour moy qui ſuis Reine, & qui dans nos querelles,
Pour triompher de vous, vous ay fait ces rebelles,
Par le droit de la guerre il fut toûjours permis
D'allumer la revolte entre ſes ennemis,
M'enlever mon époux, c'eſt vous faire la mienne.
ARS. Ie la ſuis donc, Madame, & quoy qu'il en avienne,
Si ce Peuple une fois enfonce le Palais,
C'eſt fait de voſtre vie, & je vous le promets.
LAO. Vous tiendrez mal parole, ou bien-toſt ſur ma tombe,
Tout le ſang de vos Rois ſervira d'Hecatombe.
Mais avez-vous encor parmy voſtre maiſon
Quelqu'autre Metrobate ou quelqu'autre Zenon?
N'apprehendez-vous point que tous vos Domeſtiques
Ne ſoient déja gagnez par mes ſourdes pratiques?
En ſçavez-vous quelqu'un ſi preſt à ſe trahir,
Si las de voir le jour, que de vous obeir?
Ie ne veux point regner ſur voſtre Bithinie,
Ouvrez-moy ſeulement les chemins d'Arménie,
Et pour voir tout d'un coup vos malheurs terminez,
Rendez-moy cet époux qu'en vain vous retenez.
ARS. Sur le chimin de Rome il vous faut l'aller prendre,
Flaminius l'y méne, & pourra vous le rendre,
Mais haſtez-vous de grace, & faites bien ramer,
Car déja ſa Galere a pris le large en mer.
LAO. Ah! ſi je le croyois! ARS. N'en doutez point, Madame.
LAO. Fuyez donc les fureurs qui ſaiſiſſent mon ame:

Après le

Après le coup fatal de cette indignité,
Ie n'ay plus ny respect, ny generosité.
  Mais plûtost demeurez pour me servir d'ostage,
Iusqu'à ce que ma main de ses fers le dégage.
I'iray jusque dans Rome en briser les liens,
Avec tous vos Sujets, avecque tous les miens;
Aussi-bien Annibal nommoit une folie,
De presumer la vaincre ailleurs qu'en Italie.
Ie veux qu'elle me voye au cœur de ses Etats
Soûtenir ma fureur d'un million de bras,
Et sous mon desespoir rangeant sa tyrannie....
ARS. Vous voulez donc enfin regner en Bithinie?
  Et dans cette fureur qui vous trouble aujourd'huy
Le Roy pourra souffrir que vous regniez pour luy?
LAO. I'y regneray, Madame, & sans luy faire injure;
  Puisque le Roy veut bien n'estre Roy qu'en peinture,
Que luy doit importer qui donne icy la loy,
Et qui regne pour luy, des Romains, ou de moy?
Mais un second ostage entre mes mains se jette.

SCENE VII.

ARSINOE, LAODICE, ATTALE, CLEONE.

ARS. Attale, avez-vous sçeu comme ils ont fait retraite?
AT. Ah, Madame. AR. Parlez. A. Tous les Dieux irritez
  Dans des derniers malheurs nous ont précipitez,
Le Prince est échapé. LAO. Ne craignez plus, Madame,
  La generosité déja r'entre en mon ame.
ARS. Attale, prenez-vous plaisir à m'alarmer?
ATT. Ne vous flatez point tant que de le presumer.
  Le malheureux Araspe avec sa foible escorte
L'avoit déja conduit à cette fausse porte,
L'Ambassadeur de Rome étoit déja passé,
Quand dans le sein d'Araspe un poignard enfoncé
Le jette aux pieds du Prince; il s'écrie, & sa Suite
De peur d'un pareil sort prend aussi-tost la fuite.
ARS. Et qui dans cette porte a pû le poignarder?
ATT. Dix ou douze soldats qui sembloient la garder,

Et ce Prince.... *ARS.* Ah, mon fils, qu'il est par tout de traistres!
Qu'il est peu de Sujets fidelles à leurs maistres!
Mais de qui sçavez-vous un desastre si grand?
ATT. Des compagnons d'Araspe, & d'Araspe mourant.
Mais écoutez encor, ce qui me desespere.
J'ay couru me ranger auprés du Roy mon pere,
Il n'en étoit plus temps, ce Monarque étonné
A ses frayeurs déja s'étoit abandonné,
Avoit pris un esquif pour tascher de rejoindre
Ce Romain dont l'effroy peut-estre n'est pas moindre.

SCENE VIII.

PRVSIAS, FLAMINIVS, ARSINOE, LAODICE, ATTALE, CLEONE.

PRV. Non non, nous revenons l'un & l'autre en ces lieux,
Défendre vostre gloire, ou mourir à vos yeux.
ARS. Mourons, mourons, Seigneur, & desrobons nos vies
A l'absolu pouvoir des fureurs ennemies,
N'attendons pas leur ordre, & montrons-nous jaloux
De l'honneur qu'ils auroient à disposer de nous.
LAO. Ce desespoir, Madame, offense un si grand homme
Plus que vous n'avez fait en l'envoyant à Rome:
Vous devez le connoistre, & puisqu'il a ma foy,
Vous devez presumer qu'il est digne de moy.
Je le desavoürois s'il n'étoit magnanime,
S'il manquoit à remplir l'effort de mon estime,
S'il ne faisoit paroistre un cœur toujours égal.
Mais le voicy, voyez si je le connoy mal.

TRAGEDIE.

SCENE IX.

*PRVSIAS, NICOMEDE, ARSINOE,
LAODICE, FLAMINIVS,
ATTALE, CLEONE.*

NIC. TOut est calme, Seigneur, un moment de ma veuë
A soudain appaisé la Populace émeuë.
PRV. Quoy, me viens-tu braver jusque dans mon Palais,
Rebelle ? *NIC.* C'est un nom que je n'auray jamais.
Ie ne viens point icy montrer à vostre haine
Vn captif insolent d'avoir brisé sa chaisne,
Ie viens en bon Sujet vous rendre le repos
Que d'autres interests troubloient mal à propos.
Non que je veüille à Rome imputer quelque crime,
Du grand Art de regner elle suit la maxime,
Et son Ambassadeur ne fait que son devoir,
Quand il veut entre nous partager le pouvoir.
Mais ne permettez pas qu'elle vous y contraigne,
Rendez-moy vostre amour afin qu'elle vous craigne,
Pardonnez à ce Peuple un peu trop de chaleur
Qu'à sa compassion a donné mon malheur,
Pardonnez un forfait qu'il a creu necessaire,
Et qui ne produira qu'un effet salutaire.
Faites-luy grace aussi, Madame, & permettez
Que jusques au tombeau j'adore vos bontez.
Ie sçay par quels motifs vous m'êtes si contraire,
Vostre amour maternel veut voir regner mon frere,
Et je contriburay moy-mesme à ce dessein,
Si vous pouvez souffrir qu'il soit Roy de ma main.
Ouy, l'Asie à mon bras offre encor des conquestes,
Et pour l'en couronner mes mains sont toutes prestes,
Commandez seulement, choisissez en quels lieux,
Et j'en apporteray la Couronne à vos yeux.
ARS. Seigneur, faut-il si loin pousser vostre victoire,
Et qu'ayant en vos mains, & mes jours, & ma gloire,
La haute ambition d'un si puissant vainqueur
Veüille encor triompher jusque dedans mon cœur ?
Contre tant de vertu je ne puis le défendre,
Il est impatient luy-mesme de se rendre.

Qqq ij

Ioignez cette conqueste à trois Sceptres conquis,
Et je croiray gagner en vous un second fils.
PRV. Ie me rens donc aussi, Madame, & je veux croire
Qu'avoir un fils si grand est ma plus grande gloire.
Mais parmy les douceurs qu'enfin nous recevons,
Faites nous sçavoir, Prince, à qui nous vous devons.
NIC. L'autheur d'un si grand coup m'a caché son visage,
Mais il m'a demandé mon diamant pour gage,
Et me le doit icy rapporter dès demain.
ATT. Le voulez-vous, Seigneur, reprendre de ma main?
NIC. Ah, laissez-moy toûjours à cette digne marque
Reconnoistre en mon sang un vray sang de Monarque.
Ce n'est plus des Romains l'esclave ambitieux,
C'est le liberateur d'un sang si precieux:
Mon frere, avec mes fers vous en brisez bien d'autres,
Ceux du Roy, de la Reine, & les siens, & les vostres
Mais pourquoy vous cacher en sauvant tout l'Etat?
ATT. Pour voir vostre vertu dans son plus haut éclat,
Pour la voir seule agir contre nostre injustice,
Sans la préoccuper par ce foible service,
Et me vanger enfin, ou sur vous, ou sur moy,
Si j'eusse mal jugé de tout ce que je voy.
Mais, Madame... *ARS.* Il suffit, voilà le stratagême
Que vous m'aviez promis pour moy contre moy-mesme,
ᵃ Et j'ay l'esprit, Seigneur, d'autant plus satisfait,
Que mon sang rompt le cours du mal que j'avois fait.
*NIC.*ᵇ Seigneur, à découvert, toute ame genereuse
D'avoir vostre amitié doit se tenir heureuse.
Mais nous n'en voulons plus avec ces dures loix
Qu'elle jette toûjours sur la teste des Rois,
Nous vous la demandons hors de la servitude,
Ou le nom d'ennemy nous semblera moins rude.
*FLA.*ᶜ C'est dequoy le Senat pourra deliberer;
Mais cependant pour luy j'ose vous assurer,
Prince, qu'à ce defaut vous aurez son estime
Telle que doit l'attendre un cœur si magnanime,
Et qu'il croira se faire un illustre ennemy,
S'il ne vous reçoit pas pour genereux amy.
PRV. Nous autres réunis sous de meilleurs auspices,
Préparons à demain de justes sacrifices,
Et demandons aux Dieux, nos dignes Souverains,
Pour comble de bonheur l'amitié des Romains.

F I N.

ᵃ *A Nicomede.*
ᵇ *A Flaminius.*
ᶜ *A Nicomede.*

PERTHARITE
ROY
DES
LOMBARDS.
TRAGEDIE.

ACTEVRS.

PERTHARITE, Roy des Lombards.

GRIMOALD, Comte de Benevent, ayant conquis le Royaume des Lombards fur Pertharite.

GARIBALDE, Duc de Thurin.

VNVLPHE, Seigneur Lombard.

RODELINDE, Femme de Pertharite.

EDVIGE, Sœur de Pertharite.

SOLDATS.

La Scene eſt à Milan.

PERTHARITE,
TRAGEDIE

ACTE I.

SCENE PREMIERE.

RODELINDE, VNVLPHE.

ROD. VY, l'honneur qu'il me rend ne fait
que m'outrager,
Ie vous le dis encor, rien ne peut me
changer;
Ses conquestes pour moy sont des objets
de haine,
L'hommage qu'il m'en fait renouvelle
ma peine,
Et comme son amour redouble mon tourment,
Si je le hay vainqueur, je le déteste amant.
Voilà quelle je suis, & quelle je dois estre,
Et ce que vous direz au Comte vostre maistre.
VNV. Dites, au Roy, Madame. *ROD.* Ah, je ne pense pas
Que de moy Grimoald exige un cœur si bas;
S'il m'aime, il doit aimer cette digne arrogance
Qui brave ma fortune, & remplit ma naissance.
Si d'un Roy malheureux & la fuite & la mort
L'asseurent dans son Trosne à titre du plus fort,

Ce n'est point à sa vefve à traiter de Monarque
Vn Prince qui ne l'est qu'à cette triste marque,
Qu'il ne se flate point d'un espoir decevant,
Il est toûjours pour moy Comte de Benevent,
Toûjours l'usurpateur du Sceptre de nos peres,
Et toûjours, en un mot, l'autheur de mes miseres.
VNV. C'est ne connoistre pas la source de vos maux,
Que de les imputer à ses nobles travaux :
Laissez à sa vertu le prix qu'elle merite,
Et n'en accusez plus que vostre Pertharite,
Son ambition seule... *ROD.* Vnulphe, oubliez-vous
Que vous parlez à moy, qu'il étoit mon époux?
VNV. Non, mais vous oubliez que bien que la naissance
Donnast à son aisné la supréme puissance,
Il osa toutefois partager avec luy
Vn Sceptre dont son bras devoit estre l'appuy,
Qu'on vit alors deux Rois en vostre Lombardie,
Pertharite à Milan, Gundebert à Pavie,
Dont ce dernier piqué par un tel attentat
Voulut entre ses mains reünir son Etat,
Et ne pût voir long-temps en celles de son frere...
ROD. Dites qu'il fut rebelle aux ordres de son pere,
Le Roy qui connoissoit ce qu'ils valoient tous deux
Mourant entre leurs bras fit ce partage entre eux.
Il vit en Pertharite une ame trop Royale,
Pour ne luy pas laisser une fortune égale,
Et vit en Gundebert un cœur assez abjet
Pour ne meriter pas son frere pour Sujet.
Ce n'est pas attenter aux droits d'une Couronne
Qu'en conserver la part qu'un pere nous en donne,
De son dernier vouloir c'est se faire des loix,
Honorer sa memoire, & défendre son choix.
VNV. Puisque vous le voulez, j'excuse son courage;
Mais condamnez du moins l'autheur de ce partage,
Dont l'amour indiscret pour des fils genereux,
Les faisant tous deux Rois, les a perdus tous deux.
Ce mauvais Politique avoit dû reconnoistre
Que le plus grand Etat ne peut souffrir qu'un maistre,
Que les Rois n'ont qu'un Trosne, & qu'une Majesté,
Que leurs enfans entr'eux n'ont point d'égalité,
Et qu'enfin la naissance a son ordre infaillible
Qui fait de leur Couronne un point indivisible.

ROD. Et

ROD. Et toutefois le Ciel par les évenemens
Fit voir qu'il approuvoit ses justes sentimens.
   Du jaloux Gundebert l'ambitieuse haine
Fondant sur Pertharite, y trouva tost sa peine,
Vne bataille entr'eux vuidoit leur different,
Il en sortit défait, il en sortit mourant,
Son trépas nous laissoit toute la Lombardie,
Dont il nous envioit une foible partie,
Et j'ay versé des pleurs qui n'auroient pas coulé,
Si vostre Grimoald ne s'en fust point meslé.
Il luy promit vangeance, & sa main plus vaillante
Rendit après sa mort sa haine triomphante :
Quand nous croyions le Sceptre en la nostre affermy,
Nous changeasmes de sort en changeant d'ennemy,
Et le voyant regner où regnoient les deux freres,
Iugez à qui je puis imputer nos miseres.
VNV. Excusez un amour que vos yeux ont éteint,
Son cœur pour Edüige en étoit lors atteint,
Et pour gagner la sœur à ses desirs trop chere,
Il fallut épouser les passions du frere.
Il arma ses Sujets, plus pour la conquerir,
Qu'à dessein de vous nuire, ou de le secoürir.
   Alors qu'il arriva Gundebert rendoit l'ame,
Et sçeut en ce moment abuser de sa flame.
Bien, dit-il, *que je touche à la fin de mes jours,*
Vous n'avez pas en vain amené du secours,
Ma mort vous va laisser ma sœur, & ma querelle,
Si vous l'osez aimer, vous combatrez pour elle.
Il la proclame Reine, & sans retardement
Les Chefs & les Soldats ayant prêté serment,
Il en prend d'elle un autre, & de mon Prince mesme.
Pour montrer à tous deux à quel point je vous aime,
Ie vous donne, dit-il, *Grimoald pour époux,*
Mais à condition qu'il soit digne de vous,
Et vous ne croirez point, ma sœur, qu'il vous merite,
Qu'il n'ait vangé ma mort, & détruit Pertharite,
Qu'il n'ait conquis Milan, qu'il n'y donne la loy,
A la main d'une Reine il faut celle d'un Roy.
   Voilà ce qu'il voulut, voilà ce qu'ils jurerent,
Voilà sur quoy tous deux contre vous s'animerent,
Non que souvent mon Prince impatient amant,
N'ait voulu prévenir l'effet de son serment.

Mais contre son amour la Princesse obstinée
A toûjours opposé la parole donnée,
Si bien que ne voyant autre espoir de guerir,
Il a fallu sans cesse, & vaincre, & conquerir.
 Enfin aprés deux ans Milan par sa conqueste
Luy donnoit Edüige en couronnant sa teste,
Si ce mesme Milan dont elle étoit le prix
N'eust fait perdre à ses yeux ce qu'ils avoient conquis.
Avec un autre fort il prit un cœur tout autre,
Vous fustes sa captive, & le fistes le vostre,
Et la Princesse alors par un bizarre effet
Pour l'avoir voulu Roy le perdit tout à fait.
Nous le vismes quitter ses premieres pensées,
N'avoir plus pour l'Hymen ces ardeurs empressées,
Eviter Edüige, à peine luy parler,
Et sous divers pretexte à son tour reculer.
Ce n'est pas que long-temps il n'ait tasché d'éteindre
Vn feu dont vos vertus avoient lieu de se plaindre,
Et tant que dans sa fuite a vécu vostre époux,
N'étant plus à sa sœur, il n'osoit estre à vous:
Mais si-tost que sa mort eut rendu legitime
Cette ardeur qui n'étoit jusque là qu'un doux crime....

SCENE II.

RODELINDE, EDVIGE, VNVLPHE.

EDV. Madame, si j'étois d'un naturel jaloux
Ie m'inquieterois de le voir avec vous,
Ie m'imaginerois ce qui pourroit bien estre,
Que ce fidelle Agent vous parle pour son maistre:
Mais comme mon esprit n'est pas si peu discret,
Qu'il vous veüille envier la douceur du secret,
De cette opinion j'aime mieux me défendre,
Pour mettre en vostre choix celle que je doy prendre,
La regler par vostre ordre, & croire avec respect
Tout ce qu'il vous plaira d'un entretien suspect.
ROD. Le secret n'est pas grand qu'aisément on devine,
Et l'on peut croire alors tout ce qu'on s'imagine.

TRAGEDIE.

Ouy, Madame, son maistre a de fort mauvais yeux,
Et s'il m'en pouvoit croire, il en useroit mieux.
EDV. Il a beau s'éblouïr alors qu'il vous regarde,
Il vous échapera si vous n'y prenez garde.
Il luy faut obeïr tout amoureux qu'il est,
Et vouloir ce qu'il veut, quand, & comme il luy plaist.
ROD. Avez-vous reconnu par vostre experience
Qu'il faille déferer à son impatience?
EDV. Vous ne sçavez que trop ce que c'est que sa foy.
ROD. Autre est celle d'un Comte, autre celle d'un Roy,
Et comme un nouveau rang forme une ame nouvelle,
D'un Comte déloyal il fait un Roy fidelle.
EDV. Mais quelquefois, Madame, avec facilité
On croit des maris morts qui sont pleins de santé,
Et lors qu'on se prépare aux seconds Hymenées
On voit par leur retour des vefves étonnées.
ROD. Qu'avez-vous veu, Madame, ou que vous a-t'on dit?
EDV. Ce mot un peu trop tost vous alarme l'esprit:
Ie ne vous parle pas de vostre Pertharite,
Mais il se pourra faire enfin qu'il ressuscite,
Qu'il rende à vos desirs leur juste possesseur,
Et c'est dont je vous donne avis en bonne sœur.
ROD. N'abusez point d'un nom que vostre orgueil rejette,
Si vous étiez ma sœur, vous seriez ma Sujette,
Mais un Sçeptre vaut mieux que les titres du sang,
Et la Nature cede à la splendeur du rang.
EDV. La Nouvelle vous fasche, & du moins importune
L'espoir déja formé d'une bonne fortune.
Consolez-vous, Madame, il peut n'en estre rien,
Et souvent on nous dit ce qu'on ne sçait pas bien.
ROD. Il sçait mal ce qu'il dit, quiconque vous fait croire
Qu'aux feux de Grimoald je trouve quelque gloire.
Il est vaillant, il régne, & comme il faut régner,
Mais toutes ses vertus me le font dédaigner.
Ie hay dans sa valeur l'effort qui le couronne,
Ie hay dans sa bonté les cœurs qu'elle luy donne,
Ie hay dans sa prudence un grand Peuple charmé,
Ie hay dans sa justice un Tyran trop aimé,
Ie hay ce grand secret d'asseurer sa conqueste,
D'attacher fortement ma couronne à sa teste,
Et le hay d'autant plus, que je voy moins de jour
A détruire un vainqueur qui regne avec amour.

EDV. Cette haine qu'en vous sa vertu mesme excite
 Est fort ingenieuse à voir tout son merite,
 Et qui nous parle ainsi d'un objet odieux,
 En diroit bien du mal, s'il plaisoit à ses yeux.
ROD. Qui hait brutalement permet tout à sa haine,
 Il s'emporte, il se jette où sa fureur l'entraisne,
 Il ne veut avoir d'yeux que pour ses faux portraits;
 Mais qui hait par devoir ne s'aveugle jamais.
 C'est sa raison qui hait, qui toûjours equitable
 Voit en l'objet haï ce qu'il a d'estimable,
 Et verroit en l'aimé ce qu'il y faut blasmer,
 Si ce mesme devoir luy commandoit d'aimer.
EDV. Vous en sçavez beaucoup. *ROD.* Ie sçay comme il faut vivre.
EDV. Vous êtes donc, Madame, un grand exemple à suivre.
ROD. Pour vivre l'ame saine on n'a qu'à m'imiter.
EDV. Et qui veut vivre aimé n'a qu'à vous en conter?
ROD. I'aime en vous un soupçon qui vous sert de supplice,
 S'il me fait quelque outrage, il m'en fait bien justice.
EDV. Quoy, vous refuseriez Grimoald pour époux?
ROD. Si je veux l'accepter, m'en empescherez-vous?
 Ce qui jusqu'à present vous donne tant d'alarmes
 Si-tost qu'il me plaira, vous coûtera des larmes,
 Et quelque grand pouvoir que vous preniez sur moy,
 Ie n'ay qu'à dire un mot pour vous faire la loy.
 N'aspirez point, Madame, où je voudray pretendre,
 Tout son cœur est à moy si je daigne le prendre;
 Consolez-vous pourtant, il m'en fait l'offre en vain,
 Ie veux bien sa couronne, & ne veux point sa main.
 Faites, si vous pouvez, revivre Pertharite,
 Pour l'opposer aux feux dont vostre amour s'irrite,
 Produisez un fantosme, ou semez un faux bruit,
 Pour remettre en vos fers un Prince qui vous fuit;
 I'aideray vostre feinte, & feray mon possible
 Pour tromper avec vous ce Monarque invincible,
 Pour renvoyer chez vous les vœux qu'on vient m'offrir,
 Et n'avoir plus chez moy d'importuns à souffrir.
EDV. Qui croit déja ce bruit un tour de mon adresse,
 De son effet sans doute auroit peu d'allegresse,
 Et loin d'aider la feinte avec sincerité,
 Pourroit fermer les yeux mesme à la verité.
ROD. Aprés m'avoir fait perdre époux & Diadesme,
 C'est trop que d'attenter jusqu'à ma gloire mesme,

TRAGEDIE.

Qu'ajouster l'infamie à de si rudes coups,
Connoissez-moy, Madame, & desabusez-vous.
 Ie ne vous cele point qu'ayant l'ame Royale
L'amour du Sceptre encor me fait vostre rivale,
Et que je ne puis voir d'un cœur lasche & soûmis
La sœur de mon époux desheriter mon fils:
Mais que dans mes malheurs jamais je me dispose
A les vouloir finir m'unissant à leur cause,
A remonter au Trosne où vont tous mes desirs
En épousant l'autheur de tous mes déplaisirs!
Non, non, vous présumez en vain que je m'apreste
A faire de ma main sa derniere conqueste;
Vnulphe peut vous dire en fidelle témoin
Combien à me gagner il perd d'art, & de soin.
Si malgré la parole & donnée & receuë
Il cessa d'estre à vous au moment qu'il m'eut veuë,
Aux cendres d'un mary tous mes feux reservez
Luy rendent les mépris que vous en recevez.

SCENE III.

GRIMOALD, RODELINDE, EDVIGE, GARIBALDE, VNVLPHE.

ROD. APproche, Grimoald, & dis à ta jalouse,
 A qui du moins ta foy doit le titre d'épouse,
Si depuis que pour moy je t'ay veu soûpirer
Iamais d'un seul coup d'œil je t'ay fait esperer.
Ou si tu veux laisser pour éternelle gesne
A cette ambitieuse une frayeur si vaine,
Dy-moy de mon époux le déplorable sort;
Il vit, il vit encor, si j'en croy son rapport.
De ses derniers honneurs les magnifiques pompes
Ne sont qu'illusions avec quoy tu me trompes,
Et ce riche tombeau que luy fait son vainqueur.
N'est qu'un appas superbe à surprendre mon cœur.
GRI. Madame, vous sçavez ce qu'on m'est venu dire,
Qu'allant de ville en ville, & d'Empire en Empire
Contre Edüige & moy mandier du secours,
Auprés du Roy des Huns il a finy ses jours:

Rrr iij

Et si depuis sa mort j'ay tasché de vous rendre...
ROD. Qu'elle soit vraye, ou non, tu n'en dois rien attendre,
Ie dois à sa memoire, à moy-mesme, à son fils,
Ce que je dûs aux nœuds qui nous avoient unis.
Ce n'est qu'à le vanger que tout mon cœur s'applique,
Et puisqu'il faut enfin que tout ce cœur s'explique,
Si je puis une fois échaper de tes mains,
I'iray porter par tout de si justes desseins,
I'iray dessus ses pas aux deux bouts de la Terre
Chercher des ennemis à te faire la guerre :
Ou s'il me faut languir prisonniere en ces lieux,
Mes vœux demanderont cette vangeance aux Cieux,
Et ne cesseront point jusqu'à ce que leur foudre
Sur mon Trosne usurpé brise ta teste en poudre.
Madame, vous voyez avec quels sentimens
Ie mets ce grand obstacle à vos contentemens.
Adieu, si vous pouvez, conservez ma Couronne,
Et regagnez un cœur que je vous abandonne.

SCENE IV.

GRIMOALD, EDVIGE, GARIBALDE, VNVLPHE.

GRI. QV'avez-vous dit, Madame, & que supposez-vous
Pour la faire douter du sort de son époux ?
Depuis quand, & de qui sçavez-vous qu'il respire ?
EDV. Ce confident si cher pourra vous le redire.
GRI. M'auriez-vous accusé d'avoir feint son trépas ?
EDV. Ne vous alarmez point, elle ne m'en croit pas,
Son destin est plus doux vefve, que mariée,
Et de croire sa mort vous l'avez trop priée.
GRI. Mais enfin ? EDV. Mais enfin chacun sçait ce qu'il sçait,
Et quand il sera temps nous en verrons l'effet.
Epouse-la, parjure, & fais-en une infame.
Qui ravit un Etat peut ravir une femme,
L'adultere & le rapt sont du droit des Tyrans.
GRI. Vous me donniez jadis des titres differens.
Quand pour vous acquerir je gagnois des batailles,
Que mon bras de Milan foudroyoit les murailles,

TRAGEDIE.

Que je femois par tout la terreur, & l'effroy,
J'étois un grand Heros, j'étois un digne Roy.
Mais depuis que je régne en Prince magnanime,
Qui cherit la vertu, qui fçait punir le crime,
Que le Peuple fous moy voit fes deftins meilleurs;
Ie ne fuis qu'un Tyran parce que j'aime ailleurs.
Ce n'eft plus la valeur, ce n'eft plus la naiffance
Qui donne quelque droit à la toute-puiffance,
C'eft voftre amour luy feul, qui fait des Conquerans,
Suivant qu'ils font à vous, des Rois, ou des Tyrans.
Si ce titre odieux s'acquiert à vous déplaire,
Ie n'ay qu'à vous aimer fi je veux m'en défaire,
Et ce mefme moment de lafche ufurpateur
Me fera vray Monarque en vous rendant mon cœur.
EDV. Ne pretens plus au mien aprés ta perfidie;
J'ay mis entre tes mains toute la Lombardie,
Mais ne t'aveugle point dans ton nouveau foucy,
Ce n'eft que fous mon nom que tu régnes icy,
Et le Peuple bien-toft montrera par fa haine
Qu'il n'adoroit en toy que l'amant de fa Reine,
Qu'il ne respectoit qu'elle, & ne veut point d'un Roy
Qui commence par elle à violer fa foy.
GRI. Si vous étiez, Madame, au milieu de Pavie,
Dont vous fit Reine un frere en fortant de la vie,
Ce difcours, quoy que mefme un peu hors de faifon,
Pourroit avoir du moins quelque ombre de raifon.
Mais icy, dans Milan, dont j'ay fait ma conquefte,
Où ma feule valeur a couronné ma tefte,
Au milieu d'un Etat où tout le Peuple à moy
Ne fçauroit craindre en vous que l'amour de fon Roy,
La menace impuiffante eft de mauvaife grace,
Avec tant de foibleffe il faut la voix plus baffe;
J'y régne, & régneray malgré voftre couroux,
J'y fais à tous juftice, & commence par vous.
EDV. Par moy? GRI. Par vous, Madame. EDV. Aprés la foy receuë!
Aprés deux ans d'amour fi lafchement deceuë!
GRI. Dites aprés deux ans de haine, & de mépris,
Qui de toute ma flame ont été le feul prix.
EDV. Appelles-tu mépris une amitié fincere?
GRI. Vne amitié fidelle à la haine d'un frere,
Vn long orgueil armé d'un frivole ferment,
Pour s'oppofer fans ceffe au bonheur d'un amant.

Si vous m'aviez aimé, vous n'auriez pas eu honte
D'attacher voſtre ſort à la valeur d'un Comte;
Iuſqu'à ce qu'il fuſt Roy vous plaire à le geſner,
C'étoit vouloir vous vendre, & non pas vous donner.
Ie me ſuis donc fait Roy pour plaire à voſtre envie,
I'ay conquis voſtre cœur aux perils de ma vie,
Mais alors qu'il m'eſt dû, je ſuis en liberté
De vous laiſſer un bien que j'ay trop acheté,
Et voſtre ambition eſt juſtement punie,
Quand j'affranchis un Roy de voſtre Tyrannie.
Vn Roy doit pouvoir tout, & je ne ſuis pas Roy,
S'il ne m'eſt pas permis de diſpoſer de moy;
C'eſt quitter, c'eſt trahir les droits du Diadeſme
Que ſur le haut d'un Troſne eſtre eſclave moy-meſme,
Et dans ce meſme Troſne où vous m'avez voulu
Sur moy comme ſur tous je dois eſtre abſolu,
C'eſt le prix de mon ſang, ſouffrez que j'en diſpoſe,
Et n'accuſez que vous du mal que je vous cauſe.

EDV. Pour un grand conquerant que tu te défens mal,
Et quel étrange Roy tu fais de Grimoald!
Ne dy plus que ce rang veut que tu m'abandonnes,
Et que la trahiſon eſt un droit des Couronnes;
Mais ſi tu veux trahir, trouve du moins, ingrat,
De plus belles couleurs dans les raiſons d'Etat.
Dy qu'un uſurpateur doit amuſer la haine
Des Peuples mal domptez en épouſant leur Reine,
Leur faire préſumer qu'il veut rendre à ſon fils
Vn Sceptre ſur le pere injuſtement conquis,
Qu'il ne veut gouverner que durant ſon enfance,
Qu'il ne veut qu'en depoſt la ſupreſme puiſſance,
Qu'il ne veut autre titre en leur donnant la loy
Que d'époux de la Reine, & de tuteur du Roy.
Dy que ſans cet Hymen ta puiſſance t'échape,
Qu'un vieil amour des Rois la détruit, & la ſappe;
Dy qu'un Tyran qui regne en païs ennemy
N'y ſçauroit voir ſon Troſne autrement affermy.
De cette illuſion l'apparence plauſible
Rendroit ta laſcheté peut-eſtre moins viſible,
Et l'on pourroit donner à la neceſſité,
Ce qui n'eſt qu'un effet de ta legereté.

GRI. I'embraſſe un bon avis de quelque part qu'il vienne.
Vnulphe, allez trouver la Reine de la mienne,

                                                        Et taſchez

TRAGEDIE.

Et taschez par cette offre à vaincre sa rigueur.
   Madame, c'est à vous que je devray son cœur,
Et pour m'en revancher je prendray soin moy-mesme
De faire choix pour vous d'un mary qui vous aime,
Qui soit digne de vous, & puisse meriter
L'amour que malgré moy vous voulez me porter.
EDV. Traistre, je n'en veux point que ta mort ne me donne,
   Point qui n'ait par ton sang affermy ma Couronne.
GRI. Vous pourrez à ce prix en trouver aisément.
   Remettez la Princesse à son apartement,
Duc, & taschez à rompre un dessein sur ma vie,
Qui me feroit trembler si j'étois à Pavie.
EDV. Crains-moy, crains-moy par tout, & Pavie, & Milan,
   Tout lieu, tout bras est propre à punir un Tyran,
Et tu n'as point de Forts où vivre en asseurance,
Si de ton sang versé je suis la recompense.
GRI. Dissimulez du moins ce violent couroux,
   Ie deviendrois Tyran, mais ce seroit pour vous.
EDV. Va, je n'ay point le cœur assez lasche pour feindre.
GRI. Allez donc, & craignez, si vous me faites craindre.

Tome II.   Sss

ACTE II.

SCENE PREMIERE.

EDVIGE, GARIBALDE.

EDV. E l'ay dit à mon traiftre, & je vous le redis,
Ie me doy cette joye aprés de tels mépris,
Et mes ardens fouhaits de voir punir fon change
Affeurent ma conquefte à quiconque me vange.
Suivez le mouuement d'un fi juste couroux,
Et fans perdre de vœux obtenez-moy de vous.
Pour gagner mon amour il faut fervir ma haine,
A ce prix eft le Sceptre, à ce prix une Reine,
Et Grimoald puny rendra digne de moy
Quiconque ofe m'aimer, ou fe veut faire Roy.
GAR. Mettre à ce prix vos feux, & voftre Diadefme,
C'eft ne connoiftre pas voftre haine, & vous-mefme,
Et qui fous cet espoir voudroit vous obeïr
Chercheroit les moyens de fe faire haïr.
Grimoald inconstant n'a plus pour vous de charmes,
Mais Grimoald puny vous coûteroit des larmes.
A cet objet fanglant l'effort de la pitié
Reprendroit tous les droits d'une vieille amitié,
Et fon crime en fon fang éteint avec fa vie
Pafferoit en teluy qui vous auroit fervie.
Quels que foient fes mépris, peignez-vous bien fa mort,
Madame, & voftre cœur n'en fera pas d'accord.
Quoy qu'un amant volage excite de colere,
Son change eft odieux, mais fa perfonne eft chere,
Et ce qu'a joint l'amour a beau fe defunir,
Pour le rejoindre mieux il ne faut qu'un foûpir.
Ainfi n'esperez pas que jamais on s'affeure
Sur les boüillans transports qu'arrache fon parjure.
Si le reffentiment de fa legereté
Aspire à la vangeance avec fincerité,

En quelques dignes mains qu'il veüille la remettre,
Il vous faut vous donner, & non pas vous promettre,
Attacher voftre fort avec le nom d'époux
A la valeur du bras qui s'armera pour vous.
Tant qu'on verra ce prix en quelque incertitude,
L'oferoit-on punir de fon ingratitude?
Voftre haine tremblante eft un mauvais appuy
A quiconque pour vous entreprendroit fur luy,
Et quelque doux espoir qu'offre cette colere,
Vne plus forte haine en feroit le falaire.
Donnez-vous donc, Madame, & faites qu'un vangeur
N'ait plus à redouter le defaveu du cœur.
EDV. Que vous m'étes cruel en faveur d'un infame,
De vouloir malgré moy lire au fond de mon ame,
Où mon amour trahy que j'éteins à regret,
Luy fait contre ma haine un partifan fecret?
Quelques juftes Arrefts que ma bouche prononce,
Ce font de vains efforts, où tout mon cœur renonce,
Ce lafche malgré moy l'ofe encor proteger,
Et veut mourir du coup qui m'en pourroit vanger.
Vangez-moy toutefois, mais d'une autre maniere,
Pour conferver mes jours laiffez-luy la lumiere,
Quelque mort que je doive à fon manque de foy,
Oftez-luy Rodelinde, & c'eft affez pour moy,
Faites qu'elle aime ailleurs, & puniffez fon crime
Par ce defespoir mefme où fon change m'abyfme.
Faites plus, s'il eft vray que je puis tout fur vous,
Ramenez cet ingrat tremblant à mes genoux,
Le repentir au cœur, les pleurs fur le vifage
De tant de lafchetez me faire un plein hommage,
Implorer le pardon qu'il ne merite pas,
Et remettre en mes mains fa vie, & fon trépas.
GAR. Ajouftez-y, Madame, encor qu'à vos yeux mefme
Cette odieufe main perce un cœur qui vous aime,
Et que l'amant fidelle au volage immolé
Expie au lieu de luy ce qu'il a violé.
L'ordre en fera moins rude, & moindre le fupplice,
Que celuy qu'à mes feux prefcrit voftre injuftice,
Et le trépas en foy n'a rien de rigoureux
A l'égal de vous rendre un rival plus heureux.
EDV. Duc, vous vous alarmez faute de me connoiftre,
Mon cœur n'eft pas fi bas qu'il puiffe aimer un traiftre.

Sff ij

Ie veux qu'il se repente, & se repente en vain,
Rendre haine pour haine, & dédain pour dédain.
Ie veux qu'en vain son ame esclave de la mienne
Me demande sa grace, & jamais ne l'obtienne,
Qu'il soûpire sans fruit, & pour le punir mieux,
Ie veux mesme à mon tour vous aimer à ses yeux.
GAR. Le pourrez-vous, Madame, & sçavez-vous vos forces?
Sçavez-vous de l'amour quelles sont les amorces?
Sçavez-vous ce qu'il peut, & qu'un visage aimé
Est toûjours trop aimable à ce qu'il a charmé?
Si vous ne m'abusez, vostre cœur vous abuse;
L'inconstance jamais n'a de mauvaise excuse,
Et comme l'amour seul fait le ressentiment,
Le moindre repentir obtient grace à l'amant.
EDV. Quoy qu'il puisse arriver, donnez-vous cette gloire
D'avoir sur cet ingrat retably ma victoire,
Sans songer qu'à me plaire executez mes loix,
Et pour l'évenement laissez tout à mon choix.
Souffrez qu'en liberté je l'aime, ou le neglige,
L'amant est trop payé quand son service oblige,
Et quiconque en aimant aspire à d'autres prix
N'a qu'un amour servile, & digne de mépris.
Le veritable amour jamais n'est mercenaire,
Il n'est jamais soüillé de l'espoir du salaire,
Il ne veut que servir, & n'a point d'interest
Qu'il n'immole à celuy de l'objet qui luy plaist.
    Voyez donc Grimoald, taschez à le reduire,
Faites-moy triompher au hazard de vous nuire,
Et si je prens pour luy des sentimens plus doux,
Vous m'aurez faite heureuse, & c'est assez pour vous.
Ie verray par l'effort de vostre obeïssance
Où doit aller celuy de ma reconnoissance.
Cependant, s'il est vray que j'ay pû vous charmer,
Aimez-moy plus que vous, ou cessez de m'aimer.
C'est par là seulement qu'on merite Edüige,
Ie veux bien qu'on espere, & non pas qu'on exige,
Ie ne veux rien devoir, mais lors qu'on me sert bien,
On peut attendre tout de qui ne promet rien.

TRAGEDIE.

SCENE II

GARIBALDE.

QVelle confusion, & quelle tyrannie
M'ordonne d'esperer ce qu'elle me dénie,
Et de quelle façon est-ce écouter des vœux
Qu'obliger un amant à travailler contre eux?
Simple, ne pretens pas sur cet espoir frivole
Que je tasche à te rendre un cœur que je te vole,
Ie t'aime, mais enfin je m'aime plus que toy.
C'est moy seul qui le porte à ce manque de foy,
Auprés d'un autre objet c'est moy seul qui l'engage,
Ie ne détruiray pas moy-mesme mon ouvrage.
Il m'a choisi pour toy, de peur qu'un autre époux
Avec trop de chaleur n'embrasse ton couroux;
Mais luy-mesme il se trompe en l'amant qu'il te donne.
Ie t'aime, & puissamment, mais moins que la Couronne,
Et mon ambition qui tasche à te gagner
Ne cherche en ton Hymen que le droit de regner.
De tes ressentimens s'il faut que je l'obtienne,
Ie sçauray joindre encor cent haines à la tienne,
L'ériger en Tyran par mes propres conseils,
De sa perte par luy dresser les appareils,
Mesler si bien l'adresse avec un peu d'audace,
Qu'il ne faille qu'oser pour me mettre en sa place,
Et comme en t'épousant j'en auray droit de toy,
Ie t'épouseray lors, mais pour me faire Roy.
Mais voicy Grimoald.

SCENE III.

GRIMOALD, GARIBALDE.

GRI. Et bien, quelle esperance,
Duc, & qu'obtiendrons-nous de ta perseverance?
GAR. Ne me commandez plus, Seigneur, de l'adorer,
Ou ne luy laissez plus aucun lieu d'esperer.
GRI. Quoy! de tout mon pouvoir je l'avois irritée,
Pour faire que ta flame en fust mieux écoutée,
Qu'un dépit redoublé la pressant contre moy
La rendist plus facile à recevoir ta foy,
Et fist tomber ainsi par ses ardeurs nouvelles
Le dépost de sa haine en des mains si fidelles!
Cependant son espoir à mon Trosne attaché
Par aucun de nos soins n'en peut estre arraché!
Mais as-tu bien promis ma teste à sa vangeance?
Ne l'as-tu point offerte avecque negligence,
Avec quelque froideur, qui l'ait fait soupçonner
Que tu la promettois sans la vouloir donner?
GAR. Ie n'ay rien oublié de ce qui peut seduire
Vn vray ressentiment qui voudroit vous détruire;
Mais son feu mal éteint ne se peut déguiser,
Son plus ardent couroux brusle de s'appaiser,
Et je n'obtiendray point, Seigneur, qu'elle m'écoute,
Iusqu'à ce qu'elle ait veu vostre Hymen hors de doute,
Et que de Rodelinde étant l'illustre époux
Vous chassiez de son cœur tout espoir d'estre à vous.
GRI. Helas! je mets en vain toute chose en usage,
Ny prieres, ny vœux n'ébranlent son courage.
Malgré tous mes respects je voy de jour en jour
Croistre sa resistance autant que mon amour,
Et si l'offre d'Vnulphe à present ne la touche,
Si l'interest d'un fils ne la rend moins farouche,
Desormais je renonce à l'espoir d'amollir
Vn cœur que tant d'efforts ne font qu'énorgueillir.
GAR. Non non, Seigneur, il faut que cet orgueil vous cede,
Mais un mal violent veut un pareil remede.
Montrez-vous tout ensemble amant, & Souverain,
Et sçachez commander, si vous priez en vain.

TRAGEDIE.

Que fert ce grand pouvoir qui fuit le Diadefme,
Si l'amant couronné n'en ufe pour foy-mefme?
Vn Roy n'eſt pas moins Roy pour fe laiſſer charmer,
Et doit faire obeïr qui ne veut pas aimer.
GRI. Porte, porte aux Tyrans tes damnables maximes,
Ie hay l'Art de regner qui fe permet des crimes.
De quel front donnerois-je un exemple aujourd'huy,
Que mes loix dès demain puniroient en autruy?
Le pouvoir abſolu n'a rien de redoutable
Dont à fa conſcience un Roy ne foit contable,
L'amour l'excuſe mal s'il régne injuſtement,
Et l'amant couronné doit n'agir qu'en amant.
GAR. Si vous n'oſez forcer, du moins, faites-vous craindre,
Daignez pour eſtre heureux un moment vous contraindre,
Et ſi l'offre d'Vnulphe en reçoit des mépris,
Menacez hautement de la mort de ſon fils.
GRI. Que par ces laſchetez j'oſe me ſatisfaire!
GAR. Si vous n'oſez parler, du moins laiſſez-nous faire:
Nous ſçaurons vous ſervir, Seigneur, & malgré vous.
Prêtez-nous ſeulement un moment de courroux,
Et permettez aprés qu'on l'explique, & qu'on feigne
Ce que vous n'oſez dire, & qu'il faut qu'elle craigne.
Vous defavouërez tout. Aprés de tels projets
Les Rois impunément dédiſent leurs Sujets.
GRI. Sçachons ce qu'il a fait avant que de reſoudre
Si je dois en tes mains laiſſer gronder ce foudre.

SCENE IV.

GRIMOALD, GARIBALDE, VNVLPHE.

GRI. Qve faut-il faire, Vnulphe? eſt-il temps de mourir,
N'as-tu veu pour ton Roy nul eſpoir de guerir?
VNV. Rodelinde, Seigneur, enfin plus raiſonnable
Semble avoir dépoüillé cet orgueil indomptable,
Elle a receu voſtre offre avec tant de douceur...
GRI. Mais l'a-t'elle acceptée? as-tu touché ſon cœur?
A-t'elle montré joye? en paroit-elle émeuë?
Peut-elle s'abaiſſer juſqu'à ſouffrir ma veuë?

Qu'a-t'elle dit enfin? *VNV.* Beaucoup, fans dire rien.
Elle a paifiblement fouffert mon entretien,
Son ame à mes discours furprife, mais tranquille...
GRI. Ah, c'eſt m'aſſaſſiner d'un discours inutile,
Ie ne veux rien ſçavoir de ſa tranquillité,
Dy ſeulement un mot de ſa facilité.
Quand veut-elle à ſon fils donner mon Diadeſme?
VNV. Elle en veut apporter la réponſe elle-meſme.
GRI. Quoy, tu n'as ſçeu pour moy plus avant l'engager?
VNV. Seigneur, c'eſt aſſez dire à qui veut bien juger,
Vous n'en ſçauriez avoir une preuve plus claire.
Qui demande à vous voir ne veut pas vous déplaire,
Ses refus ſe ſeroient expliquez avec moy,
Sans chercher la preſence, & le couroux d'un Roy.
GRI. Mais touchant cet époux qu'Edüige r'anime...
VNV. De ce discours en l'air elle fait peu d'eſtime,
L'artifice eſt ſi lourd qu'il ne peut l'émouvoir,
Et d'une main ſuſpecte il n'a point de pouvoir.
GAR. Edüige elle-meſme eſt mal perſuadée
D'un retour dont elle aime à vous donner l'idée,
Et ce n'eſt qu'un faux jour qu'elle a voulu jetter,
Pour luy troubler la veuë, & vous inquieter.
Mais déja Rodelinde apporte ſa réponſe.
GRI. Ah! j'entens mon Arreſt ſans qu'on me le prononce,
Ie vay mourir, Vnulphe, & ton zéle pour moy
T'abuſe le premier, & m'abuſe aprés toy.
VNV. Eſperez mieux, Seigneur. *GRI.* Tu le veux, & j'eſpere,
Mais que cette douceur va devenir amere,
Et que ce peu d'eſpoir où tu me viens forcer
Rendra rudes les coups dont on me va percer.

SCENE V.

GRIMOALD, RODELINDE, GARIBALDE, VNVLPHE.

GRI. MAdame, il eſt donc vray que voſtre ame ſenſible
A la compaſſion s'eſt renduë acceſſible,
Qu'elle fait ſucceder dans ce cœur plus humain
La douceur à la haine, & l'eſtime au dédain,
Et que laiſſant agir une bonté cachée
A de ſi longs mépris elle s'eſt arrachée?

ROD. Ce

TRAGEDIE.

ROD. Ce cœur dont tu te plains de ta plainte est surpris,
Comte, je n'eus pour toy jamais aucun mépris,
Et ma haine elle-mesme auroit creu faire un crime,
De t'avoir desrobé ce qu'on te doit d'estime.
    Quand je voy ta conduite en mes propres Etats
Achever sur les cœurs l'ouvrage de ton bras,
Avec ces mesmes cœurs qu'un si grand Art te donne
Ie dis que la vertu régne dans ta personne,
Avec eux je te loüe, & je doute avec eux
Si sous leur vray Monarque ils seroient plus heureux,
Tant ces hautes vertus qui fondent ta puissance
Réparent ce qui manque à l'heur de ta naissance.
Mais quoy qu'on en ait veu d'admirable, & de grand,
Ce que m'en dit Vnulphe aujourd'huy me surprend.
    Vn vainqueur dans le Trosne, un conquerant qu'on aime,
Faisant justice à tous se la fait à soy-mesme!
Se croit usurpateur sur ce Trosne conquis!
Et ce qu'il oste au pere, il le veut rendre au fils!
Comte, c'est un effort à dissiper la gloire
Des noms les plus fameux dont se pare l'Histoire,
Et que le grand Auguste ayant osé tenter
N'osa prendre du cœur jusqu'à l'executer.
Ie viens donc y répondre, & de toute mon ame
Te rendre pour mon fils... *GRI.* Ah, c'en est trop, Madame,
Ne vous abaissez point à des remercîmens,
C'est moy qui vous doy tout, & si mes sentimens....
ROD. Souffre les miens, de grace, & permets que je mette
Cet effort sans exemple en sa gloire parfaite,
Et que ma propre main tasche d'en arracher
Tout ce meslange impur dont tu le veux tacher.
Car enfin cet effort est de telle nature,
Que la source en doit estre à nos yeux toute pure,
La vertu doit régner dans un si grand projet,
En estre seule cause, & l'honneur seul objet,
Et depuis qu'on le soüille, ou d'espoir de salaire,
Ou de chagrin d'amour, ou de soucy de plaire,
Il part indignement d'un courage abatu,
Où la passion régne, & non pas la vertu.
    Comte, penses-y bien, & pour m'avoir aimée,
N'imprime point de tache à tant de Renommée,
Ne croy que ta vertu, laisse-la seule agir,
Que cet illustre effort ne te donne à rougir.

Tome II.   Ttt

On publiroit de toy que les yeux d'une femme
Plus que ta propre gloire auroient touché ton ame,
On diroit qu'un Heros si grand, si renommé,
Ne seroit qu'un Tyran s'il n'avoit point aimé.
GRI. Donnez-moy cette honte, & je la tiens à gloire,
Faites de vos mépris ma derniere victoire,
Et souffrez qu'on impute à ce bras trop heureux
Que vostre seul amour l'a rendu genereux.
Souffrez que cet amour par un effort si juste
Ternisse le grand nom & les hauts faits d'Auguste,
Qu'il ait plus de pouuoir que ses vertus n'ont eu.
Qui n'adore que vous n'aime que la vertu,
Cet effort sans exemple est de telle nature,
Qu'il ne sçauroit partir d'une source plus pure,
Et la plus noble enfin des belles passions
Ne peut faire de tache aux grandes actions.
ROD. Comte, ce qu'elle jette à tes yeux de poussiere
Pour voir ce que tu fais les laisse sans lumiere.
A ces conditions rendre un Sceptre conquis,
C'est asservir la mere en couronnant le fils,
Et pour en bien parler, ce n'est pas tant le rendre,
Qu'au prix de mon honneur indignement le vendre.
Ta gloire en pourroit croistre, & tu le veux ainsi,
Mais l'éclat de la mienne en seroit obscurcy.
   Quel que soit ton amour, quel que soit ton merite,
La défaite & la mort de mon cher Pertharite
D'un sanglant caractere ébauchant tes hauts faits
Les peignent à mes yeux comme autant de forfaits,
Et ne pouvant les voir que d'un œil d'ennemie,
Ie n'y puis prendre part sans entiere infamie.
Ce sont des sentimens que je ne puis trahir,
Ie te dois estimer, mais je te doy haïr,
Ie dois agir en vefve autant qu'en magnanime,
Et porter cette haine aussi loin que l'estime.
GRI. Ah, forcez-vous, de grace, à des termes plus doux,
Pour des crimes qui seuls m'ont fait digne de vous,
Par eux seuls ma valeur en teste d'une Armée
A des plus grands Heros atteint la Renommée,
Par eux seuls j'ay vaincu, par eux seuls j'ay regné,
Par eux seuls ma justice à tant de cœurs gagné,
Par eux seuls j'ay paru digne du Diadesme,
Par eux seuls je vous voy, par eux seuls je vous aime,

TRAGEDIE.

Et par eux seuls enfin mon amour tout parfait
Ose faire pour vous ce qu'on n'a jamais fait.
ROD. Tu ne fais que pour toy, s'il t'en faut recompense;
Et je te dis encor que toute ta vaillance,
T'ayant fait vers moy seule à jamais criminel,
A mis entre nous deux un obstacle éternel.
    Garde donc ta conqueste, & me laisse ma gloire,
Respecte d'un époux, & l'Ombre, & la memoire,
Tu l'as chassé du Trosne, & non pas de mon cœur.
GRI. Vnulphe, c'est donc là toute cette douceur!
C'est là comme son ame enfin plus raisonnable
Semble avoir dépoüillé cet orgueil indomptable!
GAR. Seigneur, souvenez-vous qu'il est temps de parler.
GRI. Ouy, l'affront est trop grand pour le dissimuler,
Elle en sera punie, & puisqu'on me méprise,
Ie deviendray Tyran de qui me tyrannise,
Et ne souffriray plus qu'une indigne fierté
Se joüe impunément de mon trop de bonté.
ROD. Et bien, devien Tyran, renonce à ton estime,
Renonce au nom de juste, au nom de magnanime...
GRI. La vangeance est plus douce enfin que ces vains noms,
S'ils me font malheureux, à quoy me sont-ils bons?
Ie me feray justice en domptant qui me brave,
Qui ne veut point regner merite d'estre esclave.
Allez sans irriter plus long-temps mon couroux
Attendre ce qu'un maistre ordonnera de vous.
ROD. Qui ne craint point la mort, craint peu quoy qu'il ordonne.
GRI. Vous la craindrez peut-estre en quelqu'autre personne.
ROD. Quoy, tu voudrois... GRI. Allez, & ne me pressez point,
On vous pourra trop tost éclaircir sur ce point.
    [a] Voilà tous les efforts qu'enfin j'ay pû me faire;   [a] *Rodelinde rentre.*
Toute ingrate qu'elle est, je tremble à luy déplaire,
Et ce peu que j'ay fait suivy d'un desaveu
Gesne autant ma vertu, comme il trahit mon feu.
Acheve, Garibalde, Vnulphe est trop credule,
Il prend trop aisément un espoir ridicule,
Menace, puisqu'enfin c'est perdre temps qu'offrir.
Toy qui m'as trop flaté, vien m'aider à souffrir.

ACTE III

SCENE PREMIERE

GARIBALDE, RODELINDE.

GAR. Ce n'est plus seulement l'offre d'un Diadesme
Que vous fait pour un fils un Prince qui vous aime,
Et de qui le refus ne puisse estre imputé
Qu'à fermeté de haine, ou magnanimité :
Il y va de sa vie, & la juste colere
Où jettent cet amant les mépris de la mere,
Veut punir sur le sang de ce fils innocent
La dureté d'un cœur si peu reconnoissant.
C'est à vous d'y penser, tout le choix qu'on vous donne
C'est d'accepter pour luy la mort, ou la Couronne,
Son sort est en vos mains, aimer, ou dédaigner,
Le va faire perir, ou le faire régner.
ROD. S'il me faut faire un choix d'une telle importance,
On me donnera bien le loisir que j'y pense.
GAR. Pour en déliberer vous n'avez qu'un moment,
J'en ay l'ordre pressant & sans retardement.
Madame, il faut resoudre, & s'expliquer sur l'heure,
Vn mot est bien-tost dit, si vous voulez qu'il meure,
Prononcez-en l'Arrest, & j'en prendray la loy
Pour faire executer les volontez du Roy.
ROD. Vn mot est bien-tost dit, mais dans un tel martire
On n'a pas bien-tost veu quel mot c'est qu'il faut dire,
Et le choix qu'on m'ordonne est pour moy si fatal,
Qu'à mes yeux des deux parts le supplice est égal.
Puisqu'il faut obeir, fay-moy venir ton maistre.
GAR. Quel choix avez-vous fait ? ROD. Ie luy feray connoistre
Que si... GAR. C'est avec moy qu'il vous faut achever,
Il est las desormais de s'entendre braver,
Et si je ne luy porte une entiere asseurance
Que vos desirs enfin suivent son esperance,

TRAGEDIE.

Sa veuë est un honneur qui vous est défendu.
ROD. Que me dis-tu, perfide ? ay-je bien entendu ?
Tu crains donc qu'une femme à force de se plaindre
Ne sauve une vertu que tu tasches d'éteindre,
Ne remette un Heros au rang de ses pareils,
Dont tu veux l'arracher par tes lasches conseils ?
Ouy, je l'épouseray, ce trop aveugle maistre,
Tout cruel, tout Tyran que tu le forces d'estre :
Va, cours l'en asseurer, mais penses-y deux fois,
Crains moy, crains son amour, s'il accepte mon choix,
Ie puis beaucoup sur luy, j'y pourray davantage,
Et regneray peut-estre apres cet esclavage.
GAR. Vous regnerez, Madame, & je seray ravy
De mourir glorieux pour l'avoir bien servy.
ROD. Va, je luy feray voir que de pareils services
Sont dignes seulement des plus cruels supplices,
Et que de tous les maux dont les Rois sont autheurs
Ils s'en doivent vanger sur de tels serviteurs.
Tu peux en attendant luy donner cette joye,
Que pour gagner mon cœur il a trouvé la voye,
Que ton zéle insolent & ton mauvais destin
A son amour barbare en ouvrent le chemin,
Dy-luy puisqu'il le faut, qu'à l'Hymen je m'apreste,
Mais fuy-nous s'il s'acheve, & tremble pour ta teste.
GAR. Ie veux bien à ce prix vous donner un grand Roy.
ROD. Qu'à ce prix donc il vienne, & m'apporte sa foy.

SCENE II.

RODELINDE, EDVIGE.

EDV. VOstre felicité sera mal asseurée
Dessus un fondement de si peu de durée.
Vous avez toutefois de si puissans appas...
ROD. Ie sçay quelques secrets que vous ne sçavez pas,
Et si j'ay moins que vous d'attraits, & de merite,
I'ay des moyens plus seurs d'empescher qu'on me quitte.
EDV. Mon exemple.... ROD. Souffrez que je n'en craigne rien,
Et par vostre malheur ne jugez pas du mien.
Chacun à ses perils peut suivre sa fortune,
Et j'ay quelques soucis que l'exemple importune.

EDV. Ce n'est pas mon dessein de vous importuner.
ROD. Ce n'est pas mon dessein aussi de vous gesner,
   Mais vostre jalousie un peu trop inquiete
   Se donne malgré moy cette gesne secrette.
EDV. Ie ne suis point jalouse, & l'infidelité....
ROD. Et bien, soit jalousie, ou curiosité,
   Depuis quand sommes-nous en telle intelligence
   Que tout mon cœur vous doive entiere confidence?
EDV. Ie n'en pretens aucune, & c'est assez pour moy
   D'avoir bien entendu comme il accepte un Roy.
ROD. On n'entend pas toûjours ce qu'on croit bien entendre.
EDV. De vray dans un discours difficile à comprendre
   Ie ne devine point, & n'en ay pas l'esprit,
   Mais l'esprit n'a que faire où l'oreille suffit.
ROD. Il faudroit que l'oreille entendist la pensée.
EDV. I'entens assez la vostre, on vous aura forcée,
   On vous aura fait peur, ou de la mort d'un fils,
   Ou de ce qu'un Tyran se croit estre permis,
   Et l'on fera courir quelque mauvaise excuse,
   Dont la Cour s'éblouïsse, & le Peuple s'abuse.
   Mais cependant ce cœur que vous m'abandonniez...
ROD. Il n'est pas temps encor que vous vous en plaigniez,
   Comme il m'a fait des loix, j'ay des loix à luy faire.
EDV. Il les acceptera pour ne vous pas déplaire,
   Prenez-en sa parole, il sçait bien la garder.
ROD. Pour remonter au Trosne on peut tout hazarder.
   Laissez-m'en, quoy qu'il fasse, ou la gloire, ou la honte,
   Puisque ce n'est qu'à moy que j'en doy rendre conte.
   Si vostre cœur souffroit ce que souffre le mien,
   Vous ne vous plairiez pas en un tel entretien,
   Et vostre ame à ce prix voyant un Diadesme
   Voudroit en liberté se consulter soy-mesme.
EDV. Ie demande pardon si je vous fais souffrir,
   Et vay me retirer pour ne vous plus aigrir.
ROD. Allez, & demeurez dans cette erreur confuse,
   Vous ne meritez pas que je vous desabuse.
EDV. Ce cher amant sans moy vous entretiendra mieux,
   Et je n'ay plus besoin de rapport de mes yeux.

SCENE III.

GRIMOALD, RODELINDE,
GARIBALDE.

ROD. Je me rens, Grimoald, mais non pas à la force,
    Le titre que tu prens m'est une douce amorce,
    Et s'empare si bien de mon affection,
    Qu'elle ne veut de toy qu'une condition.
    Si je n'ay pû t'aimer, & juste, & magnanime,
    Quand tu deviens Tyran je t'aime dans le crime,
    Et pour moy ton Hymen est un souverain bien,
    S'il rend ton nom infame aussi-bien que le mien.
GRI. Que j'aimeray, Madame, une telle infamie,
    Qui vous fera cesser d'estre mon ennemie!
    Achevez, achevez, & sçachons à quel prix
    Ie puis mettre une borne à de si longs mépris,
    Ie ne veux qu'une grace, & disposez du reste.
    Ie crains pour Garibalde une haine funeste,
    Ie la crains pour Vnulphe, à cela prés, parlez.
ROD. Va, porte cette crainte à des cœurs ravalez:
    Ie ne m'abaisse point aux foiblesses des femmes,
    Iusques à me vanger de ces petites ames.
    Si leurs mauvais conseils me forcent de régner,
    Ie les en doy haïr, & sçay les dédaigner.
    Le Ciel qui punit tout choisira pour leur peine
    Quelques moyens plus bas que cette illustre haine;
    Qu'ils vivent cependant, & que leur lascheté
    A l'ombre d'un Tyran trouve sa seureté.
    Ce que je veux de toy porte le caractere
    D'une vertu plus haute, & digne de te plaire.
    Tes offres n'ont point eu d'exemple jusqu'icy,
    Et ce que je demande est sans exemple aussi:
    Mais je veux qu'il te donne une marque infaillible,
    Que l'interest d'un fils ne me rend point sensible,
    Que je veux estre à toy sans le considerer,
    Sans regarder en lüy que craindre, ou qu'esperer.
GRI. Madame, achevez donc de m'accabler de joye;
    Par quels heureux moyens faut-il que je vous croye?

Expliquez-vous, de grace, & j'atteste les Cieux
Que tout suivra sur l'heure un bien si précieux.
ROD. Après un tel serment j'obeis, & m'explique,
Ie veux donc d'un Tyran un acte Tyrannique,
Puisqu'il en veut le nom, qu'il le soit tout-à-fait,
Que toute sa vertu meure en un grand forfait,
Qu'il renonce à jamais aux glorieuses marques
Qui le mettoient au rang des plus dignes Monarques,
Et pour le voir méchant, lasche, impie, inhumain,
Ie veux voir ce fils mesme immolé de sa main.
GRI. Iuste Ciel! ROD. Que veux-tu pour marque plus certaine
Que l'interest d'un fils n'amollit point ma haine,
Que je me donne à toy sans le considerer,
Sans regarder en luy que craindre, ou qu'esperer?
 Tu trembles, tu pallis, il semble que tu n'oses
Toy-mesme executer ce que tu me proposes?
S'il te faut du secours, je n'y recule pas,
Et veux bien te prêter l'exemple de mon bras.
Fay, fay venir ce fils qu'avec toy je l'immole,
Dégage ton serment, je tiendray ma parole.
Il faut bien que le crime unisse à l'avenir
Ce que trop de vertus empeschoit de s'unir.
Qui tranche du Tyran doit se resoudre à l'estre,
Pour remplir ce grand nom as-tu besoin d'un maistre,
Et faut-il qu'une mere aux dépens de son sang
T'apprenne à meriter cet effroyable rang?
N'en souffre pas la honte, & pren toute la gloire
Que cet illustre effort attache à ta memoire,
Fay voir à tes flateurs qui te font trop oser
Que tu sçais mieux que moy l'art de tyranniser,
Et par une action aux seuls Tyrans permise
Devien le vray Tyran de qui te tyrannise.
A ce prix je me donne, à ce prix je me rends,
Ou si tu l'aimes mieux, à ce prix je me vends,
Et consens à ce prix que ton amour m'obtienne,
Puisqu'il souille ta gloire aussi-bien que la mienne.
GRI. Garibalde, est-ce-là ce que tu m'avois dit?
GAR. Avec vostre jalouse elle a changé d'esprit,
Et je l'avois laissée à l'Hymen toute preste,
Sans que son déplaisir menaçast que ma teste.
Mais ces fureurs enfin ne sont qu'illusion,
Pour vous donner, Seigneur, quelque confusion,

TRAGEDIE.

Ne vous étonnez point, vous l'en verrez dédire.
GRI. Vous l'ordonnez, Madame, & je dois y souscrire,
J'en feray ma victime, & ne suis point jaloux
De vous voir sur ce fils porter les premiers coups:
Quelque honneur qui par là s'attache à ma memoire,
Ie veux bien avec vous en partager la gloire,
Et que tout l'avenir ait dequoy m'accuser
D'avoir appris de vous l'Art de tyranniser.
  Vous devriez pourtant régler mieux ce courage,
N'en pousser point l'effort jusqu'aux bords de la rage,
Ne luy permettre rien qui sentist la fureur,
Et le faire admirer sans en donner d'horreur.
Faire la furieuse, & la desesperée,
Paroistre avec éclat mere dénaturée,
Sortir hors de vous-mesme, & montrer à grand bruit
A quelle extremité mon amour vous reduit,
C'est mettre avec trop d'art la douleur en parade,
Qui fait le plus de bruit n'est pas de plus malade,
Les plus grands déplaisirs sont les moins éclatans,
Et l'on sçait qu'un grand cœur se possede en tout temps.
Vous le sçavez, Madame, & que les grandes ames
Ne s'abaissent jamais aux foiblesses des femmes,
Ne s'aveuglent jamais ainsi hors de saison,
Que leur desespoir mesme agit avec raison,
Et que... *ROD.* C'en est assez, fais-moy juge équitable,
Et dy-moy si le mien agit en raisonnable,
Si je parle en aveugle, ou si j'ay de bons yeux.
  Tu veux rendre à mon fils le bien de ses Ayeux,
Et toute ta vertu jusque-là t'abandonne
Que tu mets en mon choix sa mort, ou ta Couronne.
Quand j'auray satisfait tes vœux desesperez,
Doy-je croire ses jours beaucoup plus asseurez?
Cet offre, ou si tu veux, ce don du Diadesme
N'est, à le bien nommer, qu'un foible stratagesme.
Faire un Roy d'un enfant pour estre son Tuteur,
C'est quitter pour ce nom celuy d'usurpateur,
C'est choisir pour régner un favorable titre,
C'est du Sceptre & de luy te faire seul arbitre,
Et mettre sur le Trosne un fantosme pour Roy
Iusques au premier fils qui te naistra de moy,
Iusqu'à ce qu'on nous craigne, & que le temps arrive
De remettre en ses mains la puissance effective.

Qui veut bien l'immoler à son affection
L'immoleroit sans peine à son ambition.
On se lasse bien-tost de l'amour d'une femme,
Mais la soif de régner régne toûjours sur l'ame,
Et comme la Grandeur a d'éternels appas,
L'Italie est sujette à de soudains trépas,
Il est des moyens sourds pour lever un obstacle,
Et faire un nouveau Roy sans bruit, & sans miracle.
Quitte pour te forcer à deux ou trois soûpirs,
Et peindre alors ton front d'un peu de déplaisirs.
La porte à ma vangeance en seroit moins ouverte,
Ie perdrois avec luy tout le fruit de sa perte,
Puisqu'il faut qu'il perisse, il vaut mieux tost que tard,
Que sa mort soit un crime, & non pas un hazard,
Que cette Ombre innocente à toute heure m'anime,
Me demande à toute heure une grande victime,
Que ce jeune Monarque immolé de ta main
Te rende abominable à tout le Genre humain,
Qu'il t'excite par tout des haines immortelles,
Que de tous tes Sujets il fasse des rebelles.
Ie t'épouseray lors, & m'y viens d'obliger,
Pour mieux servir ma haine, & pour mieux me vanger,
Pour moins perdre de vœux contre ta barbarie,
Pour estre à tous momens maîtresse de ta vie,
Pour avoir l'accés libre à pousser ma fureur,
Et mieux choisir la place à te percer le cœur.
    Voilà mon desespoir, voilà ses justes causes,
A ces conditions pren ma main, si tu l'oses.
GRI. Ouy, je la prens, Madame, & veux auparavant....

SCENE IV.

PERTHARITE, GRIMOALD, RODELINDE, GARIBALDE, VNVLPHE.

VNV. Qve faites-vous, Seigneur ? Pertharite est vivant,
Ce n'est plus un bruit sourd, le voila qu'on améne,
Des chasseurs l'ont surpris dans la forest prochaine,
Où caché dans un Fort il attendoit la nuit.
GRI. Ie voy trop clairement quelle main le produit.

ROD. Eſt-ce donc vous, Seigneur, & les bruits infidelles
N'ont-ils ſemé de vous que de fauſſes Nouvelles?
PER. Ouy, cet époux ſi cher à vos chaſtes deſirs,
Qui vous a tant coûté de pleurs, & de ſoûpirs...
GRI. Va, fantoſme inſolent, retrouver qui t'envoye,
Et ne te meſle point d'attenter à ma joye.
Il eſt encor icy des ſupplices pour toy,
Si tu viens y montrer la vaine Ombre d'un Roy,
Pertharite n'eſt plus. *PER.* Pertharite reſpire,
Il te parle, il te voit régner dans ſon Empire.
Que ton ambition ne s'efarouche pas,
Iuſqu'à me ſuppoſer toy-meſme un faux trépas,
Il eſt honteux de feindre où l'on peut toutes choſes,
Ie ſuis mort ſi tu veux, je ſuis mort, ſi tu l'oſes,
Si toute ta vertu peut demeurer d'accord
Que le droit de régner me rend digne de mort.

Ie ne viens point icy par de noirs artifices
De mon cruel Deſtin forcer les injuſtices,
Pouſſer des aſſaſſins contre tant de valeur,
Et t'immoler en laſche à mon trop de malheur.
Puiſque le Sort trahit ce droit de ma naiſſance,
Iuſqu'à te faire un don de ma toute-puiſſance,
Régne ſur mes Etats que le Ciel t'a ſoûmis,
Peut-eſtre un autre temps me rendra des amis.
Vſe mieux cependant de la faveur celeſte,
Ne me deſrobe pas le ſeul bien qui me reſte,
Vn bien où je te ſuis un obſtacle éternel,
Et dont le ſeul deſir eſt pour toy criminel.
Rodelinde n'eſt pas du droit de ta conqueſte,
Il faut pour eſtre à toy qu'il m'en couſte la teſte,
Puiſqu'on m'a découvert, elle dépend de toy,
Pren-la comme Tyran, ou l'attaque en vray Roy.
I'en garde hors du Troſne encor les caracteres,
Et ton bras t'a ſaiſi de celuy de mes péres,
Ie veux bien qu'il ſupplée au defaut de ton ſang,
Pour mettre entre nous deux égalité de rang.
Si Rodelinde enfin tient ton ame charmée,
Pour voir qui la merite il ne faut point d'Armée,
Ie ſuis Roy, je ſuis ſeul, j'en ſuis maiſtre, & tu peux
Par un illuſtre effort faire place à tes vœux.
GRI. L'artifice groſſier n'a rien qui m'épouvante,
Edüige à fourber n'eſt pas aſſez ſçavante,

Quelque adresse qu'elle aye, elle t'a mal instruit,
Et d'un si haut dessein elle a fait trop de bruit,
Elle en fait avorter l'effet par la menace,
Et ne te produit plus que de mauvaise grace.
PER. Quoy ! je passe à tes yeux pour un homme attitré ?
GRI. Tu l'avoüras toy-mesme, ou de force, ou de gré.
Il faut plus de secret alors qu'on veut surprendre,
Et l'on ne surprend point quand on se fait attendre.
PER. Parlez, parlez, Madame, & faites voir à tous
Que vous avez des yeux pour connoistre un époux.
GRI. Tu veux qu'en ta faveur j'écoute ta complice ?
Et bien, parlez, Madame, achevez l'artifice,
Est-ce-là vostre époux ? ROD. Toy qui veux en douter
Par quelle illusion m'oses tu consulter ?
Si tu démens tes yeux, croiras-tu mon suffrage,
Et ne peux-tu sans moy connoistre son visage ?
Tu l'as veu tant de fois au milieu des combats
Montrer à tes perils ce que pesoit son bras,
Et l'épée à la main disputer en personne
Contre tout ton bonheur sa vie & sa Couronne.
Si tu cherches une aide à traiter d'imposteur
Vn Roy qui t'a fermé la porte de mon cœur,
Consulte Garibalde, il tremble à voir son maistre,
Qui l'osa bien trahir, l'osera méconnoistre,
Et tu peux recevoir de son mortel effroy
L'asseurance qu'enfin tu n'attens pas de moy.
Vn service si haut veut une ame plus basse,
Et tu sçais.... GRI. Ouy, je sçay jusqu'où va vostre audace.
Sous l'espoir de joüir de ma perplexité
Vous cherchez à me voir l'esprit inquieté,
Et ces discours en l'air que l'orgueil vous inspire
Veulent persuader ce que vous n'osez dire,
Broüiller la populace, & luy faire aprés vous
En un fourbe impudent respecter vostre époux.
Poussez donc jusqu'au bout, devenez plus hardie,
Dites nous hautement. ROD. Que veux-tu que je die ?
Il ne peut estre icy que ce que tu voudras,
Tes flateurs en croiront ce que tu resoudras,
Ie n'ay pas pour t'instruire assez de complaisance,
Et puisque son malheur l'a mis en ta puissance,
Ie sçay ce que je doy si tu ne me le rens.
Acheve de te mettre au rang des vrais Tyrans.

SCENE V.

GRIMOALD, PERTHARITE, GARIBALDE, VNVLPHE.

GRI. Qve cet évenement de nouveau m'embarrasse!
GAR. Pour un fourbe chez vous la pitié trouve place!
GRI. Non, l'échaffaut bien-tost m'en fera la raison.
Que ton apartement luy serve de prison,
Ie te le donne en garde, Vnulphe. *PER.* Prince, écoute,
Mille & mille témoins te mettront hors de doute,
Tout Milan, tout Pavie.... *GRI.* Allez, sans contester,
Vous aurez tout loisir de vous faire écouter.
 ªToy, va voir Edüige, & tasche à tirer d'elle   ª *A Garibalde.*
Dans ces obscuritez quelque clarté fidelle,
Et tire de l'espoir qu'elle aura d'estre à moy
Le nom de l'imposteur, qu'elle déguise en Roy.

SCENE VI.

GARIBALDE.

Qvel revers impréveu, quel éclat de tonnerre
Iette en moins d'un moment tout mon espoir par terre?
Ce funeste retour, malgré tout mon projet,
Va rendre Grimoald à son premier objet,
Et s'il traite ce Prince en Heros magnanime,
N'ayant plus de Tyran, je n'ay plus de victime,
Ie n'ay rien à vanger, & ne puis le trahir
S'il m'oste les moyens de le faire hair.
  N'importe toutefois, ne perdons pas courage,
Forçons nostre fortune à changer de visage,
Obstinons Grimoald par maxime d'Etat
A le croire imposteur, ou craindre un attentat,
Accablons son esprit de terreurs chimeriques
Pour luy faire embrasser des conseils tyranniques,
De son trop de vertu sçachons le dégager,
Et perdons Pertharite afin de le vanger.

Vuu iij

Peut-estre qu'Edüige à regret plus severe
N'osera l'accepter teint du sang de son frere,
Et que l'effet suivra nostre pretention
Du costé de l'amour, & de l'ambition.
Taschons, quoy qu'il en soit, d'en achever l'ouvrage,
Et pour régner un jour mettons tout en usage.

ACTE IV.

SCENE PREMIERE.

GRIMOALD, GARIBALDE.

GAR. Ie ne m'en dédis point, Seigneur, ce prompt retour
N'est qu'une illusion qu'on fait à vostre amour.
Ie ne l'ay veu que trop aux discours d'Edüige :
Comme sensiblement vostre change l'afflige,
Et qu'avec le feu Roy ce fourbe a du rapport,
Sa flame au desespoir fait ce dernier effort.
Rodelinde comme elle aime à vous mettre en peine,
L'une sert son amour, & l'autre sert sa haine,
Ce que l'une produit, l'autre ose l'avoüer,
Et leur inimitié s'accorde à vous joüer.
L'imposteur cependant quoy qu'on luy donne à feindre,
Le soûtient d'autant mieux qu'il ne voit rien à craindre ;
Car soit que ses discours puissent vous émouvoir
Iusqu'à rendre Edüige à son premier pouvoir,
Soit que malgré sa fourbe, & vaine, & languissante,
Rodelinde sur vous reste toute-puissante,
A l'une ou l'autre enfin vostre ame à l'abandon
Ne luy pourra jamais refuser ce pardon.
GRI. Tu dis vray, Garibalde, & déja je le donne
A qui voudra des deux partager ma Couronne.
Non que j'espere encor amollir ce rocher,
Que ny respects, ny vœux n'ont jamais sçeu toucher :
Si j'aimay Rodelinde, & si pour n'aimer qu'elle
Mon ame à qui m'aimoit s'est renduë infidelle ;

Si d'éternels dédains, si d'éternels ennuis,
Les bravades, la haine, & le trouble où je suis,
Ont été jusqu'icy toute la recompense
De cet amour parjure où mon cœur se dispense,
Il est temps desormais que par un juste effort
J'affranchisse mon cœur de cet indigne sort.
Prenons l'occasion que nous fait Edüige,
Aimons cette imposture où son amour l'oblige,
Elle plaint un ingrat de tant de maux soufferts,
Et luy préte la main pour le tirer des fers.
Aimons encor un coup, aimons son artifice,
Aimons-en le secours, & rendons-luy justice.
Soit qu'elle en veüille au Trosne, ou n'en veüille qu'à moy,
Qu'elle aime Grimoald, ou qu'elle aime le Roy,
Qu'elle ait beaucoup d'amour, ou beaucoup de courage,
Ie doy tout à la main qui rompt mon esclavage.
 Toy qui ne la servois qu'afin de m'obeïr,
Qui taschois par mon ordre à m'en faire haïr,
Duc, ne t'y force plus, & rens-moy ma parole,
Que je rende à ses feux tout ce que je leur vole,
Et que je puisse ainsi d'une mesme action
Recompenser sa flame, ou son ambition.
GAR. Ie vous la rens, Seigneur, mais enfin prenez garde
A quels nouveaux perils cet effort vous hazarde,
Et si ce n'est point croire un peu trop promptement
L'impetueux transport d'un premier mouvement.
 L'imposteur impuny passera pour Monarque,
Tout le Peuple en prendra vostre bonté pour marque,
Et comme il est ardent après la nouveauté,
Il s'imaginera son rang seul respecté.
Ie sçay bien qu'aussi-tost vostre haute vaillance
De ce Peuple mutin domptera l'insolence,
Mais tenez-vous fort seur ce que vous pretendez,
Du costé d'Edüige à qui vous vous rendez?
J'ay penetré, Seigneur, jusqu'au fond de son ame,
Où je n'ay veu pour vous aucun reste de flame,
Sa haine seule agit, & cherche à vous oster
Ce que tous vos desirs s'efforcent d'emporter.
Elle veut, il est vray, vous rappeler vers elle,
Mais pour faire à son tour l'ingrate & la cruelle,
Pour vous traiter de lasche, & vous rendre soudain
Parjure pour parjure, & dédain pour dédain.

Elle veut que voſtre ame eſclave de la ſienne
Luy demande ſa grace, & jamais ne l'obtienne,
Ce ſont ſes mots exprés, & pour vous punir mieux
Elle me veut aimer, & m'aimer à vos yeux.
Elle me l'a promis.

SCENE II.

GRIMOALD, GARIBALDE, EDVIGE.

EDV.   Ie te l'ay promis, traiſtre,
Ouy, je te l'ay promis, & l'aurois fait peut-eſtre,
Si ton ame attachée à mes commandemens
Euſt pû dans ton amour ſuivre mes ſentimens.
J'avois mis mes ſecrets en bonne confidence,
Voy par là, Grimoald, quelle eſt ton imprudence,
Et juge par les miens laſchement declarez
Comme les tiens ſur luy peuvent eſtre aſſeurez.
Qui trahit ſa Maiſtreſſe aiſément fait connoiſtre
Que ſans aucun ſcrupule il trahiroit ſon maiſtre,
Et que des deux coſtez laiſſant floter ſa foy,
Son cœur n'aime en effet ny ſon maiſtre, ny moy.
Il a ſon but à part, Grimoald, prens-y garde,
Quelque deſſein qu'il ait, c'eſt toy ſeul qu'il regarde.
Examine ce cœur, juges-en comme il faut,
Qui m'aime & me trahit, aſpire encor plus haut.
GAR. Vous le voyez, Seigneur, avec quelle injuſtice
On me fait criminel quand je vous rens ſervice.
Mais dequoy n'eſt capable un malheureux amant
Que la peur de vous perdre agite inceſſamment,
Madame ? vous voulez que le Roy vous adore,
Et pour l'en empeſcher je ferois plus encore.
Ie ne m'en défens point, & mon eſprit jaloux
Cherche tous les moyens de l'éloigner de vous.
Ie ne vous ſçaurois voir entre les bras d'un autre,
Mon amour, ſi c'eſt crime, a l'exemple du voſtre.
Que ne faites-vous point pour obliger le Roy
A quitter Rodelinde, & vous rendre ſa foy ?
Eſt-il rien en ces lieux que n'ait mis en uſage
L'excés de voſtre ardeur, ou de voſtre courage ?

TRAGEDIE.

Pour estre tout à vous, j'ay fait tous mes efforts,
Mais je n'ay point encor fait revivre les morts.
J'ay dit des veritez dont vostre cœur murmure,
Mais je n'ay point été jusques à l'imposture,
Et je n'ay point poussé des sentimens si beaux
Iusqu'à faire sortir les Ombres des tombeaux.
Ce n'est point mon amour qui produit Pertharite,
Ma flame ignore encor cet Art qui ressuscite,
Et je ne vois en elle enfin rien à blasmer,
Sinon que je trahis, si c'est trahir qu'aimer.
EDV. De quel front, & dequoy cet insolent m'accuse!
GRI. D'un mauvais artifice & d'une foible ruse.
Vostre dessein, Madame, étoit mal concerté,
On ne m'a point surpris quand on s'est presenté,
Vous m'aviez préparé vous-mesme à m'en défendre,
Et me l'ayant promis, j'avois lieu de l'attendre.
Consolez-vous pourtant, il a fait son effet,
Ie suis à vous, Madame, & j'y suis tout à fait.
    Si je vous ay trahie, & si mon cœur volage
Vous a volé long-temps un legitime hommage,
Si pour un autre objet le vostre en fut banny,
Les maux que j'ay soufferts m'en ont assez puny.
Ie recouvre la veuë, & reconnoy mon crime,
A mes feux rallumez ce cœur s'offre en victime;
Ouy, Princesse, & pour estre à vous jusqu'au trépas
Il demande un pardon qu'il ne merite pas.
Vostre propre bonté qui vous en sollicite
Obtient déja celuy de ce faux Pertharite;
Vn si grand attentat blesse la Majesté,
Mais s'il est criminel, je l'ay moy-mesme été.
Faites grace, & j'en fais, oubliez & j'oublie,
Il reste seulement que luy-mesme il publie
Par un aveu sincere, & sans rien déguiser,
Que pour me rendre à vous il vouloit m'abuser,
Qu'il n'empruntoit ce nom que par vostre ordre mesme.
Madame, asseurez-vous par là mon Diadesme,
Et ne permettez pas que cette illusion
Aux mutins contre nous prête d'occasion.
Faites donc qu'il l'avoüe, & que ma grace offerte,
Tout imposteur qu'il est, le desrobe à sa perte,
Et delivrez par là de ces troubles soudains
Le Sceptre qu'avec moy je remets en vos mains.

Tome II.   Xxx

EDV. J'avois eu jusqu'icy ce respect pour ta gloire
Qu'en te nommant Tyran j'avois peine à me croire,
Je me tenois suspecte, & sentois que mon feu
Faisoit de ce reproche un secret desaveu.
Mais tu leves le masque, & m'ostes de scrupule,
Je ne puis plus garder ce respect ridicule,
Et je voy clairement, le masque étant levé,
Que jamais on n'a veu Tyran plus achevé.
 Tu fais adroitement le doux, & le severe,
Afin que la sœur t'aide à massacrer le frere,
Tu fais plus, & tu veux qu'en trahissant son sort
Luy-mesme il se condamne, & se livre à la mort;
Comme s'il pouvoit estre amoureux de la vie,
Iusqu'à la racheter par une ignominie,
Ou qu'un frivole espoir de te revoir à moy
Me pûst rendre perfide, & lasche comme toy.
 Aime-moy si tu veux, déloyal, mais n'espere,
Aucun secours de moy pour t'immoler mon frere.
Si je te menaçois tantost de son retour,
Si j'en donnois l'alarme à ton nouvel amour,
C'étoient discours en l'air inventez par ma flame
Pour broüiller ton esprit, & celuy de sa femme.
J'avois peine à te perdre, & parlois au hazard,
Pour te perdre du moins quelques momens plus tard,
Et quand par ce retour il a sçeu nous surprendre,
Le Ciel m'a plus rendu que je n'osois attendre.
GRI. Madame.... *EDV.* Tu perds temps, je n'écoute plus rien,
Et j'attens ton Arrest pour resoudre le mien,
Agy, si tu le veux, en vainqueur magnanime,
Agy comme Tyran, & pren cette victime,
Je suivray ton exemple, & sur tes actions
Je régleray ma haine, ou mes affections.
Il suffit à present que je te desabuse
Pour payer ton amour, ou pour punir ta ruse.
Adieu.

TRAGEDIE.

SCENE III.
GRIMOALD, GARIBALDE, VNVLPHE.

GRI. Qve veut Vnulphe? VNV. Il est de mon devoir
De vous dire, Seigneur, que chacun le vient voir.
I'ay permis à fort peu de luy rendre visite,
Mais tous l'ont reconnu pour le vray Pertharite,
Le Peuple mesme parle, & déja sourdement
On entend des discours semez confusément….
GAR. Voyez en quels perils vous jette l'imposture,
Le Peuple déja parle, & sourdement murmure,
Le feu va s'allumer si vous ne l'éteignez,
Pour perdre un imposteur qu'est-ce que vous craignez?
La haine d'Edüige, elle qui ne prépare
A vos submissions qu'une fierté barbare?
Elle que vos mépris ayant mise en fureur
Rendent opiniastre à vous mettre en erreur?
Elle qui n'a plus soif que de vostre ruine?
Elle dont la main seule en conduit la machine?
De semblables malheurs se doivent dédaigner,
Et la vertu timide est mal propre à régner.
Epousez Rodelinde, & malgré son fantosme
Asseurez-vous l'Etat, & calmez le Royaume,
Et livrant l'imposteur à ses mauvais Destins,
Ostez dés aujourd'huy tout pretexte aux mutins.
GRI. Ouy, je te croiray, Duc, & dés demain sa teste
Abatuë à mes pieds calmera la tempeste.
Qu'on le fasse venir, & qu'on mande avec luy
Celle qui de sa fourbe est le second appuy,
La Reine qui me brave, & qui par grandeur d'ame
Semble avoir quelque gesne à se nommer sa femme.
GAR. Ses pleurs vous toucheront. GRI. Ie suis armé contr'eux.
GAR. L'amour vous seduira. GRI. Ie n'en crains point les feux,
Ils ont peu de pouvoir quand l'ame est resoluë.
GAR. Agissez donc, Seigneur, de puissance absoluë,
Soûtenez vostre Sçeptre avec l'authorité
Qu'imprime au front des Rois leur propre Majesté.
Vn Roy doit pouvoir tout, & ne sçait pas bien l'estre
Quand au fond de son cœur il souffre un autre maistre.

X x x ij

SCENE IV.

GRIMOALD, PERTHARITE,
RODELINDE, GARIBALDE,
VNVLPHE.

GRI. Vien fourbe, vien méchant, éprouver ma bonté,
  Et ne la reduy pas à la severité.
 Ie veux te faire grace, avoüe, & me confeffe
 D'un fi hardy deffein qui t'a fourny l'adreffe,
 Qui des deux l'a formé, qui t'a le mieux inftruit,
 Tu m'entens, & fur tout fay ceffer ce faux bruit,
 Détrompe mes Sujets, ta prifon eft ouverte:
 Sinon, prepare-toy dés demain à ta perte,
 N'y force pas ton Prince, & fans plus t'obftiner
 Merite le pardon qu'il cherche à te donner.
PER. Que tu perds lafchement de rufe, & d'artifice,
 Pour trouver à me perdre une ombre de juftice,
 Et fauver les dehors d'une adroite vertu
 Dont aux yeux éblouïs tu parois revêtu!
 Le Ciel te livre exprés une grande victime,
 Pour voir fi tu peux eftre, & jufte, & magnanime;
 Mais il ne t'abandonne aprés tout que fon fang,
 Tu ne luy peux ofter ny fon nom, ny fon rang.
 Ie mourray comme Roy né pour le Diadefme,
 Et bien-toft mes Sujets détrompez par toy-mefme
 Connoiftront par ma mort qu'ils n'adorent en toy
 Que de fauffes couleurs qui te peignent en Roy.
 Hafte donc cette mort, elle t'eft neceffaire,
 Car puifqu'enfin tu veux la verité fincere,
 Tout ce qu'entre tes mains je forme de fouhaits,
 C'eft d'affranchir bien-toft ces malheureux Sujets.
 Crains-moy fi je t'échape, & fois four de ta perte,
 Si par ton mauvais fort la prifon m'eft ouverte.
 Mon Peuple aura des yeux pour connoiftre fon Roy,
 Et mettra difference entre un Tyran, & moy,
 Il n'a point de fureur que foudain je n'excite.
  Voilà dedans tes fers l'efpoir de Pertharite,
 Voilà des veritez qu'il ne peut déguifer,
 Et l'aveu qu'il te faut pour te defabufer.

TRAGEDIE.

ROD. Veux-tu pour t'éclaircir de plus illustres marques?
Veux-tu mieux voir le sang de nos premiers Monarques?
Ce grand cœur... GRI. Ouy, Madame, il est fort bien instruit
A montrer de l'orgueil, & fourber à grand bruit.
Mais si par son aveu la fourbe reconnuë
Ne détrompe aujourd'huy la Populace émeuë,
Qu'il prépare sa teste, & vous mesme en ce lieu,
Ne pensez qu'à luy dire un éternel Adieu.
Laissons-les seuls, Vnulphe, & de neuré à la porte,
Qu'avant que je l'ordonne, aucun n'entre, ny sorte.

SCENE V.

PERTHARITE, RODELINDE.

PER. Madame, vous voyez où l'amour m'a conduit.
J'ay sçeu que de ma mort il couroit un faux bruit,
Des desirs du Tyran j'ay sçeu la violence,
J'en ay craint sur ce bruit la derniere insolence,
Et n'ay pû faire moins que de tout exposer
Pour vous revoir encor, & vous desabuser.
J'ay laissé hazarder à cette digne envie
Les restes languissants d'une importune vie,
A qui l'ennuy mortel d'estre éloigné de vous
Sembloit à tous moments porter les derniers coups.
Car je vous l'avoüray, dans l'état déplorable
Où m'abysme du Sort la haine impitoyable,
Où tous mes alliez me refusent leur bras,
Mon plus cuisant chagrin est de ne vous voir pas.
Ie benis mon destin quelques maux qu'il m'envoye,
Puisqu'il peut consentir à ce moment de joye,
Et bien qu'il ose encor de nouveau me trahir,
En un moment si doux je ne le puis haïr.
ROD. C'étoit donc pour, Seigneur, pour mon ame affligée,
De toute la misere où je me vois plongée,
C'étoit peu des rigueurs de ma captivité,
Sans celle où vostre amour vous a précipité,
Et pour dernier outrage où son excés m'expose,
Il faut vous voir mourir, & m'en sçavoir la cause.
Ie ne vous diray point que ce moment m'est doux,
Il met à trop haut prix ce qu'il me rend de vous,

X x x iij

Et voſtre ſouvenir m'auroit bien ſçeu défendre
De tout ce qu'un Tyran auroit oſé pretendre.
N'attendez point de moy de ſoûpirs, ny de pleurs,
Ce ſont amuſemens de legeres douleurs,
L'amour que j'ay pour vous hait ces molles baſſeſſes
Où d'un ſexe craintif deſcendent les foibleſſes,
Et contre vos malheurs j'ay trop ſçeu m'affermir,
Pour ne dédaigner pas l'uſage de gemir.
D'un déplaiſir ſi grand la noble violence
Se reſout toute entiere en ardeur de vangeance,
Et mépriſant l'éclat, porte tout ſon effort
A ſauver voſtre vie, ou vanger voſtre mort,
Ie feray l'un ou l'autre, ou periray moy-meſme.
PER. Aimez plûtoſt, Madame, un vainqueur qui vous aime.
Vous avez aſſez fait pour moy, pour voſtre honneur,
Il eſt temps de tourner du coſté du bon-heur,
De ne plus embraſſer des Deſtins trop ſeveres,
Et de laiſſer finir mes jours, & vos miſeres.
Le Ciel qui vous deſtine à régner en ces lieux
M'accorde au moins le bien de mourir à vos yeux,
J'aime à luy voir briſer une importune chaiſne,
De qui les nœuds rompus vous font heureuſe Reine,
Et ſous voſtre Deſtin je veux bien ſuccomber,
Pour remettre en vos mains ce que j'en fis tomber.
ROD. Eſt-ce-là donc, Seigneur, la digne recompenſe
De ce que pour voſtre Ombre on m'a veu de conſtance?
Quand je vous ay creu mort, & qu'un ſi grand vainqueur
Sa conqueſte à mes pieds m'a demandé mon cœur,
Quand toute autre en ma place euſt peut-eſtre fait gloire
De cet hommage entier de toute ſa victoire.
PER. Ie ſçay que vous avez dignement combatu,
Le Ciel va couronner auſſi voſtre vertu,
Il va vous affranchir de cette inquietude,
Que pouvoit de ma mort former l'incertitude,
Et vous mettre ſans trouble en pleine liberté
De monter au plus haut de la felicité.
ROD. Que dis-tu, cher époux? PER. Que je voy ſans murmure
Naiſtre voſtre bonheur de ma triſte avanture,
L'amour me ramenoit ſans pouvoir rien pour vous
Que vous enueloper dans l'exil d'un époux,
Vous deſrober ſans bruit à cette ardeur infame
Où s'oppoſent ma vie & le nom de ma femme.

TRAGEDIE.

Pour briller avec gloire il luy faut mon trépas,
Et s'il vous fait régner, je ne le perdray pas.
Après tant de malheurs que mon amour vous cause,
Il est temps que ma mort vous serve à quelque chose,
Et qu'un victorieux à vos pieds abatu
Cesse de renoncer à toute sa vertu.
D'un Conquerant si grand, & d'un Heros si rare,
Vous faites trop long-temps un Tyran, un barbare,
Il l'est, mais seulement pour vaincre vos refus,
Soyez à luy, Madame, il ne le sera plus,
Et je tiendray ma vie heureusement perduë
Puisque.... *ROD.* N'acheve pas un discours qui me tuë,
Et ne me force point à mourir de douleur,
Avant qu'avoir pû rompre, ou vanger ton malheur.
  Moy, qui l'ay dédaigné dans son char de victoire,
Couronné de vertus encor plus que de gloire,
Magnanime, vaillant, juste, bon, genereux,
Pour m'attacher à l'Ombre, au nom d'un malheureux;
Ie pourrois à ta veuë, aux dépens de ta vie,
Epouser d'un Tyran l'horreur, & l'infamie,
Et trahir mon honneur, ma naissance, mon rang,
Pour baiser une main fumante de ton sang?
Ah, tu me connois mieux, cher époux. *PER.* Non, Madame,
Il ne faut point souffrir ce scrupule en vostre ame.
Quand ces devoirs communs ont d'importunes lois,
La Majesté du Trosne en dispense les Rois,
Leur gloire est au dessus des régles ordinaires,
Et cet honneur n'est beau que pour les cœurs vulgaires.
Si-tost qu'un Roy vaincu tombe aux mains du vainqueur,
Il a trop merité la derniere rigueur.
Ma mort pour Grimoald ne peut avoir de crime,
Le soin de s'affermir luy rend tout legitime.
Quand j'auray dans ses fers cessé de respirer,
Donnez-luy vostre main sans rien considerer,
Epargnez les efforts d'une impuissante haine,
Et permettez au Ciel de vous faire encor Reine.
ROD. Epargnez-moy, Seigneur, ce cruel sentiment,
Vous, qui sçavez...

SCENE VI.

PERTHARITE, RODELINDE, VNVLPHE.

VNV. **M**Adame, achevez promptement,
Le Roy de plus en plus se rendant intraitable,
Mande vers luy ce Prince, ou faux, ou veritable.
PER. Adieu, puisqu'il le faut, & croyez qu'un époux
A tous les sentimens qu'il doit avoir de vous.
Il voit tout vostre amour, & tout vostre merite,
Et mourant sans regret, à regret il vous quitte.
ROD. Adieu, puisqu'on m'y force, & recevez ma foy
Que l'on me verra digne, & de vous, & de moy.
PER. Ne vous exposez point au mesme précipice.
ROD. Le Ciel hait les Tyrans, & nous fera justice.
PER. Helas, s'il étoit juste, il vous auroit donné
Vn plus puissant Monarque, ou moins infortuné.

ACTE

ACTE V

SCENE PREMIERE

VNVLPHE, EDVIGE.

EDV. Voy, Grimoald s'obstine à perdre ainsi mon frere,
D'imposture & de fourbe il traite sa misere,
Et feignant de me rendre & son cœur & sa foy,
Il n'a point d'yeux pour luy, ny d'oreilles pour moy?
VNV. Madame, n'accusez que le Duc qui l'obsede,
Le mal, s'il en est creu, deviendra sans remede,
Et si le Roy suivoit ses conseils violens,
Vous n'en verriez deja que des effets sanglans.
EDV. Iadis pour Grimoald il quitta Pertharite,
Et s'il le laisse vivre, il craint ce qu'il merite.
VNV. Ajoustez qu'il vous aime, & veut par tous moyens
Rattacher ce vainqueur à ses derniers liens,
Que Rodelinde à luy par amour, ou par force,
Asseure entre vous deux un éternel divorce;
Et s'il peut une fois jusque-là l'irriter,
Par force, ou par amour il croit vous emporter.
Mais vous n'avez, Madame, aucun sujet de crainte,
Ce Heros est à vous sans reserve, & sans feinte,
Et... *EDV.* S'il quitte sans feinte un objet si chery,
Sans doute au fond de l'ame il connoit son mary.
Mais s'il le connoissoit en dépit de ce traistre,
Qui pourroit l'empescher de le faire paroistre?
VNV. Sur le Trosne conquis il craint quelque attentat,
Et ne le méconnoit que par raison d'Etat,
C'est un aveuglement qu'il a creu necessaire;
Et comme Garibalde animoit sa colere,
De ses mauvais conseils sans cesse combatu
Il donnoit lieu de craindre enfin pour sa vertu.
Mais, Madame, il n'est plus en état de le croire,
Ie n'ay pû voir long-temps ce peril pour sa gloire;

PERTHARITE,

Quelque fruit que le Duc espere en recueillir,
Ie viens d'oster au Roy les moyens de faillir.
Pertharite en un mot n'est plus en sa puissance.
Mais ne présumez pas que j'aye eu l'imprudence
De laisser à sa fuite un libre & plein pouvoir
De se montrer au Peuple, & d'oser l'émouvoir.
Pour fuir en seureté je luy prête main forte,
Ou plûtost je luy donne une fidelle escorte,
Qui sous cette couleur de luy servir d'appuy
Le met hors du Royaume, & me répond de luy.
I'empesche ainsi le Duc d'achever son ouvrage,
Et j'en donne à mon Roy ma teste pour ostage.
Vostre bonté, Madame, en prendra quelque soin.
EDV. Ouy, je seray pour toy criminelle au besoin,
Ie prendray, s'il le faut, sur moy toute la faute.
VNV. Ou je connoy fort mal une vertu si haute,
Ou s'il revient à soy, luy-mesme tout ravy
M'avoüra le premier que je l'ay bien servy.

SCENE II.

GRIMOALD, EDVIGE, VNVLPHE.

GRI. Que voulez-vous enfin, Madame, que j'espere?
Qu'ordonnez-vous de moy? EDV. Que fais-tu de mon
Qu'ordonnes-tu de luy? prononce ton Arrest.   (frere?
GRI. Toûjours d'un imposteur prendrez-vous l'interest?
EDV. Veux-tu suivre toûjours le conseil tyrannique
D'un traistre qui te livre à la haine publique?
GRI. Qu'en faveur de ce fourbe à tort vous m'accusez!
Ie vous offre sa grace, & vous la refusez!
EDV. Cette offre est un supplice aux Princes qu'on opprime.
Il ne faut point de grace à qui se voit sans crime,
Et tes yeux malgré-toy ne te font que trop voir
Que c'est à luy d'en faire, & non d'en recevoir.
Ne t'obstine donc plus à t'aveugler toy-mesme,
Sois tel que je t'aimois, si tu veux que je t'aime,
Sois tel que tu parus quand tu conquis Milan;
I'aime encor son vainqueur, mais non pas son Tyran.

Rens-toy cette vertu pleine, haute, sincere,
Qui t'affermit si bien au Trosne de mon frere;
Rens-luy du moins son nom, si tu me rens ton cœur.
Qui peut feindre pour luy, peut feindre pour la sœur,
Et tu ne vois en moy qu'une amante incredule,
Quand je voy qu'avec luy ton ame dissimule.
Quitte, quitte en vray Roy les vertus des Tyrans,
Et ne me cache plus un cœur que tu me rens.

GRI. Lisez-y donc vous-mesme, il est à vous, Madame,
Vous en voyez le trouble aussi-bien que la flame.
Sans plus me demander ce que vous connoissez,
De grace, croyez-en tout ce que vous pensez.
C'est redoubler ensemble, & mes maux, & ma honte,
Que de forcer ma bouche à vous en rendre conte.
Quand je n'aurois point d'yeux, chacun en a pour moy,
Garibalde luy seul a méconnu son Roy,
Et par un interest qu'aisément je devine,
Ce lasche tant qu'il peut par ma main l'assassine.
Mais que plutost le Ciel me foudroye à vos yeux,
Que je songe à répandre un sang si précieux.
  Madame, cependant mettez-vous en ma place:
Si je le reconnoy, que faut-il que j'en fasse?
Le tenir dans les fers avec le nom de Roy,
C'est soûlever pour luy ses Peuples contre moy.
Le mettre en liberté, c'est le mettre à leur teste,
Et moy-mesme haster l'orage qui s'appreste.
Puis-je m'asseurer d'eux, & souffrir son retour?
Puis-je occuper son Trosne, & le voir dans ma Cour?
Vn Roy, quoy que vaincu, garde son caractere,
Aux fidelles Sujets sa veuë est toûjours chere;
Au moment qu'il paroit, les plus grands Conquerans
Pour vertueux qu'ils soient, ne sont que des Tyrans,
Et dans le fond des cœurs sa presence fait naistre
Vn mouvement secret qui les rend à leur maistre.
  Ainsi mon mauvais sort a dequoy me punir
Et de le delivrer, & de le retenir.
Ie voy dans mes prisons sa personne enfermée
Plus à craindre pour moy qu'en teste d'une Armée,
Là mon bras animé de toute ma valeur
Chercheroit avec gloire à luy percer le cœur;
Mais icy, sans défence, helas, qu'en puis-je faire?
Si je pense régner, sa mort m'est necessaire,

Mais soudain ma vertu s'arme si bien pour luy,
Qu'en mille bataillons il auroit moins d'appuy.
Pour conserver sa vie, & m'asseurer l'Empire,
Ie fais ce que je puis à le faire dédire,
Des plus cruels Tyrans j'emprunte le couroux,
Pour tirer cet aveu de la Reine, ou de vous :
Mais par tout je perds temps, par tout mesme constance
Rend à tous mes efforts pareille resistance.
Encor s'il ne falloit qu'éteindre, ou dédaigner
En des troubles si grands la douceur de régner,
Et que pour vous aimer & ne vous point déplaire
Ce grand titre de Roy ne fust pas necessaire,
Ie me vaincrois moy-mesme, & luy rendant l'Etat,
Ie mettrois ma vertu dans son plus haut éclat.
Mais je vous perds, Madame, en quittant la Couronne,
Puisqu'il vous faut un Roy, c'est vous que j'abandonne,
Et dans ce cœur à vous par vos yeux combatu
Tout mon amour s'oppose à toute ma vertu.
  Vous, pour qui je m'aveugle avec tant de lumieres,
Si vous étes sensible encor à mes prieres,
Daignez servir de guide à mon aveuglement,
Et faites le destin d'un frere, & d'un amant.
Mon amour de tous deux vous fait la Souveraine,
Ordonnez-en vous-mesme, & prononcez en Reine,
Ie periray content, & tout me sera doux,
Pourveu que vous croyiez que je suis tout à vous.
EDV. Que tu me connois mal, si tu connois mon frere !
Tu crois donc qu'à ce point la Couronne m'est chere,
Que j'ose méprifer un Comte genereux,
Pour m'attacher au fort d'un Tyran trop heureux ?
Aime-moy si tu veux, mais croy-moy magnanime,
Avec tout cet amour garde-moy ton estime,
Croy-moy quelque tendresse encor pour mon vray sang,
Qu'une haute vertu me plaist mieux qu'un haut rang,
Et que vers Gundebert je croy ton serment quitte,
Quand tu n'aurois qu'un jour regné pour Pertharite.
Milan qui l'a veu fuir, & t'a nommé son Roy,
De la haine d'un mort a dégagé ma foy ;
A present je suis libre, & comme vraye amante
Ie secours malgré toy ta vertu chancelante,
Et desrobe mon frere à ta soif de régner,
Avant que tout ton cœur s'en soit laissé gagner.

TRAGEDIE.

Ouy, j'ay brisé ses fers, j'ay corrompu ses Gardes,
I'ay mis en seureté tout ce que tu hazards,
Il fuit, & tu n'as plus à traiter d'imposteur
De tes troubles secrets le redoutable autheur;
Il fuit, & tu n'as plus à craindre de tempeste,
Secourant ta vertu j'asseure ta conqueste,
Et les soins que j'ay pris... mais la Reine survient.

SCENE III.

GRIMOALD, RODELINDE, EDVIGE, VNVLPHE.

GRI. [a] QVe tardez-vous, Madame, & quel soin vous retient? [a] *A Rodelinde.*
 Suivez de vostre époux, le nom, l'image, ou l'ombre,
De ceux qui m'ont trahy croissez l'indigne nombre,
Et delivrez mes yeux trop aisez à charmer
Du peril de vous voir, & de vous trop aimer.
Suivez, vostre captif ne vous tient plus captive.
ROD. Rens-le moy donc, Tyran, afin que je le suive.
 A quelle indigne feinte oses-tu recourir,
De m'ouvrir sa prison quand tu l'as fait mourir!
Lasche, présumes-tu qu'un faux bruit de sa fuite
Cache de tes fureurs la barbare conduite?
Crois-tu qu'on n'ait point d'yeux pour voir ce que tu fais,
Et jusque dans ton cœur découvrir tes forfaits?
EDV. Madame.... *ROD.* Et bien, Madame, êtes-vous sa complice?
 Vous chargez-vous pour luy de toute l'injustice,
Et sa main qu'il vous tend vous plaist-elle à ce prix?
EDV. Vous la vouliez tantost teinte du sang d'un fils,
 Et je puis l'accepter teinte du sang d'un frere,
Si je veux estre sœur, comme vous étiez mere.
ROD. Ne me reprochez point une juste fureur
 Où des feux d'un Tyran me reduisoit l'horreur,
Et puisque de sa foy vous étes ressaisie,
Faites cesser l'aigreur de vostre jalousie.
EDV. Ne me reprochez point des sentimens jaloux
 Quand je hay les Tyrans autant, ou plus que vous.
ROD. Vous pouvez les hair quand Grimoald vous aime!
EDV. I'aime en luy sa vertu plus que son Diadesme,

Yyy iij

Et voyant quels motifs le font encor agir,
Ie ne voy rien en luy qui me fasse rougir.
A Gri- ROD.ᵃ Rougis-en donc toy seul, toy qui caches ton crime,
mould. Qui t'immolant un Roy desrobes ta victime,
Et d'un grand ennemy déguisant tout le sort,
Le fais fourbe en sa vie, & fuir après sa mort.
De tes fausses vertus les brillantes pratiques
N'élevoient que pour toy ces tombeaux magnifiques;
C'étoient de vains éclats de generosité
Pour rehausser ta gloire avec impunité.
Tu n'accablois son nom de tant d'honneurs funebres,
Que pour ensevelir sa mort dans les tenebres,
Et luy tendre avec pompe un piege illustre & beau,
Pour le priver un jour des honneurs du tombeau.
Saoule-toy de son sang, mais rens-moy ce qui reste,
Attendant ma vangeance, ou le couroux celeste,
ᵇ *A Edüi-* Que je puisse.... GRI.ᵇ Ah, Madame, où me reduisez-vous
ge. Pour un fourbe qu'elle aime à nommer son époux?
Vostre pitié ne sert qu'à me couvrir de honte,
Si quand vous me l'ostez il m'en faut rendre conte,
Et si la cruauté de mon triste destin
De ce que vous sauvez me nomme l'assassin.
VNV. Seigneur, je croy sçavoir la route qu'il a prise,
Et si sa Majesté veut que je l'y conduise,
Au peril de ma teste en moins d'une heure, ou deux,
Ie m'offre de la rendre à l'objet de ses vœux.
Allons, allons, Madame, & souffrez que je tasche....
ᶜ *A Vnul-* ROD.ᶜ O d'un lasche Tyran ministre encor plus lasche,
phe. Qui sous un faux semblant d'un peu d'humanité
Penses contre mes pleurs faire sa seureté!
Que ne dis-tu plûtost que ses justes alarmes
Aux yeux des bons Sujets veulent cacher mes larmes,
Qu'il luy faut me bannir, de crainte que mes cris
Du Peuple & de la Cour n'émeuvent les esprits?
Traistre, si tu n'étois de son intelligence,
Pourroit-il refuser ta teste à sa vangeance?
Que devient, Grimoald, que devient ton couroux?
Tes ordres en sa garde avoient mis mon époux,
Il a brisé ses fers, il sçait où va sa fuite,
Si je le veux rejoindre il s'offre à ma conduite,
Et quand son sang devroit te répondre du sien,
Il te voit, il te parle, & n'apprehende rien.

TRAGEDIE.

GRI.[a] Quand ce qu'il fait pour vous hazarderoit ma vie,
Ie ne puis le punir de vous avoir servie.
Si j'avois cependant quelque peur que vos cris
De la Cour & du Peuple émeussent les esprits,
Sans vous prier de fuir pour finir mes alarmes,
I'aurois trop de moyens de leur cacher vos larmes.
Mais vous êtes, Madame, en pleine liberté,
Vous pouvez faire agir toute vostre fierté,
Porter dans tous les cœurs ce qui régne en vostre ame;
Le vainqueur du mary ne peut craindre la femme,
Mais que veut ce soldat ?

[a] A Rodelinde.

SCENE IV.

GRIMOALD, RODELINDE, EDVIGE, VNVLPHE.

SOL. Vous avertir, Seigneur,
D'un grand malheur ensemble & d'un rare bonheur.
Garibalde n'est plus, & l'imposteur infame
Qui tranche icy du Roy luy vient d'arracher l'ame:
Mais ce mesme imposteur est en vostre pouvoir.
GRI. Que dis-tu, malheureux ? *SOL.* Ce que vous allez voir.
GRI. O Ciel ! en quel état ma fortune est reduite
S'il ne m'est pas permis de joüir de sa fuite !
Faut-il que de nouveau mon cœur embarassé
Ne puisse... Mais dy nous comment tout s'est passé.
SOL. Le Duc ayant appris quelles intelligences
Desroboient un tel fourbe à vos justes vangeances,
L'attendoit à main forte, & luy fermant le pas,
*A luy seul, nous dit-il, mais ne le blessons pas,
Reservons tout son sang aux rigueurs des supplices,
Et laissons par pitié fuïr ses lasches complices.*
Ceux qui le conduisoient du grand nombre étonnez,
Et par mes compagnons soudain environnez,
Acceptent la pluspart ce qu'on leur facilite,
Et s'écartent sans bruit de ce faux Pertharite.
Luy que l'ordre receu nous forçoit d'épargner,
Iusqu'à baisser l'épée, & le trop dédaigner,
S'ouvre en son desespoir parmy nous un passage,
Iusque sur nostre Chef pousse toute sa rage,

Et luy plonge trois fois un poignard dans le fein,
Avant qu'aucun de nous ait pû voir fon deffein,
Nos bras étoient levez pour l'en punir fur l'heure,
Mais le Duc par nos mains ne confent pas qu'il meure,
Et fon dernier foûpir eft un ordre nouveau
De garder tout fon fang à celle d'un bourreau.
Ainfi ce fugitif retombe dans fa chaîne,
Et vous pouvez, Seigneur, ordonner de fa peine,
Le voicy. *GRI.* Quel combat pour la feconde fois.

SCENE V.

PERTHARITE, GRIMOALD, RODELINDE, EDVIGE, VNVLPHE, SOLDATS.

PER. TV me revois, Tyran qui méconnois les Rois,
Et j'ay payé pour toy d'un fi rare fervice
Celuy qui rend ma tefte à ta fauffe juftice.
Pleure, pleure ce bras qui t'a fi bien fervy,
Pleure ce bon Sujet que le mien t'a ravy,
Hafte-toy de vanger ce Miniftre fidelle,
C'eft toy qu'à fa vangeance en mourant il appelle,
Signale ton amour, & parois aujourd'huy,
S'il fut digne de toy, plus digne encor de luy.
Mais ceffe deformais de traiter d'impofture
Les traits que fur mon front imprime la Nature.
Milan m'a veu paffer, & par tout en paffant
I'ay veu couler fes pleurs pour fon Prince impuiffant,
Tu luy déguiferois en vain ta tyrannie,
Pouffes-en jufqu'au bout l'infolente manie,
Et quoy que ta fureur te prefcrive pour moy,
Ordonne de mes jours comme de ceux d'un Roy.
GRI. Ouy, tu l'es en effet, & j'ay fçeu te connoiftre
Dès le premier moment que je t'ay veu paroiftre.
Si j'ay fermé les yeux, fi j'ay voulu gauchir,
Des maximes d'Etat j'ay voulu t'affranchir,
Et ne voir pas ma gloire indignement trahie
Par la neceffité de m'immoler ta vie.
De cet aveuglement les foins myfterieux
Empruntoient les dehors d'un Tyran furieux,

Et forçoient

Et forçoient ma vertu d'en souffrir l'artifice,
Pour t'arracher ton nom par l'effroy du supplice :
Mais mon dessein n'étoit que de t'intimider,
Ou d'obliger quelqu'un à te faire évader.
Vnulphe a bien compris en serviteur fidelle
Ce que ma violence attendoit de son zéle,
Mais un traistre pressé par d'autres interests
A rompu tout l'effet de mes desirs secrets.
Ta main, graces au Ciel, nous en a fait justice,
Cependant ton retour m'est un nouveau supplice.
Car enfin que veux-tu que je fasse de toy ?
Puis-je porter ton Sceptre, & te traiter de Roy ?
Ton Peuple qui t'aimoit pourra-t'il te connoistre,
Et souffrir à tes yeux les loix d'un autre maistre ?
Toy-mesme pourras-tu sans entreprendre rien
Me voir jusqu'au trépas possesseur de ton bien ?
Pourras-tu negliger l'occasion offerte,
Et refuser ta main, ou ton ordre à ma perte ?
   Si tu n'étois qu'un lasche, on auroit quelque espoir
Qu'enfin tu pourrois vivre, & ne rien émouvoir :
Mais qui me croit Tyran & hautement me brave,
Quelque foible qu'il soit, n'a point le cœur d'esclave,
Et montre une grande ame au dessus du malheur,
Qui manque de fortune, & non pas de valeur.
Ie voy donc malgré moy ma victoire asservie
A te rendre le Sceptre, ou prendre encor ta vie,
Et plus l'ambition trouble ce grand effort,
Plus ceux de ma vertu me refusent ta mort.
Mais c'est trop retenir ma vertu prisonniere,
Ie luy doy comme à toy liberté toute entiere,
Et mon ambition a beau s'en indigner,
Cette vertu triomphe, & tu t'en vas regner.
   Milan, revoy ton Prince, & repren ton vray maistre
Qu'en vain pour t'aveugler j'ay voulu méconnoistre,
Et vous que d'imposteur à regret j'ay traité....
PER. Ah, c'est porter trop loin la generosité.
Rendez-moy Rodelinde, & gardez ma Couronne,
Que pour sa liberté sans regret j'abandonne.
Avec ce cher objet tout destin m'est trop doux.
GRI. Rodelinde, & Milan, & mon cœur sont à vous,
Et je vous remettrois toute la Lombardie
Si comme dans Milan je regnois dans Pavie.

Tome II.   Zzz

Mais vous n'ignorez pas, Seigneur, que le feu Roy
En fit Reine Edüige, & luy donnant ma foy
Ie promis....

a A Grimoald.

EDV. ᵃSi ta foy t'oblige à la défendre,
Ton exemple m'oblige encor plus à la rendre,
Et je meriterois un nouveau changement,
Si mon cœur n'égaloit celuy de mon amant.

b A Edüige.

PER. ᵇSon exemple, ma sœur, en vain vous y convie,
Avec ce grand Heros je vous laisse Pavie,
Et me croirois moy-mesme aujourd'huy malheureux,
Si je voyois sans Sceptre un bras si genereux.

c A Grimoald.

ROD. ᶜPardonnez si ma haine a trop creu l'apparence,
Ie presumois beaucoup de vostre violence,
Mais je n'aurois osé, Seigneur, en presumer,
Que vous m'eussiez forcée enfin à vous aimer.

d A Rodelinde.

GRI. ᵈVous m'auez outragé sans me faire injustice.
ROD. Qu'une amitié si ferme aujourd'huy nous unisse,
Que l'un & l'autre Etat en admire les nœuds,
Et doute avec raison qui regne de vous deux.
PER. Pour en faire admirer la chaisne fortunée,
Allons mettre en éclat cette grande journée,
Et montrer à ce Peuple heureusement surpris,
Que des hautes vertus la gloire est le seul prix.

FIN.

OEDIPE,
TRAGEDIE.

ACTEVRS.

OEDIPE,   Roy de Thebes, Fils & Mary de Iocaste.

THESEE,   Prince d'Athènes, & Amant de Dircé.

IOCASTE,   Reine de Thebes, Femme & Mere d'Oedipe.

DIRCE,   Princesse de Thebes, Fille de Laïus & de Iocaste, Sœur d'Oedipe, & Amante de Thesée.

CLEANTE,
DYMAS,   } Confidents d'Oedipe.

PHORBAS,   Vieillard Thebain.

IPHICRATE,   Vieillard de Corinthe.

NERINE,   Suivante de la Reine.

MEGARE,   Suivante de Dircé.

PAGE,

La Scene est à Thebes.

OEDIPE,
TRAGEDIE.
ACTE I.
SCENE PREMIERE

THESEE, DIRCE.

THE. 'ECOVTEZ plus, Madame, une pitié
    cruelle,
Qui d'un fidelle amant vous feroit un
  rebelle :
La gloire d'obeir n'a rien qui me soit
  doux,
Lors que vous m'ordonnez de m'éloi-
  gner de vous.
Quelque ravage affreux qu'étale icy la peste,
L'absence aux vrais amants est encor plus funeste,
Et d'un si grand peril l'image s'offre en vain,
Quand ce peril douteux épargne un mal certain.
DIR. Le trouvez-vous douteux, quand toute vostre Suite
Par cet affreux ravage à Phædime est réduite,
De qui mesme le front déja palle & glacé
Porte empraint le trépas dont il est menacé ?
Seigneur, toutes ces morts dont il vous environne
Sont des avis pressants que de grace il vous donne.

Zzz iij

Et tant lever le bras avant que de fraper,
C'est vous dire assez haut qu'il est temps d'échaper.
THE. Ie le voy comme vous, mais alors qu'il m'assiége
Vous laisse-t'il, Madame, un plus grand priuilége?
Ce Palais par la peste est-il plus respecté?
Et l'air auprés du Trosne est-il moins infecté?
DIR. Ah, Seigneur, quand l'amour tient une ame alarmée,
Il l'attache aux perils de la personne aimée.
Ie vois aux pieds du Roy chaque jour des mourants,
I'y voy tomber du Ciel les oiseaux expirants,
Ie me vois exposée à ces vastes miseres,
I'y voy mes sœurs, la Reine, & les Princes mes freres,
Ie sçay qu'en ce moment je puis les perdre tous,
Et mon cœur toutefois ne tremble que pour vous,
Tant de cette frayeur les profondes atteintes
Repoussent fortement toutes les autres craintes.
THE. Souffrez donc que l'amour me fasse mesme loy,
Que je tremble pour vous quand vous tremblez pour moy,
Et ne m'imposez pas cette indigne foiblesse,
De craindre autres perils que ceux de ma Princesse,
I'aurois en ma faveur le courage bien bas
Si je fuyois des maux que vous ne fuyez pas.
Vostre exemple est pour moy la seule regle à suivre,
Eviter vos perils c'est vouloir vous survivre,
Ie n'ay que cette honte à craindre sous les Cieux.
Icy ie puis mourir, mais mourir à vos yeux.
Et si, malgré la mort de tous costez errante,
Le Destin me reserve à vous y voir mourante,
Mon bras sur moy du moins enfoncera les coups
Qu'aura son insolence elevez jusqu'à vous,
Et sçaura me soustraire à cette ignominie,
De souffrir aprés vous quelques momens de vie,
Qui dans le triste etat où le Ciel nous reduit
Seroient de mon depart l'infame & le seul fruit.
DIR. Quoy! Dircé par sa mort deviendroit criminelle
Iusqu'à forcer Thesée à mourir aprés elle,
Et ce cœur intrepide au milieu du danger
Se defendroit si mal d'un malheur si leger!
M'immoler une vie à tous si précieuse.
Ce seroit rendre à tous ma memoire odieuse,
Et par toute la Grece animer trop d'horreur
Contre une Ombre cherie avec tant de fureur.

TRAGEDIE.

Ces infames brigands dont vous l'avez purgée,
Ces ennemis publics dont vous l'avez vangée,
Aprés voſtre trépas à l'envy renaiſſans,
Pilleroient ſans frayeur les Peuples impuiſſans,
Et chacun maudiroit, en les voyant paroiſtre,
La cauſe d'une mort qui les feroit renaiſtre.
   Oſeray-je, Seigneur, vous dire hautement
Qu'un tel excès d'amour n'eſt pas d'un tel amant?
S'il eſt vertu pour nous que le Ciel n'a formées
Que pour le doux employ d'aimer, & d'eſtre aimées,
Il faut qu'en vos pareils les belles paſſions
Ne ſoient que l'ornement des grandes actions.
Ces hauts emportemens qu'un beau feu leur inſpire
Doivent les élever, & non pas les détruire,
Et quelque deſeſpoir que leur cauſe un trépas,
Leur vertu ſeule a droit de faire agir leurs bras.
Ces bras que craint le crime à l'égal du tonnerre
Sont des dons que le Ciel fait à toute la Terre,
Et l'Vnivers en eux perd un trop grand ſecours,
Pour ſouffrir que l'Amour ſoit maiſtre de leurs iours.
   Faites voir, ſi je meurs, une entiere tendreſſe,
Mais vivez aprés moy pour toute noſtre Grece,
Et laiſſez à l'Amour conſerver par pitié
De ce tout deſvny la plus digne moitié.
Vivez, pour faire vivre en tous lieux ma memoire,
Pour porter en tous lieux vos ſoupirs & ma gloire,
Et faire par tout dire, *Vn ſi vaillant Heros*
Au malheur de Dircé donne encor des ſanglots,
Il en garde en ſon ame encor toute l'image,
Et rend à ſa chere Ombre encor ce triſte hommage.
Cet eſpoir eſt le ſeul dont j'aime à me flater,
Et l'unique douceur que je veux emporter.
THE. Ah, Madame, vos yeux combatent vos maximes,
Si j'en croy leur pouvoir, vos conſeils ſont des crimes.
Ie ne vous feray point ce reproche odieux,
Que ſi vous aimiez bien, vous conſeilleriez mieux,
Ie diray ſeulement qu'auprés de ma Princeſſe,
Aux ſeuls devoirs d'amant vn Heros s'intereſſe,
Et que de l'Vnivers fuſt-il le ſeul appuy,
Aimant un tel objet il ne doit rien qu'à luy.
Mais ne conteſtons point, & ſauvons l'un & l'autre,
L'Hymen juſtifira ma retraite, & la voſtre;

OEDIPE,

 Le Roy me pourroit-il en refufer l'aveu,
 Si vous en avoüez l'audace de mon feu?
 Pourroit-il s'oppofer à cette illuftre envie
 D'affeurer fur un Trofne une fi belle vie,
 Et ne point confentir que des Deftins meilleurs
 Vous exilent d'icy pour commander ailleurs?
DIR. Le Roy, tout Roy qu'il eft, Seigneur, n'eft pas mon maiftre,
 Et le fang de Laïus dont j'eus l'honneur de naiftre
 Difpenfe trop mon cœur de recevoir la loy
 D'un Trofne que fa mort n'a dû laiffer qu'à moy.
 Mais comme enfin le Peuple & l'Hymen de ma mere
 Ont mis entre fes mains le Sceptre de mon pere,
 Et qu'en ayant icy toute l'authorité,
 Ie ne puis rien pour vous contre fa volonté;
 Pourra-t'il trouver bon qu'on parle d'Hymenée
 Au milieu d'une ville à perir condamnée,
 Où le couroux du Ciel changeant l'air en poifon
 Donne lieu de trembler pour toute fa Maifon?
Elle luy parle à l'oreille. *MEG.* Madame. *DIR.* Adieu, Seigneur, la Reine qui m'appelle
 M'oblige à vous quitter pour me rendre auprés d'elle,
 Et d'ailleurs le Roy vient. *THE.* Que feray-je? *DIR.* Parlez,
 Ie ne puis plus vouloir que ce que vous voulez.

SCENE II.

OEDIPE, THESEE, CLEANTE.

OED. AV milieu des malheurs que le Ciel nous envoye,
 Prince, nous croiriez-vous capables d'une joye,
 Et que nous voyant tous fur les bords du tombeau,
 Nous peuffions d'un Hymen allumer le flambeau?
 C'eft choquer la raifon peut-eftre, & la Nature,
 Mais mon ame en fecret s'en forme un doux augure,
 Que Delphes, dont j'attens réponfe en ce moment,
 M'envoira de nos maux le plein foulagement.
THE. Seigneur, fi j'avois creu que parmy tant de larmes
 La douceur d'un Hymen puft avoir quelques charmes,
 Que vous en euffiez pû fupporter le deffein,
 Ie vous aurois fait voir un beau feu dans mon fein,
 Et tafché d'obtenir cet aveu favorable,
 Qui peut faire un heureux d'un amant miferable.

             OED. Ie

TRAGEDIE.

OED. Ie l'avois bien jugé, qu'un interest d'amour
Fermoit icy vos yeux aux perils de ma Cour.
Mais je croirois me faire à moy-mesme un outrage,
Si je vous obligeois d'y tarder davantage,
Et si trop de lenteur à seconder vos feux
Hazardoit plus long-temps un cœur si genereux.
Le mien sera ravy que de si nobles chaisnes
Vnissent les Etats de Thebes, & d'Athénes,
Vous n'avez qu'à parler, vos vœux sont exaucez;
Nommez ce cher objet, grand Prince, & c'est assez.
Vn gendre tel que vous m'est plus qu'un nouveau Throsne,
Et vous pouvez choisir d'Ismene, ou d'Antigone;
Car je n'ose penser que le fils d'un grand Roy,
Vn si fameux Heros, aime ailleurs que chez moy,
Et qu'il veüille en ma Cour, au mépris de mes filles,
Honorer de sa main de communes familles.
THE. Seigneur, il est tout vray, j'aime en vostre Palais,
Chez vous est la beauté qui fait tous mes souhaits,
Vous l'aimez à l'égal d'Antigone, & d'Ismene,
Elle tient mesme rang chez vous, & chez la Reine:
En un mot c'est leur sœur, la Princesse Dircé,
Dont les yeux... *OED.* Quoy, ses yeux, Prince, vous ont blessé?
Ie suis fasché pour vous que la Reine sa mere
Ait sçeu vous prévenir pour un fils de son frere,
Ma parole est donnée, & je n'y puis plus rien,
Mais je croy qu'après tout ses sœurs la valent bien.
THE. Antigone est parfaite, Ismene est admirable,
Dircé, si vous voulez, n'a rien de comparable,
Elles sont l'une & l'autre un chef-d'œuvre des Cieux;
Mais où le cœur est pris, on charme en vain les yeux.
Si vous avez aimé, vous avez sçeu connoistre
Que l'Amour de son choix veut estre le seul maistre;
Que s'il ne choisit pas toûjours le plus parfait,
Il attache du moins les cœurs au choix qu'il fait,
Et qu'entre cent beautez dignes de nostre hommage
Celle qu'il nous choisit plaist toûjours davantage.
Ce n'est pas offenser deux si charmantes sœurs,
Que voir en leur aisnée aussi quelques douceurs.
I'avoüray, s'il le faut, que c'est un pur caprice,
Vn pur aveuglement qui leur fait injustice;
Mais ce seroit trahir tout ce que je leur doy,
Que leur promettre un cœur quand il n'est plus à moy.

Tome II.   Aaaa

OED. Mais c'est m'offenfer, moy, Prince, que de pretendre
A des honneurs plus hauts que le nom de mon gendre.
Ie veux toutefois eftre encor de vos amis,
Mais ne demandez plus un bien que j'ay promis,
Ie vous l'ay déja dit, que pour cet Hymenée
Aux vœux du Prince Æmon ma parole eft donnée,
Vous avez attendu trop tard à m'en parler,
Et je vous offre affez dequoy vous confoler.
La parole des Rois doit eftre inviolable.
THE. Elle eft toûjours facrée, & toûjours adorable,
Mais ils ne font jamais efclaves de leur voix,
Et le plus puiffant Roy doit quelque chofe aux Rois.
Retirer fa parole à leur jufte priere,
C'eft honorer en eux fon propre caractere,
Et fi le Prince Æmon ofe encor vous parler,
Vous luy pouvez offrir dequoy fe confoler.
OED. Quoy, Prince, quand les Dieux tiennent en main leur foudre,
Qu'ils ont le bras levé pour nous reduire en poudre,
I'oferay violer un ferment folemnel
Dont j'ay pris à témoin leur pouvoir éternel?
THE. C'eft pour un grand Monarque avoir bien du fcrupule.
OED. C'eft en voftre faveur eftre un peu bien credule,
De préfumer qu'un Roy, pour contenter vos yeux,
Veüille pour ennemis les hommes, & les Dieux.
THE. Ie n'ay qu'un mot à dire après un fi grand zéle.
Quand vous donnez Dircé, Dircé fe donne-t'elle?
OED. Elle fçait fon devoir. *THE.* Sçavez-vous quel il eft?
OED. L'auroit-elle reglé fuivant voftre intereft?
A me defobeïr l'auriez-vous refoluë?
THE. Non, je refpecte trop la puiffance abfoluë,
Mais lors que vous voudrez fans elle en difpofer,
N'aura-t'elle aucun droit, Seigneur, de s'excufer?
OED. Le temps vous fera voir ce que c'eft qu'une excufe.
THE. Le temps me fera voir jufques où je m'abufe,
Et ce fera luy feul qui fçaura m'éclaircir
De ce que pour Æmon vous ferez reüffir.
Ie porte peu d'envie à fa bonne fortune:
Mais je commence à voir que je vous importune.
Adieu, faites, Seigneur, de grace, un jufte choix,
Et fi vous étes Roy, confiderez les Rois.

SCENE III.

OEDIPE, CLEANTE.

OED. SI je suis Roy, Cleante, & que me croit-il estre?
Cet amant de Dircé déja me parle en maistre,
Voy, voy ce qu'il feroit s'il étoit son époux.
CLE. Seigneur, vous avez lieu d'en estre un peu jaloux,
Cette Princesse est fiére, & comme sa naissance
Croit avoir quelque droit à la toute-puissance,
Tout est au dessous d'elle à moins que de régner,
Et sans doute qu'Æmon s'en verra dédaigner.
OED. Le sang a peu de droits dans le sexe imbecille,
Mais c'est un grand pretexte à troubler une ville,
Et lors qu'un tel orgueil se fait un fort appuy,
Le Roy le plus puissant doit tout craindre de luy.
Toy qui né dans Argos, & nourry dans Mycénes,
Peux estre mal instruit de nos secrettes haines,
Voy-les jusqu'en leur source, & juge entre elle & moy,
Si je régne sans titre, & si j'agis en Roy.
On t'a parlé du Sphinx, dont l'Enigme funeste
Ouvrit plus de tombeaux que n'en ouvre la peste.
Ce Monstre à voix humaine, Aigle, femme, & Lyon,
Se campoit fiérement sur le mont Cytheron,
D'où chaque jour icy devoit fondre sa rage,
A moins qu'on éclaircist un si sombre nuage.
Ne porter qu'un faux jour dans son obscurité,
C'étoit de ce Prodige enfler la cruauté,
Et les membres épars des mauvais interpretes
Ne laissoient dans ces murs que des bouches muëttes.
Mais comme aux grands perils le salaire enhardit,
Le Peuple offre le Sceptre, & la Reine son lit;
De cent cruelles morts cette offre est tost suivie,
J'arrive, je l'apprens, j'y hazarde ma vie.
Au pied du Roc affreux semé d'os blanchissans
Ie demande l'Enigme, & j'en cherche le sens,
Et ce qu'aucun Mortel n'avoit encor pû faire,
I'en dévoile l'image, & perce le mystere.
Le Monstre furieux de se voir entendu
Vange aussi-tost sur luy tant de sang répandu,

Du Roc s'élance en bas, & s'écrase luy mesme.
La Reine tint parole & j'eus le Diadesme;
Dircé fournissoit lors à peine un Lustre entier,
Et me vit sur le Throsne avec un œil altier.
I'en vis fremir son cœur, j'en vis couler ses larmes,
I'en pris pour l'avenir deslors quelques alarmes,
Et si l'aage en secret a pû la revolter,
Voy ce que mon depart n'en doit point redouter.
La mort du Roy mon pere à Corinthe m'appelle,
I'en attens aujourd'huy la funeste Nouvelle,
Et je hazarde tout à quitter les Thebains
Sans mettre ce depost en de fidelles mains.
Æmon seroit pour moy digne de la Princesse,
S'il a de la naissance, il a quelque foiblesse,
Et le Peuple du moins pourroit se partager,
Si dans quelque attentat il osoit l'engager:
Mais un Prince voisin, tel que tu vois Thesée,
Feroit de ma Couronne une conqueste aisée,
Si d'un pareil Hymen le dangereux lien
Armoit pour luy son Peuple, & souslevoit le mien;
Athénes est trop proche, & durant une absence
L'occasion qui flate anime l'esperance,
Et quand tous mes Sujets me garderoient leur foy,
Desolez comme ils sont, que pourroient-ils pour moy?
La Reine a pris le soin d'en parler à sa fille,
Æmon est de son sang, & Chef de sa famille,
Et l'amour d'une mere a souvent plus d'effet,
Que n'ont... mais la voicy, sçachons ce qu'elle a fait.

SCENE IV.

OEDIPE, IOCASTE, CLEANTE, NERINE.

JOC. I'Ay perdu temps, Seigneur, & cette ame embrasée
Met trop de difference entre Æmon & Thesée.
Aussi je l'avoûray, bien que l'un soit mon sang,
Leur merite differe encor plus que leur rang,
Et l'on a peu d'éclat auprès d'une personne
Qui joint à de hauts faits celuy d'une Couronne.

TRAGEDIE.

OED. Thesée est donc, Madame, un dangereux rival?
JOC. Æmon est fort à plaindre, ou je devine mal.
 I'ay tout mis en usage auprès de la Princesse,
 Conseil, authorité, reproche, amour, tendresse,
 I'en ay tiré des pleurs, arraché des soûpirs,
 Et n'ay pû de son cœur ébransler les desirs.
 I'ay poussé le dépit de m'en voir separée
 Iusques à la nommer fille dénaturée,
 Le sang Royal n'a point ces bas attachemens,
 Qui font les déplaisirs de ces éloignemens,
 Et les ames, dit-elle, *au Throsne destinées,*
 Ne doivent aux parens que les jeunes années.
OED. Et ces mots ont soudain calmé vostre couroux?
JOC. Pour les justifier elle ne veut que vous.
 Vostre exemple luy prête une preuve assez claire,
 Que le Trosne est plus doux que le sein d'une mere;
 Pour régner en ces lieux vous avez tout quitté.
OED. Mon exemple & sa faute ont peu d'égalité.
 C'est loin de ses parens qu'un homme apprend à vivre,
 Hercule m'a donné ce grand exemple à suivre,
 Et c'est pour l'imiter que par tous nos climats
 I'ay cherché comme luy la gloire & les combats.
 Mais bien que la pudeur par des ordres contraires
 Attache de plus près les filles à leurs meres,
 La vostre aime une audace où vous la soûtenez.
JOC. Ie la condamneray, si vous la condamnez;
 Mais à parler sans fard, si j'étois en sa place,
 I'en userois comme elle, & j'aurois mesme audace.
 Et vous-mesme, Seigneur, après tout, dites-moy,
 La condamneriez-vous si vous n'étiez son Roy?
OED. Si je condamne en Roy son amour, ou sa haine,
 Vous devez comme moy les condamner en Reine.
JOC. Ie suis Reine, Seigneur, mais je suis mere aussi,
 Aux miens, comme à l'Etat, je doy quelque soucy,
 Ie sepáre Dircé de la cause publique,
 Ie voy qu'ainsi que vous elle a sa Politique;
 Comme vous agissez en Monarque prudent,
 Elle agit de sa part en cœur independant,
 En amante à bon titre, en Princesse avisée,
 Qui merite ce Trosne où l'appelle Thesée.
 Ie ne puis vous flater, & croirois vous trahir,
 Si je vous promettois qu'elle pûst obeïr.

Aaaa iij

OED. Pourroit-on mieux défendre un esprit si rebelle?
JOC. Parlons-en comme il faut, nous nous aimons plus qu'elle,
   Et c'est trop nous aimer, que voir d'un œil jaloux
   Qu'elle nous rend le change, & s'aime plus que nous.
   Vn peu trop de lumiere à nos desirs s'oppose,
   Peut-estre avec le temps nous pourrions quelque chose;
   Mais n'esperons jamais qu'on change en moins d'un jour
   Quand la raison soûtient le party de l'amour.
OED. Souscrivons donc, Madame, à tout ce qu'elle ordonne,
   Couronnons cet amour de ma propre couronne,
   Cedons de bonne grace, & d'un esprit content
   Remettons à Dircé tout ce qu'elle pretend.
   A mon ambition Corinthe peut suffire,
   Et pour les plus grands cœurs c'est assez d'un Empire.
   Mais vous souvenez-vous que vous avez deux fils,
   Que le courroux du Ciel a fait naistre ennemis,
   Et qu'il vous en faut craindre un exemple barbare,
   A moins que pour régner leur destin les separe?
JOC. Ie ne voy rien encor fort à craindre pour eux,
   Dircé les aime en sœur, Thesée est genereux,
   Et si pour un grand cœur c'est assez d'un Empire,
   A son ambition Athénes doit suffire.
OED. Vous mettez une borne à cette ambition!
JOC. I'en prens, quoy qu'il en soit, peu d'apprehension,
   Et Thebes & Corinthe ont des bras comme Athénes.
   Mais nous touchons peut-estre à la fin de nos peines,
   Dymas est de retour, & Delphes a parlé.
OED. Que son visage montre un esprit desolé!

SCENE V.

OEDIPE, IOCASTE, DYMAS, CLEANTE, NERINE.

OED. ET bien, quand verrons-nous finir nostre infortune?
   Qu'apportez-vous, Dymas? quelle réponse? D. Aucune.
OED. Quoy! les Dieux son müets! DY. Ils sont müets, & sourds.
   Nous avons par trois fois imploré leur secours,
   Par trois fois redoublé nos vœux, & nos offrandes,
   Ils n'ont pas daigné mesme écouter nos demandes.

TRAGEDIE.

A peine parlions-nous, qu'un murmure confus
Sortant du fond de l'Antre expliquoit leur refus,
Et cent voix tout à coup, fans eftre articulées,
Dans une nuit fubite à nos foûpirs meflées,
Faifoient avec horreur foudain connoiftre à tous
Qu'ils n'avoient plus ny d'yeux, ny d'oreilles pour nous.
OED. Ah Madame! JOC. Ah, Seigneur, que marque un tel filence?
OED. Que pourroit-il marquer qu'une jufte vangeance?
Les Dieux, qui toft ou tard fçavent fe reffentir,
Dédaignent de répondre à qui les fait mentir.
Ce fils dont ils avoient prédit les avantures,
Expofé par voftre ordre, a trompé leurs augures,
Et ce fang innocent, & ces Dieux irritez
Se vangent maintenant de vos impietez.
JOC. Devions-nous l'expofer à fon deftin funefte,
Pour le voir parricide, & pour le voir incefte,
Et des crimes fi noirs étouffez au berceau
Auroient-ils fçeu pour moy faire un crime nouveau?
Non, non, de tant de maux Thebes n'eft affiegée,
Que pour la mort du Roy que l'on n'a pas vangée,
Son Ombre inceffamment me frape encor les yeux,
Ie l'entens murmurer à toute heure, en tous lieux,
Et fe plaindre en mon cœur de cette ignominie,
Qu'imprime à fon grand nom cette mort impunie.
OED. Pourrions-nous en punir des brigands inconnus
Que peut-eftre jamais en ces lieux on n'a veus?
Si vous m'avez dit vray, peut-eftre ay-je moy-mefme
Sur trois de ces brigands vangé le Diadefme;
Au lieu mefme, au temps mefme, attaqué feul par trois,
I'en laiffay deux fans vie, & mis l'autre aux abois.
Mais ne negligeons rien, & du Royaume fombre
Faifons par Tirefie évoquer fa grande Ombre.
Puifque le Ciel fe taift, confultons les Enfers,
Sçachons à qui de nous font deus les maux foufferts,
Sçachons-en, s'il fe peut, la caufe & le remede.
Allons tout de ce pas reclamer tous fon aide;
I'iray revoir Corinthe avec moins de foucy,
Si je laiffe plein calme & pleine joye icy.

ACTE II.

SCENE PREMIERE

OEDIPE, DIRCE', CLEANTE, MEGARE.

OED. Ie ne le cele point, cette hauteur m'étonne,
Æmon a du merite, on cherit sa personne,
Il est Prince, & de plus étant offert par moy...
D. Ie vous ay déja dit, Seigneur, qu'il n'est pas Roy.
OED. Son Hymen toutefois ne vous fait point descendre,
S'il n'est pas dans le Trosne, il a droit d'y pretendre,
Et comme il est sorty de mesme sang que vous,
Ie croy vous faire honneur d'en faire vostre époux.
DIR. Vous pouvez donc sans honte en faire vostre gendre,
Mes sœurs en l'épousant n'auront point à descendre,
Mais pour moy, vous sçavez qu'il est ailleurs des Rois,
Et mesme en vostre Cour, dont je puis faire choix.
OED. Vous le pouvez, Madame, & n'en voudrez pas faire,
Sans en prendre mon ordre, & celuy d'une mere.
DIR. Pour la Reine, il est vray qu'en cette qualité
Le sang peut luy devoir quelque civilité,
Ie m'en suis acquitée, & ne puis bien comprendre,
Etant ce que je suis, quel ordre je dois prendre.
OED. Celuy qu'un vray devoir prend des fronts couronnez,
Lors qu'on tient auprès d'eux le rang que vous tenez.
Ie pense estre icy Roy. DIR. Ie sçay ce que vous étes,
Mais si vous me contez au rang de vos Sujettes,
Ie ne sçay si celuy qu'on vous a pû donner
Vous asservit un front qu'on a dû couronner.
Seigneur, quoy qu'il en soit, j'ay fait choix de Thesée,
Ie me suis à ce choix moy-mesme authorisée,
I'ay pris l'occasion que m'ont faite les Dieux
De fuir l'aspect d'un Trosne où vous blessez mes yeux;
Et de vous

TRAGEDIE.

Et de vous épargner cet importun ombrage,
Qu'à des Rois comme vous peut donner mon visage.
OED. Le choix d'un si grand Prince est bien digne de vous,
Et je l'estime trop pour en estre jaloux;
Mais le Peuple au milieu des coleres celestes
Aime encor de Laïus les adorables restes,
Et ne pourra souffrir qu'on luy vienne arracher
Ces gages d'un grand Roy qu'il tint jadis si cher.
DIR. De l'air dont jusqu'icy ce Peuple m'a traitée,
Ie doy craindre fort peu de m'en voir regrettée.
S'il eust eu pour son Roy quelque ombre d'amitié,
Si mon sexe, ou mon âge eust émeu sa pitié,
Il n'auroit jamais eu cette lasche foiblesse
De livrer en vos mains l'Etat, & sa Princesse,
Et me verra toûjours éloigner sans regret,
Puisque c'est l'affranchir d'un reproche secret.
OED. Quel reproche secret luy fait vostre presence?
Et quel crime a commis cette reconnoissance,
Qui par un sentiment, & juste, & relevé,
L'a consacré luy-mesme à qui l'a conservé?
Si vous aviez du Sphinx veu le sanglant ravage...
DIR. Ie puis dire, Seigneur, que j'ay veu davantage.
J'ay veu ce Peuple ingrat que l'Enigme surprit
Vous payer assez bien d'avoir eu de l'esprit.
Il pouvoit toutefois avec quelque justice
Prendre sur luy le prix d'un si rare service,
Mais quoy qu'il ait osé vous payer de mon bien,
En vous faisant son Roy, vous a-t'il fait le mien?
En se donnant à vous, eut-il droit de me vendre?
OED. Ah, c'est trop me forcer, Madame, à vous entendre.
La jalouse fierté qui vous enfle le cœur
Me regarde toûjours comme un usurpateur,
Vous voulez ignorer cette juste maxime,
Que le dernier besoin peut faire un Roy sans crime,
Qu'un Peuple sans défense, & reduit aux abois...
DIR. Le Peuple est trop heureux quand il meurt pour ses Rois.
Mais, Seigneur, la matiere est un peu delicate,
Vous pouvez vous flater, peut-estre je me flate,
Sans rien approfondir, parlons à cœur ouvert.
Vous régnez en ma place, & les Dieux l'ont souffert,
Ie dis plus, ils vous ont saisi de ma couronne:
Ie n'en murmure point, comme eux je vous la donne,

Tome II.   Bbbb

J'oubliray qu'à moy seule ils devoient la garder.
Mais si vous attentez jusqu'à me commander,
Iusqu'à prendre sur moy quelque pouvoir de maistre,
Ie me souviendray lors de ce que je dois estre,
Et si je ne le suis pour vous faire la loy,
Ie le feray du moins pour me choisir un Roy.
Aprés cela, Seigneur, je n'ay rien à vous dire,
I'ay fait choix de Thesée, & ce mot doit suffire.
OED. Et je veux à mon tour, Madame, à cœur ouvert
Vous apprendre en deux mots que ce grand choix vous perd,
Qu'il vous remplit le cœur d'une attente frivole,
Qu'au Prince Æmon pour vous j'ay donné ma parole,
Que je perdray le Sçeptre, ou sçauray la tenir.
Puissent, si je la romps, tous les Dieux m'en punir,
Puisse de plus de maux m'accabler leur colere,
Qu'Apollon n'en prédit jadis pour vostre frere.
DIR. N'insultez point au sort d'un enfant malheureux,
Et faites des sermens qui soient plus genereux.
On ne sçait pas toûjours ce qu'un serment hazarde,
Et vous ne voyez pas ce que le Ciel vous garde.
OED. On se hazarde à tout, quand un serment est fait.
DIR. Ce n'est pas de vous seul que dépend son effet.
OED. Ie suis Roy, je puis tout. DIR. Ie puis fort peu de chose,
Mais enfin de mon cœur moy seule je dispose,
Et jamais sur ce cœur on n'avancera rien,
Qu'en me donnant un Sçeptre, ou me rendant le mien.
OED. Il est quelques moyens de vous faire dédire.
DIR. Il en est de braver le plus injuste Empire,
Et de quoy qu'on menace en de tels differens,
Qui ne craint point la mort ne craint point les Tyrans.
Ce m'ot m'est échapé, je n'en fais point d'excuse,
I'en feray, si le temps m'apprend que je m'abuse.
Rendez-vous cependant maistre de tout mon sort,
Mais n'offrez à mon choix que Thesée, ou la mort.
OED. On pourra vous guerir de cette frenesie,
Mais il faut aller voir ce qu'a fait Tiresie,
Nous sçaurons au retour encor vos volontez.
DIR. Allez sçavoir de luy ce que vous meritez.

SCENE II.

DIRCE, MEGARE.

DIR. Megare, que dis-tu de cette violence?
Aprés s'estre emparé des droits de ma naissance,
Sa haine opiniastre à croistre mes malheurs
M'ose encor envier ce qui me vient d'ailleurs.
Elle empesche le Ciel de m'estre enfin propice,
De reparer vers moy ce qu'il eut d'injustice,
Et veut lier les mains au Destin adoucy,
Qui m'offre en d'autres lieux ce qu'on me vole icy.
MEG. Madame, je ne sçay ce que je doy vous dire.
La raison vous anime, & l'amour vous inspire,
Mais je crains qu'il n'éclate un peu plus qu'il ne faut,
Et que cette raison ne parle un peu trop haut.
Ie crains qu'elle n'irrite un peu trop la colere
D'un Roy qui jusqu'icy vous a traitée en pere,
Et qui vous a rendu tant de preuves d'amour,
Qu'il espere de vous quelque chose à son tour.
DIR. S'il a crû m'éblouïr par de fausses caresses,
I'ay veu sa Politique en former les tendresses,
Et ces amusemens de ma captivité
Ne me font rien devoir à qui m'a tout osté.
MEG. Vous voyez que d'Æmon il a pris la querelle,
Qu'il l'estime, cherit. *DIR.* Politique nouvelle.
MEG. Mais comment pour Thesée en viendrez-vous à bout?
Il le méprise, hait. *DIR.* Politique par tout.
Si la flame d'Æmon en est favorisée,
Ce n'est pas qu'il l'estime, ou méprise Thesée,
C'est qu'il craint dans son cœur que le droit souverain,
(Car enfin il m'est dû) ne tombe en bonne main.
Comme il connoit le mien, sa peur de me voir Reine
Dispense à mes amants sa faveur, ou sa haine,
Et traiteroit ce Prince ainsi que ce Heros,
S'il portoit la Couronne, ou de Sparte, ou d'Argos.
MEG. Si vous en jugez bien, que vous étes à plaindre!
DIR. Il fera de l'éclat, il voudra me contraindre,
Mais quoy qu'il me prépare à souffrir dans sa Cour,
Il éteindra ma vie avant que mon amour.

MEG. Esperons que le Ciel vous rendra plus heureuse,
Cependant je vous trouve assez peu curieuse.
Tout le Peuple accablé de mortelles douleurs,
Court voir ce que Laïus dira de nos malheurs,
Et vous ne suivez point le Roy chez Tiresie,
Pour sçavoir ce qu'en juge une Ombre si cherie.
DIR. I'ay tant d'autres sujets de me plaindre de luy,
Que je fermois les yeux à ce nouvel ennuy.
Il auroit fait trop peu de menacer la fille,
Il faut qu'il soit Tyran de toute la famille,
Qu'il porte sa fureur jusqu'aux ames sans corps,
Et trouble insolemment jusqu'aux cendres des morts.
Mais ces Manes sacrez qu'il arrache au silence,
Se vangeront sur luy de cette violence,
Et les Dieux des Enfers justement irritez
Puniront l'attentat de ses impietez.
MEG. Nous ne sçavons pas bien comme agit l'autre Monde,
Il n'est point d'œil perçant dans cette nuit profonde,
Et quand les Dieux vangeurs laissent tomber leur bras,
Il tombe assez souvent sur qui n'y pense pas.
DIR. Deust leur decret fatal me choisir pour victime,
Si j'ay part au couroux, je n'en veux point au crime,
Ie veux m'offrir sans tache à leur bras tout-puissant,
Et n'avoir à verser que du sang innocent.

SCENE III.

DIRCE, NERINE, MEGARE.

NER. AH, Madame, il en faut de la mesme innocence,
Pour appaiser du Ciel l'implacable vangeance,
Il faut une victime, & pure, & d'un tel rang,
Que chacun la voudroit racheter de son sang.
DIR. Nerine, que dis-tu ? seroit-ce bien la Reine ?
Le Ciel feroit-il choix d'Antigone, ou d'Ismene ?
Voudroit-il Etheocle, ou Polinice, ou moy ?
Car tu me dis assez que ce n'est pas le Roy,
Et si le Ciel demande une victime pure,
Apprehender pour luy, c'est luy faire une injure,
Seroit-ce enfin Thesée ? Helas ! si c'étoit luy....
Mais nomme, & dy quel sang le Ciel veut aujourd'huy.

NER. L'Ombre du grand Laïus, qui luy sert d'interprete,
De honte, ou de dépit sur ce nom est muëtte,
Ie n'ose vous nommer ce qu'elle nous a teu;
Mais préparez, Madame, une haute vertu,
Prétez à ce recit une ame genereuse,
Et vous-mesme jugez si la chose est douteuse.
DIR. Ah, ce sera Thesée, ou la Reine. *NER.* Ecoutez,
Et taschez d'y trouuer quelques obscuritez.
   Tiresie a long-temps perdu ses sacrifices,
Sans trouuer ny les Dieux, ny les Ombres propices,
Et celle de Laïus évoqué par son nom
S'obstinoit au silence aussi-bien qu'Apollon.
Mais la Reine en la Place à peine est arrivée,
Qu'une épaisse vapeur s'est du Temple élevée,
D'où cette Ombre aussi-tost sortant jusqu'en plein jour
A surpris tous les yeux du Peuple, & de la Cour.
L'imperieux orgueil de son regard severe
Sur son visage passe avoit peint la colere,
Tout menaçoit en elle, & des restes de sang
Par un prodige affreux luy degoutoient du flanc.
A ce terrible aspect la Reine s'est troublée,
La frayeur a couru dans toute l'Assemblée,
Et de vos deux Amans j'ay veu les cœurs glacez
A ces funestes mots que l'Ombre a prononcez.

  Un grand crime impuny cause vostre misere;
Par le sang de ma Race il se doit effacer,
    Mais à moins que de le verser,
    Le Ciel ne se peut satisfaire,
Et la fin de vos maux ne se fera point voir,
    Que mon Sang n'ait fait son devoir.

Ces mots dans tous les cœurs redoublent les alarmes,
L'Ombre qui disparoist laisse la Reine en larmes,
Thesée au desespoir, Æmon tout hors de luy,
Le Roy mesme arrivant partage leur ennuy,
Et d'une voix commune ils refusent une aide,
Qui fait trouver le mal plus doux que le remede.
DIR. Peut-estre craignent-ils que mon cœur revolté
Ne leur refuse un sang qu'ils n'ont pas merité;
Mais ma flame à la mort m'avoit trop resoluë,
Pour ne pas y courir quand les Dieux l'ont vouluë.

Tu m'as fait sans raison concevoir de l'effroy,
Ie n'ay point dû trembler, s'ils ne veulent que moy.
Ils m'ouvrent une porte à sortir d'esclavage,
Que tient trop precieuse un genereux courage;
Mourir pour sa Patrie est un sort plein d'appas,
Pour quiconque à des fers prefere le trépas.
    Admire, Peuple ingrat, qui m'as desheritée,
Quelle vangeance en prend ta Princesse irritée,
Et connoy dans la fin de tes longs déplaisirs
Ta veritable Reine à ses derniers soûpirs.
Voy comme à tes malheurs je suis toute asservie,
L'un m'a coûté mon Trosne, & l'autre veut ma vie,
Tu t'es sauvé du Sphinx aux dépens de mon rang,
Sauve-toy de la peste aux dépens de mon sang.
Mais après avoir veu dans la fin de ta peine
Que pour toy le trépas semble doux à ta Reine,
Fay-toy de son exemple une adorable loy,
Il est encor plus doux de mourir pour son Roy.
MEG. Madame, auroit-on creu que cette Ombre d'un pere,
D'un Roy dont vous tenez la memoire si chere,
Dans vostre injuste perte eûst pris tant d'interest,
Qu'elle vinst elle-mesme en prononcer l'Arrest?
DIR. N'appelle point injuste un trépas legitime,
Si j'ay causé sa mort, puis-je vivre sans crime?
NER. Vous, Madame? *DIR.* Ouy, Nerine, & tu l'as pû sçavoir.
L'amour qu'il me portoit eut sur luy tel pouvoir,
Qu'il voulut sur mon sort faire parler l'Oracle;
Mais comme à ce dessein la Reine mit obstacle,
De peur que cette voix des Destins ennemis
Ne fust aussi funeste à la fille qu'au fils,
Il se desroba d'elle, ou plustost prit la fuite,
Sans vouloir que Phorbas & Nicandre pour suite.
Helas ! sur le chemin il fut assassiné,
Ainsi se vit pour moy son destin terminé,
Ainsi j'en fus la cause. *MEG.* Ouy, mais trop innocente,
Pour vous faire un supplice où la raison consente,
Et jamais des Tyrans les plus barbares loix,
DIR. Megare, tu sçais mal ce que l'on doit aux Rois.
Vn sang si précieux ne sçauroit se répandre,
Qu'à l'innocente cause on n'ait droit de s'en prendre,
Et de quelque façon que finisse leur sort,
On n'est point innocent quand on cause leur mort.

TRAGEDIE.

C'est ce crime impuny qui demande un supplice,
C'est par là que mon pere a part au sacrifice,
C'est ainsi qu'un trépas, qui me comble d'honneur,
Asseure sa vangeance, & fait vostre bonheur,
Et que tout l'avenir cherira la memoire
D'un chatiment si juste où brille tant de gloire.

SCENE IV.

THESEE, DIRCE, MEGARE, NERINE.

DI. Mais que voy-je? Ah, Seigneur, quels que soient vos ennuis,
Que venez-vous me dire en l'état où je suis?
THE. Ie viens prendre de vous l'ordre qu'il me faut suivre.
Mourir, s'il faut mourir, & vivre, s'il faut vivre.
DIR. Ne perdez point d'efforts à m'arrêter au jour,
Laissez faire l'honneur. THE. Laissez agir l'amour.
DIR. Vivez, Prince, vivez. THE. Vivez donc, ma Princesse.
DIR. Ne me ravalez point jusqu'à cette bassesse,
Retarder mon trépas c'est faire tout perir,
Tout meurt si je ne meurs. THE. Laissez-moy donc mourir.
DIR. Helas! qu'osez-vous dire? THE. Helas! qu'allez-vous faire?
DIR. Finir les maux publics, obeïr à mon pere,
Sauver tous mes Sujets. THE. Par quelle injuste loy
Faut-il les sauver tous pour ne perdre que moy?
Eux, dont le cœur ingrat porte les justes peines
Du rebelle mépris qu'ils ont fait de vos chaisnes!
Qui dans les mains d'un autre ont mis tout vostre bien!
DIR. Leur devoir violé doit-il rompre le mien?
Les exemples abjets de ces petites ames
Reglent-ils de leurs Rois les glorieuses trames,
Et quel fruit un grand cœur pourroit-il recueillir
A recevoir du Peuple un exemple à faillir?
Non, non, s'il m'en faut un, je ne veux que le vostre,
L'amour que j'ay pour vous n'en reçoit aucun autre,
Pour le bon-heur public n'avez-vous pas toûjours
Prodigué vostre sang, & hazardé vos jours?
Quand vous avez défait le Minotaure en Créte,
Quand vous avez puny Damaste, & Periphéte,

Sinnis, Phæa, Scirron, que faisiez-vous, Seigneur,
Que chercher à perir pour le commun bon-heur?
Souffrez que pour la gloire une chaleur égale
D'une amante aujourd'huy vous fasse une rivale;
Le Ciel offre à mon bras par où me signaler,
S'il ne sçait pas combatre, il sçaura m'immoler,
Et si cette chaleur ne m'a point abusée,
Ie deviendray par là digne du grand Thesée.
Mon sort en ce point seul du vostre est different,
Que je ne puis sauver mon Peuple qu'en mourant,
Et qu'au salut du vostre un bras si necessaire
A chaque jour pour luy d'autres combats à faire.
THE. I'en ay fait, & beaucoup, & d'assez genereux,
Mais celuy-cy, Madame, est le plus dangereux;
I'ay fait trembler par tout, & devant vous je tremble,
L'Amant & le Heros s'accordent mal ensemble.
Mais enfin après vous tous deux veulent courir,
Le Heros ne peut vivre, où l'Amant doit mourir,
La fermeté de l'un par l'autre est épuisée,
Et si Dircé n'est plus, il n'est plus de Thesée.
DIR. Helas! c'est maintenant, c'est lors que je vous voy,
Que ce mesme combat est dangereux pour moy.
Ma vertu la plus forte à vostre aspect chancelle,
Tout mon cœur applaudit à sa flame rebelle,
Et l'honneur, qui charmoit ses plus noirs déplaisirs,
N'est plus que le Tyran de mes plus chers desirs.
Allez, Prince, & du moins par pitié de ma gloire
Gardez-vous d'achever une indigne victoire,
Et si jamais l'honneur a sçeu vous animer...
THE. Helas! à vostre aspect je ne sçay plus qu'aimer.
DIR. Par un pressentiment j'ay déja sçeu vous dire
Ce que ma mort sur vous se reserve d'empire,
Vostre bras de la Grece est le plus ferme appuy,
Vivez pour le Public, comme je meurs pour luy.
THE. Perisse l'Vnivers pourueu que Dircé vive,
Perisse le jour mesme avant qu'elle s'en prive.
Que m'importe la perte, où le salut de tous?
Ay-je rien à sauver, rien à perdre que vous?
Si vostre amour, Madame, étoit encor le mesme,
Si vous sçaviez encor aimer comme on vous aime...
DIR. Ah! faites moins d'outrage à ce cœur affligé,
Que pressent les douleurs où vous l'avez plongé.

Laissez vivre

TRAGEDIE.

Laissez vivre du Peuple un pitoyable reste
Aux dépens d'un moment que m'a laissé la peste,
Qui peut-estre à vos yeux viendra trancher mes jours,
Si mon sang répandu ne luy tranche le cours.
Laissez-moy me flater de cette triste joye,
Que, si je ne mourois, vous en seriez la proye,
Et que ce sang aimé que répandront mes mains
Sera versé pour vous plus que pour les Thebains.
Des Dieux mal obeïs la Majesté supresme
Pourroit en ce moment s'en vanger sur vous mesme,
Et j'aurois cette honte en ce funeste sort,
D'avoir prété mon crime à faire vostre mort.
THE. Et ce cœur genereux me condamne à la honte
De voir que ma Princesse en amour me surmonte,
Et de n'obeïr pas à cette aimable loy,
De mourir avec vous, quand vous mourez pour moy!
Pour moy, comme pour vous, soyez plus magnanime,
Voyez mieux qu'il y a mesme de vostre estime,
Que le choix d'un amant si peu digne de vous
Soüilleroit cet honneur qui vous semble si doux,
Et que de ma Princesse on diroit d'âge en âge
Qu'elle eut de mauvais yeux pour un si grand courage.
DIR. Mais, Seigneur, je vous sauve en courant au trépas,
Et mourant avec moy vous ne me sauvez pas.
THE. La gloire de ma mort n'en deviendra pas moindre,
Si ce n'est vous sauver, ce sera vous rejoindre.
Separer deux amants, c'est tous deux les punir,
Et dans le tombeau mesme il est doux de s'unir.
DIR. Que vous m'étes cruel, de jetter dans mon ame
Vn si honteux desordre avec des traits de flame!
Adieu, Prince, vivez, je vous l'ordonne ainsi,
La gloire de ma mort est trop douteuse icy,
Et je hazarde trop une si noble envie
A voir l'unique objet pour qui j'aime la vie.
THE. Vous fuyez, ma Princesse, & vostre adieu fatal...
DIR. Prince, il est temps de fuir quand on se défend mal,
Vivez, encor un coup c'est moy qui vous l'ordonne.
THE. Le veritable amour ne prend loy de personne,
Et si ce fier honneur s'obstine à nous trahir,
Ie renonce, Madame, à vous plus obeïr.

ACTE III.

SCENE PREMIERE.

DIRCE.

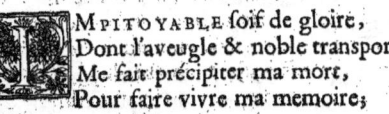MPITOYABLE soif de gloire,
Dont l'aveugle & noble transport
Me fait précipiter ma mort,
Pour faire vivre ma memoire;
Arréte pour quelques momens
Les impetueux sentimens
De cette inexorable envie,
Et souffre qu'en ce triste & favorable jour,
Avant que te donner ma vie,
Ie donne un soûpir à l'amour.

Ne crains pas qu'une ardeur si belle
Ose te disputer un cœur,
Qui de ton illustre rigueur
Est l'esclave le plus fidelle :
Ce regard tremblant & confus,
Qu'attire un bien qu'il n'attend plus,
N'empesche pas qu'il ne se dompte;
Il est vray qu'il murmure, & se dompte à regret,
Mais s'il m'en faut rougir de honte,
Ie n'en rougiray qu'en secret.

L'éclat de cette Renommée,
Qu'asseure un si brillant trépas,
Perd la moitié de ses appas,
Quand on aime, & qu'on est aimée.
L'honneur en Monarque absolu
Soûtient ce qu'il a resolu
Contre les assauts qu'on te livre;
Il est beau de mourir pour en suivre les loix,

TRAGEDIE.

Mais il est assez doux de vivre,
Quand l'Amour a fait un beau choix.

Toy qui faisois toute la joye
Dont sa flame osoit me flater,
Prince, que j'ay peine à quitter,
A quelques honneurs qu'on m'envoye,
Accepte ce foible retour,
Que vers toy d'un si juste amour
Fait la douloureuse tendresse,
Sur les bords de la tombe, où tu me vois courir,
Ie crains les maux que je te laisse,
Quand je fais gloire de mourir.

I'en fais gloire, mais je me cache
Vn comble affreux de déplaisirs,
Ie fais taire tous mes desirs,
Mon cœur à soy-mesme s'arrache.
Cher Prince, dans un tel aveu,
Si tu peux voir quel est mon feu,
Voy combien il se violente;
Ie meurs l'esprit content, l'honneur m'en fait la loy,
Mais j'aurois vécu plus contente,
Si j'avois pû vivre pour toy.

Cccc ij

SCENE II.

IOCASTE, DIRCÉ.

DIR. TOut est-il prest, Madame, & vostre Tiresie
　Attend-il aux autels la victime choisie ?
JOC. Non, ma fille, & du moins nous aurons quelques jours
　A demander au Ciel un plus heureux secours,
　On prépare à demain exprés d'autres victimes,
　Le Peuple ne vaut pas que vous payiez ses crimes,
　Il aime mieux perir qu'estre ainsi conservé,
　Et le Roy mesme, encor que vous l'ayez bravé,
　Sensible à vos malheurs autant qu'à ma priere,
　Vous offre sur ce point liberté toute entiere.
DIR. C'est assez vainement qu'il m'offre un si grand bien,
　Quand le Ciel ne veut pas que je luy doive rien,
　Et ce n'est pas à luy de mettre des obstacles
　Aux ordres souverains que donnent ses Oracles.
JOC. L'Oracle n'a rien dit. *DIR.* Mais mon pere a parlé,
　L'ordre de nos Destins par luy s'est revelé,
　Et des morts de son rang les Ombres immortelles
　Servent souvent aux Dieux de truchemens fidelles.
JOC. Laissez la chose en doute, & du moins hesitez,
　Tant qu'on ait par leur bouche appris leurs volontez.
DIR. Exiger qu'avec nous ils s'expliquent eux-mesmes,
　C'est trop nous asservir ces Majestez supresmes.
JOC. Ma fille, il est toûjours assez-tost de mourir.
DIR. Madame, il n'est jamais trop tost de secourir,
　Et pour un mal si grand, qui reclame nostre aide,
　Il n'est point de trop seur, ny de trop prompt remede.
　Plus nous le differons, plus ce mal devient grand,
　I'assassine tous ceux que la peste surprend,
　Aucun n'en peut mourir qui ne me laisse un crime,
　Ie viens d'étouffer seule, & Sostrate, & Phædime,
　Et durant ce refus des remedes offerts
　La Parque se prévaut des momens que je perds.
　Helas ! si sa fureur dans ces pertes publiques
　Envelopoit Thesée aprés ses Domestiques,
　Si nos retardemens... *JOC.* Vivez, pour luy, Dircé,
　Ne luy desrobez point un cœur si bien placé,

TRAGEDIE.

Avec tant de courage ayez quelque tendresse,
Agissez en amante aussi-bien qu'en Princesse,
Vous avez liberté toute entiere en ces lieux,
Le Roy n'y prend pas garde, & je ferme les yeux,
C'est vous en dire assez, l'Amour est un doux maistre,
Et quand son choix est beau, son ardeur doit paroistre.
DIR. Ie n'ose demander si de pareils avis
Portent des sentimens que vous ayez suivis,
Vostre second Hymen pût avoir d'autres causes,
Mais j'oseray vous dire, à bien juger des choses,
Que pour avoir receu la vie en vostre flame,
I'y dois avoir succé fort peu de vostre sang,
Celuy du grand Laïus, dont je m'y suis formée,
Trouve bien qu'il est doux d'aimer, & d'estre aimée,
Mais il ne peut trouver qu'on soit digne du jour,
Quand aux soins de sa gloire on préfere l'amour.
Ie sçay sur les grands cœurs ce qu'il se fait d'empire,
I'avoüe, & hautement, que le mien en soûpire,
Mais quoy qu'un si beau choix puisse avoir de douceurs,
Ie garde un autre exemple aux Princesses mes sœurs.
JOC. Ie souffre tout de vous en l'état où vous êtes,
Si vous ne sçavez pas mesme ce que vous faites,
Le chagrin inquiet du trouble où je vous voy
Vous peut faire oublier que vous parlez à moy,
Mais quittez ces dehors d'une vertu severe,
Et souvenez-vous mieux que je suis vostre mere.
DIR. Ce chagrin inquiet pour se justifier,
N'a qu'à prendre chez vous l'exemple d'oublier,
Quand vous mistes le Sceptre en une autre famille,
Vous souvint-il assez que j'étois vostre fille?
JOC. Vous n'étiez qu'un enfant. *DIR.* I'avois déja des yeux,
Et sentois dans mon cœur le sang de mes Ayeux.
C'étoit ce mesme sang dont vous m'avez fait naistre,
Qui s'indignoit deslors qu'on luy donnast un maistre,
Et que vers soy Laïus aime mieux rappeler,
Que de voir qu'à vos yeux on l'ose ravaler.
Il oppose ma mort à l'indigne Hymenée
Où par raison d'Etat il me voit destinée,
Il la fait glorieuse, & je meurs plus pour moy
Que pour ces malheureux qui se sont fait un Roy.
Le Ciel en ma faveur prend ce cher interprete
Pour m'épargner l'affront de vivre encor Sujette,

Cccc iij

    Et s'il a quelque foudre, il sçaura le garder
    Pour qui m'a fait des loix où j'ay dû commander.
JOC. Souffrez qu'à ses éclairs vostre orgueil se dissipe,
    Ce foudre vous menace un peu plutost qu'Oedipe,
    Et le Roy n'a pas lieu d'en redouter les coups,
    Quand parmy tout son Peuple ils n'ont choisi que vous.
DIR. Madame, il se peut faire encor qu'il me prévienne,
    S'il sçait ma Destinée, il ignore la sienne,
    Le Ciel pourra vanger ses ordres retardez,
    Craignez ce changement que vous luy demandez.
    Souvent on l'entend mal, quand on le croit entendre,
    L'Oracle le plus clair se fait le moins comprendre,
    Moy-mesme je le dis sans comprendre pourquoy,
    Et ce discours en l'air m'échape malgré moy.
    Pardonnez cependant à cette humeur hautaine,
    Ie veux parler en fille, & je m'explique en Reine,
    Vous qui l'étes encor, vous sçavez ce que c'est,
    Et jusqu'où nous emporte un si haut interest.
    Si je n'en ay le rang, j'en garde la teinture,
    Le Trosne a d'autres droits que ceux de la Nature,
    I'en parle trop peut-estre alors qu'il faut mourir,
    Hastons-nous d'empescher ce Peuple de perir,
    Et sans considerer quel fut vers moy son crime,
    Puisque le Ciel le veut, donnons-luy sa victime.
JOC. Demain ce juste Ciel pourra s'expliquer mieux,
    Cependant vous laissez bien du trouble en ces lieux,
    Et si vostre vertu pouvoit croire mes larmes,
    Vous nous épargheriez cent mortelles alarmes.
DIR. Deussent avec vos pleurs tous vos Thebains s'unir,
    Ce que n'a pû l'amour, rien ne doit l'obtenir.

TRAGEDIE.

SCENE III.

OEDIPE, IOCASTE, DIRCÉ.

DIR. Quel propos, Seigneur, voulez-vous qu'on differe,
Qu'on dédaigne un remede à tous si salutaire?
Chaque instant que je vis vous enleve un Sujet,
Et l'Etat s'affoiblit par l'affront qu'on me fait.
Cette ombre de pitié n'est qu'un comble d'envie;
Vous m'avez envié le bon-heur de ma vie,
Et je vous voy par là jaloux de tout mon sort,
Iusques à m'envier la gloire de ma mort.
OED. Qu'on perd de temps, Madame, alors qu'on vous fait grace!
DIR. Le Ciel m'en a trop fait pour souffrir qu'on m'en fasse.
JOC. Faut-il voir vostre esprit obstinément aigry,
Quand ce qu'on fait pour vous doit l'avoir attendry?
DIR. Fait-il voir son envie à mes vœux opposée,
Quand il ne s'agit plus d'Æmon, ny de Thesée?
OED. Il s'agit de répandre un sang si précieux,
Qu'il faut un second ordre, & plus exprès des Dieux.
DIR. Doutez-vous qu'à mourir je ne sois toute preste,
Quand les Dieux par mon pere ont demandé ma teste?
OED. Ie vous connoy, Madame, & je n'ay point douté
De cet illustre excès de generosité,
Mais la chose après tout n'est pas encor si claire,
Que cet ordre nouveau ne nous soit necessaire.
DIR. Quoy, mon pere tantost parloit obscurement?
OED. Ie n'en ay rien connu que depuis un moment,
C'est un autre que vous peut-estre qu'il menace.
DIR. Si l'on ne m'a trompée, il n'en veut qu'à sa race.
OED. Ie sçay qu'on vous a fait un fidelle rapport,
Mais vous pourriez mourir, & perdre vostre mort,
Et la Reine sans doute étoit bien inspirée,
Alors que par ses pleurs elle l'a differée.
JOC. Ie ne reçoy qu'en trouble un si confus espoir.
OED. Ce trouble augmentera peut-estre avant ce soir.
JOC. Vous avancez des mots que je ne puis comprendre.
OED. Vous vous plaindrez fort peu de ne les point entendre,
Nous devons bien-tost voir le mystere éclaircy.
Madame, cependant vous étes libre icy,

La Reine vous l'a dit, ou vous a dû le dire,
Et si vous m'entendez, ce mot vous doit suffire.
DIR. Quelque secret motif qui vous aye excité
A ce tardif excès de generosité,
Ie n'emporteray point de Thebes dans Athenes
La colere des Dieux, & l'amas de leurs haines,
Qui pour premier objet pourroient choisir l'époux
Pour qui j'aurois osé meriter leur courroux.
Vous leur faites demain offrir un sacrifice?
OED. I'en espere pour vous un Destin plus propice.
DIR. I'y trouveray ma place, & feray mon devoir.
Quant au reste, Seigneur, je n'en veux rien sçavoir.
I'y prens si peu de part, que sans m'en mettre en peine,
Ie vous laisse expliquer vostre Enigme à la Reine.
Mon cœur doit estre las d'avoir tant combatu,
Et fuit un piege adroit qu'on tend à sa vertu.

SCENE IV.

IOCASTE, OEDIPE, Suite.

OED. Madame, quand des Dieux la réponse funeste,
De peur d'un parricide, & de peur d'un inceste,
Sur le mont Cytheron fit exposer ce fils
Pour qui tant de forfaits avoient esté prédits,
Sçeustes-vous faire choix d'un ministre fidelle?
IOC. Aucun pour le feu Roy n'a montré plus de zéle,
Et quand par des voleurs il fut assassiné,
Ce digne favory l'avoit accompagné.
Par luy seul on a sçeu cette noire avanture;
On le trouva percé d'une large blessure,
Si baigné dans son sang, & si près de mourir,
Qu'il fallut une année, & plus, pour l'en guerir.
OED. Est-il mort? IOC. Non, Seigneur, la perte de son maistre
Fut cause qu'en la Cour il cessa de paroistre,
Mais il respire encor, assez vieil, & cassé,
Et Megare sa fille est auprès de Dircé.
DIR. Où fait-il sa demeure? IOC. Au pied de cette Roche,
Que de ces tristes murs nous voyons la plus proche.
OED. Taschez de luy parler. IOC. I'y vay tout de ce pas.
Qu'on me prépare un char pour aller chez Phorbas.

Son degoust

TRAGEDIE.

Son degouſt de la Cour pourroit ſur un meſſage
S'excuſer par caprice, & pretexter ſon âge.
Dans une heure au plus tard je ſçauray vous revoir.
Mais que doy-je luy dire, & qu'en faut-il ſçavoir?
OED. Vn bruit court depuis peu qu'il vous a mal ſervie,
Que ce fils qu'on croit mort eſt encor plein de vie.
L'Oracle de Laïus par là devient douteux,
Et tout ce qu'il a dit peut s'étendre ſur deux.
JOC. Seigneur, ou ſur ce bruit je ſuis fort abuſée,
Ou ce n'eſt qu'un effet de l'amour de Theſée.
Pour ſauver ce qu'il aime, & vous embarraſſer,
Iuſques à voſtre oreille il l'aura fait paſſer:
Mais Phorbas aiſément convaincra d'impoſture
Quiconque oſe à ſa foy faire une telle injure.
OED. L'innocence de l'âge aura pû l'émouvoir.
IOC. Ie l'ay toûjours connu ferme dans ſon devoir;
Mais ſi déja ce bruit vous met en jalouſie,
Vous pouvez conſulter le Devin Tireſie,
Publier ſa réponſe, & traiter d'impoſteur
De cette illuſion le temeraire autheur.
OED. Ie viens de le quitter, & de là vient ce trouble
Qu'en mon cœur alarmé chaque moment redouble.
Ce Prince, m'a-t'il dit, *reſpire en voſtre Cour,*
Vous pourrez le connoiſtre avant la fin du jour,
Mais il pourra vous perdre en ſe faiſant connoiſtre.
Puiſſe-t'il ignorer quel ſang luy donne l'eſtre.
Voilà ce qu'il m'a dit d'un ton ſi plein d'effroy,
Qu'il l'a fait rejallir juſqu'en l'ame d'un Roy.
Ce fils qui devoit eſtre inceſte, & parricide,
Doit avoir un cœur laſche, un courage perfide,
Et par un ſentiment facile à deviner
Il ne ſe cache icy que pour m'aſſaſſiner:
C'eſt par là qu'il aſpire à devenir Monarque,
Et vous le connoiſtrez bien-toſt à cette marque.
   Quoy qu'il en ſoit, Madame, allez trouver Phorbas,
Tirez-en, s'il ſe peut, les clartez qu'on n'a pas.
Taſchez en meſme temps de voir auſſi Theſée,
Dites-luy qu'il peut faire une conqueſte aiſée,
Qu'il oſe pour Dircé, que je n'en verray rien.
I'admire un changement ſi confus que le mien:
Tantoſt dans leur Hymen je croyois voir ma perte,
I'allois pour l'empeſcher juſqu'à la force ouverte,

Tome II.   Dddd

Et fans fçavoir pourquoy, je voudrois que tous deux
Fuffent loin de ma veuë au comble de leurs vœux,
Que les emportemens d'une ardeur mutüelle
M'euffent débaraffé de fon amant, & d'elle.
Bien que de leur vertu rien ne me foit fufpect,
Ie ne fçay quelle horreur me trouble à leur afpect,
Ma raifon la repouffe, & ne m'en peut défendre,
Moy-mefme en cet état je ne puis me comprendre,
Et l'Enigme du Sphinx fut moins obfcur pour moy,
Que le fond de mon cœur ne l'eft dans cet effroy.
Plus je le confidere, & plus je m'en irrite:
Mais ce Prince paroit, fouffrez que je l'évite,
Et fi vous vous fentez l'efprit moins interdit,
Agiffez avec luy comme je vous ay dit.

SCENE V.

IOCASTE, THESEE.

JOC. PRince, que faites-vous? quelle pitié craintive,
Quel faux refpect des Dieux tient voftre flame oifive?
Avez-vous oublié comme il faut fecourir?
THE. Dircé n'eft plus, Madame, en état de perir,
Le Ciel vous rend un fils, & ce n'eft qu'à ce Prince
Qu'eft dû le trifte honneur de fauver fa Province.
JOC. C'eft trop vous affeurer fur l'éclat d'un faux bruit.
THE. C'eft une verité dont je fuis mieux inftruit.
JOC. Vous le connoiffez donc? *THE.* A l'égal de moy-mefme.
IO. De quand? *TH.* De ce moment. *I.* Et vous l'aimez? *T.* Ie l'aime,
Iufque à mourir du coup dont il fera percé.
JOC. Mais cette amitié cede à l'amour de Dircé?
THE. Helas, cette Princeffe à mes defirs fi chere
En un fidelle amant trouve un malheureux frere,
Qui mourroit de douleur d'avoir changé de fort,
N'étoit le prompt fecours d'une plus digne mort,
Et qu'affez-toft connu pour mourir au lieu d'elle,
Ce frere malheureux meurt en amant fidelle.
JOC. Quoy, vous feriez mon fils! *THE.* Et celuy de Laïus.
IOC. Qui vous a pû le dire? *THE.* Vn témoin qui n'eft plus,
Phædime qu'à mes yeux vient de ravir la pefte.
Non qu'il m'en ait donné la preuve manifefte,

Mais Phorbas, ce vieillard qui m'exposa jadis,
Répondra mieux que luy de ce que je vous dis,
Et vous éclaircira touchant une avanture
Dont je n'ay pû tirer qu'une lumiere obscure.
　　Ce peu qu'en ont pour moy les soûpirs d'un mourant
Du grand droit de régner seroit mauvais garand,
Mais ne permettez pas que le Roy me soupçonne,
Comme si ma naissance ébranloit sa Couronne;
Quelque honneur, quelques droits qu'elle ait pû m'acquerir,
Ie ne viens disputer que celuy de mourir.

JOC. Ie ne sçay si Phorbas avoûra vostre histoire,
Mais qu'il l'avouë, ou non, j'auray peine à vous croire.
Avec vostre mourant Tiresie est d'accord,
A ce que dit le Roy, que mon fils n'est point mort,
C'est déja quelque chose, & toutefois mon ame
Aime à tenir suspecte une si belle flame.
Ie ne sens point pour vous l'émotion du sang,
Ie vous trouve en mon cœur toûjours en mesme rang,
J'ay peine à voir un fils, où j'ay crû voir un gendre,
La Nature avec vous refuse de s'entendre,
Et me dit en secret sur vostre emportement,
Qu'il a bien peu d'un frere, & beaucoup d'un amant;
Qu'un frere a pour des sœurs une ardeur plus remise,
A moins que sous ce titre un amant se déguise,
Et qu'il cherche en mourant la gloire & la douceur
D'arracher à la mort ce qu'il nomme sa sœur.

THE. Que vous connoissez mal ce que peut la Nature!
Quand d'un parfait amour elle a pris la teinture,
Et que le desespoir d'un illustre projet
Se joint aux déplaisirs d'en voir perir l'objet,
Il est doux de mourir pour une sœur si chere.
Ie l'aimois en amant, je l'aime encor en frere,
C'est sous un autre nom le mesme empressement,
Ie ne l'aime pas moins, mais je l'aime autrement.
L'ardeur sur la vertu fortement établie
Par ces retours du sang ne peut estre affoiblie,
Et ce sang qui prétoit sa tendresse à l'amour,
A droit d'en emprunter les forces à son tour.

JOC. Et bien, soyez mon fils, puisque vous voulez l'estre,
Mais donnez-moy la marque où je le doy connoistre.
Vous n'étes point ce fils, si vous n'étes méchant,
Le Ciel sur sa naissance imprima ce panchant,

Dddd ij

J'en voy quelque partie en ce defir incefte,
Mais pour ne plus douter, vous chargez-vous du refte?
Etes-vous l'affaffin, & d'un pere, & d'un Roy?
THE. Ah, Madame, ce mot me fait paflir d'effroy.
IOC. C'étoit-là de mon fils la noire Deftinée,
Sa vie à ces forfaits par le Ciel condamnée
N'a pû fe dégager de cet Aftre ennemy,
Ny de fon afcendant s'échaper à demy.
Si ce fils vit encore, il a tué fon pere,
C'en eft l'indubitable, & le feul caractere,
Et le Ciel, qui prit foin de nous en avertir,
L'a dit trop hautement pour fe voir démentir.
Sa mort feule pouvoit le derober au crime.
Prince, renoncez donc à toute voftre eftime,
Dites que vos vertus font crimes déguifez,
Recevez tout le fort que vous vous impofez,
Et pour remplir un nom dont vous étes avide,
Acceptez ceux d'incefte, & de fils parricide:
J'en croiray ces témoins que le Ciel m'a prefcrits,
Et ne vous puis donner mon aveu qu'à ce prix.
THE. Quoy, la neceffité des vertus & des vices
D'un Aftre imperieux doit fuivre les caprices,
Et l'homme fur foy-mefme a fi peu de credit,
Qu'il devient fcelerat quand Delphes l'a predit?
L'ame eft donc toute efclave, une loy fouveraine
Vers le bien ou le mal inceffamment l'entraifne,
Et nous ne recevons, ny crainte, ny defir,
De cette liberté qui n'a rien à choifir,
Attachez fans relafche à cet ordre fublime,
Vertueux fans merite, & vicieux fans crime.
Qu'on maffacre les Rois, qu'on brife les Autels,
C'eft la faute des Dieux, & non pas des Mortels;
De toute la vertu fur la Terre épanduë,
Tout le prix à ces Dieux, toute la gloire eft deuë;
Ils agiffent en nous quand nous penfons agir,
Alors qu'on delibere, on ne fait qu'obeïr,
Et noftre volonté n'aime, hait, cherche, évite,
Que fuivant que d'enhaut leur bras la précipite.
   D'un tel aveuglement daignez me difpenfer,
Le Ciel jufte à punir, jufte à recompenfer,
Pour rendre aux actions leur peine, ou leur falaire,
Doit nous offrir fon aide, & puis nous laiffer faire.

N'enfonçons toutefois ny voſtre œil, ny le mien,
Dans ce profond abyſme où nous ne voyons rien;
Delphes a pû vous faire une fauſſe réponſe,
L'argent pût inſpirer la voix qui les prononce,
Cet organe des Dieux pût ſe laiſſer gagner
A ceux que ma naiſſance éloignoit de régner,
Et par tous les climats on n'a que trop d'exemples
Qu'il eſt ainſi qu'ailleurs des méchans dans les Temples.
   Du moins puis-je aſſeurer que dans tous mes combats
Ie n'ay jamais ſouffert de ſeconds que mon bras,
Que je n'ay jamais veu ces lieux de la Phocide
Où fut par des brigands commis ce parricide,
Que la fatalité des plus preſſans malheurs,
Ne m'auroit pû reduire à ſuivre des voleurs,
Que j'en ay trop puny pour en croiſtre le nombre.
JOC. Mais Laïus a parlé, vous en avez veu l'Ombre,
De l'Oracle avec elle on voit tant de rapport,
Qu'on ne peut qu'à ce fils en imputer la mort,
Et c'eſt le dire aſſez, qu'ordonner qu'on efface
Vn grand crime impuny, par le ſang de ſa race.
Attendons toutefois ce qu'en dira Phorbas,
Autre que luy n'a veu ce malheureux trépas,
Et de ce témoin ſeul dépend la connoiſſance,
Et de ce parricide, & de voſtre naiſſance.
Si vous étes coupable, évitez-en les yeux,
Et de peur d'en rougir, prenez d'autres Ayeux.
THE. Ie le verray, Madame, & ſans inquiétude,
Ma naiſſance confuſe a quelque incertitude,
Mais pour ce parricide, il eſt plus que certain
Que ce ne fut jamais un crime de ma main.

Dddd iij

ACTE IV.

SCENE PREMIERE.

THESEE, DIRCE', MEGARE.

DIR. Vy, déja sur ce bruit l'amour m'avoit flatée,
Mon ame avec plaisir s'étoit inquiétée,
Et ce jaloux honneur qui ne consentoit pas
Qu'un frere me ravist un glorieux trépas,
Après cette douceur fierement refusée,
Ne me refusoit point de vivre pour Thesée,
Et laissoit doucement corrompre sa fierté
A l'espoir renaissant de ma perplexité.
Mais si je vois en vous ce déplorable frere,
Quelle faveur du Ciel voulez-vous que j'espere,
S'il n'est pas en sa main de m'arrêter au jour,
Sans faire soûlever, & l'honneur, & l'amour?
S'il dédaigne mon sang, il accepte le vostre,
Et si quelque miracle épargne l'un & l'autre,
Pourra-t'il détacher de mon sort le plus doux
L'amertume de vivre, & n'estre point à vous?
THE. Le Ciel choisit souvent de secrettes conduites
Qu'on ne peut démesler qu'après de longues suites,
Et de mon sort douteux l'obscur évenement
Ne défend pas l'espoir d'un second changement.
Ie cheris ce premier qui vous est salutaire,
Ie ne puis en amant ce que je puis en frere,
I'en garderay le nom tant qu'il faudra mourir;
Mais si jamais d'ailleurs on peut vous secourir,
Peut-estre que le Ciel me faisant mieux connoistre,
Si-tost que vous vivrez, je cesseray de l'estre,
Car je n'aspire point à calmer son couroux,
Et ne veux, ny mourir, ny vivre que pour vous.
DIR. Cet amour mal éteint sied mal au cœur d'un frere,
Où le sang doit parler, c'est à luy de se taire,

TRAGEDIE.

Et si-tost que sans crime il ne peut plus durer,
Pour ses feux les plus vifs il est temps d'expirer.
THE. Laissez-luy conserver ces ardeurs empressées
Qui vous faisoient l'objet de toutes mes pensées;
I'ay mesmes yeux encor, & vous, mesmes appas,
Si mon sort est douteux, mon souhait ne l'est pas;
Mon cœur n'écoute point ce que le sang veut dire,
C'est d'amour qu'il gémit, c'est d'amour qu'il soûpire,
Et pour pouvoir sans crime en gouster la douceur,
Il se revolte exprés contre le nom de sœur.
De mes plus chers desirs ce partisan sincere
En faveur de l'amant tyrannise le frere,
Et partage à tous deux le digne empressement
De mourir comme frere, & vivre comme amant.
DIR. O du sang de Laius preuves trop manifestes,
Le Ciel vous destinant à des flames incestes,
A sçeu de vostre esprit déraciner l'horreur
Que doit faire à l'amour le sacré nom de sœur;
Mais si sa flame y garde une place usurpée,
Dircé dans vostre erreur n'est point envelopée,
Elle se défend mieux de ce trouble intestin,
Et si c'est vostre fort, ce n'est pas son destin.
Non qu'enfin sa vertu vous regarde en coupable,
Puisque le Ciel vous force, il vous rend excusable;
Et l'amour pour les sens est un si doux poison,
Qu'on ne peut pas toûjours écouter la raison.
Moy-mesme en qui l'honneur n'accepte aucune grace,
I'aime en ce douteux sort tout ce qui m'embarasse,
Ie ne sçay quoy m'y plaist qui n'ose s'exprimer,
Et ce confus mélange a dequoy me charmer.
Ie n'aime plus qu'en sœur, & malgré-moy j'espere,
Ah, Prince, s'il se peut ne soyez point mon frere,
Et laissez-moy mourir avec les sentimens
Que la gloire permet aux illustres amans.
THE. Ie vous ay déja dit, Princesse, que peut-estre
Si-tost que vous vivrez je cesseray de l'estre:
Faut-il que je m'explique, & toute vostre ardeur
Ne peut-elle sans moy lire au fond de mon cœur?
Puisqu'il est tout à vous, penetrez-y, Madame,
Vous verrez que sans crime il conserve sa flame.
Si je suis descendu jusqu'à vous abuser,
Vn juste desespoir m'auroit fait plus oser,

Et l'amour pour défendre une si chere vie
Peut faire vanité d'un peu de tromperie.
I'en ay tiré ce fruit, que ce nom decevant
A fait connoistre icy que ce Prince est vivant.
Phorbas l'a confessé, Tiresie a luy-mesme
Appuyé de sa voix cet heureux stratagesme,
C'est par luy qu'on a sçeu qu'il respire en ces lieux:
Souffrez donc qu'vn moment je trompe encor leurs yeux,
Et puisque dans ce jour ce frere doit paroistre,
Iusqu'à ce qu'on l'ait veu permettez-moy de l'estre.
DIR. Ie pardonne un abus que l'amour a formé,
Et rien ne peut déplaire alors qu'on est aimé.
Mais hazardiez-vous tant sans aucune lumiere?
THE. Megare m'avoit dit le secret de son pere,
Il m'a valu l'honneur de m'exposer pour tous,
Mais je n'en abusois que pour mourir pour vous.
Le succès a passé cette triste esperance,
Ma flame en vos perils ne voit plus d'apparence:
Si l'on peut à l'Oracle ajouster quelque foy,
Ce fils a de sa main versé le sang du Roy,
Et son Ombre, en parlant de punir un grand crime,
Dit assez que c'est luy qu'elle veut pour victime.
DIR. Prince, quoy qu'il en soit, n'empeschez plus ma mort,
Si par le Sacrifice on n'éclaircit mon sort.
La Reine qui paroit fait que je me retire,
Sçachant ce que je sçay j'aurois peur d'en trop dire,
Et comme enfin ma gloire a d'autres interests,
Vous sçaurez mieux sans moy ménager vos secrets,
Mais puisque vous voulez que mon espoir revive,
Ne tenez pas long-temps la verité captive.

SCENE II.

IOCASTE, THESEE, NERINE.

JOC. PRince, j'ay veu Phorbas, & tout ce qu'il m'a dit
A ce que vous croyez peut donner du credit.
Vn passant inconnu, touché de cette enfance
Dont un Astre envieux condamnoit la naissance,
Sur le mont Cytheron receut de luy mon fils,
Sans qu'il luy demandast son nom, ny son païs,

De crainte

TRAGEDIE.

De crainte qu'à son tour il ne conceust l'envie
D'apprendre dans quel sang il conservoit la vie.
Il l'a reveu depuis, & presque tous les ans,
Dans le Temple d'Elide offrir quelques presens.
Ainsi chacun des deux connoit l'autre au visage,
Sans s'estre l'un à l'autre expliquez davantage.
Il a bien sçeu de luy que ce fils conservé
Respire encor le jour dans un rang élevé,
Mais je demande en vain qu'à mes yeux il le montre,
A moins que ce vieillard avec luy se rencontre.
  Si Phædime après luy vous eut en son pouvoir,
De cet inconnu mesme il pût vous recevoir,
Et voyant à Trœzéne une mere affligée
De la perte du fils qu'elle avoit eu d'Ægée,
Vous offrir en sa place, elle vous accepter:
Tout ce qui sur ce point pourroit faire douter,
C'est qu'il vous a souffert dans une flame inceste,
Et n'a parlé de rien qu'en mourant de la peste.
  Mais d'ailleurs Tiresie a dit que dans ce jour
Nous pourrions voir ce Prince, & qu'il vit dans la Cour,
Quelques momens après on vous a veu paroistre,
Ainsi vous pouvez l'estre, & pouvez ne pas l'estre.
Passons outre. A Phorbas ajousteriez-vous foy?
S'il n'a pas veu mon fils, il vit la mort du Roy,
Il connoit l'assassin, voulez-vous qu'il vous voye?
THE. Ie le verray, Madame, & l'attens avec joye,
Seur, comme je l'ay dit, qu'il n'est point de malheurs,
Qui m'eussent pû reduire à suivre des voleurs.
JOC. Ne vous asseurez point sur cette conjecture,
Et souffrez qu'elle cede à la verité pure.
  Honteux qu'un homme seul eust triomphé de trois,
Qu'il en eust tué deux, & mis l'autre aux abois,
Phorbas nous supposa ce qu'il nous en fit croire,
Et parla de brigands pour sauver quelque gloire.
Il me vient d'avoüer sa foiblesse à genoux,
D'un bras seul, m'a-t'il dit, partirent tous les coups,
Un bras seul à tous trois nous ferma le passage,
Et d'une seule main ce grand crime est l'ouvrage.
THE. Le crime n'est pas grand s'il fut seul contre trois,
Mais jamais sans forfait on ne se prend aux Rois,
Et fussent-ils cachez sous un habit champestre,
Leur propre Majesté les doit faire connoistre.

OEDIPE,

 L'assassin de Laïus est digne du trépas,
 Bien que seul contre trois il ne le connust pas.
 Pour moy, je l'avoüray, que jamais ma vaillance
 A mon bras contre trois n'a commis ma défense;
 L'œil de vostre Phorbas aura beau me chercher,
 Iamais dans la Phocide on ne m'a veu marcher,
 Qu'il vienne, à ses regards sans crainte je m'expose,
 Et c'est un imposteur, s'il vous dit autre chose.
JOC. Faites entrer Phorbas. Prince, pensez-y bien.
THE. S'il est homme d'honneur, je n'en doy craindre rien.
JOC. Vous voudrez, mais trop tard, en éviter la veuë.
THE. Qu'il vienne, il tarde trop, cette lenteur me tuë,
 Et si je le pouvois, sans perdre le respect,
 Ie me plaindrois un peu de me voir trop suspect.

SCENE III.

IOCASTE, THESEE, PHORBAS, NERINE.

JOC. Laissez-moy luy parler, & prétez-nous silence.
 Phorbas, envisagez ce Prince en ma presence.
 Le reconnoissez-vous? PHO. Ie croy vous avoir dit
 Que je ne l'ay point veu depuis qu'on le perdit,
 Madame, un si long-temps laisse mal reconnoistre
 Vn Prince qui pour lors ne faisoit que de naistre,
 Et si je vois en luy l'effet de mon secours,
 Ie n'y puis voir les traits d'un enfant de deux jours.
JOC. Ie sçais ainsi que vous, que les traits de l'enfance
 N'ont avec ceux d'un homme aucune ressemblance,
 Mais comme ce Heros, s'il est sorty de moy,
 Doit avoir de sa main versé le sang du Roy,
 Seize ans n'ont pas changé tellement son visage,
 Que vous n'en conserviez quelque imparfaite image.
PHO. Helas! j'en garde encor si bien le souvenir,
 Que je l'auray present durant tout l'avenir.
 Si pour connoistre un fils il vous faut cette marque,
 Ce Prince n'est point né de nostre grand Monarque,
 Mais desabusez-vous, & sçachez que sa mort
 Ne fut jamais d'un fils le parricide effort.

TRAGEDIE.

JOC. Et de qui donc, Phorbas, avez-vous connoissance
  Du nom du meurtrier ? sçavez-vous sa naissance?
PHO. Et de plus sa demeure, & son rang. Est-ce assez?
JOC. Ie sçauray le punir si vous le connoissez,
  Pourrez-vous le convaincre? *PHO.* Et par sa propre bouche.
IOC. A nos yeux? *PH.* A vos yeux. Mais peut-estre il vous touche,
  Peut-estre y prendrez-vous un peu trop d'interest,
  Pour m'en croire aisément, quand j'auray dit qui c'est.
THE. Ne nous déguisez rien, parlez en asseurance,
  Que le fils de Laïus en haste la vangeance.
IOC. Il n'est pas asseuré, Prince, que ce soit vous,
  Comme il l'est que Laïus fut jadis mon époux,
  Et d'ailleurs si le Ciel vous choisit pour victime,
  Vous me devez laisser à punir ce grand crime.
THE. Avant que de mourir un fils peut le vanger.
PHO. Si vous l'estes, ou non, je ne le puis juger,
  Mais je sçay que Thesée est si digne de l'estre,
  Qu'au seul nom qu'il en prend je l'accepte pour maistre,
  Seigneur, vangez un pere, ou ne soûtenez plus
  Que nous voyons en vous le vray sang de Laïus.
IOC. Phorbas, nommez ce traistre, & nous tirez de doute,
  Et j'attesté à vos yeux le Ciel qui nous écoute,
  Que pour cet assassin il n'est point de tourmens
  Qui puissent satisfaire à mes ressentimens.
PHO. Mais si je vous nommois quelque personne chere,
  Æmon vostre neveu, Creon vostre seul frere,
  Ou le Prince Lycus, ou le Roy vostre époux,
  Me pourriez-vous en croire, ou garder ce courroux?
IOC. De ceux que vous nommez je sçay trop l'innocence.
PHO. Peut-estre qu'un des quatre a fait plus qu'il ne pense,
  Et j'ay lieu de juger qu'un trop cuisant ennuy
IOC. Voicy le Roy qui vient, dites tout devant luy.

Eeee ij

SCENE IV.

OEDIPE, IOCASTE, THESEE,
PHORBAS, Suite.

OED. SI vous trouvez un fils dans le Prince Theſée,
Mon ame en ſon effroy s'étoit bien abuſée,
Il ne choiſira point de chemin criminel
Quand il voudra rentrer au Troſne paternel,
Madame, & ce ſera du moins à force ouverte
Qu'un ſi vaillant guerrier entreprendra ma perte.
  Mais deſſus ce vieillard plus je porte les yeux,
Plus je croy l'avoir veu jadis en d'autres lieux.
Ses rides me font peine à le bien reconnoiſtre.
Ne m'as-tu jamais veu? PHO. Seigneur, cela peut eſtre.
OED. Il y pourroit avoir entre quinze & vingt ans.
PHO. J'ay de confus rapports d'environ meſme temps.
OED. Environ ce temps-là fis-tu quelque voyage?
PHO. Ouy, Seigneur, en Phocide, & là dans un paſſage.
OED. Ah! je te reconnois, ou je ſuis fort trompé.
  C'eſt un de mes brigands à la mort échapé,
  Madame, & vous pouvez luy choiſir des ſupplices,
  S'il n'a tué Laïus, il fut un des complices.
JOC. C'eſt un de vos brigands! ah! que me dites-vous?
OED. Ie le laiſſay pour mort, & tout percé de coups.
PH. Quoy! vous m'auriez bleſſé? moy, Seigneur? OE. Ouy, perfide.
  Tu fis pour ton malheur ma rencontre en Phocide,
  Et tu fus un des trois que je ſceus arréter
  Dans ce paſſage étroit qu'il fallut diſputer,
  Tu marchois le troiſiéme, en faut-il davantage?
PHO. Si de mes compagnons vous peigniez le viſage,
  Ie n'aurois rien à dire, & ne pourrois nier.
OED. Seize ans, à ton avis, m'ont fait les oublier?
  Ne le préſume pas, une action ſi belle
  En laiſſe au fond de l'ame une idée immortelle,
  Et ſi dans un combat on ne perd point de temps
  A bien examiner les traits des combatans,
  Aprés que celuy-cy m'eut tout couvert de gloire,
  Ie ſçeus tout à loiſir contempler ma victoire.

TRAGEDIE.

Mais tu nieras encore, & n'y connoistras rien.
PHO. Ie seray convaincu si vous les peignez bien,
Les deux que je suivis sont connus de la Reine.
OED. Madame, jugez donc si sa défense est vaine.
Le premier de ces trois que mon bras sçeut punir
A peine meritoit un leger souvenir.
Petit de taille, noir, le regard un peu louche,
Le front cicatrisé, la mine assez farouche,
Mais homme, à dire vray, de si peu de vertu,
Que dés le premier coup je le vis abatu.
Le second, je l'avouë, avoit un grand courage,
Bien qu'il parust déja dans le panchant de l'âge;
Le front assez ouvert, l'œil perçant, le teint frais,
On en peut voir en moy la taille, & quelques traits,
Chauve sur le devant, meslé sur le derriere,
Le port majestueux, & la demarche fiere.
Il se défendit bien, & me blessa deux fois,
Et tout mon cœur s'émut de le voir aux abois.
Vous pallissez, Madame! IOC. Ah, Seigneur, puis-je apprendre
Que vous ayez tué Laius aprés Nicandre,
Que vous ayez blessé Phorbas de vostre main,
Sans en fremir d'horreur, sans en pallir soudain?
OED. Quoy! c'est-là ce Phorbas qui vit tuer son maistre!
IOC. Vos yeux aprés seize ans l'ont trop sçeu reconnoistre,
Et ses deux compagnons que vous avez dépeints,
De Nicandre & du Roy portent les traits empreints.
OED. Mais ce furent brigands, dont le bras... IOC. C'est un conte
Dont Phorbas au retour voulut cacher sa honte.
Vne main seule, helas! fit ces funestes coups,
Et par vostre rapport ils partirent de vous.
PHO. I'en fus presque sans vie un peu plus d'une année,
Avant ma guerison on vit vostre Hymenée:
Ie gueris, & mon cœur en secret mutiné
De connoistre quel Roy vous nous aviez donné,
S'imposa cét exil dans un sejour champestre,
Attendant que le Ciel me fist un autre maistre.
THE. Seigneur, je suis le frere, ou l'amant de Dircé,
Et son pere, ou le mien de vostre main percé.
OED. Prince, je vous entens, il faut vanger ce pere,
Et ma perte à l'Etat semble estre necessaire,
Puisque de nos malheurs la fin ne se peut voir
Si le sang de Laius ne remplit son devoir.

Eeee iij

C'est ce que Tiresie avoit voulu me dire:
Mais ce reste du jour souffrez que je respire.
Le plus severe honneur ne sçauroit murmurer
De ce peu de momens que j'ose differer,
Et ce coup surprenant permet à vostre haine
De faire cette grace aux larmes de la Reine.
THE. Nous nous verrons demain, Seigneur, & resoudrons.
OED. Quand il en sera temps, Prince, nous répondrons,
Et s'il faut après tout qu'un grand crime s'efface
Par le sang que Laïus a transmis à sa race,
Peut-estre aurez-vous peine à reprendre son rang,
Qu'il ne vous ait coûté quelque peu de ce sang.
THE. Demain chacun de nous fera sa Destinée.

SCENE V.

OEDIPE, IOCASTE, Suite.

IOC. Que de maux nous promet cette triste journée!
J'y doy voir ou ma fille, ou mon fils s'immoler,
Tout le sang de ce fils de vostre main couler,
Ou de la sienne enfin le vostre se répandre,
Et ce qu'Oracle aucun n'a fait encor attendre,
Rien ne m'affranchira de voir sans cesse en vous,
Sans cesse en un mary l'assassin d'un époux.
Puis-je plaindre à ce mort la lumiere ravie,
Sans hayr le vivant, sans détester ma vie?
Puis-je de ce vivant plaindre l'aveugle sort,
Sans détester ma vie, & sans trahir le mort?
OED. Madame, vostre haine est pour moy legitime,
Et cet aveugle sort m'a fait vers vous un crime,
Dont ce Prince demain me punira pour vous,
Ou mon bras vangera ce fils, & cet époux,
Et m'offrant pour victime à vostre inquietude,
Il vous affranchira de toute ingratitude.
Alors sans balancer vous plaindrez tous les deux,
Vous verrez sans rougir alors vos derniers feux,
Et permettrez sans honte à vos douleurs pressantes
Pour Laïus & pour moy des larmes innocentes.
IOC. Ah, Seigneur, quelque bras qui puisse vous punir,
Il n'effacera rien dedans mon souvenir,

Ie vous verray toûjours sa couronne à la teste,
De sa place en mon lit faire vostre conqueste,
Ie me verray toûjours vous placer en son rang,
Et baiser vostre main fumante de son sang.
Mon Ombre mesme un jour dans les Royaumes sombres
Ne recevra des Dieux pour bourreaux que vos Ombres,
Et sa confusion l'offrant à toutes deux,
Elle aura pour tourmens tout ce qui fit mes feux.
  Oracles decevans, qu'osiez-vous me prédire?
Si sur nostre avenir vos Dieux ont quelque empire,
Quelle indigne pitié divise leur couroux?
Ce qu'elle épargne au fils retombe sur l'époux,
Et comme si leur haine impuissante, ou timide,
N'osoit le faire ensemble inceste, & parricide,
Elle partage à deux un sort si peu commun,
Afin de me donner deux coupables pour un.
OED. O partage inégal de ce couroux celeste!
Ie suis le parricide, & ce fils est l'inceste,
Mais mon crime est entier, & le sien imparfait,
Le sien n'est qu'en desirs, & le mien en effet.
Ainsi, quelques raisons qui puissent me défendre,
La vefve de Laïus ne sçauroit les entendre,
Et les plus beaux exploits passent pour trahisons,
Alors qu'il faut du sang, & non pas des raisons.
JOC. Ah, je n'en voy que trop qui me déchirent l'ame,
La vefve de Laïus est toûjours vostre femme,
Et n'oppose que trop pour vous justifier
A la moitié du mort celle du meurtrier.
Pour toute autre que moy, vostre erreur est sans crime,
Toute autre admireroit vostre bras magnanime,
Et toute autre reduite à punir vostre erreur
La puniroit du moins sans trouble, & sans horreur.
Mais, helas, mon devoir aux deux partis m'attache,
Nul espoir d'aucun d'eux, nul effort ne m'arrache,
Et je trouve toûjours dans mon esprit confus,
Et tout ce que je suis, & tout ce que je fus.
Ie vous doy de l'amour, je vous doy de la haine,
L'un & l'autre me plaist, l'un & l'autre me gesne,
Et mon cœur qui doit tout, & ne voit rien permis,
Souffre tout à la fois deux Tyrans ennemis.
  La haine auroit l'appuy d'un serment qui me lie,
Mais je le romps exprés pour en estre punie.

Et pour finir des maux qu'on ne peut soulager,
J'aime à donner aux Dieux un parjure à vanger.
C'est vostre foudre, ô Ciel, qu'à mon secours j'appelle,
Oedipe est innocent, ie me fais criminelle,
Par un juste supplice osez me desunir
De la necessité d'aimer, & de punir.

OED. Quoy, vous ne voyez pas que sa fausse justice
Ne sçait plus ce que c'est que d'un juste supplice,
Et que par un desordre à confondre nos sens
Son injuste rigueur n'en veut qu'aux innocens.
Après avoir choisi ma main pour ce grand crime,
C'est le sang de Laïus qu'il choisit pour victime,
Et le bizarre éclat de son discernement
Separe le forfait d'avec le châtiment.
C'est un sujet nouveau d'une haine implacable,
De voir sur vostre sang la peine du coupable,
Et les Dieux vous en font une éternelle loy,
S'ils punissent en luy ce qu'ils ont fait par moy.
Voyez comme les fils de Iocaste & d'Oedipe
D'une si juste haine ont tous deux le principe.
A voir leurs actions, à voir leur entretien,
L'un n'est que vostre sang, l'autre n'est que le mien,
Et leur antipathie inspire à leur colere
Des preludes secrets de ce qu'il vous faut faire.

JOC. Pourrez-vous me haïr jusqu'à cette rigueur
De souhaiter pour vous mesme haine en mon cœur?

OED. Toûjours de vos vertus j'adoreray les charmes,
Pour ne haïr qu'en moy la source de vos larmes.

IOC. Et je m'efforceray toûjours à vous blasmer,
Pour ne haïr qu'en moy ce qui vous fit m'aimer.
Mais finissons, de grace, un discours qui me tuë,
L'assassin de Laïus doit me blesser la veuë,
Et malgré ce couroux par sa mort allumé,
Ie sens qu'Oedipe enfin sera toûjours aimé.

OED. Que fera cet amour? JOC. Ce qu'il doit à la haine.
OED. Qu'osera ce devoir? IOC. Croistre toûjours ma peine.
OED. Faudra-t'il pour jamais me bannir de vos yeux?
JOC. Peut-estre que demain nous le sçaurons des Dieux.

ACTE

ACTE V.

SCENE PREMIERE.

OEDIPE, DYMAS.

DYM. SEIGNEVR, il est trop vray que le Peuple murmure,
Qu'il rejette sur vous sa funeste avanture,
Et que de tous costez on n'entend que mutins
Qui vous nomment l'autheur de leurs mauvais de-
D'un Devin suborné les infames prestiges, (stins,
De l'Ombre, disent-ils, ont fait tous les prodiges,
L'or mouvoit ce Fantosme, & pour perdre Dircé
Vos presens luy dictoient ce qu'il a prononcé,
Tant ils conçoivent mal, qu'un si grand Roy consente
A vanger son trépas sur sa race innocente,
Qu'il asseure son sceptre aux dépens de son sang
A ce bras impuny qui luy perça le flanc,
Et que par cet injuste & cruel sacrifice,
Luy-mesme de sa mort il se fasse justice.
OED. Ils ont quelque raison de tenir pour suspect
Tout ce qui s'est montré tantost à leur aspect,
Et je n'ose blasmer cette horreur que leur donne
L'assassin de leur Roy qui porte sa couronne.
Moy-mesme au fond du cœur de mesme horreur frapé,
Ie veux fuir le remords de son trosne occupé,
Et je doy cette grace à l'amour de la Reine,
D'espargner ma presence aux devoirs de sa haine,
Puisque de nostre Hymen les liens mal tissus
Par ces mesmes devoirs semblent estre rompus.
Ie vay donc à Corinthe achever mon supplice:
Mais ce n'est pas au Peuple à se faire justice.
L'ordre que tient le Ciel à luy choisir des Rois,
Ne luy permet jamais d'examiner son choix,
Et le devoir aveugle y doit toujours souscrire,
Iusqu'à ce que d'enhaut on veuille s'en dédire.

Tome II. Ffff

OEDIPE,

Pour chercher mon repos je veux bien me bannir,
Mais s'il me bannissoit, je sçaurois l'en punir,
Ou si je succombois sous sa troupe mutine,
Ie sçaurois l'accabler du moins sous ma ruine.
DYM. Seigneur, jusques icy ses plus grands déplaisirs
Pour armes contre vous n'ont pris que des soûpirs,
Et cet abatement que luy cause la peste
Ne souffre à son murmure aucun dessein funeste.
Mais il faut redouter que Thesée & Dircé
N'osent pousser plus loin ce qu'il a commencé;
Phorbas mesme est à craindre, & pourroit le reduire
Iusqu'à se vouloir mettre en état de vous nuire.
OED. Thesée a trop de cœur pour une trahison,
Et d'ailleurs j'ay promis de luy faire raison.
Pour Dircé, son orgueil dedaignera sans doute
L'appuy tumultueux que ton zele redoute.
Phorbas est plus à craindre, étant moins genereux;
Mais il nous est aisé de nous asseurer d'eux.
Fay-les venir tous trois, que je lise en leur ame
S'ils preteroient la main à quelque sourde trame.
Commence par Phorbas, je sçauray démesler
Quels desseins... PAG. Vn Vieillard demande à vous parler.
Il se dit de Corinthe, & presse. OED. Il vient me faire
Le funeste rapport du trepas de mon pere,
Préparons nos soûpirs à ce triste recit.
Qu'il entre. Cependant fay ce que je t'ay dit.

SCENE II.

OEDIPE, IPHICRATE, Suite.

OE. ET bien, Polybe est mort? IP. Ouy, Seigneur. OE. Mais vous-
Venir me consoler de ce malheur supresme! (mesme
Vous, qui Chef du Conseil devriez maintenant
Attendant mon retour estre mon Lieutenant!
Vous, à qui tant de soins d'élever mon enfance
Ont acquis justement toute ma confiance!
Ce voyage me trouble autant qu'il me surprend.

^a *Oedipe fait un si-gne de teste à sa Suite, qui l'oblige à se retirer.*

IPH. Le Roy Polybe est mort, ce malheur est bien grand,
Mais comme enfin, Seigneur, il est suivy d'un pire,
Pour l'apprendre de moy faites qu'on se retire.

TRAGEDIE.

OED. Ce jour est donc pour moy le grand jour des malheurs,
Puisque vous apportez un comble à mes douleurs.
J'ay tué le feu Roy jadis sans le connoistre,
Son fils qu'on croyoit mort vient icy de renaistre,
Son Peuple mutiné me voit avec horreur,
Sa vefve mon épouse en est dans la fureur,
Le chagrin accablant qui me devore l'ame
Me fait abandonner, & Peuple, & Sceptre, & femme,
Pour remettre à Corinthe un esprit éperdu,
Et par d'autres malheurs je m'y vois attendu.
IPH. Seigneur, il faut icy faire teste à l'orage,
Il faut faire icy ferme, & montrer du courage,
Le repos à Corinthe en effet seroit doux,
Mais il n'est plus de Sceptre à Corinthe pour vous.
OED. Quoy, l'on s'est emparé de celuy de mon pere?
IPH. Seigneur, on n'a rien fait que ce qu'on a dû faire,
Et vostre amour en moy ne voit plus qu'un banny,
De son amour pour vous trop doucement puny.
OED. Quel Enigme! IPH. Apprenez avec quelle justice
Ce Roy vous a dû rendre un si mauvais office,
Vous n'étiez point son fils. OED. Dieux, qu'entens je? IPH. A regret
Ses remords en mourant ont rompu le secret,
Il vous gardoit encore une amitié fort tendre;
Mais le conte qu'aux Dieux la mort force de rendre
A porté dans son cœur un si pressant effroy,
Qu'il a remis Corinthe aux mains de son vray Roy.
OED. Je ne suis point son fils? & qui suis-je, Iphicrate?
IPH. Vn enfant exposé dont le merite éclate,
Et de qui par pitié j'ay desrobé les jours
Aux ongles des Lyons, aux griffes des Vautours.
OED. Et qui m'a fait passer pour le fils de ce Prince?
IPH. Le manque d'heritiers ébransloit sa Province.
Les trois que luy donna le conjugal amour
Perdirent en naissant la lumiere du jour,
Et la mort du dernier me fit prendre l'audace
De vous offrir au Roy qui vous mit en sa place.
Ce que l'on se promit de ce fils supposé
Reünit sous ses loix son Etat divisé;
Mais comme cet abus finit avec sa vie,
Sa mort de mon supplice auroit été suivie,
S'il n'eust donné cet ordre à son dernier moment,
Qu'un juste & prompt exil fust mon seul châtiment.

Ffff ij

OED. Ce revers seroit dur pour quelque ame commune,
Mais je me fis toûjours maistre de ma fortune,
Et puisqu'elle a repris l'avantage du sang,
Ie ne doy plus qu'à moy tout ce que j'eus de rang.
Mais n'as-tu point appris de qui j'ay receu l'estre.
IPH. Seigneur, je ne puis seul vous le faire connoistre.
Vous fustes exposé jadis par un Thebain,
Dont la compassion vous remit en ma main,
Et qui, sans m'éclaircir touchant vostre naissance,
Me chargea seulement d'éloigner vostre enfance.
I'en connoy le visage, & l'ay reveu souvent
Sans nous estre tous deux expliquez plus avant :
Ie luy dis qu'en éclat j'avois mis vostre vie,
Et luy cachay toûjours mon nom, & ma Patrie,
De crainte, en les sçachant, que son zéle indiscret
Ne vinst mal à propos troubler nostre secret.
Mais comme de sa part il connoit mon visage,
Si je le trouve icy, nous sçaurons davantage.
OED. Ie serois donc Thebain à ce conte ? IPH. Ouy, Seigneur.
OED. Ie ne sçay si je doy le tenir à bon-heur,
Mon cœur qui se souleve en forme un noir augure
Sur l'éclaircissement de ma triste avanture.
Où me receustes-vous ? IPH. Sur le mont Citheron.
OED. Ah, que vous me frapez par ce funeste nom !
Le temps, le lieu, l'Oracle, & l'âge de la Reine,
Tout semble concerté pour me mettre à la gesne.
Dieux, seroit-il possible ? Approchez-vous, Phorbas,

TRAGEDIE.

SCENE III.

OEDIPE, IPHICRATE, PHORBAS.

IPH. Seigneur, voilà celuy qui vous tient en mes bras,
 Permettez qu'à vos yeux je monstre un peu de joye.
Se peut-il faire, amy, qu'encor je te revoye.
PHO. Que j'ay lieu de benir mon retour fortuné
Car, Iphicrate...
Qu'as-tu fait de l'Enfant que je t'avois donné?
Le genereux Thesée a fait gloire de l'estre,
Tu fus dans ce party.
Mais sa preuve est obscure, & tu dois le connoistre,
Parle. IPH. Ce n'est point luy, mais il vit en ces lieux.
PHO. Nomme-le donc, de grace. IPH. Il est devant tes yeux.
PH. Ie ne voy que le Roy. IP. C'est luy-mesme. PH. Luy-mesme!
IPH. Ouy, le secret n'est plus d'une importance extréme,
Tout Corinthe le sçait, nomme-luy ses parens, non
PHO. En fussions-nous tous trois à jamais ignorans.
IPH. Seigneur, luy seul enfin peut dire qui vous êtes.
OED. Helas! je le voy trop, & vos craintes secretes
Qui vous ont empesché de vous entr'eclaircir,
Loin de tromper l'Oracle, ont fait tout reüssir.
Voyez où m'a plongé vostre fausse prudence,
Vous cachiez ma retraite, il cachoit ma naissance,
Vos dangereux secrets par un commun accord
M'ont livré tout entier aux rigueurs de mon sort.
Ce sont eux qui m'ont fait l'assassin de mon pere,
Ce sont eux qui m'ont fait le mary de ma mere,
D'une indigne pitié le fatal contre-temps
Confond dans mes vertus ces forfaits éclatans,
Elle fait voir en moy par un meslange infame
Le frere de mes fils, & le fils de ma femme,
Le Ciel l'avoit prédit, vous avez achevé,
Et vous avez tout fait quand vous m'avez sauvé.
PHO. Ouy, Seigneur, j'ay tout fait sauvant vostre personne,
M'en punissent les Dieux si je me le pardonne.

Ffff iij

SCENE IV.

OEDIPE, IPHICRATE.

OED. Que ne bornois-tu, perfide, à mes parens,
Qui se faisoient pour moy d'équitables tyrans?
Que ne luy disois-tu ma naissance, & l'Oracle,
Afin qu'à mes Destins il pust mettre un obstacle?
Car, Iphicrate, en vain j'accuserois ta foy,
Tu fus dans ces Destins aveugle comme moy,
Et tu ne m'abusois que pour ceindre ma teste
D'un bandeau, dont par là tu faisois ma conqueste.
IPH. Seigneur, comme Phorbas avoit mal obey,
Que l'ordre de son Roy par là se vit trahy,
Il avoit lieu de craindre, en me disant le reste,
Que son crime par moy devenu manifeste.
OED. Cesse de l'excuser, que m'importe en effet
S'il est coupable, ou non, de tout ce que j'ay fait?
En ay-je moins de trouble, ou moins d'horreur en l'ame?

SCENE V.

OEDIPE, DIRCE, IPHICRATE.

OED. Vostre frere est connu, le sçavez-vous, Madame?
DIR. Ouy, Seigneur, & Phorbas m'a tout dit en deux
OED. Vostre amour pour Thesée est dans un plein repos, (mots.
Vous n'appréhendez plus que le titre de frere
S'oppose à cette ardeur qui vous étoit si chere,
Cette asseurance entiere a dequoy vous ravir,
Ou plutost, vostre haine a dequoy s'assouvir:
Quand le Ciel de mon sort l'auroit faite l'arbitre,
Elle ne m'eust choisy rien de pis que ce titre.
DIR. Ah, Seigneur, pour Æmon j'ay sçeu mal obeïr,
Mais je n'ay point été jusques à vous haïr.
La fierté de mon cœur qui me traitoit de Reine,
Vous cedoit en ces lieux la Couronne sans peine,
Et cette ambition que me prétoit l'Amour
Ne cherchoit qu'à regner dans un autre sejour.

TRAGEDIE.

Cent fois de mon orgueil l'éclat le plus farouche
Aux termes odieux a refusé ma bouche,
Pour vous nommer Tyran il falloit cent efforts,
Ce mot ne m'a jamais échapé sans remords.
D'un sang respectueux la puissance inconnuë
A mes soulevemens mesloit la retenuë,
Et cet usurpateur dont j'abhorrois la loy,
S'il m'eust donné Theseo, eust eu le nom de Roy.
OED. C'étoit ce mesme sang dont la pitié secrette
De l'Ombre de Laïus me faisoit l'interprete.
Il ne pouvoit souffrir qu'un mot mal entendu
Détournast sur ma sœur un sort qui m'étoit dû,
Et que vostre innocence immolée à mon crime
Se fist de nos malheurs l'inutile victime.
DIR. Quel crime avez-vous fait, que d'estre malheureux?
OED. Mon souvenir n'est plein que d'exploits genereux,
Cependant je me trouve inceste, & parricide,
Sans avoir fait un pas que sur les pas d'Alcide,
Ny recherché par tout que loix à maintenir,
Que monstres à détruire, & méchans à punir.
Aux crimes malgré-moy l'ordre du Ciel m'attache,
Pour m'y faire tomber à moy-mesme il me cache,
Il offre, en m'aveuglant sur ce qu'il a prédit,
Mon pere à mon épée, & ma mere à mon lit.
Helas! qu'il est bien vray qu'en vain on s'imagine
Desrober nostre vie à ce qu'il nous destine,
Les soins de l'éviter font courir au devant,
Et l'adresse à le fuir y plonge plus avant.
Mais si les Dieux m'ont fait la vie abominable,
Ils m'en font par pitié la sortie honorable,
Puisqu'enfin leur faveur meslée à leur couroux
Me condamne à mourir pour le salut de tous,
Et qu'en ce mesme temps qu'il faudroit que ma vie
Des crimes qu'ils m'ont fait traisnast l'ignominie,
L'éclat de ces vertus que je ne tiens pas d'eux
Reçoit pour recompense un trépas glorieux.
DIR. Ce trépas glorieux comme vous me regarde,
Le juste choix du Ciel peut-estre me le garde,
Il fit tout vostre crime, & le malheur du Roy
Ne vous rend pas, Seigneur, plus coupable que moy.
D'un voyage fatal qui seul causa sa perte
Ie fus l'occasion, elle vous fut offerte,

Voſtre bras contre trois diſputa le chemin.
Mais ce n'étoit qu'un bras qu'empruntoit le Déſtin,
Puiſque voſtre vertu qui ſervit ſa colere
Ne pût voir en Laïus ny de Roy, ny de pere.
Ainſi j'eſpere encor que demain par ſon choix
Le Ciel épargnera le plus grand de nos Rois.
L'intereſt des Thebains & de voſtre famille
Tournera ſon couroux ſur l'orgueil d'une fille,
Qui n'a rien que l'Etat doive conſiderer,
Et qui contre ſon Roy n'a fait que murmurer.
OED. Vous voulez que le Ciel pour montrer à la Terre
Qu'on peut innocemment meriter le tonnerre,
Me laiſſe de ſa haine étaler en ces lieux
L'exemple le plus noir & le plus odieux!
Non, non, vous le verrez demain au Sacrifice
Par le choix que j'attens couvrir ſon injuſtice,
Et par la peine deuë à ſon propre forfait
Deſavoüer ma main de tout ce qu'elle a fait.

SCENE VI.

OEDIPE, THESEE, DIRCE, IPHICRATE.

OED. Eſt-ce encor voſtre bras qui doit vanger ſon pere?
Son amant en a-t'il plus de droit que ſon frere,
Prince? THE. Ie vous en plains, & ne puis concevoir,
Seigneur... OED. La verité ne ſe fait que trop voir,
Mais nous pourrons demain eſtre tous deux à plaindre,
Si le Ciel fait le choix qu'il nous faut tous deux craindre.
S'il me choiſit, ma ſœur, donnez-luy voſtre foy,
Ie vous en prie en frere, & vous l'ordonne en Roy.
Vous, Seigneur, ſi Dircé garde encor ſur voſtre ame
L'empire que luy fit une ſi belle flame,
Prenez ſoin d'appaiſer les diſcords de mes fils,
Qui par les nœuds du ſang vous deviendront unis.
Vous voyez où des Dieux nous a reduits la haine.
Adieu, laiſſez-moy ſeul en conſoler la Reine,
Et ne m'enviez pas un ſecret entretien
Pour affermir ſon cœur ſur l'exemple du mien.

SCENE VII.

THESEE, DIRCE.

DIR. PArmy de tels malheurs que sa constance est rare!
 Il ne s'emporte point contre un sort si barbare,
 La surprenante horreur de cet accablement
 Ne coûte à sa grande ame aucun égarement,
 Et sa haute vertu toûjours inébranlable
 Le soûtient au dessus de tout ce qui l'accable.
THE. Souvent avant le coup qui doit nous accabler
 La nuit qui l'envelope a dequoy nous troubler.
 L'obscur pressentiment d'une injuste disgrace
 Combat avec effroy sa confuse menace;
 Mais quand ce coup tombé vient d'épuiser le Sort,
 Iusqu'à n'en pouvoir craindre un plus barbare effort,
 Ce trouble se dissipe, & cette ame innocente,
 Qui brave impunément la Fortune impuissante,
 Regarde avec dédain ce qu'elle a combatu,
 Et se rend toute entiere à toute sa vertu.

SCENE VIII.

THESEE, DIRCE, NERINE.

NE. MAdame... DI. Que veux-tu, Nerine? N. Helas! la Reine...
 DIR. Que fait elle? NE. Elle est morte, & l'excés de sa
 Par un prompt desespoir. DI. Iusques où portez-vous, (peine,
 Impitoyables Dieux, vostre injuste couroux!
THE. Quoy, mesme aux yeux du Roy son desespoir la tuë?
 Ce Monarque n'a pû... NER. Le Roy ne l'a point veuë,
 Et quant à son trépas, ses pressantes douleurs
 L'ont creu devoir sur l'heure à de si grands malheurs.
 Phorbas l'a commencé, sa main a fait le reste.
DIR. Quoy, Phorbas... NER. Ouy, Phorbas par son recit funeste,
 Et par son propre exemple a sçeu l'assassiner.
 Ce malheureux vieillard n'a pû se pardonner

Tome II. Gggg

Il s'est jetté d'abord aux genoux de la Reine,
Où détestant l'effet de sa prudence vaine,
Si j'ay sauvé ce fils pour estre vostre époux,
Et voir le Roy son pere expirer sous ses coups,
A-t'il dit, *la pitié qui me fit le ministre*
De tout ce que le Ciel eut pour vous de sinistre,
Fait place au desespoir d'avoir si mal servy,
Pour vanger sur mon sang vostre ordre mal suivy.
L'inceste où malgré vous tous deux je vous abysme
Recevra de ma main sa premiere victime,
J'en doy le sacrifice à l'innocente erreur
Qui vous rend l'un pour l'autre un objet plein d'horreur.
  Cet Arrest qu'à nos yeux luy-mesme il se prononce
Est suivy d'un poignard qu'en ses flancs il enfonce.
La Reine, à ce malheur si peu premedité,
Semble le recevoir avec stupidité,
L'excès de sa douleur la fait croire insensible,
Rien n'échape au dehors qui la rende visible,
Et tous ses sentimens enfermez dans son cœur
Ramassent en secret leur derniere vigueur.
Nous autres cependant autour d'elle rangées,
Stupides ainsi qu'elle, ainsi qu'elle affligées,
Nous n'osons rien permettre à nos fiers déplaisirs,
Et nos pleurs par respect attendent ses soûpirs.
  Mais enfin tout à coup sans changer de visage
Du mort qu'elle contemple elle imite la rage,
Se saisit du poignard, & de sa propre main
A nos yeux comme luy s'en traverse le sein.
On diroit que du Ciel l'implacable colere
Nous arreste les bras pour luy laisser tout faire.
Elle tombe, elle expire avec ces derniers mots.
Allez dire à Dircé qu'elle vive en repos,
Que de ces lieux maudits en haste elle s'exile,
Athénes a pour elle un glorieux azile;
Si toutefois Thesée est assez genereux,
Pour n'avoir point d'horreur d'un sang si malheureux.
THE. Ah, ce doute m'outrage, & si jamais vos charmes..
DIR. Seigneur, il n'est saison que de verser des larmes.
  La Reine en expirant a donc pris soin de moy!
  Mais tu ne me dis point ce qu'elle a dit du Roy?
NER. Son ame en s'envolant jalouse de sa gloire
  Craignoit d'en emporter la honteuse memoire,

TRAGEDIE.

Et n'ofant le nommer fon fils, ny fon époux,
Sa derniere tendreffe a toute été pour vous.
DIR. Et je puis vivre encor après l'avoir perduë!

SCENE DERNIERE.

THESE'E, DIRCE', CLEANTE, DYMAS, NERINE.

CLE. LA fanté dans ces murs tout d'un coup répanduë
Fait crier au miracle, & benir hautement
La bonté de nos Dieux d'un fi prompt changement.
Tous ces mourans, Madame, à qui déja la peste
Ne laiffoit qu'un foûpir, qu'un feul moment de reste,
En cet heureux moment rappelez des abois
Rendent graces au Ciel d'une commune voix,
Et l'on ne comprend point quel remede il applique
A rétablir fi-toft l'allegreffe publique.
DIR. Que m'importe qu'il montre un vifage plus doux,
Quand il fait des malheurs qui ne font que pour nous?
Avez-vous veu le Roy, Dymas? *DYM.* Helas, Princeffe,
On ne doit qu'à fon fang la publique allegreffe,
Ce n'eft plus que pour luy qu'il faut verfer des pleurs;
Ses crimes inconnus avoient fait nos malheurs,
Et fa vertu foüillée à peine s'eft punie,
Qu'auffi-toft de ces lieux la peste s'eft bannie.
THE. L'effort de fon courage a fçeu nous éblouïr,
D'un fi grand defespoir il cherchoit à joüir,
Et de fa fermeté n'empruntoit les miracles,
Que pour mieux éviter toutes fortes d'obstacles.
DIR. Il s'eft rendu par là maiftre de tout fon fort.
Mais acheve, Dymas, le recit de fa mort,
Acheve d'accabler une ame defolée.
DYM. Il n'eft point mort, Madame, & la fienne ébranflée
Par les confus remords d'un innocent forfait
Attend l'ordre des Dieux pour fortir tout-à-fait.
DIR. Que nous difois-tu donc? *DYM.* Ce que j'ofe encor dire,
Qu'il vit & ne vit plus, qu'il eft mort & respire,
Et que fon fort douteux qui feul reste à pleurer
Des morts & des vivans femble le feparer.

> *Cleante fort d'un cofté, & Dymas de l'autre, environ quatre Vers après Cleante.*

J'étois auprès de luy sans aucunes alarmes,
Son cœur sembloit calmé, je le voyois sans armes,
Quand soudain attachant ses deux mains sur ses yeux,
Prévenons, a-t'il dit, l'injustice des Dieux,
Commençons à mourir avant qu'ils nous l'ordonnent,
Qu'ainsi que mes forfaits mes supplices étonnent.
Ne voyons plus le Ciel après sa cruauté,
Pour nous vanger de luy dédaignons sa clarté,
Refusons-luy nos yeux, & gardons quelque vie
Qui montre encore à tous quelle est sa tyrannie.
Là ses yeux arrachez par ses barbares mains
Font distiller un sang qui rend l'ame aux Thebains.
Ce sang si precieux touche à peine la terre,
Que le couroux du Ciel ne leur fait plus la guerre,
Et trois mourans gueris au milieu du Palais
De sa part tout d'un coup nous annoncent la paix.
Cleante vous a dit que par toute la ville.
THE. Cessons de nous gesner d'une crainte inutile.
A force de malheurs le Ciel fait assez voir
Que le sang de Laïus a remply son devoir,
Son Ombre est satisfaite, & ce malheureux crime
Ne laisse plus douter du choix de sa victime.
DIR. Vn autre ordre demain peut nous estre donné,
Allons voir cependant ce Prince infortuné,
Pleurer auprès de luy nostre destin funeste,
Et remettons aux Dieux à disposer du reste.

FIN.

LA
TOISON D'OR.
TRAGEDIE

DECORATION DV PROLOGVE.

L'HEVREVX Mariage de sa Majesté, & la Paix qu'il luy a plû donner à ses Peuples, ayant été les motifs de la réjoüissance publique, pour laquelle cette Tragedie a été préparée, non seulement il étoit juste qu'ils servissent de sujet au Prologue qui la precede, mais il étoit mesme absolument impossible d'en choisir une plus illustre matiere.

L'ouverture du Theatre fait voir un Païs ruïné par les guerres, & terminé dans son enfoncement par une Ville qui n'en est pas mieux traittée. Ce qui marque le pitoyable état où la France étoit reduite avant cette faveur du Ciel, qu'elle a si long-temps souhaitée, & dont la bonté de son genereux Monarque la fait joüir à present.

DECORATION DV PREMIER ACTE.

CE grand Iardin qui en fait la Scene, est composé de trois rangs de Cyprès, à costé desquels on voit alternativement en chaque chassis des Statuës de marbre blanc à l'antique, qui versent de gros jets d'eau dans de grands bassins, soûtenus par des Tritons qui leur servent de piedestal, ou trois vases qui portent l'un des orangers, & les deux autres diverses fleurs en confusion, champtournées, & decoupées à jour. Les ornemens de ces vases & de ces bassins sont rehaussez d'or, & ces Statuës portent sur leurs testes des corbeilles d'or treillissées, & remplies de pareilles fleurs. Le Theatre est fermé par une grande arcade de verdure, ornée de festons de fleurs, avec une grande corbeille d'or sur le milieu, qui en est remplie comme les autres. Quatre autres arcades qui la suivent composent avec elle un berceau, qui laisse voir plus loin un autre Iardin de Cyprès meslez, de quantité d'autres Statuës à l'antique, & la Perspective du fond borne la veuë par un parterre encor plus éloigné, au milieu duquel s'éleve une fontaine avec divers autres jets d'eau, qui ne font pas le moins agrément de ce spectacle.

DECORATION DV SECOND ACTE.

LA Riviere du Phase & le Païsage qu'elle traverse succedent à ce grand Iardin qui disparoit tout d'un coup. On voit tomber de gros torrents des Rochers qui servent de rivages à ce Fleuve, & l'éloignement qui borne la veuë presente aux yeux divers costaux, dont cette campagne est enfermée.

DECORATION DV TROISIE'ME ACTE.

NOs Theatres n'ont encor rien fait paroistre de si brillant, que le Palais du Roy Aëte, qui sert de Decoration à cet Acte. On y voit de chaque costé deux rangs de colomnes de Iaspe torses, & environnées de pampres d'or à grands fueillages, champtournées, & decoupées à jour, au milieu desquelles sont des Statuës d'or à l'Antique, de grandeur naturelle. Les frises, les festons, les corniches, & les chapiteaux sont pareillement d'or, & portent pour finissemens des vases de porcelaine, d'où sortent de gros bouquets de fleurs au naturel. Les bases & les piedestaux sont enrichis de basses tailles, où sont peintes diverses Fables de l'Antiquité. Vn grand portique doré, soûtenu par quatre autres colomnes dans le mesme ordre, fait la face du Theatre, & est suivy de cinq ou six autres de mesme maniere, qui forment par le moyen de ces colomnes comme cinq galleries, où la veuë s'enfonçant découvre ce mesme jardin de Cyprès qui a paru au premier Acte.

DECORATION DV QVATRIE'ME ACTE.

CE Theatre horrible fait place à un plus agreable. C'est le Desert, où Medée a de coûtume de se retirer, pour faire ses enchantemens. Il est tout de Rochers, qui laissent sortir de leurs fentes quelques filaments d'herbes rampantes, & quelques arbres moitié verds, & moitié secs. Ces Rochers sont d'une pierre blanche & luisante, de sorte que comme l'autre Theatre étoit fort chargé d'ombres, le changement subit de l'un à l'autre fait qu'il semble qu'on passe de la nuit au jour.

DECORATION DV CINQVIE'ME ACTE.

CE dernier Spectacle presente à la veuë une Forest épaisse, composée de divers arbres entre-lassez ensemble, & si touffus, qu'il est aisé de juger que le respect qu'on porte au Dieu Mars à qui elle est consacrée, fait qu'on n'ose en couper aucunes branches, ny mesme brosser au travers. Les trophées d'Armes appendus au haut de la plus-part de ces arbres, marquent encor plus particulierement, qu'elle appartient à ce Dieu. La Toison d'Or est sur le plus élevé, qu'on voit seul de son rang au milieu de cette Forest, & la Perspective du fond fait paroistre en éloignement la Riviere du Phase, avec le Navire Argo, qui semble n'attendre plus que Iason & sa Conqueste pour partir.

ACTEVRS DV PROLOGVE.

LA FRANCE.	L'HYMENEE.
LA VICTOIRE.	LA DISCORDE.
MARS.	L'ENVIE.
LA PAIX.	Quatre AMOVRS.

ACTEVRS DE LA TRAGEDIE.

IVPPITER.	IASON, Prince de Thessalie, Chef des Argonautes.
IVNON.	
PALLAS.	PELEE. ⎫
IRIS.	IPHITE. ⎬ Argonautes.
L'AMOVR.	ORPHEE. ⎭
LE SOLEIL.	ZETHEZ. ⎫ Argonautes aiſlez, fils de Borée & d'Orithie.
AETES, Roy de Colchos, fils du Soleil.	CALAIS. ⎭
ABSYRTE, Fils d'Aetes.	
CHALCIOPE, Fille d'Aetes, vefve de Phryxus.	GLAVQVE, Dieu marin.
MEDEE, Fille d'Aetes, Amante de Iason.	Deux TRITONS.
	Deux SIRENES.
HYPSIPILE, Reine de Lemnos.	Quatre VENTS.

La Scene est à Colchos.

LA CON-

LA CONQVESTE DE LA TOISON D'OR, TRAGEDIE

PROLOGVE

SCENE PREMIERE

LA FRANCE, LA VICTOIRE.

LA FR. DOVX charme des Heros, immortelle
   Victoire,
Ame de leur vaillance, & source de leur
   gloire,
Vous qu'on fait si volage, & qu'on voit
   toutefois   (ce choix,
Si constante à me suivre, & si ferme en
Ne vous offensez pas, si j'arrose de larmes
Cette illustre union qu'ont avec vous mes armes,
Et si vos faveurs mesme obstinent mes soûpirs
A pousser vers la Paix mes plus ardens desirs.
Vous faites qu'on m'estime aux deux bouts de la Terre,
Vous faites qu'on m'y craint, mais il vous faut la Guerre,
Et quand je voy quel prix me coûtent vos lauriers,
J'en vois avec chagrin couronner mes guerriers.

Tome II.   Hhhh

LA VI. Ie ne me repens point, incomparable France,
De vous avoir suivie auec tant de constance,
Ie vous prépare encor mesmes attachemens,
Mais j'attendois de vous d'autres remercîmens.
Vous laſſez-vous de moy qui vous comble de gloire,
De moy qui de vos fils aſſeure la memoire,
Qui fais marcher par tout l'effroy devant leurs pas?
LA FR. Ah, Victoire, pour fils n'ay-je que des Soldats?
La gloire qui les couvre à moy-meſme funeste
Sous mes plus beaux ſuccés fait trembler tout le reste;
Ils ne vont aux combats que pour me proteger,
Et n'en ſortent vainqueurs que pour me ravager.
S'ils renverſent des murs, s'ils gagnent des batailles,
Ils prennent droit par là de ronger mes entrailles,
Leur retour me punit de mon trop de bonheur,
Et mes bras triomphans me déchirent le cœur.
A vaincre tant de fois mes forces s'affoibliſſent,
L'Etat eſt floriſſant, mais les Peuples gemiſſent,
Leurs membres décharnez courbent ſous mes hauts faits,
Et la gloire du Troſne accable les Sujets.
Voyez autour de moy que de triſtes ſpectacles!
Voilà ce qu'en mon ſein enfantent vos miracles.
Quelque encens que je doive à cette fermeté
Qui vous fait en tous lieux marcher à mon coſté,
Ie me laſſe de voir mes villes deſolées,
Mes habitans pillez, mes campagnes bruſlées,
Mon Roy, que vous rendez le plus puiſſant des Rois,
En gouſte moins le fruit de ſes propres exploits,
Du meſme œil dont il voit ſes plus nobles conqueſtes,
Il voit ce qu'il leur faut ſacrifier de teſtes;
De ce glorieux Troſne où brille ſa vertu
Il tend ſa main auguste à ſon Peuple abatu;
Et comme à tous momens la commune miſere
Rappelle en ſon grand cœur les tendreſſes de pere,
Ce cœur ſe laiſſe vaincre aux vœux que j'ay formez,
Pour faire respirer ce que vous opprimez.
LA VI. France, j'opprime donc ce que je favoriſe!
A ce nouveau reproche excuſez ma ſurpriſe:
I'avois crû jusqu'icy qu'à vos ſeuls ennemis
Ces termes odieux pouvoient eſtre permis,
Qu'eux ſeuls de ma conduite avoient droit de ſe plaindre.
LA FR. Vos dons ſont à cherir, mais leur ſuite eſt à craindre.

TRAGEDIE.

Pour faire deux Heros ils font cent malheureux,
Et ce dehors brillant que mon nom reçoit d'eux
M'éclaire à voir les maux qu'à ma gloire il attache,
Le sang dont il m'épuise, & les nerfs qu'il m'arrache.

LA VI. Je n'ose condamner de si justes ennuis,
Quand je voy quels malheurs malgré moy je produis;
Mais ce Dieu dont la main m'a chez vous affermie
Vous pardonnera-t'il d'aimer son ennemie?
Le voilà qui paroit, c'est luy-mesme, c'est Mars,
Qui vous lance du Ciel de farouches regards,
Il menace, il descend, appaisez sa colere
Par le prompt desaveu d'un souhait temeraire.^a

SCENE II.

MARS, LA FRANCE, LA VICTOIRE.

MARS.
France ingrate, tu veux la Paix,
Et pour toute reconnoissance
D'avoir en tant de lieux étendu ta puissance,
Tu murmures de mes bienfaits.
Encore un lustre ou deux, & sous tes Destinées
J'aurois rangé le sort des testes couronnées,
Ton Etat n'auroit eu pour bornes que ton choix;
Et tu devois tenir pour asseuré présage,
Voyant toute l'Europe apprendre ton langage,
Que toute cette Europe alloit prendre tes loix.

Tu renonces à cette gloire,
La Paix a pour toy plus d'appas,
Et tu dédaignes la Victoire
Que j'ay de ma main propre attachée à tes pas.
Voy dans quels fers sous moy la Discorde & l'Envie
Tiennent cette Paix asservie,
La Victoire t'a dit comme on peut m'appaiser;
J'en veux bien faire encor ta compagne éternelle,
Mais sçache que je la rappelle
Si tu manques d'en bien user.^b

^a *Le Ciel s'ouvre, & fait voir Mars en posture menaçante, un pied en l'air, & l'autre porté sur son Etoille. Il descend ainsi à un des côtez du Theatre, qu'il traverse en parlant, & remonte aussi-tost au mesme lieu dont il est party.*

^b *Avant que de disparoistre, ce Dieu en colere contre la France, luy fait voir la Paix qu'elle demāde avec*

tant d'ardeur, prisonniere dans son Palais, entre les mains de la Discorde & de l'Envie, qu'il luy a données pour Gardes. Ce Palais a pour colomnes des canons, qui ont pour bases des mortiers, & des boulets pour chapiteaux; le tout accompagné pour ornemens, de trompettes, de tambours, & autres instrumens de guerre entrelassez ensemble, & decoupez à jour, qui sont comme un second rang de colomnes. Le Lambris est composé de Trophées d'armes, & de tout ce qui peut designer & embellir la demeure de ce Dieu des batailles.

Hhhh ij

SCENE III.

LA PAIX, LA DISCORDE, L'ENVIE,
LA FRANCE, LA VICTOIRE.

LA P. EN vain à tes soûpirs il est inexorable,
  Vn Dieu plus fort que luy me va rejoindre à toy,
Et tu devras bien-tost ce succés adorable
  A cette Reine incomparable,
Dont les soins & l'exemple ont formé ton grand Roy;
Ses tendresses de sœur, ses tendresses de mere,
Peuvent tout sur un fils, peuvent tout sur un frere;
Beny, France, beny ce pouvoir fortuné,
Beny le choix qu'il a fait d'une Reine comme elle:
Cent Rois en sortiront dont la gloire immortelle
Fera trembler sous toy l'Vnivers étonné,
Et dans tout l'avenir sur leur front couronné
  Portera l'image fidelle
  De celuy qu'elle t'a donné.

  Ce Dieu dont le pouvoir supresme
Etouffe d'un coup d'œil les plus vieux differents,
Ce Dieu par qui l'amour plaist à la Vertu mesme,
Et qui borne souvent l'espoir des Conquerants,
  Le blond & pompeux Hymenée
Prépare en ta faveur l'éclatante journée,
  Où sa main doit briser mes fers.
Ces Monstres insolens dont je suis prisonniere,
Prisonniers à leur tour au fond de leurs Enfers
Ne pourront mesler d'ombre à sa vive lumiere;
  A tes cantons les plus deserts
  Ie rendray leur beauté premiere,
Et dans les doux torrents d'une allegresse entiere
Tu verras s'abysmer tes maux les plus amers.

  Tu vois comme déja ces deux hautes Puissances
Que Mars sembloit plonger en d'immortels discords,
Ont malgré ses fureurs assemblé sur tes bords
  Les sublimes intelligences
Qui de leurs grands Etats meuvent les vastes corps.

TRAGEDIE.

Les surprenantes harmonies
De ces miraculeux Genies,
Sçavent tout balancer, sçavent tout soûtenir:
Leur prudence étoit deuë à cet illustre ouvrage,
Et jamais on n'eust pû fournir
Aux interests divers de la Seine & du Tage,
Ny zéle plus sçavant en l'art de reünir,
Ny sçavoir mieux instruit du commun avantage.

Par ces organes seuls ces dignes Potentats
Se font eux-mesmes leurs arbitres,
Aux conquestes par eux ils donnent d'autres titres,
Et des bornes à leurs Etats.
Ce Dieu mesme qu'attend ma longue impatience
N'a droit de m'affranchir que par leur Conference,
Sans elle son pouvoir seroit mal reconnu.
Mais enfin je le voy, leur accord me l'envoye;
France, ouvre ton cœur à la joye,
Et vous, Monstres, fuyez, ce grand jour est venu.^a

SCENE IV.

**L'HYMENEE, LA PAIX, LA DISCORDE,
L'ENVIE, LA FRANCE, LA VICTOIRE.**

LA D. EN vain tu le veux croire, orgueilleuse captive,
   Pourrions-nous fuir le secours qui t'arrive?
L'EN. Pourrions-nous craindre un Dieu qui contre nos fureurs
   Ne prend pour armes que des fleurs?
L'HY. Ouy, Monstres, ouy, craignez cette main vangeresse,
  Mais craignez encor plus cette grande Princesse,
  Pour qui je viens allumer mon flambeau:
  Pourriez-vous soûtenir les traits de son visage?
   Fuyez, Monstres, à son image,
Fuyez, & que l'Enfer qui fut vostre berceau
   Vous serve à jamais de tombeau.
Et vous, noirs instrumens d'un indigne esclavage,
Tombez, fers odieux, à ce divin aspect,
  Et pour luy rendre un prompt hommage,
Aneantissez-vous de honte, ou de respect.^b

^a *L'Hymenée paroit couronné de fleurs, portant en sa main droite un dard semé de lys & de roses, & en la gauche le portrait de la Reine peint sur son bouclier.*

^b *Il presente ce portrait aux yeux de la Discorde & de l'Envie, qui trébuchent aussi-tost aux Enfers, & en suite il le presente aux chaisnes qui tiennent la Paix prisonniere, qui tombent & se brisèt tout à l'heure.*

LA P. Dieu des sacrez plaisirs, vous venez de me rendre
Vn bien dont les Dieux mesme ont lieu d'estre jaloux;
Mais ce n'est pas assez, il est temps de descendre,
Et de remplir les vœux qu'en Terre on fait pour nous.
L'HY. Il en est temps, Deesse, & c'est trop faire attendre
Les effets d'un espoir si doux.
Vous donc, mes Ministres fidelles,
Venez, Amours, & prêtez-nous vos aîles.[a]
LA FR. Peuple, fais voir ta joye à ces Divinitez,
Qui vont tarir le cours de tes calamitez.
CHOEVR DE MVSIQVE.[b]
Descens, Hymen, & ramene sur Terre
Les delices avec la Paix,
Descens, objet divin de nos plus doux souhaits,
Et par tes feux esteins ceux de la Guerre.

Aprés que l'Hymenée & la Paix sont descendus, les quatre Amours remontent au Ciel, premierement de droit fil tous quatre ensemble, & puis se separant deux à deux, & croisant leur vol, en sorte que ceux qui sont au costé droit se retirent à gauche dans les nuës, & ceux qui sont à gauche se perdent dans celles du costé droit.

[a] *Quatre Amours descendent du Ciel, deux de chaque costé, & s'attachent à l'Hymenée & à la Paix, pour les apporter en Terre.*
[b] *L'Hymenée, la Paix, & les quatre Amours descendent cependant qu'il chante.*

SCENE V.

L'HYMENEE, LA PAIX, LA FRANCE, LA VICTOIRE.

[c] *A la Paix.*

LA FR. Adorable souhait des Peuples gemissans,
Feconde seureté des travaux innocens,
Infatigable appuy du pouvoir legitime,
Qui dissipez le trouble, & détruisez le crime,
Protectrice des Arts, mere des beaux loisirs,
Est-ce une illusion qui flate mes desirs,
Puis-je en croire mes yeux, & dans chaque Province
De vostre heureux retour faire benir mon Prince?
LA P. France, appren que luy-mesme il aime à le devoir
A ces yeux dont tu vois le souverain pouvoir:
Par un effort d'amour répons à leurs miracles,
Fais éclater ta joye en de pompeux spectacles.
Ton Theatre a souvent d'assez riches couleurs
Pour n'avoir pas besoin d'emprunter rien ailleurs.

TRAGEDIE. 615

Ose donc, & fais voir que ta reconnoissance...
LA FR. De grace, voyez mieux quelle est mon impuissance.
Est-il effort humain qui jamais ait tiré
Des spectacles pompeux d'un sein si déchiré?
Il faudroit que vos soins par le cours des années...
L'HY. Ces traits divins n'ont pas des forces si bornées,
Mes roses & mes lys par eux en un moment
A ces lieux desolez vont servir d'ornement.
Promets, & tu verras l'effet de ma parole.
LA FR. J'entreprendray beaucoup, mais ce qui m'en console,
C'est que sous vostre aveu... L'HY. Va, n'apprehende rien,
Nous serons à l'envy nous-mesmes ton soutien.
Porte sur ton Theatre une chaleur si belle,
Que des plus heureux temps l'éclat s'y renouvelle,
Nous en partagerons la gloire, & le soucy.
LA VI. Cependant la Victoire est inutile icy,
Puisque la Paix y régne, il faut qu'elle s'exile.
LA P. Non, Victoire, avec moy tu n'es pas inutile.
Si la France en repos n'a plus où t'employer,
Du moins à ses amis elle peut t'envoyer.
D'ailleurs, mon plus grand calme aime l'inquiétude
Des combats de prudence, & des combats d'étude,
Il ouvre un champ plus large à ces guerres d'esprits,
Tous les Peuples sans cesse en disputent le prix,
Et comme il fait monter à la plus haute gloire,
Il est bon que la France ait toûjours la Victoire.
Fay-luy donc cette grace, & prens part comme nous
A ce qu'auront d'heureux des spectacles si doux.
LA VI. J'y consens, & m'arreste aux rives de la Seine,
Pour rendre un long hommage à l'une & l'autre Reine,
Pour y prendre à jamais les ordres de son Roy.
Puissay-je en obtenir pour mon premier employ,
Ceux d'aller jusqu'aux bouts de ce vaste hemisphere
Arborer les drapeaux de son genereux frère,
D'aller d'un si grand Prince en mille & mille lieux
Egaler le grand nom au nom de ses Ayeux,
Le conduire au-delà de leurs fameuses traces;
Faire un appuy de Mars du favory des Graces,
Et sous d'autres climats couronner ses hauts faits
Des lauriers qu'en ceux-cy luy dérobe la Paix.
L'HY. Tu vas voir davantage, & les Dieux qui m'ordonnent
Qu'attendant tes lauriers mes myrthes le couronnent,

Luy vont donner un prix de toute autre valeur,
Que ceux que tu promets avec tant de chaleur.
Cette illustre conqueste a pour luy plus de charmes
Que celles que tu veux asseurer à ses armes,
Et son œil éclairé par mon sacré flambeau
Ne voit point de trophée ou si noble, ou si beau.
Ainsi, France, à l'envy l'Espagne & l'Angleterre
Aiment à t'enrichir quand tu finis la guerre,
Et la Paix qui succede à ses tristes efforts
Te livre par ma main leurs plus rares tresors.
LA P. Allons sans plus tarder mettre ordre à tes spectacles,
Et pour les commencer par de nouveaux miracles,
Toy que rend tout puissant ce chef-d'œuvre des Cieux,
Hymen, fay-luy changer la face de ces lieux.

Seul. L'HY. ᵃNaissez à cet aspect, fontaines, fleurs, bocages,
Chassez de ces débris les funestes images,
Et formez des jardins, tels qu'avec quatre mots
Le grand Art de Medée en fit naistre à Colchos. ᵇ

ᵇ *Tout le Theatre se change en un jardin magnifique, à la veuë du portrait de la Reine, que l'Hymenée luy presente.*

ACTE

TRAGEDIE. 617

ACTE I.

SCENE PREMIERE.

CHALCIOPE, MEDEE.

MED. Army ces grands sujets d'allegresse publique
Vous portez sur le front un air melancolique,
Vostre humeur paroit sombre, & vous semblez,
    ma sœur,
Murmurer en secret contre nostre bonheur.
La vefve de Phryxus, & la fille d'Aæte,
Plaint-elle de Persés la honte & la défaite?
Vous faut-il consoler de ces illustres coups,
Qui partent d'un Heros parent de vostre Epoux,
Et le vaillant Iason pourroit-il vous déplaire,
Alors que dans son Trosne il rétablit mon pere?
CHA. Vous m'offensez, ma sœur; celles de nostre rang
Ne sçavent point trahir leur païs, ny leur sang,
Et j'ay veu les combats de Persés, & d'Aæte,
Toûjours avec des yeux de fille & de Sujette.
Si mon front porte empreints quelques troubles secrets,
Sçachez que je n'en ay que pour vos interests.
I'aime autant que je doy cette haute victoire,
Ie veux bien que Iason en ait toute la gloire,
Mais à tout dire enfin, je crains que ce vainqueur
N'en étende les droits jusque sur vostre cœur.
  Ie sçay que sa brigade à peine descenduë
Rétablit à nos yeux la bataille perduë,
Que Persés triomphoit, que Styrus étoit mort,
Styrus que pour Epoux vous envoyoit le Sort;
Iason de tant de maux borna soudain la course,
Il en dompta la force, il en tarit la source:
Mais avoüez aussi qu'un Heros si charmant
Vous console bien-tost de la mort d'un amant.
L'éclat qu'a répandu le bonheur de ses armes
A vos yeux éboüis ne permet plus de larmes,

Tome II.   Iiii

Il sçait les détourner des horreurs d'un cercueil,
Et la peur d'estre ingrate étouffe vostre dueil.
　　Non que je blafme en vous quelques foins de luy plaire,
Tant que la guerre icy l'a rendu neceffaire;
Mais je ne voudrois pas que cet empreffement
D'un foin étudié fift un attachement.
　　Car enfin aujourd'huy que la guerre eft finie,
Voftre facilité fe trouveroit punie,
Et fon depart fubit ne vous lafferoit plus
Qu'un cœur embarraffé de foucis fuperflus.
MED. La remontrance eft douce, obligeante, civile,
Mais à parler fans feinte elle eft fort inutile:
Si je n'ay point d'amour, je n'y prens point de part,
Et fi j'aime Iafon, l'avis vient un peu tard.
　　Quoy qu'il en foit, ma fœur, nommeriez-vous un crime,
Vn vertueux amour qui fuivroit tant d'eftime?
Alors que fes hauts faits luy gagnent tous les cœurs,
Faut-il que fes foûpirs excitent mes rigueurs,
Que contre fes exploits moy feule je m'irrite,
Et fonde mes dédains fur fon trop de merite?
Mais s'il m'en doit bientoft coûter un repentir,
D'où pouvez-vous fçavoir qu'il foit preft à partir?
CHA. Ie le fçay de mes fils, qu'une ardeur de jeuneffe
Emporte malgré moy jufqu'à le fuivre en Grece,
Pour voir en ces beaux lieux la fource de leur fang,
Et de Phryxus leur pere y reprendre le rang.
Déja tous ces Heros au depart fe difpofent,
Ils ont peine à fouffrir que leurs bras fe repofent;
Comme la gloire à tous fait leur plus cher foucy,
N'ayant plus à combatre, ils n'en ont plus icy,
Ils bruflent d'en chercher deffus quelque autre rive,
Tant leur valeur rougit fi-toft qu'elle eft oifive.
Iafon veut feulement une grace du Roy...
MED. Cette grace, ma fœur, n'eft fans doute que moy.
Ce n'eft plus avec vous qu'il faut que je déguife,
Du Chef de ce Heros j'afservis la franchife;
De tout ce qu'il a fait, de grand, de glorieux,
Il rend un plein hommage au pouvoir de mes yeux:
Il a vaincu Perfes, il a fervy mon pere,
Il a fauvé l'Etat, fans chercher qu'à me plaire,
Vous l'avez veu peut-eftre, & vos yeux font témoins
De combien chaque jour il y donne de foins,

TRAGEDIE.

Avec combien d'ardeur... *CHA.* Ouy, je l'ay veu moy-mesme
Que pour plaire à vos yeux il prend un soin extresme,
Mais je n'ay pas moins veu combien il vous est doux
De vous montrer sensible aux soins qu'il prend pour vous.
Ie vous voy chaque jour avec inquietude
Chercher, ou sa presence, ou quelque solitude,
Et dans ces grands jardins sans cesse repasser
Le souvenir des traits qui vous ont sçeu blesser.
En un mot, vous l'aimez, & ce que j'apprehende...
MED. Ie suis preste à l'aimer, si le Roy le commande,
Mais jusques-là, ma sœur, je ne fais que souffrir
Les soûpirs & les vœux qu'il prend soin de m'offrir.
CHA. Quittez ce faux devoir dont l'ombre vous amuse,
Vous irez plus avant si le Roy le refuse,
Et quoy que vostre erreur vous fasse présumer,
Vous obeïrez mal, s'il vous défend d'aimer.
Ie sçay... Mais le voicy que le Prince accompagne.

SCENE II.

A Æ T E, A B S Y R T E, C H A L C I O P E, M E D E E.

A Æ. ENfin nos ennemis nous cedent la campagne,
Et des Scythes défaits le camp abandonné,
Nous est de leur déroute un gage fortuné,
Vn fidelle témoin d'une victoire entiere:
Mais comme la fortune est souvent journaliere,
Il en faut redouter de funestes retours,
Ou se mettre en état de triompher toûjours.
 Vous sçavez de quel poids & de quelle importance
De ce peu d'étrangers s'est fait voir l'assistance.
Quarante, (qui l'eust crû ?) quarante à leur abord
D'une Armée abatuë ont relevé le sort,
Du costé des vaincus rappellé la victoire,
Et fait d'un jour fatal un jour brillant de gloire.
 Depuis cet heureux jour que n'ont point fait leurs bras?
Leur Chef nous a paru le Démon des combats,
Et trois fois sa valeur d'un noble effet suivie
Au peril de son sang a dégagé ma vie.

Iiii ij

Que ne luy doy-je point ? & que ne doy-je à tous?
Ah, si nous les pouvions arrêter parmy nous!
Que ma couronne alors se verroit asseurée!
Qu'il faudroit craindre peu pour la Toison dorée,
Ce tresor où les Dieux attachent nos Destins,
Et que veulent ravir tant de jaloux voisins!
  N'y peux-tu rien, Medée, & n'as-tu point de charmes
Qui fixent en ces lieux le bonheur de leurs armes?
N'est-il herbes, parfums, ny chants mysterieux,
Qui puissent nous unir ces bras victorieux?
ABS. Seigneur, il est en vous d'avoir cet avantage.
Le charme qu'il y faut est tout sur son visage.
Iason l'aime, & je croy que l'offre de son cœur
N'en seroit pas receuë avec trop de rigueur.
Vn favorable aveu pour ce digne Hymenée
Rendroit icy sa course heureusement bornée,
Son exemple auroit force, & feroit qu'à l'envy
Tous voudroient imiter le Chef qu'ils ont suivy.
Tous sçauroient comme luy, pour faire une Maîtresse,
Perdre le souvenir des beautez de leur Grece,
Et tous ainsi que luy permettroient à l'Amour
D'obstiner des Heros à grossir vostre Cour.
A Æ. Le refus d'un tel heur auroit trop d'injustice.
Puis-je d'un moindre prix payer un tel service:
Le Ciel qui veut pour elle un Epoux étranger
Sous un plus digne joug ne sçauroit l'engager.
Ouy, j'y consens, Absyrte, & tiendray mesme à grace
Que du Roy d'Albanie il remplisse la place,
Que la mort de Styrus permette à vostre sœur
L'incomparable choix d'un si grand successeur.
Ma fille, si jamais les droits de la naissance...
CHA. Seigneur, je vous répons de son obeissance,
Mais je ne répons pas que vous trouviez les Grecs
Dans la mesme pensée & les mesmes respects.
  Ie les connois un peu, vefve d'un de leurs Princes.
Ils ont aversion pour toutes nos Provinces,
Et leur païs natal leur imprime un amour,
Qui par tout les rappelle, & presse leur retour.
Ainsi n'esperez pas qu'il soit des Hymenées,
Qui puissent à la vostre unir leurs Destinées.
Ils les accepteront, si leur sort rigoureux
A fait de leur Patrie un lieu mal seur pour eux;

TRAGEDIE. 621

Mais le peril passé, leur soudaine retraite
Vous fera bientost voir que rien ne les arréte,
Et qu'il n'est point de nœud, qui les puisse obliger
A vivre sous les loix d'un Monarque étranger.
  Bien que Phryxus m'aimast avec quelque tendresse,
Ie l'ay veu mille fois soûpirer pour sa Grece,
Et quelque illustre rang qu'il tinst dans vos Etats,
S'il eust eu l'accès libre en ces heureux climats,
Malgré ces beaux dehors d'une ardeur empressée,
Il m'eust fallu l'y suivre, ou m'en voir delaissée.
Il semble aprés sa mort qu'il revive en ses fils,
Comme ils ont mesme sang, ils ont mesmes esprits,
La Grece en leur idée est un sejour celeste,
Vn lieu seul digne d'eux, par là jugez du reste.

A Æ. Faites-les moy venir, que de leur propre voix
'J'apprenne les raisons de cet injuste choix.
Et quant à ces Guerriers, que nos Dieux tutelaires
Au salut de l'Etat rendent si necessaires,
Si pour les obliger à vivre mes Sujets,
Il n'est point dans ma Cour d'assez dignes objets,
Si ce nom sur leur front jette tant d'infamie,
Que leur gloire en devienne implacable ennemie,
Subornons cette gloire, & voyons dès demain
Ce que pourra sur eux le nom de Souverain.
Le Trosne a ses liens ainsi que l'Hymenée,
Et quand ce double nœud tient une ame enchaisnée,
Quand l'ambition marche au secours de l'amour,
Elle étouffe aisément tous ces soins du retour.
Elle triomphera de cette idolatrie
Que tous ces grands Guerriers gardent pour leur Patrie:
Leur Grece a des climats, & plus doux, & meilleurs,
Mais commander icy vaut bien servir ailleurs.
Partageons avec eux l'éclat d'une Couronne
Que la bonté du Ciel par leurs mains nous redonne,
D'un bien qu'ils ont sauvé je leur doy quelque part,
Ie le perdrois sans eux, sans eux il court hazard,
Et c'est toûjours prudence en un peril funeste
D'offrir une moitié pour conserver le reste.

ABS. Vous les connoissez mal, ils sont trop genereux
Pour vous vendre à ce prix le besoin qu'on a d'eux.
Aprés ce grand secours, ce seroit pour salaire
Prendre une part du vol qu'on taschoit à vous faire,

Iiii iij

Vous piller un peu moins fous couleur d'amitié,
Et vous laiffer enfin ce reste par pitié.
C'eft-là, Seigneur, c'eft-là cette haute infamie
Dont vous verriez leur gloire implacable ennemie.
Le Trofne a des fplendeurs dont les yeux éblouïs
Peuvent reduire une ame à l'oubly du païs;
Mais auffi la Scythie ouverte à nos conqueftes
Offre affez de matiere à couronner leurs teftes.
Qu'ils régnent, mais par nous, & fur nos ennemis,
C'eft-là qu'il faut trouver un Sceptre à nos amis,
Et lors d'un facré nœud l'inviolable étreinte,
Tirera noftre appuy d'où partoit noftre crainte,
Et l'Hymen unira par des liens plus doux
Des Rois fauvez par eux à des Rois faits par nous.

AÆ. Vous regardez trop toft comme voftre heritage
Vn Trofne dont en vain vous craignez le partage:
I'ay d'autres yeux, Abfyrte, & vois un peu plus loin.
Ie veux bien referver ce remede au befoin,
Ne faire point cette offre à moins que neceffaire;
Mais s'il y faut venir, rien ne m'en peut diftraire.
Les voicy, parlons-leur, & pour les arréter,
Ne leur refufons rien qu'ils daignent fouhaiter.

SCENE III.

AÆTE, ABSYRTE, MEDEE, IASON, PELEE, IPHITE, ORPHEE, ARGONAVTES.

AÆ. GVerriers par qui mon fort devient digne d'envie,
Heros, à qui je dois, & le Sceptre, & la vie,
Après tant de bien-faits, & d'un fi haut éclat,
Voulez-vous me laiffer la honte d'eftre ingrat?
Ie ne vous fais point d'offre, & dans ces lieux fauvages
Ie ne découvre rien digne de vos courages;
Mais fi dans mes Etats, mais fi dans mon Palais
Quelque chofe avoit pû meriter vos fouhaits,
Le choix qu'en auroit fait cette valeur extrefme
Luy donneroit un prix qu'il n'a pas de luy-mefme;

TRAGEDIE.

    Et je croirois devoir à ce précieux choix
    L'heur de vous rendre un peu de ce que je vous dois.
JAS. Si nos bras animez par vos destins propices
    Vous ont rendu, Seigneur, quelques foibles services,
    Et s'il en est encore après un sort si doux
    Que vos commandemens puissent vouloir de nous,
    Vous avez en vos mains un trop digne salaire,
    Et pour ce qu'on a fait, & pour ce qu'on peut faire,
    Et s'il nous est permis de vous le demander...
AÆ. Attendez tout d'un Roy qui veut tout accorder.
    J'en jure le Dieu Mars, & le Soleil mon pere,
    Et me puisse à vos yeux accabler leur colere,
    Si mes sermens pour vous n'ont de si prompts effets,
    Que vos vœux dès ce jour se verront satisfaits.
JAS. Seigneur, j'ose vous dire après cette promesse
    Que vous voyez la fleur des Princes de la Grece,
    Qui vous demandent tous d'une commune voix
    Vn tresor qui jadis fut celuy de ses Rois,
    La Toison d'Or, Seigneur, que Phryxus vostre gendre,
    Phryxus nostre parent... *AÆ.* Ah, que viens-je d'entendre!
MED. Ah, perfide! *IAS.* A ce mot vous paroissez surpris;
    Nostre peu de secours se met à trop haut prix;
    Mais enfin, je l'avouë, un si précieux gage
    Est l'unique motif de tout nostre voyage.
    Telle est la dure loy que nous font nos Tyrans,
    Que luy seul nous peut rendre au sein de nos parens,
    Et telle est leur rigueur, que sans cette conqueste
    Le retour au païs nous couteroit la teste.
AÆ. Ah, si vous ne pouvez y rentrer autrement,
    Dure, dure à jamais vostre bannissement.
        Princes, tel est mon sort que la Toison ravie
    Me doit couter le Sceptre, & peut-estre la vie,
    De sa perte dépend celle de tout l'Etat,
    En former un desir c'est faire un attentat,
    Et si jusqu'à l'effet vous pouvez le reduire,
    Vous ne m'avez sauvé que pour mieux me détruire.
JAS. Qui vous l'a dit, Seigneur ? quel tyrannique effroy
    Fait cette illusion aux destins d'un grand Roy ?
AÆ. Vostre Phryxus luy-mesme a servy d'interprete
    A ces ordres des Dieux dont l'effet m'inquiéte,
    Son Ombre en mots exprès nous les a fait sçavoir.
JAS. A des fantosmes vains donnez moins de pouvoir.

Vne ombre est toûjours ombre, & des nuits éternelles
Il ne sort point de jours qui ne soient infidelles.
Ce n'est point à l'Enfer à disposer des Rois,
Et les ordres du Ciel n'empruntent point sa voix :
Mais vos bontez par-là cherchent à faire grace
Au trop d'ambition dont vous voyez l'audace,
Et c'est pour colorer un trop juste refus,
Que vous faites parler cette Ombre de Phryxus.
AÆ. Quoy ! de mon noir destin la triste certitude
Ne seroit qu'un pretexte à mon ingratitude,
Et quand je vous doy tout, je voudrois essayer
Vn mauvais artifice à ne nous rien payer ?
Quoy que vous en croyiez, quoy que vous puissiez dire,
Pour vous desabuser partageons mon Empire.
Cette offre peut-elle estre un refus coloré,
Et répond-elle mal à ce que j'ay juré ?
JAS. D'autres l'accepteroient avec pleine allegresse;
Mais elle n'ouvre pas les chemins de la Grece,
Et ces Heros sortis, ou des Dieux, ou des Rois,
Ne sont pas mes Sujets pour vivre sous mes loix.
C'est à l'heur du retour que leur courage aspire,
Et non pas à l'honneur de me faire un Empire.
AÆ. Rien ne peut donc changer ce rigoureux desir ?
JAS. Seigneur, nous n'avons pas le pouvoir de choisir,
Ce n'est que perdre temps qu'en parler davantage,
Et vous sçavez à quoy le serment vous engage.
AÆ. Temeraire serment qui me fait une loy,
Dangereuse pour vous, ou funeste pour moy.
 La Toison est à vous, si vous pouvez la prendre;
Car ce n'est pas de moy qu'il vous la faut attendre.
Comme vostre Phryxus l'a consacrée à Mars,
Ce Dieu mesme luy fait d'effroyables remparts,
Contre qui tout l'effort de la valeur humaine
Ne peut estre suivy que d'une mort certaine.
Il faut pour l'emporter quelque chose au dessus,
I'ouvriray la carriere, & ne puis rien de plus.
Il y va de ma vie, ou de mon Diadesme;
Mais je tremble pour vous autant que pour moy-mesme.
Ie croirois faire un crime à vous le déguiser,
Il est en vostre choix d'en bien, ou mal user,
Ma parole est donnée, il faut que je la tienne,
Mais vostre perte est seure à moins que de la mienne.
Adieu,

TRAGEDIE.

Adieu, pensez-y bien, toy, ma fille, dy-luy
A quels affreux perils il se livre aujourd'huy.

SCENE IV.

*MEDEE, IASON,
ARGONAVTES.*

MED. CEs perils sont legers. JAS. Ah, divine Princesse.
ME. Il n'y faut que du cœur, des forces, de l'adresse,
Vous en avez, Iason, mais peut-estre après tout
Ce que vous en avez n'en viendra pas à bout.
JAS. Madame, si jamais... MED. Ne dy rien, temeraire,
Tu ne sçavois que trop quel choix pouvoit me plaire,
Celuy de la Toison m'a fait voir tes mépris,
Tu la veux, tu l'auras, mais apprens à quel prix.
   Pour voir cette dépoüille au Dieu Mars consacrée,
A tous dans sa forest il permet libre entrée,
Mais pour la conquerir qui s'ose hazarder
Trouve un affreux Dragon commis à la garder.
Rien n'échape à sa veuë, & le sommeil sans force,
Fait avec sa paupiere un éternel divorce.
Le combat contre luy ne te sera permis,
Qu'après deux fiers Taureaux par ta valeur soûmis,
Leurs yeux sont tous de flame, & leur bruslante haleine
D'un long embrasement couvre toute la Plaine.
   Va leur faire souffrir le joug, & l'aiguillon,
Ouvrir du champ de Mars le funeste sillon,
C'est ce qu'il te faut faire, & dans ce champ horrible
Ietter une semence encore plus terrible,
Qui soudain produira des escadrons armez
Contre la mesme main qui les aura semez.
Tous si-tost qu'ils naistront en voudront à ta vie,
Ie vay moy-mesme à tous redoubler leur furie.
Iuge par là, Iason, de la gloire où tu cours,
Et cherche où tu pourras des bras, & du secours.

Tome II.   Kkkk

SCENE V.

IASON, PELEE, IPHITE, ORPHEE, ARGONAVTES.

IAS. Amis, voilà l'effet de voſtre impatience,
Si j'avois eu ſur vous un peu plus de croyance,
L'amour m'auroit livré ce précieux dépoſt,
Et vous l'avez perdu pour le vouloir trop toſt.
PEL. L'amour vous eſt bien doux, & voſtre espoir tranquille,
Qui vous fit conſumer deux ans chez Hypſipile,
En conſumeroit quatre avec plus de raiſon
A cajoler Medée, & gagner la Toiſon.
Aprés que nos exploits l'ont ſi bien meritée,
Vn mot ſeul, un ſouhait deuſt l'avoir emportée;
Mais puiſqu'on la refuſe au ſervice rendu,
Il faut avoir de force un bien qui nous eſt dû.
IAS. De Medée en couroux diſſipez donc les charmes,
Combatez ce Dragon, ces Taureaux, ces Genſdarmes.
IPH. Les Dieux nous ont ſauvez de mille autres dangers,
Et ſont les meſmes Dieux en ces bords étrangers,
Pallas nous a conduits, & Iunon de nos teſtes
A parmy tant de mers écarté les tempeſtes,
Ces grands ſecours unis auront leur plein effet,
Et ne laiſſeront point leur ouvrage imparfait.
Voyez ſi je m'abuſe, amis, quand je l'eſpere,
Regardez de Iunon briller la meſſagere,
Iris nous vient du Ciel dire ſes volontez.
En attendant ſon ordre adorons ſes bontez;
Prens ton lut, cher Orphée, & montre à la Déeſſe
Combien ce doux eſpoir charme noſtre triſteſſe.

TRAGEDIE.

SCENE VI.

IRIS[a], IVNON, PALLAS, IASON, ORPHEE.

[a] *Iris est sur l'Arc en Ciel, & Iunon & Pallas chacune dans son Char.*

ORP.[b] Femme & sœur du maistre des Dieux,
De qui le seul regard fait nos destins propices,
Nous as-tu jusqu'icy guidez sous tes auspices,
    Pour nous voir perir en ces lieux?
Contre des bras mortels tout ce qu'ont pû nos armes
    Nous l'avons fait dans les combats,
    Contre les Monstres & les charmes
C'est à toy maintenant de nous prêter ton bras.
IRIS.   Princes, ne perdez pas courage,
    Les deux mesmes Divinitez
Qui vous ont garantis sur les flots irritez
Prennent vostre défense en ce climat sauvage.[c]
Les voicy toutes deux, qui de leur propre voix
    Vous apprendront sous quelles loix
Le Destin vous promet cette illustre conqueste:
    Elles sçauront vous la faciliter,
Ecoutez leurs conseils, & tenez l'ame preste
    A les executer.

[b] *Il chante.*

[c] *Icy Iunon & Pallas se montrent dans leurs chars.*

IVN.   Tous vos bras & toutes vos armes,
    Ne peuvent rien contre les charmes
Que Medée en fureur verse sur la Toison,
L'Amour seul aujourd'huy peut faire ce miracle,
Et Dragon, ny Taureaux ne vous feront obstacle,
Pourveu qu'elle s'appaise en faveur de Iason.
Preste à descendre en Terre afin de l'y reduire,
I'ay pris, & le visage, & l'habit de sa sœur;
Rien ne vous peut servir, si vous n'avez son cœur,
Et si vous le gaignez, rien ne nous sçauroit nuire.
PAL.   Pour vous secourir en ces lieux,
Iunon change de forme, & va descendre en Terre,
Et pour vous proteger Pallas remonte aux Cieux,
    Où Mars & quelques autres Dieux
Vont presser contre vous le Maistre du Tonnerre.

KKkk ij

LA TOISON D'OR,

Le Soleil de son fils embrassant l'interest,
 Voudra faire changer l'Arrest
Qui vous laisse esperer la Toison demandée ;
Mais quoy qu'il puisse faire, asseurez-vous qu'enfin
 L'Amour fera vostre destin,
Et vous donnera tout, s'il vous donne Medée.[a]
JAS. Et bien, si mes conseils... PEL. N'en parlons plus, Iason,
Cet Oracle l'emporte, & vous aviez raison.
Aimez, le Ciel l'ordonne, & c'est l'unique voye
Qu'après tant de trauaux il ouvre à nostre joye.
N'y perdons point de temps, & sans plus de sejour
Allons sacrifier au tout-puissant Amour.

[a] *Icy tout d'un temps Iris disparoit, Pallas remonte au Ciel, & Iunon descend en Terre, en traversant toutes deux le Theatre, & faisant croiser leurs chars.*

ACTE II.

SCENE PREMIERE.

IASON, IVNON.[b]

[b] *Sous le visage de Chalciope.*

IVN. Ovs pouvons à l'écart sur ces rives du Phase
Parler en seureté du feu qui vous embrase,
Souvent vostre Medée y vient prendre le frais,
Et pour y mieux resver s'échape du Palais.
Il faut venir à bout de cette humeur altiere,
De sa sœur tout exprés j'ay pris l'image entiere,
Mon visage à mesme air, ma voix a mesme ton,
Vous m'en voyez la taille, & l'habit, & le nom,
Et je la cache à tous sous un épais nuage,
De peur que son abord ne trouble mon ouvrage.
Sous ces déguisemens j'ay déja rétably
Presque en toute sa force un amour affoibly.
L'horreur de vos perils que redoublent les charmes,
Dans cette ame inquiéte excite mille alarmes,
Elle blasme déja son trop d'emportement :
C'est à vous d'acheuer un si doux changement.
Vn soupir poussé juste en suite d'une excuse
Perce un cœur bien avant quand luy-mesme il s'accuse ;

TRAGEDIE.

Et qu'un secret retour le force à ressentir
De sa fureur trop prompte un tendre repentir.
JAS. Déesse, quels encens... *IVN.* Traitez-moy de Princesse,
Iason, & laissez-là l'encens, & la Déesse,
Quand vous serez en Grece, il y faudra penser;
Mais icy vos devoirs s'en doivent dispenser.
Par ce respect supresme ils m'y feroient connoistre,
Laissez-y-moy passer pour ce que je feins d'estre,
Iusqu'à ce que le cœur de Medée adoucy...
JAS. Madame, (puisqu'il faut ne vous nommer qu'ainsi,)
Vos ordres me seront des loix inviolables,
I'auray pour les remplir des soins infatigables,
Et mon amour plus fort... *IVN.* Ie sçay que vous aimez,
Que Medée a des traits dont vos sens sont charmez:
Mais cette passion est-elle en vous si forte,
Qu'à tous autres objets elle ferme la porte?
Ne souffre-t'elle plus l'image du passé?
Le portrait d'Hypsipile est-il tout effacé?
JAS. Ah! *IVN.* Vous en soûpirez! *JAS.* Vn reste de tendresse
M'échape encor au nom d'une belle Princesse,
Mais comme assez souvent la distance des lieux
Affoiblit dans le cœur ce qu'elle cache aux yeux,
Les charmes de Medée ont aisément la gloire
D'abatre dans le mien l'effet de sa memoire.
IVN. Peut-estre elle n'est pas si loin que vous pensez,
Ses vœux de vous attendre enfin se sont lassez,
Et n'ont pû resister à cette impatience
Dont tous les vrais Amants ont trop d'experience.
L'ardeur de vous revoir l'a hazardée aux flots,
Elle a pris aprés vous la route de Colchos,
Et moy, pour empescher que sa flame importune
Ne rompist sur ces bords toute vostre fortune,
I'ay soulevé les Vents, qui brisant son vaisseau
Dans les flots mutinez ont ouvert son tombeau.
IAS. Helas! *IVN.* N'en craignez point une funeste issuë,
Dans son propre Palais Neptune l'a receuë.
Comme il craint pour Pelie, à qui vostre retour
Doit coûter la couronne, & peut-estre le jour,
Il va tascher d'y mettre un obstacle par elle,
Et vous la renvoira plus pompeuse, & plus belle,
Rattacher vostre cœur à des liens si doux,
Ou du moins exciter des sentimens jaloux,

Kkkk iij

Qui vous rendent Medée à tel point inflexible,
Que le pouvoir du charme en demeure invincible,
Et que vous perissiez en le voulant forcer,
Ou qu'à voſtre conqueſte il faille renoncer.
Dés ſon premier abord une ſoudaine flame
D'abſyrte à ſes beautez livrera toute l'ame.
L'Amour me l'a promis, il en ſera charmé;
Mais vous ſerez ſans doute encor le plus aimé.
Il faut donc prévenir ce Dieu qui l'a ſauvée,
Emporter la Toiſon avant ſon arrivée.
Voſtre Amante paroit, agiſſez en Amant
Qui veut en effet vaincre, & vaincre promptement.

SCENE II.

IASON, IUNON, MEDEE.

MED. Que faites-vous, ma ſœur, avec ce temeraire?
Quand ſon orgueil m'outrage, a-t'il dequoy vous plai-
Et vous a-t'il reduite à luy ſervir d'appuy, (re,
Vous qui parliez tantoſt, & ſi haut, contre luy?
IVN. Ie ſuis toûjours ſincere, & dans l'idolatrie
Qu'en tous ces Heros Grecs je voy pour leur Patrie,
Si voſtre cœur eſtoit encor à ſe donner,
Ie ferois mes efforts à vous en détourner,
Ie vous dirois encor ce que j'ay ſçeu vous dire;
Mais l'amour ſur tous deux a déja trop d'empire,
Il vous aime, & je voy qu'avec les meſmes traits...
MED. Que dites-vous, ma ſœur? il ne m'aima jamais;
A quelque complaiſance il a pû ſe contraindre,
Mais s'il feignit d'aimer, il a ceſſé de feindre,
Et me l'a bien fait voir en demandant au Roy,
En ma preſence meſme, un autre prix que moy.
IVN. Ne condamnons perſonne avant que de l'entendre.
Sçavez-vous les raiſons dont il ſe peut defendre?
Il m'en a dit quelqu'une, & je ne puis nier,
Non-pas qu'elle ſuffiſe à le juſtifier,
Il eſt trop criminel, mais que du moins ſon crime
N'eſt pas du tout ſi noir, qu'il l'eſt dans voſtre eſtime,
Et ſi vous la ſçaviez, peut-eſtre à voſtre tour
Vous trouveriez moins lieu d'accuſer ſon amour.

TRAGEDIE.

MED. Quoy! ce lasche tantost ne m'a pas regardée,
Il n'a montré qu'orgueil, que mépris pour Medée,
Et je pourrois encor l'entendre discourir?
JAS. Le discours sieroit mal à qui cherche à mourir.
J'ay merité la mort si j'ay pû vous déplaire,
Mais cessez contre moy d'armer vostre colere,
Vos Taureaux, vos Dragons sont icy superflus,
Dites-moy seulement que vous ne m'aimez plus,
Ces deux mots suffiront pour reduire en poussiere...
MED. Va, quand il me plaira, j'en sçay bien la maniere,
Et si ma bouche encor n'en fulmine l'Arrest,
Rens graces à ma sœur qui prend ton interest.
Par quel Art, par quel charme as-tu pû la seduire,
Elle, qui ne cherchoit tantost qu'à te détruire?
D'où vient que mon cœur mesme à demy revolté
Semble vouloir s'entendre avec ta lascheté,
Et de tes actions favorable interprete
Ne te peint à mes yeux que tel qu'il te souhaite?
Par quelle illusion luy fais-tu cette loy?
Serois-tu dans mon Art plus grand maistre que moy?
Tu mets dans tous mes sens le trouble & le divorce,
Ie veux ne t'aimer plus, & n'en ay pas la force.
Acheve d'éblouïr un si juste couroux
Qu'offusquent malgré moy des sentimens trop doux;
Car enfin, & ma sœur l'a bien pû reconnoistre,
Tout violent qu'il est, l'amour seul l'a fait naistre,
Il va jusqu'à la haine, & toutefois, helas,
Ie te haïrois peu, si je ne t'aimois pas.
Mais parle, & si tu peux, montre quelque innocence.
JAS. Ie renonce, Madame, à toute autre défense.
Si vous m'aimez encor, & si l'amour en vous
Fait naistre cette haine, anime ce couroux,
Puisque de tous les deux sa flame est triomphante,
Le couroux est propice, & la haine obligeante.
Ouy, puisque cet amour vous parle encor pour moy,
Il ne vous permet pas de douter de ma foy,
Et pour vous faire voir mon innocence entiere
Il éclaire vos yeux de toute sa lumiere,
De ses rayons divins le vif discernement
Du chef de ces Heros separe vostre Amant.
Ces Princes, qui pour vous ont exposé leur vie,
Sans qui vostre Province alloit estre asservie,

Eux qui de vos destins rompant le cours fatal,
Tous mes égaux qu'ils sont, m'ont fait leur General,
Eux qui de leurs exploits, eux qui de leur victoire
Ont répandu sur moy la plus brillante gloire,
Eux tous ont par ma voix demandé la Toison;
C'étoient eux qui parloient, ce n'étoit pas Iason,
Il ne vouloit que vous ; mais pouvoit-il dédire
Ces Guerriers dont le bras a sauvé vostre Empire,
Et par une bassesse indigne de son rang
Demander pour luy seul tout le prix de leur sang?
Pouvois-je les trahir, moy, qui de leurs suffrages
De ce rang où je suis tiens tous les avantages?
Pouvois-je avec honneur à ce qu'il a d'éclat
Ioindre le nom de lasche, & le titre d'ingrat?
Auriez-vous pû m'aimer couvert de cette honte?

IVN. Ma sœur, dites le vray, n'étiez-vous point trop prompte?
Qu'a-t'il fait qu'un cœur noble, & vraiment genereux...

MED. Ma sœur, je le voulois seulement amoureux.
En qui sçauroit aimer seroit-ce donc un crime,
Pour montrer plus d'amour, de perdre un peu d'estime,
Et malgré les douceurs d'un espoir si charmant,
Faut-il que le Heros fasse taire l'Amant?
Quel que soit ce devoir, ou ce noble caprice,
Tu me devois, Iason, en faire un sacrifice.
Peut-estre j'aurois pû t'en entendre blasmer,
Mais non pas t'en hair, non pas t'en moins aimer.
Tout oblige en amour quand l'amour en est cause.

IVN. Voyez à quoy pour vous cet amour la dispose.
N'abusez point, Iason, des bontez de ma sœur,
Qui semble se resoudre à vous rendre son cœur,
Et laissez à vos Grecs au peril de leur vie
Chercher cette Toison si chere à leur envie.

JAS. Quoy, les abandonner en ce pas dangereux?

MED. N'as-tu point assez fait d'avoir parlé pour eux?

IAS. Ie suis leur Chef, Madame, & pour cette conqueste
Mon honneur me condamne à marcher à leur teste,
I'y dois perir comme eux, s'il leur faut y perir,
Et bien-tost à leur teste on m'y verroit courir,
Si j'aimois assez mal pour essayer mes armes
A forcer des perils qu'ont préparé vos charmes,
Et si le moindre espoir de vaincre malgré vous
N'étoit un attentat contre vostre couroux.

Ouy,

TRAGEDIE.

Ouy, ce que nos Destins m'ordonnent que j'obtienne,
Ie le veux de vos mains, & non pas de la mienne.
Si ce tresor par vous ne m'est point accordé,
Mon bras me punira d'avoir trop demandé,
Et mon sang à vos yeux sur ce triste rivage
De vos justes refus étalera l'ouvrage.
Vous m'en verrez, Madame, accepter la rigueur,
Vostre nom en la bouche, & vostre image au cœur,
Et mon dernier soûpir par un pur sacrifice
Sauver toute ma gloire, & vous rendre justice.
Quel heur de pouvoir dire en terminant mon sort,
Vn respect amoureux a seul causé ma mort!
Quel heur de voir ma mort charger la Renommée
De tout ce digne excés dont vous êtes aimée,
Et dans tout l'avenir... MED. Va, ne me dy plus rien,
Ie feray mon devoir, comme tu fais le tien.
L'honneur doit m'estre cher, si la gloire t'est chere,
Ie ne trahiray point mon païs, & mon pere,
Le destin de l'Etat dépend de la Toison,
Et je commence enfin à connoistre Iason.

Ces Paniques terreurs pour ta gloire flétrie
Nous déguisent en vain l'amour de ta Patrie,
L'impatiente ardeur d'en voir le doux climat
Sous ces fausses couleurs ne fait que trop d'éclat;
Mais s'il faut la Toison pour t'en ouvrir l'entrée,
Va traîsner ton exil de contrée en contrée,
Et ne présume pas, pour te voir trop aimé,
Abuser en Tyran de mon cœur enflamé.
Puisque le tien s'obstine à braver ma colere,
Que tu me fais des loix, à moy qui t'en doy faire,
Ie reprens cette foy que tu crains d'accepter,
Et préviens un ingrat qui cherche à me quitter.

JAS. Moy, vous quitter, Madame ! ah, que c'est mal connoistre
Le pouvoir du beau feu que vos yeux ont fait naistre!
Que nos Heros en Grece emportent leur butin,
Iason auprès de vous attache son destin.
Donnez-leur la Toison qu'ils ont presque achetée,
Où si leur sang versé l'a trop peu meritée,
Ioignez-y tout le mien, & laissez-moy l'honneur
De leur voir de ma main tenir tout leur bonheur.
Que si le souvenir de vous avoir servie
Me reserve pour vous quelque reste de vie,

LA TOISON D'OR.

<small>ᵃ A Iunon.</small>

Soit qu'il faille à Colchos borner nostre sejour,
Soit qu'il vous plaise ailleurs éprouver mon amour,
Sous les climats brûlants, sous les Zones glacées,
Les routes me plairont que vous m'aurez tracées,
I'y baiseray par tout les marques de vos pas.
Point pour moy de Patrie où vous ne serez pas,
Point pour moy... MED. Quoy, Iason, tu pourrois pour Medée
Etouffer de ta Grece, & l'amour, & l'idée?
IAS. Ie le pourray, Madame, & de plus...

<small>ᵇ Icy l'on voit sortir du milieu du Phase le Dieu Glauque, avec deux Tritons, & deux Sirenes qui chantent, cependant qu'une grande Conque de Nacre, semée de branches de Coral, & de pierres précieuses, portée par quatre Dauphins, & soûtenuë par quatre Vents en l'air, vient insensiblement s'arréter au milieu de ce mesme Fleuve. Tandis qu'elles chantent, le devant de cette Conque merveilleuse fond dans l'eau, & laisse voir la Reine Hypsipile</small>

SCENE III.

ABSYRTE, IVNON, IASON, MEDEE.

ABS. Ah, mes sœurs,
Quel miracle nouveau va ravir tous nos cœurs?
Sur ce Fleuve mes yeux ont veu de cette roche
Comme un Trosne flotant qui de nos bords s'approche.
Quatre Monstres marins courbent sous ce fardeau,
Quatre Nains emplumez le soûtiennent sur l'eau,
Et découpant les airs par un batement d'aisles,
Luy servent de rameurs, & de guides fidelles.
Sur cet amas brillant de Nacre, & de Coral
Qui sillonne les flots de ce mouvant cristal,
L'Opale étincelante à la Perle meslée
Renvoye un jour pompeux vers la voûte étoilée...
Les Nymphes de la Mer, les Tritons tout autour
Semblent au Dieu caché faire à l'envy leur Cour,
Et sur ces flots heureux qui tressaillent de joye
Par mille bonds divers ils luy tracent la voye.
Voyez du fond des eaux s'élever à nos yeux
Par un commun accord ces moites Demidieux.
Puissent-t'ils sur ces bords arréter ce Miracle!
Admirez avec moy ce merveilleux spectacle,
Le voilà qui les suit, voyez-le s'avancer.
IAS. ᵃ Ah, Madame. IVN. Voyez sans vous embarasser. ᵇ

<small>assise comme dans un Trosne, & soudain Glauque commande aux Vents de s'envoler, aux Tritons & aux Sirenes de disparoistre, & au Fleuve de retirer une partie de ses eaux, pour laisser prendre terre à Hypsipile. Les Tritons, le Fleuve, les Vents, & les Sirenes obeïssent, & Glauque se perd luy-mesme au fond de l'eau si-tost qu'il a parlé. En suite dequoy Absyrte donne la main à Hypsipile, pour sortir de cette Conque, qui s'abysme aussi-tost dans le Fleuve.</small>

TRAGEDIE.

SCENE IV.

ABSYRTE, IVNON, MEDEE, IASON, GLAVQVE, SYRENES, TRITONS, HYPSIPILE.

ABS.*   TElle Venus sortit du sein de l'Onde   * *Elles*
         Pour faire regner dans le Monde,   *chantent.*
Les Ieux, & les plaisirs, les Graces, & l'Amour.
     Telle tous les matins l'Aurore
     Sur le sein émaillé de Flore
     Verse la rosée, & le jour.

     Objet divin, qui vas de ce rivage
     Bannir ce qu'il a de sauvage,
Pour y faire regner les Graces, & l'Amour;
     Telle, & plus adorable encore,
     Que n'est Venus, que n'est l'Aurore,
     Tu vas y faire un nouveau jour.
ABS. Quelle beauté, mes sœurs, dans ce Trosne enfermée
   De son premier coup d'œil a mon ame charmée?
   Quel cœur pourroit tenir contre de tels appas?
HYP. Iuste Ciel, il me voit, & ne s'avance pas!
GLA.   Allez Tritons, allez Sirenes,
     Allez Vents, & rompez vos chaisnes,
       Neptune est satisfait,
Et l'ordre qu'il vous donne a son entier effet.
Iason, voy les bontez de ce mesme Neptune,
     Qui pour achever ta fortune
A sauvé du naufrage, & renvoye à tes vœux
La Princesse qui seule est digne de ta flame:
     A son aspect r'allume tous tes feux,
Et pour répondre aux siens rens-luy toute ton ame.
     Et toy qui jusques à Colchos
Dois à tant de beautez un asseuré passage,
Fleuve, pour un moment retire un peu tes flots,
   Et laisse approcher ton rivage.
ABS. Princesse, en qui du Ciel les merveilleux efforts
   Se sont pleus d'animer ses plus rares tresors,

                          LlIl ij

Souffrez qu'au nom du Roy dont je tiens la naissance
Ie vous offre en ces lieux une entiere puissance.
Régnez dans ses Etats, régnez dans son Palais,
Et pour premier hommage à vos divins attraits...
HYP. Faites moins d'honneur, Prince, à mon peu de merite,
Ie ne cherche en ces lieux qu'un ingrat qui m'évite.
    Au lieu de m'aborder, Iason, vous pallissez !
Dites-moy pour le moins si vous me connoissez.
JAS. Ie sçay bien qu'à Lemnos vous étiez Hypsipile,
Mais icy... *HYP.* Qui vous rend de la sorte immobile ?
Ne suis-je plus la mesme arrivant à Colchos ?
JAS. Ouy, mais je n'y suis pas le mesme qu'à Lemnos.
HYP. Dieux, que viens-je d'ouyr ? *JAS.* I'ay d'autres yeux, Madame,
Voyez cette Princesse, elle a toute mon ame,
Et pour vous épargner les discours superflus,
Icy je ne connois, & ne voy rien de plus.
HYP. O faveurs de Neptune, où m'avez-vous conduite ?
Et s'il commence ainsi, quelle sera la suite ?
MED. Non, non, Madame, non, je ne veux rien d'autruy,
Reprenez vostre amant, je vous laisse avec luy.
    Ne m'offre plus un cœur dont une autre est maîtresse,
Volage, & reçoy mieux cette grande Princesse.
Adieu, des yeux si beaux valent bien la Toison.
^a *A Iunon.* *JAS.* Ah, Madame, voyez qu'avec peu de raison...
IVN. Suivez sans perdre temps, je sçauray vous rejoindre,
Madame, on vous trahit, mais vostre heur n'est pas moindre :
Mon frere qui s'apreste à vous conduire au Roy
N'a pas moins de merite, & tiendra mieux sa foy.
Si je le connoy bien, vous avez qui vous vange,
Et si vous m'en croyez, vous gagnerez au change.
Ie vous laisse en resoudre, & prens quelques moments
Pour rétablir le calme entre ces deux Amants.

TRAGEDIE.

SCENE V.

ABSYRTE, HYPSIPILE.

ABS. Madame, si j'osois dans le trouble où vous étes
Montrer à vos beaux yeux des peines plus secrettes,
Si j'osois faire voir à ces divins Tyrans
Ce qu'ont déja soûmis de si doux conquerants,
Ie mettrois à vos pieds le Trosne, & la Couronne,
Où le Ciel me destine, & que le sang me donne.
Mais puisque vos douleurs font taire mes desirs,
Ne vous offensez pas du moins de mes soûpirs,
Et tant que le respect m'imposera silence,
Expliquez-vous pour eux toute leur violence.
HYP. Prince, que voulez-vous d'un cœur préoccupé,
Sur qui domine encor l'ingrat qui l'a trompé.
Si c'est à mon amour une peine cruelle,
Où je cherche un Amant, de voir un infidelle,
C'est un nouveau supplice à mes tristes appas,
De faire une conqueste où je n'en cherche pas.
Non que je vous méprise, & que vostre personne
N'eust dequoy me toucher plus que vostre Couronne:
Le Ciel me donne un Sceptre en des climats plus doux,
Et de tous vos Etats je ne voudrois que vous.
Mais ne vous flatez point sur ces marques d'estime,
Qu'en mon cœur, tel qu'il est, vostre presence imprime,
Quand l'Vnivers entier vous connoistroit pour Roy,
Que pourrois-je pour vous, si je ne suis à moy?
ABS. Vous y serez, Madame, & pourrez toute chose.
Le change de Iason déja vous y dispose,
Et pour peu qu'il soûtienne encor cette rigueur,
Le dépit malgré vous, vous rendra vostre cœur.
D'un si volage Amant que pourriez-vous attendre?
HYP. L'inconstance me l'oste, elle peut me le rendre.
ABS. Quoy, vous pourriez l'aimer, s'il rentroit sous vos loix,
En devenant perfide une seconde fois?
HYP. Prince, vous sçavez mal combien charme un courage
Le plus frivole espoir de reprendre un volage,
De le voir malgré luy dans nos fers retombé
Echaper à l'objet qui nous l'a destrobé.

LIII iij

Et fur une rivale, & confufe, & trompée,
Reffaifir avec gloire une place ufurpée.
Si le Ciel en couroux m'en refufe l'honneur,
Du moins je ferviray d'obstacle à fon bonheur.
Cependant éteignez une flame inutile,
Aimez en d'autres lieux, & plaignez Hypfipile,
Et s'il vous reste encor quelque bonté pour moy,
Aidez contre un ingrat ma plainte auprès du Roy.
ABS. Voftre plainte, Madame, auroit pour toute iffuë
Vn nouveau déplaifir de la voir mal receuë,
Le Roy le veut pour Gendre, & ma fœur pour Epoux.
HYP. Il me rendra juftice, un Roy la doit à tous,
Et qui la facrifie aux tendreffes de pere,
Eft d'un pouvoir fi faint mauvais dépofitaire.
ABS. A quelle rude épreuve engagez-vous ma foy,
De me forcer d'agir contre ma fœur, & moy?
Mais n'importe, le temps & quelque heureux fervice
Pourront à mon amour vous rendre plus propice;
Tandis, fouvenez-vous que jufqu'à fe trahir
Ce Prince malheureux cherche à vous obeïr.

ACTE III.

SCENE PREMIERE.

AÆTE, IASON.

AÆ. IE vous devois assez pour vous donner Medée,
Iason, & si tantost vous l'aviez demandée,
Si vous m'aviez parlé comme vous me parlez,
Vous auriez obtenu le bien que vous voulez.
Mais en est-il saison au jour d'une conqueste,
Qui doit faire tomber mon Trosne, ou vostre teste,
Et vous puis-je accepter pour gendre, & vous cherir,
S'il vous faut dans une heure, ou me perdre, ou perir?
Prétendre à la Toison par l'Hymen de ma fille,
C'est pour m'assassiner s'unir à ma famille,
Et si vous abusez de ce que j'ay promis,
Vous étes le plus grand de tous mes ennemis.
Ie ne m'en puis dédire, & le serment me lie,
Mais si tant de perils vous laissent quelque vie,
Aprés avoir perdu ce Roy que vous bravez,
Aller porter vos vœux à qui vous les devez:
Hypsipile vous aime, elle est Reine, elle est belle,
Fuyez nostre vangeance, & régnez avec elle.

IAS. Quoy, parler de vangeance, & d'un œil de couroux
Voir l'immuable ardeur de m'attacher à vous?
Vous présumer perdu sur la foy d'un scrupule
Qu'embrasse aveuglement vostre ame trop credule,
Comme si sur la peau d'un chetif animal
Le Ciel avoit écrit tout vostre sort fatal?
Ce que l'Ombre a prédit, si vous daignez l'entendre,
Ne met aucun obstacle aux prieres d'un gendre.
Me donner la Princesse, & pour dot la Toison,
Ce n'est que l'asseurer dedans vostre maison,
Puisque par les doux nœuds de ce bonheur supresme
Ie deviendray soudain une part de vous mesme.

Et que ce mesme bras qui vous a pû sauver
Sera toûjours armé pour vous la conserver.
AÆ. Vous prenez un peu tard une mauvaise adresse.
Nos esprits sont plus lourds que ceux de vostre Grece;
Mais j'ay d'assez bons yeux, dans un si juste effroy,
Pour démesler sans peine un gendre d'avec moy.
Ie sçay que l'union d'un époux à ma fille,
De mon sang & du sien forme une autre famille,
Et que si de moy-mesme elle fait quelque part,
Cette part de moy-mesme a ses destins à part.
Ce que l'Ombre a prédit se fait assez entendre,
Cessez de vous forcer à devenir mon gendre,
Ce seroit un honneur qui ne vous plairoit pas,
Puisque la Toison seule a pour vous des appas,
Et que si mon malheur vous l'avoit accordée,
Vous n'auriez jamais fait aucuns vœux pour Médée.
IAS. C'est faire trop d'outrage à mon cœur enflamé,
Dès l'abord je la vis, dès l'abord je l'aimay,
Et mon amour n'est pas un amour Politique,
Que le besoin colore, & que la crainte explique.
Mais n'ayant que moy-mesme à vous parler pour moy,
Ie n'osois esperer d'estre écouté d'un Roy,
Ny que sur ma parole il me creust de naissance
A porter mes desirs jusqu'à son alliance.
Maintenant qu'une Reine a fait voir que mon sang
N'est pas fort au dessous de cet illustre rang,
Qu'un refus de son Sceptre après vostre victoire
Montre qu'on peut m'aimer sans hazarder sa gloire,
I'ose un peu moins timide offrir avec ma foy
Ce que veut une Reine à la fille d'un Roy.
AÆ. Et cette mesme Reine est un exemple illustre,
Qui met tous vos hauts faits en leur plus digne lustre,
L'état où l'a reduit vostre fidelité
Nous instruit hautement de cette verité,
Que ma fille avec vous seroit fort asseurée,
Sur les gages douteux d'une foy parjurée.
Ce Trosne refusé dont vous faites le vain,
Nous doit donner à tous horreur de vostre main.
Il ne faut pas ainsi se joüer des Couronnes,
On doit toûjours respect au Sceptre, à nos personnes.
Mépriser cette Reine en presence d'un Roy,
C'est manquer de prudence aussi bien que de foy.

Le Ciel

TRAGEDIE.

Le Ciel nous unit tous en ce grand caractere,
Ie ne puis estre Roy, sans estre aussi son frere,
Et si vous étiez né mon Sujet, ou mon fils,
I'aurois déja puny l'orgueil d'un tel mépris,
Mais l'unique pouvoir que sur vous je puis prendre,
C'est de vous ordonner de la voir, de l'entendre.
La voilà, pensez bien que tel est vostre sort,
Que vous n'avez qu'un choix, Hypsipile, ou la mort.
Car à vous en parler avec pleine franchise,
Ma perte dépend bien de la Toison conquise,
Mais je ne doy pas craindre en ces perils nouveaux
Que vostre vie échape aux feux de nos Taureaux.

SCENE II.

AÆTE, HYPSIPILE, IASON.

AÆ. Madame, j'ay parlé, mais toutes mes paroles
Ne sont auprès de luy que des discours frivoles,
C'est à vous d'essayer ce que pourront vos yeux,
Comme ils ont plus de force, ils reüssiront mieux.
Arrachez-luy du sein cette funeste envie
Qui, dans ce mesme jour luy va coûter la vie;
Ie vous devray beaucoup si vous touchez son cœur,
Iusques à le sauver de sa propre fureur:
Devant ce que je dois au secours de ses armes,
Rompre son mauvais sort, c'est épargner nos larmes.

SCENE III.

HYPSIPILE, IASON.

HYP. Et bien, Iason, la mort a-t'elle de tels biens,
Qu'elle soit plus aimable à vos yeux que les miens,
Et sa douceur pour vous seroit-elle moins pure,
Si vous n'y joigniez l'heur de mourir en parjure?
Oüy, ce glorieux titre est si doux à porter,
Que de tout vostre sang il le faut acheter.
Le mépris qui succede à l'amitié passée
D'une seule douleur m'auroit trop peu blessée,

Tome II. Mmmm

Pour mieux punir ce cœur d'avoir sçeu vous cherir,
Il faut vous voir ensemble, & changer, & perir,
Il faut que le tourment d'estre trop tost vangée
Se mesle aux déplaisirs de me voir outragée,
Que l'amour au dépit ne cedant qu'à moitié,
Si-tost qu'il est banny, rentre par la pitié,
Et que ce mesme feu que je devrois éteindre
M'oblige à vous hair, & me force à vous plaindre.
   Ie ne t'empesche pas, volage, de changer,
Mais du moins en changeant laisse-moy me vanger.
C'est estre trop cruel, c'est trop croistre l'offense,
Que m'oster à la fois ton cœur, & ma vangeance,
Le supplice où tu cours la va trop tost finir,
Ce n'est pas me vanger, ce n'est que te punir,
Et toute sa rigueur n'a rien qui me soulage,
S'il n'est de mon souhait, & le choix, & l'ouvrage.
   Helas, si tu pouvois le laisser à mon choix,
Ton supplice, il seroit de rentrer sous mes loix,
De m'attacher à toy d'une chaisne plus forte,
Et de prendre en ta main le Sceptre que je porte.
Tu n'as qu'à dire un mot, ton crime est effacé,
I'ay déja si tu veux oublié le passé :
Mais qu'inutilement je me montre si bonne,
Quand tu cours à la mort de peur qu'on te pardonne.
Quoy, tu ne répons rien, & mes plaintes en l'air
N'ont rien d'assez puissant pour te faire parler ?
IAS. Que voulez-vous, Madame, icy que je vous die ?
Ie ne connoy que trop quelle est ma perfidie,
Et l'état où je suis ne sçauroit consentir
Que j'en fasse une excuse, ou montre un repentir.
Aprés ce que j'ay fait, aprés ce qui se passe,
Tout ce que je dirois auroit mauvaise grace.
Laissez dans le silence un coupable obstiné,
Qui se plaist dans son crime, & n'en est point gené.
HYP. Parle toutefois, parle, & non plus pour me plaire,
Mais pour rendre la force à ma juste colere :
Parle pour m'arracher ces tendres sentimens,
Que l'Amour enracine au cœur des vrais Amants,
Repasse mes bontez, & tes ingratitudes,
Ioins-y, si tu le peux, des coups encor plus rudes,
Ce sera m'obliger, ce sera m'obeir,
Ie te devray beaucoup, si je te puis hair.

TRAGEDIE.

    Et si de tes forfaits la peinture étenduë
    Ne laisse plus flotter ma haine suspenduë.
JAS. Que diray-je aprés tout que ce que vous sçavez ?
    Madame, rendez-vous ce que vous vous devez.
    Il n'est pas glorieux pour une grande Reine
    De montrer de l'amour, & devoir de la haine,
    Et le sexe & le rang se doivent souvenir
    Qu'il leur sied bien d'attendre, & non de prévenir,
    Et que c'est profaner la Dignité suprême
    Que de luy laisser dire, *On me trahit, & j'aime.*
HYP. Ie le puis dire, ingrat, sans blesser mon devoir,
    C'est mon époux en toy que le Ciel me fait voir,
    Du moins si la parole & receuë & donnée
    A des nœuds assez forts pour faire un Hymenée.
      Ressouvien-t'en, volage, & des chastes douceurs
    Qu'un mutuel amour répandit dans nos cœurs.
    Ie te laissay partir afin que ta conqueste
    Remist sous mon empire une plus digne teste,
    Et qu'une Reine eust droit d'honorer de son choix
    Vn Heros que son bras eust fait égal aux Roys.
    I'attendois ton retour pour pouvoir avec gloire
    Recompenser ta flame, & payer ta victoire,
    Et quand jusques icy je t'apporte ma foy,
    Ie trouve en arrivant que tu n'es plus à moy.
    Helas ! je ne craignois que tes beautez de Grece,
    Et je voy qu'une Scythe a rompu ta promesse,
    Et qu'un climat barbare a des traits assez doux,
    Pour m'avoir de mes bras enleué mon époux.
    Mais dy-moy, ta Medée est-elle si parfaite ?
    Ce que cherche Iason vaut-il ce qu'il rejette ?
    Malgré ton cœur changé j'en fais juges tes yeux.
    Tu soûpires en vain, il faut t'expliquer mieux,
    Ce soûpir échapé me dit bien quelque chose,
    Toute autre l'entendroit, mais sans toy je ne l'ose.
    Parle donc, & sans feinte, où porte-t'il ta foy ?
    Va-t'il vers ma rivale, ou revient-il vers moy ?
JAS. Osez autant qu'une autre, entendez-le, Madame,
    Ce soûpir qui vers vous pousse toute mon ame,
    Et concevez par-là jusqu'où vont mes malheurs,
    De soûpirer pour vous, & de pretendre ailleurs.
    Il me faut la Toison, il y va de la vie
    De tous ces Demy-Dieux que brusle mesme envie,

Il y va de ma gloire, & j'ay beau soûpirer,
Sous cette tyrannie il me faut expirer.
J'en perds tout mon bonheur, j'en perds toute ma joye,
Mais pour sortir d'icy je n'ay que cette voye,
Et le mesme interest qui vous fit consentir,
Malgré tout vostre amour, à me laisser partir,
Le mesme me desrobe icy vostre Couronne,
Pour faire ma conqueste il faut que je me donne,
Que pour l'objet aimé j'affecte des mépris,
Que je m'offre en esclave, & me vende à ce prix.
Voilà ce que mon cœur vous dit quand il soûpire.
Ne me condamnez plus, Madame, à le redire,
Si vous m'aimez encor, de pareils entretiens
Peuvent aigrir vos maux, & redoublent les miens;
Et cet aveu d'un crime où le Destin m'attache
Grossit l'indignité des remors que je cache.
Pour me les épargner, vous voyez qu'en ces lieux
Je fuy vostre presence, & j'évite vos yeux.
L'Amour vous montre aux miens toûjours charmante, & belle,
Chaque moment allume une flame nouvelle,
Mais ce qui de mon cœur fait les plus chers desirs,
De mon change forcé fait tous les déplaisirs;
Et dans l'affreux supplice où me tient vostre veuë,
Chaque coup d'œil me perce, & chaque instant me tuë.
Vos bontez n'ont pour moy que des traits rigoureux,
Plus je me vois aimé, plus je suis mal-heureux,
Plus vous me faites voir d'amour, & de merite,
Plus vous haussez le prix des tresors que je quitte,
Et l'excés de ma perte allume une fureur
Qui me donne moy-mesme à moy-mesme en horreur.
Laissez-moy m'affranchir de la secrette rage
D'estre en dépit de moy déloyal & volage;
Et puisqu'icy le Ciel vous offre un autre époux,
D'un rang pareil au vostre, & plus digne de vous,
Ne vous obstinez point à gesner une vie
Que de tant de malheurs vous voyez poursuivie,
Oubliez un ingrat, qui jusques au trépas,
Tout ingrat qu'il paroit, ne vous oubliera pas,
Apprenez à quitter un lasche qui vous quitte.

HYP. Tu te confesses lasche, & veux que je t'imite,
Et quand tu fais effort pour te justifier,
Tu veux que je t'oublie, & ne peux m'oublier.

Ie voy ton artifice, & ce que tu medites,
Tu veux me conserver, alors que tu me quittes,
Et par les attentats d'un flateur entretien
Me desrober ton cœur, & retenir le mien:
Tu veux que je te perde, & que je te regrette,
Que j'approuve en pleurant la perte que j'ay faite,
Que je t'estime, & t'aime avec ta lascheté,
Et me prenne de tout à la fatalité.
 Le Ciel l'ordonne ainsi, ton change est legitime,
Ton innocence est seure au milieu de ton crime,
Et quand tes trahisons pressent leur noir effet,
Ta gloire, ton devoir, ton destin a tout fait.
 Repren, repren, Iason, tes premieres rudesses,
Leur coup m'est bien plus doux que tes fausses tendresses,
Tes remords impuissants aigrissent mes douleurs,
Ne me rends point ton cœur quand tu te vends ailleurs,
D'un cœur qu'on ne voit pas l'offre est lasche, & barbare,
Quand de tout ce qu'on voit un autre objet s'empare,
Et c'est faire un hommage, & ridicule, & vain,
De presenter le cœur, & retirer la main.
IAS. L'un & l'autre est à vous. *HYP*. N'acheve pas, traistre,
Ce que tu veux cacher se feroit trop paroistre,
Vn veritable amour ne parle point ainsi.
IAS. Trouvez donc les moyens de nous tirer d'icy.
La Toison emportée il agira, Madame,
Ce veritable amour qui vous donne mon ame,
Sinon... Mais, Dieux, que voy-je? O Ciel! je suis perdu,
Si j'ay tant de malheur qu'elle m'ayt entendu.

SCENE IV

MEDEE, HYPSIPILE.

MED. VOus l'avez veu, Madame, étes-vous satisfaite?
 HYP. Vous en pouvez juger par sa prompte retraite.
MED. Elle marque le trouble où son cœur est reduit,
Mais j'ignore apres tout s'il vous quitte, ou me fuit.
HYP. Vous pouvez donc, Madame, ignorer quelque chose?
MED. Ie sçay que s'il me fuit, vous en êtes la cause.
HYP. Moy, je n'en sçay pas tant, mais j'avoüe entre nous
Que s'il faut qu'il me quitte, il a besoin de vous.

MED. Ce que vous en penſez me donne peu d'alarmes.
HYP. Ie n'ay que des attraits, & vous avez des charmes.
MED. C'eſt beaucoup en amour que de ſçavoir charmer.
HYP. Et c'eſt beaucoup auſſi que de ſe faire aimer.
MED. Si vous en avez l'Art, j'ay celuy d'y contraindre.
HYP. A faute d'eſtre aimée on peut ſe faire craindre.
MED. Il vous aima jadis? *HYP.* Peut-eſtre il m'aime encor,
 Moins que vous toutefois, ou que la Toiſon d'Or.
MED. Du moins quand je voudray flater ſon eſperance,
 Il ſçaura de nous deux faire la difference.
HYP. I'en voy la difference aſſez grande à Colchos,
 Mais elle ſeroit autre, & plus grande à Lemnos:
 Les lieux aident au choix, & peut-eſtre qu'en Grèce
 Quelque troiſiéme objet ſurprendroit ſa tendreſſe.
MED. I'apprehende aſſez peu qu'il me manque de foy.
HYP. Vous eſtes plus adroite, & plus belle que moy,
 Tant qu'il aura des yeux, vous n'avez rien à craindre.
MED. I'allume peu de feux qu'une autre puiſſe éteindre,
 Et puiſqu'il me promet un cœur ferme, & constant...
HYP. Autrefois à Lemnos il m'en promit autant.
MED. D'un Amant qui s'en va dequoy ſert la parole?
HYP. A montrer qu'on vous peut voler ce qu'on me vole.
 Ces beaux feux qu'en mon Iſle il n'oſoit démentir...
MED. Eurent un peu de tort de le laiſſer partir.
HYP. Comme vous en aurez, ſi jamais ce volage
 Porte à quelque autre objet ce qu'il vous rend d'hommage.
MED. Les captifs mal gardez ont droit de nous quitter.
HYP. I'avois quelque merite, & n'ay pû l'arrêter.
MED. I'en ay peu, mais enfin s'il fait plus que le voſtre?
HYP. Vous aurez lieu de croire en valoir bien un autre:
 Mais prenez moins d'appuy ſur un cœur uſurpé,
 Il peut vous echaper, puiſqu'il m'eſt échapé.
MED. Voſtre eſprit n'eſt remply que de mauvais augures.
HYP. On peut ſur le paſſé former ſes conjectures.
MED. Le paſſé mal conduit n'eſt qu'un miroir trompeur,
 Où l'œil bien éclairé ne fonde eſpoir, ny peur.
HYP. Si j'ay conceu pour vous des craintes mal fondées...
MED. Laiſſons faire Iaſon, & gardons nos idées.
HYP. Avec ſincerité je dois vous avoüer
 Que j'ay quelque ſujet encor de m'en loüer.
MED. Avec ſincerité je dois auſſi vous dire
 Qu'aſſez malaiſément on ſort de mon empire,

TRAGEDIE

Et que quand jusqu'à moy j'ay permis d'aspirer,
On ne s'abaisse plus à vous considerer.
Profitez des avis que ma pitié vous donne.
HYP. A vous dire le vray cette hauteur m'étonne.
Ie suis Reine, Madame, & les fronts couronnez...
MED. Et moy, je suis Medée, & vous m'importunez.
HYP. Cet indigne mépris que de mon rang vous faites...
MED. Connoissez-moy, Madame, & voyez où vous étes.
Si Iason pour vos yeux ose encor soûpirer,
Il peut chercher des bras à vous en retirer.
Adieu, souvenez-vous, au lieu de vous en plaindre,
Qu'à faute d'estre aimée on peut se faire craindre.^a

^a Ce Palais doré se change en un Palais d'horreur, si-tost que Medée a dit le premier de ces cinq derniers Vers. Tout ce qu'il y a d'épouvantable en la Nature y sert de Termes. L'Elephant, le Rhinocerot, le Lion, l'Once, les Tigres, les Leopards, les Pantheres, les Dragons, les Serpents, tous avec leurs Antipathies à leurs pieds, y lancent des regards menaçans. Vne grotte obscure borne la veuë, au travers de laquelle l'œil ne laisse pas de découvrir un éloignement merveilleux que fait la Perspective. Quatre Monstres aislez, & 4. rampants enferment Hypsipile, & semblent prests à la devorer.

SCENE V.

HYPSIPILE.

Qve voy-je? où suis-je? ô Dieux! quels abysmes ouverts
Exhalent jusqu'à moy les vapeurs des Enfers!
Que d'yeux étincelans sous d'horribles paupieres
Meslent au jour qui fuit d'effroyables lumieres!
O toy, qui crois par là te faire redouter,
Si tu l'as esperé, cesse de t'en flater.
Tu perds de ton grand Art la force, ou l'imposture,
A t'armer contre moy de toute la Nature.
L'amour au desespoir ne peut craindre la mort,
Dans un pareil naufrage elle ouvre un heureux port.
Hastez, Monstres, hastez vostre approche fatale.
Mais immoler ainsi ma vie à ma rivale!
Cette honte est pour moy pire que le trépas,
Ie ne veux plus mourir, Monstres, n'avancez pas.
VNE V.^b Monstres, n'avancez pas, une Reine l'ordonne,
  Respectez ses appas,
Suivez les loix qu'elle vous donne,
  Monstres, n'avancez pas.^c
HYP. Quel favorable Echo pendant que je soûpire
Repete mes frayeurs avec un tel empire,
Et d'où vient que frappez par ces divins accents
Ces Monstres tout à coup deviennent impuissants?

^b Derriere le Theatre.

^c Les Monstres s'arrestent, si-tost que cette voix chante.

LA V. C'est l'Amour qui fait ce miracle,
Et veut plus faire en ta faveur,
N'y mets donc point d'obstacle,
Aime qui t'aime, & donne cœur pour cœur.
HYP. Quel prodige nouveau! cét amas de nuages
Vient-il dessus ma teste éclater en orages?
Vous qui nous gouvernez, Dieux, quel est vostre but?
M'annoncez-vous par là ma perte, ou mon salut?
Le nuage descend, il s'arréte, il s'entr'ouvre,
Et je voy... Mais ô Dieux, qu'est-ce que j'y découvre?
Seroit-ce bien le Prince? *

a Vn nuage descend jusqu'à terre, & s'y separût en deux moitiez, qui se perdent chacune de son costé, il laisse sur le Theatre le Prince Absyrte.

SCENE VI.

ABSYRTE, HYPSIPILE.

ABS.   Ovy, Madame, c'est luy
Dont l'amour vous apporte un ferme & seur appuy.
Le mesme qui pour vous courant à son supplice
Contre un ingrat trop cher a demandé justice,
Le mesme vient encor dissiper vostre peur.
I'ay parlé contre moy, j'agis contre ma sœur,
Et si-tost que je voy quelque espoir de vous plaire,
Ie ne me connoy plus, je cesse d'estre frere.
Monstres, disparoissez, fuyez de ces beaux yeux,
Que vous avez en vain obsedez en ces lieux. *b*

b Tous les Monstres s'envolët, ou fondent sous terre, & Absyrte continuë.

Et vous, divin objet, n'en ayez plus d'alarmes,
Pour détruire le reste il faudroit d'autres charmes,
Contre ceux qu'on pressoit de vous faire perir
Ie n'avois que les Airs par où vous secourir,
Et d'un Art tout-puissant les forces inconnuës
Ne me laissoient ouvert que le milieu des Nues:
Mais le mien, quoy que moindre, a pleine authorité
De nous faire sortir d'un sejour enchanté.
Allons, Madame. HYP. Allons, Prince trop magnanime,
Prince digne en effet de toute mon estime.
ABS. N'aurez-vous rien de plus pour des vœux si constants?
Et ne pourray-je... HYP. Allons, & laissez faire au temps.

ACTE

ACTE IV.

SCENE PREMIERE.

ABSYRTE, MEDEE.

MED. Vi donne cette audace à vostre inquietude,
Prince, de me troubler jusqu'en ma solitude?
Avez-vous oublié que dans ces tristes lieux
Ie ne souffre que moy, les Ombres, & les Dieux,
Et qu'étant par mon Art consacrez au silence,
Aucun ne peut sans crime y mesler sa presence?
ABS. De vos bontez, ma sœur, c'est sans doute abuser,
Mais l'ardeur d'un Amant a droit de tout oser.
C'est elle qui m'améne en ces lieux solitaires,
Où vostre Art fait agir ses plus secrets mysteres,
Vous demander un charme à détacher un cœur,
A desrober une ame à son premier vainqueur.
MED. Helas, cet Art, mon frere, impuissant sur les ames,
Ne sçait que c'est d'éteindre, ou d'allumer des flames,
Et s'il a sur le reste un absolu pouvoir,
Loin de charmer les cœurs, il n'y sçauroit rien voir.
Mais n'avancez-vous rien sur celuy d'Hypsipile?
Son peril, son effroy vous est-il inutile?
Aprés ce stratagesme entre nous concerté,
Elle vous croit devoir, & vie, & liberté,
Et son ingratitude au dernier point éclate,
Si d'une ombre d'espoir cet effroy ne vous flate.
ABS. Elle croit qu'en vostre Art aussi sçavant que vous,
Ie prens plaisir pour elle à rabatre vos coups,
Et sans rien soupçonner de tout nostre artifice
Elle doit tout, dit-elle, à ce rare service,
Mais à moins toutefois que de perdre l'espoir,
Du costé de l'amour rien ne peut l'émouvoir.
MED. L'espoir qu'elle conserve aura peu de durée,
Puisque Iason en veut à la Toison dorée.

Tome II. Nnnn

Et qu'à la conquerir faire le moindre effort,
C'est se livrer soy-mesme & courir à la mort.
Oüy, mon frere, prenez vn esprit plus tranquille,
Si la mort d'un rival vous asseure Hypsipile,
Et croyez... *ABS.* Ah, ma sœur, ce seroit me trahir,
Que de perdre Iason sans le faire haïr.
L'ame de cette Reine, à la douleur ouverte,
A toute la famille imputeroit sa perte,
Et m'enveloperoit dans le juste couroux
Qu'elle auroit pour le Roy, qu'elle prendroit pour vous.
Faites donc qu'il vous aime, afin qu'on le haïsse,
Qu'on regarde sa mort comme un digne supplice.
Non que je la souhaite, il s'est veu trop aimé
Pour n'en presumer pas vostre esprit alarmé ;
Ie ne veux pas non plus chercher jusqu'en vostre ame
Les sentimens qu'y laisse une si belle flame:
Arrêtez seulement ce Heros sous vos loix,
Et disposez sans moy du reste à vostre choix.
S'il doit mourir, qu'il meure en Amant infidelle,
S'il doit vivre, qu'il vive en esclave rebelle,
Et qu'on n'aye aucun lieu dans l'un ny l'autre sort,
Ny de l'aimer vivant, ny de le plaindre mort.
C'est ce que je demande à cette amitié pure,
Qu'avec le jour pour moy vous donna la Nature.
MED. Puis-je m'en faire aimer, sans l'aimer à mon tour,
Et pour un cœur sans foy me souffrir de l'amour?
Puis-je l'aimer, mon frere, au moment qu'il n'aspire
Qu'à ce tresor fatal dont dépend vostre Empire?
Ou si par nos Taureaux il se fait déchirer,
Voulez-vous que je l'aime, afin de le pleurer?
ABS. Aimez, ou n'aimez pas, il suffit qu'il vous aime:
Et quant à ces perils pour nostre Diadesme,
Ie ne suis pas de ceux dont le credule esprit
S'attache avec scrupule à ce qu'on leur prédit.
Ie sçay qu'on n'entend point de telles Propheties,
Qu'après que par l'effet elles sont éclaircies,
Et que, quoy qu'il en soit, le Sceptre de Lemnos
A dequoy reparer la perte de Colchos.
Ces climats desolez où mesme la Nature
Ne tient que de vostre Art ce qu'elle a de verdure,
Où nos plus beaux Iardins n'ont ny roses, ny lis,
Dont par vostre sçavoir ils ne soient embellis,

TRAGEDIE.

Sont-ils à comparer à ces charmantes Isles,
Où nos maux trouveroient de glorieux aziles?
Tomber à bas d'un Trosne est un sort rigoureux,
Mais quiter l'un pour l'autre est un échange heureux.
MED. Vn Amant tel que vous pour gagner ce qu'il aime
Changeroit sans remords d'air, & de Diadesme.
Comme j'ay d'autres yeux, j'ay d'autres sentimens,
Et ne me regle pas sur vos attachemens.
 Envoyez-moy, ma sœur, que je puisse avec elle
Pourvoir aux doux succès d'une flame si belle.
Mesnagez cependant un si cher interest,
Faites effort à plaire autant comme on vous plaist:
Pour Iason, je sçauray de sorte m'y conduire,
Que soit qu'il vive, ou meure, il ne pourra vous nuire.
Allez sans perdre temps, & laissez-moy resver
Aux beaux commencemens que je veux achever.

SCENE II.

MEDEE.

Tranquille & vaste solitude,
Qu'à vostre calme heureux j'ose en vain recourir,
Et que la resverie est mal propre à guerir
D'une peine qui plaist la flateuse habitude!
I'en viens soûpirer seule au pied de vos Rochers,
Et j'y porte avec moy dans mes vœux les plus chers
 Mes ennemis les plus à craindre:
Plus je croy les dompter, plus je leur obeis,
Ma flame s'en redouble, & plus je veux l'éteindre,
 Plus moy-mesme je m'y trahis.

 C'est en vain que toute alarmée
I'envisage à quels maux expose un inconstant,
L'amour tremble à regret dans mon esprit flotant,
Et timide à l'aimer je meurs d'en estre aimée.
Ainsi j'adore, & crains son manquement de foy,
Ie m'offre, & me refuse à ce que je prevoy,
 Son change me plaist, & m'étonne,
Dans l'espoir le plus doux jay tout à soupçonner,
Et bien que tout mon cœur obstinément se donne,
 Ma raison n'ose me donner.

Nnnn ij

Silence, raison importune,
Est-il temps de parler quand mon cœur s'est donné ?
Du bien que tu luy veux ce lasche est si gesné,
Que ton meilleur avis luy tient lieu d'infortune.
Ce que tu mets d'obstacle à ses désirs mutins,
Anime leur revolte, & le livre aux destins,
  Contre qui tu prens sa défense :
Ton effort odieux ne sert qu'à les haster,
Et ton cruel secours luy porte par avance
  Tous les maux qu'il doit redouter.

  Parle toutefois pour sa gloire,
Donne encor quelques loix à qui te fait la loy,
Tyrannise un Tyran qui triomphe de toy,
Et par un faux trophée usurpe sa victoire.
S'il est vray que l'Amour te vole tout mon cœur,
Exile de mes yeux cet insolent vainqueur,
  Desrobe luy tout mon visage :
Et si mon ame cede à des feux trop ardens,
Sauve tout le dehors du honteux esclavage,
  Qui t'enleve tout le dedans.

SCENE III.

IVNON, MEDEE.

MED. L'Avez vous veu, ma sœur, cet amant infidelle ?
  Que répond-il aux pleurs d'une Reine si belle ?
Souffre-t'il par pitié qu'ils en fassent un Roy ?
A-t'il encor le front de vous parler de moy ?
Croit-il qu'un tel exemple ait sçeu si peu m'instruire,
Qu'il luy laisse encor lieu de me pouvoir séduire ?
IVN. Moderez ces chaleurs de vostre esprit jaloux,
  Prenez des sentimens plus justes, & plus doux,
Et sans vous emporter souffrez que je vous die...
MED. Qu'il pense m'acquerir par cette perfidie,
  Et que ce qu'il fait voir de tendresse, & d'amour,
Si j'ose l'accepter, m'en garde une à mon tour ?
Vn volage, ma sœur, a beau faire, & beau dire,
On peut toûjours douter pour qui son cœur soûpire,

TRAGEDIE.

Sa flame à tous momens peut prendre un autre cours,
Et qui change une fois, peut changer tous les jours.
Vous, qui vous préparez à prendre sa défense,
Sçavez-vous aprés tout, s'il m'aime, ou s'il m'offense?
Lisez-vous dans son cœur pour voir ce qui s'y fait,
Et si j'ay de ces feux l'apparence, ou l'effet?

IVN. Quoy, vous vous offensez d'Hypsipile quittée!
D'Hypsipile pour vous à vos yeux maltraitée!
Vous son plus cher objet! vous de qui hautement
En sa presence mesme il s'est nommé l'Amant!
C'est mal vous acquitter de la reconnoissance.
Qu'une autre croiroit deuë à cette preference,
Voyez mieux, qu'un Heros si grand, si renommé,
Auroit peu fait pour vous, s'il n'avoit rien aimé.
En ces tristes climats qui n'ont que vous d'aimable,
Où rien ne s'offre aux yeux qui vous soit comparable,
Vn cœur qu'un autre objet ne peut vous disputer
Vous porte peu de gloire à se laisser dompter.
Mais Hypsipile est belle, & jointe au Diadesme
Vn amour assez fort pour meriter qu'on l'aime,
Et quand malgré son Trosne, & malgré sa beauté,
Et malgré son amour, vous l'avez emporté,
Que ne devez-vous point à l'illustre victoire,
Dont ce choix obligeant vous asseure la gloire?
Peut-il de vos attraits faire mieux voir le prix,
Que par le don d'un cœur qu'Hypsipile avoit pris?
Pouvez-vous sans chagrin refuser un Hommage,
Qu'une autre luy demande avec tant d'avantage?
Pouvez-vous d'un tel don faire si peu d'état,
Sans vouloir estre ingrate, & l'estre avec éclat?
Si c'est vostre dessein en faisant la cruelle
D'obliger ce Heros à retourner vers elle,
Vous en pourrez avoir un succez assez prompt;
Sinon... *MED.* Plutost la mort qu'un si honteux affront,
Ie ne souffriray point qu'Hypsipile me brave,
Et m'enleve ce cœur que j'ay veu mon esclave.
Ie voudrois avec vous en vain le déguiser,
Quand je l'ay veu pour moy tantost la mépriser,
Qu'à ses yeux, sans nous mettre un moment en balance,
Il m'a si hautement donné la preference,
I'ay senty des transports, que mon esprit discret
Par un soudain Adieu n'a cachez qu'à regret.

Ie ne croiray jamais qu'il foit douceur égale
A celle de fe voir immoler fa rivale,
Qu'il foit pareille joye, & je mourrois, ma sœur,
S'il falloit qu'à son tour elle euft mefme douceur.
JUN. Quoy, pour vous cette honte eft un malheur extrefme?
Ah, vous l'aimez encor. *MED.* Non, mais je veux qu'il m'aime.
Ie veux, pour éviter un si mortel ennuy,
Le conferver à moy, fans me donner à luy,
L'arréter fous mes loix, jusqu'à ce qu'Hypfipile
Luy rende de fon cœur la conquefte inutile,
Et que le Prince Abfyrte, ayant receu fa foy,
L'ait mife hors d'état de triompher de moy.
Lors par un jufte exil puniffant l'infidelle,
Ie n'auray plus de peur qu'il me traite comme elle,
Et je fçauray fur luy nous vanger toutes deux,
Si-toft qu'il n'aura plus à qui porter fes vœux.
JUN. Vous vous promettez plus que vous ne voudrez faire,
Et vous ne croirez pas toute cette colere.
MED. Ie feray plus encor que je ne me promets,
Si vous pouvez, ma sœur, quitter fes intérefts.
JUN. Quelques chers qu'ils me foient, je veux bien m'y contraindre,
Et pour mieux vous ofter tout fujet de me craindre,
Le voilà qui paroit, je vous laiffe avec luy.
Vous me rappellerez, s'il a befoin d'appuy.

SCENE IV.

IASON, MEDEE.

MED. Etes-vous preft, Iafon, d'entrer dans la carriere,
Faut-il du champ de Mars vous ouvrir la barriere,
Vous donner nos Taureaux, pour tracer des fillons,
D'où naiftront contre vous de foudains bataillons?
Pour dompter ces Taureaux, & vaincre ces Gensdarmes,
Avez-vous d'Hypfipile emprunté quelques charmes?
Ie ne demande point quel eft voftre foucy,
Mais fi vous la cherchez, elle n'eft pas icy,
Et tandis qu'en ces lieux vous perdez voftre peine,
Mon frere vous pourroit enlever cette Reine.
Iafon, prenez-y garde, il faut moins s'éloigner
D'un objet qu'un Rival s'efforce de gagner,

TRAGEDIE.

Et préter un peu moins les faveurs de l'absence
A ce qui peut entr'eux naistre d'intelligence.
Mais j'ay tout, je l'avouë, & je raisonne mal,
Vous étes trop aimé pour craindre un tel Rival,
Vous n'avez qu'à paroistre, & sans autre artifice,
Vn coup d'œil détruira ce qu'il rend de service.
IAS. Qu'un si cruel reproche à mon cœur seroit doux,
S'il avoit pû partir d'un sentiment jaloux,
Et si par cette injuste & douteuse colere
Ie pouvois m'asseurer de ne vous pas déplaire !
Sans raison toutesfois j'ose m'en défier,
Il ne me faut que vous pour me justifier.
Vous avez trop bien veu l'effet de vos merites,
Pour garder un soupçon de ce que vous me dites,
Et du change nouveau que vous me supposez,
Vous me défendez mieux, que vous ne m'accusez.
    Si vous avez pour moy veu l'amour d'Hypsipile,
Vous n'avez pas moins veu sa constance inutile,
Que ses plus doux attraits, pour qui j'avois bruslé,
N'ont rien que mon amour ne vous aye immolé.
Que toute sa beauté rehausse vostre gloire,
Et que son Sceptre mesme enfle vostre victoire,
Ce sont des veritez que vous vous dites mieux,
Et j'ay tort de parler où vous avez des yeux.
MED. Oüy, j'ay des yeux, ingrat, meilleurs que tu ne penses,
Et voy jusqu'en ton cœur tes fausses preferences.
    Hypsipile à ma veuë a receu des mépris,
Mais quand je n'y suis plus, qu'est-ce que tu luy dis ?
Explique, explique encor ce soûpir tout de flame,
Qui vers ce cher objet poussoit toute ton ame,
Et fay moy concevoir jusqu'où vont tes malheurs,
De soûpirer pour elle, & de pretendre ailleurs.
Redy-moy les raisons dont tu l'as appaisée,
Dont jusqu'à me braver tu l'as authorisée,
Qu'il te faut la Toison pour revoir tes parents,
Qu'à ce prix je te plais, qu'à ce prix tu te vends.
Ie tenois cher le don d'une amour si parfaite,
Mais puisque tu te vends, va chercher qui t'achete,
Perfide, & porte ailleurs cette venale foy,
Qu'obtiendroit ma Rivale à mesme prix que moy.
Il est, il est encor des ames toutes prestes
A recevoir mes loix, & grossir mes conquestes,

Il est encor des Roys dont je fais le desir,
Et si parmy tes Grecs il me plaist de choisir,
Il en est d'attachez à ma seule personne
Qui n'ont jamais sçeu l'Art d'estre à qui plus leur donne,
Qui trop contents d'un cœur dont tu fais peu de cas,
Meritent la Toison qu'ils ne demandent pas,
Et que pour toy mon ame, helas, trop enflamée,
Auroit pû te donner, si tu m'avois aimée.
IAS. Ah, si le pur amour peut meriter ce don,
A qui peut-il, Madame, estre dû qu'à Iason ?
Ce refus surprenant que vous m'avez veu faire
D'une venale ardeur n'est pas le caractere.
Le Trosne qu'à vos yeux j'ay traité de mépris,
En seroit pour tout autre un assez digne prix,
Et rejetter pour vous l'offre d'un Diadesme,
Si ce n'est vous aimer, j'ignore comme on aime.
   Ie ne me defens point d'vne civilité,
Que du bandeau Royal vouloit la Majesté.
Abandonnant pour vous une Reine si belle,
I'ay poussé par pitié quelques soûpirs vers elle,
I'ay voulu qu'elle eust lieu de se dire en secret,
Que je change par force, & la quitte à regret,
Que satisfaite ainsi de son propre merite
Elle se consolast de tout ce qui l'irrite,
En que l'appas flateur de cette illusion
La vangeast un moment de sa confusion.
Mais quel crime ont commis ces complimens frivoles ?
Des paroles enfin ne sont que des paroles,
Et quiconque possede vn cœur comme le mien
Doit se mettre au dessus d'un pareil entretien.
   Ie n'examine point après vostre menace
Quelle foule d'Amants brigue chez vous ma place.
Cent Roys, si vous voulez, vous consacrent leurs vœux,
Ie le croy, mais aussi je suis Roy, si je veux,
Et je n'avance rien touchant le Diadesme,
Dont il faille chercher de témoins que vous mesme.
Si par le choix d'un Roy vous pouvez me punir,
Ie puis vous imiter, je puis vous prévenir,
Et si je me bannis par là de ma Patrie,
Vn exil couronné peut faire aimer la vie,
Mille autres en ma place au lieu de s'alarmer...
MED. Et bien je t'aimeray, s'il ne faut que t'aimer.

Malgré

TRAGEDIE.

Malgré tout ce qu'ils ont, & de cœur, & de foy,
Ie te préfere à tous, si tu ne veux que moy.
Fay voir en renonçant à ta chere Patrie,
Qu'un exil avec moy peut faire aimer la vie,
Ose prendre à ce prix le nom de mon Epoux.
IAS. Ouy, Madame, à ce prix tout exil m'est trop doux,
Mais je veux estre aimé, je veux pouvoir le croire,
Et vous ne m'aimez pas, si vous n'aimez ma gloire;
L'ordre de mon destin l'attache à la Toison,
C'est d'elle que dépend tout l'honneur de Iason.
Ah, si le Ciel l'eust mise au pouvoir d'Hypsipile,
Que j'en aurois trouvé la conqueste facile,
Ma passion pour vous a beau l'abandonner,
Elle m'offre encor tout ce qu'elle peut donner,
Malgré mon inconstance elle aime sans reserve.
MED. Et moy, je n'aime point, à moins que ie te serve?
Cherche un autre pretexte à luy rendre ta foy,
J'auray soin de ta gloire aussi bien que de toy.
Si ce noble interest te donne tant d'alarmes,
Tien, voilà dequoy vaincre, & Taureaux, & Gensdarmes.
Laisse à tes compagnons combatre le Dragon,
Ils veulent comme toy leur part à la Toison,
Et comme ainsi qu'à toy la gloire leur est chere,
Ils ne sont pas icy pour te regarder faire.
Zethes & Calais, ces Heros emplumez,
Qu'aux routes des oiseaux leur naissance a formez,
Y preparent déja leurs aisles enhardies
D'avoir pour coup d'essay triomphé des Harpies.
Orphée avec ses chants se promet le bonheur
D'assoupir... IAS. Ah, Madame, ils auront tout l'honneur,
Ou du moins j'auray part moy-mesme à leur défaite,
Si je laisse comme eux la conqueste imparfaite.
Il me la faut entiere, & je veux vous devoir...
MED. Va, laisse quelque chose, ingrat, en mon pouvoir,
J'en ay déja trop fait pour une ame infidelle.
Adieu, je voy ma sœur, delibere avec elle,
Et songe qu'aprés tout, ce cœur que je te rends,
S'il accepte un vainqueur, ne veut point de Tyrans,
Que s'il aime ses fers, il hait tout esclavage,
Qu'on perd souvent l'acquis à vouloir davantage,
Qu'il faut subir la loy de qui peut obliger,
Et que qui veut un don ne doit pas l'exiger.

LA TOISON D'OR,

Ie ne te dis plus rien, va rejoindre Hypsipile,
Va reprendre auprès d'elle un destin plus tranquille,
Ou si tu peux, volage, encor la dédaigner,
Choisis en d'autres lieux qui te fasse régner;
Ie n'ay pour t'acheter Sceptres, ny Diadesmes,
Mais telle que je suis, crains-moy, si tu ne m'aimes.

SCENE V.
IVNON, IASON, L'AMOVR.[a]

[a] L'Amour est dans le Ciel de Venus.

[b] Le Ciel s'ouvre & fait voir le Palais de Venus, cō-posé de Termes à face humaine, & revêtus de gaze d'or qui luy servent de colomnes. Le lambris n'en est pas moins riche. L'A-mour y pa-roit seul, & si-tost qu'il a par-lé, il s'élan-ce en l'Air & traverse le Theatre en volant, non pas d'un costé à l'autre, comme se font les vols ordi-naires, mais d'un bout à l'autre, en tirant vers les Specta-teurs ; ce qui n'a point en-cor été pratiqué en France de cette maniere.

IVN. A Bien examiner l'éclat de ce grand bruit,
Hypsipile vous sert plus qu'elle ne vous nuit.
Ce n'est pas qu'après tout ce couroux ne m'étonne,
Medée à sa fureur un peu trop s'abandonne,
L'Amour tient assez mal ce qu'il m'avoit promis,
Et peut-estre avez vous trop de Dieux ennemis,
Tous veulent à l'envy faire la Destinée
Dont se doit signaler cette grande journée,
Tous se sont assemblez exprés chez Iuppiter,
Pour en resoudre l'ordre, ou pour le contester,
Et je vous plains, si ceux qui daignoient vous défendre,
Au plus nombreux party sont forcez de se rendre.
Le Ciel s'ouvre, & pourra nous donner quelque jour.
C'est celuy de Venus, j'y vois encor l'Amour,
Et puis qu'il n'en est pas, toute cette Assemblée
Par sa rebellion pourra se voir troublée.
Il veut parler à nous, écoutez quel appuy,
Le trouble où je vous voy peut esperer de luy.[b]

L'AM. Cessez de m'accuser, soupçonneuse Déesse,
Ie sçay tenir promesse,
C'est en vain que les Dieux s'assemblent chez leur Roy;
Ie vay bien leur faire connoistre
Que je suis, quand je veux, leur veritable Maistre,
Et que de ce grand jour le Destin est à moy.
Toy, si tu sçais aimer ne crains rien de funeste,
Obeis à Medée, & j'auray soin du reste.

IVN. Ces favorables mots vous ont rendu le cœur.
IAS. Mon espoir abatu reprend d'eux sa vigueur,
Allons, Déesse, allons, & seurs de l'entreprise
Reportons à Medée une ame plus soûmise.
IVN. Allons, je veux encor seconder vos projets,
Sans remonter au Ciel qu'après leurs pleins effets.

TRAGEDIE.

ACTE V.

SCENE PREMIERE.

ABSYRTE, HYPSIPILE.

ABS. Oila ce prix fameux où voſtre ingrat aſpire,
Ce gage où les Deſtins attachent noſtre Empire,
Cette Toiſon enfin dont Mars eſt ſi jaloux.
  Chacun impunément la peut voir comme nous;
Ce monſtrueux Dragon, dont les fureurs la gardent,
Semble exprés ſe cacher aux yeux qui la regardent,
Il laiſſe agir ſans crainte un curieux deſir,
Et ne fond que ſur ceux qui s'en veulent ſaiſir.
Lors d'un cry qui ſuffit à punir tout leur crime,
Sous leur pied temeraire il ouvre un noir abyſme,
A moins qu'on ait déja mis au joug nos Taureaux,
Et fait mordre la Terre aux eſcadrons nouveaux,
Que des dents d'un Serpent la ſemence animée
Doit oppoſer ſur l'heure à qui l'aura ſemée.
Sa voix pendant alors cet effroyable éclat
Contre les raviſſeurs ſe reduit au combat.
  Telles furent les loix, que Circé par les charmes
Sceut faire à ce Dragon, aux Taureaux, aux Gendarmes,
Circé, ſœur de mon pere, & fille du Soleil,
Circé, de qui ma ſœur tient cet Art ſans pareil,
Dont tantoſt à vous perdre euſt abuſé ſa rage,
Si ce peu que du Ciel j'en eus pour mon partage,
Et que je vous conſacre auſſi bien que mes jours,
Par le milieu des Airs n'euſt porté du ſecours.

HYP. Ie n'oubliray jamais que ſa jalouſe envie
Se fuſt ſans vos bontez ſacrifié ma vie,
Et pour dire encor plus, ce penſer m'eſt ſi doux,
Que ſi j'étois à moy, je voudroy eſtre à vous.
Mais un reſte d'amour retient dans l'impuiſſance
Ces ſentimens d'eſtime, & de reconnoiſſance.

Oooo ij

J'ay peine, je l'avoue, à me le pardonner,
Mais enfin, je doy tout, & n'ay rien à donner.
Ce qu'à vos yeux surpris Iason m'a fait d'outrage
N'a pas encor rompu cette foy qui m'engage,
Et malgré les mépris qu'il en montre aujourd'huy,
Tant qu'il peut estre à moy, je suis encor à luy.
Mon espoir chancelant dans mon ame inquiete
Ne veut pas luy prêter l'exemple qu'il souhaite,
Ny que cet infidelle ait dequoy se vanter
Qu'il ne se donne ailleurs qu'afin de m'imiter.
Pour changer avec gloire, il faut qu'il me prévienne,
Que sa foy violée ait dégagé la mienne,
Et que l'Hymen ait joint aux mépris qu'il en fait
D'un entier changement l'irrévocable effet.
Alors par son parjure à moy-mesme renduë,
Mes sentimens d'estime auront plus d'étenduë,
Et dans la liberté de faire un second choix
Je sçauray mieux penser à ce que je vous dois.
ABS. Je ne sçay si ma sœur voudra prendre asseurance
Sur des sermens trompeurs que rompt son inconstance,
Mais je suis seur qu'à moins qu'elle rompe son sort,
Ce que feroit l'Hymen, vous l'aurez par sa mort.
Il combat nos Taureaux, & telle est leur furie,
Qu'il faut qu'il y perisse, ou luy doive la vie.
HYP. Il combat vos Taureaux ! ah, que me dites-vous ?
ABS. Qu'il n'en peut plus sortir que mort, ou son Epoux.
HYP. Ah, Prince, vostre sœur peut croire encor qu'il m'aime,
Et sur ce faux soupçon se vanger elle-mesme,
Pour bien rompre le coup d'un malheur si pressant,
Peut-estre que son Art n'est pas assez puissant,
De grace, en ma faveur joignez-y tout le vostre,
Et si... ABS. Quoy, vous voulez qu'il vive pour un autre !
HYP. Ouy, qu'il vive, & laissons tout le reste au hazard.
ABS. Ah, Reine, en vostre cœur il garde trop de part,
Et s'il faut vous parler avec une ame ouverte,
Vous montrez trop d'amour pour empescher sa perte.
Vostre Rivale & moy nous en sommes d'accord,
A moins que vous m'aimiez, vostre Iason est mort,
Ma sœur n'a pas pour vous un sentiment si tendre,
Qu'elle aime à le sauver afin de vous le rendre,
Et je ne suis pas homme à servir mon Rival,
Quand vous rendez pour moy mon secours si fatal.

TRAGEDIE.

Ie ne le voy que trop, pour prix de mes services,
Vous destinez mon ame à de nouveaux supplices,
C'est m'immoler à luy que de le secourir,
Et luy sauver le jour, c'est me faire perir.
Puisqu'il faut qu'un des deux cesse aujourd'huy de vivre,
Ie vay haster sa perte, où luy-mesme il se livre,
Ie veux bien qu'on l'impute à mon dépit jaloux,
Mais vous qui m'y forcez, ne l'imputez qu'à vous.

HYP. Ce reste d'interest que je prens en sa vie
Donne trop d'aigreur, Prince, à vostre jalousie.
Ce qu'on a bien aimé, l'on ne le peut hair,
Iusqu'à le vouloir perdre, ou jusqu'à le trahir.
Ce vif ressentiment qui excite l'inconstance
N'emporte pas toujours jusques à la vangeance,
Et quand mesme on la cherche, il arrive souvent
Qu'on plaint mort un ingrat, qu'on detestoit vivant.
   Quand je me défendois sur la foy qui m'engage,
Ie voulois à vos feux épargner cet ombrage;
Mais puisque le peril a fait parler l'amour,
Ie veux bien qu'il eclate, & se montre en plein jour.
Ouy, j'aime encor Iason, & l'aimeray sans doute,
Iusqu'à l'Hymen fatal que ma flame redoute,
Ie regarde son cœur encor comme mon bien,
Et donnerois encor tout mon sang pour le sien.
Vous m'aimez, & j'en suis assez persuadée,
Pour me donner à vous, si l'on donne à Medée.
Mais si par jalousie, ou par raison d'Etat,
Vous le laissez tous deux perir dans ce combat,
N'attendez rien de moy que ce qu'ose la rage,
Quand elle est une fois maistresse d'un courage,
Que les pleines fureurs d'un desespoir d'amour.
Vous me faites trembler, tremblez à vostre tour,
Prenez soin de sa vie, ou perdez cette Reine,
Et si je crains sa mort, craignez aussi ma haine.

SCENE II.

AÆTE, ABSYRTE, HYPSIPILE.

AÆ. AH, Madame, est-ce là cette fidelité,
Que vous gardez aux droits de l'hospitalité?
Quand pour vous je m'oppose aux Destins de ma fille,
A l'espoir de mon fils, aux vœux de ma famille,
Quand je presse un Heros de vous rendre sa foy,
Vous prestez à son bras des charmes contre moy;
De sa temerité vous vous faites complice,
Pour renverser un Trosne où je vous fais justice:
Comme si c'étoit peu de posseder Iason,
Si pour don nuptial il n'avoit la Toison,
Et que sa foy vous fust indignement offerte,
A moins que son Destin éclataît par ma perte.
HYP. Ie ne sçay pas, Seigneur, à quel point vous reduit
Cette temerité de l'ingrat qui me fuit;
Mais je sçay que mon cœur ne joint à son envie
Qu'un timide souhait en faveur de sa vie,
Et que si je sçavois ce grand Art de charmer,
Ie ne m'en servirois que pour m'en faire aimer.
AÆ. Ah, je n'ay que trop crû vos plaintes ajustées
A des illusions entre vous concertées,
Et les dehors trompeurs d'un dédain preparé
N'ont que trop éblouy mon œil mal éclairé.
Ouy, trop d'ardeur pour vous, & trop peu de lumiere
M'ont conduit en aveugle à ma ruine entiere.
Ce pompeux appareil que soutenoient les Vents,
Ces Tritons tout autour rangez comme Suivants,
Montroient bien qu'en ces lieux vous n'étiez abordée,
Que par un Art plus fort que celuy de Medée.
D'un naufrage affecté l'histoire sans raison
Déguisoit le secours amené pour Iason,
Et vos pleurs ne sembloient m'en demander vengeance,
Que pour mieux faire place à vostre intelligence.
HIP. Que ne sont vos soupçons autant de veritez,
Et que ne puis-je icy ce que vous m'imputez!

ABS. Qu'a fait Iason, Seigneur, & quel mal vous menace,
  Quand nous voyons encor la Toison en sa place?
A Æ. Nos Taureaux sont domptez, nos Gensdarmes défaits,
  Absyrte, après cela crains les derniers effets.
ABS. Quoy? son bras... *A Æ.* Ouy, son bras secondé par ses charmes
  A dompté nos Taureaux, & défait nos Gensdarmes,
  Iuge si le Dragon pourra faire plus qu'eux.
  Ils ont poussé d'abord de gros torrents de feux,
  Ils l'ont envelopé d'une épaisse fumée,
  Dont sur toute la Plaine une nuit s'est formée,
  Mais après ce nüage en l'air évaporé,
  On les a veus au joug, & le champ labouré,
  Luy sans aucun effroy, comme maistre paisible,
  Iettoit dans les sillons cette semence horrible,
  D'où s'éleve aussi-tost un escadron armé,
  Par qui de tous costez il se trouve enfermé.
  Tous n'en veulent qu'à luy, mais son ame plus fiere
  Ne daigne contr'eux tous s'armer que de poussiere.
  A peine il la répand, qu'une commune erreur,
  D'eux tous l'un contre l'autre anime la fureur,
  Ils s'entr'immolent tous au commun adversaire,
  Tous pensent le percer, quand ils percent leur frere,
  Leur sang par tout regorge, & Iason au milieu
  Reçoit ce sacrifice en posture d'un Dieu,
  Et la Terre en couroux de n'avoir pû luy nuire
  Rengloutit l'escadron qu'elle vient de produire.
    On va bien-tost, Madame, achever à vos yeux
  Ce qu'ébauche par là vostre abord en ces lieux,
  Soit Iason, soit Orphée, ou les fils de Borée,
  Ou par eux, ou par luy ma perte est asseurée,
  Et l'on va faire hommage à vostre heureux secours
  Du Destin de mon Sceptre, & de mes tristes jours.
HYP. Connoissez mieux, Seigneur, la main qui vous offense,
  Et lors que je perds tout, laissez-moy l'innocence.
  L'ingrat qui me trahit est secouru d'ailleurs,
  Ce n'est que de chez vous que partent vos malheurs,
  Chez vous en est la source, & Medée elle-mesme
  Rompt son Art par son Art, pour plaire à ce qu'elle aime.
ABS. Ne l'en accusez point, elle hait trop Iason.
  De sa haine, Seigneur, vous sçavez la raison.
  La Toison préferée aigrit trop son courage,
  Pour craindre qu'il en tienne un si grand avantage,

Et si contre son Art ce Prince a reüssi,
C'est qu'on le sçait en Grece autant, ou plus qu'icy.
AÆ. Ah, que tu connois mal jusqu'à quelle manie
D'un amour déreglé passe la tyrannie!
Il n'est rang, ny païs, ny pere, ny pudeur,
Qu'épargne de ses feux l'imperieuse ardeur.
Iason plut à Medée, & peut encor luy plaire,
Peut-estre es-tu toy-mesme ennemy de ton pere,
Et consens que ta sœur par ce present fatal
S'asseure d'un Amant qui seroit ton Rival.
Tout mon sang revolté trahit mon esperance,
Ie trouve ma ruine où fut mon asseurance,
Le Destin ne me perd que par l'ordre des miens,
Et mon Trosne est brisé par ses propres soûtiens.
ABS. Quoy, Seigneur, vous croiriez qu'un action si noire...
AÆ. Ie sçay ce qu'il faut craindre, & non ce qu'il faut croire.
Dans cette obscurité tout me devient suspect,
L'amour aux droits du sang garde peu de respect,
Ce mesme amour d'ailleurs peut forcer cette Reine
A répondre à nos soins par des effets de haine,
Et Iason peut avoir luy-mesme en ce grand Art
Des secrets dont le Ciel ne nous fit point de part.
Ainsi dans les rigueurs de mon sort déporable,
Tout peut estre innocent, tout peut estre coupable,
Ie ne cherche qu'en vain à qui les imputer,
Et ne discernant rien j'ay tout à redouter.
HYP. La verité, Seigneur, se va faire connoistre,
A travers ces rameaux je voy venir mon traistre.

SCENE III

AÆTE, ABSYRTE, HYPSIPILE, IASON, ORPHÉE, ZETHÉS, CALAÏS.

HYP. **P**Arlez, parlez, Iason, dites sans feinte au Roy
Qui vous seconde icy de Medée, ou de moy,
Dites, est-ce elle, ou moy, qui contre luy conspire?
Est-ce pour elle, ou moy, que vostre cœur soûpire?
IAS. La demande est, Madame, un peu hors de saison,
Ie vous y répondray, quand j'auray la Toison.

Seigneur,

TRAGEDIE.

Seigneur, sans differer permettez que j'acheve,
La gloire où je prétens ne souffre point de tréve,
Elle veut que du Ciel je presse le secours,
Et ce qu'il m'en promet ne descend pas toûjours.
AÆ. Hastez à vostre gré ce secours de descendre,
Mais encor une fois gardez de vous méprendre.
JAS. Par ce qu'ont veu vos yeux jugez ce que je puis,
Tout me paroit facile en l'état où je suis,
Et si la force enfin répond mal au courage,
Il en est parmy nous qui peuvent davantage.
Souffrez donc que l'ardeur dont je me sens brusler...

SCENE IV.

AÆTE, ABSYRTE, HYPSIPILE, MEDEE, IASON, ORPHEE, ZETHES, CALAIS.

MED.[a] Arréte, déloyal, & laisse-moy parler,
Que je rende un plein lustre à ma gloire ternie
Par l'outrageux éclat que fait la calomnie.
Qui vous l'a dit, Madame, & surquoy fondez-vous
Ces dignes visions de vostre esprit jaloux ?
Si Iason entre nous met quelque difference,
Qui flate malgré moy sa credule esperance,
Faut-il sur vostre exemple aussi-tost presumer
Qu'on n'en peut estre aimée, & ne le pas aimer ?
Connoissez mieux Medée, & croyez-la trop vaine
Pour vouloir d'un captif marqué d'une autre chaisne.
Ie ne puis empescher qu'il vous manque de foy,
Mais je veux bien un cœur qui n'ait aimé que moy,
Et j'auray soûtenu des revers bien funestes,
Avant que je me daigne enrichir de vos restes.
HYP. Puissiez-vous conserver ces nobles sentimens.
MED. N'en croyez plus, Seigneur, que les évenemens.
Ce ne sont plus icy ces Taureaux, ces Gensdarmes,
Contre qui son audace a pû trouver des charmes,
Ce n'est point le Dragon dont il est menacé,
C'est Medée elle-mesme, & tout l'Art de Circé.

[a] Sur le Dragon, élevée en l'Air à la hauteur d'un homme.

Tome II. Pppp

LA TOISON D'OR,

Fidelle gardien des Destins de ton Maistre,
Arbre, que tout exprés mon charme avoit fait naistre,
Tu nous défendrois mal contre ceux de Iason,
Retourne en ton neant, & rens-moy la Toison.*

<small>* Elle prend la Toison en sa main, & la met sur le col du Dragon. L'Arbre où elle étoit suspenduë disparoit, & se retire derriere le Theatre, aprés quoy Medée continuë en parlant à Iason.</small>

Ce n'est qu'avec le jour qu'elle peut m'estre ostée,
Vien donc, vien, temeraire, elle est à ta portée,
Vien teindre de mon sang cet or qui t'est si cher,
Qu'à travers tant de Mers on te force à chercher.
Approche, il n'est plus temps que l'amour te retienne,
Vien m'arracher la vie, ou m'apporter la tienne,
Et sans perdre un moment en de vains entretiens,
Voyons qui peut le plus de tes Dieux, ou des miens.

AÆ. A ce digne couroux je reconnoy ma fille,
C'est mon sang dans ses yeux, c'est son Ayeul qui brille,
C'est le Soleil mon pere. Avancez donc, Iason,
Et sur cette ennemie emportez la Toison.

IAS. Seigneur, contre ses yeux qui voudroit se défendre?
Il ne faut point combatre où l'on aime à se rendre.
Oüy, Madame, à vos pieds je mets les armes bas,
I'en fais un prompt hommage à vos divins appas,
Et renonce avec joye à ma plus haute gloire,
S'il faut par ce combat acheter la victoire.
Ie l'abandonne. Orphée, aux charmes de ta voix,
Qui traisne les Rochers, qui fait marcher les Bois,
Assoupy le Dragon, enchante la Princesse,
Et vous, Heros ailez, menagez vostre adresse,
Si pour cette conqueste il vous reste du cœur,
Tournez sur le Dragon toute vostre vigueur.
Ie vay dans le Navire attendre une défaite,
Qui vous fera bien-tost imiter ma retraite.

ZET. Montrez plus d'esperance, & souvenez-vous mieux
Que nous avons dompté des Monstres à vos yeux.

TRAGEDIE.
SCENE V.

AÆTE, ABSYRTE, HYPSIPILE, MEDEE, ZETHES, CALAIS, ORPHEE.

CAL. Elevons-nous, mon frere, au dessus des nuages,   [a] *Icy Ze-*
Du sang dont nous sortons prenons les avantages,   *thes, &*
Sur tout obeïssons aux ordres de Iason,   *Calais s'é-*
Respectons la Princesse, & donnons au Dragon.[a]   *levent au*
MED.[b] Donnez où vous pourrez, ce vain respect m'outrage,   *plus haut*
Du sang dont vous sortez prenez tout l'avantage,   *des nua-*
Ie vay voler moy-mesme au devant de vos coups,   *ges, en*
Et n'avois que Iason à craindre parmy vous.   *croisant*
    Et toy, de qui la voix inspire l'ame aux arbres,   *leur vol.*
Enchaisne les Lyons, & déplace les marbres,   [b] *En s'éle-*
D'un pouvoir si divin fais un meilleur employ,   *vant aussi.*
N'en détruis point la force à l'essayer sur moy.
Mais je n'en parle ainsi, que de peur que ses charmes
Ne prétent un miracle à l'effort de leurs armes.
Ne m'en croy pas, Orphée, & pren l'occasion
De partager leur gloire, ou leur confusion.
ORP.[c] Hastez-vous, enfans de Borée,   [c] *chante.*
    Demy-dieux, hastez-vous,
    Et faites voir qu'en tous lieux, contre tous,
    A vos exploits la Victoire asseurée
    Suit l'effort de vos moindres coups.
MED.[d] Vos Demy-dieux, Orphée, ont peine à vous entendre,   [d] *Voyant*
Ils ont volé si haut, qu'ils n'en peuvent descendre,   *qu'aucun*
De ce nuage épais sçachez les dégager,   *des deux*
Et pratiquez mieux l'art de les encourager.   *ne descend*
    ORPHEE   *pour la*
il chante ce second couplet cependant que Zethes & Calais fondent l'un aprés l'autre sur le Dragon, & le   *combatre.*
combatent au milieu de l'Air. Ils se relevent aussi tost qu'ils ont tasché de luy donner une atteinte, & tournent
face en mesme temps pour revenir à la charge. Medée est au milieu des deux, qui pare leurs coups, & fait tour-
ner le Dragon tantost l'un & vers l'autre, suivant qu'ils se presentent.

    Combatez, race d'Orithie,
      Demy-dieux, combatez,
    Et faites voir que vos bras indomptez
    Se font par tout une heureuse sortie
      Des perils les plus redoutez.

ZET. Fuyons sans plus tarder la vapeur infernale
Que ce Dragon affreux de son gosier exhale,
La valeur ne peut rien contre un air empesté.
Fay comme nous, Orphée, & fuy de ton costé.[a]

[a] *Zethes, Calais, & Orphée, s'enfuyent.*

MED. Allez, vaillants guerriers, envoyez-moy Pelée,
Mopse, Iphite, Echion, Eutidamas, Oilée,
Et tout ce reste enfin pour qui vostre Iason
Avec tant de chaleur demandoit la Toison.
Aucun d'eux ne paroit à ces ames intrépides
Réglent sur mes vaincus leurs démarches timides,
Et malgré leur ardeur pour un exploit si beau,
Leur effroy les renferme au fond de leur vaisseau.
Ne laissons pas ainsi la victoire imparfaite,
Par le milieu des Airs courons à leur défaite,
Et nous mesmes portons à leur temerité
Iusque dans ce vaisseau ce qu'elle a merité.[b]

[b] *Medée s'éleve encor plus haut sur le Dragon.*

AÆ. Que fais-tu ? la Toison ainsi que toy s'envole !
Ah, perfide, est-ce ainsi que tu me tiens parole,
Toy qui me promettois, mesme aux yeux de Iason,
Qu'on t'osteroit le jour avant que la Toison ?

[c] *En s'en-volant.*

MED.[c] Encor tout de nouveau je vous en fais promesse,
Et vay vous la garder au milieu de la Grece.
Du païs & du sang l'amour rompt les liens,
Et les Dieux de Iason sont plus forts que les miens.
Ma sœur avec ses fils m'attend dans le Navire,
Ie la suis, & ne fais que ce qu'elle m'inspire,
De toutes deux, Madame, icy vous tiendra lieu.
Consolez-vous, Seigneur, & pour jamais, Adieu.[d]

[d] *Elle s'en vole avec la Toison.*

SCENE VI.

AÆTE, ABSYRTE, HYPSIPILE, IVNON.

AÆ. AH, Madame ! ah, mon fils ! ah, Sort inexorable !
Est-il sur terre un pere, un Roy plus déplorable ?
Mes filles toutes deux contre-moy se ranger,
Toutes deux à ma perte à l'envy s'engager !

[e] *Dans son Char.*

IVN.[e] On vous abuse, Aæte, & Medée elle-mesme
Dans l'amour qui la force à suivre ce qu'elle aime,

TRAGEDIE.

S'abuse comme vous.
Chalciope n'a point de part en cet ouvrage:
Dans un coin du Iardin, sous un épais nuage,
Ie l'envelope encor d'un sommeil assez doux;
Cependant qu'en sa place, ayant pris son visage,
Dans l'esprit de sa sœur j'ay porté les grands coups,
Qui donnent à Iason ce dernier avantage.
Iunon a tout fait seule, & je remonte aux Cieux, ^a
Presser le souverain des Dieux
    D'approuver ce qu'il m'a plû faire.
    Mettez vostre esprit en repos,
    Si le Destin vous est contraire,
Lemnos peut reparer la perte de Colchos.

^a *Iunon remonte au Ciel, dans ce mesme Char.*

AÆ. Qu'ay-je fait, que le Ciel contre moy s'interesse
Iusqu'à faire descendre en Terre une Déesse?
ABS. La desavouez-vous, Madame, & vostre cœur
Dédira-t'il sa voix qui parle en ma faveur?
AÆ. Absyrte, il n'est plus temps de parler de ta flame.
Qu'as-tu pour meriter quelque part en son ame,
Et que luy peut offrir ton ridicule espoir,
Qu'un Sceptre qui m'echape, un Trosne prest à choir?
Ne songeons qu'à punir le traistre, & sa complice,
Nous aurons Dieux pour Dieux à nous faire justice,
Et deja le Soleil pour nous prêter secours,
Fait ouvrir son Palais, & detourner son cours.

Le Ciel s'ouvre, & fait paroistre le Palais du Soleil, où l'on le voit dans son Char tout brillant de lumiere s'avancer vers les Spectateurs, & sortant de ce Palais, s'élever en haut pour parler à Iuppiter, dont le Palais s'ouvre aussi quelques momens apres. Ce Maistre des Dieux y paroist sur son Trosne, avec Iunon à son costé. Ces trois Theatres qu'on voit tout à la fois, font un spectacle tout-à-fait agreable, & majestueux. La sombre verdure de la forest espaisse, qui occupe le premier, releve d'autant plus la clarté des deux autres, par l'opposition de ses ombres. Le Palais du Soleil, qui fait le second, a ses colomnes toutes d'oripeau, & son Lambris doré, avec d'vn tres grand fueillage à l'Arabesque. Le rejallissement des lumieres qui portent sur ces dorures, produit un jour merveilleux, qu'augmente celuy qui sort du Trosne de Iuppiter, qui n'a pas moins d'ornemens. Ses marches ont aux deux bouts & au milieu des Aigles d'or, entre lesquelles on voit peintes en bass relief toutes les amours de ce Dieu. Les deux costez sont voir chacun un rang de pilliers enrichis de diverses pierres precieuses, environnées chacune d'un cercle, ou d'un quarré d'or. Au haut de ces pilliers sont d'autres grands Aigles d'or, qui soutiennent de leur bec le plat fond de ce Palais, composé de riches tassets de diverses couleurs, qui font comme autant de coutines, dont les Aigles tiennent pendus les bouts en forme d'escharpes. Iuppiter a un autre grand Aigle à ses pieds, qui porte son foudre, & Iunon est à sa gauche, avec un Paon aussi à ses pieds, de grandeur, & de couleur naturelle.

Pppp iij

LA TOISON D'OR,

SCENE VII.

LE SOLEIL, IVPPITER, IVNON, AÆTE, HYPSIPILE, ABSYRTE.

AÆ. Ame de l'Vnivers, autheur de ma naissance,
Dont nous voyons par tout éclater la puissance,
Souffriras-tu qu'un Roy qui tient de toy le jour
Soit laschement trahy par un indigne amour ?
A ces Grecs vagabonds refuse ta lumiere,
De leurs climats cheris détourne ta carriere,
N'éclaire pas leur fuite aprés qu'ils m'ont détruit,
Et répans sur leur route une éternelle nuit.
Fay plus, montre toy pere, & pour vanger ta race,
Donne moy tes chevaux à conduire en ta place,
Prête-moy de tes feux l'éclat étincelant,
Que j'embrase leur Grece avec ton char bruslant,
Que d'un de tes rayons lançant sur eux le foudre,
Ie les reduise en cendre, & leur butin en poudre,
Et que par mon couroux leur païs desolé
Ait horreur à jamais du bras qui m'a volé.
    Ie voy que tu m'entens, & ce coup d'œil m'annonce
Que ta bonté m'apreste une honteuse réponse.
Parle donc, & fay voir aux Destins ennemis
De quelle ardeur tu prens les interests d'un fils.
LE SO. Ie plains ton infortune, & ne puis davantage,
Vn noir Destin s'oppose à tes justes desseins,
Et depuis Phaeton, ce brillant attelage
    Ne peut passer en d'autres mains.
Sous un ordre éternel qui gouverne ma route
Ie dispense en esclave, & les nuits, & les jours,
    Mais enfin ton pere t'écoute,
Et joint ses vœux aux tiens pour un plus fort secours.*

    Maistre absolu des Destinées,
Change leurs dures loix en faveur de mon sang,
    Et laisse-luy garder son rang
    Parmy les testes couronnées.

Icy tournée le Ciel de Iuppiter, & le Soleil continuë en luy adressant sa parole.

TRAGEDIE.

C'est toy qui régles les Etats,
C'est toy qui departs les Couronnes,
Et quand le Sort jaloux met un Monarque à bas,
Il détruit ton ouvrage, & fait des attentats,
Qui desrobent ce que tu donnes.
IVN. Ie ne mets point d'obstacle à de si justes vœux,
Mais laissez ma puissance entiere,
Et si l'ordre du Sort se rompt à sa priere,
D'un Hymen que j'ay fait ne rompez pas les nœuds.
Comme je ne veux point détruire son Aære,
Ne détruisez pas mes Heros,
Asseurez à ses jours, gloire, Sceptre, repos,
Asseurez-luy tous les biens qu'il souhaite,
Mais de la mesme main asseurez à Iason
Medée, & la Toison.
JVP. Des Arrests du Destin l'ordre est invariable,
Rien ne sçauroit le rompre en faveur de ton fils,
Soleil, & ce tresor surpris
Luy rend de ses Etats la perte inevitable.
Mais la mesme legereté
Qui donne Iason à Medée,
Servira de supplice à l'infidelité
Où pour luy contre un pere elle s'est hazardée.
Persés dans la Scythie arme un bras souverain,
Si-tost qu'il paroistra, quittez ces lieux, Aæte.
Et par une prompte retraite
Epargnez tout le sang qui couleroit en vain.
De Lemnos faites vostre azile,
Le Ciel veut qu'Hypsipile
Réponde aux vœux d'Absyrte, & qu'un Sceptre dotal
Adoucisse le cours d'un peu de temps fatal.
Car enfin de vostre perside
Doit sortir un Medus qui vous doit retablir,
A rentrer dans Colchos il sera vostre guide,
Et mille grands exploits qui doivent l'ennoblir
Feront de tous vos maux les asseurez remedes,
Et donneront naissance à l'Empire des Medes.
LE SO. Ne vous permettez plus d'inutiles soupirs,
Puisque le Ciel répare & vange vostre perte,
Et qu'une autre Couronne offerte
Ne peut plus vous souffrir de justes deplaisirs.

b Le Palais de Iuppiter & celuy du Soleil se refferment.

LA TOISON D'OR, TRAGEDIE.

Adieu, j'ay trop long-temps détourné ma carriere,
Et trop perdu pour vous en ces lieux de moments,
  Qui devoient ailleurs ma lumiere.
   Allez, heureux Amants,
Pour qui Iuppiter montre une faveur entiere,
Hastez-vous d'obeïr à ses commandemens.

*b Il dispa-
roit en
baissant,
comme
pour fon-
dre dans la
Mer.*

HYP. I'obeïs avec joye à tout ce qu'il m'ordonne,
Vn Prince si bien né vaut mieux qu'une Couronne,
Si-tost que je le vis, il en eut mon aveu,
Et ma foy pour Iason nuisoit seule à son feu.
Mais à present, Seigneur, cette foy dégagée.

AÆ. Ah, Madame, ma perte est déja trop vangée,
Et vous faites trop voir comme un cœur genereux
Se plaist à relever un destin malheureux.
 Allons ensemble, allons sous de si doux auspices
Préparer à demain de pompeux sacrifices,
Et par nos vœux unis répondre au doux espoir
Que daigne un Dieu si grand nous faire concevoir.

FIN.

DISCOVRS

DISCOVRS
DES TROIS VNITEZ,
d'action, de jour, & de lieu.

LES deux Discours precedens, & l'examen des Pieces de Theatre que contient mes deux premiers Volumes, m'ont fourny tant d'occasions d'expliquer ma pensée sur ces matieres, qu'il m'en resteroit peu de chose à dire, si je me defendois absolument de repeter.

Je tiens donc, & je l'ay déja dit, que l'unité d'action consiste dans la Comedie en l'unité d'intrique, ou d'obstacle aux desseins des principaux Acteurs, & en l'unité de peril dans la Tragedie, soit que son Heros y succombe, soit qu'il en sorte. Ce n'est pas que je pretende qu'on ne puisse admettre plusieurs perils dans l'une, & plusieurs intriques ou obstacles dans l'autre, pourveu que de l'un on tombe necessairement dans l'autre; car alors la sortie du premier peril ne rend point l'action complete, puisqu'elle en attire un second, & l'éclaircissement d'un intrique ne met point les Acteurs en repos, puisqu'il les embarasse dans un nouveau. Ma memoire ne me fournit point d'exemples anciens de cette multiplicité de perils attachez l'un à l'autre, qui ne détruit point l'unité d'action, mais j'en ay marqué la duplicité indépendante pour un defaut dans Horace, & dans Theodore, dont il n'est point besoin que le premier tue sa sœur au sortir de sa victoire, ny que l'autre s'offre au Martyre apres avoir échapé la prostitution, & je me trompe fort, si la mort de Polyxene & celle d'Astyanax dans la Troade de Seneque ne sont la mesme irregularité.

En second lieu, ce mot d'unité d'action ne veut pas dire que la Tragedie n'en doive faire voir qu'une sur le Theatre. Celle que le Poëte choisit pour son Sujet doit avoir un commencement, un milieu, & une fin, & ces trois parties non seulment sont autant d'actions qui abou-

DISCOVRS

tissent à la principale, mais en outre chacune d'elles en peut contenir plusieurs avec la mesme subordination. Il n'y doit avoir qu'une action complete qui laisse l'esprit de l'Auditeur dans le calme, mais elle ne peut le devenir que par plusieurs autres imparfaites, qui luy servent d'acheminemens, & tiennent cet Auditeur dans une agreable suspension. C'est ce qu'il faut pratiquer à la fin de chaque Acte pour rendre l'action continue. Il n'est pas besoin qu'on sçache précisément tout ce que font les Acteurs durant les intervalles qui les separent, ny mesme qu'ils agissent lors qu'ils ne paroissent point sur le Theatre ; mais il est necessaire que chaque Acte laisse une attente de quelque chose qui se doive faire dans celuy qui le suit.

Si vous me demandiez ce que fait Cleopatre dans Rodogune depuis qu'elle a quitté ses deux fils au second Acte, jusqu'à ce qu'elle rejoigne Antiochus au quatriéme, je serois bien empesché à vous le dire, & je ne croy pas estre obligé à en rendre conte : mais la fin de ce second prepare à voir un effort de l'amitié des deux freres pour regner, & dérober Rodogune à la haine envenimée de leur mere. On en voit l'effet dans le troisiéme, dont la fin prepare encor à voir un autre effort d'Antiochus pour regagner ces deux ennemies l'une aprés l'autre, & à ce que fait Seleucus dans le quatriéme, qui oblige cette mere dénaturée à resoudre & faire attendre ce qu'elle tasche d'executer au cinquiéme.

Dans le Menteur, tout l'intervalle du troisiéme au quatriéme vray-semblablement se consume à dormir par tous les Acteurs : leur repos n'empesche pas toutefois la continuité d'action entre ces deux Actes, parce que ce troisiéme n'en a point de complete. Dorante le finit par le dessein de chercher des moyens de regagner l'esprit de Lucrece, & dés le commencement de l'autre il se presente pour tascher de parler à quelqu'un de ses gens, & prendre l'occasion de l'entretenir elle-mesme, si elle se montre.

Quand je dis qu'il n'est pas besoin de rendre conte de ce que font les Acteurs cependant qu'il n'occupent point la Scene, je n'entens pas dire qu'il ne soit quelquefois fort à propos de le rendre ; mais seulement qu'on n'y est pas obligé, & qu'il n'en faut prendre le soin, que quand ce qui s'est fait derriere le Theatre sert à l'intelligence de ce qui se doit faire devant les Spectateurs. Ainsi je ne dis rien de ce qu'a fait Cleopatre depuis le second Acte jusques au quatriéme, parce que durant tout ce temps-là elle a pû ne rien faire d'important pour l'action principale que je prepare ; mais je fais connoistre dés le premier vers du cinquiéme, qu'elle a employé tout l'intervalle d'entre ces deux derniers à tuer Seleucus, parce que cette mort fait une partie de l'action. C'est ce qui me donne lieu de remarquer, que le Poëte n'est pas tenu d'exposer à la veuë toutes les actions particulieres qui amenent à la principale. Il doit choisir celles qui luy sont les plus avantageuses à faire voir, soit par la beauté du Spectacle, soit par l'éclat & la vehemence des passions qu'elles produisent, soit par quelque autre agrément qui leur soit attaché, & cacher les autres derriere la Scene, pour les faire connoistre au Spectateur, ou par une narration, ou par quelque autre adresse de l'Art. Sur tout il doit se souvenir que les unes & les autres doivent avoir une telle liaison ensemble, que les dernieres soient produites par celles qui les precedent, & que toutes ayent leur source dans la Protase que doit fermer le premier Acte. Cette Regle que j'ay établie dés le premier Discours, bien qu'elle soit nouvelle & contre l'usage des Anciens, a son fondement sur deux Passages d'Aristote. En voicy le premier. Il y a grande difference, dit-il, entre les évenemens qui viennent les uns aprés les autres, & ceux qui viennent les uns à cause des autres. Les Maures viennent dans le Cid aprés la mort du Comte, & non pas à cause de la mort du Comte, & le Pescheur vient dans D. Sanche, aprés qu'on soupçonne Carlos d'estre le Prince d'Arragon, & non pas à cause qu'on l'en soupçonne : ainsi tous les deux sont condamnables. Le second Passage est encor plus formel, & porte en termes exprés, que tout ce qui se passe dans la Tragedie doit arriver necessairement ou vray-semblablement de ce qui l'a precedé.

La liaison des Scenes qui unit toutes les actions particulieres de chaque Acte l'une avec l'autre, & dont j'ay parlé en l'examen de la Suivante, est un grand ornement dans un Poëme, & qui sert beaucoup à former une continuité d'action par la continuité de la representation ; mais enfin ce n'est qu'un ornement, & non pas une Regle. Les Anciens ne s'y sont pas toujours assujetis, bien que la pluspart de leurs Actes ne soient chargez que de deux ou trois Scenes : ce qui la rendoit bien plus facile pour eux, que pour nous, qui leur en donnons quelquefois jusqu'à neuf ou dix. Je ne rapporteray que deux exemples du mépris qu'ils en ont fait. L'un est de Sophocle dans l'Ajax, dont le Monologue avant que de se tuer n'a aucune liaison avec la Scene qui le precede, ny avec celle qui le suit. L'autre est du troisième Acte de l'Eunuque de Terence, où celle d'Antiphon seul n'a aucune communication avec Chremés & Pythias qui sortent du Theatre quand il y entre. Les Scavans de nostre Siecle, qui les ont pris pour modelles dans les Tragedies qu'ils nous ont laissées, ont encor plus negligé cette liaison qu'eux, & il ne faut que jetter l'œil sur celles de Buchanan, de Grotius, & de Heinsius, dont j'ay parlé dans l'examen de Polyeucte, pour en demeurer d'accord. Nous y avons tellement accoustumé nos Spectateurs, qu'ils ne sçauroient plus voir une Scene détachée sans la marquer pour un defaut. L'œil & l'oreille mesme s'en scandalisent, avant que l'esprit y aye pû faire de reflexion. Le quatriéme Acte de Cinna demeure au dessous des autres par ce manquement, & ce qui n'étoit point une Regle autrefois, l'est devenu maintenant par l'assiduité de la Pratique.

J'ay parlé de trois sortes de liaisons dans cet examen de la Suivante. J'ay montré aversion pour celles de bruit, indulgence pour celles de veuë, estime pour celles de presence & de discours, & dans ces dernieres j'ay confondu deux choses qui meritent d'estre separées. Celles qui sont de presence & de discours ensemble ont sans doute toute l'excellence dont elles sont capables, mais il en est de discours sans presence, & de presence sans discours, qui ne sont pas dans le mesme degré. Vn Acteur qui parle à un autre d'un lieu caché sans se montrer fait une liaison de discours sans presence, qui ne laisse pas d'estre fort bonne, mais cela arrive fort rarement. Vn homme qui demeure sur le Theatre seulement pour entendre ce que diront ceux qu'il y voit entrer, fait une liaison de presence sans discours, qui souvent a mauvaise grace, & tombe dans une affectation mendiée, plutost pour remplir ce nouvel usage qui passe en Précepte, que pour aucun besoin qu'en puisse avoir le Sujet. Ainsi dans le troisiéme Acte de Pompée, Achorée aprés avoir rendu conte à Charmion de la reception que Cesar a faite au Roy, quand il luy a presenté la teste de ce Heros, demeure sur le Theatre, où il voit venir l'un & l'autre, seulement pour entendre ce qu'ils diront, & le rapporter à Cleopatre. Timante fait la mesme chose au quatriéme d'Andromede, en faveur de Phinée, qui se retire à la veuë du Roy & de toute sa Cour qu'il voit arriver. Ces Personnages qui deviennent muets lient assez mal les Scenes, où ils ont si peu de part, qu'ils n'y sont contez pour rien. Autre chose est, quand ils se tiennent cachez pour s'instruire de quelque secret d'importance par le moyen de ceux qui parlent, & qui croyent n'estre entendus de personne, car alors, l'interest qu'ils ont à ce qui se dit, joint à une curiosité raisonnable d'apprendre ce qu'ils ne peuvent sçavoir d'ailleurs, leur donne grande part en l'action malgré leur silence. Mais en ces deux exemples, Timante & Achorée meslent une presence si froide aux Scenes qu'ils écoutent, qu'à ne rien déguiser, quelque couleur que je leur donne pour leur servir de pretexte, ils ne s'arrestent que pour les lier avec celles qui les precedent, tant l'une & l'autre Piéce s'en peut aisément passer.

Bien que l'action du Poëme Dramatique doive avoir son unité, il y faut considerer deux parties, le nœud, & le dénoüement. Le nœud est composé selon Aristote en partie de ce qui s'est passé hors du Theatre avant le commencement de l'action qu'on y décrit, & en partie de ce qui s'y passe, le reste appartient au dénoüement. Le changement d'une fortune en l'autre fait la separation de ces deux parties.

Tout ce qui le précede est de la premiere, & ce changement avec ce qui le suit regarde l'autre. Le nœud dépend entierement du choix & de l'imagination industrieuse du Poëte, & l'on n'y peut donner de Régle, sinon qu'il y doit ranger toutes choses selon le vray-semblable, ou le necessaire, dont j'ay parlé dans le second Discours; à quoy j'ajouste un conseil de s'embarasser le moins qu'il luy est possible de choses arrivées avant l'action qui se represente. Ces narrations importunent d'ordinaire, parce qu'elles ne sont pas attenduës, & qu'elles gesnent l'esprit de l'Auditeur, qui est obligé de charger sa memoire de ce qui s'est fait il y a dix ou douze ans, pour comprendre ce qu'il voit representer; mais celles qui se font des choses qui arrivent & se passent derriere le Theatre depuis l'action commencée, font toûjours un meilleur effet, parce qu'elles sont attenduës avec quelque curiosité, & font partie de cette action qui se represente. Une des raisons qui donne tant d'illustres suffrages à Cinna pour le mettre au dessus de ce que j'ay fait, c'est qu'il n'y a aucune narration du passé, celle qu'il fait de sa conspiration à Æmilie, étant plûtost un ornement qui chatouille l'esprit des Spectateurs, qu'une instruction necessaire de particularitez qu'ils doivent sçavoir & imprimer dans leur memoire pour l'intelligence de la suite. Æmilie leur fait assez connoistre dans les deux premieres Scenes qu'il conspiroit contre Auguste en sa faveur, & quand Cinna luy diroit tout simplement que les conjurez sont prests au lendemain, il avanceroit autant pour l'action, que par les cent vers qu'il employe à luy rendre conte, & de ce qu'il leur a dit, & de la maniere dont ils l'ont receu. Il y a des intrigues qui commencent dés la naissance du Heros, comme celuy d'Heraclius, mais ces grands efforts d'imagination en demandent un extraordinaire à l'attention du Spectateur, & l'empeschent souvent de prendre un plaisir entier aux premieres representations, tant ils le fatiguent.

Dans le dénouëment je trouve deux choses à éviter, le simple changement de volonté, & la Machine. Il n'y a pas grand artifice à finir au Poëme quand celuy qui a fait obstacle aux desseins des premiers Acteurs durant quatre Actes, en desiste au cinquième sans aucun évenement notable qui l'y oblige. J'en ay parlé au premier Discours, & n'y ajousteray rien icy. La Machine n'a pas plus d'adresse, quand elle ne sert qu'à faire descendre un Dieu pour accommoder toutes choses, sur le point que les Acteurs ne sçavent plus comment les terminer. C'est ainsi qu'Apollon agit dans l'Oreste. Ce Prince & son amy Pylade accusez par Tindare & Menelas de la mort de Clytemnestre, & condamnez à leur poursuite, se saisissent d'Helene & d'Hermione; ils tuent, ou croyent tuer la premiere, & menacent d'en faire autant de l'autre, si on ne revoque l'Arrest prononcé contre eux. Pour appaiser ces troubles,

* iij

Euripide ne cherche point d'autre finesse, que de faire descendre Apollon du Ciel, qui d'authorité absoluë ordonne qu'Oreste épouse Hermione & Pylade Electre, & de peur que la mort d'Helene n'y servist d'obstacle, n'y ayant pas d'apparence qu'Hermione épousast Oreste qui venoit de tuer sa mere, il leur apprend qu'elle n'est pas morte, & qu'il l'a desrobée à leurs coups, & enlevée au Ciel dans l'instant qu'ils pensoient la tuër. Cette sorte de Machine est entierement hors de propos, n'ayant aucun fondement sur le reste de la Piece, & fait un dénoüement vicieux: mais je trouve un peu de rigueur au sentiment d'Aristote, qui met en mesme rang le char dont Medée se sert pour s'enfuir de Corinthe, aprés la vangeance qu'elle a prise de Creon. Il me semble que c'en est un assez grand fondement, que de l'avoir faite Magicienne, & d'en avoir rapporté dans le Poëme des actions autant au dessus des forces de la Nature, que celle-là. Aprés ce qu'elle a fait pour Iason à Colchos, aprés qu'elle a rajeuny son pere Eson depuis son retour, aprés qu'elle a attaché des feux invisibles au present qu'elle a fait à Creüse, ce char volant n'est point hors de la vray-semblance, & ce Poëme n'a point besoin d'autre préparation pour cet effet extraordinaire. Seneque luy en donne une par ce Vers que Medée dit à sa Nourrice,

Tuum quoque ipsa corpus hinc mecum aueham,

& moy par celuy-cy qu'elle dit à Ægée,

Ie vous suivray demain par un chemin nouveau.

Ainsi la condamnation d'Euripide, qui ne s'y est servy d'aucune précaution, peut estre juste, & ne retomber ny sur Seneque, ny sur moy, & je n'ay point besoin de contredire Aristote pour me justifier sur cet Article.

De l'Action je passe aux Actes qui en doivent contenir chacun une portion, mais non pas si égale, qu'on n'en reserve plus pour le dernier que pour les autres, & qu'on n'en puisse moins donner au premier qu'aux autres. On peut mesme n'y faire autre chose que peindre les Mœurs des Personnages, & marquer à quel point ils en sont de l'Histoire qu'on va representer, & qui a quelquefois commencé long-temps auparavant. Aristote n'en prescrit point le nombre, Horace le borne à cinq, & bien qu'il défende d'y en mettre moins, les Espagnols s'opiniastrent à l'arrester à trois, & les Italiens font souvent la mesme chose. Les Grecs les distinguoient par le chant du Chœur, & comme je trouve lieu de croire qu'en quelques-uns de leurs Poëmes ils le faisoient chanter plus de quatre fois, je ne voudrois pas répondre qu'ils ne les poussassent jamais au delà de cinq. Cette maniere de les distinguer estoit plus incommode que la nostre, car ou l'on prestoit attention à ce que chantoit le Chœur, ou l'on n'y en prestoit point. Si l'on y en prestoit, l'esprit de l'Auditeur étoit trop tendu, & n'avoit aucun moment pour se delasser.

Si l'on n'y en prétoit point, son attention étoit trop dissipée par la longueur du chant, & lors qu'un autre Acte commençoit, il avoit besoin d'un effort d'esprit pour y rappeller ce qu'il avoit déja veu, & en quel point l'action étoit demeurée. Nos violons n'ont aucune de ces deux incommoditez. L'esprit de l'Auditeur se relasche durant qu'ils joüent, & reflechit mesme sur ce qu'il a veu, pour le loüer ou le blasmer suivant qu'il luy a plû ou déplû, & le peu qu'on les laisse joüer luy en laisse les idées si recentes, que quand les Acteurs reviennent, il n'a point besoin de se faire d'effort pour rappeler & renoüer son attention.

Le nombre des Scenes dans chaque Acte ne reçoit aucune Régle, mais comme tout l'Acte doit avoir une certaine quantité de Vers qui proportionne sa durée à celle des autres, on y peut mettre plus ou moins de Scenes, selon qu'elles sont plus ou moins longues, pour employer le temps que tout l'acte ensemble doit consumer. Il faut, s'il se peut, y rendre raison de l'entrée & de la sortie de chaque Acteur. Sur tout pour la sortie, je tiens cette Régle indispensable, & il n'y a rien de si mauvaise grace qu'un Acteur qui se retire du Theatre, seulement parce qu'il n'a plus de Vers à dire.

Je ne serois pas si rigoureux pour les entrées. L'Auditeur attend l'Acteur, & bien que le Theatre represente la chambre ou le cabinet de celuy qui parle, il ne peut toutesfois s'y montrer, qu'il ne vienne de derriere la tapisserie, & il n'est pas toujours aisé de rendre raison de ce qu'il vient de faire en ville, avant que de rentrer chez luy, puisque mesme quelquefois il est vray-semblable qu'il n'en est pas sorty. Je n'ay veu personne se scandaliser de voir Emilie commencer Cinna, sans dire pourquoy elle vient dans sa chambre. Elle est présumée y estre avant que la Piece commence, & ce n'est que la necessité de la representation qui la fait sortir de derriere le Theatre, pour y venir. Ainsi je dispenserois volontiers de cette rigueur toutes les premieres Scenes de chaque Acte, mais non pas les autres, parce qu'un Acteur occupant une fois le Theatre, aucun n'y doit entrer qui n'aye sujet de parler à luy, ou du moins qui n'ait lieu de prendre l'occasion quand elle s'offre. Sur tout, lors qu'un Acteur entre deux fois dans un Acte, soit dans la Comedie, soit dans la Tragedie, il doit absolument, ou faire juger qu'il reviendra bien tost, quand il sort la premiere fois, comme Horace dans le second Acte, & Iulie dans le troisiéme de la mesme Piece, ou donner raison en rentrant pourquoy il revient si-tost.

Aristote veut que la Tragedie bien faite soit belle & capable de plaire, sans le secours des Comediens, & hors de la representation. Pour faciliter ce plaisir au Lecteur, il ne faut non plus gesner son esprit, que celuy du Spectateur, parce que l'effort qu'il est obligé de se faire pour la concevoir, & la representer luy-mesme dans son esprit, diminuë la satisfaction qu'il en doit recevoir. Ainsi je serois d'avis que le Poëte prist grand soin de marquer à la marge les menuës actions qui ne meritent pas qu'il en charge ses Vers, & qui leur osteroient mesme quelque chose de leur dignité, s'il se ravaloit à les exprimer. Le Comedien y supplée aisément sur le Theatre, mais sur le livre on seroit assez souvent reduit à deviner, & quelquefois mesme on pourroit deviner mal, à moins que d'estre instruit par là de ces petites choses. J'avouë que ce n'est pas l'usage des Anciens, mais il faut m'avouër aussi que faute de l'avoir pratiqué, ils nous laissent beaucoup d'obscuritez dans leurs Poëmes, qu'il n'y a que les Maistres de l'Art qui puissent déveloper: encor ne sçay-je s'ils en viennent à bout, toutes les fois qu'ils se l'imaginent. Si nous nous assujettissions à suivre entierement leur Methode, il ne faudroit mettre aucune distinction d'Actes, ny de Scenes, non plus que les Grecs. Ce manque est souvent cause que je ne sçay combien il y a d'Actes dans leurs Pieces, ny si à la fin d'un Acte un Acteur se retire pour laisser chanter le Chœur, ou s'il demeure sans action cependant qu'il chante, parce que ny eux, ny leurs interpretes, n'ont daigné nous en donner un mot d'avis à la marge.

Nous avons encor une autre raison particuliere de ne pas negliger ce petit secours, comme ils ont fait. C'est que l'impression met nos Pieces entre les mains des Comediens qui courent les Provinces, que nous ne pouvons avertir que par là de ce qu'ils ont à faire, & qui seroient d'étranges contre-temps, si nous ne leur aidions par ces Notes. Ils se trouveroient bien embarassez au cinquième Acte des Pieces qui finissent heureusement, & où nous assemblons tous les Acteurs sur nostre Theatre, ce que ne faisoient pas les Anciens. Ils diroient souvent à l'un ce qui s'adresse à l'autre, principalement quand il faut que le mesme Acteur parle trois ou quatre fois l'un après l'autre. Quand il y a quelque commandement à faire à l'oreille, comme celuy de Cleopatre à Laonice pour luy aller querir du poison, il faudroit un A parté pour l'exprimer en Vers, si l'on se vouloit passer de ces avis en marge, & l'un me semble beaucoup plus insupportable que les autres, qui nous donnent le vray & unique moyen de faire, suivant le sentiment d'Aristote, que la Tragedie soit aussi belle à la lecture, qu'à la representation, en rendant facile à l'imagination du Lecteur tout ce que le Theatre presente à la veuë des spectateurs.

La Regle de l'unité de jour a son fondement sur ce mot d'Aristote, que la Tragedie doit renfermer la durée de son action dans un tour du Soleil, ou tascher de ne le passer pas de beaucoup. Ces paroles donnent lieu à cette dispute fameuse, si elles doivent estre entenduës d'un jour naturel de vingt-quatre heures, ou d'un jour artificiel de douze. Ce sont deux opinions dont chacune a des partisans considérables, & pour moy je

DES TROIS VNITEZ.

moy je trouve qu'il y a des Sujets si malaisez à renfermer en si peu de temps, que non seulement je leur accorderois les vingt-quatre heures entieres, mais je me servirois mesme de la Licence que donne ce Philosophe, de les exceder un peu, & les pousserois sans scrupule jusqu'à trente. Nous avons une Maxime en Droit qu'il faut élargir la faveur, & restraindre les rigueurs, Odia restringenda, favores ampliandi, & je trouve qu'un Autheur est assez gesné par cette contrainte, qui a forcé quelques-uns de nos Anciens d'aller jusqu'à l'impossible. Euripide dans les Suppliantes fait partir Thesée d'Athenes avec une Armée, donner une bataille devant les murs de Thebes, qui en estoient esloignez de douze ou quinze lieuës, & revenir victorieux en l'Acte suivant, & depuis qu'il est party jusqu'à l'arrivée du Messager qui vient faire le recit du combat, Ethra & le Chœur n'ont que trente-six Vers à dire, c'est assez loüer l'emportement du temps si vous. Eschile fait revenir Agamemnon de Troye avec une vitesse encor toute autre. Il estoit demeuré d'accord avec Clitemnestre sa femme, que si-tost que cette Ville seroit prise, il le luy feroit sçavoir par des flambeaux disposez de montagne en montagne, dont le second s'allumeroit incontinent à la veuë du premier, le troisiéme à la veuë du second, & ainsi du reste, & par ce moyen elle devoit apprendre cette grande Nouvelle la mesme nuit. Cependant à peine l'a-t'elle apprise par ces flambeaux allumez, qu'Agamemnon arrive, dont il faut que le Navire, quoy que batu d'une tempeste, ait (a) bonne marine, aye été aussi viste, que l'œil à découvrir ces lumieres. Le Cid & Pompée, où les actions sont un peu pressées, sont bien eloignez de cette licence, & si l'on cherche à y ressembler commodement en quelque chose, du moins ils se donnent jusqu'à ce token une similitude.

Beaucoup declament contre cette Regle, qu'ils nomment tyrannique, & auroient raison, si elle n'estoit fondée que sur l'authorité d'Aristote; mais ce qui la doit faire accepter, c'est la raison naturelle qui luy sert d'appuy. Le Poëme Dramatique est une imitation, ou pour en mieux parler, un portrait des actions des hommes, & il est hors de doute que les portraits sont d'autant plus excellents, qu'ils ressemblent mieux à l'original. La representation dure deux heures, & ressembleroit parfaitement, si l'action qu'elle represente n'en demandoit pas davantage pour sa veritable. Ainsi ne nous arrestons point ny aux douze, ny aux vingt-quatre heures, mais resserrons l'action du Poëme dans la moindre durée qu'il nous sera possible, afin que sa representation ressemble mieux, & soit plus parfaite. Ne donnons, s'il se peut, à l'une que les deux heures que l'autre remplit. Je ne croy pas que Rodogune en demande gueres davantage, & peut-estre en iroient s'offriroient pour Cinna. Si nous ne pouvons la renfermer dans ces deux heures, prenons en quatre, six,

Tome II.

DISCOVRS

dix ; mais ne paſſons pas de beaucoup les vingt-quatre, de peur de tomber dans le déreglement, & de reduire tellement le portrait en petit, qu'il n'aye plus ſes dimenſions proportionnées, & ne ſoit qu'imperfection.

Sur tout je voudrois laiſſer cette durée à l'imagination des Auditeurs, & ne déterminer jamais le temps qu'elle emporte, ſi le Sujet n'en avoit beſoin ; principalement quand la vray-ſemblance y eſt un peu forcée, comme au Cid, parce qu'alors cela ne ſert qu'à les avertir de cette précipitation. Lors meſme que rien n'eſt violenté dans un Poëme par la neceſſité d'obeïr à cette Régle, qu'eſt-il beſoin de marquer à l'ouverture du Theatre que le Soleil ſe leve ; qu'il eſt Midy au troiſiéme Acte, & qu'il ſe couche à la fin du dernier. C'eſt une affectation qui ne fait que l'importuner. Il ſuffit d'établir la poſſibilité de la choſe dans le temps où on la renferme, & qu'il le puiſſe trouver aiſément, s'il y veut prendre garde, ſans y appliquer ſon eſprit malgré luy. Dans les actions meſme qui n'ont point plus de durée que la repreſentation, cela ſeroit de mauvaiſe grace, ſi on marquoit d'Acte en Acte qu'il s'eſt paſſé une demie heure de l'un à l'autre.

Je repete ce que j'ay dit ailleurs, que quand nous prenons un temps plus long, comme de dix heures, je voudrois que les huit qu'il faut perdre ſe conſumaſſent dans les intervalles des Actes, & que chacun d'eux n'euſt en ſon particulier que ce que la repreſentation en conſume, principalement lors qu'il y a liaiſon de Scenes perpetuelle, car cette liaiſon ne ſouffre point de vuide entre deux Scenes. J'eſtime toutesfois que le cinquième par un privilege particulier a quelque droit de preſſer un peu le temps, en ſorte que la part de l'action qu'il repreſente en tienne davantage qu'il n'en faut pour ſa repreſentation. La raiſon en eſt, que le Spectateur eſt alors dans l'impatience de voir la fin, & que quand elle dépend d'Acteurs qui ſont ſortis du Theatre, tout l'entretien qu'on donne à ceux qui y demeurent en attendant de leurs Nouvelles, ne fait que languir, & ſemble demeurer ſans action. Il eſt bon de doute que depuis que Phocas eſt ſorty au cinquiéme d'Heraclius, juſqu'à ce qu'Amyntas vienne raconter ſa mort, il faut plus de temps pour ce qui ſe fait derriere le Theatre, que pour le recit des Vers qu'Heraclius, Martian, & Pulcherie employent à plaindre leur malheur. Pruſias & Flaminius dans celuy de Nicomede n'ont pas tout le loiſir dont ils auroient beſoin pour ſe rejoindre ſur la Mer, conſulter enſemble, & revenir à la défenſe de la Reine, & le Cid n'en a pas aſſez pour ſe battre contre D. Sanche, durant l'entretien de l'Infante avec Leonor, & de Chimene avec Elvire. Je l'ay bien veu, & n'ay point fait de ſcrupule de cette précipitation, dont peutêtre on trouveroit pluſieurs exemples chez les Anciens, mais ma pa-

DES TROIS VNITEZ.

resse dont j'ay déja parlé me fera contenter de celuy-cy, qui est de Terence dans l'Andrienne. Simon y fait entrer Pamphile son fils chez Glycere pour en faire sortir le Vieillard Criton, & s'éclaircir avec luy de la naissance de sa Maistresse, qui se trouve fille de Chremes. Pamphile y entre, parle à Criton, le prie de le servir, revient avec luy, & durant cette entrée, cette priere, & cette sortie, Simon & Chremes qui demeurent sur le Theatre ne disent que chacun un Vers, qui ne sçauroit donner tout au plus à Pamphile que le loisir de demander où est Criton, & non pas de parler à luy, & luy dire les raisons qui le doivent porter à découvrir en sa faveur ce qu'il sçait de la naissance de cette inconnuë.

Quand la fin de l'action dépend d'Acteurs qui n'ont point quitté le Theatre, & ne font poit attendre de leurs Nouvelles, comme dans Cinna & dans Rodogune, le cinquième Acte n'a point besoin de ce privilege, parce qu'alors toute l'action est en veuë; ce qui n'arrive pas, quand il s'en passe une partie derriere le Theatre depuis qu'il est commencé. Les autres Actes ne meritent point la mesme grace. S'il ne s'y trouve pas assez de temps pour y faire rentrer un Acteur qui en est sorty, ou pour faire sçavoir ce qu'il a fait depuis cette sortie, on peut attendre à en rendre conte en l'Acte suivant, & le violon qui les distingue l'un de l'autre en peut consumer autant qu'il en est besoin; mais dans le cinquième il n'y a point de remise, l'attention est épuisée, & il faut finir.

Je ne puis oublier que bien qu'il nous faille reduire toute l'action Tragique en un jour, cela n'empesche pas que la Tragedie ne fasse connoistre par narration, ou par quelque autre maniere plus artificieuse, ce qu'a fait son Heros en plusieurs années, puisqu'il y en a dont le nœud consiste en l'obscurité de sa naissance qu'il faut éclaircir, comme Oedipe. Je ne repeteray point que moins on se charge d'actions passées, plus on a l'Auditeur propice par le peu de gesne qu'on luy donne, en luy rendant toutes les choses présentes, sans demander aucun reflexion à sa memoire, que pour ce qu'il a veu. mais je ne puis oublier que c'est un grand ornement pour un Poëme que le choix d'un jour illustre, & attendu depuis quelque temps. Il ne s'en présente pas toûjours des occasions, & dans tout ce que j'ay fait jusqu'icy vous n'en trouverez de cette nature que quatre. Celuy d'Horace, où deux Peuples devoient decider de leur Empire par une bataille; celuy de Rodogune, d'Andromede, & de D. Sanche. Dans Rodogune c'est un jour choisi par deux Souverains, pour l'effet d'un Traité de paix entre leurs Couronnes ennemies, pour une entiere reconciliation de deux rivales par un mariage, & pour l'éclaircissement d'un secret de plus de vingt ans, touchant le droit d'aisnesse entre deux Princes gemeaux, dont dépend le Royaume & le succes de leur amour. Celuy d'Andromede & de D. Sanche ne sont pas de moindre consideration, mais comme je viens de dire, les occasions ne s'en offrent pas souvent, & dans le reste de mes Ouvrages je n'ay pû choisir des jours remarquables que par ce que le hazard y fait arriver, & non pas par l'employ, où l'ordre public les aye destinez de longue-main.

Quand à l'unité de lieu, je n'en trouve aucun Précepte, ny dans Aristote, ny dans Horace. C'est ce qui porte quelques-uns à croire que la Régle ne s'en est établie qu'en consequence de l'unité de jour, & à se persuader en suite qu'on le peut étendre jusques où un homme peut aller & revenir en vingt-quatre heures. Cette opinion est un peu licentieuse, & si l'on faisoit aller un Acteur en poste, les deux côtez du Theatre pourroient representer Paris & Roüen. Je souhaiterois, pour ne point gesner du tout le Spectateur, que ce qu'on fait representer devant luy en deux heures se pût passer en effet en deux heures, & que ce qu'on luy fait voir sur un Theatre qui ne change point, peut s'arrêter dans une chambre, ou dans une Salle, suivant le choix qu'on en auroit fait : mais souvent cela est si malaisé, pour ne dire, impossible, qu'il faut de necessité trouver quelque élargissement pour le lieu, comme pour le temps. Je l'ay fait voir exact dans Horace, dans Polyeucte, & dans Pompée ; mais il faut pour cela, ou n'introduire qu'une femme comme dans Polyeucte, ou que les deux qu'on introduit ayent tant d'amitié l'une pour l'autre, & des interests si conjoints qu'elles puissent estre toûjours ensemble, comme dans l'Horace, ou qu'il leur puisse arriver comme dans Pompée, où l'empressement de la curiosité naturelle fait sortir de leurs Apartemens Cleopatre au second Acte, & Cornelie au cinquiéme, pour aller jusques dans la grande Salle du Palais du Roy, au devant des Nouvelles qu'elles attendent. Il n'en va pas de mesme dans Rodogune. Cleopatre & elle ont des interests trop divers pour expliquer leurs plus secretes pensées en mesme lieu. Je pourrois en dire ce que j'ay dit de Cinna, où en general tout se passe dans Rome, & en particulier, moitié dans le cabinet d'Auguste, & moitié chez Emilie. Suivant cet ordre le premier Acte de cette Tragedie seroit dans l'antichambre de Rodogune, le second dans la chambre de Cleopatre, le troisiéme dans celle de Rodogune : mais si le quatriéme peut commencer chez cette Princesse, il n'y peut achever, & ce que Cleopatre dit à ses deux fils l'un apres l'autre, y seroit mal placé. Le cinquiéme a besoin d'une Salle d'Audience, où un grand Peuple puisse estre present. La mesme chose se rencontre dans Heraclius. Le premier Acte seroit fort bien dans le cabinet de Phocas, & le second chez Leontine ; mais si le troisiéme commence chez Pulcherie, il n'y peut achever. & il est hors d'apparence que Phocas delibere dans l'Apartement de cette Princesse de la perte de son frere.

DES TROIS VNITEZ.

Nos Anciens, qui faisoient parler leurs Rois en Place publique, donnoient assez aisément l'unité rigoureuse de lieu à leurs Tragedies. Sophocle toutefois ne l'a pas observée dans son Ajax, qui sort du Theatre afin de chercher un lieu écarté pour se tuër, & s'y tuë à la veuë du Peuple: ce qui fait juger aisément que celuy où il se tuë n'est pas le mesme que celuy d'où on l'a veu sortir, puisqu'il n'en est sorty que pour en choisir un autre.

Nous ne prenons pas la mesme liberté de fixer les Rois & les Princesses de leurs Apartements, & comme souvent la difference & l'opposition des interests de ceux qui sont logez dans le mesme Palais ne souffrent pas qu'ils fassent leurs confidences, & ouvrent leurs secrets en mesme chambre, il nous faut chercher quelque autre accommodement pour l'unité de lieu, si nous la voulons conserver dans tous nos Poëmes : autrement il faudroit prononcer contre beaucoup de pieces que nous voyons reüssir avec éclat.

Je tiens donc qu'il faut chercher cette unité exacte autant qu'il est possible, mais comme elle ne s'accommode pas avec toute sorte de Sujets, j'accorderois tres-volontiers que ce qu'on feroit passer en une seule Ville auroit l'unité de lieu. Ce n'est pas que je voulusse que le Theatre representast cette Ville toute entiere, cela seroit un peu trop vaste, mais seulement deux ou trois lieux particuliers enfermez dans l'enclos de ses murailles. Ainsi la Scene de Cinna ne sort point de Rome, & est tantost l'Apartement d'Auguste dans son Palais, & tantost la maison d'Æmilie. Le Menteur a les Tuilleries & la Place Royale dans Paris, & la Suite fait voir la prison & le logis de Melisse dans Lyon. Le Cid multiplie encor davantage les lieux particuliers sans quitter Seville, & comme la liaison de Scenes n'y est pas gardée, le Theatre dès le premier Acte est la maison de Chimene, l'Apartement de l'Infante dans le Palais du Roy, & la Place publique. Le second y ajouste la chambre du Roy, & sans doute il y a quelque excés dans cette licence. Pour rectifier en quelque façon cette duplicité de lieu, quand elle est inévitable, je voudrois qu'on fist deux choses. L'une, que jamais on n'en changeast dans le mesme Acte, mais seulement de l'un à l'autre, comme il se fait dans les trois premiers de Cinna, l'autre, que ces deux lieux n'eussent point besoin de diverses décorations, & qu'aucun des deux ne fust jamais nommé, mais seulement le lieu general où tous les deux sont compris, comme Paris, Rome, Lyon, Constantinople, &c. Cela aideroit à tromper l'Auditeur, qui ne voyant rien qui luy marquast la diversité des lieux, ne s'en appercevroit pas, à moins d'une reflexion malicieuse & critique, dont il y en a peu qui soient capables, la pluspart s'attachant avec chaleur à l'action qu'ils voyent representer. Le plaisir qu'ils y prennent est cause qu'ils n'en veulent pas chercher le peu de justesse pour s'en dégouster, & ils ne le reconnoissent que par force, quand il est trop visible, comme dans le *Menteur* & *la Suite*, où les differentes décorations font reconnoistre cette duplicité de lieu malgré qu'on en ait.

Mais comme les personnes qui ont des interests opposez, ne peuvent pas vray-semblablement expliquer leurs secrets en mesme place, & qu'ils sont quelque-fois introduits dans le mesme Acte, avec liaison de Scenes qui emporte necessairement cette unité, il faut trouver un moyen qui la rende compatible avec cette contradiction qu'y forme la vray-semblance rigoureuse, & voir comment pourra subsister le quatriéme Acte de *Rodogune*, & le troisiéme d'*Heraclius*, où j'ay déja marqué cette répugnance du costé des deux personnes ennemies qui parlent en l'un & en l'autre. Nos Jurisconsultes admettent des fictions de Droit, & je voudrois à leur exemple introduire des fictions de Theatre, pour establir un lieu Théatral, qui ne seroit ny l'Apartement de Cleopatre, ny celuy de Rodogune dans la Piece qui porte ce titre, ny celuy de Phocas, de Leontine, ou de Pulcherie dans *Heraclius*, mais une Salle sur laquelle ouvrent ces divers Apartements, à qui j'attribuerois deux privileges. L'un que chacun de ceux qui y parleroient fust présumé y parler avec le mesme secret que s'il étoit dans sa chambre : l'autre, qu'au lieu que dans l'ordre commun il est quelquefois de la bien-seance que ceux qui occupent le Theatre aillent trouver ceux qui sont dans leur cabinet pour parler à eux, ceux-cy pûssent les venir trouver sur le Theatre sans choquer cette bien-seance, afin de conserver l'unité de lieu, & la liaison des Scenes. Ainsi *Rodogune* dans le premier Acte vient trouver Laonice qu'elle devroit mander pour parler à elle, & dans le quatriéme, Cleopatre vient trouver Antiochus au mesme lieu où il vient de fléchir Rodogune, bien que dans l'exacte vray-semblance ce Prince devroit aller chercher sa mere dans son cabinet, puisqu'elle hait trop cette Princesse pour venir parler à luy dans son Apartement, où la premiere Scene fixeroit le reste de cet Acte, si l'on n'apportoit ce temperament dont j'ay parlé à la rigoureuse unité de lieu.

Beaucoup de mes Pieces en manqueront, si l'on ne veut point admettre cette moderation, dont je me contenteray toujours à l'avenir, quand je ne pourray satisfaire à la derniere rigueur de la Régle. Je n'ay pû y en reduire que trois, *Horace*, *Polyeucte*, & *Pompée*. Si je me donne trop d'indulgence dans les autres, j'en auray encor davantage pour ceux dont je verray reüssir les ouvrages sur la Scene avec quelque apparence de Régularité. Il est facile aux speculatifs d'estre severes, mais s'ils vouloient donner dix ou douze Poemes de cette nature au Public, ils élargiroient peut-estre les Régles encor plus que je ne fais si-tost qu'ils auroient reconnu par l'experience, quelle contrainte apporte leur exactitude, & combien de belles choses elle bannit de nostre Theatre. Quoy qu'il en soit, voilà mes opinions, ou si vous voulez, mes heresies, touchant les principaux points de l'Art, & je ne sçay point mieux accorder les Regles anciennes avec les agrémens Modernes. Je ne doute point qu'il ne soit aisé d'en trouver de meilleurs moyens, & je seray tout prest de les suivre, lors qu'on les aura mis en pratique aussi heureusement qu'on y a veu les miens.

Fautes survenuës à l'impression de ce second Tome.

Page xv. ligne 27. n'a rien de vray-semblable, lisez n'a rien que de vray-semblable.
Page xv. ligne derniere, On ne peut, lisez On en peut.
Page 9. Vers 2. moité, lisez moitié.
Page 110. Vers 27. m'enfuit, lisez m'en fit.
Page 111. Vers 33. apprez, lisez apprenez.
Page 114. Vers 11. Cette lettre sans nom, lisez Cette lettre est sans nom.
Vers 34. Ie luy rendray, lisez Ie le luy rendray.
Page 136. Vers 27. Et quand à ta, lisez Et quant à ta fortune.
Page 160. Vers 14. connoy, lisez conçoy.
Page 244. Vers 2. Ie ne seray, lisez Ie n'y seray.
Page 291. Vers 16. EXV. lisez EVD.
Page 301. Vers 1. CRI. lisez PHO.
Page 313. Vers 37. parfait, lisez imparfait.
Page 335. Vers 2. deviendront, lisez deviendroient.
Page 420. Vers 2. à ne les pas aimer, lisez à ne le pas aimer.
Page 470. Vers 2. ARS, lisez ARA.
Page 606. Vers 29. moins, lisez moindre.
Page 607. On a oublié à mettre en cette page une seconde Decoration du 3. Acte, où le Palais du Roy se change tout d'un coup en un Palais d'horreur. Vous la trouverez en la page 647. à la marge.
Page 618. Vers 36. ce Heros, lisez ces Heros.
Page 621. Vers 36. perdrois, lisez perdois.
Page 635. Vers 1. ABS. lisez SYR.
Page 655. Vers 3. j'ay tout, lisez j'ay tort.
Page 657. on a oublié deux Vers qu'il faut mettre les premiers de cette page.

Malgré tous ces Heros, malgré tous ces Monarques
Qui m'ont de leur amour donné d'illustres marques

PRIVILEGE DV ROY.

LOVIS par la grace de Dieu Roy de France & de Navarre: A nos Amez & Feaux Conseillers les gens tenans nos Cours de Parlement, Maistres des Requestes ordinaires de nostre Hostel, Baillifs, Seneschaux, Prevosts, leurs Lieutenans; & à tous autres nos Iusticiers & Officiers qu'il appartiendra, Salut. Nostre bien amé le Sieur Corneille, nous a fait rémontrer qu'il auroit composé cy-devant *plusieurs Piéces de Théatre, tant Comédies, que Tragédies*, lesquelles il auroit fait imprimer, en vertu des Priviléges que nous aurions cy-devant accordez, tant à luy, qu'aux Libraires qui auroient eu pouvoir de luy, pendant un temps; lesquels la pluspart seroient expirez, ou prests d'expirer; & d'autant que depuis les premieres impressions ledit Sieur Corneille auroit corrigé beaucoup de choses esdites Piéces, qu'il desireroit maintenant faire imprimer avec lesdites corrections, pour l'interest de sa reputation, pourquoy il luy conviendroit faire beaucoup de frais; C'est pourquoy il nous a supplié luy accorder nos Lettres à ce necessaires. A CES CAVSES, Desirans gratifier, & favorablement traiter ledit Sieur Corneille, Nous luy avons permis & permettons par ces presentes, d'imprimer ou faire imprimer, vendre & distribuer par tout nostre Royaume, *lesdites Piéces de Théatre, tant Comédies, que Tragédies*, & ce par tel Imprimeur ou Libraire qu'il voudra choisir, & en telles marges, tels caracteres, & autant de fois que bon luy sembleta, conjointement, ou séparément, durant le temps & terme de neuf années, à compter du jour que lesdites Piéces de Theatre seront imprimées pour la premiere fois, en vertu du present Privilége. Et faisons tres-expresses inhibitions & défenses à tous Imprimeurs & Libraires, & autres personnes de quelque qualité qu'ils soient, d'imprimer, ou faire imprimer, vendre, ny debiter aux lieux de nostre obeïssance, pendant ledit temps, lesdites Piéces, sans le congé & consentement de l'Exposant, ou de ceux qui auront droit de luy; à peine aux contrevenants de trois mil livres d'amende, dépens, dommages & interests, payables sans deport par chacun des contrevenans, & applicables un tiers à Nous, un tiers à l'Hostel-Dieu de Paris, & l'autre tiers à l'Exposant, ou au Libraire qu'il aura choisi; de confiscation des Exemplaires contrefaits, & de tous dépens; à la charge d'en mettre par ledit Sieur Corneille deux Exemplaires dans nostre Bibliotheque publique, & un en celle de nostre tres-cher & feal le Sieur MOLE' Chevalier, Garde des Sceaux de France, Premier President en nostre Cour de Parlement de Paris, avant que les exposer en vente. Nous voulons & vous mandons, que vous fassiez joüir pleinement & paisiblement durant ledit temps l'Exposant, & ceux qui auront droit de luy, sans souffrir qu'ils y reçoivent aucun empeschement. Voulons aussi qu'en mettant au commencement ou à la fin de chacune xvij

desdites Pièces ou Volumes, un Extrait des presentes, elles soient tenuës pour deuëment signifiées, & que foy soit ajoustée aux copies collationnées par un de nos amez & feaux Conseillers & Secretaires, comme à l'Original. Mandons au premier nostre Huissier ou Sergent sur ce requis, de faire pour l'execution des presentes tous Exploits necessaires, sans demander autre permission. Car tel est nostre plaisir, Nonobstant Clameur de Haro, Chartre Normande, & autres Lettres à ce contraires. Donné à Paris le   jour de Ianvier, l'an de grace mil six cens cinquante-trois. Et de nostre Régne le dixiéme. Par le Roy en son Conseil, VIAV.

Registré sur le Livre de la Communauté le 16. Octobre 1653.
Signé, BALLARD, Syndic.

Et ledit Sieur Corneille a transporté ce present Privilege à Augustin Courbé, & Guillaume de Luyne, Marchands Libraires de Paris, pour en joüir suivant l'accord fait entr'eux.

Les Exemplaires ont été fournis.

Achevé d'imprimer pour la premiere fois, en vertu du present Privilege, le 31. d'Octobre, 1660. à ROVEN, par LAVRENS MAVRRY.

Du depuis ledit sieur Courbé a transporté le droit qu'il avoit audit Priuilege cy-dessus, aux Sieurs Thomas Iolly & Louys Billaine Marchands Libraires à Paris.

Et cette derniere Edition achevée le 15. de Septembre 1663. audit ROVEN, par ledit MAVRRY.

www.ingramcontent.com/pod-product-compliance
Lightning Source LLC
Chambersburg PA
CBHW071658300426
44115CB00010B/1252